Treasures for Scholars Worldwide

龙向洋 编

哈佛燕京图书馆书目丛刊第20种

美国哈佛大学哈佛燕京图书馆藏中文年鉴目录

Catalogue of the Chinese Yearbooks
in the Harvard-Yenching Library,
Harvard University, U.S.A

·3·

广西师范大学出版社
·桂林·

笔画索引检字表

〇画
2 978
B 978
C 978
I 978
S 978

一画
一 978

二画
二 979
十 979
七 980
八 980
人 980
儿 980
九 980

三画
三 981
干 981
于 981
工 981

土 982
下 982
大 982
万 985
弋 985
上 986
小 991
山 991
千 997
川 997
个 997
广 997
门 1003
义 1003
子 1003
卫 1003
女 1003
马 1003
乡 1004

四画
丰 1004

王 1004
开 1004
井 1005
天 1005
元 1008
无 1008
云 1009
扎 1011
木 1011
五 1011
太 1011
历 1012
友 1012
尤 1012
牙 1012
屯 1012
瓦 1012
日 1013
中 1013
内 1057
水 1058
气 1059

长 1059
仁 1061
什 1061
化 1061
介 1061
从 1061
今 1061
分 1061
公 1062
丹 1062
乌 1062
凤 1062
六 1063
文 1063
方 1064
引 1064
巴 1064
邓 1065
双 1065
书 1065

五画			
玉……… 1065	包……… 1087	亚……… 1099	行……… 1107
邢……… 1066	市……… 1087	机……… 1099	舟……… 1107
正……… 1066	立……… 1087	西……… 1099	全……… 1107
邛……… 1066	玄……… 1087	百……… 1101	会……… 1108
甘……… 1066	兰……… 1088	达……… 1101	合……… 1108
世……… 1068	半……… 1088	成……… 1102	旬……… 1108
古……… 1068	汇……… 1088	夹……… 1103	旭……… 1108
节……… 1069	头……… 1088	夷……… 1103	名……… 1108
本……… 1069	汉……… 1088	尧……… 1103	各……… 1108
石……… 1069	宁……… 1089	毕……… 1103	色……… 1108
右……… 1071	让……… 1091	师……… 1103	庄……… 1108
布……… 1071	礼……… 1091	尖……… 1103	庆……… 1109
龙……… 1071	永……… 1091	当……… 1103	齐……… 1109
平……… 1072	司……… 1092	早……… 1103	交……… 1110
东……… 1073	尼……… 1092	吐……… 1103	产……… 1110
北……… 1074	民……… 1092	曲……… 1103	羊……… 1110
卢……… 1082	出……… 1092	团……… 1104	关……… 1110
且……… 1083	辽……… 1093	吕……… 1104	米……… 1110
叶……… 1083	发……… 1095	同……… 1104	灯……… 1110
申……… 1083	对……… 1095	岁……… 1104	江……… 1110
电……… 1083	台……… 1095	刚……… 1104	汕……… 1114
田……… 1083	纠……… 1096	朱……… 1104	池……… 1114
四……… 1083	六画	竹……… 1104	汝……… 1114
丘……… 1085	耒……… 1096	迁……… 1104	汤……… 1114
仙……… 1085	刑……… 1096	传……… 1104	兴……… 1114
仪……… 1086	邢……… 1096	休……… 1104	安……… 1115
白……… 1086	吉……… 1097	伍……… 1104	军……… 1117
印……… 1086	托……… 1098	延……… 1104	祁……… 1117
乐……… 1086	老……… 1098	任……… 1105	讷……… 1117
句……… 1087	巩……… 1098	华……… 1105	许……… 1117
外……… 1087	地……… 1098	伪……… 1106	农……… 1117
务……… 1087	扬……… 1098	自……… 1106	寻……… 1118
	共……… 1099	伊……… 1106	那……… 1118
		后……… 1107	孙……… 1118

阳 ……… 1118	酉 ……… 1123	冶 ……… 1126	**八画**
防 ……… 1118	丽 ……… 1123	闵 ……… 1126	奉 ……… 1132
如 ……… 1118	邳 ……… 1123	汪 ……… 1126	环 ……… 1132
妇 ……… 1119	来 ……… 1123	沅 ……… 1127	武 ……… 1133
牟 ……… 1119	连 ……… 1123	沐 ……… 1127	青 ……… 1135
红 ……… 1119	肖 ……… 1123	沛 ……… 1127	孟 ……… 1137
七画	呈 ……… 1123	沙 ……… 1127	拍 ……… 1138
寿 ……… 1119	吴 ……… 1123	汨 ……… 1127	拉 ……… 1138
麦 ……… 1120	县 ……… 1124	汽 ……… 1127	招 ……… 1138
玛 ……… 1120	围 ……… 1124	沂 ……… 1127	昔 ……… 1138
进 ……… 1120	邮 ……… 1124	汾 ……… 1127	若 ……… 1138
运 ……… 1120	岐 ……… 1124	沧 ……… 1127	茂 ……… 1138
扶 ……… 1120	岑 ……… 1124	汶 ……… 1128	英 ……… 1138
抚 ……… 1120	岚 ……… 1124	沪 ……… 1128	苴 ……… 1138
贡 ……… 1120	财 ……… 1124	沈 ……… 1128	范 ……… 1138
赤 ……… 1120	牡 ……… 1124	沁 ……… 1129	茅 ……… 1138
孝 ……… 1121	利 ……… 1125	怀 ……… 1129	林 ……… 1138
均 ……… 1121	秀 ……… 1125	忻 ……… 1130	枝 ……… 1138
坊 ……… 1121	兵 ……… 1125	宋 ……… 1130	枞 ……… 1138
志 ……… 1121	邱 ……… 1125	良 ……… 1130	松 ……… 1138
芙 ……… 1121	体 ……… 1125	启 ……… 1130	杭 ……… 1139
芜 ……… 1121	何 ……… 1125	社 ……… 1130	枣 ……… 1140
邯 ……… 1121	攸 ……… 1125	词 ……… 1130	雨 ……… 1140
芷 ……… 1121	佛 ……… 1125	灵 ……… 1130	卖 ……… 1140
花 ……… 1121	余 ……… 1126	即 ……… 1130	砀 ……… 1140
苍 ……… 1122	谷 ……… 1126	张 ……… 1130	奈 ……… 1140
芳 ……… 1122	邻 ……… 1126	陆 ……… 1131	奔 ……… 1140
芦 ……… 1122	鸠 ……… 1126	阿 ……… 1131	奇 ……… 1140
克 ……… 1122	邹 ……… 1126	陇 ……… 1132	瓯 ……… 1140
苏 ……… 1122	亨 ……… 1126	陈 ……… 1132	欧 ……… 1141
巫 ……… 1122	库 ……… 1126	邵 ……… 1132	郏 ……… 1141
李 ……… 1122	应 ……… 1126	鸡 ……… 1132	卓 ……… 1141
杨 ……… 1122	冷 ……… 1126	纳 ……… 1132	虎 ……… 1141
	庐 ……… 1126		

尚……1141	闸……1148	经……1160	虹……1170
盱……1141	郑……1148	**九画**	思……1170
旺……1141	炎……1149	封……1160	郧……1170
果……1141	炉……1149	拱……1160	响……1170
昆……1141	法……1149	垣……1160	哈……1171
国……1142	沭……1149	项……1160	骨……1172
昌……1142	河……1149	城……1160	钟……1172
明……1143	沽……1154	政……1160	钢……1172
易……1143	泸……1154	赵……1160	钦……1172
迪……1143	泗……1154	指……1160	拜……1172
固……1143	泊……1155	垫……1160	香……1172
忠……1143	泌……1155	荆……1160	科……1172
呼……1143	泽……1155	苣……1161	重……1173
罗……1144	泾……1155	茶……1161	复……1173
岫……1144	治……1155	荥……1161	段……1174
凯……1144	宝……1155	荥……1161	顺……1174
图……1145	定……1155	故……1161	修……1174
物……1145	宜……1156	荔……1161	保……1174
和……1145	审……1156	南……1161	俄……1174
佳……1145	官……1156	柯……1166	信……1174
岳……1146	宛……1156	栢……1166	皇……1175
岱……1146	实……1156	柞……1166	泉……1175
凭……1146	房……1156	柳……1166	侵……1175
依……1146	诚……1157	勃……1166	禹……1175
阜……1146	郓……1157	柬……1167	侯……1175
金……1147	建……1157	咸……1167	叙……1175
乳……1147	居……1157	威……1167	剑……1175
肥……1148	弥……1157	砚……1167	食……1175
周……1148	承……1157	奎……1167	胜……1175
鱼……1148	孟……1157	临……1167	勉……1175
京……1148	陕……1158	星……1169	独……1175
府……1148	织……1159	昭……1169	饶……1175
兖……1148	驻……1159	贵……1169	亭……1176
育……1148	绍……1159	界……1170	闻……1176

闽	1176	琪	1182	崂	1187	酒	1196
美	1176	珠	1182	峨	1187	涟	1196
姜	1176	珲	1182	峰	1187	涉	1196
娄	1176	盐	1182	钻	1187	消	1196
前	1176	都	1182	铁	1187	涡	1196
首	1176	哲	1183	铂	1189	海	1196
洱	1176	热	1183	特	1189	浠	1198
洪	1176	壶	1183	积	1189	浮	1198
浈	1176	耿	1183	射	1190	润	1198
浉	1176	莆	1183	息	1190	浚	1198
洞	1177	莱	1183	郫	1190	宽	1198
洮	1177	莲	1183	徐	1190	家	1198
洛	1177	莫	1184	航	1190	宾	1198
浏	1177	获	1184	翁	1190	容	1199
济	1177	晋	1184	胶	1190	诸	1199
洋	1179	莎	1184	留	1190	袖	1199
浑	1179	莞	1184	凌	1190	祥	1199
津	1179	桂	1184	栾	1190	陵	1199
宣	1179	郴	1185	高	1191	勐	1199
突	1180	桓	1185	亳	1191	通	1199
神	1180	栖	1185	郭	1191	预	1200
垦	1180	桐	1185	准	1191	桑	1200
既	1180	株	1185	离	1191	绥	1200
屏	1180	桥	1186	唐	1191	邕	1200
费	1180	桦	1186	资	1192	**十一画**	
逊	1180	桃	1186	凉	1192	理	1200
眉	1180	格	1186	旅	1192	焉	1200
姚	1180	贾	1186	阆	1192	掇	1200
怒	1180	夏	1186	益	1192	职	1201
贺	1181	原	1187	朔	1192	基	1201
盈	1181	监	1187	烟	1192	聊	1201
十画		党	1187	郯	1193	黄	1201
泰	1181	蚌	1187	浙	1193	萝	1202
秦	1181	恩	1187	浦	1196		

菏………… 1202	旌………… 1207	喜………… 1213	道………… 1220
萍………… 1202	望………… 1207	彭………… 1213	遂………… 1220
营………… 1202	阎………… 1208	援………… 1214	曾………… 1220
乾………… 1202	盖………… 1208	葫………… 1214	湛………… 1220
萧………… 1202	清………… 1208	散………… 1214	港………… 1220
梧………… 1203	淇………… 1208	葛………… 1214	湖………… 1220
梅………… 1203	浙………… 1208	韩………… 1214	湘………… 1224
检………… 1203	涿………… 1208	朝………… 1214	渤………… 1225
梓………… 1203	渠………… 1208	椒………… 1214	温………… 1225
鄄………… 1203	渑………… 1209	惠………… 1214	渭………… 1225
戚………… 1203	淮………… 1209	厦………… 1215	渝………… 1225
硚………… 1203	渔………… 1209	确………… 1215	湾………… 1225
常………… 1203	淳………… 1209	雁………… 1215	游………… 1225
冕………… 1204	涪………… 1209	雅………… 1215	湄………… 1225
略………… 1204	深………… 1210	紫………… 1215	滁………… 1225
鄂………… 1204	涵………… 1211	辉………… 1215	寒………… 1226
崇………… 1204	淄………… 1211	晴………… 1215	富………… 1226
崆………… 1204	宿………… 1211	鼎………… 1215	裕………… 1226
铜………… 1205	密………… 1211	景………… 1216	禅………… 1226
铨………… 1205	尉………… 1212	蛟………… 1216	禄………… 1226
银………… 1205	随………… 1212	喀………… 1216	疏………… 1226
梨………… 1205	隆………… 1212	黑………… 1216	婺………… 1226
第………… 1206	绩………… 1212	犍………… 1218	
偓………… 1206	维………… 1212	程………… 1218	**十三画**
得………… 1206	绵………… 1212	税………… 1218	瑞………… 1227
盘………… 1206	绿………… 1212	集………… 1218	鄢………… 1227
船………… 1206	巢………… 1212	焦………… 1219	鼓………… 1227
象………… 1206		奥………… 1219	塘………… 1227
麻………… 1206	**十二画**	舒………… 1219	鄞………… 1227
廊………… 1206	琼………… 1213	番………… 1219	蓬………… 1227
康………… 1207	塔………… 1213	鲁………… 1219	蓄………… 1227
鹿………… 1207	越………… 1213	颍………… 1219	蒲………… 1227
章………… 1207	博………… 1213	敦………… 1219	蒙………… 1227
商………… 1207	揭………… 1213	普………… 1219	颐………… 1227

献 ………… 1227	瑶 ………… 1237	墨 ………… 1240	澧 ………… 1244
楚 ………… 1227	嘉 ………… 1237	镇 ………… 1240	隰 ………… 1244
榆 ………… 1228	赫 ………… 1237	稷 ………… 1240	**十七画**
碑 ………… 1228	綦 ………… 1237	稻 ………… 1240	藁 ………… 1245
雷 ………… 1228	蔡 ………… 1237	黎 ………… 1240	霞 ………… 1245
零 ………… 1228	榕 ………… 1237	儋 ………… 1240	曙 ………… 1245
虞 ………… 1228	磁 ………… 1237	德 ………… 1240	繁 ………… 1245
睢 ………… 1228	舞 ………… 1237	徽 ………… 1241	襄 ………… 1245
暖 ………… 1228	管 ………… 1238	磐 ………… 1241	濮 ………… 1245
路 ………… 1228	彰 ………… 1238	滕 ………… 1241	翼 ………… 1246
蜀 ………… 1228	韶 ………… 1238	鲤 ………… 1241	**十八画**
嵊 ………… 1228	端 ………… 1238	遵 ………… 1241	藤 ………… 1246
嵩 ………… 1228	鄢 ………… 1238	潜 ………… 1241	鹰 ………… 1246
锡 ………… 1228	潢 ………… 1238	潮 ………… 1242	璧 ………… 1246
锦 ………… 1229	漯 ………… 1238	澳 ………… 1242	彝 ………… 1246
筠 ………… 1229	漳 ………… 1238	潼 ………… 1242	**十九画**
简 ………… 1229	漾 ………… 1238	澄 ………… 1242	攀 ………… 1246
微 ………… 1229	潍 ………… 1238	额 ………… 1242	麒 ………… 1246
颖 ………… 1229	肇 ………… 1238	鹤 ………… 1242	**二十画**
解 ………… 1229	谯 ………… 1239	豫 ………… 1243	壤 ………… 1247
廉 ………… 1229	暨 ………… 1239	**十六画**	醴 ………… 1247
靖 ………… 1229	嫩 ………… 1239	燕 ………… 1243	耀 ………… 1247
新 ………… 1230	翠 ………… 1239	薛 ………… 1243	巍 ………… 1247
粮 ………… 1233	**十五画**	融 ………… 1243	灌 ………… 1247
慈 ………… 1233	增 ………… 1239	霍 ………… 1243	**二十一画**
煤 ………… 1233	鞍 ………… 1239	冀 ………… 1243	霸 ………… 1247
满 ………… 1233	蕉 ………… 1239	黔 ………… 1244	赣 ………… 1247
溧 ………… 1233	蕲 ………… 1239	镜 ………… 1244	**二十四画**
滦 ………… 1233	横 ………… 1240	赞 ………… 1244	衢 ………… 1248
滨 ………… 1233	樱 ………… 1240	穆 ………… 1244	
福 ………… 1234	橡 ………… 1240	衡 ………… 1244	
缙 ………… 1237	樟 ………… 1240	歙 ………… 1244	
十四画	碾 ………… 1240	潍 ………… 1244	
静 ………… 1237	暴 ………… 1240	潞 ………… 1244	

笔画索引

○画

009913049 21世纪初中国生态年鉴绿色北京 2004/38

011139599 BG北控年鉴/北京控股集团有限公司年鉴 2005—2009/9

009062420 CBI中国IT渠道年鉴 2002/2003/894

008802285 CEC中国市场营销环境年鉴/中国市场营销环境年鉴 1998/901

011399876 CNACL中国实验室国家认可委员会金属专业能力检验证工作组工作年鉴/中国实验室国家认可委员会金属专业能力检验证工作组工作年鉴 2000/37

008426195 *IAI中国广告作品年鉴/中国广告作品年鉴 2000—2001,2003—2004,2006—2014/899

009934717 *IAI中国终端营销展示年鉴/中国终端营销展示年鉴 2006,2008/939

007977655 IMI消费行为与生活形态年鉴/消费行为与生活形态年鉴 1995,1997/1998,1998/1999,2000—2002,2003/2004,2004/2005,2005/2006,2007—2008,2009/2010/862

011821243 *IT媒体年鉴/丽日传播·IT媒体年鉴 2007/21

013636647 IT影响中国年鉴 2012/894

008426169 SIPRI年鉴 军备·裁军和国际安全 1999,2011,2013—2014/852

一画

一

009233937 *一二七团年鉴/新疆生产建设兵团农七师一二七团年鉴 2001—2003/823

009160739 *一二八团年鉴/新疆生产建设兵团农七师一二八团年鉴 2001—2003/822

009208280 *一二九中心团场年鉴/新疆生产建设兵团农七师一二九团年鉴/新疆生产建设兵团农七师一二九中心团场年鉴/一二九团年鉴 2000—2008/822

009208280 *一二九团年鉴/新疆生产建设兵团农七师一二九团年鉴/新疆生产建设兵团农七师一二九中心团场年鉴/一二九中心团场年鉴 2000—2008/822

009233916 *一二三团年鉴/新疆生产建设兵团农七师一二三团年鉴 2001—2002, 2004—2005/823

009233923 *一二五团年鉴/新疆生产建设兵团农七师一二五团年鉴 2001/823

009233930 *一二六团年鉴/新疆生产建设兵团农七师一二六团年鉴 2001/822

009233921 *一二四团年鉴/新疆生产建设兵团农七师一二四团年鉴 2001,2003/823

007842274 *一九三八之中国电影/民国廿七年电影年鉴 1938/940

007420535 一九五〇人民年鉴 1950/969

009208284 *一三〇团年鉴/新疆生产建设兵团农七师一三〇团年鉴 2001—2006/823

009234086 *一三一团年鉴/新疆生产建设兵团农七师一三一团年鉴 2001—2002, 2004—2006/823

009234094 *一三七团年鉴/新疆生产建设兵团农七师一三七团年鉴 2001—2005, 2007—2008/823

013974395 一五五医院年鉴 1997,2005,2010/459

007916769 *一汽年鉴/第一汽车制造厂年鉴/中国第一汽车集团公司年鉴 1987/169

二画

二

011503717 *二七区统计年鉴/郑州市二七区统计年鉴 2006—2010/456

011139688 二七年鉴 2006—2012,2014/456

012864457 *二九一分公司年鉴/北大荒集团北大荒股份二九一分公司年鉴 2010/191

009264732 二九一年鉴 2002, 2003/2004, 2005/2006,2007/2008,2009/2010/203

十

013787132 "十一五"河南房地产年鉴 2006/2010/447

012617659 十堰市张湾年鉴/张湾年鉴 2008—2014/508

013711439 十堰地税年鉴 2006,2008/508

012592672 十堰地税青干班年鉴 2005/2006/508

008438574 十堰年鉴 1996—2013/507

008399438 十堰统计年鉴 1996,1998,2000—

2014/507

七

008426161 七台河年鉴 1996—1997, 1998/1999, 2000/2001, 2002/2003, 2004/2005, 2006/2007, 2008/2009, 2010—2011/212

007698520 七台河经济统计年鉴 1994—2007/212

008968650 七台河统计年鉴 2011/2012/212

011140379 七里河年鉴 2005/776

八

012880633 *八五二分公司年鉴/北大荒集团北大荒股份八五二分公司年鉴 2010/204

009264735 八五二年鉴 2002—2003, 2004/2005, 2006—2009/204

012046932 八五三农场年鉴 2002/2006/204

008403062 *"八五"时期湛江统计年鉴/湛江统计年鉴/"九五"时期湛江统计年鉴/湛江市统计年鉴 1978/1993, 1990/1995, 1994, 1996/2000, 1997—1998, 2000, 2002—2014/587

013603010 八公山年鉴 2011/333

010225548 *八步区年鉴/贺州市八步区年鉴 2002/2003, 2004/2005, 2006/2007, 2008/624

007916636 八家子林业局年鉴 1949/1989/184

人

003077179 人民法院年鉴 1988—1991/854

儿

004598807 *儿童文学理论年鉴/中国儿童文学理论年鉴 1983/932

九

010226345 *九三学社辽宁年鉴/辽宁省九三学社年鉴 1993, 1997/2002, 1998, 2008/134

009003185 "九五"时期陕西工业统计年鉴 2000/749

008403062 *"九五"时期湛江统计年鉴/湛江统计年鉴/"八五"时期湛江统计年鉴/湛江市统计年鉴 1978/1993, 1990/1995, 1994, 1996/2000, 1997—1998, 2000, 2002—2014/587

009081241 *"九五"统计年鉴/阿拉善统计年鉴/阿拉善盟"九五"统计年鉴 1996/2000, 2002—2006/132

014014356 九龙年鉴 2007/2008/688

013757924 九龙坡年鉴 2007/638

012617355 九台年鉴 2007—2009/172

009805590 九台统计年鉴 1991/2001/172

013373876 九华年鉴 2003/2008/544

009452705 九江电信年鉴 1998/378

009617762 九江年鉴 2004—2006, 2008—2010, 2012—2013/378

013470944 九江县年鉴 2011—2013/378

013711351 九江邮电年鉴 1993/1994, 1995/1996/378

004592989 九江经济统计年鉴/九江统计年鉴 1993—2014/378

004592989 *九江统计年鉴/九江经济统计年鉴 1993—2014/378

008879202 九寨沟县年鉴 1986/1998, 2006/2008, 2009—2010, 2012/686

013898668 九寨沟统计年鉴 2009/686

三画

三

011967110 三山区年鉴 2008—2009,2011,2013/331

008997600 三门年鉴 2002—2008/320

014014850 三门县统计年鉴 1990/320

014014849 三门峡市湖滨区统计年鉴 2009/478

008849770 三门峡年鉴 2001—2014/477

013898887 三门峡经济普查年鉴 2008/478

005325813 三门峡统计年鉴 1993—2014/478

008432775 三水年鉴 1996—2014/585

009616818 三水统计年鉴 2003—2013/585

008438689 三台年鉴 1993/1996,1998—1999,2002—2013/666

013758043 三台县统计年鉴 2006—2010/667

008413109 三台县综合年鉴 1988/1992/667

012199544 *三亚市年鉴/三亚年鉴 2007—2008,2011—2013/630

008272023 三亚市统计年鉴/三亚统计年鉴 1997—2008,2010—2014/630

012199544 三亚年鉴/三亚市年鉴 2007—2008,2011—2013/630

008272023 *三亚统计年鉴/三亚市统计年鉴 1997—2008,2010—2014/630

009928072 三江年鉴 1986/2000/615

015282363 三沙年鉴 2013/630

008381695 *三明市统计年鉴/三明经济统计年鉴/三明统计年鉴 1990—2000,2002—2008,2011—2013/357

011503326 三明年鉴 2007—2014/357

008381695 三明经济统计年鉴/三明统计年鉴/三明市统计年鉴 1990—2000,2002—2008,2011—2013/357

008990515 三明钢铁厂年鉴 1999/357

008381695 *三明统计年鉴/三明经济统计年鉴/三明市统计年鉴 1990—2000,2002—2008,2011—2013/357

012048463 三秦文化研究会年鉴 1996/1997,1998/1999,2000—2002/750

012243276 三都年鉴 2006—2010/705

012924984 三原年鉴 2007—2013/758

干

013603065 干部三局年鉴 2011/6

012047169 干部五局年鉴 2004/6

013926370 干部四局年鉴 2010/6

于

013758743 *于洪区统计年鉴/于洪统计年鉴 2006,2011/144

010102597 于洪年鉴 2003/144

013758743 于洪统计年鉴/于洪区统计年鉴 2006,2011/144

008477456 于都年鉴 1986/1992,1993/1997,2011—2013/383

工

009806839 *工业年鉴/中国工业经济年鉴 2005—2009/879

013294557 工业年鉴/中国工业年鉴/中国工业经济年鉴 2011—2013/879

013603068 工业企业科技活动统计年鉴 2012—2014/879

008957241 *工业交通能源统计年鉴/上海工业交通能源统计年鉴/上海工业能源交通统计年鉴/上海工业物资能源交通统计年鉴 2002—2003,2005—2009/229

009289370 工商银行统计年鉴 1996/141

土

008651522 土哈石油年鉴/土哈油田年鉴 2000—2002,2003/2004,2007/2008,2009/2010/812

008651522 *土哈油田年鉴/土哈石油年鉴 2000—2002,2003/2004,2007/2008,2009/2010/812

011399299 土默特右旗年鉴 1991/2005/121

下

008395733 下关年鉴 1997—2013/257

011139968 *下城区统计年鉴/下城统计年鉴/杭州市下城区统计年鉴 2006—2013/298

011139968 下城统计年鉴/杭州市下城区统计年鉴/下城区统计年鉴 2006—2013/298

大

008879190 大厂年鉴 2001/258

008749355 大丰年鉴 2000—2014/276

009617436 大丰统计年鉴 1991—2007,2009/276

012525926 大中华投资年鉴 2010/911

011501822 大中型批发零售和住宿餐饮企业统计年鉴 2007—2014/900

012351769 大方县年鉴 2008,2010/701

013753538 大方县统计年鉴 2009/701

008432724 大石桥年鉴 1999—2001,2002/2003,2004/2005,2006/2007,2010/2011,2012/2013/156

009287787 大东区教育统计年鉴 1991/1992,1994/1995/143

013925997 大东统计年鉴 2004—2006,2008/143

008397453 大田年鉴 1997—2008,2010,2012/2013/358

012080552 大生纺织公司年鉴 1895/1947/269

011501795 大亚湾统计年鉴 2001/2006,2012—2014/592

012755673 大亚湾核电运营管理有限责任公司年鉴/广东大亚湾核电站岭澳核电站生产运行年鉴 2009—2013/581

009459788 大同区年鉴 2001—2004/207

006036535 大同年鉴 1987—1994,1995/1996,1997/1998,1999/2000,2001/2002,2003/2004,2005/2006,2007/2008,2009/2010/96

013752833 大同交通年鉴 2010—2011/97

008017455 大同矿务局年鉴/大同煤矿年鉴/大同煤矿集团有限责任公司年鉴 1992—2008/96

009081321 大同统计年鉴 2002,2003/2004,2005—2008,2011—2014/96

008476848 大同铁路分局年鉴 1989/97

008017455 *大同煤矿年鉴/大同矿务局年鉴/大同煤矿集团有限责任公司年鉴 1992—2008/96

008017455 *大同煤矿集团有限责任公司年鉴/大同矿务局年鉴/大同煤矿年鉴 1992—2008/96

008643520 大竹年鉴 1986/1991,1992—2005,

2008/682

013926007 大名人艺术年鉴 2006/2007,2008/2009,2010/2011/68

013793137 大名年鉴 2012/77

013467340 大庆石化公司工会年鉴 2007/2008,2009/205

013664738 大庆石化公司年鉴 2001—2003,2005,2008/206

008426162 *大庆石化年鉴/大庆石化总厂年鉴 1993,1995—2006/206

008426162 大庆石化总厂年鉴/大庆石化年鉴 1993,1995—2006/206

005949565 大庆石油管理局年鉴 1989—1990,1992—1993,1995—1997,1999,2001—2008/206

011821838 大庆石油管理局钻探集团钻技公司年鉴/钻技公司年鉴 2006—2007/206

012982990 *大庆市国税统计年鉴/大庆国税统计年鉴 2006—2009/207

009840825 大庆地税年鉴 2002—2006/207

005949573 大庆年鉴 1989—2013/205

008406207 大庆邮电年鉴 1987/1992,1993—1999/207

012982990 大庆国税统计年鉴/大庆市国税统计年鉴 2006—2009/207

012983071 大庆油田开发年鉴 1960/1964,1965/1971,1972/1976,1977/1980,1981/1984,1985/1987,1988/1990,1991/1993,1994/1997,1998/2000/206

011139671 大庆油田年鉴 2000—2006,2008—2010/206

013725316 大庆经济年鉴 1986/205

013965174 大庆炼化公司年鉴 2004/205

005215183 大庆统计年鉴 1987,1989,1991—2008,2009/2010,2011—2014/205

011139675 大庆钻井年鉴 1979—1981,1983—1987/206

012806215 大庆钻探工程公司钻技一公司年鉴 2009—2010/206

011965739 大庆通信年鉴 2000—2003/207

009502108 *大关年鉴/大关县年鉴 2000—2014/724

009502108 大关县年鉴/大关年鉴 2000—2014/724

009698704 *大兴七中教育年鉴/黄村七中教育年鉴/北京市大兴区黄村第七中学教育年鉴/北京市大兴区第七中学教育年鉴 2001—2003,2005,2007/46

013790880 大兴公路年鉴 1997/2006/46

009840723 *大兴年鉴/北京大兴年鉴 2008—2013/46

009726055 大兴安岭地区国民经济统计年鉴 1990—1994/219

008399647 大兴安岭年鉴 1997—2014/219

009307950 大兴安岭统计年鉴 1991/1995,1997—2003,2005—2007/219

009492591 大兴安岭党史年鉴/中共大兴安岭党史年鉴 1992,1994,1996—2007,2009/219

009520018 *大兴县社会经济统计年鉴/北京市大兴县社会经济统计年鉴 1998—2000/46

013636592 大兴教育年鉴 2012—2014/46

009427190 大安年鉴 1989/1992/660

005949383 大安年鉴 1989,2010/181

013926001 大红山铜矿年鉴 2005/722

011965735 大连人口和计划生育年鉴

2006—2010/145

010223936 大连大学年鉴 1997,2004—2007/147

009287844 大连开发区年鉴 1984/1989,1990/1992,1993/1995,1996/1997/145

013790874 大连市工业企业年鉴 2005/146

013809476 大连市工会年鉴 1996/1997/145

013753546 大连市西岗区统计年鉴 2007,2008/2009,2010/147

008336643 大连市社会经济统计年鉴 1993—1996/145

007918350 大连市普通教育年鉴△1986/1987,1990/1991/146

008142898 大连机车车辆厂年鉴/中国北车集团大连机车车辆有限公司年鉴 1989/1991,1992/1994,1995/1996,1997—2012/146

008866891 大连百姓年鉴 2001/144

004187687 大连年鉴 1987/1989,1990—2014/144

010223940 大连经济普查年鉴 2004,2008/145

008405163 大连香港经济比较年鉴 1997/145

008437419 大连科学技术年鉴 1995/1997/146

008402875 大连统计年鉴 1998—2013/145

012351775 大连铁路分局年鉴 1986—1995/146

011139670 大连海事大学年鉴 1997,2010/147

013713456 大连海事法院年鉴 2011—2013/145

009726240 大连理工大学年鉴 2003—2009,2012/147

013790833 大连船用柴油机厂年鉴 1984/1993,1994/2005/146

012789989 大连慈善年鉴 2004/2008/145

013753571 大足年鉴 2007—2008,2010—2012,2014/638

008643516 大邑年鉴 1998—2000,2002—2007,2010—2013/658

008588866 大余年鉴 1986/1990,1991/1995/382

011501812 大余县交通年鉴 2001—2002/382

008315297 大冶年鉴 1990/1992,1993/1997,1998/2002,2011—2013/507

014014122 大冶统计年鉴 2008—2009/507

012517867 大陆桥年鉴 2008/271

009460033 大英年鉴 1997/2001,2002/2005/670

013898448 大宗饲料原料贸易年鉴 1990/2000/901

009169766 大荔年鉴 1997—2002,2007—2009,2011—2013/760

008941722 大洼年鉴 1997/2001/159

008941734 大姚县年鉴 2000—2009,2012—2013/731

008438053 大埔年鉴 1993—2006,2008—2013/595

008125958 大夏年鉴 1929/235

012525921 大柴旦年鉴 2001/2008/792

012983130 大悟年鉴 2010—2012/518

013753561 大悟县统计年鉴 2000—2001,2005—2009,2012—2013/518

012923418 *大朗年鉴/东莞大朗镇年鉴/东莞市大朗镇年鉴 2010—2014/600

011395815 大通年鉴 2001/2005,2006/2007/789

004187662 *大理白族自治州年鉴/大理州年鉴 1990—2014/738

008270669 *大理白族自治州统计年鉴/大理州统计年鉴/大理统计年鉴 1993,1995,1997—2002,2004—2007,2009,2014/738

009346343 大理市年鉴 2000—2014/739

013089987 大理地税年鉴/大理州地税年鉴 2000,2003,2005—2008/739

013608603 *大理州中级人民法院年鉴/云南省大理白族自治州中级人民法院年鉴 2009—2010/739

013089987 *大理州地税年鉴/大理地税年鉴 2000,2003,2005—2008/739

004187662 大理州年鉴/大理白族自治州年鉴 1990—2014/738

008270669 大理州统计年鉴/大理白族自治州统计年鉴/大理统计年鉴 1993,1995,1997—2002,2004—2007,2009,2014/738

012789986 大理学院年鉴 2008—2009,2011—2012/739

008270669 *大理统计年鉴/大理州统计年鉴/大理白族自治州统计年鉴 1993,1995,1997—2002,2004—2007,2009,2014/738

013369663 大船年鉴 1986/1991/146

007420675 大晶报铁报联合组织年鉴 民国二十三年至二十四年 1934/1935/234

008851325 大港区年鉴 1992/58

008604254 大港油田年鉴/大港油田集团公司年鉴 1995/1996,1997/1998,1999—2002/58

008604254 *大港油田集团公司年鉴/大港油田年鉴 1995/1996,1997/1998,1999—2002/58

007977721 大新年鉴 1987—1988,1990—1995,2002,2007—2009,2012—2014/627

万

012521608 万宁市年鉴 2010,2013/631

008902120 万州年鉴/万县市年鉴 1999—2010/637

009081510 万州统计年鉴/万县市统计年鉴 1993,1996—2003,2005—2009,2011—2013/637

008313053 *万县市年鉴/万县地区年鉴 1990—1992/637

008312364 万县市年鉴/万县地区年鉴 1993—1998/637

008902120 *万县市年鉴/万州年鉴 1999—2010/637

009081510 *万县市统计年鉴/万州统计年鉴 1993,1996—2003,2005—2009,2011—2013/637

008313053 万县地区年鉴/万县市年鉴 1990—1992/637

008312364 *万县地区年鉴/万县市年鉴 1993—1998/637

009502667 万荣年鉴 1996/2000/106

008437440 万载年鉴 1986/1992,1993/1994,1995/1996,1997—1998,1999/2000,2001/2002/386

012983793 万源年鉴 2010/681

弋

013677511 弋江区年鉴 2011/331

008574205 弋阳年鉴 1986/1992,1993/1996,2006/2009,2007/389

上

009520263 上甘岭年鉴 1992/209

009492935 上犹年鉴 2002,2007/2008/382

009617988 上证 180 指数年鉴 2002—2006, 2008—2010/234

013396688 上证指数年鉴 2011—2014/234

011140384 上林年鉴 1992/1997, 2004/2005/613

008399330 *上杭年鉴/上杭县年鉴 1995—2013/366

008399330 上杭县年鉴/上杭年鉴 1995—2013/366

013609074 上城区统计年鉴 2007—2013/298

011823167 上城年鉴 2006—2014/297

008749449 上饶市年鉴 1986/1995/388

008749447 上饶地区综合年鉴 1997/388

011734338 上饶年鉴 2007—2014/388

009436757 *上饶经济社会统计年鉴/上饶统计年鉴△1990—1996,1998—2002,2014/388

009436794 上饶经济社会统计年鉴/上饶统计年鉴 2003—2013/388

009436757 上饶统计年鉴/上饶经济社会统计年鉴△1990—1996,1998—2002,2014/388

009436794 *上饶统计年鉴/上饶经济社会统计年鉴 2003—2013/388

008941909 *上海人口与计划生育年鉴/上海人口和计划生育年鉴/上海人口计生年鉴 1999—2013/222

008941909 *上海人口计生年鉴/上海人口和计划生育年鉴/上海人口与计划生育年鉴 1999—2013/222

008941909 上海人口和计划生育年鉴/上海人口计生年鉴/上海人口与计划生育年鉴 1999—2013/222

005949425 上海工业年鉴 1988—1991,1992/1993,1994—1995,1997—2003,2010—2015/229

012751447 上海工业交通统计年鉴 2010—2012/229

008957241 上海工业交通能源统计年鉴/工业交通能源统计年鉴/上海工业能源交通统计年鉴/上海工业物资能源交通统计年鉴 2002—2003,2005—2009/229

008273022 上海工业物资能源交通统计年鉴 1994—1995,1997—2001/229

008957241 *上海工业物资能源交通统计年鉴/上海工业交通能源统计年鉴/工业交通能源统计年鉴/上海工业能源交通统计年鉴 2002—2003,2005—2009/229

008270606 上海工业统计年鉴 1991—1993/230

008957241 *上海工业能源交通统计年鉴/上海工业交通能源统计年鉴/工业交通能源统计年鉴/上海工业物资能源交通统计年鉴 2002—2003,2005—2009/229

009589477 上海工业商业年鉴 2004—2009/229

007978243 上海工会年鉴 1996—2014/223

010226727 上海大学统计年鉴 1998/236

009926351 上海口岸年鉴 2002—2010,2012/232

009928045 上海及长江三角洲地区服装服饰行业年鉴 2004/227

009036982 上海广告年鉴 1998,2000—2002,2004—2005/231

007978129 上海卫生年鉴 1993—2003,2005—2011/238

009934530 上海水务年鉴 2003—2005/239

012530177 上海气象灾害年鉴 2001/2005/238

013753416 上海长征医院年鉴 2009—2011/238

003818333 上海公安年鉴 1988—2013/223

002032691 上海文化年鉴 1987—2003,2005—2011,2013—2014/234

009346313 上海石化年鉴 1993/1997,1998/2000,2002—2013/228

011140684 上海石材业双年鉴 2003/2004/228

010102653 上海电机学院年鉴 2005—2006/237

011967239 上海电信年鉴 2000—2002/230

013677337 *上海白玉兰烟材年鉴/白玉兰烟材年鉴/烟材年鉴 2011—2012/227

010102657 上海印刷及机材行业年鉴 2003/229

012048500 上海印钞厂年鉴 2002/2003,2004—2007/229

008851339 上海外国语大学年鉴 1994—2003,2009—2010/237

009324723 上海外商投资企业年鉴 2003—2011,2012/2013/226

012524451 上海市长途电信局年鉴/上海市电信公司长途通信事业部年鉴 1996—1997,1999—2000/231

009289011 *上海市长途电信局年鉴/上海市电信公司长途通信事业部年鉴/上海市电信有限公司长途通信部年鉴 2001—2003/231

011398830 上海市电话局年鉴 1997—1998/231

012524451 *上海市电信公司长途通信事业部年鉴/上海市长途电信局年鉴 1996—1997,1999—2000/231

009289011 上海市电信公司长途通信事业部年鉴/上海市长途电信局年鉴/上海市电信有限公司长途通信部年鉴 2001—2003/231

012524490 *上海市电信公司长途通信事业部年鉴/上海市电信有限公司长途通信部年鉴 2004—2006/231

012526181 上海市电信有限公司长途无线部年鉴/上海市电信有限公司长途通信部年鉴 2007/231

009289011 *上海市电信有限公司长途通信部年鉴/上海市电信公司长途通信事业部年鉴/上海市长途电信局年鉴 2001—2003/231

012524490 上海市电信有限公司长途通信部年鉴/上海市电信公司长途通信事业部年鉴 2004—2006/231

012526181 *上海市电信有限公司长途通信部年鉴/上海市电信有限公司长途无线部年鉴 2007/231

007698500 上海市对外经济贸易统计年鉴 1992,1995—1996,1998—1999/232

008264895 上海市对外经济统计年鉴/对外经济统计年鉴 1978/1995,1997,2000/232

005325762 上海市机电产品出口年鉴 1991,1993/232

008133976 上海市年鉴 1946/221

009617986 上海市企业集团统计年鉴

2003—2011,2014/226

013379026 上海市交通运输和港口管理局年鉴 2010—2013/230

009104901 上海市进出口产品年鉴 2004—2010/232

007702746 上海市劳工年鉴 1948/223

013603284 上海市松江区人民法院年鉴 2011/244

014014854 上海市松江区经济普查年鉴 数据资料篇 2008/244

012530180 上海市经济团体联合会年鉴 2009—2010,2012/225

011967258 上海市高级人民法院年鉴 1996—2011/224

009928050 上海市浦东新区人民法院年鉴/浦东法院年鉴 1993/2000,2001—2005, 2007,2009/2010,2011—2012/243

009934527 上海市浦东新区陆家嘴功能区域年鉴 2005/243

013379043 上海市排水行业协会年鉴 2005/2010/228

012047130 *上海市崇明县统计年鉴/崇明统计年鉴/崇明县统计资料汇编 1987,1989—1991,1993—2012/245

011503435 上海市第一中级人民法院年鉴 1995—2005/224

012925045 *上海市绿化市容(林业·城管执法)年鉴/上海市绿化和市容管理年鉴 2008—2011/239

012925045 上海市绿化和市容管理年鉴/上海市绿化市容(林业·城管执法)年鉴 2008—2011/239

014142040 上海市殡葬服务中心殡葬年鉴 2001/224

013397061 上海永荣广告传播上海汽车用品年鉴/上海汽车用品年鉴 2011/2012/229

008580047 上海司法行政年鉴 1996/1998,1999/2000,2001—2002,2005—2008/224

010102655 上海民防年鉴 2005—2006/224

009841163 上海民间组织年鉴 2005/221

009460061 上海民营经济年鉴 2002/225

010226725 上海出入境检验检疫局年鉴 2000,2004,2006,2008,2010,2013/238

008183190 上海出口产品年鉴 1991,1999/232

008015633 上海对外经济贸易年鉴/上海商务年鉴 1995—2008/232

012315992 *上海对外经济贸易年鉴/上海商务年鉴 2009—2014/231

011967252 上海对外贸易学院年鉴 2006,2008—2009/236

010226738 上海地铁年鉴 1995—1996/239

009081491 上海共青团年鉴 2001—2006,2009—2012/223

005591424 上海年鉴 1947/221

007918358 上海年鉴 1996—2004,2006—2014/221

008805287 上海交通大学年鉴 1997—2014/236

012926243 上海交通大学自动化系年鉴/自动化系年鉴 2008/237

011398820 上海交通大学医学院年鉴 2007—2008,2010—2011/236

012200265 上海交通大学医学院附属新华医院新华年鉴/新华年鉴 2005,2008,2011/236

008403148 上海农村统计年鉴 1998—2000

/222

009324639 上海防灾救灾研究所年鉴1999/239

009425817 上海戏剧学院年鉴2000—2005/237

008336680 *上海投资建设统计年鉴/上海固定资产投资和建筑业统计年鉴1993—1996/228

008336681 上海投资建设统计年鉴/上海固定资产投资和建筑业统计年鉴1997—2003,2005—2007,2009,2011/228

013090040 上海医务工会年鉴2002,2004—2006,2008/223

008977299 上海医药生物工程年鉴2002—2007/228

008278815 上海医科大学年鉴1990,1998—1999/237

004899347 上海县年鉴1987,1989—1991,1993/241

008879222 上海邮电年鉴1997—1999/230

009036933 上海邮政年鉴2000—2010/230

008969146 上海财政税务年鉴1991/1994,1995—2002,2004—2009/233

007977061 上海体育年鉴1989/1990,1991/1992,1993/1994,1995—2011,2013/237

013397061 *上海汽车用品年鉴/上海永荣广告传播上海汽车用品年鉴2011/2012/229

013396698 *上海汽车配件年鉴/上海汽车配件汽修汽保设备年鉴2011—2012/239

013396698 上海汽车配件汽修汽保设备年鉴/上海汽车配件年鉴2011—2012/239

008186993 上海证券年鉴1992—2003,2005,2006/2007,2008/233

008868691 *上海证券交易所市场统计年鉴/上海证券交易所统计年鉴1994,1996—2014/233

008868691 上海证券交易所统计年鉴/上海证券交易所市场统计年鉴1994,1996—2014/233

009289129 上海社团年鉴1995—1996/222

008140336 上海社联年鉴1990,1993—1995,1997—2001,2003—2009,2011—2013/222

009913749 上海纸业行业年鉴2005/229

009169802 上海环境年鉴2003,2005—2014/239

008315305 上海青年年鉴1991/223

008998364 上海金融年鉴2001—2014/234

010102731 *上海国有资产统计年鉴/上海资产统计年鉴2000—2003,2005/225

013753417 上海国际葡萄酒品评赛年鉴2012/238

008133876 上海服装年鉴1985/238

008336680 上海固定资产投资和建筑业统计年鉴/上海投资建设统计年鉴1993—1996/228

008336681 *上海固定资产投资和建筑业统计年鉴/上海投资建设统计年鉴1997—2003,2005—2007,2009,2011/228

008398240 上海郊区年鉴1949/1992/221

008403153 上海郊区统计年鉴1993—1996,2002—2003,2005—2008,2010—2012/222

009928047 上海物流与采购行业年鉴2003/226

014394950 上海物流年鉴2012/226

008805286 上海宝钢年鉴/宝钢年鉴

2001—2012/242

008643793 上海房地产年鉴 1999—2001,2004,2006—2010,2012—2014/227

010226741 上海房地产投资发展与城市交通年鉴 2006/227

009934521 上海建设年鉴 2002—2005,2007/227

013669653 上海居民生活和价格年鉴 2011—2012/225

009841158 上海经济区统计年鉴 1982,1984,1986,1988/222

005072562 上海经济年鉴 △1949/1982,1983/1985,1988—2003,2005—2014/225

012925026 上海经济体制改革年鉴 政策卷 1989/1993/226

010226742 上海经济普查年鉴 2004,2008/226

009934517 上海城市居民家庭收支和价格统计年鉴 2002,2005—2007/225

008998372 上海政协年鉴 1998—2010/223

009492527 上海药品监管年鉴 2002—2003/238

007855191 上海科技年鉴 1949/1984,1985/1986,1987/1990,1991—2014/234

006038373 上海科技统计年鉴 1986,1989,1992/1993,1994—2013/235

009617985 上海保险年鉴 2001—2009,2011—2014/234

009120129 上海信息化年鉴 2001—2014/234

011398844 上海信息产业年鉴 2000/226

009036959 上海贸易外经统计年鉴 2002—2003,2005—2011/232

011967274 上海音乐学院年鉴 2005—2008/237

012592292 上海美术馆年鉴 2006/238

007499693 上海统计年鉴 1983—1984,1986—2010,2012—2014/222

006038354 上海档案事业年鉴 1987,1989/234

009913748 上海监狱年鉴 2001/2003,2004/2005,2006—2011,2013/224

009492665 上海铁路分局工会年鉴 1992,1994—2004/223

007977001 上海铁路分局年鉴 1992—2004/230

007977086 上海铁路局年鉴 1992—2007,2009,2011/230

011398811 上海高等教育年鉴 1949/1983/235

010102731 上海资产统计年鉴/上海国有资产统计年鉴 2000—2003,2005/225

009360374 上海旅游年鉴 1978/1996,1997/2002,2003,2004/2005,2006—2014/230

006373435 上海浦东新区统计年鉴 1991—1992,1994—2003,2005—2014/243

008183162 上海海关统计年鉴 1994,1996—1998,2000—2002,2004—2013/232

009036791 上海海运学院年鉴 2000/236

009913743 上海海事法院年鉴 2002—2003,2006—2010/224

012724232 上海能源统计年鉴 2010—2012/228

012792718 上海理工大学年鉴 2007—2009/237

007977158 上海教育年鉴 1991/1993,1994—2012/235

008245038 *上海梅山年鉴/上海梅山(集

团)有限公司年鉴/上海梅山冶金公司年鉴 1995,1999,2004/228

008276745 上海梅山冶金公司年鉴/上海梅山(集团)有限公司年鉴 1994/228

008245038 *上海梅山冶金公司年鉴/上海梅山(集团)有限公司年鉴/上海梅山年鉴 1995,1999,2004/228

008276745 *上海梅山(集团)有限公司年鉴/上海梅山冶金公司年鉴 1994/228

008245038 上海梅山(集团)有限公司年鉴/上海梅山年鉴/上海梅山冶金公司年鉴 1995,1999,2004/228

011967266 上海检察年鉴 2004,2006—2010/224

012079324 上海第二工业大学共青团工作年鉴 2002/2003/222

009425822 上海商业年鉴 2003/231

007282223 上海商业统计年鉴 1990—1991,1997/232

008015633 *上海商务年鉴/上海对外经济贸易年鉴 1995—2008/232

012315992 上海商务年鉴/上海对外经济贸易年鉴 2009—2014/231

013932437 上海商检局年鉴 1994/1995,1996/1997/233

010101986 *上海期货交易所交易统计年鉴/交易统计年鉴 2000—2010/233

013790023 上海铸造年鉴 1980/1982/238

012925054 上海税务年鉴 2010—2013/233

011140683 上海殡葬年鉴 2006—2007,2010/224

012724393 *上街年鉴/郑州市上街年鉴 2010—2014/457

013790031 上街统计年鉴 2004,2009—2011/457

013820227 上虞统计年鉴 2004—2005/312

013965468 上蔡统计年鉴 2003/487

小

009520235 小金年鉴 2003,2009—2010/687

012925090 *小店区年鉴/太原市小店区年鉴 1998/2003,2007—2008,2010/95

007659428 小说年鉴 2册/931

山

010102141 山丹年鉴/山丹综合年鉴 1989/2004,2005,2006/2008/780

010102141 *山丹综合年鉴/山丹年鉴 1989/2004,2005,2006/2008/780

012724231 山东人力资源和社会保障年鉴 2010—2014/393

012361393 山东工艺美术学院年鉴 2007/403

005650960 *山东工业统计年鉴/山东省工业统计年鉴 1989,1991—1995,1998—2004,2006—2010/394

008434193 山东工会年鉴 1995—2011/391

013932379 山东工商学院年鉴 2009/420

012079263 山东工商银行年鉴 1986—1987/396

009081481 山东大学年鉴 2000/2001,2002—2011/402

008437509 山东广播电视年鉴/山东省广播电视年鉴 1994—2012/396

012792707 山东卫生年鉴 2009—2013/398

011140119 *山东卫生统计年鉴/山东省卫生统计年鉴 2006—2012,2014/398

010102648 山东卫生监督年鉴 2003—2008,2010—2011/398

012924998 山东开发区年鉴 2008/2009,2010—2011/392

013898908 山东区域统计年鉴 1995/390

011398729 山东中医药大学年鉴 2007/403

012530149 山东中烟工业公司青岛卷烟厂年鉴/青岛卷烟厂年鉴 2007—2008/407

008402984 山东水利年鉴 1994,1996—2012/394

011139961 山东公安年鉴 2001—2002,2003/2004,2005—2013/391

011398720 山东文化文物统计年鉴 2004—2011,2013/396

013467719 山东玉器精品年鉴 2010—2011/397

009934500 山东民政统计年鉴/山东省民政统计年鉴 1992—1994,1997—2008,2010—2012/391

009104877 山东对外经济贸易年鉴/山东商务年鉴 2002—2005,2007—2009/395

012751675 *山东对外经济贸易年鉴/山东商务年鉴 2010—2015/395

008434244 山东对外经济统计年鉴 1978/1995/395

008998329 山东地方税务年鉴 1999—2012/396

012361389 山东地方税务统计年鉴 1995,1998—2001,2003—2004/396

012361400 山东机关事务年鉴 2009—2011/391

011140581 山东师范大学年鉴 2011—2012/403

012530144 山东网通统计年鉴 2004—2005,2007/394

001992577 山东年鉴 1987—2004,2006—2015/390

009726272 山东企业年鉴 2004—2013/393

008805282 山东企业统计年鉴 2001—2003/393

008604933 山东企业调查年鉴 2000/393

009913691 山东交通学院年鉴 2002/2003,2004,2011/402

011503347 山东农业大学年鉴 1996—1999,2001,2008/429

007630646 *山东农业统计年鉴/山东省农村统计年鉴/山东农村统计年鉴/山东省农业统计年鉴 1991—1994,1996—2005,2007—2012/390

007630646 *山东农村统计年鉴/山东省农村统计年鉴/山东省农业统计年鉴/山东农业统计年鉴 1991—1994,1996—2005,2007—2012/390

011140563 山东设计年鉴 1995/2005/398

009726251 山东劳动保障年鉴 2004—2009/392

009617920 山东邮政年鉴 2000—2002,2008/394

008405193 山东财政年鉴 1994—2002,2004,2007—2012/396

011967135 山东财政学院科研统计年鉴 2004/402

009215386 山东体育年鉴 1990/1997,1998/2002,2003—2005,2006/2007,2008/2009/397

008325250 山东冶金年鉴 1990—1995/394

009065031 山东武警年鉴/武警山东总队年鉴 1999—2004,2009/392

009157849 山东招生考试年鉴 1990—1996,1998—1999,2001—2004/397

009806755 山东金融年鉴 2005—2014/402

013471053 山东国土资源年鉴 2011—2012/392

008272205 山东国内贸易统计年鉴/山东贸易业统计年鉴 1994/395

008272233 *山东国内贸易统计年鉴/山东贸易业统计年鉴/山东贸易统计年鉴 1995/395

011140558 山东服装学院年鉴/山服年鉴 2005—2008/428

013898934 山东物资管理年鉴 1991/393

011823142 山东建设年鉴 2007—2014/393

011139934 山东经济普查年鉴 2004,2008/392

005402341 *山东城市统计年鉴/山东省城市统计年鉴 1986—1987/390

005402288 山东城市统计年鉴/山东省城市统计年鉴 1990—1992,1999—2003,2005—2006/390

005553814 *山东城镇居民生活调查统计年鉴/山东省城镇居民生活调查统计年鉴/山东省物价与人民生活调查统计年鉴 1987—1991/392

013936429 山东轻工业学院年鉴 2006/2008/402

009459848 山东省工业大型骨干企业风采与工业统计年鉴 1997/394

005650960 山东省工业统计年鉴/山东工业统计年鉴 1989,1991—1995,1998—2004,2006—2010/394

013173241 山东省大舜文化研究会年鉴 2007/2010/396

012242628 山东省广告摄影年鉴 2003/398

008437509 *山东省广播电视年鉴/山东广播电视年鉴 1994—2012/396

011140119 山东省卫生统计年鉴/山东卫生统计年鉴 2006—2012,2014/398

011503415 山东省水利统计年鉴 1994,1998,2000—2001,2003,2005—2006,2009—2010/393

008405453 山东省分县乡农民生活统计年鉴 1993/1994,1995,1997—1998/391

013932390 山东省文登整骨医院年鉴 2004/2008/432

012530143 山东省电信统计年鉴 2000—2001/394

009934500 *山东省民政统计年鉴/山东民政统计年鉴 1992—1994,1997—2008,2010—2012/391

011503356 山东省各级卫生防疫站年鉴 1987,1993—1994/398

012048470 山东省交通技术学院年鉴 2007/436

009324436 山东省农业科学院年鉴 1991—2004,2009/403

007630646 *山东省农业统计年鉴/山东省农村统计年鉴/山东农村统计年鉴/山东农业统计年鉴 1991—1994,1996—2005,2007—2012/390

008405253 山东省农民生活统计年鉴 1999/391

007630646 山东省农村统计年鉴/山东农村统计年鉴/山东省农业统计年鉴/山东农业统计年鉴 1991—1994,1996—2005,2007—2012/390

011503354 山东省妇女工作年鉴 1991—1992,1994—1996/391

011140567 山东省县域经济年鉴 2005—

2007,2008/2009/392

008405262 山东省固定资产投资和建筑业统计年鉴/山东省固定资产投资房地产开发投资和建筑业统计年鉴 1990—1999,2001—2003,2004/2008/396

008405262 *山东省固定资产投资房地产开发投资和建筑业统计年鉴/山东省固定资产投资和建筑业统计年鉴 1990—1999,2001—2003,2004/2008/396

005553814 *山东省物价与人民生活调查统计年鉴/山东省城镇居民生活调查统计年鉴/山东城镇居民生活调查统计年鉴 1987—1991/392

007437031 山东省物价与人民生活调查统计年鉴/山东省城镇居民生活调查统计年鉴 1993—1995,1997—1998/395

007436990 山东省物价调查统计年鉴 △1987—1988,1990—1992/394

009927917 山东省注册会计师年鉴 2003/392

005402341 山东省城市统计年鉴/山东城市统计年鉴 1986—1987/390

005402288 *山东省城市统计年鉴/山东城市统计年鉴 1990—1992,1999—2003,2005—2006/390

005553814 山东省城镇居民生活调查统计年鉴/山东城镇居民生活调查统计年鉴/山东省物价与人民生活调查统计年鉴 1987—1991/392

007437031 *山东省城镇居民生活调查统计年鉴/山东省物价与人民生活调查统计年鉴 1993—1995,1997—1998/395

010226718 山东省荣成市国民经济统计年鉴 1998/432

012617429 山东省科学技术协会年鉴 2010,2012—2014/397

011140117 山东省科学技术协会统计年鉴 2006/397

011823149 山东省科学院年鉴 2004—2013/402

011140566 *山东省济南市公路管理段年鉴/济南管理处年鉴/济南市公路管理段年鉴/济南市公路管理局年鉴 1986—1992,1994—1998,2000,2005—2006/401

013609094 *山东省胸科医院山东省结防中心年鉴/山东省胸科医院山东省结核病防治中心年鉴 2002—2010/403

013609094 山东省胸科医院山东省结核病防治中心年鉴/山东省胸科医院山东省结防中心年鉴 2002—2010/403

013378993 山东省疾病预防控制机构年鉴/山东疾病预防控制机构年鉴 2004,2006—2007,2009—2010/398

012592262 山东省畜牧业统计年鉴 2001,2005—2008/393

013609294 *山东省烟台市芝罘区国民经济统计年鉴/烟台市芝罘区统计年鉴 1989—1990,1992—1993,1995,2001,2005—2011/421

013898919 山东省烟草包装印刷有限公司年鉴 2001—2002/399

013471056 山东省湖北商会年鉴 2011/395

009913708 山东科技年鉴 2004—2013/397

008278810 山东科技统计年鉴 1991,1991/1992,1992—1998,2000—2011,2012/2013/397

011967158 山东胜利股份有限公司年鉴 1995—1998,2000—2006,2008—2010/418

008272205 *山东贸易业统计年鉴/山东

国内贸易统计年鉴 1994/395

008272233 山东贸易业统计年鉴/山东国内贸易统计年鉴/山东贸易统计年鉴 1995/395

008433911 山东贸易外经统计年鉴 1998,1999/2001,2004/2007,2007/2013/395

008272233 *山东贸易统计年鉴/山东贸易业统计年鉴/山东国内贸易统计年鉴 1995/395

007712974 山东贸易统计年鉴 1996—1997/395

012361425 山东美术年鉴 2004/2009/397

011967170 山东宣传年鉴 2003/392

005196996 山东统计年鉴 1989—2014/391

013378993 *山东疾病预防控制机构年鉴/山东省疾病预防控制机构年鉴 2004,2006—2007,2009—2010/398

009617876 山东旅游年鉴 2003—2005,2006/2007,2008/2009,2010/2011,2012/2013/394

011503335 山东旅游商品年鉴 2003/2005,2006/2009/396

012007959 山东调查年鉴 2007—2010/390

011967140 山东理工大学年鉴 2003,2006—2007,2009—2011/414

009062528 山东教育年鉴 2002—2013/397

009104877 *山东商务年鉴/山东对外经济贸易年鉴 2002—2005,2007—2009/395

012751675 山东商务年鉴/山东对外经济贸易年鉴 2010—2015/395

011823154 山东渔业统计年鉴 2002,2004—2008,2010—2012/393

013471063 *山东淄博实验中学年鉴/淄博实验中学年鉴 2008—2012/414

012925004 山东联通统计年鉴 2009—2010/394

011503339 山东煤炭工业年鉴 1993—1994,1996—1997/393

013603255 山西人力资源和社会保障年鉴 2011—2013/90

011967175 山西人保年鉴/中保财产保险山西年鉴 1999/89

013379003 山西大学年鉴 2002/95

011823163 山西广播影视年鉴 2006,2008—2010/91

008944131 山西卫生年鉴 2000—2004,2006—2010/92

013898971 山西卫生统计年鉴 1992—1995/92

013379007 山西水利统计年鉴/山西省水利统计年鉴 1995—1997,2000,2003,2005—2007/90

013815047 山西公路统计年鉴 1993,1999—2000,2002—2010/90

011967193 山西文化统计年鉴 2000—2007,2011/91

012048475 山西电力年鉴 1995—1999/90

008923182 山西电信年鉴/山西通信年鉴/山西网通年鉴 2001/91

011319169 *山西电信年鉴/山西通信年鉴/山西网通年鉴 2002—2005/91

011140586 *山西电信年鉴/山西网通年鉴/山西通信年鉴 2006—2007/91

013932402 山西司法行政年鉴 2009/89

009928037 山西民政年鉴 1997,1999—2000,2002—2009/89

009589239 *山西出入境检验检疫年鉴/山西检验检疫年鉴 2002—2013/92

011967185 山西师范大学年鉴 1998—1999,

2001,2006—2007,2011/109

012651921 山西网通·山西联通年鉴/山西网通年鉴2008/90

008923182 *山西网通年鉴/山西电信年鉴/山西通信年鉴2001/91

011319169 *山西网通年鉴/山西通信年鉴/山西电信年鉴2002—2005/91

011140586 山西网通年鉴/山西电信年鉴/山西通信年鉴2006—2007/91

012651921 *山西网通年鉴/山西网通·山西联通年鉴2008/90

001994869 山西年鉴1985—2014/88

012079287 山西企业养老保险统计年鉴1988/2003/91

008275283 山西交通年鉴1990—1991,1996—2014/90

013379010 山西邮政年鉴2003—2004,2008—2009/90

013173582 山西财经大学年鉴2001—2010/95

009104900 山西财政年鉴1999/2000,2001,2003,2005—2013/91

013311880 山西住房和城乡建设年鉴2008/2009/90

012724224 *山西沁水年鉴/沁水年鉴/晋城市沁水年鉴1989—1994,1996—2003,2005—2013/102

006058694 山西经济年鉴1985—2003,2005—2014/89

010226722 山西经济普查年鉴2004,2008/89

006038431 山西政协年鉴1991—1992,1993/1994,1995,1996/1997,1998/1999,2000/2001,2002/2003,2004,2005/2006,2007/2008,2009,

2010/2011/89

013898946 *山西柳林统计年鉴/柳林统计年鉴1999/2001/114

011398743 山西省工商联(总商会)年鉴2000/2007/91

013379006 山西省开发区年鉴2008,2010/89

013379007 *山西省水利统计年鉴/山西水利统计年鉴1995—1997,2000,2003,2005—2007/90

013711422 山西省文学艺术界联合会年鉴2009—2010/92

012048489 山西省电力公司年鉴2007—2010/93

013898957 山西省吕梁市人民医院年鉴2008/2010/113

013790006 山西省企业和产品年鉴2008/90

008749284 *山西省农村统计年鉴/[山西省]农村统计年鉴1997—2002/88

013711415 山西省社会科学院科研年鉴2010/92

011503423 山西省国有资产监督管理年鉴2006—2012/89

012079292 山西省科学技术统计年鉴1995,2005—2007,2011/92

008119606 山西省统计年鉴1933—1934/88

010231769 山西省教育统计年鉴1991/1992,1995/1996,1997/1998,2001/2002/92

009928034 山西科技年鉴1992—1993,1995—1996,1998—2000,2002—2004,2006,2008—2009,2011—2012/92

003602047 山西统计年鉴1983,1985—2005,2007—2014/88

010226721 山西晋中经济普查年鉴 2004 /104

007698703 山西造产年鉴 1936/90

008923182 *山西通信年鉴/山西电信年鉴/山西网通年鉴 2001/91

011319169 山西通信年鉴/山西电信年鉴/山西网通年鉴 2002—2005/91

011140586 *山西通信年鉴/山西网通年鉴/山西电信年鉴 2006—2007/91

009589239 山西检验检疫年鉴/山西出入境检验检疫年鉴 2002—2013/92

009288991 山西检察年鉴 2000—2001,2003—2005,2009—2012/89

013932413 山西银行业监管统计年鉴 2004—2007/91

011398737 山西简要统计年鉴 2006/88

013932397 山西煤炭进出口集团有限公司纪委年鉴 2010/93

011140558 *山服年鉴/山东服装学院年鉴 2005—2008/428

012792712 山钢年鉴 2009/2010,2011—2013/400

011823158 山亭年鉴 2003/2006,2007/2008,2011,2013/417

008396929 山桥年鉴 1990/1991,1992/1993,1994/1995/75

008839681 山海关年鉴 1995/1996,1997/1998,1999—2000/75

千

012724220 千山年鉴 2008/150

川

008957749 *川东开发公司年鉴/四川石油管理局川东开发公司年鉴 1997,1999 /634

009617990 川北医学院年鉴 2002—2004,2006—2008/674

009520099 *川西北矿区年鉴/四川石油管理局川西北矿区年鉴 1991/1995,1996/1999,2000—2004/666

012592702 *川西南矿区年鉴/四川石油管理局川西南矿区年鉴 1996/659

013311490 川庆钻探工程有限公司年鉴 2009—2012/651

007658092 川沙年鉴 1993/242

013965164 川润年鉴 2002/2006,2010/659

个

010224158 个旧年鉴 2006—2014/733

广

008749365 广丰年鉴 1993/1995/389

008665799 广元年鉴 1985/1994,1995/1997,1999,2001,2003—2006,2010—2012/668

013926376 广元邮政年鉴 1999/2001/668

008923240 广元统计年鉴 1985—1991,1993,1994/1995,1996—2008,2012—2014/668

014014251 广水市统计年鉴/广水统计年鉴 2008/526

009459801 广水年鉴 1997/2001,2002/2006,2007/2011/526

014014251 *广水统计年鉴/广水市统计年鉴 2008/526

010102168 广东工业大学年鉴 1996/1998,1999—2000,2005/570

008578415 广东工业统计年鉴 2000—2003,2005—2014/563

009237363 广东工会年鉴 1997—2014/561

013173454 广东土木建筑年鉴 2008/563

008175295 广东大亚湾核电站生产运行年鉴 1994—2001/581

009036988 *广东大亚湾核电站生产运行年鉴/广东大亚湾核电站岭澳核电站生产运行年鉴 2003—2008/581

009036988 广东大亚湾核电站岭澳核电站生产运行年鉴/广东大亚湾核电站生产运行年鉴 2003—2008/581

012755673 *广东大亚湾核电站岭澳核电站生产运行年鉴/大亚湾核电运营管理有限责任公司年鉴 2009—2013/581

011966554 广东卫生年鉴 2006—2011/566

013752764 广东火炬统计年鉴 2012/562

008935583 广东电信年鉴/中国电信广东公司年鉴 2000—2004, 2006—2008/569

009062441 广东电信实业年鉴/中国通信服务广东公司年鉴 2002—2007/563

012759042 *广东电信实业年鉴/中国通信服务广东公司年鉴 2008/564

012351843 广东外语外贸大学年鉴 2007/570

009237336 广东司法行政年鉴 2001—2002/561

013926375 广东台商投资年鉴 2009/564

009169434 广东地政地产年鉴/广东国土资源年鉴 1996—1999/562

009033490 *广东地政地产年鉴/广东国土资源年鉴 2000—2003, 2005—2012/562

009014768 广东地税年鉴 1994/2000, 2002—2014/564

011139771 广东共青团年鉴/广东省共青团年鉴 2006—2011/561

008993661 广东机械产品年鉴 2003/562

008583852 广东年鉴 1941/560

001823985 广东年鉴 1987—1988, 1990—2014/560

012790995 广东企业年鉴 2010—2013/562

009840746 广东交通年鉴 2002, 2006—2007/563

005264103 广东农村统计年鉴 1993—2003, 2005—2014/560

008035402 广东设计年鉴 1993, 2004/566

009934620 *广东设计年鉴/中国设计机构年鉴 2006, 2008/939

009913107 广东财政年鉴 2005—2014/564

012525964 广东社会统计年鉴 2009/560

012351836 广东纺织年鉴 2005/2008/562

009169434 *广东国土资源年鉴/广东地政地产年鉴 1996—1999/562

009033490 广东国土资源年鉴/广东地政地产年鉴 2000—2003, 2005—2012/562

009395463 广东法院年鉴 1998—2012/561

008969081 广东知识产权年鉴 2002—2014/561

009357351 广东物价年鉴 1985—1986/564

008481202 广东物价年鉴 1987—1993, 1996—2003, 2005/564

012517876 广东建设年鉴 2009—2014/562

008876493 广东建材年鉴 2001/2002/563

009169598 广东建筑及建材年鉴 2002/563

008457806 广东经济年鉴 1940/561

011966547 广东经济年鉴 2007—2008, 2012/562

010224181 广东经济普查年鉴 2004, 2008/562

009616827 广东城市调查年鉴/广东城市调查统计年鉴 2004—2006/561

009616827 *广东城市调查统计年鉴/广

东城市调查年鉴 2004—2006/561

008406220 广东省工业统计年鉴 1997—1999/563

009927820 广东省卫生统计年鉴 2004—2012/566

012517879 广东省文化文物统计年鉴 2009—2014/565

011139771 *广东省共青团年鉴/广东共青团年鉴 2006—2011/561

013396958 广东省安全生产年鉴 2011—2012/566

007630643 广东省防灾减灾年鉴 1995—2003,2005—2014/566

008103307 广东省戏剧年鉴 1980—1982,1984—1986,1986/1995,1996/2000/566

008153029 广东省统计年鉴/广东统计年鉴 1984—1990/560

006915850 *广东省统计年鉴/广东统计年鉴 1991—2014/560

013608609 广东省博物馆年鉴 2010/569

011139781 广东省植物发育生物工程重点实验室年鉴 2005—2006/570

011140152 *广东省新兴县国民经济统计年鉴/新兴县统计年鉴 2000—2012/603

013753709 广东省煤矿安全生产年鉴 1993/1995/563

009913112 广东科协年鉴 2003—2013/565

011139778 广东科协统计年鉴 2003—2005,2010/565

009062444 广东科技年鉴 2000—2013/565

011501939 广东科技统计年鉴 2006—2008/565

012047173 广东保险年鉴 2006—2010/564

013788113 广东保险统计年鉴 1980/2008/565

012176984 广东信用担保年鉴 2009—2013/564

009840751 广东信息产业年鉴 2005/563

010224211 广东美术馆年鉴 1998—2009/570

008153029 *广东统计年鉴/广东省统计年鉴 1984—1990/560

006915850 广东统计年鉴/广东省统计年鉴 1991—2014/560

011139774 广东疾病控制工作年鉴 2005—2009/566

009726028 广东旅游年鉴 2004—2013/563

012525953 广东教育年鉴 2007—2011,2013/565

011501943 广东职业培训和技工教育年鉴 2007/565

007698977 广东商业年鉴 1931/564

012361853 广东商业摄影年鉴 1995/565

012351848 广东微波卫星机动通信年鉴 2003,2005—2006/564

008728182 广东新闻年鉴 1998—2001/565

009104884 广东精神文明建设年鉴 2002—2011,2012/2013,2014/561

013311683 广汉年鉴 2006,2010/2011/664

008438570 广宁年鉴 1998—2000,2001/2002,2013—2014/592

012351851 广西工学院年鉴 1997/1999/614

013752759 广西工学院鹿山学院年鉴 2011/614

009217460 广西工商行政管理年鉴 1998/605

009805076 广西卫生年鉴 2002—2012/609

011396255 广西水利统计年鉴 2005—2007

/607

011139797 广西长途电信线务局年鉴 1998—2003/611

010224228 广西公安统计年鉴 1988/605

012517880 广西文化年鉴 2009—2013/608

010224225 *广西电力有限公司年鉴/广西电力年鉴 1994/1995,1996/1997,1998—1999,2001—2004/607

011502035 *广西电力有限公司年鉴/广西电网公司年鉴/广西电力年鉴 2005,2007,2011,2013/610

010224225 广西电力年鉴/广西电力有限公司年鉴 1994/1995,1996/1997,1998—1999,2001—2004/607

011502035 *广西电力年鉴/广西电网公司年鉴/广西电力有限公司年鉴 2005,2007,2011,2013/610

011502035 广西电网公司年鉴/广西电力年鉴/广西电力有限公司年鉴 2005,2007,2011,2013/610

011734431 广西电信长途传输局年鉴 2005/611

009616884 广西电信年鉴/广西邮电年鉴 2000—2008,2011/607

009913131 广西民政统计年鉴 2001,2005—2007,2010—2011/605

009933477 *广西民族大学年鉴/广西民族学院年鉴 2003—2014/611

009933477 广西民族学院年鉴/广西民族大学年鉴 2003—2014/611

012176993 广西地税年鉴 2008—2012/608

011139800 广西共青团年鉴 2002—2006/605

008177731 广西师范大学年鉴 1993/1994,

1995/1996,1997/1998,1999/2000,2001/2002,2003/2004,2005—2012/617

008134240 广西年鉴 1933/604

005325884 广西年鉴/广西经济年鉴 1987—1992,1994—2004,2006—2014/604

012351890 *广西自考年鉴/广西壮族自治区自学考试工作年鉴 2001/609

013634093 广西企业与企业家年鉴 2011—2012/606

009062446 广西企业年鉴 1996—2002,2004—2006/606

011139803 广西企业集团和重点企业统计监测年鉴 2002—2003/606

012351882 *广西壮族自治区地下水动态年鉴/广西壮族自治区地下水质年鉴 1981/1985,1986—1988,1989/1990/609

012351882 广西壮族自治区地下水质年鉴/广西壮族自治区地下水动态年鉴 1981/1985,1986—1988,1989/1990/609

012351890 广西壮族自治区自学考试工作年鉴/广西自考年鉴 2001/609

006088434 广西壮族自治区戏剧年鉴 1985/609

011502056 广西壮族自治区环境监测年鉴 1993—1995/609

011502063 *广西壮族自治区招生工作年鉴/广西壮族自治区招生考试工作年鉴/广西招生考试年鉴 1991,1994,1996,1998—2005,2008—2010/608

011502063 广西壮族自治区招生考试工作年鉴/广西壮族自治区招生工作年鉴/广西招生考试年鉴 1991,1994,1996,1998—2005,2008—2010/608

012177003 广西壮族自治区物价调查统

计年鉴 1987/607

008399421 *广西壮族自治区桂林地区统计年鉴/桂林地区统计年鉴 1985—1987,1998/616

013172728 广西壮族自治区疾病预防控制中心年鉴 2010/609

009933473 广西交通年鉴 1992—2012/607

012176997 广西农业年鉴 1998/606

009426071 广西劳动和社会保障年鉴 2002—2003/606

014014253 广西县域经济年鉴 2009/605

008400221 广西邮电年鉴 1997—1999/607

009616884 *广西邮电年鉴/广西电信年鉴 2000—2008,2011/607

012176989 广西财经学院年鉴 2004/2005/611

007916517 广西财政年鉴 1985/1989,1990/1994,2001/2003,2004/2005,2006—2008,2010—2014/608

013753713 广西体育年鉴 2008/2009,2010/2011/609

009324807 广西社会科学年鉴 2003,2005—2013/604

011502044 广西社会科学界联合会年鉴 2002/604

011396232 广西环境年鉴 2006,2007/2008,2009—2013/609

011502063 *广西招生考试年鉴/广西壮族自治区招生考试工作年鉴/广西壮族自治区招生工作年鉴 1991,1994,1996,1998—2005,2008—2010/608

012047174 广西林业年鉴 1950/2003,2008/2009,2010—2012/606

010224252 广西质量技术监督年鉴 2005/606

008940435 广西金融年鉴 1996/608

012923462 广西国土资源年鉴 2010—2013/605

009237367 广西物价年鉴 1997/607

009501733 广西审计年鉴 2002/2003,2004/2005/606

009104887 广西建设年鉴 2002—2003,2004/2005,2006—2007,2011—2012/606

008108803 广西经济年鉴 1985/605

005325884 *广西经济年鉴/广西年鉴 1987—1992,1994—2004,2006—2014/604

011396243 广西经济普查年鉴 2004,2008/605

012791012 广西政法年鉴 2010—2014/605

009215377 广西科技年鉴 1995—1996,1996/2000,2001/2005,2006/2010/608

013089996 广西保险年鉴 2002/608

001992547 广西统计年鉴 1982—1984,1986—2013/604

010102216 广西旅游年鉴 2001—2004,2007/2008/607

011502038 广西调查年鉴 2007—2014/604

011502048 广西通信年鉴 2001/2003/607

008957069 广西教育年鉴 1991—2002,2004—2010/608

012791007 广西教育学院年鉴 2010—2014/611

013710792 广西教育经费统计年鉴 2008/608

011822008 广西检验检疫年鉴 2000/2006,2007/2008/609

012791003 广西检察年鉴 2010/605

011396258 广西微波通信局年鉴 2000/611

007542310 广州工商年鉴 1947/567

012079128 广州艺术博物院年鉴 2006—2011/569

008728183 广州电信年鉴 1997—2003/569

007698656 [广州市]卫生年鉴 1925/1926—1926/1927/571

008405389 广州市卫生年鉴 1998/571

011139810 广州市卫生统计年鉴 2004—2008/570

009015853 *广州市天河年鉴/天河年鉴 2002—2013/572

013680515 广州市白云区统计年鉴 2011/572

012923466 广州市市政园林建设统计年鉴 2005—2006/571

008457800 广州市市政府统计年鉴 1929/567

012351903 广州市地方税务局年鉴 2007—2010,2012/569

010224257 广州市全国经济普查年鉴 2004,2008/567

013772636 广州市花都区统计年鉴/花都统计年鉴 2011/573

008398349 *广州市花都年鉴/花都年鉴 1997—2014/573

008230598 *广州市政府统计年鉴/广州年鉴 1935/566

011396264 广州市荔湾区经济社会事业发展年鉴 2006/571

009616792 广州市荔湾区商贸文化旅游年鉴 2004/571

007705657 [广州市]商业年鉴 1946/569

014014257 广州市越秀区全国经济普查年鉴/广州市越秀区第二次全国经济普查年鉴 2008/571

014014257 *广州市越秀区第二次全国经济普查年鉴/广州市越秀区全国经济普查年鉴 2008/571

008435426 *广州市越秀年鉴/越秀年鉴 1996,1996/2003,1997—2014/571

009616800 广州民营经济年鉴 2004—2009,2011—2013/567

008230598 广州年鉴/广州市政府统计年鉴 1935/566

001734022 *广州年鉴/广州经济年鉴 1983—1984/567

001733982 广州年鉴/广州经济年鉴 1983/2002,1985—2003,2005—2014/567

008137500 *广州年鉴/广州建设年鉴 广州年鉴分卷 1996—2007/568

011139813 广州远洋运输公司年鉴 2001/2005,2006—2009/568

012791016 广州社会科学年鉴 2010—2014/567

009233901 广州房地产年鉴 2001—2003,2005—2008/568

008137500 广州建设年鉴 广州年鉴分卷/广州年鉴 1996—2007/568

010102214 广州建筑集团有限公司年鉴 2000/568

001733982 *广州经济年鉴/广州年鉴 1983/2002,1985—2003,2005—2014/567

001734022 广州经济年鉴/广州年鉴 1983—1984/567

002288510 广州统计年鉴 1985—2005,2007—2014/567

008435261 广州铁路(集团)公司年鉴 1994—2012/568

008113404 广州商业年鉴 1933/569

007556626 广州商场年鉴 民国三十五年度 1946/569

008957704 广安区年鉴 1993/1998, 2001/2003, 2004/2005, 2008, 2011—2012/680

010224172 广安年鉴 2005, 2008—2014/679

008533751 广安统计年鉴 1994—2006, 2008, 2012, 2014/679

008788770 广昌年鉴 1991/1997/388

009519978 广南年鉴 2001—2002, 2004—2008, 2010—2011, 2013/737

008849849 广钢年鉴 2000—2002, 2003/2004, 2009/2011/568

008990610 广饶年鉴 2001—2012/419

011139786 广陵年鉴 2010/279

012049008 *广播电视科技创新奖（CCBN杯）年鉴/中国广播电视设备工业协会科技创新奖年鉴（CCBN杯）/中国广播电视设备工业协会广播电视科技创新奖（CCBN杯）年鉴/中国广播电视设备工业协会科技创新奖年鉴 2008—2009, 2011/957

011139765 广德年鉴 2006—2012/343

门

012199433 门源年鉴 2006—2010/791

义

013790746 义马市统计年鉴 2003/478

011823296 义马年鉴 2001/2006, 2007, 2009—2011/478

011968099 义乌年鉴 2008—2011/314

009503014 义乌统计年鉴 1997—2013/314

008437869 义县年鉴 1986/1995/155

子

013996346 子长年鉴 2011/762

013772681 *子洲"十一五"时期统计年鉴汇编/子洲统计年鉴 2006/2008, 2009—2011/766

008941928 子洲年鉴 1990/2000/766

013772681 子洲统计年鉴/子洲"十一五"时期统计年鉴汇编 2006/2008, 2009—2011/766

卫

008588928 卫东区年鉴/平顶山市卫东区年鉴 1991—2014/463

009588916 卫生部卫生监督中心年鉴 2004—2010/35

008574201 卫辉市年鉴 1989/1993, 1994/1997, 1998/2000/470

009436839 *卫滨年鉴/新华区年鉴 1995—1997, 1998/1999, 2000—2002/469

010226852 卫滨年鉴/新乡市卫滨年鉴/新华区年鉴 2004, 2006—2008, 2010—2013/469

女

010102792 女子诗报年鉴 1988/2008, 2004/929

马

011140375 马 山 年 鉴 1987/1999, 1999/2002/613

013603189 马山统计年鉴 2012/613

008728208 马龙年鉴 1995—2006, 2010—2012/718

009237393 马尔康县年鉴 1991/1995, 1996/2000/686

009618280 马边彝族自治县年鉴 1994/

2003,2009—2011/673

009324867 马关年鉴 2001—2008,2010/737

012923829 马克思主义理论研究与学科建设年鉴/中国特色社会主义年鉴 2010—2014/845

013173531 马村区年鉴/焦作市马村区年鉴 2006/2007,2008/2009,2010/2011/472

008199292 马来西亚工商经济年鉴 1984/1985/905

006038478 马钢年鉴 1987—2014/333

006908854 马鞍山年鉴 1990—2013/333

008435158 马鞍山统计年鉴 1998—2014/333

乡

008554415 乡宁年鉴 1985—1988,2002/2003,2004/2005/111

012361523 *乡宁县国土资源五年鉴/乡宁县国土资源年鉴 2002/2007/112

012361523 乡宁县国土资源年鉴/乡宁县国土资源五年鉴 2002/2007/112

012593426 乡宁政协年鉴 2009/112

008998221 乡城年鉴 1991/1995,1996/1997,1998/1999,2000/2001,2006/2009,2010/2011/690

012559243 *乡镇企业统计年鉴/浙江省乡镇企业统计年鉴 2001—2002,2004,2006—2009/287

四画

丰

011966341 丰宁水电站年鉴 1995/2006/83

008406278 *丰宁县年鉴/丰宁满族自治县年鉴 1949/1981,1991/1995,2005—2010/82

011139692 *丰宁县统计年鉴/丰宁满族自治县统计年鉴 1985,2000—2001,2004—2006,2008/83

008406278 丰宁满族自治县年鉴/丰宁县年鉴 1949/1981,1991/1995,2005—2010/82

011139692 丰宁满族自治县统计年鉴/丰宁县统计年鉴 1985,2000—2001,2004—2006,2008/83

012351793 丰台车辆段年鉴 2007—2010/42

012176959 丰县年鉴 2009—2010,2012/263

009289315 *丰县统计年鉴/江苏省丰县统计年鉴 1994,1996—1998,2000,2003—2004/263

010101969 丰泽区统计年鉴 1999—2001,2003,2005/360

008403702 丰城年鉴 1989/1996/386

008588870 丰顺年鉴 1994/1995,1997/1998,1999/2000,2001/2002,2004,2006,2012/595

009503030 丰都年鉴 2004—2012,2014/641

013397023 丰润年鉴 2011—2013/73

011140239 丰满区年鉴 2006—2008,2011/173

王

013932518 王庄煤矿工作年鉴 2010/99

开

009307975 开元区经济社会年鉴 2003/355

012199156 开化年鉴 2008—2013/316

013467408 开平年鉴 2008/2009/587

012047430 开江年鉴 2006/2007/682

011822255 开阳年鉴 2003,2007—2008/697

009913809 开远年鉴 2005,2007,2009—2014/733

013713447 开远保安工作年鉴 2012/733

008001278 开远铁路分局年鉴 1990/733

009503280 开县年鉴 2004—2006/640

013932111 开封卫生年鉴 1984,1993—1994/459

008247783 开封年鉴 1993—2014/459

007733434 开封统计年鉴 1994—2014/459

011822259 开原年鉴 2005/161

009406192 开滦年鉴 1963/1985,2002,2010/72

井

014014872 *井下作业处年鉴/四川石油管理局井下作业处年鉴 1991/1995/671

013656071 井冈山市统计年鉴/井冈山统计年鉴 2004,2008/384

013656071 *井冈山统计年鉴/井冈山市统计年鉴 2004,2008/384

008977173 *井陉年鉴/井陉县年鉴 1989,1997,2004—2007,2009—2013/70

008977173 井陉县年鉴/井陉年鉴 1989,1997,2004—2007,2009—2013/70

011966741 井陉财政年鉴 2008/70

009519830 *井研年鉴/井研县年鉴 1986/1987,1988—2008/672

009519830 井研县年鉴/井研年鉴 1986/1987,1988—2008/672

天

008395269 天门年鉴 1986/1989,1990/1991,1992/1995,2012—2014/529

009426253 天门统计年鉴 2002—2009,2011/2013/529

002459235 天水年鉴 1987,2011—2012/778

009900456 *天水经济年鉴/天水经济统计年鉴/天水统计年鉴 1985/2005,2001—2004,2007—2010/778

009900456 天水经济统计年鉴/天水经济年鉴/天水统计年鉴 1985/2005,2001—2004,2007—2010/778

007712964 *天水经济统计年鉴/天水统计年鉴 1990—1991,1993—1999,2006/778

009900456 *天水统计年鉴/天水经济统计年鉴/天水经济年鉴 1985/2005,2001—2004,2007—2010/778

007712964 天水统计年鉴/天水经济统计年鉴 1990—1991,1993—1999,2006/778

013090404 天水教育年鉴 2006/2008/779

013636599 天长年鉴 2010—2012,2014/338

013932469 天长统计年鉴 2004—2005/338

012199708 天台年鉴 2003—2010/320

014014916 天则经济研究所年鉴 2008/8

009492541 天全年鉴 2002—2004,2009—2014/683

013820262 天坛脑血管病中心年鉴 2010/2012/35

009015853 天河年鉴/广州市天河年鉴 2002—2013/572

013609217 天顺年鉴 2006/2010/127

009934582 天津工业大学年鉴 2004—2009/54

009081501 天津大学年鉴 1993/1994,1995—2002,2004—2005,2007—2008/54

012199661 天津大学建筑学院年鉴 2005/2006/54

010102763 天津卫生年鉴 2005—2010/55

011967391 天津卫生监督工作年鉴 2007/55

008643545 天津区县年鉴 2000—2012,2014/49

009036955 *天津水务年鉴/天津水利年鉴 1991/1996,1998—2010/52

009036955 天津水利年鉴/天津水务年鉴 1991/1996,1998—2010/52

008878936 天津公安年鉴 2000—2006,2010/50

008851382 天津石化年鉴 1993—1994,2000/51

013603317 天津市人民检察院第一分院年鉴 2011/50

009926376 天津市卫生防病中心年鉴 2004—2005/55

012530204 天津市卫生局公共卫生监督所年鉴 2000/55

013379114 天津市东丽年鉴/东丽年鉴 2010/57

009926369 *天津市北辰年鉴/北辰区年鉴 1998/2002,2003—2006,2008—2009,2013/57

010102762 天津市电话局年鉴 1996,1998—1999/52

011503531 *天津市市政工程局年鉴/天津市政年鉴 1999,2001,2003,2005/55

011399062 天津市民政统计年鉴 1998,2000,2010/50

008944134 *天津市对外经济贸易年鉴/天津对外经济贸易年鉴/天津商务年鉴 1996—1999,2001—2004/53

013790092 *天津市西青经济开发区年鉴/西青经济开发区年鉴 2004—2005/57

008728232 天津市农村社会经济统计年鉴/天津郊区统计年鉴 1996,1998,2000—2003/50

009835559 *天津市农村社会经济统计年鉴/天津郊区统计年鉴 2004—2005/49

012199700 天津市纪检监察年鉴 2005/50

008851392 *天津市邮政局年鉴/天津邮政年鉴 1996,1998—2011,2013—2014/52

011140147 天津市武清区统计年鉴/武清县统计年鉴/武清区统计年鉴 1992,1994,2003—2004,2007/57

011823205 天津市国土资源和房屋管理年鉴 2008—2011,2013/51

009501703 *天津市河北年鉴/河北区年鉴/河北年鉴 1997/2003,2004—2011/56

009934586 天津市城市居民生活与物价调查统计年鉴/天津城市居民生活与物价调查统计年鉴 2000/2003,2002/2004/50

011503531 天津市政年鉴/天津市市政工程局年鉴 1999,2001,2003,2005/55

006997349 *天津市南开区年鉴/南开区年鉴/天津南开年鉴 1984—1987,1989—1990,1992—1996,1997/2001,2002—2008,2010,2012/56

008229386 天津市统计年鉴 1928/1932/49

011823209 天津市疾病预防控制中心年鉴 2006,2009—2012/55

008239298 天津市畜牧业经济历史年鉴 1988/51

011503521 天津市塘沽年鉴/塘沽年鉴/天津市滨海新区塘沽年鉴 2007—2013/58

011503521 *天津市滨海新区塘沽年鉴/天津市塘沽年鉴/塘沽年鉴 2007—2013/58

011399057 天津市精神文明建设年鉴 2003/2004,2005/2006/50

011141176 天津汉沽年鉴 2006/58

013174651 天津·宁河年鉴/宁河年鉴 2009/59

008944134 天津对外经济贸易年鉴/天津市对外经济贸易年鉴/天津商务年鉴 1996—1999,2001—2004/53

009980878 *天津对外经济贸易年鉴/天津商务年鉴 2005—2008/52

010102758 天津机械统计年鉴 1994,1998—1999/51

008604937 天津年鉴/天津经济年鉴 2000—2003,2005—2014/49

009015861 天津企业年鉴 1997/2001,2002—2003/51

010227001 天津农业资源区划年鉴 1997/51

009197899 天津农村年鉴 2003/51

012530207 天津戏剧年鉴 1981/1982/55

011967417 天津邮电年鉴 1997/52

008851392 天津邮政年鉴/天津市邮政局年鉴 1996,1998—2011,2013—2014/52

008957528 天津财政年鉴 1997—2002,2004—2013/53

008851386 天津体育年鉴 1995—2004/54

009618296 天津社会科学年鉴 2004—2006,2008—2012/49

010102765 天津武警年鉴 2000—2001/50

012361494 天津规划年鉴 2009—2014/55

008728232 *天津郊区统计年鉴/天津市农村社会经济统计年鉴 1996,1998,2000—2003/50

009835559 天津郊区统计年鉴/天津市农村社会经济统计年鉴 2004—2005/49

009618298 *天津·河东年鉴/河东年鉴 2001/2003,2005—2006,2008—2010/56

006036512 天津经济年鉴 1986—1999/51

008604937 *天津经济年鉴/天津年鉴 2000—2003,2005—2014/49

010226996 天津经济技术开发区年鉴/天津经济技术开发区(南港工业区)年鉴 2006—2009,2012—2014/58

010226996 *天津经济技术开发区(南港工业区)年鉴/天津经济技术开发区年鉴 2006—2009,2012—2014/58

011139937 天津经济普查年鉴 2004,2008/50

009934586 *天津城市居民生活与物价调查统计年鉴/天津市城市居民生活与物价调查统计年鉴 2000/2003,2002/2004/50

013396630 天津南开中学年鉴 2011—2014/54

006997349 *天津南开年鉴/南开区年鉴/天津市南开区年鉴 1984—1987,1989—1990,1992—1996,1997/2001,2002—2008,2010,2012/56

009926373 天津科技年鉴 2004—2014/53

012199673 天津科技统计年鉴 2005,2011/53

012806208 天津保险年鉴 1991/1996,2007,2009/53

009405996 天津信息化年鉴 2003—2008/53

003601362 天津统计年鉴 1984—1988,1990—2014/50

008137895 天津铁路分局年鉴 1987—2002/52

012199669 天津调查年鉴 2007—2014/49

008789157 天津教育年鉴 1999—2002,2004—2011,2013/54

008866884 天津教育招生考试年鉴 2000—2002/53

008944134 *天津商务年鉴/天津对外经济贸易年鉴/天津市对外经济贸易年鉴 1996—1999,2001—2004/53

009980878 天津商务年鉴/天津对外经济贸易年鉴 2005—2008/52

005032989 天津普通教育年鉴 1986—1990,1994,1996,1998/54

012361491 天津滨海高新技术产业开发区年鉴 2009/58

011140144 天津滨海新区统计年鉴 1994/1998,1999—2000,2004—2005,2010—2014/58

009015857 天津餐饮年鉴 2001/52

012801182 天祝年鉴 2006/2007/779

013711451 天祝统计年鉴 2008/779

008398295 天桥年鉴/济南市天桥年鉴 1991/1993,1994/1995,1996/1997/1998,1999/2003,2004/2009,2009/2010/404

008643799 天桥法院年鉴 1993/1997/404

012925101 天等年鉴 2008—2013/627

009926674 天福茶博物院年鉴 2002—2004,2006—2009,2011/363

元

007977944 *元江年鉴/元江哈尼族彝族傣族自治县年鉴/元江县年鉴 1994,1996—2005,2007—2014/722

007977944 *元江县年鉴/元江哈尼族彝族傣族自治县年鉴/元江年鉴 1994,1996—2005,2007—2014/722

007977944 元江哈尼族彝族傣族自治县年鉴/元江县年鉴/元江年鉴 1994,1996—2005,2007—2014/722

012048803 元阳年鉴 2008,2011—2014/734

012983868 元坝年鉴 2008—2011/668

008849896 元谋年鉴 1992,1994—1998,1999/2000,2001/2002,2003—2008,2011—2013/731

无

008438588 无棣年鉴 1991/1997,1998/2000/442

013758178 无棣县经济普查年鉴 2008/442

013481560 无棣统计年鉴 2008,2011—2012/442

013932522 无锡工商年鉴 2010/259

013936507 无锡市中级人民法院年鉴 1998/259

012925174 无锡市地方税务年鉴 2008/2009,2010/2011/260

009264750 无锡市城市建设年鉴 1986/1990,1991/1992,1993/1994,1995—2008/260

009913583 无锡民营经济年鉴 2003—2011/259

004598693 无锡年鉴 1986/1990,1992—2014/259

008749475 无锡交通年鉴 1991/1995,2000—2006,2006/2010,2007/260

008143969 无锡县公安局年鉴 1932/1933/260

013677370 无锡保险年鉴 2012—2014/260

004598740 无锡统计年鉴 1990—1995,1997—2014/259

013791000 无锡教育年鉴 2009—2010/260

云

009062536 云龙年鉴 1995,1995/2000,2010—2014/740

008849821 云安年鉴 1997—1999,2001—2002,2004—2009,2011—2014/603

009324527 *云阳年鉴/云阳县年鉴 1993,2000,2002—2005,2007—2009/641

009324527 云阳县年鉴/云阳年鉴 1993,2000,2002—2005,2007—2009/641

008941923 云县年鉴 1992,1994—1997,1999—2014/729

009926588 云和年鉴 1997—2011/321

009195398 *云城区年鉴/云城年鉴/云城区综合年鉴/云浮市云城区年鉴 1999,2001/2005,2006/2007,2008/2009,2011—2012/602

009195398 *云城区综合年鉴/云城年鉴/云城区年鉴/云浮市云城区年鉴 1999,2001/2005,2006/2007,2008/2009,2011—2012/602

009195398 云城年鉴/云城区综合年鉴/云城区年鉴/云浮市云城区年鉴 1999,2001/2005,2006/2007,2008/2009,2011—2012/602

013677449 云南人力资源和社会保障年鉴 2011—2013/708

012925206 *云南人口和计划生育年鉴/云南省人口和计划生育年鉴 2006/2008,2010—2011/706

011968118 云南工业大学年鉴 1994/1999/713

012724315 云南工业和信息化年鉴 2010—2014/709

009208270 云南工商年鉴 2002—2003,2005—2013/708

013677515 云南大学共青团年鉴 2012/712

010226810 云南大学统计年鉴 2002/713

010102775 云南小康年鉴 2005—2014/707

012048809 云南个体私营经济年鉴 2001/707

012925209 云南卫生年鉴 2009,2011/2012,2013/711

009934593 云南乡镇年鉴 2004/708

012530573 云南水利年鉴 2009,2011—2014/709

011503642 云南公安年鉴 2005—2009/707

008923189 云南电力年鉴 1994,1996—2013/708

010102208 云南电信年鉴 1999/2000,2002—2003/710

011823303 *云南生态年鉴/云南生态经济年鉴 2008—2010,2012—2014/708

011823303 云南生态经济年鉴/云南生态年鉴 2008—2010,2012—2014/708

013609309 云南永昌铅锌股份有限公司年鉴 2005—2007/723

012593456 云南司法行政年鉴 2008—2013/707

009913816 云南地税年鉴 2002—2012/710

012200437 云南师范大学年鉴 2005—2006,2008,2010—2013/714

005431058 云南年鉴 1986—1989,1991—1997,1997/2001,1998—2003,2005—2014/706

011141243 云南抗震防灾年鉴 1966/2001

/711

009036826 云南邮电年鉴 1997—1999/709

009120141 云南邮政年鉴 1999/2000,2001/2002,2004—2014/709

011141239 云南财经大学年鉴 2005—2007,2009,2011—2012/713

011968112 云南财政年鉴 2007—2009/710

009542202 云南财贸学院年鉴 2003—2004/713

013467755 云南社会科学年鉴 2008/2010,2012—2014/706

010227018 云南社科联年鉴 2004—2007,2009—2010/706

010102778 云南林业年鉴/云南省林业年鉴 1985—1987,1988/1989,1990/708

008728256 云南金融年鉴 1996—2014/710

012361586 云南国土资源年鉴 2009—2011/708

011968136 云南国税年鉴 2007—2012/710

013609299 云南法院年鉴 1998—2003,2010/707

011968125 云南供销合作社年鉴 2006—2007,2010—2011/710

009459719 云南建设年鉴 2003/708

008199185 云南经济年鉴 1993—2001,2003,2005—2014/707

011399620 云南经济普查年鉴 2004,2008/708

011399615 云南城市年鉴 2007/708

012243729 云南政协年鉴 2008—2013/707

012925206 云南省人口和计划生育年鉴/云南人口和计划生育年鉴 2006/2008,2010—2011/706

013677519 云南省工业园区年鉴 2012/709

013608603 云南省大理白族自治州中级人民法院年鉴/大理州中级人民法院年鉴 2009—2010/739

010226816 云南省气象统计年鉴 1981/1985/711

009519803 *云南省玉溪市统计年鉴/玉溪统计年鉴/玉溪市统计年鉴 1995—1996,1998,2001—2008,2010,2012/720

012724381 云南省农业科学院年鉴 1996—1997,2005/714

009436884 云南省社会科学院年鉴 2002/2003/713

013899422 云南省环境监测年鉴 1985/711

010102778 *云南省林业年鉴/云南林业年鉴 1985—1987,1988/1989,1990/708

012200433 云南省国有资产监督管理年鉴 2008,2009/2010,2011/707

011140219 云南省科协统计年鉴 2003—2004/711

011503693 云南省疾病预防控制中心年鉴 2007—2009,2011—2012/714

011503690 云南科技年鉴 2006,2008—2013/710

012925205 云南保险年鉴 1980/2003,2005,2008—2012/710

006010736 云南统计年鉴 1986—2014/706

011823301 云南档案年鉴 1996/1997/710

009395870 云南旅游年鉴 2003—2004,2005/2010/709

012801309 云南烟草年鉴 2008—2013/709

009928065 云南酒业年鉴 2004,2005/2008/712

014217032 云南调查年鉴//706

011140205 云南能源统计年鉴 2000/2005,

2005/2009,2011—2013/709

009503012 云南检察年鉴 1990,1994—2003/707

012048787 *云南铜业玉溪矿业·云南达亚年鉴/玉溪矿业公司云南达亚公司年鉴/玉溪矿业云南达亚年鉴 2004/2006,2007—2010,2012/720

009492872 云南铜业年鉴 2002—2014/709

008432403 云南减灾年鉴 1991/1995,1996/1997,1998/1999,2000/2001,2004/2005,2006/2007,2008/2009,2010/2011/711

013677375 云南商务年鉴 2011—2014/710

009195398 *云浮市云城区年鉴/云城年鉴/云城区综合年鉴/云城区年鉴 1999,2001/2005,2006/2007,2008/2009,2011—2012/602

011503639 云浮市经济普查年鉴/云浮经济普查年鉴 2004,2008/602

008588982 云浮年鉴 1999—2014/602

011503639 *云浮经济普查年鉴/云浮市经济普查年鉴 2004,2008/602

008403875 云浮统计年鉴 1998—2012/602

008438624 云梦年鉴 1988/1995,1996/2000/518

013758745 云梦统计年鉴 1997,2001,2003,2004/2005,2008/2009,2010/518

012530577 云溪年鉴 2009—2010,2012—2014/548

扎

010226989 扎兰屯年鉴 2013/128

012521639 扎赉特年鉴 2004/2007,2011/2012,2013/131

木

008651510 木兰年鉴 1992,1998—2001,2005—2006/195

009805655 木兰县国民经济统计年鉴 1997—2000/195

011966862 木垒年鉴 2008—2012/818

五

009215403 五九七年鉴 2002/204

009933594 五大连池市国民经济统计年鉴 1949/1998/217

012200217 五大连池年鉴 2006/2007/217

009182893 五华年鉴 1994—1995,1997—1998,1999/2000,2001—2006,2008—2014/595

008435199 五华年鉴 1996—2014/714

013677378 五华统计年鉴 2004—2011/714

012200231 五邑大学年鉴 2004/586

012983803 五指山市年鉴 2009—2013/631

008438699 五莲年鉴 1989/1997,2009/434

013965498 五莲统计年鉴 2003,2010/434

013312027 五峰年鉴 2010/511

008426366 五通桥区年鉴 1994—2007,2009,2012/672

太

008397331 太仓年鉴 1997—2014/269

009913738 太谷年鉴 2000/2002/105

009492630 太和区年鉴 1986/155

013680584 太和年鉴 2011/339

008245566 太钢年鉴 1990—2009,2011—2014/93

011966807 *太钢集团临汾钢铁有限公司·山西新临钢钢铁有限公司年鉴/临钢·新临钢年鉴 2000—2012/109

012925090 太原市小店区年鉴/小店区年

鉴 1998/2003,2007—2008,2010/95

013936500 太原市电信年鉴 1999/2000/94

012079537 太原市农业年鉴 1988/2001/93

012048618 *太原市教育事业统计年鉴／太原市教育统计年鉴／太原教育事业统计年鉴 2002/2003,2003/2004,2004,2005/2006,2006/2007,2008/2009,2009/2010/95

012048618 太原市教育统计年鉴／太原市教育事业统计年鉴／太原教育事业统计年鉴 2002/2003,2003/2004,2004,2005/2006,2006/2007,2008/2009,2009/2010/95

009928040 太原机车车辆厂年鉴／中国北车集团太原机车车辆厂年鉴 1998,2003/94

008825441 太原年鉴 1989,1990/1991,1992/1993,1994—2011,2013/92

010226992 太原财政年鉴 2002,2003/2004,2007/2008,2009—2010/95

009036946 太原社会经济统计年鉴 2001/2002,2003—2005,2007/93

012048612 太原供电分公司年鉴 2006—2008,2010/93

013711448 太原组织工作年鉴 2004,2006,2008—2010/93

008993737 太原统计年鉴 2000,2008—2014/93

008749292 太原铁路分局年鉴／太原铁路局年鉴 1989,1995—1996,1999/2000,2002—2011/94

008749292 *太原铁路局年鉴／太原铁路分局年鉴 1989,1995—1996,1999/2000,2002—2011/94

012048618 *太原教育事业统计年鉴／太原市教育统计年鉴／太原市教育事业统

计年鉴 2002/2003,2003/2004,2004,2005/2006,2006/2007,2008/2009,2009/2010/95

013996111 太康年鉴 2013—2014/486

009502315 太湖年鉴 1998/2003,2003/2007/336

历

013634352 历下区统计年鉴 2003—2004,2006—2009,2011/404

010226315 历史年鉴 1901—1950/941

008728203 历城年鉴 1986/1995,1996/2001/404

009617872 历城统计年鉴 2000—2011/404

友

009324511 友好年鉴 1988/1990/208

013609296 友谊县年鉴 2006/2008/204

009492837 友谊县（农场）社会经济统计年鉴 1997/1999,2000/2001/204

尤

009616780 尤溪年鉴 2002—2009,2011—2013/358

牙

008435135 牙克石市年鉴／牙克石年鉴 1996,1999—2000,2001/2002,2004—2005/128

008435135 *牙克石年鉴／牙克石市年鉴 1996,1999—2000,2001/2002,2004—2005/128

屯

011967480 屯留年鉴 2002/2005,2006/2007,2008—2010/100

瓦

013396622 瓦房店市中心医院年鉴 2009,2011—2012/148

008397055 瓦房店年鉴 1997—2000,2001/

2002,2003—2004,2006,2013—2014/148

日

009307744 日喀则地区统计年鉴 2002—2004/746

012924979 日照卫生监督年鉴 2010—2012/433

013609046 日照地方税务年鉴 2003—2004, 2008—2009/433

008389355 日照年鉴 1990/1994,1995—2007, 2009—2014/433

008277825 日照统计年鉴 1994—2013/433

009913685 日照港年鉴 1994/1996,1997/1999,2000/2002,2003/2005,2009/2011/433

014014847 日照港第一港务分公司年鉴 1985/2012/433

中

011399959 中山大学年鉴 1997—1998,2000, 2002—2011/570

013712281 中山文艺年鉴 2007/2009/928

011139954 中山市经济普查年鉴 2004,2008/601

008403046 中山市统计年鉴/中山统计年鉴 1995—1999,2001—2014/601

008406161 中山年鉴 1991/1997,1999—2006, 2008—2014/600

008434186 中山年鉴 1998—2013/147

008403046 *中山统计年鉴/中山市统计年鉴 1995—1999,2001—2014/601

008406291 中卫年鉴 1994/1995,1996—1998, 2000,2005,2006/2007,2008—2013/803

013610082 中卫经济年鉴 2009/803

009805933 中卫统计年鉴 2003,2006/803

008006417 中日青年交流年鉴 1992/852

011823322 中电国华电力股份有限公司北京热电分公司年鉴/北京热电分公司年鉴 2003,2005—2006/12

012361612 中央文史研究馆年鉴 2009—2011/3

009934820 中央电视台广告监测年鉴 2001/22

010227256 中央电视台办公室年鉴 2005—2007/22

007211314 中央电视台年鉴/中国中央电视台年鉴 1994—1999/21

008610679 *中央电视台年鉴/中国中央电视台年鉴 2000—2013/21

010101907 中央民族大学共青团工作年鉴/共青团中央民族大学委员会工作年鉴 2004—2009,2011/5

008385239 中央民族大学年鉴 1998—2002, 2004—2012/30

011824410 中央民族大学学生会工作年鉴 2006/2007/31

009542215 中央戏剧学院年鉴 2003,2005—2011/31

009425887 中央财经大学年鉴 1998,2006/30

012243170 中央美术学院本科毕业生作品年鉴/中央美术学院毕业生作品年鉴 2000—2001/31

012243170 *中央美术学院毕业生作品年鉴/中央美术学院本科毕业生作品年鉴 2000—2001/31

012200556 中央档案馆国家档案局年鉴 2007—2012/23

008997618 *中讯邮电咨询设计院有限公司年鉴/中讯邮电咨询设计院年鉴

2002,2006—2009/454

008997618 中讯邮电咨询设计院年鉴/中讯邮电咨询设计院有限公司年鉴2002,2006—2009/454

011503764 中共三河年鉴2005—2008/86

011823345 中共大名年鉴2005,2010/77

009492591 *中共大兴安岭党史年鉴/大兴安岭党史年鉴1992,1994,1996—2007,2009/219

008977278 中共上海市委统战部年鉴2002—2003/223

012048934 中共上海市委党校上海行政学院年鉴2007—2009/222

009264707 中共山东年鉴2002—2014/391

011399721 中共山西年鉴2006—2007,2009—2012/88

012593478 中共丰南年鉴2004/2005,2006/2007,2010/2011/73

004899388 中共中央党校年鉴/党校年鉴△1984—1985,1990,1992,1994—1996,2001/4

008784546 中共中央党校函授教育年鉴1996—2006/4

009806798 中共中央党校哲学学科年鉴2002/2003,2004/2005,2006/2007,2008/2009,2010/2011/3

011141254 中共长治年鉴2004,2006—2007,2012/98

013609321 中共长治县年鉴2006/2007/99

013609414 中共甘肃省委党校年鉴2002—2011/774

013603490 中共古冶区委年鉴/中共古冶年鉴2011/73

013603490 *中共古冶年鉴/中共古冶区委年鉴2011/73

014015012 中共平邑年鉴2010/438

012048916 中共平顺年鉴2008/100

013603495 中共永仁县委年鉴2011/731

012048960 中共邢台年鉴2003—2004/78

009926260 中共成安年鉴2004—2007/77

009035966 中共曲阜年鉴2002,2002/2004/426

012802550 中共曲周年鉴2001/2003,2004/2006,2007/2009,2014/77

010102584 中共江西省委党校年鉴2000/373

009459883 中共邯郸年鉴2002—2007,2009—2010/76

012079796 中共邹城年鉴2008,2010,2012/427

011140387 中共邵阳县委工作纪事·邵阳县年鉴/邵阳县年鉴2005—2006,2008,2010/547

012530603 中共武定县委年鉴2004—2005,2007—2008/732

012048922 中共青岛市委办公厅年鉴2004/407

009015903 中共兖州年鉴2002—2003,2004/2007/426

011968204 中共河口县委年鉴2007,2011—2013/735

009617173 中共河北年鉴2002—2012/60

011141257 中共定陶年鉴2005,2007—2009,2011—2013/443

013714705 中共郓城年鉴2010—2011/444

011823738 中共绍兴市委办公室年鉴2006—2007/310

012617692 中共柘城年鉴2008/483

013603484 中共贵州省直属机关工作委

员会年鉴2011/693

009219750 中共济宁年鉴2002—2007,2010/424

012048909 中共费县年鉴2003/2007,2009/437

011823734 中共桓台年鉴2008/415

009360550 中共唐山年鉴2002—2014/72

012048969 中共诸城年鉴2004—2009/423

009805924 *中共盘锦年鉴/中国共产党盘锦年鉴2004—2009/158

011399657 中共廊坊年鉴2005/86

008147927 *中共楚雄州委年鉴/中国共产党楚雄彝族自治州委员会年鉴1993—2013/730

011968215 中共路北年鉴2006—2007,2009,2011—2012/73

011141259 中共新泰年鉴2006—2007/429

011503779 中共肇庆年鉴2007—2013/591

012724399 中共魏县年鉴2006/2008/77

004594257 中华人民共和国地质矿产部年鉴/地质矿产部年鉴1985/34

007848051 中华人民共和国年鉴1997—2014/970

011968416 中华人民共和国改革开放30年年鉴1978/2008/846

007412813 中华人民共和国海关统计年鉴/中国海关统计年鉴1993,1995—2013/18

011824438 *中华文昌故里·梓潼年鉴/梓潼年鉴1994/2000,2004/2006,2008,2010—2012/667

007698712 中华民国统计年鉴/中华民国统计年鉴汇编1948/841

007698712 *中华民国统计年鉴汇编/中华民国统计年鉴1948/841

008261466 中华年鉴1948/969

012615158 中华全国工商业联合会年鉴2007—2008,2010—2012/851

010226696 中华全国工商业联合会直属会员商会年鉴/商会年鉴2005—2006,2007/2009/7

011399952 中华灯谜年鉴1995,2007/2009/932

013758857 中华农业科技奖奖励年鉴2010/2011/953

012926203 中华诗人年鉴2009/2010/930

008946989 中华诗词十五年年鉴1987/2002/930

004389328 中华诗词年鉴1988—1989,1990/1991,1994/1995/930

010227253 中华诗词联年鉴2003/930

010227237 中华经济年鉴1994/860

008097245 中华基督教会年鉴1914,1934—1936/838

008958020 中华慈善年鉴2000—2005,2006/2007,2008—2013/849

011503839 中关村环保科技示范园年鉴2006/37

012200470 *中关村国家自主创新示范区年鉴/中关村科技园区年鉴2008—2009/43

012802564 中关村国家自主创新示范区年鉴/中关村科技园区年鉴2010—2014/43

012200470 中关村科技园区年鉴/中关村国家自主创新示范区年鉴2008—2009/43

012802564 *中关村科技园区年鉴/中关

村国家自主创新示范区年鉴 2010—2014 /43

011141495 中州铝厂年鉴 1999/2000,2001 /473

008426348 中江年鉴 1996—1997/664

008426318 中江县救灾年鉴 1950/1988/664

012530655 中阳年鉴 2006,2008/114

014015062 中阳统计年鉴 2005/2010/115

012361667 中牟年鉴 2009/458

009459997 中牟统计年鉴 1991/2001,2002, 2005—2006,2010/458

012361671 中远船务年鉴 2008/146

008849826 中远集装箱运输有限公司年鉴 1999—2010/230

008002859 中医年鉴/中国中医药年鉴 1983—1988/951

003165205 *中医年鉴/中国中医药年鉴 1989—2014/950

008125778 中医药年鉴 1957/951

012049079 中条山集团年鉴 2005/107

008902131 中国 CIS 年鉴 2002/868

013933104 中国 LED 显示应用产业发展年鉴 2010/878

012570159 中国一汽年鉴/中国第一汽车集团公司年鉴 2009—2013/170

009934747 中国二重年鉴 2003—2005/652

009841255 中国人力资源开发年鉴 2004,2007/866

008604941 *中国人力资源和社会保障年鉴/中国劳动和社会保障年鉴 1999—2006,2008/866

012593556 中国人力资源和社会保障年鉴/中国劳动和社会保障年鉴 2009—2014/866

013914929 中国人大年鉴 2006—2010/846

002653604 中国人口年鉴 1985—1992,1994—2013/842

002459144 *中国人口和计划生育年鉴/中国计划生育年鉴 1986—2013/841

002032727 *中国人口和就业统计年鉴/中国人口统计年鉴 1988—2001/842

011399849 中国人口和就业统计年鉴/中国人口统计年鉴 2007—2014/842

002032727 中国人口统计年鉴/中国人口和就业统计年鉴 1988—2001/842

011399849 *中国人口统计年鉴/中国人口和就业统计年鉴 2007—2014/842

009182931 中国人文社会科学学报年鉴 2003/839

013772703 中国人民大学文学院年鉴 2011 /30

009492898 中国人民大学年鉴 2002—2003, 2005—2012/30

009300211 中国人民代表大会年鉴/全国人民代表大会年鉴 2003—2004/846

013914934 *中国人民代表大会年鉴/全国人民代表大会年鉴 2005,2011—2012 /846

008246239 *中华人民共和国年鉴/中国年鉴 1983—1989,1991—1996,2009/969

013790785 中国人民财产保险股份有限公司福建省分公司财产保险业务统计年鉴/财产保险业务统计年鉴/保险业务统计年鉴 2002/351

013790788 中国人民建设银行天津市分行年鉴 1990/53

011399030 中国人民政治协商会议山东省泰安市委员会年鉴/泰安市政协年鉴

1998—2001,2002/2007/428

011824378 中国人民政治协商会议西藏自治区政协年鉴/西藏政协年鉴 2002/744

008426188 中国人民政治协商会议年鉴 1993—1996,1998—2013/846

012049061 中国人民政治协商会议青海省委员会年鉴 2003—2010/787

011399036 中国人民保险公司天津市分公司保险业务统计年鉴 1996/2000/53

012361646 *中国人民银行临汾分行年鉴/中国人民银行临汾市中心支行年鉴/中国人民银行临汾地区中心支行年鉴 1997,2000—2001,2004/109

012361646 中国人民银行临汾市中心支行年鉴/中国人民银行临汾分行年鉴/中国人民银行临汾地区中心支行年鉴 1997,2000—2001,2004/109

012361646 *中国人民银行临汾地区中心支行年鉴/中国人民银行临汾市中心支行年鉴/中国人民银行临汾分行年鉴 1997,2000—2001,2004/109

009036965 中国人民银行济南分行金融年鉴 2000—2004/401

008432833 中国人权年鉴 2000,2000/2005,2006/2010/846

012243033 中国人体摄影年鉴 2000/937

005033026 中国人事年鉴 1988/1989/847

004569132 中国人物年鉴 1989—1993,1995—2014/942

009806832 中国儿童文学年鉴 2001—2004,2006/932

004598807 中国儿童文学理论年鉴/儿童文学理论年鉴 1983/932

013714609 中国儿童插画家年鉴 2011/934

011141275 中国儿童福利事业年鉴 2006/848

007712975 中国三峡建设年鉴 1994,1996—1999,1999/2001,2000—2013/511

013677497 中国工业节能减排年鉴 2011/957

008335881 中国工业市场年鉴/中国市场年鉴 1997,1999—2001,2003—2006,2008/879

005059997 中国工业年鉴 1991—1993,2003—2006,2008/879

013294557 *中国工业年鉴/工业年鉴/中国工业经济年鉴 2011—2013/879

010227052 中国工业设计年鉴 2006/955

009806839 中国工业经济年鉴/工业年鉴 2005—2009/879

013294557 *中国工业经济年鉴/工业年鉴/中国工业年鉴 2011—2013/879

002456588 中国工业经济统计年鉴/中国工业统计年鉴 1988—1992,1994—1995,1998,2001—2004,2006—2014/878

002456588 *中国工业统计年鉴/中国工业经济统计年鉴 1988—1992,1994—1995,1998,2001—2004,2006—2014/878

011968229 中国工业锅炉行业年鉴 2007/2008,2009/2011/957

008187004 中国工会年鉴 1995—2014/843

006384653 中国工会统计年鉴 1991—1994,1995/1996,1997—2013/843

005059985 中国工商行政管理年鉴 1992—2014/865

009219742 中国工商银行云南省分行年鉴 2000—2001/713

010226829 中国工商银行四川省分行统

计年鉴2000/653

012243736 中国工商银行辽宁省分行营业部统计年鉴2002—2008/141

009933642 *中国工商银行吉林省分行十年鉴/中国工商银行吉林省分行年鉴1984/1994/170

009933642 中国工商银行吉林省分行年鉴/中国工商银行吉林省分行十年鉴1984/1994/170

009036131 中国工商银行年鉴2001—2014/19

013791054 中国工商银行孝感市分行年鉴/中国工商银行孝感地区分行年鉴1992,1993/1995,2001/2003,2004/2005/517

013791054 *中国工商银行孝感地区分行年鉴/中国工商银行孝感市分行年鉴1992,1993/1995,2001/2003,2004/2005/517

009618428 中国工商银行统计年鉴/中国工商银行资产负债统计年鉴1984/1998,1999—2000,2002—2004/19

009618428 *中国工商银行资产负债统计年鉴/中国工商银行统计年鉴1984/1998,1999—2000,2002—2004/19

008749119 *中国工商银行黑龙江省分行年鉴/黑龙江省工商银行年鉴1986—2001,2003—2007/192

009933342 中国工商银行福建省分行统计年鉴/福建工商银行统计年鉴1991/2000/351

009045395 中国工程机械工业年鉴2000,2002—2014/883

013677412 中国工程机械产品年鉴2011/883

009004508 中国工程建设年鉴2001—2003,2005/883

011503858 中国工程项目管理20年年鉴1986/2006/873

009492623 中国工程院年鉴1994/1997,2001—2002,2004—2012/33

008046183 中国土地年鉴1994/1995,1996—1997/875

009618459 中国土特名产年鉴2000/2001/909

008278753 中国大中型企业年鉴1996—1997/868

008006279 中国大众实用年鉴1997,2000/969

013677331 中国大学生美术作品年鉴2011—2014/938

011503854 中国大型工业企业年鉴2007—2009/881

010227032 中国大型房地产与建筑业企业年鉴/中国大型房地产业与建筑业企业年鉴2006—2012/872

010227032 *中国大型房地产业与建筑业企业年鉴/中国大型房地产与建筑业企业年鉴2006—2012/872

011399756 中国大唐集团年鉴2004—2009/12

011399856 中国上市公司年鉴2007—2013/871

011399907 中国小城镇建设年鉴2006/874

001718744 中国小说年鉴少数民族小说卷1984/931

002556041 中国小说年鉴中篇小说卷1984/931

009207519 中国小说年鉴台港小说卷1984/931

001718742 中国小说年鉴传奇小说卷 1984 /931

001718743 中国小说年鉴侦探小说卷 1984 /931

002556042 中国小说年鉴短篇小说卷 1984 /931

001718741 中国小说年鉴新闻小说卷 1984 /931

012521719 中国小康年鉴 2009/861

009036137 中国口岸年鉴 2001,2003,2005—2014/907

004605428 中国口腔医学年鉴 1986,1988,1990,1992,1995,1997,1998/2000,1999,2000/2001,2003—2011/951

009289251 中国个人金融年鉴 2003/2005,2006—2007,2008/2009,2010/913

011502945 中国广东惠州邮电年鉴/惠州邮电年鉴 1995,1998/593

012242810 *中国广告与设计分类年鉴/中国包装设计年鉴 2003/2004/938

008046263 中国广告年鉴 1988,1991,1994—1999,2001—2003,2005—2014/898

008426195 中国广告作品年鉴/IAI 中国广告作品年鉴 2000—2001,2003—2004,2006—2014/899

009618430 中国广告案例年鉴 2005—2006,2007/2008/898

008643764 中国广告摄影年鉴 1999—2001,2003—2004,2006/2007/937

009287764 *中国广播电视大学教育统计年鉴/全国广播电视大学教育统计年鉴/全国广播电视大学教育基本情况统计年鉴 1992/1993,1993—1999,2000/2001,2002—2011/924

004873028 中国广播电视年鉴 1986—1991,1992/1993,1994—2014/917

012049008 *中国广播电视设备工业协会广播电视科技创新奖(CCBN杯)年鉴/中国广播电视设备工业协会科技创新奖年鉴(CCBN杯)/广播电视科技创新奖(CCBN杯)年鉴/中国广播电视设备工业协会科技创新奖年鉴 2008—2009,2011/957

012049008 *中国广播电视设备工业协会科技创新奖年鉴/中国广播电视设备工业协会科技创新奖年鉴(CCBN杯)/广播电视科技创新奖(CCBN杯)年鉴/中国广播电视设备工业协会广播电视科技创新奖(CCBN杯)年鉴 2008—2009,2011/957

012049008 中国广播电视设备工业协会科技创新奖年鉴(CCBN杯)/广播电视科技创新奖(CCBN杯)年鉴/中国广播电视设备工业协会广播电视科技创新奖(CCBN杯)年鉴/中国广播电视设备工业协会科技创新奖年鉴 2008—2009,2011/957

009806850 中国广播收听年鉴 2005—2013/917

004605365 中国卫生年鉴 1983—2013/950

013986760 中国卫生和计划生育统计年鉴/中国卫生统计年鉴 2013—2014/950

010227113 中国卫生经济与市场年鉴 2004/949

009492610 中国卫生统计年鉴 2003—2012/950

013986760 *中国卫生统计年鉴/中国卫生和计划生育统计年鉴 2013—2014/950

010227121 中国乡镇年鉴 2005—2006/864

004621326 *中国乡镇企业及农产品加工业年鉴/中国乡镇企业年鉴 1978/1987, 1989—2005/871

011485922 中国乡镇企业及农产品加工业年鉴/农产品加工业年鉴/中国乡镇企业年鉴 2007—2012/871

004621326 中国乡镇企业年鉴/中国乡镇企业及农产品加工业年鉴 1978/1987, 1989—2005/871

011485922 *中国乡镇企业年鉴/中国乡镇企业及农产品加工业年鉴/农产品加工业年鉴 2007—2012/871

009136654 中国开发区年鉴 2002, 2004—2014/863

007342266 中国开放年鉴 1995—1996, 1998/860

009934462 中国井冈山干部学院年鉴 2003/2004, 2006—2011, 2014/384

012593578 中国元素国际创意大赛年鉴 2006/916

013174712 中国无机盐工业年鉴 2010/958

010102843 中国专利发明人年鉴 2004/2005, 2006, 2007/2008, 2008, 2008/2009, 2009/2010, 2012/942

012243122 中国艺术收藏年鉴 1992/1993, 1993/1994/934

011399936 中国艺术研究院研究生院年鉴 2004/32

010102827 中国艺术品市场年鉴 2006/934

013481796 中国艺术品拍卖年鉴 2011/904

013094232 中国艺术品拍卖年鉴 2011/904

012832578 中国艺术家年鉴李江航卷 2011/936

013899512 中国艺术家年鉴杨春华卷 2012/937

014058465 中国艺术家年鉴杨珺卷 2010/936

014062968 中国艺术家年鉴杨培江卷 2011/936

012832577 中国艺术家年鉴范扬卷 2011/936

014060598 中国艺术家年鉴罗兵卷 2005/2012/936

014060605 中国艺术家年鉴姚鸣京卷 2011/937

010226835 中国五矿集团公司统计年鉴 2005—2006/15

006940614 *中国区域经济发展年鉴/中国中西部地区开发年鉴/中国西部地区开发年鉴 1995—1998, 2000/2001, 2002—2003, 2005—2006/864

012079804 中国区域经济发展年鉴/中国中西部地区开发年鉴 2007—2014/863

008773115 中国区域经济统计年鉴 2000—2014/863

008203504 中国历史学年鉴 1979, 1981—1987, 1992—1995, 1998, 2000—2001, 2002/2012/941

005320747 中国比较文学年鉴 1986, 2008/928

009934748 中国互联网广告年鉴 2005—2006/899

008957304 *中国互联网络发展年鉴/中国互联网络年鉴 2001—2002/906

008957304 中国互联网络年鉴/中国互联网络发展年鉴 2001—2002/906

003561151 中国日本学年鉴 1949/1990,

1949/1990,1992,1992/942

009459981 中国中小企业发展年鉴/中国中小企业年鉴 2003,2004/2005,2006—2014/871

009459981 *中国中小企业年鉴/中国中小企业发展年鉴 2003,2004/2005,2006—2014/871

011399949 中国中小城市科学发展年鉴 2007—2009/874

007211314 *中国中央电视台年鉴/中央电视台年鉴 1994—1999/21

008610679 中国中央电视台年鉴/中央电视台年鉴 2000—2013/21

003862558 *中国中西部地区开发年鉴/中国西部地区开发年鉴 1979/1992,1993/863

006940614 中国中西部地区开发年鉴/中国西部地区开发年鉴/中国区域经济发展年鉴 1995—1998,2000/2001,2002—2003,2005—2006/864

012079804 *中国中西部地区开发年鉴/中国区域经济发展年鉴 2007—2014/863

008002859 *中国中医药年鉴/中医年鉴 1983—1988/951

003165205 中国中医药年鉴/中医年鉴 1989—2014/950

009588959 *中国中医药年鉴学术卷/中国中医药学术年鉴 2005,2007—2009,2011—2014/951

009588959 中国中医药学术年鉴/中国中医药年鉴学术卷 2005,2007—2009,2011—2014/951

009914379 中国中医研究院年鉴 1991—1996/36

009934814 中国中医研究院针灸研究所年鉴 1986/36

008399295 *中国中铁四局集团年鉴/铁道部第四工程局年鉴/铁四局年鉴/中铁四局集团年鉴 1994—2010,2012/328

005060121 中国内科年鉴 1983—2013/951

007977105 中国内燃机工业年鉴 1993—2014/887

004605385 中国水力发电年鉴 1949/1983,1984/1988,1989/1991,1992/1994,1995/1997,1998/2000,2001/2002,2004—2010,2012/890

009215406 中国水产品进出口贸易统计年鉴 2002—2013/907

010226706 中国水产统计年鉴 1989,1991—1992/877

009806879 中国水利水电建设集团公司年鉴 2003/2005,2006—2014/15

004594709 中国水利年鉴 1991—2003,2005—2013/890

011141407 中国水泥年鉴 2001/2005,2007—2011,2012/2013/890

004600556 中国气象年鉴 1986—2003,2005—2013/946

009806874 中国气象灾害年鉴 2005—2013/946

013821890 中国气象局气象探测中心年鉴 2008—2009/34

011503851 中国长城年鉴/长城年鉴 2006/33

009841222 中国化工装备年鉴 2003/2004/884

011824351 中国化肥工业年鉴 2005/2006,2012/884

004871570 *中国化学工业年鉴/世界化

学工业年鉴 1987—1991,1992/1993/878

006908611 中国化学工业年鉴/世界化学工业年鉴 1994/1995,1995/1996,1996/1997,1997/1998,1998/1999,2000/2001,2001/2002,2002/2003,2003/2004,2004,2004/2005,2005/2006,2007—2010,2011/2012,2013/884

011399802 中国化学矿业年鉴 2006—2007/884

012724411 中国反垄断与规制经济学学术年鉴 2010—2011,2013/860

009841207 中国分析测试年鉴 2003,2004/2005,2006/2007,2008/2009/956

013680617 中国公共管理年鉴 2013/846

013604132 中国公共管理学年鉴 2011/846

009289231 中国公安出入境管理年鉴 2001—2002,2005—2006,2008/847

009081529 中国公安年鉴 2000/848

012983890 中国公安宣传思想工作年鉴 2008/848

013974426 中国公益广告年鉴 1986/2010/898

011824317 中国公益事业发展年鉴 2008/873

012593490 中国公路年鉴 2006/896

013933105 中国公路建设市场年鉴 2001/896

009157913 中国风险投资年鉴 2002,2005—2014/911

008214302 中国文艺年鉴 1932—1933/928

002455671 中国文艺年鉴 1966/928

003980107 中国文艺年鉴 1981—1983,1987—1988,2009/928

014217029 中国文化及相关产业统计年鉴 2013/916

008747321 中国文化文物统计年鉴 1996—2014/915

008957063 中国文化年鉴 2001,2002/2003,2004—2014/915

012806196 中国文化产业年鉴 2010—2012/915

012200547 中国文化产业学术年鉴 1979/2002,2003/2007,2008/916

010102092 中国文化事业统计年鉴 1993—1995/915

008138805 中国文化研究年鉴 1989/915

010102821 中国文化遗产年鉴 2006,2008—2009/943

009459894 中国文物年鉴 2003—2010,2012,2014/943

011503929 中国文学艺术界联合会年鉴 2007—2014/31

003862569 *中国文学年鉴/中国文学研究年鉴 1981—1988,1989/1990/929

003862578 中国文学年鉴/中国文学研究年鉴 1991/1992,1993—1994,1995/1996,1997/1998,1999/2000,2001—2014/928

003862569 中国文学研究年鉴/中国文学年鉴 1981—1988,1989/1990/929

003862578 *中国文学研究年鉴/中国文学年鉴 1991/1992,1993—1994,1995/1996,1997/1998,1999/2000,2001—2014/928

007211307 中国火灾统计年鉴 1994—2003/963

011824356 中国火炬统计年鉴 2008—2014/869

002459144 中国计划生育年鉴/中国人口和计划生育年鉴 1986—2013/841

009726464 中国计量测试年鉴 2003,2004/

2005,2006,2008/956
012200491 中国计算机学会年鉴 2008/958
009698959 中国户外广告年鉴 2004/899
009746477 中国认证认可年鉴 2004—2014/871
012243737 中国心理学年鉴 2005/2006,2007/2008,2009/2010/837
005559238 中国引进技术改造现有企业十年鉴 1979/1988/879
013379156 中国引航年鉴 2008/2009,2010/896
012079827 中国书画年鉴 2007/936
014015039 中国书画创作基地名家年鉴 2010/32
013974429 中国书画收藏年鉴 2009/2010/936
010227107 中国书画家年鉴 2005/936
011399887 中国书画篆刻年鉴 1993/1994/936
011141404 中国书法年鉴 2001—2003,2006—2011/937
012521657 中国甘薯品种鉴定年鉴 2001/2002/953
011503917 中国世界贸易组织年鉴 2007—2014/906
009588903 中国世界遗产年鉴 2004/943
010171069 中国古代文学研究年鉴 2004—2005/929
003980099 中国古典文学研究年鉴 1984/929
011824322 中国古建筑年鉴 2006/959
009584006 中国古籍文献拍卖图录年鉴 2003/902
013758850 中国石化润滑油公司年鉴 2009/13
009934772 *中国石材工业双年鉴/中国石材工业年鉴 2004/2005,2006/2007,2008/2009,2009/2010,2010/2011/890
009934772 中国石材工业年鉴/中国石材工业双年鉴 2004/2005,2006/2007,2008/2009,2009/2010,2010/2011/890
011140698 *中国石油大学(北京)年鉴/石油大学(北京)年鉴 2003/2004,2005,2010—2011/29
009104903 *中国石油大学(华东)年鉴/石油大学(华东)年鉴 1991,1999/2000,2001—2004,2006/418
007696803 中国石油天然气工业年鉴 1996—1998,2002/890
008426297 *中国石油天然气工业年鉴/中国石油天然气集团公司年鉴 1999—2001,2003—2014/14
008773119 *中国石油天然气股份有限公司规划总院年鉴/中国石油天然气集团公司规划设计总院年鉴 1998,2000—2002/14
009805120 *中国石油天然气股份有限公司冀东油田分公司年鉴/冀东油田年鉴 1999/2000,2001/2002,2003—2011,2013/72
009928160 中国石油天然气总公司石油勘探开发科学研究院年鉴/石油勘探开发科学研究院年鉴/中国石油勘探开发研究院年鉴 1996—2007,2010—2011/14
008802334 中国石油天然气总公司规划设计总院年鉴 1995,1997/14
008426297 中国石油天然气集团公司年鉴/中国石油天然气工业年鉴 1999—2001,2003—2014/14

008773119 中国石油天然气集团公司规划设计总院年鉴/中国石油天然气股份有限公司规划总院年鉴 1998,2000—2002/14

012200532 中国石油天然气集团公司统计工作年鉴 1998,2008/14

013379155 中国石油长城钻探工程公司年鉴 2010/14

005949531 中国石油化工总公司年鉴/中国石油化工集团公司年鉴 1988,1991,1994,1997/14

009288960 *中国石油化工总公司年鉴/中国石油化工集团公司年鉴 1999—2014/14

005949531 *中国石油化工集团公司年鉴/中国石油化工总公司年鉴 1988,1991,1994,1997/14

009288960 中国石油化工集团公司年鉴/中国石油化工总公司年鉴 1999—2014/14

011141403 中国石油石化工程建设年鉴 2001/2005,2006/2010/890

012361835 中国石油石化企业展示暨物资采购年鉴 2002/890

012361651 中国石油石化设备工业年鉴 2007—2013/890

008604948 中国石油石化精品市场年鉴 2000/904

013933115 中国石油四川销售分公司年鉴/中国石油四川销售公司年鉴 2000,2006/652

013933115 *中国石油四川销售公司年鉴/中国石油四川销售分公司年鉴 2000,2006/652

013312088 中国石油辽宁销售公司年鉴 2005—2006,2008—2009/136

012724426 中国石油辽河石化公司年鉴/辽河石化公司年鉴 2009/2010,2011/159

009324848 *中国石油辽河石油勘探局年鉴/辽河石油勘探局年鉴 2001—2004,2006—2008/158

009104824 中国石油辽河油田分公司年鉴/辽河油田分公司年鉴/中国石油辽河油田公司年鉴/辽河油田公司年鉴 2001—2008/159

009104824 *中国石油辽河油田公司年鉴/中国石油辽河油田分公司年鉴/辽河油田分公司年鉴/辽河油田公司年鉴 2001—2008/159

012617016 *中国石油辽河油田年鉴/辽河油田年鉴/辽河油田公司年鉴/辽河石油勘探局年鉴 2009—2011/159

009169798 *中国石油吉林油田年鉴/吉林油田年鉴 1996—1997,1998/1999,2000/180

009564730 中国石油吉林油田年鉴/吉林油田年鉴 2001—2011/180

009617994 中国石油西南油气田分公司信息中心年鉴/信息中心年鉴 2000/2002/652

012521709 中国石油西部钻探工程公司年鉴 2009—2012/807

013711500 中国石油华北石化公司年鉴 2008,2010/84

010226833 中国石油华北销售分公司投资统计年鉴 1999/2003/14

013174702 中国石油安全环保技术研究院环保技术研究所年鉴 2010/36

009726250 *中国石油青海油田公司年鉴/青海油田分公司年鉴 2000/2003,2005,2010,2011/2012/782

008957766 *中国石油独山子石化年鉴/独山子石化总厂年鉴/独山子石化年鉴 1996/1997,1999,2000/2003,2004/2005,2006/2007/810

009928160 *中国石油勘探开发研究院年鉴/中国石油天然气总公司石油勘探开发科学研究院年鉴/石油勘探开发科学研究院年鉴 1996—2007,2010—2011/14

008438944 *中国石油集团东方地球物理勘探有限责任公司年鉴/中国石油集团地球物理勘探局年鉴/石油地球物理勘探局年鉴 2001—2002/80

009746453 中国石油集团东方地球物理勘探有限责任公司年鉴/中国石油集团地球物理勘探局年鉴 2003—2005,2008—2011/80

009572697 *中国石油集团地球物理勘探局年鉴/石油地球物理勘探局年鉴 1997—1999/80

008438944 中国石油集团地球物理勘探局年鉴/石油地球物理勘探局年鉴/中国石油集团东方地球物理勘探有限责任公司年鉴 2001—2002/80

009746453 *中国石油集团地球物理勘探局年鉴/中国石油集团东方地球物理勘探有限责任公司年鉴 2003—2005,2008—2011/80

013680424 中国平板显示年鉴 2011—2012/888

012530615 中国—东北亚国家年鉴 2009—2012/908

009806826 中国—东盟年鉴 2004—2014/908

011399774 中国—东盟商务年鉴 2006,2008—2013/908

008977313 *中国北车年鉴/中国北方机车车辆工业集团公司年鉴 2002—2014/12

008142898 *中国北车集团大连机车车辆有限公司年鉴/大连机车车辆厂年鉴 1989/1991,1992/1994,1995/1996,1997—2012/146

009928040 *中国北车集团太原机车车辆厂年鉴/太原机车车辆厂年鉴 1998,2003/94

008879255 中国北车集团永济电机厂年鉴/永济电机厂年鉴 2000—2006/106

012733950 中国北车集团齐车公司年鉴/中国北车集团齐齐哈尔车辆(集团)有限责任公司年鉴/齐轨道装备公司·齐车公司年鉴 2006—2007/196

012734007 *中国北车集团齐车公司年鉴/齐轨道装备公司·齐车公司年鉴/齐齐哈尔轨道交通装备有限责任公司·中国北车集团齐齐哈尔车辆(集团)有限责任公司年鉴 2008—2011,2013/196

012733950 *中国北车集团齐齐哈尔车辆(集团)有限责任公司年鉴/中国北车集团齐车公司年鉴/齐轨道装备公司·齐车公司年鉴 2006—2007/196

008789009 *中国北车集团沈阳机车车辆有限责任公司年鉴/沈阳机车车辆厂年鉴/沈阳机车车辆有限责任公司年鉴/沈阳机车车辆工厂年鉴 1993—2002/140

009746470 中国北车集团沈阳机车车辆

有限责任公司年鉴/沈阳机车车辆有限责任公司年鉴 2003—2007/140

012983881 中国北车集团济南机车车辆厂年鉴 2001/2002, 2006—2007/400

008977313 中国北方机车车辆工业集团公司年鉴/中国北车年鉴 2002—2014/12

008278750 中国电力年鉴 1993—1995, 1996/1997, 1998—2003, 2005—2014/882

012048990 中国电力科学研究院年鉴 2006, 2010/13

002455484 *中国电子工业年鉴/中国机械电子工业年鉴/中国机械工业年鉴 1984—1986/956

008553868 中国电子工业年鉴/中国机械电子工业年鉴电子卷△1986—2003/882

010235316 *中国电子工业年鉴/中国信息产业年鉴 2005—2014/894

006408991 中国电子与信息科技期刊目录年鉴 1993/918

009360574 中国电子政务年鉴 2003/847

013904216 中国电子政务年鉴 2012—2013/847

009459938 中国电子信息产业年鉴/中国电子信息产业统计年鉴 2001—2003, 2005—2012/882

009459938 *中国电子信息产业统计年鉴/中国电子信息产业年鉴 2001—2003, 2005—2012/882

008879262 中国电子商务年鉴 2002—2003, 2004/2008, 2009—2011/902

013397071 *中国电气商务年鉴电力仪器仪表产品选用年鉴/电力仪器仪表产品选用年鉴 2011/2012/957

012351787 *中国电气商务年鉴电力自动化行业年鉴/电力自动化行业年鉴 2007/2008, 2008/2009, 2009/2010, 2010/2011, 2011/2012/879

013713451 中国电气商务年鉴低压行业商鉴 2012/2013/882

013603511 中国电气商务年鉴输配电行业商鉴 2011/2012/882

012724407 中国电网装备年鉴 2009/957

010227035 中国电视艺术年鉴 2006/940

009588907 中国电视艺术家协会年鉴 1985/2002/917

009459945 中国电视收视年鉴 2004—2014/917

012926155 中国电信上海公司年鉴 2008/231

008935583 *中国电信广东公司年鉴/广东电信年鉴 2000—2004, 2006—2008/569

013610074 中国电信甘肃公司统计年鉴 2010/775

009006356 中国电信年鉴 2001—2012/897

008432482 *中国电信杭州分公司年鉴/杭州电信年鉴 1996—2007/294

012320716 中国电信杭州分公司年鉴/杭州电信年鉴 2008—2013/294

009934742 中国电信统计年鉴 2000—2004/898

012048997 中国电信黄页年鉴 2003/2005/897

011966102 中国电信深圳分公司年鉴 2007—2009/578

013821858 中国电信福州分公司年鉴 2009/351

014325148 中国电源行业年鉴 2012/882

013603503 中国电镀年鉴 2011/882

010227037 中国电影电视技术学会年鉴 2005/33

011512088 中国电影年鉴 影印本 1934/940

007630641 中国电影年鉴 1981—1997,1998/1999,2000—2011/940

008438980 中国电器工业年鉴 1999—2014/882

009726667 中国田径年鉴 2002—2007,2009—2011/925

004872904 中国生产资料市场统计年鉴 1993/867

008439181 中国生活用纸年鉴/中国生活用纸和包装用纸年鉴 1999—2000,2002,2004,2006/2007,2008/2009,2010/2011,2012/2013,2014/2015/959

008439181 *中国生活用纸和包装用纸年鉴/中国生活用纸年鉴 1999—2000,2002,2004,2006/2007,2008/2009,2010/2011,2012/2013,2014/2015/959

012593485 中国白银年鉴 2005/912

007657881 中国印学年鉴 1988/1992/297

013752774 中国印刷工业年鉴 2012/959

001823939 中国印刷年鉴 1981,1982/1983,1984/1986,1987/1988,1989/1990,1991/1992,1993/1994,1995—2013/959

012926174 中国印刷装备年鉴 2010,2013/893

009726681 中国印钞造币年鉴 2005/893

011503933 中国印钞造币总公司技术中心年鉴 2007/15

009542211 中国乐器年鉴 2002,2003/2004,2005/2006,2007/2008,2009/2010,2011—2014/959

008285460 中国外汇市场年鉴 1997,1999—2003,2005/912

008407051 中国外汇货币市场年鉴 1998/912

004161499 中国外向型企业年鉴上海卷 1989/227

004156473 中国外向型企业年鉴北京卷 1989/10

004161518 中国外向型企业年鉴吉林卷 1996/167

012361863 中国外向型企业年鉴湖南分卷 1989/531

005091348 中国外交年鉴民国二十二年一月至十二月 1933/852

005091337 中国外交年鉴民国二十三年一月至十二月 1934/853

005091349 中国外交年鉴民国二十四年一月至十二月 1935/853

009324840 *中国外经贸企业年鉴/中国对外贸易经济合作企业年鉴 2001—2002,2003/2004,2004/2005,2007/2008,2009/868

002654895 中国外科年鉴 1983—1987,1989—1992,1993/1994,1995—2013/951

005123437 中国鸟类环志年鉴 1982/1985/948

004605415 中国包装年鉴 1981—1982,1983/1984,1985—1992,1994—2005,2006/2007,2007/2008,2008/2009,2009/2010,2010/2011,2011/2012,2012/2013/880

012242810 中国包装设计年鉴/中国广告与设计分类年鉴 2003/2004/938

013636614 中国包装采购市场年鉴 2011/880

008479416 中国主要化工产品统计年鉴

1996/905

008335881 *中国市场年鉴/中国工业市场年鉴 1997,1999—2001,2003—2006,2008/879

005060095 *中国市场统计年鉴/中国国内市场统计年鉴 1990—1991/903

006773148 中国市场统计年鉴/中国国内市场统计年鉴 1993—2003/903

011000628 *中国市场统计年鉴/中国贸易外经统计年鉴/中国对外经济统计年鉴 2006—2014/907

008802285 *中国市场营销环境年鉴/CEC 中国市场营销环境年鉴 1998/901

011141261 中国半导体照明产业发展年鉴 2006,2008/2009/880

013173429 中国半导体照明产业发展年鉴/半导体照明产业发展年鉴 2010/2011/880

007345477 中国司法行政年鉴 1995—2003,2005—2013/854

011399826 中国民办教育年鉴 2006/923

010102814 中国民用建筑设计市场年鉴 2004/2005/887

012806183 中国民用航空工业年鉴 2010—2011,2013—2014/887

011824368 中国民用航空工业统计年鉴 2007—2012/887

013467777 中国民用航空设备年鉴 2010/966

013758847 中国民用航空局空中交通管理局年鉴 2010/18

012361683 中国民用航空维修年鉴 2009/966

012530625 中国民主促进会年鉴 2008—2011/851

009459684 中国民间文艺学年鉴 2001—2009/931

013481773 中国民间博物馆年鉴 2011/919

011968271 中国民居建筑年鉴 1988/2008,2008/2010/961

009395857 中国民政年鉴 2002—2004,2006—2007/848

007887674 中国民政统计年鉴/民政统计年鉴 1994—2014/848

010226831 中国民航华北管理局统计年鉴 1999—2002/18

008802328 中国民航统计年鉴 1983—1986,1988—1994,1996—2005/896

011503909 中国民营科技与经济年鉴 2006/2007/860

005581468 *中国民族工作年鉴/中国民族统计年鉴△1949/1994,1995—2000,2004—2013/849

008923215 中国民族工作年鉴/中国民族统计年鉴 2001—2002/849

007696756 中国民族年鉴 1995—2014/849

007461198 中国民族研究年鉴 1993—1995,1996/1997,1998—2004,2006—2009/849

009914086 中国民族信息年鉴 2005/849

005581468 中国民族统计年鉴/中国民族工作年鉴△1949/1994,1995—2000,2004—2013/849

008923215 *中国民族统计年鉴/中国民族工作年鉴 2001—2002/849

008476175 中国出入境检验检疫年鉴 1999—2001/949

010226752 中国出入境检验检疫统计年鉴 2000/949

009699009 中国出口收汇荣誉企业年鉴 2002—2003/907

004605602 中国出版年鉴/中国出版年鉴增刊目录汇编 1980—2010 1980,1980/2000,1980/2010,1981—1982,1984—1989,1990/1991,1992—2014/918

004605602 *中国出版年鉴增刊目录汇编 1980—2010/中国出版年鉴 1980,1980/2000,1980/2010,1981—1982,1984—1989,1990/1991,1992—2014/918

012802577 中国出版集团公司年鉴 2010—2012/22

009081532 中国奶业年鉴 2002—2014/887

011141390 中国皮革工业年鉴 1997/888

013608925 中国对外文化交流年鉴 2010/916

013603514 中国对外承包工程年鉴 2011—2012/908

011140227 中国对外经济贸易与合作企业统计年鉴 2005/868

008864755 中国对外经济贸易年鉴/中国商务年鉴 1984—1994,1995/1996,1997/1998,1998/1999,2000—2003/907

009588893 *中国对外经济贸易年鉴/中国商务年鉴 2004—2014/900

007554610 中国对外经济统计年鉴 1994,1996,1998—1999,2002—2005/907

011000628 *中国对外经济统计年鉴/中国贸易外经统计年鉴/中国市场统计年鉴 2006—2014/907

009324840 中国对外贸易经济合作企业年鉴/中国外经贸企业年鉴 2001—2002,2003/2004,2004/2005,2007/2008,2009/868

013604207 中国幼儿教育年鉴 2011/923

008802336 中国丝绸年鉴 2000—2007,2008/2009,2010—2011/891

011141271 中国动画年鉴 2006—2012/940

001992633 中国考古学年鉴 1984,1994—2005,2007—2013/943

009520205 中国老龄工作年鉴 1982/2002,2003/2005,2006—2007,2008/2009,2010—2012/851

011503916 中国扫黄打非年鉴 2006—2008/915

009726408 中国地方艺术人才年鉴 2001/842

009065054 中国地方志年鉴 2002—2014/941

011399761 中国地市报新闻摄影学会年鉴 2005/2006/937

009926706 中国地产市场年鉴 2003—2004/873

013713460 中国地板/木门品牌年鉴 2013/881

011141269 中国地质环境监测地下水位年鉴 2005—2011/968

009928089 中国地质环境监测年鉴 2004—2005/968

004594212 中国地质矿产年鉴 1986—1998/947

009806802 中国地质调查局年鉴 1999—2010/34

003606514 中国地图学年鉴 1990—1994,1995/1999/945

003980000 中国地震年鉴 1949/1981,1982—1999,2001—2007/945

009425825 中国共产党辽宁年鉴 2003—2008/134

011141288 中国共产党伊犁地方工作年鉴 2006/821

009726419 中国共产党沈阳年鉴 2004—2013/139

009726413 中国共产党党史工作年鉴 2002—2004/843

009805924 中国共产党盘锦年鉴/中共盘锦年鉴 2004—2009/158

013656188 中国共产党葫芦岛年鉴 2007—2008/163

008147927 中国共产党楚雄彝族自治州委员会年鉴/中共楚雄州委年鉴 1993—2013/730

009726421 中国共青团年鉴 1998/2002,2003—2012/843

008588986 中国机电产品市场年鉴 2000/902

009928127 中国机电产品国际招标投标年鉴 1985/2003/902

010581370 中国机电设备招标采购年鉴 2000/2002, 2003/2005, 2006/2007, 2007/2008, 2009/2010/902

008651532 中国机电精品选购指南年鉴 2000,2002/909

012200487 中国机动车检测年鉴 2010/964

009045407 中国机床工具工业年鉴 2002—2014/884

013758840 中国机顶盒年鉴 2009/885

013635228 中国机构编制年鉴 2011—2013/847

002455484 *中国机械工业年鉴/中国机械电子工业年鉴/中国电子工业年鉴 1984—1986/956

009324430 中国机械工业年鉴/中国机械电子工业年鉴机械卷△1987—1988,1993—2014/885

003098290 *中国机械工业年鉴/中国机械电子工业年鉴机械卷 1989,1991—1992/956

012803136 中国机械工业集团有限公司年鉴/中国机械工业集团年鉴 2010—2013/13

012803136 *中国机械工业集团年鉴/中国机械工业集团有限公司年鉴 2010—2013/13

012593528 中国机械工程学会年鉴 2010—2012/956

002455484 中国机械电子工业年鉴/中国机械工业年鉴/中国电子工业年鉴 1984—1986/956

008553868 *中国机械电子工业年鉴电子卷/中国电子工业年鉴△1986—2003/882

009324430 *中国机械电子工业年鉴机械卷/中国机械工业年鉴△1987—1988,1993—2014/885

003098290 中国机械电子工业年鉴机械卷/中国机械工业年鉴 1989,1991—1992/956

009324415 中国机械通用零部件工业年鉴 2003,2006,2009/885

011968400 中国再生资源综合利用年鉴 2008—2009/861

009309902 中国协和医科大学研究生院年鉴 1996/1997/30

011824390 中国西南设计年鉴/西南设计年鉴 1999,2001,2004,2009,2012/648

013680416 中国西班牙商会年鉴 2007,2010—2012/900

003862558 中国西部地区开发年鉴/中国中西部地区开发年鉴 1979/1992,1993/863

006940614 *中国西部地区开发年鉴/中国中西部地区开发年鉴/中国区域经济发展年鉴 1995—1998,2000/2001,2002—2003,2005—2006/864

008957878 中国西部统计年鉴 2001/841

001822801 中国百科年鉴 1980—1995/969

009503300 中国百强县(市)发展年鉴 2004—2005/862

012593570 中国有色矿业年鉴 2009/2010,2011/893

004705434 中国有色金属工业年鉴 1991—2014/893

012593501 中国光纤通信年鉴 2006/2009,2009/2011/957

011968235 中国光彩事业年鉴 1994/2007/861

011141267 中国当代艺术年鉴 2005—2009/933

013974422 中国当代水墨艺术年鉴 2005/934

012983885 中国当代文学年鉴 2009—2010/929

010102801 中国当代诗词年鉴 2003/930

013608933 中国网络营销年鉴案例卷 2010/904

010227111 中国网通年鉴 2002/2003,2004/2005/898

009589168 中国网通统计年鉴 2002—2005/898

011141411 中国网通(集团)有限公司河南省分公司年鉴 2005—2006/454

010227098 中国肉类年鉴 1949/2005,2006—2008,2009/2010,2011/889

008223931 中国年鉴 1931/969

008246239 中国年鉴/中华人民共和国年鉴 1983—1989,1991—1996,2009/969

013939616 中国传媒大学年鉴 2010/30

009698953 中国传媒市场年鉴 2003/917

012049071 中国优秀电视栏目年鉴 2007/2008/917

007698501 *中国价格及城镇居民家庭收支调查统计年鉴/中国物价及城镇居民家庭收支调查统计年鉴/家庭收支调查统计年鉴 1996—1999/862

008577073 中国价格及城镇居民家庭收支调查统计年鉴/中国物价及城镇居民家庭收支调查统计年鉴 2000—2004/862

010378373 *中国价格及城镇居民家庭收支调查统计年鉴/中国城市(镇)生活与价格年鉴/中国价格统计年鉴 2006—2012/862

010378373 *中国价格统计年鉴/中国城市(镇)生活与价格年鉴/中国价格及城镇居民家庭收支调查统计年鉴 2006—2012/862

013913374 中国价格统计年鉴/中国城市(镇)生活与价格年鉴 2013—2015/905

010227066 中国华电集团公司年鉴 2006,2006/2007,2008—2012/13

009726679 中国行业思想政治工作年鉴 2003—2005,2007/850

009841296 中国行政管理学年鉴 2002/847

008336861 中国会计年鉴 1996—2003,2005—2014/865

004569391 中国企业升级年鉴 1986/1988,

1989,1990/1991/870

009726506 中国企业文化年鉴 2004,2005/2006,2007/2008,2009/2010,2011/2012/870

007977135 中国企业发展年鉴 1988/870

013275710 中国企业年鉴 2011—2014/870

011141395 中国企业产品创新设计年鉴 2006/955

009618443 中国企业并购年鉴 2005—2013/869

011141399 中国企业劳动保障成就年鉴 2005/870

010102815 中国企业家年鉴 2005,2009—2010/942

009459990 中国企业集团年鉴 2003/870

011968298 中国企业集团财务公司年鉴 2008—2013/10

002556674 中国企业登记年鉴上海专辑 第三产业卷 1989/227

002397603 中国企业登记年鉴上海市专辑 1985/227

008968662 中国企业登记年鉴广东专辑 公司 2000/562

008968700 中国企业登记年鉴 总48号 广州专辑 1990,1993/567

008370726 中国企业登记年鉴北京专辑 1991/9

002397183 中国企业登记年鉴外商投资企业专辑 1979/1987/869

008968770 中国企业登记年鉴 总29号 辽宁特辑 1988/135

002397340 中国企业登记年鉴全国性公司特辑 1985/870

008395368 中国企业登记年鉴多层次传销企业专辑 1996/870

002397592 中国企业登记年鉴江西省分册 1985/370

002397584 中国企业登记年鉴江苏省分册 1984/248

002397208 中国企业登记年鉴武汉市专辑 1984/498

002395873 中国企业登记年鉴特辑 1984/870

002397539 中国企业登记年鉴深圳经济特区专辑 1984/577

002397210 中国企业登记年鉴厦门经济特区专辑5 1985/355

002397209 中国企业登记年鉴福州专辑 1985/351

012530651 中国企业新记录暨自主创新成果年鉴 2009/867

004569387 中国企业管理年鉴 1990—1993,1995—2000,2001/2002,2003—2010/870

012048983 中国创新设计红星奖年鉴/中国设计红星奖年鉴 2008—2014/955

013790782 中国创意界年鉴 2009/960

008977340 中国名牌产品年鉴 2001—2005/903

009698964 中国交通市场年鉴 2001—2004/895

001822750 中国交通年鉴 1986—2014/895

013481763 中国交通企业年鉴 2011—2012/895

013379142 中国交通运输统计年鉴 2010—2012/895

008902137 中国交通教育五十年年鉴 1949/1999/895

009324248 中国产权市场年鉴 2003—2004,2006—2012/868

009036840 中国产品质量比较年鉴2001/867

004474407 中国产品信息年鉴1990,1992,1995,1997,2004/2005,2006/2007/909

010104606 中国关心下一代工作年鉴2000/924

008522246 中国安全生产年鉴1979/1999,2000/2001,2002—2003,2005—2013/968

011823745 中国安全防范行业年鉴2003—2012/880

009806871 中国农业大学年鉴2002—2011/30

012243006 中国农业气象情报年鉴1990—1991/953

010227091 中国农业化机械化年鉴/中国农业机械化年鉴2005—2014/875

012522222 中国农业发展银行宁夏分行统计年鉴1996/799

007855067 中国农业发展银行统计年鉴1995—2007,2011—2013/20

012617779 中国农业发展银行湖南省分行统计年鉴1995/2001/538

010570280 中国农业机械工业年鉴/中国农业机械年鉴2005—2014/875

010227091 *中国农业机械化年鉴/中国农业化机械化年鉴2005—2014/875

008264053 中国农业机械年鉴1992—2004/875

010570280 *中国农业机械年鉴/中国农业机械工业年鉴2005—2014/875

001822840 中国农业年鉴1980—1991,1993—2003,2005—2014/874

002455202 中国农业年鉴1983—1985/853

009928151 中国农业产业化年鉴2004/874

012080593 中国农业产业信息年鉴2003/876

012242997 中国农业产品及技术装备供应年鉴2000/876

009436804 中国农业科学院年鉴2002—2013/36

009589157 *中国农业银行人力资源统计年鉴/中国农业银行劳动人事统计年鉴1991—1996,1998—1999,2002—2005,2007—2012/20

009934532 中国农业银行四川省分行年鉴2004/653

013656195 中国农业银行四川省分行统计年鉴1997/2004/653

011503914 中国农业银行宁夏回族自治区分行统计年鉴1999—2005/799

013791098 中国农业银行江西省分行统计年鉴2003/2004/374

009589157 中国农业银行劳动人事统计年鉴/中国农业银行人力资源统计年鉴1991—1996,1998—1999,2002—2005,2007—2012/20

013379148 中国农业银行贵州省分行统计年鉴2003—2005/696

008440585 中国农业银行统计年鉴/中国农村金融统计年鉴1979/2008,1997/1999,2000/2002,2003/2006/20

005033305 *中国农业银行统计年鉴/中国农村金融统计年鉴1991—1992,1995—1996/914

010686517 中国农业银行资金组织年鉴1996/20

012593544 中国农业银行湖南省分行统计年鉴2000/2001/538

009726499 中国农业综合开发年鉴 1988/2003,2004—2005,2007—2009/875

008944150 中国农产品加工业年鉴 2001—2014/878

009806867 中国农产品价格调查年鉴 2004—2005,2007—2014/875

004900644 中国农村住户调查年鉴 2000—2006,2008—2010/844

013275729 *中国农村住户调查年鉴/中国住户调查年鉴 2011—2014/862

008440585 *中国农村金融统计年鉴/中国农业银行统计年鉴 1979/2008,1997/1999,2000/2002,2003/2006/20

005033305 中国农村金融统计年鉴/中国农业银行统计年鉴 1991—1992,1995—1996/914

005123467 中国农村统计年鉴 1985—1995,1997—2014/840

008405447 中国农村能源年鉴 1997,1998/1999,2000/2008,2009/2013/875

012080590 中国农村教育年鉴 1980/1990/924

008977342 中国农村基层民主政治建设年鉴 2001—2002/850

011503910 中国农药工业年鉴 2005—2007,2008/2009,2010—2012/888

009934763 中国农药市场年鉴 2003/903

013677492 中国农药企业年鉴 2012/2013/888

009519807 中国农垦财务年鉴 1997—2002,2004—2014/876

009841252 中国农垦统计年鉴 1999—2000,2002—2007,2009—2013/840

009934620 中国设计机构年鉴/广东设计年鉴 2006,2008/939

008140538 中国设计年鉴 1980/1995,1996/1997,1998/1999,2000/2001,2002/2004/939

012048983 *中国设计红星奖年鉴/中国创新设计红星奖年鉴 2008—2014/955

013379152 中国设备管理年鉴 2010/867

009036155 中国收藏年鉴 2002—2003/926

011141284 中国防伪年鉴 2004/909

013603520 中国防雷年鉴 2011—2012/946

008805314 中国妇女研究年鉴 1991/1995,1996/2000,2001/2005/844

004621312 中国戏剧年鉴 1981—1985,1989,1990/1991,1992,1993/1994,1995/1996,1997/1998,1999/2000,2001/2002,2003/2004,2005/2006,2007/2008,2009—2014/940

009914071 中国红十字年鉴 2004/2005,2005/2006,2006/2007,2007/2008,2009/2010,2011/2012/848

008557079 中国纪录（大全）年鉴 2000/845

011141303 中国纪录片年鉴 2006—2008/940

013634275 中国进出口银行统计年鉴 1994/2013,2011—2012/20

009841275 中国远程教育解决方案及产品年鉴 2004/924

012802578 中国扶贫开发年鉴 2010—2014/876

011503875 中国技术哲学研究年鉴 2004/2005,2006/2007/944

008479262 中国技术监督年鉴 1993,1995—1998/878

007437090 中国投资年鉴 1993—1994,2001—2003,2006—2013/911

009928076 中国报业年鉴 2004—2007,2009—2010/917

012200480 中国花卉园林年鉴 1978/2008/876

004967435 *中国劳动人事年鉴/中国劳动年鉴 1988/1989,1990/1991,1992/1994,1995/1996,1997—1998/866

008111174 中国劳动工资统计年鉴 1990/865

004967435 中国劳动年鉴/中国劳动人事年鉴 1988/1989,1990/1991,1992/1994,1995/1996,1997—1998/866

008604941 中国劳动和社会保障年鉴/中国人力资源和社会保障年鉴 1999—2006,2008/866

012593556 *中国劳动和社会保障年鉴/中国人力资源和社会保障年鉴 2009—2014/866

007344430 中国劳动统计年鉴 1993—2014/866

011399925 中国医疗卫生行业管理年鉴 2005/950

013481791 *中国医疗器械年鉴/中国医疗器械贸易年鉴 2011—2013/908

012361661 中国医疗器械行业年鉴 2008/893

013481791 中国医疗器械贸易年鉴/中国医疗器械年鉴 2011—2013/908

004621416 中国医学科学年鉴 1984—1985/949

009264604 中国医学科学院中国协和医科大学年鉴/中国医学科学院北京协和医学院年鉴 1990—1991,1993,1995—1996,1996/1997,1997—2011/30

009264604 *中国医学科学院北京协和医学院年鉴/中国医学科学院中国协和医科大学年鉴 1990—1991,1993,1995—1996,1996/1997,1997—2011/30

009436809 中国医学科学院年鉴 1985/1986/35

013714920 中国医学装备年鉴 2012—2014/950

012983900 中国医药卫生期刊年鉴 2010/919

006928980 中国医药年鉴 1991—1992,1994—1998/893

009618467 中国医药统计年鉴 2004—2005/893

009699001 中国医院年鉴 2003,2006—2009/950

008574217 中国连锁经营年鉴 1990/2000,2001—2002,2003/2004,2005—2014/901

009492619 *中国连锁零售业统计年鉴/中国连锁零售商业企业统计年鉴 2004—2006/901

009492619 中国连锁零售商业企业统计年鉴/中国连锁零售业统计年鉴 2004—2006/901

011393886 *中国连锁零售商业企业统计年鉴/中国零售和餐饮连锁企业统计年鉴 2007—2014/901

009492615 中国连锁餐饮企业统计年鉴/中国连锁餐饮住宿业统计年鉴 2004—2006/899

009492615 *中国连锁餐饮住宿业统计年鉴/中国连锁餐饮企业统计年鉴 2004—2006/899

008858171 中国县市社会经济统计年鉴

2001—2012/864

013986745 *中国县市社会经济统计年鉴/中国县域统计年鉴 2013—2014/864

008270281 中国县市经济年鉴 1992/864

013821896 中国县城建设统计年鉴 2010/874

009934802 中国县域社会经济年鉴 2000/2005/864

009726668 中国县域经济年鉴 2004—2005,2006/2007,2008—2011/864

013986745 中国县域统计年鉴/中国县市社会经济统计年鉴 2013—2014/864

008115180 中国县银行年鉴 1947/911

008858164 中国县镇年鉴 1949/1988,1990—1996/864

003862490 中国围棋年鉴 1987,1989—1991,1993—2001,2003—2004,2005/2007/926

013481551 *中国围棋年鉴/围棋年鉴围棋天地增刊 II 2009,2011—2013/926

008977347 中国足球年鉴 2002—2013/925

008651538 中国足球事业年鉴 1992/1998/926

009223005 中国足球联赛年鉴 2001—2006,2008—2009/925

009024099 中国邮政年鉴 1999/2001,2002—2005,2007/2008/897

012926186 中国邮票设计印制年鉴 2010/897

006317929 中国财政年鉴 1992—1997,1997/1999,1998—2014/910

009257837 中国私营经济年鉴 1978/1993,1996,2000,2000/2001,2002/2004,2004/2006,2006/2008,2008/2010,2010/2012/860

001823904 中国体育年鉴 1949/1962,1963,1965,1966/1972,1973/1974,1975—1982,1983/1984,1984—1990,1992/1993,1994/1995,1996—2013/925

004415506 中国体育年鉴 1949/1991/925

004364717 中国作文年鉴 1984/927

012926141 中国低碳年鉴 2010—2014/861

013275729 中国住户调查年鉴/中国农村住户调查年鉴 2011—2014/862

009841282 中国住交会年鉴 2004—2006/874

009726741 中国住宅产业年鉴 2003/2004/874

013481749 中国饭店年鉴 2011/899

008133792 中国饮食服务年鉴/中国商业年鉴 1993,1994/1995,1996/1997,1998/1999,2000/900

009395864 *中国饮食服务年鉴/中国餐饮年鉴 2004—2006,2008/2009,2010—2013/899

013711498 中国冷链年鉴 2009—2010/866

013711508 中国冶金地质总局中南局大事年鉴 1952/2012/502

013174716 中国冶金矿山年鉴 2009/2010/892

011399919 中国冶金科工集团公司年鉴 2007,2009/15

001992556 中国汽车工业年鉴 1983,1986,1988,1991,1993—2014/888

012243021 中国汽车广告作品年鉴 2004/2005/899

012049052 中国汽车电子电器电机工业年鉴 2008/888

013481776 中国汽车用品年鉴 2011—2014/888

012243027 中国汽车用品行业年鉴 2003 /889

008438971 中国汽车市场年鉴/中国汽车贸易年鉴 1999—2005,2006/2007,2008—2014/903

011968307 中国汽车出口年鉴 2008—2011/907

013714528 中国汽车采购年鉴 2012/903

007918354 中国汽车贸易年鉴 1995,1996/1997,1998/903

008438971 *中国汽车贸易年鉴/中国汽车市场年鉴 1999—2005,2006/2007,2008—2014/903

013604165 中国汽配用品专业市场年鉴 2011/889

013656189 中国快递年鉴 2007/2011/897

007999045 中国证券业年鉴 1994—2003,2005—2014/913

006415185 中国证券市场年鉴 1994—1995/913

009219730 中国证券投资基金年鉴 2002,2004,2005/2006,2007—2011,2012/2013/913

009237415 中国证券期货电子商务年鉴 2003/913

007697043 中国证券期货统计年鉴 1996—2003,2005—2014/913

009618447 中国社区建设年鉴 2003/851

011399864 中国社会工作协会年鉴 2001/2006/848

008017258 中国社会主义年鉴 1995/1996/845

008388830 *中国社会主义年鉴/中国特色社会主义年鉴/中国特色社会主义理论年鉴 1997—2002,2003/2004,2005,2006/2007,2008—2009/845

008426172 中国社会治安综合治理年鉴 1992,1993/1994,1995/1996,1997/1998,1999/2000,2001/2002,2003—2010/848

013793252 *中国社会治安综合治理年鉴/中国社会管理综合治理年鉴 2011/847

004605405 中国社会学年鉴 1979/1989,1992/1995,1995/1998,1999/2000,2003/2006,2007/2010/841

011968357 中国社会组织年鉴 2008—2014/839

008251252 中国社会科学院年鉴 1993—2004,2006—2012/23

007980257 中国社会保险年鉴 1997/914

010226832 中国社会统计年鉴 2006—2014/841

013173253 中国社会救助工作年鉴 2004/2009/849

013793252 中国社会管理综合治理年鉴/中国社会治安综合治理年鉴 2011/847

010227044 中国改革人物年鉴 2005/942

012065422 中国改革年鉴/中国经济体制改革年鉴 2003/2012,2007/2008,2009—2014/845

009928140 中国纳税百强年鉴 2004—2006,2007/2008,2009/910

001992537 中国纺织工业年鉴 1986/1987,1988/1989,1990—1996,1997/1999,2000,2000/2001,2001/2002,2002/2003,2003/2004,2004/2005,2005/2006,2006/2007,2007/2008,2008/2009,2009/2010,2010/2011,2012/2013/883

009928093 *中国纺织品服装对外贸易年鉴/中国纺织品服装对外贸易报告年鉴

2004/2005,2005/2006,2012/2013/907

009928093 中国纺织品服装对外贸易报告年鉴/中国纺织品服装对外贸易年鉴 2004/2005,2005/2006,2012/2013/907

011141299 中国环保执法年鉴 2005/2006, 2007,2008/2009/853

012049031 中国环氧树脂行业年鉴 2008/884

005007880 中国环境年鉴 1990—2014/967

010281640 中国环境年鉴环境监察分册 2005/967

012521686 中国环境设计年鉴 2007—2011/967

004621403 中国环境科学年鉴 1985/967

013752824 中国环境科学学会年鉴 2011/968

010222717 中国环境统计年鉴 2006—2014/967

009934783 中国武警年鉴 1995—2000/857

002032798 中国青少年犯罪研究年鉴 1987/851

008479316 中国青少年年鉴 1994,1996/844

004598826 中国青年工作年鉴 1985—1986,1988/844

011399841 *中国青年政治学院·中央团校年鉴/中国青年政治学院年鉴 2002—2003,2006—2010,2012/4

011399841 中国青年政治学院年鉴/中国青年政治学院·中央团校年鉴 2002—2003,2006—2010,2012/4

009841261 中国现代教育年鉴 2003/923

013790779 中国表面活性剂行业年鉴 2010/2011/881

008990547 中国招投标管理年鉴 2001/861

008878964 中国招标投标年鉴 2001—2003, 2004/2005,2008/2009/867

011141490 中国直辖市房地产年鉴 2006—2008/874

001709263 中国林业年鉴 1949/1986,1987—1998,1999/2000,2001—2003,2005—2014/877

012200525 中国林业产业与林产品年鉴 2007,2008/2010,2011—2012/877

008434212 中国林业统计年鉴 1998—2003, 2005—2013/877

009926800 中国画艺术年鉴 2004—2007, 2008/2009/936

005033279 中国画年鉴 1992/935

014015022 中国画名家年鉴 2006/935

014161943 中国画名家年鉴 2006—2008/935

014161888 中国画名家年鉴 2007/935

014449458 中国画名家年鉴大系壬辰年 张伟觉圣专辑 2013/935

014449457 中国画名家年鉴大系壬辰年 赵言斌专辑 2013/935

014449461 中国画名家年鉴大系壬辰年 郭正民专辑 2013/935

014449459 中国画名家年鉴大系壬辰年 黄智勇专辑 2013/935

014162035 中国画名家年鉴 梁耀卷 2008/935

013752775 中国画收藏年鉴 2010—2011/935

012593521 中国画廊年鉴 2008/935

011141334 中国矿业大学年鉴 2002—2005, 2007—2010/262

009081531 中国矿业年鉴 2002—2012/886

013604167 中国侨联年鉴 2011—2014/850

008633840 中国货币市场年鉴 2000/912

011141413 中国依法行政年鉴 2005/2006, 2007/2008/853

005544807 中国质量认证年鉴 1994—2001/867

008465950 中国质量技术监督年鉴 1999—2001/878

009132629 中国质量监督检验检疫年鉴 2002—2014/949

010227235 中国质量消费年鉴 2001/2002/854

012079837 中国质量检验协会团体会员工作年鉴 2006/871

010227093 中国欧洲商务年鉴 2005,2007/908

011141379 中国轮胎轮辋气门嘴标准年鉴 2003—2006,2008,2011—2013/964

013294607 中国软件和信息技术服务业年鉴 2011—2012/894

008432656 *中国非公有制经济年鉴/中国非国有经济年鉴 1998—1999,2007—2010/860

009492954 中国非处方药物年鉴 2002/952

008432656 中国非国有经济年鉴/中国非公有制经济年鉴 1998—1999,2007—2010/860

013899441 中国非物质文化遗产年鉴 2006/916

008439001 中国齿轮工业年鉴 1999,2002,2006,2010,2014/881

005325855 中国金银币年鉴 1992—1993/938

011399815 中国金属流通年鉴 2006/886

009806857 中国金融市场年鉴 2001/914

008113887 中国金融年鉴 1938,1947/913

004569383 中国金融年鉴 1986—2014/913

008998383 中国金融设备精品采购指南年鉴 2001/913

013481770 中国昆曲年鉴 2012—2013/940

008426375 中国国土资源年鉴 1999—2008,2010—2013/864

010102077 中国国土资源统计年鉴 2005—2013/864

005060095 中国国内市场统计年鉴/中国市场统计年鉴 1990—1991/903

006773148 *中国国内市场统计年鉴/中国市场统计年鉴 1993—2003/903

002032753 *中国国内贸易年鉴/中国商业年鉴 1988—1992/905

006915821 中国国内贸易年鉴/中国商业年鉴 1994—2002/900

009684606 *中国国内贸易年鉴/中国商业年鉴 2003—2014/905

009726426 中国国电集团年鉴 2004—2007,2009—2013/13

009726433 中国国民经济核算年鉴 2004/865

008119370 中国国民党年鉴 1929/852

007509803 中国国有资产年鉴 1993—1998/861

009928111 中国国有资产监督管理年鉴 2004—2014/861

009726430 中国国防经济年鉴 2001/856

012361676 中国国际工程咨询设计承包商年鉴 2008—2011/906

012242982 中国国际书画篆刻家年鉴 1996/934

012617734 中国国际货运代理年鉴 2000/

2009/895

012926167 中国国际经济合作年鉴2009—2010/861

013791087 中国国际神经科学研究所年鉴2010/35

009618434 中国国际航空公司统计年鉴/中国国际航空股份有限公司统计年鉴1990—1995,1998,2000—2006/17

009618434 *中国国际航空股份有限公司统计年鉴/中国国际航空公司统计年鉴1990—1995,1998,2000—2006/17

013791085 中国国际教育信息年鉴2007,2008/2009/922

008109862 中国国货年鉴1935/902

012593514 中国国家话剧院艺术年鉴2009—2012/33

012361629 中国国家博物馆年鉴2007—2013/23

012617750 中国国境卫生检疫年鉴1992—1996/949

012617805 中国易学与建筑风水年鉴2009/959

008773123 中国肿瘤临床年鉴1993—1996,1998,2000—2013/951

012200477 *中国服装辅料年鉴/中国制衣工业商务年鉴辅料卷/中国服装辅料商务年鉴2007/2008,2008/2009,2009/2010,2010/2011,2011/2012/894

012200477 *中国服装辅料商务年鉴/中国制衣工业商务年鉴辅料卷/中国服装辅料年鉴2007/2008,2008/2009,2009/2010,2010/2011,2011/2012/894

007921113 中国固定资产投资统计年鉴1950/1995,1997—1999,2003—2005,2007—2013/911

008588987 中国饲料工业年鉴1991,1991/2000,2001—2005,2006/2007,2008—2013/877

012079832 中国饲料产品与技术年鉴2008/2009/877

008273029 中国京九发展年鉴1997/9

012243069 中国图片销售年鉴2003/904

008540515 中国图书年鉴1994—2005,2007—2009/918

007850492 中国图书馆年鉴1996,1999,2001,2003,2005—2014/919

011141279 中国法国工商会年鉴2002/2003,2004/2005,2005/2006,2007/2008,2008/2009,2009/2010,2010/2011,2011/2012,2012/2013/868

012926157 中国法制信息年鉴1982/2005/853

003565876 中国法学研究年鉴1991/853

001819668 中国法律年鉴1987—1990,1992—2014/853

010227043 中国法律援助年鉴2005—2012/854

011141493 中国制衣工业商务年鉴设备卷2006/2007,2007/2008/894

012200477 中国制衣工业商务年鉴辅料卷/中国服装辅料年鉴/中国服装辅料商务年鉴2007/2008,2008/2009,2009/2010,2010/2011,2011/2012/894

014162006 中国制冷空调暖通年鉴年鉴篇2003/2004/955

009135271 中国制冷空调暖通年鉴黄页篇2002/2003,2003/2004/955

012755722 中国制冷商务年鉴2010—2014/894

013604210 中国知识产权司法保护年鉴 2011—2013/853

008849908 中国知识产权年鉴 2000,2001/2002,2003—2014/853

007698501 中国物价及城镇居民家庭收支调查统计年鉴/家庭收支调查统计年鉴/中国价格及城镇居民家庭收支调查统计年鉴 1996—1999/862

008577073 *中国物价及城镇居民家庭收支调查统计年鉴/中国价格及城镇居民家庭收支调查统计年鉴 2000—2004/862

002272533 中国物价年鉴 1989—2000,2001/2002,2003—2014/905

002032779 中国物价统计年鉴 1988—1992/905

008977190 中国物流年鉴 2002—2003,2005—2014/867

012617758 中国和学年鉴 2010—2011/845

008434069 中国供销合作社年鉴 1998,1999/2000,2000/2001,2002,2004—2005,2008—2012/900

012346400 中国版权年鉴 2009—2014/854

008100096 中国版画年鉴 1982—1987,1989—1990,1992,2002—2003,2004/2005,2006—2009,2010/2011/934

009928171 中国学术年鉴人文社会科学版 2004/839

008479442 中国宗教研究年鉴 1996,1997/1998,1999/2000,2001/2002,2003/2004,2005/2006,2007/2008,2009/2010,2011/2012,2013/838

010155499 中国宠物产业年鉴 2002/2003,2003/2004/954

003165031 中国审计年鉴 1983/1988,1989/1993,1994/1998,1999—2000,2001/2002,2003—2004,2006—2010/865

010227088 中国空间技术研究院年鉴 1993,2010/38

010227086 中国空调市场年鉴/冷冻年度中国空调市场年鉴空调销售 2005/903

011399876 *中国实验室国家认可委员会金属专业能力检验证工作组工作年鉴/CNACL 中国实验室国家认可委员会金属专业能力检验证工作组工作年鉴 2000/37

012079824 中国诗词年鉴 2007—2009,2011—2012/930

012530654 中国诗歌年鉴 1993—1995/930

014222110 中国房地产广告年鉴 2012/873

007672759 中国房地产市场年鉴 1996—1997,1998/1999,1999/2000,2000/2001,2001/2002,2005/873

012361637 中国房地产年鉴 2008,2010—2011,2013—2015/873

011824315 中国房地产品牌年鉴 2008/873

008476083 中国房地产统计年鉴 1999—2001,2002/2003,2004,2005/2006,2007—2014/873

008878953 中国建设年鉴 1999—2007,2009—2013/873

009808401 中国建设年鉴住宅与房地产业 2002—2003/873

009265516 中国建设年鉴建筑设计篇 2002/874

011503881 中国建设英才年鉴 2007,2011/942

009459731 中国建设银行北京市分行年鉴/中国建设银行股份有限公司北京市

分行年鉴 1996—2008,2010—2011/19

012200501 *中国建设银行宁夏区分行年鉴/中国建设银行宁夏分行年鉴/中国建设银行股份有限公司宁夏区分行年鉴 1996,1998—2004,2006—2011/798

012200501 中国建设银行宁夏分行年鉴/中国建设银行宁夏区分行年鉴/中国建设银行股份有限公司宁夏区分行年鉴 1996,1998—2004,2006—2011/798

010102806 中国建设银行年鉴 2007—2013/20

010102082 中国建设银行劳动工资统计年鉴 1984/1990,1991/1995,1996/1997,1998/2000/19

009459731 *中国建设银行股份有限公司北京市分行年鉴/中国建设银行北京市分行年鉴 1996—2008,2010—2011/19

012200501 *中国建设银行股份有限公司宁夏区分行年鉴/中国建设银行宁夏分行年鉴/中国建设银行宁夏区分行年鉴 1996,1998—2004,2006—2011/798

011141305 中国建材与装饰年鉴 2005/885

009502081 中国建材市场年鉴 2003/903

013635450 中国建制镇统计年鉴 2012/863

014140810 中国建筑与表现年鉴文化建筑 2006—2008,2009/2010/960

013821867 中国建筑与表现年鉴办公建筑 2006—2008,2009/2010/961

014140431 *中国建筑与表现年鉴表现X档案 2008/中国建筑与表现年鉴规划建筑/中国建筑与表现年鉴规划与景观 2007/中国建筑与表现年鉴最建筑表现 2006—2008,2009/2010/960

014140431 *中国建筑与表现年鉴规划与景观 2007/中国建筑与表现年鉴规划建筑/中国建筑与表现年鉴表现X档案 2008/中国建筑与表现年鉴最建筑表现 2006—2008,2009/2010/960

014140431 中国建筑与表现年鉴规划建筑/中国建筑与表现年鉴规划与景观 2007/中国建筑与表现年鉴表现X档案 2008/中国建筑与表现年鉴最建筑表现 2006—2008,2009/2010/960

014140812 中国建筑与表现年鉴居住建筑 2006—2008,2009/2010/961

014140798 中国建筑与表现年鉴商业建筑 2006—2008,2009/2010/960

014140431 *中国建筑与表现年鉴最建筑表现/中国建筑与表现年鉴规划建筑/中国建筑与表现年鉴规划与景观 2007/中国建筑与表现年鉴表现X档案 2008 2006—2008,2009/2010/960

012521688 中国建筑卫生陶瓷年鉴 2008—2012/958

009806853 中国建筑艺术年鉴 2003—2004,2006,2007/2008,2009—2010,2011/2012/959

001700362 *中国建筑业年鉴/中国建筑年鉴 1984/1985,1986/1987,1988/1989,1990/1991/885

006896081 中国建筑业年鉴/中国建筑年鉴 1992/1993,1994—2001,2003/2004,2005—2014/885

008863525 中国建筑业统计年鉴 △1952/1985,1986/1987,1988/1989,1990/1991,1997—1999,2001—2004,2006—2009,2011—2014/886

008643494 中国建筑电气设备选型年鉴 2000/2001,2002/2003/962

001700362 中国建筑年鉴/中国建筑业年

鉴 1984/1985，1986/1987，1988/1989，1990/1991/885

006896081 *中国建筑年鉴/中国建筑业年鉴 1992/1993，1994—2001，2003/2004，2005—2014/885

013481755 中国建筑设计与表现年鉴 2011—2012/960

010227070 中国建筑设计作品年鉴 2004，2005/2006，2007/2008，2008/2009，2009/2010，2010/2011，2011/2012，2012/2013，2013/2014/960

007551415 中国建筑材料工业年鉴 1989/1990，1991/1992，1993/1994，1995—1996，1997/2001，2002/2003，2004/2005，2006—2014/885

004600818 中国建筑材料年鉴 1981/1982，1983/1984/961

010102807 中国建筑科学研究院年鉴 2005/37

009841235 中国建筑装饰行业年鉴 2002—2011/886

009934717 中国终端营销展示年鉴/IAI中国终端营销展示年鉴 2006，2008/939

013110444 中国经济年鉴 1934/1936/859

002020744 中国经济年鉴/中国经济年鉴续编 1934—1935/859

008198071 中国经济年鉴 1934/859

008108575 中国经济年鉴 1947—1948/859

010228447 中国经济年鉴 1947/859

002646241 中国经济年鉴 1981—1988/859

007067763 中国经济年鉴 1981，1989—2014/860

002020744 *中国经济年鉴续编/中国经济年鉴 1934—1935/859

011824363 中国经济伦理学年鉴 2000/2001，2002/2003，2004/2005，2006—2012/837

004569418 中国经济体制改革年鉴 1989—1999，2000/2001，2002—2006/860

012065422 *中国经济体制改革年鉴/中国改革年鉴 2003/2012，2007/2008，2009—2014/845

011968243 中国经济学年鉴 2008—2012/860

004598841 中国经济科学年鉴 1984—1989，1990/1991，1992—1993/859

008715460 中国经济贸易年鉴 2000—2006，2008—2013/859

004605532 中国经济特区与沿海经济技术开发区年鉴/中国经济特区开放地区年鉴 1980/1989，1990/1992/863

007202533 *中国经济特区与沿海经济技术开发区年鉴/中国经济特区开放地区年鉴/中国经济特区开发区年鉴 1995—1999，2000/2001，2002—2003/863

007202533 *中国经济特区开发区年鉴/中国经济特区开放地区年鉴/中国经济特区与沿海经济技术开发区年鉴 1995—1999，2000/2001，2002—2003/863

004605532 *中国经济特区开放地区年鉴/中国经济特区与沿海经济技术开发区年鉴 1980/1989，1990/1992/863

007202533 中国经济特区开放地区年鉴/中国经济特区开发区年鉴/中国经济特区与沿海经济技术开发区年鉴 1995—1999，2000/2001，2002—2003/863

004605498 中国经济特区年鉴 1983—1984/863

010102811 中国经济景气年鉴 2005/861

009934755 中国经济普查年鉴 2004，2008，

2013／863

013677610 中国玻璃行业年鉴 2013／958

011485876 中国城乡建设统计年鉴 2006—2013／962

009698947 中国城市公共交通年鉴 1990／1991,1999／2000／896

010102800 中国城市公交广告年鉴 2006,2009／898

011399750 中国城市市容环境卫生年鉴 2005／962

005403850 *中国城市年鉴／中国城市经济社会年鉴 1985—1991／872

006925567 中国城市年鉴／中国城市经济社会年鉴 1993—2014／872

012521655 中国城市形象设计年鉴 2008／962

012617702 中国城市规划设计年鉴 2010／962

012521651 中国城市房地产开发商策略联盟年鉴 2008／10

002075276 中国城市建设年鉴 1986／1987／962

008805311 中国城市建设统计年鉴 2000—2002,2006—2013／962

013174688 中国城市经济年鉴 2010—2014／872

005403850 中国城市经济社会年鉴／中国城市年鉴 1985—1991／872

006925567 *中国城市经济社会年鉴／中国城市年鉴 1993—2014／872

004600495 中国城市统计年鉴 1985—1991,1993／1994,1995—2014／840

010102848 中国城市竞争力年鉴 2003—2009,2011—2014／872

010378373 中国城市(镇)生活与价格年鉴／中国价格及城镇居民家庭收支调查统计年鉴／中国价格统计年鉴 2006—2012／862

013913374 *中国城市(镇)生活与价格年鉴／中国价格统计年鉴 2013—2015／905

012361601 中国城市雕塑建设年鉴 2006／2008／937

012080600 中国政工年鉴 1998／850

009806890 中国政府采购市场年鉴 2001／909

009264651 中国政府采购年鉴 2002,2004—2012／909

012926200 中国政府绩效管理年鉴 2010,2012／847

009520246 中国政法大学年鉴 2004,2006,2010—2011／30

012983911 中国政法大学科研工作年鉴 2007,2009—2012／30

009360583 中国政治学年鉴 2002／845

011503937 中国政党制度年鉴 2006—2009,2011—2013／851

009437218 中国政策年鉴 2001／2002／845

012243731 中国茶业年鉴 2008,2009／2010,2011—2012／876

009045388 *中国南车年鉴／中国南方机车车辆工业集团公司年鉴 2002—2013／13

008439203 *中国南车集团石家庄车辆厂年鉴／石家庄车辆厂年鉴／南车石家庄车辆有限公司年鉴 1997—1998,2000—2009／66

010226875 *中国南车集团武昌车辆厂年鉴／武昌车辆厂年鉴 1995—2003,2005

/504

009617992 *中国南车集团眉山车辆厂年鉴/眉山车辆厂年鉴 2002—2003/676

009617993 中国南车集团眉山车辆厂年鉴/眉山车辆厂年鉴 2003/676

011824374 中国南车集团株洲车辆厂年鉴/株洲车辆工厂年鉴/株洲车辆厂年鉴 1992—2007/542

008397438 *中国南车集团株洲电力机车厂年鉴/株洲电力机车工厂年鉴/株洲电力机车厂年鉴/中国南车集团株洲电力机车有限公司年鉴/南车株洲电力机车有限公司年鉴 1983/1988, 1990, 1992, 1994—2001, 2003—2008, 2010—2011/542

008397438 *中国南车集团株洲电力机车有限公司年鉴/株洲电力机车工厂年鉴/株洲电力机车厂年鉴/中国南车集团株洲电力机车厂年鉴/南车株洲电力机车有限公司年鉴 1983/1988, 1990, 1992, 1994—2001, 2003—2008, 2010—2011/542

008439191 *中国南车集团戚墅堰机车车辆厂年鉴/戚墅堰机车车辆厂年鉴 1995, 1998—2007/265

009934758 中国南水北调工程建设年鉴 2005—2011, 2013/963

009841249 中国南方电网公司年鉴 2004—2010/568

009045388 中国南方机车车辆工业集团公司年鉴/中国南车年鉴 2002—2013/13

013747926 中国—南亚商务年鉴 2011—2012, 2014—2015/908

001823917 中国药学年鉴 1980/1982, 1983/1984, 1985—1987, 1988/1989, 1990—2001, 2002/2003, 2004—2013/952

013467782 中国药品生物制品检定所年鉴 2008—2009/35

008588999 中国药品监督管理年鉴/中国食品药品监督管理年鉴 1999—2003/952

009898215 *中国药品监督管理年鉴/中国食品药品监督管理年鉴 2004—2014/958

013899502 中国药膳精英年鉴 2006/943

009841204 中国标志设计年鉴 2005/938

004899359 中国标准化年鉴 1986, 1991—1997/919

012521645 中国标签产业年鉴 2009—2010/881

009841201 中国泵业年鉴 2004/881

012048974 中国泵阀年鉴 2009/881

007696772 中国残疾人事业年鉴 1949/1993, 1994/2000/851

009520216 中国残疾人事业统计年鉴 2002—2009, 2011—2015/851

004605591 中国轻工业年鉴 1985—2014/889

013899496 中国轻工业产品采购大全年鉴 2003/904

008555520 中国贵金属纪念币年鉴 1996/1998/938

008969158 中国思想政治工作年鉴 1997, 1999, 2001—2003, 2004/2005, 2005/2006, 2006/2007, 2007/2008, 2009/2010, 2010/2011, 2011/2012/843

012361656 中国思想理论年鉴 2007—2012/843

009928154 中国品牌年鉴 2002, 2003/2004, 2006/869

013714523 中国品牌设计年鉴 2013/938

011141285 中国钢结构年鉴 2005/961

004605437 中国钢铁工业年鉴 1985—2014/883

011824320 中国钢铁贸易年鉴 2008—2011/902

012200519 中国钧瓷年鉴 2000/2008,2009/2010,2011/2012/476

009806884 中国钨工业年鉴 2002—2009/892

010227079 中国科协学会年鉴 1995/920

009618439 *中国科协统计年鉴/中国科学技术协会统计年鉴 1996—1998,2000—2002,2004—2013/920

005059969 中国科技统计年鉴 1991—2014/919

009182934 中国科学技术大学年鉴 1999—2005,2007—2008/328

008944148 中国科学技术协会年鉴 2001—2013/920

009914082 中国科学技术协会 学会 协会 研究会统计年鉴 2004—2008,2010—2013/920

009618439 中国科学技术协会统计年鉴/中国科协统计年鉴 1996—1998,2000—2002,2004—2013/920

009036696 中国科学技术奖励年鉴 2001—2002,2003/2005,2006—2013/920

011968258 中国科学学与科学技术管理研究年鉴 2004/2005,2006/2007,2008/2009,2010/2011/920

011141322 中国科学院生物物理研究所年鉴 2004—2006/34

011141314 中国科学院动物研究所年鉴 2004—2009,2011/34

008378190 中国科学院年鉴 1996—2014/23

013821874 中国科学院近代物理研究所年鉴 1993/1994/776

012049042 中国科学院武汉岩土力学研究所综合年鉴 1958/2008/503

009617367 中国科学院武汉病毒研究所综合年鉴 1956/2001/502

010227083 中国科学院研究生院年鉴 2003—2006/23

011141311 中国科学院测量与地球物理研究所综合年鉴 1957/2004/34

008426175 中国科学院统计年鉴 1992—2014/23

011141326 中国科学院微生物研究所年鉴 1996—1998/35

007919872 中国科学基金年鉴 1990,1993/920

009914382 中国重型机械工业年鉴 2005—2014/894

008115231 中国保险年鉴 1937/914

008432766 中国保险年鉴 1981/1997,1998—2003,2005—2014/914

013758827 中国保健食品年鉴 2008/881

011399731 *中国保税区出口加工区年鉴/中国保税区出口加工区统计年鉴 2007—2013/906

011399731 中国保税区出口加工区统计年鉴/中国保税区出口加工区年鉴 2007—2013/906

009726677 中国信用年鉴 2005/912

010102826 中国信托业年鉴 2005—2009,2010/2011,2011/2012/911

008886458 中国信息年鉴 2001—2006,2008—2014/916

006747754 中国信息企业（机构）年鉴／中国信息企业年鉴 1994／871

006747754 *中国信息企业年鉴／中国信息企业（机构）年鉴 1994／871

009502085 中国信息产业年鉴 2003／2004／894

010235316 中国信息产业年鉴／中国电子工业年鉴 2005—2014／894

009360577 *中国信息产业年鉴通信卷／中国通信年鉴 2003—2005，2009—2014／898

010281659 中国信息产业年鉴通信卷／中国通信年鉴 2007—2008／895

008728267 中国信息安全年鉴 1999—2001，2002／2003，2004—2013／958

009036700 中国信息经济年鉴 2001—2003／895

009841271 中国信誉企业年鉴 2002／871

009289257 中国律师年鉴 2000，2001／2003，2004—2005，2006／2008，2009—2011，2013／855

011824383 中国食用菌年鉴 2004—2005，2007—2010／876

001823871 中国食品工业年鉴 1984—1992，1993／1996，1997—2006，2008—2010，2011／2013／890

008588999 *中国食品药品监督管理年鉴／中国药品监督管理年鉴 1999—2003／952

009898215 中国食品药品监督管理年鉴／中国药品监督管理年鉴 2004—2014／958

013758853 中国食品药品检定研究院年鉴 2010／37

011000628 中国贸易外经统计年鉴／中国市场统计年鉴／中国对外经济统计年鉴 2006—2014／907

007699460 中国贸易年鉴 1948／900

003980038 中国音乐年鉴 1987—1997，1999—2009／939

013608937 中国音乐教育年鉴 2010—2013／939

009934809 中国音像年鉴 2004／918

011399786 *中国阀门行业协会统计年鉴／中国阀门行业统计年鉴 1995／2000，2001／2005／882

011399786 中国阀门行业统计年鉴／中国阀门行业协会统计年鉴 1995／2000，2001／2005／882

011933948 中国美术年鉴·1947 1947／933

012060877 中国美术年鉴 2000／934

013608930 中国美术学院艺术设计职业技术学院学术年鉴 2009—2010／297

013610078 中国美术学院学术年鉴 2005—2006／296

013933113 中国美术学院·柏林艺术大学中德硕士项目年鉴／中德硕士项目年鉴 2006／2007／296

013939624 中国美术学院美术馆年鉴 2003／2012／297

011503907 中国美术家协会年鉴 2006—2011／933

008957917 中国美术馆年鉴 2001—2012／32

009806863 中国美发美容年鉴／中国美容年鉴 2003／2004，2005／2006，2006／2007／900

014216724 中国美育年鉴 2012／923

009618442 中国美学年鉴 2001—2005，2006／2007／837

009806863 *中国美容年鉴／中国美发美容年鉴 2003／2004，2005／2006，2006／2007／900

010227028 中国测绘年鉴 2006—2011／945

014015054 中国洗染行业年鉴 2006,2007/2010/900

012049056 中国染料工业年鉴 2007—2012,2014/889

008749649 中国室内设计师年鉴 2001/961

009934711 中国室内设计年鉴 2006—2014/961

009914095 中国室内环境年鉴 2004/2005/967

005033351 中国语言学年鉴 1992—1994,1995/1998,1999/2003/927

011503870 中国绘画年鉴 2005,2006/2008,2010,2012/936

012079835 中国统一战线年鉴 2007/845

006908654 *中国统计工作年鉴/中国统计年鉴 1988—2014/841

003862548 中国统计工作年鉴/中国统计年鉴 1992—1994,1996—1998/841

006908654 中国统计年鉴/中国统计工作年鉴 1988—2014/841

003862548 *中国统计年鉴/中国统计工作年鉴 1992—1994,1996—1998/841

010102345 中国·秦皇岛经济技术开发区年鉴 2005—2013/74

008997616 *中国珠宝玉石首饰年鉴/中国珠宝年鉴 2000/2001,2002,2003/2004,2005,2009,2012/894

008997616 中国珠宝年鉴/中国珠宝玉石首饰年鉴 2000/2001,2002,2003/2004,2005,2009,2012/894

010227126 中国盐业年鉴 2006—2013/892

003549321 中国哲学年鉴 1983—2003,2004/2005,2006—2014/837

010227096 中国热处理年鉴 2003,2008/889

012200527 中国热喷涂年鉴 2003/889

008002254 中国莎学年鉴 1994/932

004156259 中国档案年鉴 1989,1997,1998/1999,2000/2001,2002—2003,2004/2005,2006—2007,2010—2012/919

012926170 中国桥梁年鉴 2010/964

009841264 中国校外教育工作年鉴 2001/2003,2004,2005/2006,2007/2008,2009/2010/924

010227063 中国核工业集团公司年鉴 2004/13

012521681 中国核能年鉴 2009—2014/884

013933120 中国样板间年鉴 2009/961

009934780 中国速生丰产用材林基地建设年鉴 2003—2004/954

003601033 中国监察年鉴 1987/1991,1998/2002,2003/2007/847

014015049 中国铁建地产集团年鉴 2008/2012/11

008435299 *中国铁建年鉴/中国铁道建筑总公司年鉴 1993—2013/16

010227004 中国铁通河南分公司年鉴 2001/2003/448

012806190 中国铁通湖北分公司年鉴 2001/2005/500

008432794 中国铁道年鉴 1999—2012/896

008435299 中国铁道建筑总公司年鉴/中国铁建年鉴 1993—2013/16

010102817 中国铁道建筑总公司铁路运输处年鉴 1998/16

008397432 *中国铁道科学研究院年鉴/铁道部科学研究院年鉴/铁科院年鉴/铁道科学研究院年鉴 1991—1998,2000—2012/38

009618451 中国铁路工程总公司年鉴 2003—2012／16

009806882 中国铁路地质年鉴／中国铁路勘测设计年鉴 1992—1995／964

009698646 *中国铁路地质年鉴／中国铁路勘测设计年鉴 1997—2001，2002/2003／964

008424333 中国铁路机车车辆工业年鉴 1994—2001／891

009618453 中国铁路通信信号总公司年鉴 1997／16

009806882 *中国铁路勘测设计年鉴／中国铁路地质年鉴 1992—1995／964

009698646 中国铁路勘测设计年鉴／中国铁路地质年鉴 1997—2001，2002/2003／964

008388830 中国特色社会主义年鉴／中国特色社会主义理论年鉴／中国社会主义年鉴 1997—2002，2003/2004，2005，2006/2007，2008—2009／845

012923829 *中国特色社会主义年鉴／马克思主义理论研究与学科建设年鉴 2010—2014／845

008388830 *中国特色社会主义理论年鉴／中国特色社会主义年鉴／中国社会主义年鉴 1997—2002，2003/2004，2005，2006/2007，2008—2009／845

008588989 中国特殊钢年鉴 1996—1997，1999—2001，2004—2006，2009／891

003098877 中国造纸年鉴 1986，1990，1993，1996，1999，2002—2014／893

008588985 中国航空工业年鉴 1987/1988，1989/1992，1993/1994，1995/1996，1997/1998／884

011503866 中国航空工业第一集团公司年鉴 1999/2000/13

009841217 *中国航空油料公司统计年鉴／中国航空油料总公司统计年鉴／中国航空油料有限责任公司综合统计年鉴 1949/1990，1992—2009／17

009841217 *中国航空油料有限责任公司综合统计年鉴／中国航空油料总公司统计年鉴／中国航空油料公司统计年鉴 1949/1990，1992—2009／17

009841217 中国航空油料总公司统计年鉴／中国航空油料公司统计年鉴／中国航空油料有限责任公司综合统计年鉴 1949/1990，1992—2009／17

011503903 中国留学人员创业年鉴 2007—2014／869

013481752 中国高尔夫年鉴 2008，2010—2013／926

009806836 中国高考年鉴 2004／921

009869072 中国高考年鉴 2004，2011—2012／921

009341074 中国高技术产业发展年鉴 2002—2003，2005—2013／868

009132585 中国高技术产业统计年鉴 2002—2014／869

013747834 中国高校体育年鉴 2011／925

012617720 中国高职高专院校教育年鉴 2009／924

007445515 *中国高等学校招生工作年鉴／普通高等学校招生工作年鉴／中国普通高等学校招生年鉴 1991，1993—1998，2000—2004／920

013899484 中国高等美术院校在校学生美术作品年鉴 1999—2002，2004，2006／933

009341095 中国高新技术企业年鉴 2000

/869

012926162 中国高新技术产业开发区年鉴2010—2012/862

008866924 中国高新技术产业年鉴2001/869

009618435 中国疾病预防控制中心年鉴2003—2009/35

003606512 中国旅游年鉴1990—2003,2005—2014/897

008998399 中国旅游财务信息年鉴2002,2004—2008,2010—2014/896

011824367 中国旅游诗词年鉴2000/2005/930

013758844 中国旅游城市统计年鉴2006/897

001365892 中国旅游统计年鉴1991—1993,1995—2003,2005—2014/897

008467095 中国畜牧业年鉴1999—2013/877

012243743 中国畜牧业商务年鉴2005/2006/877

010102804 中国粉体工业年鉴2003/883

013604183 中国烟花爆竹年鉴2005,2011/892

008588995 中国烟草年鉴1981/1990,1991/1995,1996/1997,1998/1999,2000—2010,2011/2012,2013/892

011968291 中国浦东干部学院年鉴2004/2006,2007/2009/243

011141307 中国酒业年鉴2000/886

009698970 中国酒店市场年鉴2003/899

009928166 中国消防年鉴2004—2012/848

014015057 中国消防产品年鉴2007,2010/2011/963

013634136 中国消费者权益保护年鉴2012/854

013609416 中国海水淡化年鉴2010/947

007412813 *中国海关统计年鉴/中华人民共和国海关统计年鉴1993,1995—2013/18

010227054 中国海事年鉴2004,2005/2006/947

004214611 中国海洋年鉴1986,1987/1990,1991/1993,1996,1997/1998,1999/2000,2001—2003,2005—2014/947

011918221 中国海洋行政执法统计年鉴2001/2007/855

012724422 中国海洋测绘年鉴2009/945

008382302 中国海洋统计年鉴1992—1993,1997,1999—2002,2004—2014/947

008849900 中国涂料工业年鉴1989/1990,1991/1995,1996/1998,1999/2000,2001—2004,2006—2013/891

009169856 中国家用电器年鉴2002/957

009841231 中国家具年鉴2004—2014/885

012049038 中国家庭教育年鉴2007,2008/2009/924

010102833 中国展示设计年鉴2006/939

008439117 中国展览年鉴1999—2014/918

009928172 中国展览设计年鉴2005/939

009026489 中国通用机械工业年鉴2002,2004,2006—2014/891

012049065 中国通信市场年鉴2008/2009/898

009360577 中国通信年鉴/中国信息产业年鉴通信卷2003—2005,2009—2014/898

010281659 *中国通信年鉴/中国信息产业年鉴通信卷2007—2008/895

009062441 *中国通信服务广东公司年鉴/广东电信实业年鉴 2002—2007/563

012759042 中国通信服务广东公司年鉴/广东电信实业年鉴 2008/564

010227090 中国能源年鉴 2004/888

003098932 中国能源统计年鉴 1986,1989,1991,1991/1996,1997/1999,2000/2001,2004—2014/888

009698991 中国排行榜年鉴 2005/841

010227073 中国教育发展年鉴 2004/922

009288968 中国教育考试年鉴 1997—2012/921

008241000 中国教育年鉴 1934—1948/922

002459162 中国教育年鉴 1949/1981,1982/1984,1985/1986,1988—2013/922

007551126 中国教育年鉴地方教育 1949/1984/923

004600793 *中国教育事业统计年鉴/中国教育统计年鉴 1987—1990,1991/1992,1999,2001—2004,2006—2013/923

006992400 中国教育事业统计年鉴/中国教育统计年鉴 1992—1998/923

008062234 中国教育经费统计年鉴 1996—2012,2014/922

004600793 中国教育统计年鉴/中国教育事业统计年鉴 1987—1990,1991/1992,1999,2001—2004,2006—2013/923

006992400 *中国教育统计年鉴/中国教育事业统计年鉴 1992—1998/923

007610625 中国教育综合统计年鉴 1993—1995/923

010227071 中国教研年鉴 2005,2007—2008/922

011399833 中国培训发展论坛年鉴 2005/2006/924

009309806 中国职业安全卫生年鉴 1988—1989,1991/949

009934812 中国职业教育与成人教育工作年鉴 2004—2007/924

008618343 中国基本单位统计年鉴 1999—2001,2003—2004,2006—2008,2011—2013/840

009926725 中国基础教育年鉴 2002—2003/922

013321216 中国基础教育学科年鉴 2009,2009/2010,2010/922

013312082 中国勘察设计年鉴 2010/960

009841226 中国黄金工业年鉴 1995—1997,1999/2000/884

013090437 中国黄金年鉴 2007,2009,2013/912

007510396 中国黄金海岸年鉴经济 贸易 企业 1994—2001,2002/2003/862

011141417 中国营养产品与品牌年鉴 2005/2006/905

012521758 中国营销年鉴 2009/2010/905

002531659 中国检察年鉴 1988—2013/854

010227076 中国救灾年鉴 1988/849

013312095 中国铝业中州分公司年鉴/中铝公司中州企业年鉴 2006/2007,2008/2009/471

009914083 中国铝业公司年鉴 2006—2014/886

013604153 中国铝业年鉴 2009—2010,2012,2014/886

012724436 中国银行业协会年鉴 2006/911

012617798 中国移动广东公司年鉴 2007—2014/569

011968390 中国移动广西公司年鉴 2008,

2010,2012/611
012754761 中国移动通信集团河北有限公司年鉴 2008/67
009913836 *中国移动通信集团浙江有限公司年鉴/浙江移动通信年鉴 2000—2005/288
014142053 中国移动通信集团浙江有限公司年鉴/浙江移动通信年鉴 2006—2010/288
010102236 *中国移动通信集团新疆有限公司新疆移动通信年鉴/新疆移动通信年鉴 2000,2002—2004,2010,2012/806
007916769 *中国第一汽车集团公司年鉴/第一汽车制造厂年鉴/一汽年鉴 1987/169
008997613 中国第一汽车集团公司年鉴/第一汽车年鉴/第一汽车制造厂年鉴 1993,1995,1998,2000,2002—2008/170
012570159 *中国第一汽车集团公司年鉴/中国一汽年鉴 2009—2013/170
005033206 中国第三产业年鉴 1993/899
011140225 中国第三产业统计年鉴 2006—2014/865
011399769 中国第三部门研究年鉴 2000—2001/839
011141265 中国船舶工业年鉴 2006—2014/881
009520199 中国船舶工业统计年鉴 2003—2005/881
009133076 中国彩票年鉴 1987/2002,2004—2013/912
004621358 中国象棋年鉴 1990—2001,2004/2009/926
012200494 中国减灾年鉴 2008/968

002032753 中国商业年鉴/中国国内贸易年鉴 1988—1992/905
008133792 *中国商业年鉴/中国饮食服务年鉴 1993,1994/1995,1996/1997,1998/1999,2000/900
006915821 *中国商业年鉴/中国国内贸易年鉴 1994—2002/900
009684606 中国商业年鉴/中国国内贸易年鉴 2003—2014/905
013174677 中国商业企业管理年鉴 2010/901
009914094 中国商业设计年鉴 2006/939
013174696 中国商业信用年鉴 2009/911
013939627 中国商业银行统计年鉴 2007/2011/911
008643766 中国商业摄影年鉴 2000—2001/937
008864755 *中国商务年鉴/中国对外经济贸易年鉴 1984—1994,1995/1996,1997/1998,1998/1999,2000—2003/907
009588893 中国商务年鉴/中国对外经济贸易年鉴 2004—2014/900
012832463 中国商事审判年鉴 2009—2010/854
012521704 中国商标年鉴 2009—2013/938
008749645 *中国商品交易市场年鉴/中国商品交易市场统计年鉴 2001—2014/904
008749645 中国商品交易市场统计年鉴/中国商品交易市场年鉴 2001—2014/904
010227102 中国商品质量年鉴 1993/909
012521714 中国兽药产品与技术年鉴 2010—2011/954
011141296 中国焊接与切割设备年鉴 2001

/956

008715470 中国渔业年鉴 2000—2003,2005—2014/877

008749336 中国渔业统计年鉴 1993—1994,1996—2007,2010—2015/877

009914107 中国液压气动密封工业年鉴/中国液压液力气动密封工业年鉴 2005,2010/892

009914107 *中国液压液力气动密封工业年鉴/中国液压气动密封工业年鉴 2005,2010/892

012924912 *中国·深圳南山年鉴/南山年鉴 1996,2009—2014/580

008011148 中国深圳资信评估年鉴 1993/578

013467785 中国越野年鉴 2004/926

012724402 中国博物馆年鉴 2010/919

013791048 中国插画年鉴 2008/934

009036139 中国期刊年鉴 2002,2002/2003,2003/2004,2005/2006,2006/2007,2008—2014/919

012530640 中国期刊推介采购年鉴 2010/919

006955848 中国期货市场年鉴 1995,2005/2006,2007—2012/903

013899492 中国联合网络通信有限公司河南省分公司年鉴 2009—2010/454

013604146 中国联通年鉴 2010—2012/898

009934768 中国散装水泥年鉴 2003/889

008198189 *中国韩国经济产业体年鉴/中韩经济产业体年鉴 1994/872

009841238 中国棉花年鉴 2004,2004/2005,2005/2006,2006/2007,2007/2008,2008/2009,2010/2011,2011/2012,2012/2013/876

012242989 中国景观设计年鉴 2010/962

009136651 中国铸造年鉴 1996,2000,2005/956

012983916 中国智能交通行业发展年鉴 2010—2012/965

009618463 中国稀土学会年鉴 1997/2002,2003—2006,2008—2011/34

005581472 中国税务年鉴 1993—2004,2006—2014/910

009698977 中国税务管理年鉴 2003—2004/910

009618473 中国税务稽查年鉴 2002,2004—2012/910

009913865 中国策划年鉴/中国策划年鉴·导览 2005/868

009913865 *中国策划年鉴·导览/中国策划年鉴 2005/868

012802572 中国策划家年鉴 2009/2010/868

009934752 *中国集成电路年鉴/中国集成电路企业年鉴 2003/2004,2006/957

009934752 中国集成电路企业年鉴/中国集成电路年鉴 2003/2004,2006/957

003165046 中国集邮年鉴/集邮年鉴 1987—1988,1990—1991/926

011824392 中国循环经济年鉴 2008—2014/861

009928183 中国装帧艺术年鉴历史卷 2005/959

007445515 *中国普通高等学校招生年鉴/普通高等学校招生工作年鉴/中国高等学校招生工作年鉴 1991,1993—1998,2000—2004/920

008433874 中国港口年鉴 1999—2003,2005—2014/896

008749332 中国游艺机游乐园年鉴 1990, 1993, 1995, 1997, 1999, 2002/2008, 2009/2012/918

012361691 中国游戏原画设定年鉴 2006/926

010227105 中国摄影艺术年鉴 2007—2012/938

007624699 中国摄影年鉴 1981/1983, 2006/2007, 2007/2008, 2008/2009, 2009/2010, 2011/2012, 2012/2013/938

013790789 中国摄影器材年鉴 2007, 2008, 2009, 2009/2010/956

013604149 中国楼盘设计年鉴 2011/961

012724442 中国楹联年鉴 2004/2006, 2007/2009/932

011393886 中国零售和餐饮连锁企业统计年鉴/中国连锁零售商业企业统计年鉴 2007—2014/901

010227217 中国照明工程年鉴 2006, 2008—2009, 2011, 2013/960

012593530 中国廉政建设年鉴 2005/847

013791105 中国·新乡房地产年鉴 2007/2009/468

009934807 中国新加坡商务年鉴 2005/908

012049067 中国新农村建设年鉴 2008/875

009406306 中国新材料发展年鉴 2001/2002, 2003, 2004/2005, 2006, 2007/2008, 2009/2010, 2011/2012/955

008437498 中国新诗年鉴 1998—2001, 2002/2003, 2004/2005, 2006—2008, 2009/2010, 2011/2012/930

009036159 中国新建设年鉴 北京奥运卷 2002/2003/11

012983896 中国新音乐年鉴 2009—2011/939

001822758 中国新闻年鉴 1982—2014/917

009841267 中国新闻摄影年鉴 1987/938

012243739 中国新能源与可再生能源年鉴 2009—2014/892

008553760 *中国·新疆·乌鲁木齐头屯河区年鉴/头屯河区年鉴 1999/808

011141337 中国粮食年鉴 2006—2014/876

013174706 中国数字电视发展年鉴 2009/2010, 2011/2012/918

008977186 中国塑料工业年鉴 2001, 2002, 2003, 2004—2014/891

012200538 中国塑料机械工业年鉴 2009—2013/891

008246260 中国煤炭工业年鉴 1982—2013/886

013790784 中国煤炭建设年鉴 2006/2010/887

013680408 中国煤炭科工集团有限公司科技年鉴 2011/13

013758843 中国聚氨酯行业大全年鉴 2008, 2009/2010/886

009841291 中国模具工业年鉴 2004, 2008, 2012/887

009036690 中国酿酒工业年鉴 2001, 2003, 2008—2009, 2010/2011/888

013481778 中国碳酸钙工业年鉴 2011/891

011141263 中国殡葬年鉴 2004/849

008902135 中国管材年鉴 2000/883

012079802 中国管治年鉴 2009/846

011503862 中国管理年鉴 2008/867

004605558 中国精神文明年鉴 1992, 1993/1994/850

008715475 中国精神文明建设年鉴 1998/

1999,2000—2014／850

004621286　中国横向经济年鉴1991／869

008977197　中国橡胶工业年鉴2001—2006，2007/2008，2008/2009，2009/2010，2011/2012／892

009914100　中国橡胶市场年鉴2005—2009／904

012080584　中国暴雨洪水及干旱年鉴1980／946

012200550　中国影视广告案例年鉴2006/2007，2009/2010，2011/2012／899

009065087　中国摩托车工业年鉴2002—2003，2005—2014／887

009015914　中国霓虹灯艺术与工艺年鉴2002／938

009395864　中国餐饮年鉴／中国饮食服务年鉴2004—2006，2008/2009，2010—2013／899

008923218　中国儒学年鉴2001—2013／837

009503304　中国雕塑年鉴2001，2003，2007，2009，2011／937

008438993　中国磨料磨具工业年鉴1999／887

009208660　中国糖酒年鉴2003—2011／891

013604172　中国燃气行业年鉴2012—2013／889

012926139　中国藏学年鉴2009—2010／745

011399795　中国翻译年鉴2005/2006，2007/2008，2009/2010，2011/2012／927

013604135　中国灌溉企业年鉴2009/2010，2011—2014／883

008589004　中学生年鉴2000／924

009492888　中南工业大学年鉴1996—2000／539

013610081　中南大学土木建筑学院年鉴2002—2004／539

012926212　中南大学共青团工作年鉴2009—2011／536

009726191　中南大学年鉴2000—2012／539

011968431　中南财经政法大学科研统计年鉴2006—2007／502

013714738　中南林业科技大学年鉴2011／539

013711511　中南院综合年鉴1995/2009／499

012079791　中钞油墨有限公司年鉴2002/2005／12

011967175　*中保财产保险山西年鉴／山西人保年鉴1999／89

008440601　中保集团年鉴1996／21

013143915　中核集团三门核电有限公司网络年鉴2008—2010／320

012079842　中核集团三门核电有限公司年鉴2006—2008，2010／320

014014827　*中核集团秦山第三核电有限公司年鉴／秦山第三核电有限公司年鉴2001，2010／308

011503948　中原区年鉴2007—2013／455

011503727　*中原区统计年鉴／郑州市中原区统计年鉴1990—1994，2001，2003，2005，2007—2012／455

008426299　中原油田年鉴1992，1993/1994，1995/1996，1997/1998，1999—2014／456

010102845　中铁二十一局集团有限公司年鉴2005—2006，2008，2010—2012／653

009406183　*中铁二局集团年鉴／铁道部第二工程局年鉴1991—1998／652

009406163　中铁二局集团年鉴／铁道部第二工程局年鉴1999—2012／652

013090444　中铁二院工程集团有限责任

公司年鉴/铁道第二勘察设计院年鉴 2010,2012/653

008396598 *中铁十一局集团年鉴/铁道部第十一工程局年鉴/中铁第十一工程局年鉴 1994—2004,2005/2006/499

008396948 *中铁十二局集团年鉴/铁道部第十二工程局年鉴 1995—2001,2003—2006,2010/94

008397001 *中铁十七局集团年鉴/铁道部第十七工程局年鉴/中铁第十七工程局年鉴 1994—2004,2006,2008—2011/94

009406156 *中铁十八局集团年鉴/中铁第十八工程局年鉴/铁道部第十八工程局年鉴 1997,1999/2000,2001/2002,2002/2003,2004/2006/52

008749295 *中铁十九局集团年鉴/铁道部第十九工程局年鉴 1995—1997,1999/157

009425968 中铁十九局集团年鉴/铁道部第十九工程局年鉴 1999/2001/157

008396964 *中铁十五局集团年鉴/铁道部第十五工程局年鉴/中铁第十五工程局年鉴 1993—2003/460

008574224 *中铁十四局集团年鉴/中铁第十四工程局年鉴 2000,2002—2004/401

011968449 中铁十局集团有限公司年鉴 2004—2006,2008/401

012243745 中铁九局集团有限公司年鉴 2005—2006/141

009425965 中铁三局集团有限公司年鉴/铁道部第三工程局年鉴 2001—2003,2005,2010/94

011824404 中铁工程设计咨询集团有限公司年鉴 2006/17

010227003 *中铁大桥局集团年鉴/铁道部大桥工程局年鉴 1994—1995,2001/500

012692329 中铁大桥局集团年鉴/铁道部大桥工程局年鉴 2002/500

012361689 中铁五局(集团)有限公司统计年鉴 2005/696

013609284 中铁五局集团年鉴 2004/696

009841286 中铁电气化工程局年鉴/中铁电气化局集团年鉴 1999/2000,2002—2006,2008,2010/16

009841286 *中铁电气化局集团年鉴/中铁电气化工程局年鉴 1999/2000,2002—2006,2008,2010/16

008399295 *中铁四局集团年鉴/铁道部第四工程局年鉴/铁四局年鉴/中国中铁四局集团年鉴 1994—2010,2012/328

011503945 *中铁行包快递有限责任公司年鉴/中铁行包快递年鉴/中铁快运年鉴 2005—2007/17

011503945 中铁行包快递年鉴/中铁行包快递有限责任公司年鉴/中铁快运年鉴 2005—2007/17

011503945 *中铁快运年鉴/中铁行包快递年鉴/中铁行包快递有限责任公司年鉴 2005—2007/17

008643768 中铁建厂工程局年鉴/中铁建工集团年鉴 1999—2000,2002—2006/17

008643768 *中铁建工集团年鉴/中铁建厂工程局年鉴 1999—2000,2002—2006/17

009913859 *中铁第一勘察设计院集团年鉴/铁道部第一勘测设计院年鉴/铁道第一勘察测设计院年鉴 1996,2000,2003—2004,2010/776

013677325 中铁第一勘察设计院集团年

鉴 2011/754

008396598 *中铁第十一工程局年鉴/铁道部第十一工程局年鉴/中铁十一局集团年鉴 1994—2004,2005/2006/499

008397001 *中铁第十七工程局年鉴/铁道部第十七工程局年鉴/中铁十七局集团年鉴 1994—2004,2006,2008—2011/94

009406156 中铁第十八工程局年鉴/铁道部第十八工程局年鉴/中铁十八局集团年鉴 1997,1999/2000,2001/2002,2002/2003,2004/2006/52

008396964 *中铁第十五工程局年鉴/铁道部第十五工程局年鉴/中铁十五局集团年鉴 1993—2003/460

008670263 *中铁第十六工程局年鉴/铁道部第十六工程局年鉴 1994—2000,2002/16

008574224 中铁第十四工程局年鉴/中铁十四局集团年鉴 2000,2002—2004/401

009618468 中铁隧道集团年鉴/铁道部隧道工程局年鉴 1999—2011,2014/460

013899524 中航工业昌飞年鉴 1999/2008/377

013312095 *中铝公司中州企业年鉴/中国铝业中州分公司年鉴 2006/2007,2008/2009/471

008198189 中韩经济产业体年鉴/中国韩国经济产业体年鉴 1994/872

013939638 中韩海报设计年鉴 2004/939

013933113 *中德硕士项目年鉴/中国美术学院·柏林艺术大学中德硕士项目年鉴 2006/2007/296

009934817 中燃年鉴 1997/2003/780

内

013656084 内江师范学院年鉴 2005—2006/670

008426300 内江年鉴 1985/1990,1992—2008,2010—2011/670

010226494 内江统计年鉴 2001—2006,2013—2014/670

008137817 内政年鉴 1936/852

013680549 内黄年鉴 2012/466

008969123 内蒙古工业经济年鉴 1997—2000/117

011824454 内蒙古工会年鉴 2003—2004/116

013609026 内蒙古大学年鉴 2007/120

011823039 内蒙古广播电视年鉴 2003—2004,2010/118

011823046 内蒙古卫生年鉴 2007—2011/119

008405242 内蒙古水利年鉴 1998—2001/117

011823031 内蒙古电力工业年鉴 2006—2007/117

011399980 内蒙古电视艺术年鉴 1969/1989/118

011503110 内蒙古师范大学年鉴 1993,1996,1998,2000,2004—2010,2011/2012,2013/120

008403683 内蒙古年鉴 1998,1999/2000,2001—2003,2005—2014/116

013936056 内蒙古自治区卫生厅卫生监督所年鉴 2010/120

009081511 内蒙古自治区乌海市统计年鉴/乌海市统计年鉴/乌海统计年鉴

1994,1996—1998,2000—2013/122

013757986 内蒙古自治区地方税务年鉴 2007—2008/118

010102619 内蒙古自治区农村牧区社会经济统计年鉴 2000,2002/117

009036721 *内蒙古自治区邮政年鉴/内蒙古邮政年鉴 2000/2001,2002—2005,2006/2007/118

013936052 内蒙古自治区结核病控制年鉴/内蒙古结核病控制年鉴 2008—2010/118

001992563 *内蒙古自治区统计年鉴/内蒙古统计年鉴/内蒙古城市社会经济统计年鉴 1982—1986,1988—1992,1992/1993,1993—2014/116

011503111 内蒙古自治区渔业统计年鉴 2003/2004/117

008643790 内蒙古邮电年鉴 1997,1998/1999/118

009036721 内蒙古邮政年鉴/内蒙古自治区邮政年鉴 2000/2001,2002—2005,2006/2007/118

009197867 内蒙古财政年鉴 2003—2013/118

011503108 内蒙古林业年鉴 1947/1990/117

010226496 内蒙古经济社会调查年鉴 2006—2014/117

014014805 内蒙古经济贸易年鉴 2001—2002/117

011139908 内蒙古经济普查年鉴 2004,2008/117

001992563 *内蒙古城市社会经济统计年鉴/内蒙古统计年鉴/内蒙古自治区统计年鉴 1982—1986,1988—1992,1992/1993,1993—2014/116

013790941 内蒙古政协年鉴 2008/116

008250236 内蒙古科学技术年鉴 1989,1991,1993,1995—1996,1997/1998,1999/2000/118

008773082 内蒙古美术年鉴 1982,1983/1985/118

013634428 内蒙古宣传思想文化年鉴 2011/116

013936052 *内蒙古结核病控制年鉴/内蒙古自治区结核病控制年鉴 2008—2010/118

001992563 内蒙古统计年鉴/内蒙古自治区统计年鉴/内蒙古城市社会经济统计年鉴 1982—1986,1988—1992,1992/1993,1993—2014/116

008957251 *内蒙古鄂尔多斯市统计年鉴/鄂尔多斯市统计年鉴/鄂尔多斯统计年鉴 2002—2014/125

012199452 内蒙古集通铁路有限责任公司年鉴/内蒙古集通铁路(集团)有限责任公司年鉴 2003/2004,2006/2008,2009—2010/120

012199452 *内蒙古集通铁路(集团)有限责任公司年鉴/内蒙古集通铁路有限责任公司年鉴 2003/2004,2006/2008,2009—2010/120

013173573 内蒙古精神文明建设年鉴 2010/116

水

009698940 水利统计年鉴 1988,1990,1992,1995,2000,2002,2004—2006/880

013899010 水城县统计年鉴 2007—2010

/698

008942046 水富年鉴 1996/1999,2000—2009,2011/725

011823224 水磨沟区年鉴/乌鲁木齐市水磨沟区年鉴 2006—2010/808

气

009062492 气象统计年鉴 1983—2008,2010—2011/946

长

011139664 长三角年鉴 2006—2014/225

009805557 长山热电厂年鉴 1988/1992,1997/181

009934503 长子政协年鉴 2005,2013/101

013635465 长丰年鉴 2011—2013/330

008402811 *长白年鉴/长白朝鲜族自治县年鉴 1987,1988/1989,1992,1996,1997/1998,1999/2000,2001/2002,2004/2005,2006/2007,2008/2009,2013/179

008402811 长白朝鲜族自治县年鉴/长白年鉴 1987,1988/1989,1992,1996,1997/1998,1999/2000,2001/2002,2004/2005,2006/2007,2008/2009,2013/179

009081300 长乐市年鉴/长乐年鉴 1995/2000,2006,2010/353

009081300 *长乐年鉴/长乐市年鉴 1995/2000,2006,2010/353

013467330 长乐经济年鉴 1995,1997—1998/353

008432946 长汀县年鉴 1991/1993,1994/1996,1997/1999/366

009395499 长宁年鉴 1986/1993,1994/2000,2001/2003,2005—2009,2011—2012/678

008977242 长宁年鉴 2000—2001,2003—2013/240

009927885 长庆石油勘探局年鉴 2001/2004,2005—2008/752

011395770 长庆油田公司年鉴 2001/2002,2003/2004,2005/2006,2009—2010/752

012909391 长庆油田矿区服务事业部年鉴 2009/2010/752

011139663 长江三角洲发展年鉴 2006/225

010102786 长江三角洲年鉴 2005—2006,2007/2008,2009/2010/225

009460048 长江三角洲城市年鉴 2003—2014/227

013933083 长江三峡通航年鉴 2003/510

013711490 长江大学文理学院年鉴 2004/519

013758752 长江水利委员会统计年鉴 1990—2004,2005/2006/498

007511608 长江年鉴/治江年鉴 1992/2001,1993,1994/1995,1996—2014/503

008477476 *长江年鉴/治江年鉴 1992/503

011959195 长江和珠江三角洲及港澳台统计年鉴/长江和珠江三角洲及港澳特别行政区统计年鉴 2008—2009/840

009425783 长江和珠江三角洲及港澳特别行政区统计年鉴 2003,2005—2007/839

011959195 *长江和珠江三角洲及港澳特别行政区统计年鉴/长江和珠江三角洲及港澳台统计年鉴 2008—2009/840

011500327 长江航运年鉴 2000,2003—2009/500

010223879 长安大学年鉴 2000—2013/754

011500306 长安年鉴 2001/2007,2011/755

013933037 长安统计年鉴 2009/755

013793223 长阳年鉴 2012—2013/511

009324873 长寿统计年鉴 2003/639

012176897 长沙大学年鉴 2000—2001,2004/538

012243205 长沙公安年鉴 2003,2005—2006/536

013714695 长沙书法年鉴 2011—2012/540

013758756 长沙市企业和产品年鉴 2003/2004/537

013603033 长沙市雨花区统计年鉴 2005—2012/540

002456453 长沙年鉴 1987—2014/536

011500338 长沙医学院年鉴 2005/538

008437874 长沙县年鉴 1993/1997,1998/2002,2003/2007,2008/2011/541

013603025 长沙环境保护职业技术学院年鉴 2011—2012/540

013791036 长沙卷烟厂年鉴 2008—2009/537

012517859 长沙学院年鉴 2007,2009/538

013677456 长沙房地产广告年鉴 2012/537

011821817 长沙房地产年鉴 2006—2012/537

013311461 长沙经济普查年鉴 2008/537

013677453 长沙城市规划年鉴 2011/540

013369656 长沙信息年鉴 2010/538

004534886 长沙统计年鉴 1986—1990,1993—2005,2007—2014/536

011395780 长沙铁道学院年鉴 1953/1987/538

008017165 长沙铁路总公司年鉴 1995—2005/537

013467335 长沙理工大学年鉴 2008—2010/538

011500348 长治人大年鉴 2000,2002—2003/98

012617023 长治市郊区年鉴 2005/2006,2007—2009/99

012909486 *长治市城区年鉴/长治城区年鉴 2005/2007,2008—2009/99

013939546 长治市档案工作年鉴 1988—1989/99

008805273 长治年鉴 1986—1991,1992/1993,1994—1996,1997/1998,1999/2000,2001—2011,2013/98

009913736 长治县年鉴 2001/2003/99

012591681 长治经济普查年鉴 2004/99

012909486 长治城区年鉴/长治市城区年鉴 2005/2007,2008—2009/99

011139665 长治政协年鉴 1993—2006,2008—2014/99

009460028 长治统计年鉴 1990,1992,1995—1997,2001—2006,2008—2014/98

009698892 长春工运年鉴 1993,2001—2004/169

012080542 长春卫生年鉴 1987/1988,1989—1991,1992/1993,1994—1995/171

011139657 长春公安年鉴 2001/2003,2004/2006/169

008957911 长春电信年鉴 1991/1995/170

012351757 长春市科技统计年鉴/长春科技统计年鉴 2000,2008—2009/171

012199165 *长春市宽城年鉴/宽城年鉴 2007—2012/172

013711485 长春市教育年鉴 1991/2000/171

004534876 长春年鉴 1988—2013/168

013771915 长春汽车经济技术开发区年鉴 2012,2014/169

006924678 长春经济统计年鉴/长春统计年鉴 1992—1998/169

009120136 *长春经济统计年鉴/长春统计年鉴 1999—2004,2006—2014/169

012351757 *长春科技统计年鉴/长春市科技统计年鉴 2000,2008—2009/171

008439167 长春客车厂年鉴 1996—2000/169

006924678 *长春统计年鉴/长春经济统计年鉴 1992—1998/169

009120136 长春统计年鉴/长春经济统计年鉴 1999—2004,2006—2014/169

010102525 长春铁路分局工会年鉴 1999,2002/169

008923151 长春铁路分局年鉴 1987—1995,1997—2004/170

012789965 长春高新技术产业开发区年鉴 2010—2012,2014/169

012909477 长垣人口计生年鉴 2009/471

009520090 长垣县年鉴 2001/2002,2001/2003/471

011503851 *长城年鉴/中国长城年鉴 2006/33

013397045 长株潭试验区年鉴 2011—2014/536

013173435 长株潭城市群年鉴 2010/537

010223884 长航工会年鉴 2003/496

011500319 长海县年鉴 2006—2007/149

012909305 长清人物年鉴 1978/2004/405

008406446 长清年鉴 1986/1997/405

009360380 长葛年鉴 2003—2004,2006—2014/476

仁

009062521 仁化年鉴 1988/1999,2012—2013/575

009502997 仁寿年鉴 2000,2004—2006/677

008728222 仁怀年鉴 1997/699

009062508 仁和年鉴 2002—2003,2006,2008—2010/661

什

012617454 什邡年鉴 2009—2011/664

化

008426293 *化州市年鉴/化州年鉴 1998,2009/590

008426293 化州年鉴/化州市年鉴 1998,2009/590

011822097 化学科学部年鉴/国家自然科学基金委员会化学科学部年鉴 2005—2007,2012/33

009927911 化隆回族自治县综合年鉴 1986/1996,2010/2011/790

介

012923638 介休年鉴 2005/2007,2008/2010/104

从

008848372 从化年鉴 1999,2000/2001,2002—2014/573

013747964 从化统计年鉴 2011/574

今

013396747 今日酒店年鉴 2012—2013/569

分

008401651 分宜年鉴 1986/1990,1991/1995,2008,2011—2014/380

公

008322876 公主岭年鉴 1986/1987,1988,1990/1992,1993/1995,1996/1998,1999/2002,2008—2010/175

008588772 公共艺术年鉴 1998,2000/833

013604540 公安年鉴 2011—2014/520

丹

009501728 丹凤年鉴 1991/2000,2001/2008/768

011965746 丹凤交通年鉴 1989/1997/768

012983194 丹巴年鉴 1989/1998,1999/2002,2003—2004,2006/2008,2010,2012—2013/688

008553440 丹东年鉴 1996—2013/153

009425793 丹东统计年鉴 2000—2009,2011—2014/153

012176919 丹江口年鉴 2006—2013/508

008805275 丹阳年鉴 1999—2014/281

011395828 丹阳统计年鉴 2007—2014/281

007916583 丹徒年鉴 1993—2014/281

012923412 丹棱年鉴 2005,2010—2011/677

乌

013481558 乌什年鉴 2011—2013/814

013747898 *乌尔禾区年鉴/克拉玛依市乌尔禾区年鉴 2011—2014/810

013609253 乌兰浩特年鉴 2010/2012/131

010226873 乌兰察布年鉴 2000/2004,2005/2006,2007/2008,2011/2012/130

009081513 乌兰察布统计年鉴 1992—1996,1998—2005,2008,2011—2014/130

011503539 乌苏年鉴 2006—2007,2009/825

008728233 乌拉特中旗年鉴 2000,2003,2005/2006,2008/130

011141200 乌拉特后旗年鉴 2006—2007,2008/2009,2010/130

012200214 乌拉特后旗档案年鉴 2006/2007/130

013996217 乌审年鉴 2012/126

009081511 *乌海市统计年鉴/内蒙古自治区乌海市统计年鉴/乌海统计年鉴 1994,1996—1998,2000—2013/122

008438753 乌海年鉴 1993—1994,1995/1997,1998/1999,2000/2001,2002/2003,2004—2009,2012/122

009081511 *乌海统计年鉴/内蒙古自治区乌海市统计年鉴/乌海市统计年鉴 1994,1996—1998,2000—2013/122

011823224 *乌鲁木齐市水磨沟区年鉴/水磨沟区年鉴 2006—2010/808

012617501 乌鲁木齐市达坂城区年鉴 2009,2011/808

007683395 乌鲁木齐年鉴 1996—2013/807

009618307 *乌鲁木齐县年鉴/乌鲁木齐县年鉴资料汇编 2001—2006,2008—2011/809

009618307 乌鲁木齐县年鉴资料汇编/乌鲁木齐县年鉴 2001—2006,2008—2011/809

013996341 乌鲁木齐经济技术开发区（头屯河区）年鉴 2012/808

007683398 乌鲁木齐统计年鉴 1996—2010,2012—2014/807

008137988 乌鲁木齐铁路局年鉴 1994—2005,2008—2009,2011/807

凤

014014245 凤山艺术空间年鉴 日常状态 2007/297

009501729 凤庆年鉴/凤庆县年鉴 1991,

1993—2011,2014/729

009501729 *凤庆县年鉴/凤庆年鉴 1991,1993—2011,2014/729

011139694 *凤凰县统计年鉴/凤凰统计年鉴 1990—1991,2002—2005/558

011139694 凤凰统计年鉴/凤凰县统计年鉴 1990—1991,2002—2005/558

013710779 凤翔年鉴 2000/2003/757

六

011140528 *六师五家渠市年鉴/农六师五家渠市年鉴 2006—2013/828

009237326 六合年鉴 2001—2014/258

008437940 六安地区年鉴 1999—2000/340

008433655 六安地区统计年鉴/六安统计年鉴 1995—2014/340

009036951 六安年鉴 2001—2009,2012/340

008433655 *六安统计年鉴/六安地区统计年鉴 1995—2014/340

009405989 六盘水市统计年鉴/六盘水统计年鉴 2000—2001,2003—2014/698

008957037 六盘水年鉴 2000,2001/2003,2004,2006—2012,2014/697

009405989 *六盘水统计年鉴/六盘水市统计年鉴 2000—2001,2003—2014/698

文

014014926 文山开开药业有限公司年鉴 2002/2012/736

014021321 文山市年鉴 2012—2013/736

008643472 文山年鉴/文山县年鉴 2000—2009/736

011399310 文山壮族苗族自治州社会经济统计年鉴/文山壮族苗族自治州统计年鉴 2000—2001,2003—2006,2011/735

011399310 *文山壮族苗族自治州统计年鉴/文山壮族苗族自治州社会经济统计年鉴 2000—2001,2003—2006,2011/735

009015865 文山州年鉴 1996/2000,2002—2014/735

008643472 *文山县年鉴/文山年鉴 2000—2009/736

013714666 文山学院年鉴 2011/736

008998215 文水年鉴 1986/1993/113

013378986 *文化艺术年鉴/濮阳市文化艺术年鉴 1992/474

013312000 文圣区年鉴 2006/2007,2008—2010/157

008789158 文成年鉴 1992/1996,1997—1999,2001—2010/306

010226761 文成统计年鉴 1991—1992,1994—1995,2000,2002—2006/306

009926257 文昌市年鉴 2009,2011—2013/631

011140146 文登市统计年鉴/文登统计年鉴 1995,1998,2002,2004—2006/431

013656112 *文登师范十年鉴/文登师范年鉴 2000/2010/431

013656112 文登师范年鉴/文登师范十年鉴 2000/2010/431

008275214 文登年鉴 1991/1995,1996/1997,1998—2000,2002—2007,2007/2009,2010,2011/2012/431

008434089 文登农业年鉴 1991/1997/431

011967491 文登建设年鉴 1990/2000,2001/2008/432

011140146 *文登统计年鉴/文登市统计年鉴 1995,1998,2002,2004—2006/431

009036687 文登海洋与水产十年鉴 1991/

2000/432

013936502 *文登新一中十年鉴/文登新一中年鉴 2002/2012/431

013936502 文登新一中年鉴/文登新一中十年鉴 2002/2012/431

方

008433992 方山年鉴 1986/1990,2007/2008/114

008901583 方正年鉴 1999/2000,2006/2007,2008/2009/194

012351791 方城年鉴 1994/1997/481

引

011399610 引黄济青工程运行年鉴/运行年鉴 1992/1993,1993/1994,1995/1996,1996/1997,1997/1998/409

巴

008643514 巴中年鉴 1999—2009,2011/684

010223347 *巴中统计五年鉴/巴中统计年鉴 1993/1998,2002,2004,2006,2014/684

010223347 巴中统计年鉴/巴中统计五年鉴 1993/1998,2002,2004,2006,2014/684

009406042 巴东年鉴 2000/2001,2003—2007,2010,2012/527

009519965 巴州年鉴 2002/684

014009062 巴州统计年鉴 2007/2011/684

011500129 巴里坤年鉴 2007—2012/812

011139603 巴林左旗统计年鉴 1999,2005/123

012909271 巴林左旗教育年鉴 2001,2003/123

013710647 巴林右旗统计年鉴 2001,2003—2004,2006,2008/123

009503019 巴南年鉴 1998/2002,2003/2004/639

009233908 *巴南统计年鉴/重庆市巴南区统计年鉴 2000—2003,2005,2008/639

008437429 巴音郭楞年鉴 1998—2007/819

007424800 巴音郭楞统计年鉴/巴音郭楞蒙古自治州统计年鉴 1994—2009,2011—2013/819

013157450 *巴音郭楞职业技术学院巴音郭楞技师培训学院年鉴/巴音郭楞职业技术学院年鉴 2002/2006,2009—2012/819

013157450 巴音郭楞职业技术学院年鉴/巴音郭楞职业技术学院巴音郭楞技师培训学院年鉴 2002/2006,2009—2012/819

007424800 *巴音郭楞蒙古自治州统计年鉴/巴音郭楞统计年鉴 1994—2009,2011—2013/819

008426133 巴彦年鉴 1992,2000,2002—2008/195

009805540 巴彦县国民经济统计年鉴 1970,1975/1976,1979,1984,1987,1995,1999,2003/195

009132680 *巴彦淖尔市统计年鉴/巴彦淖尔盟统计年鉴/巴盟统计年鉴 1987—1988,1990,1995—2005,2010,2012—2014/129

008588853 巴彦淖尔年鉴 1999—2003,2005—2009,2010/2011,2012/2013,2014/129

009132680 巴彦淖尔盟统计年鉴/巴盟统计年鉴/巴彦淖尔市统计年鉴 1987—1988,1990,1995—2005,2010,2012—2014/129

008643511 巴塘年鉴 1991/1997,2001/2006/690

008941632 巴楚年鉴 1999—2010/816

009132680 *巴盟统计年鉴/巴彦淖尔盟统计年鉴/巴彦淖尔市统计年鉴 1987—

1988,1990,1995—2005,2010,2012—2014／129

邓

014014144 *邓州市统计年鉴／邓州统计年鉴 2000,2002—2003,2006—2010／481

011396069 邓州年鉴 2006—2012／481

014014144 邓州统计年鉴／邓州市统计年鉴 2000,2002—2003,2006—2010／481

双

012079525 双辽统计年鉴 2005／175

008941914 双江年鉴 1997—2009／729

009395879 双矿集团公司年鉴 2000/2001,2002/2003,2004/2005,2006—2008／203

009492657 双城市国民经济统计年鉴 2000—2003／194

008399357 双柏县年鉴 1996—2009,2011—2014／730

008426156 双鸭山年鉴 1993,2000—2010／202

009215397 双鸭山农场年鉴 2002—2004,2005/2008／203

006373396 双鸭山社会经济统计年鉴 1992—2007,2011—2012／203

010102478 双鸭山第一发电厂年鉴 1998/1999,2000/2001,2002/2003／203

008331588 双流年鉴 1986/1990,1991—2006,2008—2013／657

012199614 双塔年鉴 2006/2008／162

书

013634170 书画知识产权艺术周年鉴 2012／934

五画

玉

009726382 玉龙年鉴／玉龙纳西族自治县年鉴 2004—2007／726

009726382 *玉龙纳西族自治县年鉴／玉龙年鉴 2004—2007／726

013790750 玉龙纳西族自治县统计年鉴 2009—2010／726

012200321 玉州区年鉴 2002/2005,2006/2007,2008/2010,2012—2014／621

009309838 玉环年鉴 2001—2010／319

013939515 玉环统计年鉴 1999,2006—2009／320

009492878 *玉林市年鉴／玉林年鉴 2001—2002,2004—2013／621

011140172 玉林市统计年鉴 1949/1999,2006—2008,2011—2013／621

009492878 玉林年鉴／玉林市年鉴 2001—2002,2004—2013／621

009806070 玉树统计年鉴 2001—2004／792

004187549 玉溪市年鉴 1987—1997／719

008574186 *玉溪市年鉴／红塔区年鉴／红塔年鉴 1998—2014／720

013603101 *玉溪市红塔区统计年鉴／红塔区统计年鉴 2000,2003,2010—2011／720

009519803 *玉溪市统计年鉴／玉溪统计年鉴／云南省玉溪市统计年鉴 1995—1996,1998,2001—2008,2010,2012／720

008245677 玉溪地区年鉴 1993—1995／719

013608919 玉溪师范学院年鉴 2006/720
007978044 玉溪年鉴 1996—2014/719
012048787 *玉溪矿业云南达亚年鉴/玉溪矿业公司云南达亚公司年鉴/云南铜业玉溪矿业·云南达亚年鉴 2004/2006,2007—2010,2012/720
012048787 玉溪矿业公司云南达亚公司年鉴/玉溪矿业云南达亚年鉴/云南铜业玉溪矿业·云南达亚年鉴 2004/2006,2007—2010,2012/720
009519803 玉溪统计年鉴/云南省玉溪市统计年鉴/玉溪市统计年鉴 1995—1996,1998,2001—2008,2010,2012/720

邢

012354100 邢江年鉴 2007—2008,2010—2014/278

正

013793189 正安年鉴 2012/699
013939613 正阳年鉴 2006/2010/487
008277827 正定县年鉴 河北年鉴增刊/河北年鉴 1991,1992/1993,1994/1995,1996/1998,2001/2002,2003—2006,2007/2008,2010—2013/71
010102630 正镶白旗年鉴 2005/132

邛

009502995 邛崃年鉴 1999/2003,2009—2010,2012,2014/657
013936425 邛崃统计年鉴 2005—2006,2008—2009/657

甘

008398365 甘井子年鉴 1996—2014/147
009492910 甘州区年鉴 2001/2002,2004/2005,2008/2009/780

011396212 甘州区纪检监察年鉴 2000/2006/780
009746462 甘州区国民经济和社会发展统计年鉴/甘州区统计年鉴 2003—2006/780
009746462 *甘州区统计年鉴/甘州区国民经济和社会发展统计年鉴 2003—2006/780
009459634 *甘孜州年鉴/甘孜藏族自治州年鉴 2002,2004—2013/688
013935913 甘孜州统计年鉴/甘孜统计年鉴 1993,2002/688
010224135 甘孜县年鉴 2001/2002/689
013926044 甘孜林业年鉴 1991/2000/688
013935913 *甘孜统计年鉴/甘孜州统计年鉴 1993,2002/688
009459634 甘孜藏族自治州年鉴/甘孜州年鉴 2002,2004—2013/688
011396201 甘肃中医学院年鉴 2002/2003,2004/2005,2007—2010/775
013635198 甘肃水利年鉴 2011—2012/772
013965234 甘肃水利统计年鉴 2003,2008/772
008958002 甘肃公安年鉴 1991/1994,1996—2001/770
010224123 甘肃公安交通管理年鉴/甘肃公安交通管理综合年鉴 1987/1996,1997/1999,2000/772
010224123 *甘肃公安交通管理综合年鉴/甘肃公安交通管理年鉴 1987/1996,1997/1999,2000/772
013772839 甘肃文物年鉴 2011/774
011139718 甘肃电信统计年鉴 2005/772
012525940 甘肃民政统计年鉴 2008—2010

/770

005701046 *甘肃发展年鉴/甘肃年鉴/甘肃统计年鉴1994—2009/770

012808745 甘肃发展年鉴/甘肃年鉴2010—2014/771

011396181 甘肃地方税务年鉴1995/1997,1998—1999/773

013677348 甘肃机构编制年鉴2012—2013/770

005381810 *甘肃年鉴/甘肃统计年鉴△1984—1985,1987—1992/770

005701046 甘肃年鉴/甘肃统计年鉴/甘肃发展年鉴1994—2009/770

012808745 *甘肃年鉴/甘肃发展年鉴2010—2014/771

013654683 甘肃年鉴2010—2013/770

011966533 甘肃价格调查年鉴2008—2009/772

010102144 *甘肃企业年鉴/甘肃企业调查年鉴2001,2003/771

010102144 甘肃企业调查年鉴/甘肃企业年鉴2001,2003/771

005033179 甘肃交通年鉴1992—2014/772

008849842 甘肃农村年鉴/甘肃农村经济年鉴2001—2012,2014/772

005032865 甘肃农村经济年鉴1990,1992—1999/772

008849842 *甘肃农村经济年鉴/甘肃农村年鉴2001—2012,2014/772

012923437 甘肃农垦年鉴1953/1990/771

009616789 甘肃进出口商品检验局年鉴1986,1988,1993,1995/775

011139736 甘肃抗旱防汛年鉴1996—1997/774

012983227 甘肃县域经济年鉴2010/771

012243224 甘肃邮政年鉴2008—2011,2013/772

010224006 甘肃财政年鉴2002—2013/773

010224131 *甘肃体育年鉴/甘肃省体育年鉴1991—1993,1994/1995,1996/1997,1998/2000,2001,2001/2006/773

012525946 甘肃社会科学年鉴2001/2005/770

012790028 甘肃社会保险统计年鉴2009/773

007509749 甘肃金融年鉴1993—2013/773

011501919 甘肃国税年鉴1994/1996/773

009933346 甘肃法院年鉴2003,2006,2008—2010/771

011139734 甘肃经济普查年鉴2004,2008/771

009501745 甘肃城市年鉴2003,2005,2007,2009,2012/771

013965232 甘肃省中医院年鉴2000/2002/776

010224131 甘肃省体育年鉴/甘肃体育年鉴1991—1993,1994/1995,1996/1997,1998/2000,2001,2001/2006/773

011396192 甘肃科技统计年鉴1997—1999,2003,2007,2009/773

009501731 甘肃信息化年鉴/甘肃信息年鉴2003—2007/773

009501731 *甘肃信息年鉴/甘肃信息化年鉴2003—2007/773

005381810 甘肃统计年鉴/甘肃年鉴△1984—1985,1987—1992/770

005701046 *甘肃统计年鉴/甘肃年鉴/甘肃发展年鉴1994—2009/770

009111383 甘肃教育年鉴 1949/1983, 1984/1986, 1987/1989, 1990/1991, 1992/1993, 1994/1995, 1997—2011/773

011139720 甘肃检察年鉴 1987, 1997, 2005, 2008, 2011/771

012923440 甘肃商务年鉴 2010/772

011139737 甘肃渔业经济年鉴 1984/1994/771

012983223 甘肃精神文明建设年鉴 2010/771

009160716 甘南州年鉴 1991/1995, 1996/2000, 2001/2003, 2005—2012, 2014/785

011966530 甘南统计年鉴 2004, 2006—2007, 2011—2012/785

013809511 *甘泉县统计年鉴/甘泉县综合统计年鉴 2005/762

013809511 甘泉县综合统计年鉴/甘泉县统计年鉴 2005/762

世

013790088 世界大宗商品市场年鉴 2010/906

004871570 世界化学工业年鉴/中国化学工业年鉴 1987—1991, 1992/1993/878

006908611 *世界化学工业年鉴/中国化学工业年鉴 1994/1995, 1995/1996, 1996/1997, 1997/1998, 1998/1999, 2000/2001, 2001/2002, 2002/2003, 2003/2004, 2004/2005, 2005/2006, 2007—2010, 2011/2012, 2013/884

009934739 世界汉诗年鉴 2003/2004, 2005/2006, 2007/2008, 2009/2010/930

008152428 世界年鉴 1931/844

008149920 世界年鉴 1951—1952/844

012242645 世界华人美术名家年鉴 1996/933

009503302 世界华文传媒年鉴 2003, 2005—2007, 2009, 2011, 2013/916

008122347 世界华侨年鉴 1969/850

007511654 世界华商经济年鉴 1995, 1996/1997, 1997/1998, 1998/1999, 2000/2001, 2001/2002, 2004/2005, 2005/2006, 2007/2008, 2008/2009/867

006038311 世界军事年鉴 1985, 1987—1992, 1993/1994, 1995/1996, 1997—2011/856

014103780 世界社会主义研究年鉴 2011/2012, 2013/845

012242674 世界杰出华人年鉴 2002, 2005—2006, 2009/2010/850

013899001 世界图像年鉴 2001/2002/941

005207052 *世界知识手册/世界知识年鉴 1953—1955, 1957/970

005207052 世界知识年鉴/世界知识手册 1953—1955, 1957/970

007415103 世界经济文化年鉴 1995/1996, 1997/1998, 1998/1999, 2000/2001/859

005032850 世界经济年鉴 1981—1982, 1983/1984, 1988—1998, 1999/2000, 2001, 2002/2003, 2003/2004, 2005/2006, 2006/2007, 2007/2008, 2008/2009, 2009/2010, 2010/2011, 2011/2012, 2012/2013/858

012522828 世界城市经营年鉴 2009—2011/872

013898992 世界城镇经营年鉴 2005, 2007/872

006038335 世界哲学年鉴 1986—1987/837

011141169 世界遗产武夷文化年鉴 2005/364

古

011139762 古丈统计年鉴 2003, 2005/559

008990665 古田年鉴 1991/1999,2000,2001/2002,2003/2004,2005,2006/2008/367

011501931 古交年鉴 2004,2006—2008,2011/95

008982575 古董拍卖年鉴瓷器卷 2002/901

012983243 古蔺年鉴 2003/2006,2008—2013/663

节

012983374 节能与新能源汽车年鉴 2010—2014/964

本

012176864 *本钢化工厂三十年年鉴/本钢化工厂年鉴 1978/2008/152

012176864 本钢化工厂年鉴/本钢化工厂三十年年鉴 1978/2008/152

008245551 本钢年鉴 1987—2010/152

009840941 本溪文艺年鉴 1992/1993/153

013652718 本溪市教育年鉴 1949/1990/153

008310343 本溪年鉴 1987/1991,1998—2014/152

009840945 本溪冶金高等专科学校年鉴 2001/2002/153

012176866 本溪统计年鉴 1984/152

石

009035864 石门年鉴 1990/1996,2003/2007,2008—2009,2012/552

013714697 石门统计年鉴 2011—2014/552

008728230 石林年鉴 1999—2014/716

008997605 石河子年鉴 2002—2013/827

008433668 石河子社会经济统计年鉴 1999—2001/828

014215459 *石河子社会经济统计年鉴/石河子统计年鉴 2011—2012/828

014215459 石河子统计年鉴/石河子社会经济统计年鉴 2011—2012/828

011140698 石油大学（北京）年鉴/中国石油大学（北京）年鉴 2003/2004,2005,2010—2011/29

009104903 石油大学（华东）年鉴/中国石油大学（华东）年鉴 1991,1999/2000,2001—2004,2006/418

009572697 石油地球物理勘探局年鉴/中国石油集团地球物理勘探局年鉴 1997—1999/80

008438944 *石油地球物理勘探局年鉴/中国石油集团地球物理勘探局年鉴/中国石油集团东方地球物理勘探有限责任公司年鉴 2001—2002/80

009928160 *石油勘探开发科学研究院年鉴/中国石油天然气总公司石油勘探开发科学研究院年鉴/中国石油勘探开发研究院年鉴 1996—2007,2010—2011/14

012925067 石城年鉴/石城县年鉴 1986/1990,2010—2012/384

012925067 *石城县年鉴/石城年鉴 1986/1990,2010—2012/384

012801170 石柱年鉴 2010,2013/642

008623491 石泉年鉴 1990/1993,1994/1999/767

013609100 石狮市统计年鉴/石狮统计年鉴 2003—2004,2006,2010/361

010102135 石狮年鉴 1998/2002,2009—2011,2014/360

013609100 *石狮统计年鉴/石狮市统计年鉴 2003—2004,2006,2010/361

005701126 石首年鉴 1986/1990,1991/1993,1994/1998,1999/2003,2007/2012,2013/520

009934599 石屏年鉴 2005—2012, 2014/734

011398875 石特年鉴 2001/2005, 2007—2009, 2009/2010, 2011/2012/430

008439203 石家庄车辆厂年鉴/中国南车集团石家庄车辆厂年鉴/南车石家庄车辆有限公司年鉴 1997—1998, 2000—2009/66

012530199 石家庄车辆段年鉴 1997, 1999, 2001/67

012521593 石家庄电力工业统计年鉴 2007/66

009927862 石家庄印钞厂年鉴 2002/2003, 2004—2008/66

013634271 石家庄市卫生年鉴 2011/69

012048595 石家庄市卫生防疫站年鉴 2003, 2005/68

013820239 石家庄市中级人民法院年鉴 2009—2010/66

010102251 *石家庄市公路交通年鉴/石家庄市交通年鉴/石家庄市交通局年鉴 1999—2001, 2004, 2008, 2010/67

012048585 石家庄市电信局年鉴 1997—1998/67

010102251 石家庄市交通年鉴/石家庄市公路交通年鉴/石家庄市交通局年鉴 1999—2001, 2004, 2008, 2010/67

010102251 *石家庄市交通局年鉴/石家庄市交通年鉴/石家庄市公路交通年鉴 1999—2001, 2004, 2008, 2010/67

008276764 *石家庄市统计年鉴/石家庄统计年鉴 1992—1995, 1997—2009, 2011—2013/66

009195476 石家庄市桥东区年鉴 1996/1997, 1998/1999/69

009933548 石家庄市桥西区年鉴 1990, 1995—1997, 2000, 2002, 2007, 2009/69

012199595 石家庄市新华区年鉴 1999—2005, 2007/69

012199603 石家庄市新华区统计年鉴 2006, 2008—2009/69

013758114 石家庄市新华区档案年鉴 2008/69

011967329 石家庄地方税务年鉴 1994—1997, 1999—2000, 2002, 2004—2007, 2009, 2011/67

008397956 石家庄年鉴 1993/1994, 1995/1996, 1997, 1999—2014/66

012079336 石家庄邮电职业技术学院年鉴 2004—2005/68

012617459 石家庄经济学院年鉴 2005—2006/68

013333837 石家庄南车辆段年鉴文件选编 1999, 2004/67

008276764 石家庄统计年鉴/石家庄市统计年鉴 1992—1995, 1997—2009, 2011—2013/66

010102253 石家庄铁道学院年鉴 1998, 2000, 2005/68

008588922 石家庄铁路分局年鉴 1988—1992, 1994, 1996—2001, 2003/67

010102241 石家庄高新技术产业开发区统计年鉴 1996, 1999—2000, 2002—2005/66

011398858 石家庄新闻出版年鉴 1996—1998, 2002, 2004—2005, 2008/68

009520154 石棉年鉴 2001—2005, 2007, 2009—2011, 2013/683

013711444 石嘴山市经济年鉴/石嘴山经济年鉴 2004/801

009015837 石嘴山市统计年鉴/石嘴山统计年鉴 1992,2008—2013/800

013677013 石嘴山年鉴 2001/2010,2011—2013/800

013711444 *石嘴山经济年鉴/石嘴山市经济年鉴 2004/801

009015837 *石嘴山统计年鉴/石嘴山市统计年鉴 1992,2008—2013/800

009934498 石嘴山统计年鉴 2001—2004,2006—2007/801

右

013899402 右玉统计年鉴 2009/103

012079739 右江区年鉴 2008,2009/2010/622

布

012789956 布尔津年鉴 2010/826

014103785 布拖年鉴 2014/691

龙

011140109 龙山统计年鉴 2001—2010/559

009616813 龙门年鉴 2003,2005,2007—2013/593

013311815 龙马潭年鉴 2008,2010/662

006058828 *龙井市国民经济统计年鉴/龙井社会经济统计年鉴/龙井市国民经济统计资料 1994—1998,2000—2001,2003/183

006058828 *龙井市国民经济统计资料/龙井社会经济统计年鉴/龙井市国民经济统计年鉴 1994—1998,2000—2001,2003/183

012199416 龙井年鉴 2008,2012—2013/183

006058828 龙井社会经济统计年鉴/龙井市国民经济统计资料/龙井市国民经济统计年鉴 1994—1998,2000—2001,2003/183

009519848 龙州年鉴 2001/627

014014387 龙沙区经济统计年鉴 2009/198

008395787 *龙岩市年鉴/龙岩新罗年鉴/福建省龙岩新罗年鉴/新罗年鉴 1994—2003,2005—2009,2012—2013/365

012047468 龙岩市社会发展年鉴 2000/365

008272712 龙岩地区年鉴/福建省龙岩地区年鉴 1988/1992,1993—1994,1995/1996,1997—2001/365

009076369 *龙岩地区国民经济统计资料/龙岩地区统计年鉴 1985—1996/365

009076369 龙岩地区统计年鉴/龙岩地区国民经济统计资料 1985—1996/365

009169610 龙岩年鉴/福建省龙岩年鉴 2002—2014/365

008993686 龙岩统计年鉴 1998—2000,2002,2011—2014/365

008395787 龙岩新罗年鉴/福建省龙岩新罗年鉴/龙岩市年鉴/新罗年鉴 1994—2003,2005—2009,2012—2013/365

009934608 龙泉年鉴 1998/2003,2004/2007/321

008879212 龙泉驿年鉴 1989/1998,2000—2012/656

008438042 龙海年鉴 1997/1998,1999/2000,2001/2002,2003/2004,2005/2006/363

010226484 龙湾年鉴 2006—2013/305

014014391 龙湾统计年鉴 2004/305

009913825 龙游年鉴 2006—2014/316

012882810 龙煤集团双鸭山分(子)公司年鉴 2009—2010/203

010102519 *龙潭区年鉴/吉林市龙潭区年鉴 2004—2006/173

平

008557137 平山年鉴 1992/1998,2000,2000/2002,2003/2005,2006/2007,2008—2010/71

013677735 平川年鉴 2011—2013/778

007555725 平汉年鉴 1932/499

009237392 平江年鉴 1996—2010/550

008901686 平阳年鉴 1996—2003,2004/2005,2006,2007/2008,2009—2014/306

009934611 平阳统计年鉴 1993,1995—1996,2000—2001/306

013378996 平阴年鉴 2004/2010/405

013814941 平阴统计年鉴 2000,2002—2003,2005/405

008315302 平远年鉴 1993,1994/1997,1998—2002,2004—2014/595

012983689 平坝年鉴 2007/700

009588930 平陆年鉴 1991/1994,1995,2004/108

008998266 平陆经济年鉴 1994,1996/108

012261441 平陆经济统计年鉴 2008/108

009502976 平武年鉴 1999—2006/667

008588928 *平顶山市卫东区年鉴/卫东区年鉴 1991—2014/463

013898733 平顶山市通信年鉴 2009/463

008588901 平顶山市湛河区年鉴 1998,2011—2014/464

008588965 *平顶山市新华区年鉴/新华区年鉴 1994,1997,2012—2013/463

012724205 平顶山市精神文明建设年鉴 2003,2008/463

008622492 平顶山年鉴 1999—2000,2002—2014/463

013898877 平顶山经济普查年鉴 2008/463

007683386 平顶山统计年鉴 1995—2009,2011—2013/463

008432454 平昌年鉴 1986/1992,1993/1998/684

012521551 平罗年鉴 2009—2014/801

008278830 平定年鉴 1991/1993,1994/1996,1997/2000,2001/2003/98

009160730 平顺年鉴 1997/2001,2001/2003,2004—2010/100

012724210 平泉年鉴 2009,2011—2012/82

009541768 平度年鉴 2004—2011,2012/2013/412

013173579 平桂年鉴 2008/2009,2010/2011/623

012048430 平桥年鉴/信阳市平桥年鉴 2007—2014/484

008437715 平原年鉴 1986/1995/439

008434203 平凉市年鉴/平凉市崆峒区年鉴 1993—1995,1996/1997,1998/2000,2000/2001,2002/2003,2004/2005,2010/2011/781

012983695 平凉市教育年鉴/平凉教育年鉴 2007/2009,2010—2011/781

008434203 *平凉市崆峒区年鉴/平凉市年鉴 1993—1995,1996/1997,1998/2000,2000/2001,2002/2003,2004/2005,2010/2011/781

012983695 *平凉教育年鉴/平凉市教育年鉴 2007/2009,2010—2011/781

011503177 平鲁年鉴 2006/2007/103

008604927 平湖年鉴 1997—2013/307

013932267 平湖统计年鉴 2002,2004,2006,2008—2009/308

009840789 平塘年鉴 2003/2005/705

013898734 平潭统计年鉴 2007/354

东

011396080 东三省诗歌年鉴 2005/137

013369806 *东大建筑年鉴/东南大学建筑学院建筑年鉴 2001,2003/2004,2005/2006,2007/2008,2009/2010/254

008555437 东山年鉴 1999—2005/202

008643774 东山县年鉴 1989/1995/363

008397094 东川市年鉴/东川年鉴 1996—2012,2014/717

008397094 *东川年鉴/东川市年鉴 1996—2012,2014/717

011501829 东丰年鉴 1987,2007,2010,2012/2013/176

010226670 *东区年鉴/攀枝花市东区年鉴 2001/2004,2006—2010,2012—2014/661

008749359 东风汽车公司年鉴 2000,2002,2004,2006,2008—2013/507

013710665 东风汽车有限公司商用车重型车厂年鉴 2002/2003/508

010101861 东方化工厂年鉴/北京东方石油化工有限公司东方化工厂年鉴 2003/2004,2005—2006/37

012617049 东平年鉴 1986/1993/430

009288901 东北大学年鉴 1993—1995,1997,1999—2009,2011—2012/171

008957466 东北电力年鉴 1994/1995,1996—1999/139

009805892 东北电网有限公司沈阳超高压局年鉴 2000/2005/139

012047133 东北师范大学附属中学年鉴 2007/171

005599360 东北年鉴 1931/133

008163646 东北经济区统计年鉴 1986—1987/138

012176931 东北城市年鉴 2008/139

012983209 东北特钢年鉴 2005/2007,2008/2009,2010/2011/146

009934719 东电二公司年鉴 1992—1993/146

012617043 东宁年鉴 2007—2010/216

009805561 东宁县国民经济统计年鉴 2000—2002/216

009541720 东台年鉴 2004—2011,2013/276

009309749 东台统计年鉴 1995—2009,2011/276

011821857 东西湖年鉴 2009—2014/505

013635480 东至年鉴 2011/342

013790889 东华大学年鉴 2009/235

013311513 东兴年鉴 2009/2010,2012—2013/619

008017182 东阳年鉴 1989/1995,1996/1998,1999/2000,2003/2004,2005/2008,2010—2013/314

013379114 *东丽年鉴/天津市东丽年鉴 2010/57

013787991 东阿年鉴 1986/1999,2005/2010/440

014103707 东阿统计年鉴 2013—2014/441

012176937 *东昌年鉴/通化市东昌年鉴 1999/2003,2004/2008/177

014014218 东昌府年鉴 2006/2011/440

013603054 东昌府统计年鉴 2011—2014/440

013996351 东明年鉴 2013—2014/444

009617861 *东明县国民经济统计年鉴/东明统计年鉴 2000—2004/444

009617861 东明统计年鉴/东明县国民经

济统计年鉴 2000—2004/444
013470920 东宝年鉴 2011—2012/516
012591765 东城区黑芝麻胡同小学年鉴/黑芝麻胡同小学年鉴/北京市东城区黑芝麻胡同小学年鉴 2007—2013/39
009698700 东城统计年鉴 2002—2012/39
008940404 东南大学年鉴 1990,1994—2000,2002,2006—2011/254
013369806 东南大学建筑学院建筑年鉴/东大建筑年鉴 2001,2003/2004,2005/2006,2007/2008,2009/2010/254
008135515 东南亚年鉴 1976—1981/970
013753601 东胜统计年鉴 2010/125
012923418 东莞大朗镇年鉴/东莞市大朗镇年鉴/大朗年鉴 2010—2014/600
012923418 *东莞市大朗镇年鉴/东莞大朗镇年鉴/大朗年鉴 2010—2014/600
008876472 东莞年鉴 2005—2014/600
012047139 东莞建设年鉴 2007,2009/600
011966336 东莞政协年鉴 1999/2003/600
008285481 东莞统计年鉴 1993,1995—2014/600
009541714 东海年鉴 2004—2010,2012/272
013753594 东海统计年鉴 2004,2006,2008/272
008944079 东营区年鉴 2000—2014/419
007916791 东营年鉴 1993—1995,1996/1998,2000—2002,2004—2013/418
009123971 东营油区年鉴 1996/2000/418
006058822 东营统计年鉴 1990—1996,1999—2013/418
012983216 东锅年鉴 2007/659
011139683 东港市统计年鉴/东港统计年鉴 1949/1998,1994,2004/153

008580783 东港年鉴 1997—2003,2004/2006,2007/2008,2009—2012/153
013898478 东港法院年鉴 2010/433
011139683 *东港统计年鉴/东港市统计年鉴 1949/1998,1994,2004/153
013470921 东湖年鉴 2011—2013/375
013793229 东源年鉴 2012—2013/597

北

012864457 北大荒集团北大荒股份二九一分公司年鉴/二九一分公司年鉴 2010/191
012880633 北大荒集团北大荒股份八五二分公司年鉴/八五二分公司年鉴 2010/204
008437955 北川年鉴 1988/1997,1998/1999,2001—2002/667
009459624 *北川年鉴/北川羌族自治县年鉴 2003—2007,2010/667
009459624 北川羌族自治县年鉴/北川年鉴 2003—2007,2010/667
013925184 北仑年鉴 2001,2008—2009/302
009492581 北方交通大学年鉴/北京交通大学年鉴 1998/1999,2000/2001,2002,2005—2012/24
013935841 北方集团年鉴/新疆生产建设兵团农七师北方集团年鉴 2010/2011/823
011139632 北兴年鉴 2002,2003/2004/213
011139607 北安年鉴 2001/2004/217
009926369 北辰区年鉴/天津市北辰年鉴 1998/2002,2003—2006,2008—2009,2013/57
008966650 北园镇年鉴 1989/1996/404
009406263 北京人民广播电台年鉴 1994—

2009/22

010223450 北京儿童艺术剧院股份有限公司年鉴 2004/33

010223762 北京工业大学共青团工作年鉴 2000/2001,2003/2004/4

009726007 北京工业大学年鉴 2004—2012/25

013157463 北京工业大学科技年鉴 2001—2002/25

007211359 北京工业年鉴 1991—1992,1994—2003,2005—2013/15

010101864 北京工商大学年鉴 2005/25

009840723 北京大兴年鉴/大兴年鉴 2008—2013/46

008462571 北京大学年鉴 1999—2006/25

010223400 北京大学肾脏病研究所暨北京大学第一医院肾脏内科年鉴/北京大学第一医院肾脏内科北京大学肾脏疾病研究所中华人民共和国卫生部肾脏疾病重点实验室年鉴 2005,2008/25

011139608 北京大学国际关系学院年鉴 2000—2003,2004/2005,2007/2008/25

011500181 北京大学哲学系年鉴 1994/1995/25

010223400 *北京大学第一医院肾脏内科北京大学肾脏疾病研究所中华人民共和国卫生部肾脏疾病重点实验室年鉴/北京大学肾脏病研究所暨北京大学第一医院肾脏内科年鉴 2005,2008/25

010223394 北京大唐发电股份有限公司年鉴 2000—2003/11

011821779 北京广播电视大学年鉴 2006/31

009933276 北京广播影视年鉴 2005—2013/22

009081276 北京门头沟年鉴 2002—2013/43

008241741 北京卫生年鉴 1991—2013/36

009698695 北京卫生防疫工作年鉴 1990—2000/35

013790822 *北京卫戍区年鉴/北京军事年鉴 2009/8

009065092 北京丰台年鉴 1991/2000,2002—2011,2013/41

009062435 北京区域统计年鉴 2002—2004,2005/2006,2007—2014/4

010223873 北京中医药大学学生学术年鉴 2004—2005,2007/28

012723182 北京化工大学年鉴 2006,2011/26

009360556 北京公安年鉴 2001—2009/6

009933298 北京公安交通管理年鉴 2004—2010,2012/18

013790819 北京凤凰岭书院中国书画学精英班教学年鉴/北京凤凰岭书院首届中国书画学精英班教学年鉴 2010/2012/32

013790819 *北京凤凰岭书院首届中国书画学精英班教学年鉴/北京凤凰岭书院中国书画学精英班教学年鉴 2010/2012/32

004329398 北京文艺年鉴 1981—1982/31

009933302 北京文化艺术年鉴 2005—2013/21

011821789 北京文物年鉴 2008—2012,2014/33

008969055 北京书法艺术年鉴 1997—1999,2000/2001,2002/2003,2004/2005/32

011500218 北京石景山区科技年鉴 2006

/42

010223800 北京石景山年鉴 1997/2005, 2006—2014/42

009616757 *北京石景山统计年鉴/北京市石景山区统计年鉴 2002—2007, 2009, 2011, 2014/42

011139614 北京石景山教育年鉴 2006—2008/42

010101861 *北京东方石油化工有限公司东方化工厂年鉴/东方化工厂年鉴 2003/2004, 2005—2006/37

008493902 北京东城年鉴 1996—2001, 2003—2013/39

009913056 北京电力公司年鉴/北京市电力公司年鉴/国网北京市电力公司年鉴 2005—2013/11

009698589 北京电力建设公司年鉴 1998—2002, 2006/11

011965625 北京电视台年鉴 2008—2012, 2014/22

008956859 北京电影学院年鉴 1996/1999, 2011/25

011139630 北京印刷学院年鉴 2003/2004, 2005/2006/28

009616743 北京印钞厂年鉴 2002/2003, 2004—2008/12

012046969 北京外国语大学年鉴 2005—2006, 2010/27

012591666 北京外国语大学学生会工作年鉴 2007/2008/27

011500255 北京市人口和计划生育年鉴 2007—2013/4

012617006 北京市大兴区经济普查年鉴 2008/46

010101878 北京市大兴区统计年鉴 2002—2004, 2007—2008, 2010/46

013635223 北京市大兴区教师进修学校年鉴 2011/2012/46

009698704 *北京市大兴区黄村第七中学教育年鉴/黄村七中教育年鉴/大兴七中教育年鉴/北京市大兴区第七中学教育年鉴 2001—2003, 2005, 2007/46

009698704 *北京市大兴区第七中学教育年鉴/黄村七中教育年鉴/北京市大兴区黄村第七中学教育年鉴/大兴七中教育年鉴 2001—2003, 2005, 2007/46

009520018 北京市大兴县社会经济统计年鉴/大兴县社会经济统计年鉴 1998—2000/46

013311456 北京市门头沟区经济普查年鉴 2008/43

009698672 北京市门头沟区统计年鉴 2003, 2006, 2008—2012/43

008997584 *北京市丰台区社会经济统计资料/北京市丰台区统计年鉴 2000, 2002—2009, 2011—2012/42

008997584 北京市丰台区统计年鉴/北京市丰台区社会经济统计资料 2000, 2002—2009, 2011—2012/42

011395363 北京市中心区地下水位年鉴 1956/1975, 1976/1978/34

013751805 北京市水务统计年鉴 2009—2010/38

009698678 北京市公园风景名胜区协会年鉴 2004/37

012046961 北京市公园年鉴 2007—2013/37

009616757 北京市石景山区统计年鉴/北京石景山统计年鉴 2002—2007, 2009, 2011,

2014/42

010223832 北京市平谷工商行政管理年鉴 1978/2004/47

012617019 北京市平谷区经济普查年鉴 2008/47

009840718 北京市平谷区统计年鉴 2003—2009,2013/47

012591661 北京市平原区地下水位年鉴 1980/34

010223819 北京市东城区疾病预防控制中心年鉴 2004—2005,2008/39

012591765 *北京市东城区黑芝麻胡同小学年鉴/东城区黑芝麻胡同小学年鉴/黑芝麻胡同小学年鉴 2007—2013/39

009913056 *北京市电力公司年鉴/北京电力公司年鉴/国网北京市电力公司年鉴 2005—2013/11

009927764 北京市民生活年鉴 2005,2009—2010/33

009437208 北京市民政统计年鉴 2001—2010,2012—2013/7

011139625 北京市对外经济贸易简明统计年鉴 2002,2005/18

012723210 北京市西城区经济普查年鉴 2008/40

011395283 北京市延庆县统计年鉴 2003—2004,2006—2009,2011—2014/48

012351729 北京市园林绿化统计年鉴 2006/36

012176953 *北京市怀柔区发展和改革工作年鉴/发展和改革工作年鉴/怀柔区发展和改革工作年鉴 2007—2008/47

001784309 北京市社会经济统计年鉴/北京社会经济统计年鉴 1985—1987/9

001784311 *北京市社会经济统计年鉴/北京社会经济统计年鉴/北京统计年鉴 1987—1991/9

009913073 北京市青年宫年鉴 2004,2007,2009—2011/22

013809413 北京市质量技术监督统计年鉴 2010/9

008272117 北京市金融年鉴 1987—2013/20

011395208 北京市国土资源年鉴 2007—2013/9

011139627 北京市国有资产监督管理年鉴 2005—2013/8

011139629 北京市国资委年鉴 2003/9

009913076 北京市昌平区科技年鉴 2002—2008/45

009926204 北京市昌平区统计年鉴/北京昌平区统计年鉴 2002—2012/45

011139623 北京市昌平实验中学年鉴 2007,2009/45

009406279 北京市房山区统计年鉴 2002—2013/44

009309052 北京市房地产年鉴 2003—2013/10

010223829 [北京市房地产管理局]统计年鉴 1988,1990/10

009698682 北京市建筑设计研究院年鉴 1985,1991—1997,1999—2000/27

009698688 北京市政年鉴 1992—1993/37

010223863 北京市政府采购中心年鉴 2005—2007/19

011395300 北京市药品监督管理局朝阳分局年鉴 2001/2006,2007/2011/36

012616973 北京市残疾人事业统计年鉴 2008/7

009927775 北京市残疾人联合会年鉴 1999/2002,2003—2005,2007/7

009616682 北京市顺义区统计年鉴/北京顺义统计年鉴 2000,2002—2008,2011/43

010101903 *北京市宣武区统计年鉴/宣武统计年鉴 2002—2004,2006—2009/40

012046955 北京市爱国卫生工作年鉴 2008,2011/35

008633708 北京市旅游统计年鉴/北京旅游统计年鉴 1997—2003,2005—2007,2009/18

009913092 *北京市海淀区国民经济统计年鉴/北京市海淀区统计年鉴/海淀统计年鉴/北京海淀统计年鉴 1996,1998—2000,2002—2013/42

009913092 北京市海淀区统计年鉴/海淀统计年鉴/北京市海淀区国民经济统计年鉴/北京海淀统计年鉴 1996,1998—2000,2002—2013/42

010101879 北京市通州区统计年鉴 2003,2005—2008,2010—2011,2013/44

011500228 北京市教育工会工作年鉴/北京市教育工会年鉴 2005—2010/5

011500228 *北京市教育工会年鉴/北京市教育工会工作年鉴 2005—2010/5

009589180 北京市勘察设计年鉴 2001—2003/37

013363367 北京市崇文区经济普查年鉴 2008/39

010101874 北京市崇文区统计年鉴/崇文统计年鉴 2002—2010/39

010223435 北京市第三十五中学教育教学年鉴 2001/24

009616746 *北京市密云县统计年鉴/密云县统计年鉴/密云统计年鉴 1996—1997,2000—2009,2011—2012/48

008997579 北京市朝阳区统计年鉴 2002—2014/41

010223849 北京市普通高等学校成人高等教育招生工作年鉴 1985/1995/24

009492230 北京市普通高等学校招生年鉴 1977/1991/24

004705476 北京市普通教育年鉴/北京高等教育年鉴/北京教育年鉴 1949/1991,1992—1996/24

007543171 *北京市普通教育年鉴/北京高等教育年鉴/北京教育年鉴 1991—1995/24

007733437 *北京市普通教育年鉴/北京教育年鉴/北京高等教育年鉴 1997—2014/24

009520046 北京司法行政年鉴 1990/1996,1997—2010,2013/8

008437490 北京民政年鉴 1992—2010,2012—2013/6

011139612 北京出入境检验检疫年鉴/北京检验检疫年鉴 2005—2011,2013/35

010223383 北京出土文物年鉴 1949/1984/33

008901582 北京老舍文艺基金会年鉴 1999—2000/31

008588859 北京地方税务年鉴 1996—2002,2004—2008,2012/19

008728167 北京西城年鉴 2000—2014/39

012751642 北京西城统计年鉴 2008/40

012079024 北京成人教育年鉴△1990—1991,1994/31

009926232 北京师大附中年鉴 2008/24

012079037 北京师范大学对外交流与合作年鉴 2006—2008/27

010223795 北京师范大学共青团工作年鉴 2002/2003,2005—2006/5

009502350 北京师范大学年鉴 1992,1993/1994,1995/1996,1997,1998/1999,2000,2002—2005/27

011395266 北京师范大学学生处(学工部武装部)年鉴 2003,2005—2006,2007/2008/27

010101885 北京师范大学学生会工作年鉴 2005/2006,2007/2008/27

013470785 北京师范大学教育学部年鉴 2011—2012/27

012909292 北京师范大学教育学部学生工作年鉴 2009/2010/27

012525915 北京师范大学第二附属中学年鉴 2008—2009/24

004943418 北京年鉴 1990—2004,2006—2014/3

009616687 北京延庆年鉴 2004—2013/48

012351715 北京华宅年鉴 2008—2009/10

009492581 *北京交通大学年鉴/北方交通大学年鉴 1998/1999,2000/2001,2002,2005—2012/24

012046940 北京交通大学学生会年鉴 2007/26

012723193 北京交通年鉴 2010—2014/15

012176841 北京安全生产年鉴 2003/2007,2008—2009,2011—2014/38

013790822 北京军事年鉴/北京卫戍区年鉴 2009/8

008802291 北京农村年鉴 2001—2014/11

010223787 北京农村统计年鉴 2005,2010/3

011395253 北京农学院年鉴 2003—2005,2007—2008,2010—2011/26

008327874 北京园林年鉴/北京园林绿化年鉴 1984/1989,1990—1992,1994—2009,2013—2014/38

008327874 *北京园林绿化年鉴/北京园林年鉴 1984/1989,1990—1992,1994—2009,2013—2014/38

012593440 [北京邮电大学]信息与通信工程学院分团委年鉴 2008/2009/5

009157722 北京邮政年鉴 2002—2013/18

007712967 北京财政年鉴 1993—2002,2004—2012/19

009460024 北京体育大学年鉴 1997,1999—2000,2003—2005/27

008956867 北京体育年鉴 1995,1997—2005,2007—2011,2013/31

013677501 北京体育产业年鉴 2012—2013/31

008643772 北京住宅年鉴 2000/10

010101892 北京住总集团年鉴 1993/1994/10

009460001 *北京怀柔区统计年鉴/怀柔区统计年鉴 2002—2011,2013—2014/47

013680402 北京怀柔年鉴 2012—2013/47

008432670 北京证券业年鉴 1998/20

012351719 北京社会建设年鉴 2009—2012/7

001784309 *北京社会经济统计年鉴/北京市社会经济统计年鉴 1985—1987/9

001784311 北京社会经济统计年鉴/北京市社会经济统计年鉴/北京统计年鉴 1987—1991/9

003549330 *北京社会经济统计年鉴/北

京统计年鉴 1992—2004,2006—2014/4

008849835 北京社会科学年鉴 2000—2003, 2005—2013/3

008476789 北京青少年年鉴 1991/5

008957435 北京青年报社年鉴/北京青年报社暨北京青年报业总公司年鉴 1993—2002/21

008957435 *北京青年报社暨北京青年报业总公司年鉴/北京青年报社年鉴 1993—2002/21

013809406 北京林业大学工学院学生工作年鉴 2007/26

009502098 北京林业大学共青团工作年鉴/共青团工作年鉴 2002—2008,2010—2012/5

012525912 北京林业大学年鉴 2009—2012/26

010223782 北京林业年鉴 2005—2006/11

011139611 北京画院研修生作品年鉴 1987/1999/32

012616964 北京画院美术馆年鉴 2005/2008,2009,2011—2012/32

009698660 北京金隅集团年鉴 2001—2006,2008/11

008957979 北京国税年鉴 1996—1998/19

009926204 *北京昌平区统计年鉴/北京市昌平区统计年鉴 2002—2012/45

009805002 北京昌平年鉴 2005—2013/45

008957926 *北京法院工作年鉴/北京法院年鉴 1993—2004,2005/2006,2007—2013/7

008957926 北京法院年鉴/北京法院工作年鉴 1993—2004,2005/2006,2007—2013/7

009615289 北京知识产权审判年鉴 2005/8

009406270 北京物价年鉴 1988/18

011395441 北京物资学院年鉴 2006,2011/28

008476866 *北京房山年鉴/房山区年鉴 1987—1995,1998/44

008957972 北京房山年鉴/房山区年鉴 2000—2013/44

009933254 北京房地产市场年鉴透视与分析 1999/10

008182268 北京房地产年鉴 1998/1999/10

011395229 北京建设年鉴 2007—2014/37

010101869 北京建筑工程学院团学工作年鉴 2004—2005/5

010223766 北京建筑工程学院年鉴 2004/26

008439068 北京居民购房年鉴 1999/10

013714552 北京经济技术开发区年鉴 2012—2013/8

009698664 北京经济信息年鉴 1999/2000/8

010223775 北京经济普查年鉴 2004,2008/8

009195504 北京政协年鉴 1993,1996—2002,2004—2013/6

009360561 北京科协年鉴 1992—1993,1995—1996,1998—2009/23

009346352 北京科技大学年鉴 2003—2013/26

008245672 北京科技年鉴 1989,1991—2002,2004—2013/23

011965704 北京顺义年鉴 2007—2013/45

009616682 *北京顺义统计年鉴/北京市顺义区统计年鉴 2000,2002—2008,2011/43

012909298 北京信用年鉴 2011/20

009036850 北京信息化年鉴 2001,2003—2004,2010—2014/21

012176860 北京信息科技大学年鉴 2003/

2004,2008—2010/28

012079041 北京首发集团年鉴 2006/2007,2008—2009/17

009460014 *北京首都机场集团公司统计年鉴/北京首都国际机场统计年鉴/北京首都国际机场股份有限公司统计年鉴 1991—1998,2000,2007/17

009460014 *北京首都国际机场股份有限公司统计年鉴/北京首都国际机场统计年鉴/北京首都机场集团公司统计年鉴 1991—1998,2000,2007/17

009460014 北京首都国际机场统计年鉴/北京首都机场集团公司统计年鉴/北京首都国际机场股份有限公司统计年鉴 1991—1998,2000,2007/17

009135246 北京宣武年鉴 2002—2010/40

009805029 北京语言大学年鉴 2000—2004/28

001784311 *北京统计年鉴/北京社会经济统计年鉴/北京市社会经济统计年鉴 1987—1991/9

003549330 北京统计年鉴/北京社会经济统计年鉴 1992—2004,2006—2014/4

011823322 *北京热电分公司年鉴/中电国华电力股份有限公司北京热电分公司年鉴 2003,2005—2006/12

009519993 北京监狱年鉴/北京监狱劳教年鉴 1998—1999,2003—2004,2006—2007,2011/8

009519993 *北京监狱劳教年鉴/北京监狱年鉴 1998—1999,2003—2004,2006—2007,2011/8

006915861 北京铁路分局年鉴 1989/1990,1991—2005/15

004187256 北京铁路局年鉴 1987—2012,2014/15

008119479 [(伪)北京特别市]市政统计年鉴 1939/4

012176849 北京航空航天大学计算机学院计算机应用研究室工作年鉴 2004/25

012656100 北京航空航天大学学生会工作年鉴 2008/26

004705476 *北京高等教育年鉴/北京市普通教育年鉴/北京教育年鉴 1949/1991,1992—1996/24

007543171 北京高等教育年鉴/北京市普通教育年鉴/北京教育年鉴 1991—1995/24

007733437 *北京高等教育年鉴/北京教育年鉴/北京市普通教育年鉴 1997—2014/24

008633708 *北京旅游统计年鉴/北京市旅游统计年鉴 1997—2003,2005—2007,2009/18

012243199 北京烟草年鉴 2005—2009/12

009104867 北京海淀年鉴 2002—2012,2014/42

009913092 *北京海淀统计年鉴/北京市海淀区统计年鉴/海淀统计年鉴/北京市海淀区国民经济统计年鉴 1996,1998—2000,2002—2013/42

008579615 北京通州年鉴 2000—2014/44

010223777 北京理工大学共青团工作年鉴 2005/5

009933284 北京理工大学年鉴 1995—1996,1998—1999,2001—2008,2010—2012/26

009805028 北京理工大学学生工作年鉴 2003—2005,2011/26

013965147 北京理工后勤集团总务后勤部年鉴 2004/26

004705476 *北京教育年鉴/北京市普通教育年鉴/北京高等教育年鉴 1949/1991,1992—1996/24

007543171 *北京教育年鉴/北京高等教育年鉴/北京市普通教育年鉴 1991—1995/24

007733437 北京教育年鉴/北京高等教育年鉴/北京市普通教育年鉴 1997—2014/24

011139599 *北京控股集团有限公司年鉴/BG 北控年鉴 2005—2009/9

011139612 *北京检验检疫年鉴/北京出入境检验检疫年鉴 2005—2011,2013/35

009425762 北京检察年鉴 1987—1995,1996/1997,1998—2014/7

009081272 北京崇文年鉴 2002—2010/39

012616943 北京崇文财政年鉴 2006/39

011500198 北京减灾年鉴 2001/2004,2005/2007,2008/2010/38

009933295 北京商务年鉴 2005—2014/18

011965635 北京密云年鉴/密云年鉴 2008—2013/48

007263209 北京博物馆年鉴 1912/1987,1988/1991,1992/1994,1995/1998,1999/2003,2004/2008/22

009933208 北京朝阳年鉴 2005—2013/41

011965614 北京朝阳政协年鉴 2007—2011,2013/41

010223898 北京朝阳绿化年鉴/朝阳绿化年鉴/朝阳园林绿化年鉴 2003/2004,2005—2014/41

008957981 北京税务年鉴 1991—1994/19

013713442 北京影响力年鉴 2012/6

011500207 北京燃气年鉴 2006,2008,2010—2012/11

009520228 北钢年鉴/北钢集团有限责任公司年鉴 1995/1996,1997/1998/196

009520228 *北钢集团有限责任公司年鉴/北钢年鉴 1995/1996,1997/1998/196

008395691 北海年鉴 1994,1996—2000,2001/2002,2003—2014/618

008378200 北海统计年鉴 1990—1991,1993,1995—2002,2004,2007—2010,2011/2012/618

013787986 北流年鉴 2010/2011/621

012351733 北陵乡年鉴/北陵乡(街)年鉴 1987—1989,1991,1996/2000,2001/2005/144

012351733 *北陵乡(街)年鉴/北陵乡年鉴 1987—1989,1991,1996/2000,2001/2005/144

011821795 北票年鉴 2004,2005/2006,2007/2008,2009/2010/162

008246214 北婆年鉴 1952/970

009436915 北湖年鉴 2003—2010/554

013994053 北碚区统计年鉴/北碚统计年鉴 2012—2014/638

009618345 北碚年鉴 2000/2001,2002/2003,2004/2006/638

013994053 *北碚统计年鉴/北碚区统计年鉴 2012—2014/638

013470779 北戴河年鉴 2011/75

008866777 北疆铁路公司年鉴 2001,2003/807

卢

011503053 卢氏年鉴 2001/2006,2007/2008/479

013757966 卢湾区统计年鉴 2006/240
009004456 卢湾年鉴 1999—2011/239

且

012924944 且末年鉴 2010—2011/820

叶

009502389 叶县年鉴 2009—2011,2013/464
012200300 叶城年鉴 2008/815

申

009124099 申报年鉴 1933—1936,1944/238
012565010 申报年鉴全编 2007/238

电

013397071 电力仪器仪表产品选用年鉴/中国电气商务年鉴电力仪器仪表产品选用年鉴 2011/2012/957
012351787 电力自动化行业年鉴/中国电气商务年鉴电力自动化行业年鉴 2007/2008,2008/2009,2009/2010,2010/2011,2011/2012/879
013714627 [电子科技大学成都学院]图形艺术系毕业作品年鉴 2012/654
011966334 电子科技大学年鉴 2003,2007,2009,2011/654
013470778 电气行业年鉴 2011/879
010102789 电化局建筑工程处年鉴 1999/2000/16
013467344 电白年鉴 2009/589

田

008588924 田东年鉴 1989/1992,1993,1994/1998,1999/2002,2003/2006,2007/2009/622
009927846 田阳年鉴 1996/2000,2001/2005/622
012801194 田林年鉴 2007/2009/623

四

013609121 四川人才年鉴 1995/2005/643
008968760 *四川工业年鉴/四川经济贸易年鉴 2003/644
009726372 四川工业年鉴/四川经济贸易年鉴 2004—2013/646
008851355 四川大学年鉴/四川联合大学年鉴 1991—1992,1994/1995,1996/1997,1998/1999,2000—2001,2004—2009,2011—2012/654
008998187 四川卫生年鉴 2001—2013/648
013173610 四川卫生统计年鉴 2008—2009/648
009062531 四川乡镇年鉴 1999,2002/645
011967348 四川文艺年鉴 2007—2011/648
013396634 四川文化年鉴 2011—2013/647
008957749 四川石油管理局川东开发公司年鉴/川东开发公司年鉴 1997,1999/634
009520099 四川石油管理局川西北矿区年鉴/川西北矿区年鉴 1991/1995,1996/1999,2000—2004/666
012592702 四川石油管理局川西南矿区年鉴/川西南矿区年鉴 1996/659
014014872 四川石油管理局井下作业处年鉴/井下作业处年鉴 1991/1995/671
012361429 四川石油管理局地球物理勘探公司年鉴 2006/651
008426316 四川石油管理局年鉴 1991/1995,1996—2003/651
012925084 *四川石油管理局年鉴/四川油气田年鉴/西南油气田分公司年鉴 2004—2006,2008—2013/651
008957753 四川石油管理局物资总公司

年鉴 1991/1995,1997/2000/651

008957720 四川石油管理局南充炼油厂年鉴/南充炼油厂年鉴 1991/1995/674

009726368 四川电力年鉴 2003—2006,2007/2009,2010/2011,2012—2014/646

012617467 四川民政统计年鉴 1995,2002—2005,2008—2009,2012—2013/644

013609289 四川民营经济统计年鉴 2005—2006,2011,2013/644

013396651 四川出入境检验检疫年鉴 2010—2014/648

013311971 四川地质环境监测年鉴 2010/649

013790089 四川地震年鉴 1983—1986/648

013173594 四川师范学院年鉴 1997/674

001709257 *四川年鉴/四川经济年鉴 1986—1987/645

004943482 四川年鉴/四川经济年鉴 1989—2003,2005—2014/643

013932454 四川价格年鉴 2000/647

011823183 四川企业年鉴 1996,1999/645

013311988 四川名城古镇年鉴 2010/648

004625088 四川交通年鉴 1987—2014/646

009928060 四川安全生产年鉴 2001/2003,2004/649

013899021 四川农业年鉴 抗震救灾专卷 2010/646

009913771 四川农村年鉴 2005—2014/646

013379049 四川农村统计年鉴 2000/2005/643

013311983 四川劳动和社会保障统计年鉴 2005—2006/645

012925070 四川医药年鉴 2004/648

012048605 四川邮政年鉴 1999/2001,2009/646

008426343 四川体育年鉴 1986—1989,1992—2001,2002/2004,2005—2011,2013/648

008426178 四川证券年鉴 1995—1997/647

010102754 四川环境年鉴 2004,2006/649

008998196 四川武警年鉴 2000,2002/644

009542174 四川青少年年鉴 2003,2004/2005,2006—2010/643

013609212 四川招标投标年鉴 2007/645

013311976 四川国土资源年鉴 2004,2009/645

012925084 四川油气田年鉴/四川石油管理局年鉴/西南油气田分公司年鉴 2004—2006,2008—2013/651

011141175 四川房地产年鉴 2006—2009,2011—2014/645

012048603 四川建设年鉴 2003,2005—2014/645

001709257 四川经济年鉴/四川年鉴 1986—1987/645

004943482 *四川经济年鉴/四川年鉴 1989—2003,2005—2014/643

008968760 四川经济贸易年鉴/四川工业年鉴 2003/644

009726372 *四川经济贸易年鉴/四川工业年鉴 2004—2013/646

011503494 四川经济普查年鉴 2004/644

013609116 四川城市年鉴 2002,2005,2007/645

014014867 四川省二轻工业统计年鉴 1984/646

009542177 四川省人民代表大会年鉴 2004—2009/644

013965481 四川省水利统计年鉴 2000/646

011823189 四川省电力公司年鉴/国网四川省电力公司年鉴 2007—2014/651
009589789 四川省民营经济年鉴 2003—2005/644
013965326 *四川省江油县统计年鉴/江油县统计年鉴/江油统计年鉴 1983,1985—1986,1988—1991,1993/666
005885042 四川省建设统计年鉴 1941/646
013965479 四川省残联年鉴 2008/644
007700037 四川省统计年鉴民国三十五年度 1946/643
008433691 四川科技年鉴 1996,1998,2000,2002,2004—2007,2009—2010/647
011140128 四川科技统计年鉴 1996—1997,2002—2006,2011—2013/647
013609210 四川食品药品监督管理年鉴 2004/2006,2007,2009—2014/649
010226845 四川音乐学院年鉴 2002,2007/2008/654
009913768 四川统一战线年鉴 2004—2005/644
013714692 四川统计分析年鉴 2011—2012/643
006036613 四川统计年鉴 1989—2014/643
013635408 四川监狱年鉴 2011—2013/644
013608675 四川党校行政学院年鉴 2009/2011/650
006036620 四川高等教育中等专业教育年鉴 1949/1985/647
011503497 四川资源开发年鉴 2001/645
013714693 四川旅游年鉴 2012,2014/646
013467731 四川教育年鉴 2010/647
013467735 四川教育事业统计年鉴 2003,2009—2010/647

008958042 *四川救灾年鉴/四川减灾年鉴 1990—1992,1999—2002,2004—2007/649
008958042 四川减灾年鉴/四川救灾年鉴 1990—1992,1999—2002,2004—2007/649
012199631 四川商务年鉴 2009—2011/647
008968776 四川商检局年鉴 1993/1999/647
013819215 四川博物院年鉴 2012/654
008851355 *四川联合大学年鉴/四川大学年鉴 1991—1992,1994/1995,1996/1997,1998/1999,2000—2001,2004—2009,2011—2012/654
012080578 四川普通教育年鉴 1949/1985/647
008439098 四方机车车辆厂年鉴 1996—1997/409
009913725 四方年鉴 2005,2006/2007/409
012592706 四方统计年鉴 2009/409
008313042 四平年鉴 1986—1998,1999/2001,2002/2005,2006/2007,2008/2009,2013/175
008278760 四平统计年鉴 1998—2007,2009—2014/175
013714673 四平铁东年鉴/铁东年鉴 2011,2013/175
008438174 四会年鉴 1997—1999,2000/2001,2002—2006,2009/591
012592710 四会统计年鉴 2007—2008,2011,2013/591

丘

008749425 *丘北年鉴/邱北年鉴 2000—2009,2011,2013—2014/737

仙

010102066 仙居统计年鉴 2003/320
012801238 仙桃年鉴 2010—2014/528

013753421 仙桃国税年鉴 2012/528
009426259 仙桃统计年鉴 1999—2009,2011—2013/528

仪

009492900 仪陇年鉴 1998/2001,2007,2010—2012/675
008724709 仪征年鉴 1999—2013/279
009426267 仪征统计年鉴 2000—2007,2011/279

白

008310348 白下区年鉴/白下年鉴 1990—2012/257
008310348 *白下年鉴/白下区年鉴 1990—2012/257
007722490 白山市社会经济统计年鉴/白山社会经济统计年鉴/白山经济统计年鉴/白山市统计年鉴/白山统计年鉴 1993—2002,2004—2012,2014/178
007722490 *白山市统计年鉴/白山市社会经济统计年鉴/白山社会经济统计年鉴/白山经济统计年鉴/白山统计年鉴 1993—2002,2004—2012,2014/178
007683406 白山年鉴 1994/1995,1996/1999,2000/2002,2003/2005,2006/2007,2008—2010,2013—2014/178
007722490 *白山社会经济统计年鉴/白山市社会经济统计年鉴/白山经济统计年鉴/白山市统计年鉴/白山统计年鉴 1993—2002,2004—2012,2014/178
007722490 *白山经济统计年鉴/白山市社会经济统计年鉴/白山社会经济统计年鉴/白山市统计年鉴/白山统计年鉴 1993—2002,2004—2012,2014/178
007722490 *白山统计年鉴/白山市社会经济统计年鉴/白山社会经济统计年鉴/白山经济统计年鉴/白山市统计年鉴 1993—2002,2004—2012,2014/178
009934839 白云年鉴/贵阳白云年鉴 2001/2005,2006—2007,2013/697
009840742 白云年鉴 2004—2013/572
013677337 白玉兰烟材年鉴/上海白玉兰烟材年鉴/烟材年鉴 2011—2012/227
009698834 白河林业局年鉴 1986/1990,1991/1992,1993/1994,1995/2000,2001/2003,2004/2005/184
009307997 白城年鉴 2002,2003/2004,2011/181
008749093 白城统计年鉴 1999,2001—2008,2011—2012,2014/181
012099932 白银区年鉴 2002—2004,2006—2009,2011—2012/778
009135256 *白银市年鉴/白银年鉴 2001—2007,2008/2009,2010—2012/777
012351700 白银民政年鉴 2004—2007/777
009135256 白银年鉴/白银市年鉴 2001—2007,2008/2009,2010—2012/777
012078959 白银经济普查年鉴 2004/777
009081249 白银统计年鉴 1995—2000,2005—2012,2014/777
012792602 *白碱滩区年鉴/克拉玛依市白碱滩区年鉴 2010—2013/810

印

007494908 印尼商业年鉴 1955/906

乐

008998302 乐山市市中区年鉴 1985/1986,1987—2009/671

008879208 乐山市城乡建设年鉴 2001—2004/671

008426308 乐山年鉴 1993—2014/671

008396574 乐山统计年鉴 1995—2003, 2006—2009, 2012—2014/671

013814864 乐山教育年鉴 2010/671

008432850 乐平年鉴 1993, 1995—2001, 2001/2002, 2003—2007/377

013467442 乐东黎族自治县年鉴 2009—2010/632

011966783 乐至年鉴 2006/2007, 2008—2010/685

012792624 乐昌年鉴 2010, 2012—2013/574

013757955 乐亭县统计年鉴 2010/73

013793179 乐都统计年鉴 2012/790

010226313 乐清年鉴 2005—2009, 2011, 2013—2014/306

句

008437526 句容年鉴 1996, 2001, 2006—2014/282

外

008244739 外交年鉴/民国九年分外交年鉴/852

007886747 外商驻沪机构年鉴 1995/226

务

013859270 务川年鉴 2009/2011/699

包

005459223 包头年鉴 1985, 2000, 2001/2002, 2003/2004, 2005/2006, 2007/2008, 2009/2010/121

008969051 包头财政年鉴 1991/1995, 1996/1999, 2003/2005/121

011965600 包头经济普查年鉴 2004/121

008405399 包头统计年鉴 1991—1994, 1996—2014/121

009617856 包头铁路分局年鉴 1989, 1991—1994, 1996/121

012525897 包头精神文明建设年鉴 2005/2008/121

014009067 包兆龙包玉刚留学生奖学金年鉴 1993/1996/920

008788765 包钢年鉴 1999, 2000/2001, 2002—2009/121

010223357 *包神铁路有限责任公司年鉴/神华集团包神铁路有限责任公司年鉴/神华包神铁路有限责任公司年鉴 2002, 2006—2008/125

市

012079775 *市中区统计年鉴/枣庄市市中区统计年鉴 2003—2004, 2006—2011/417

009617878 市中年鉴/济南市中年鉴 1989, 1991/1997, 1998/2004/403

008966663 市中年鉴/枣庄市中年鉴 2004/2008, 2009/2010/415

009617883 *市中统计年鉴/济南市市中区统计年鉴 1992/1993, 1998/1999, 2001—2007, 2009, 2011—2012/403

012079341 市北年鉴 2009, 2011/409

012592680 市北统计年鉴 2009/409

012792741 市南年鉴 2010—2012/409

012200310 市容环境建设和管理年鉴 2008/239

立

009698921 立山年鉴 1988/150

玄

008435442 玄武年鉴 1990—1992, 1994—2005,

2007—2014/256

兰

012923782 兰山共青团年鉴 2009—2010/436

008406305 兰山年鉴 1996—1997,1997/2002,2003—2008,2010—2011/436

008958007 兰化年鉴 1993/1995/775

013957275 兰考年鉴 2013—2014/459

010226312 兰州大学年鉴 1995—1996,1998—2014/775

011139959 兰州公安年鉴 2005,2007/774

013635459 兰州石化公司年鉴 2011,2013/775

008270414 兰州市统计年鉴/兰州统计年鉴 1992—1996,2007—2014/774

008405551 兰州年鉴 1998—1999,2001—2006,2008—2013/774

013373800 兰州交通大学年鉴 2008—2009/775

008941771 兰州邮政年鉴 1998/775

010226310 兰州城市建设统计年鉴 2001/774

008270414 *兰州统计年鉴/兰州市统计年鉴 1992—1996,2007—2014/774

008137871 兰州铁路局年鉴 1991/1992,1993,1996—2012,2014/775

012983390 兰州资源环境职业技术学院年鉴 2004/2008/776

011398607 兰州理工大学年鉴 2003/776

011398603 兰州教育年鉴 2004/2005,2006—2007/775

008923247 兰坪年鉴 2001—2002,2003/2005,2006—2013/743

010102139 兰铁检察年鉴 2004—2005,2008—2010/774

013656074 兰溪经济年鉴 1999/314

半

013173429 *半导体照明产业发展年鉴/中国半导体照明产业发展年鉴 2010/2011/880

汇

013788380 汇川年鉴 2009/2010/698

头

008553760 头屯河区年鉴/中国·新疆·乌鲁木齐头屯河区年鉴 1999/808

汉

012525975 汉川水利年鉴 1997/2007/518

011966567 汉川年鉴 1997/2006,2007/2009,2011/518

013859212 汉川统计年鉴 2008,2012/518

008401595 汉中年鉴 1998—2009,2011—2013/763

011396270 汉中统计年鉴 2003—2008,2010/763

008434022 汉台年鉴 1997—2008,2011/763

008323884 汉阳年鉴 1989—1990/504

012551027 汉阳年鉴 2006,2009—2014/504

013898572 汉阳县水利年鉴 1986/1990/504

009406142 汉阴年鉴 2001—2008/767

009502490 汉寿年鉴 1986,1990/1999/551

011502086 汉南年鉴 2004,2007,2009,2011—2014/505

009519988 汉源年鉴 2002,2004—2007/683

009926321 汉滨年鉴/安康年鉴 2001,2003—2013/767

宁

010226665 宁乡年鉴 2005—2014/540

013965409 宁乡统计年鉴 2009—2010/540

009307855 宁化年鉴 1988—1990,1992—2006,2008—2010,2012/358

012724200 宁江年鉴/松原市宁江年鉴 2007/2008,2011/2012/180

009492904 宁安市统计年鉴 1995/1996,1997/215

012724195 宁安年鉴 2007/2008,2009/2010/215

012243266 宁阳年鉴 2003/2007/430

009287713 *宁国市统计年鉴/宁国统计年鉴 2003,2005—2009,2013—2014/343

008643432 宁国年鉴 1997/1998,2010,2013/343

009287713 宁国统计年鉴/宁国市统计年鉴 2003,2005—2009,2013—2014/343

012357216 宁明年鉴 2002/2003,2008/2009,2010,2012—2013/627

013174651 *宁河年鉴/天津·宁河年鉴 2009/59

012983684 宁波大学年鉴 2008—2009/302

009541763 宁波文化年鉴 1996—1997,1999,2002,2004—2006/302

014014811 宁波市工业企业年鉴 1993/301

011966887 宁波市交通统计年鉴 1994/302

011139928 宁波市经济普查年鉴 2004/301

010226655 宁波市科技园区年鉴 2002/301

008604925 宁波年鉴 1997—2008,2010—2012/301

008633822 宁波金融年鉴 1989,1994,1996,2000—2004,2006,2008—2012/302

009913595 宁波信息年鉴 2005/302

008265097 宁波统计年鉴 1992—1994,1997,1999—2014/301

009519789 宁波检验检疫年鉴 2002—2006,2008—2009,2011,2013—2014/302

008749947 宁城年鉴 1997—2003,2004/2005,2006/2007,2008—2013/123

013090026 宁南年鉴 2006/2008,2009/691

005345882 宁都年鉴 1983/1986,1991/1994,1995/1999/383

009927897 宁夏大学年鉴 1998—2009,2011—2012/799

013470980 宁夏卫生监督年鉴 2011—2012/797

012792666 宁夏水利年鉴 2008—2013/796

012199491 *宁夏气象"九五"统计年鉴/宁夏气象统计年鉴 1996/2000/797

012199491 宁夏气象统计年鉴/宁夏气象"九五"统计年鉴 1996/2000/797

011398671 宁夏电力年鉴 2001—2004/796

008825431 宁夏电信年鉴 2000—2003/796

010102636 宁夏出入境检验检疫年鉴 2001/2002,2003/2004,2005/2006,2007/2008/797

008405232 宁夏回族自治区农村社会经济调查年鉴/宁夏农村社会经济调查年鉴/宁夏回族自治区农村社会经济调查资料 △1990/1995,1996—2004,2011—2013/795

008405232 *宁夏回族自治区农村社会经济调查资料/宁夏回族自治区农村社会经济调查年鉴/宁夏农村社会经济调查年鉴 △1990/1995,1996—2004,2011—2013/795

012357229 宁夏回族自治区政协年鉴 2008—2012／795

009054704 宁夏回族自治区科学技术年鉴 1987—1991／797

012047581 宁夏回族自治区移动通信公司年鉴／宁夏移动通信公司年鉴／宁夏移动通信年鉴 1999／2002／798

008886454 宁夏年鉴 2003,2005—2014／794

008315360 宁夏年鉴图文卷 1998,2001—2002／794

008315335 宁夏年鉴资料卷／宁夏统计年鉴 1998／794

008940652 宁夏企业年鉴 2001—2004／795

012792661 宁夏农业综合开发年鉴 2009／796

008405232 *宁夏农村社会经济调查年鉴／宁夏回族自治区农村社会经济调查年鉴／宁夏回族自治区农村社会经济调查资料△1990／1995,1996—2004,2011—2013／795

009015809 宁夏农村金融统计年鉴 1979／1989,1991—1994／797

011503120 宁夏扶贫扬黄工程建设年鉴 1994／1998,1999—2000／798

011503122 宁夏投资年鉴 2000—2001,2003,2005—2007／797

008400326 宁夏邮电年鉴 1997—1999／796

012924919 宁夏邮政年鉴 2007／796

009015796 宁夏财政年鉴 1989—2000,2002,2004—2014／796

012199503 宁夏证券期货统计年鉴 2007／797

013467521 宁夏社会科学年鉴 2011／794

012199476 宁夏环境年鉴 2007／798

010102641 宁夏非公有制经济年鉴 2005／795

009015789 宁夏建设银行年鉴 1991—1995／796

012047592 宁夏经济年鉴 2008／795

011139930 宁夏经济普查年鉴 2004／795

008940647 宁夏城市社会经济调查年鉴／宁夏城调年鉴 2000,2003,2005／795

008477224 宁夏城调年鉴 1986／1990,1992—1997／794

008940647 *宁夏城调年鉴／宁夏城市社会经济调查年鉴 2000,2003,2005／795

009015798 宁夏科技统计年鉴 1991—1997,1999,2003—2009／797

002456569 宁夏统计年鉴 1987—1988,1990—1997,1999—2008,2010—2014／794

008315335 *宁夏统计年鉴／宁夏年鉴资料卷 1998／794

013374001 宁夏疾病预防控制中心年鉴 2007／799

011966895 宁夏调查年鉴 2005／794

011966903 宁夏能源年鉴 2008／796

012924917 宁夏能源统计年鉴 2008／796

009054712 宁夏教育年鉴 1949／1985,1986／1990,1991／2000,2001／2005／797

012047581 *宁夏移动通信公司年鉴／宁夏回族自治区移动通信公司年鉴／宁夏移动通信年鉴 1999／2002／798

012047581 *宁夏移动通信年鉴／宁夏回族自治区移动通信公司年鉴／宁夏移动通信公司年鉴 1999／2002／798

013711376 宁夏博物馆年鉴 2010／799

009726244 宁夏精神文明建设年鉴 2004—2005,2007—2008,2010—2013／795

012199462 宁海年鉴 2007/303

014014818 *宁海县国民经济统计年鉴/宁海县统计年鉴 2009/304

014014818 宁海县统计年鉴/宁海县国民经济统计年鉴 2009/304

014014815 宁海经济普查年鉴 2004/304

012199469 宁蒗年鉴 2008—2009,2011,2013/726

008957761 *宁德市年鉴/宁德地区年鉴/宁德年鉴 1993/1998,1999—2005,2007,2008/2009,2010,2013/366

008957761 宁德地区年鉴/宁德市年鉴/宁德年鉴 1993/1998,1999—2005,2007,2008/2009,2010,2013/366

009048488 宁德地区统计年鉴 1991—1995,1997—1999/367

009036725 *宁德地区统计年鉴/宁德统计年鉴 1996,2000,2002—2009,2011—2014/367

008957761 *宁德年鉴/宁德地区年鉴/宁德市年鉴 1993/1998,1999—2005,2007,2008/2009,2010,2013/366

009036725 宁德统计年鉴/宁德地区统计年鉴 1996,2000,2002—2009,2011—2014/367

让

011821850 让胡路区年鉴/让胡路年鉴 2005—2007,2009—2013/207

011821850 *让胡路年鉴/让胡路区年鉴 2005—2007,2009—2013/207

礼

012923787 礼泉年鉴 2004,2006,2006/2008,2009/2010/758

永

009288842 永川年鉴 1997—2008,2010—2012/640

009081519 永川统计年鉴 2000—2002,2004—2005/640

009459640 永仁年鉴 1997—2009,2012/731

008728239 永平年鉴 1991/1995,1996/2000/740

008434112 永宁县年鉴 1986/1992/800

013711478 永宁统计年鉴 2006/2010/800

011503629 永吉县年鉴 2009—2010/174

009933608 永吉县统计年鉴 1993,1996/175

009287769 永年统计年鉴 2002,2004/76

013814890 *永州市冷水滩区统计年鉴/冷水滩市统计年鉴 1995—1996,1998—1999,2001—2010/555

009436876 永州年鉴 2002—2014/554

013821808 永州信息年鉴 2008/555

009324714 永州统计年鉴 1997—1998,2000—2014/555

009502610 永兴年鉴 1989/1998/554

009004499 永安年鉴 1990,1991/1992,1993/1994,1995/1996,1997/1998,1999/2002,2003/2004,2006/2008,2010—2012/358

013899372 永安统计年鉴 2008/358

012925201 永和年鉴 2004/112

008437859 永定县年鉴 1988/1992,1998,2000—2001,2001/2005,2006/2010/365

013790749 永春大事年鉴 2000—2009/361

013899380 永春统计年鉴 2009/361

013949955 永城统计年鉴 1998/2002,2006/2010/482

011140170 永顺统计年鉴 1989—1990,1992,

1998—2007/559

009111295 永胜年鉴 1986/1990, 2002—2009, 2012—2013/726

008879255 *永济电机厂年鉴/中国北车集团永济电机厂年鉴 2000—2006/106

008438600 永济年鉴 1992/1993, 1994/1995, 1996/1997, 1998/1999, 2000/2003/106

011823298 永泰年鉴 2007—2008, 2012—2013/354

013899386 永泰经济年鉴 1995, 2002/354

013899393 永泰统计年鉴 1949/1993, 2008/354

008749534 永康年鉴 1999/314

010226786 永康统计年鉴 2005, 2008—2009, 2011—2014/314

009501718 永善县年鉴 1990/1994, 1996—2014/724

010226887 *永靖年鉴/永靖县年鉴 2003—2007, 2011/785

010226887 永靖县年鉴/永靖年鉴 2003—2007, 2011/785

009840936 永新年鉴 2004, 2012—2013/385

009542193 永嘉年鉴 2004—2009, 2011—2014/306

013758741 永嘉统计年鉴 2001, 2007/306

司

009841197 司马迁与史记研究年鉴 2004—2011/942

011503491 司马煤业有限公司年鉴 2006, 2010/100

008146101 司法年鉴 1941/854

尼

011503115 尼勒克年鉴 2007, 2008/2009/824

民

012047490 民丰年鉴 2008—2010/816

008149945 民生年鉴 1938/139

013711369 民乐年鉴 2004/2005, 2007/2008/780

008247194 民国二十一年中国劳动年鉴 1932/866

002758102 民国二十一年中国劳动年鉴 1932/866

007702745 民国二十二年中国劳动年鉴 1933/866

008244739 *民国九年分外交年鉴/外交年鉴 1920/852

013784503 民国上海年鉴汇编 第 1—15 册 上海市年鉴 1935, 1936, 1937, 1946, 1947, 1948‖第 16—17 册 时事大观 1934‖第 18 册 上海年鉴 1947‖第 19 册 上海市劳工年鉴 1948‖第 19 册 上海体育年鉴 1940, 1941‖第 20 册 金山县鉴 1935, 1936, 1946, 1948/221

007842274 民国廿七年电影年鉴/一九三八之中国电影 1938/940

007699458 民国年鉴 1930/941

012180434 民国时期无锡年鉴资料选编 2009/259

007887674 *民政统计年鉴/中国民政统计年鉴 1994—2014/848

013609023 民革浙江省委员会工作年鉴 2007/2012/286

013603197 民航华北空管局年鉴 2011/12

012591930 民航空管系统共青团和青年工作年鉴 2009—2010/5

出

013965163 出租汽车统计年鉴 1991/896

辽

011503034 辽中县经济统计年鉴 1999/2003,2004/2005/144

004187533 辽宁人口统计年鉴 1988—1990,1992/134

012199173 *辽宁工业大学年鉴/辽宁工学院年鉴 2001—2005,2007/154

012199173 辽宁工学院年鉴/辽宁工业大学年鉴 2001—2005,2007/154

009035690 辽宁大学年鉴 1997/1998,1999/2000,2001/2002,2003/2004/142

009287899 辽宁卫生年鉴 1985—1998,2000—2002,2004,2006—2007/137

009617804 辽宁卫生统计年鉴/辽宁省卫生统计年鉴 1986—1987,1989,1991,1996,1999—2000,2003—2005,2007—2009/138

013932129 *辽宁化工统计年鉴/辽宁省化工统计年鉴/辽宁省化学工业经济统计年鉴/辽宁化学工业统计年鉴 1991—1998/135

013932129 *辽宁化学工业统计年鉴/辽宁省化工统计年鉴/辽宁省化学工业经济统计年鉴/辽宁化工统计年鉴 1991—1998/135

010226475 辽宁文艺界年鉴 2002—2013/137

012723603 辽宁电视台年鉴 2007/141

010226449 辽宁对外经济贸易年鉴 2003—2006/136

009287881 辽宁机械工业经济年鉴 1999/135

009287883 辽宁机械工业统计年鉴 1990/135

008322889 辽宁年鉴 1992—2003,2005—2014/133

009182915 辽宁企业年鉴 2002—2004/135

008957874 辽宁企业统计年鉴 2001/135

009460049 辽宁企业集团年鉴 2001,2003/135

009237316 辽宁农村统计年鉴 2002—2004/133

009309923 辽宁劳动年鉴 1990—1992/134

009287892 辽宁医药经济统计年鉴 1991/1992,1993/1995/135

009617840 辽宁邮政年鉴 2000/2001,2002—2013/136

009324542 辽宁财政年鉴 1989/136

009288864 辽宁体育年鉴 1993—1994,1996—1997,2009—2011/137

012923796 辽宁汽车工业年鉴 2007/135

010102590 辽宁武警年鉴/武警辽宁总队年鉴 2001,2005/134

010102593 辽宁招生考试年鉴 2002—2003/136

009287870 辽宁金融年鉴 1987/1989,1990,1992,1993/1994,1995/1996/136

002032806 辽宁经济统计年鉴/辽宁统计年鉴 1983,1985—1991/134

008163652 *辽宁经济统计年鉴/辽宁统计年鉴 1993—1997,1999—2014/133

010226456 辽宁经济普查年鉴 2004,2008/134

008784539 辽宁城市统计年鉴 2001,2003—2004/133

009698927 辽宁城镇集体经济年鉴 1988/134

010226345 辽宁省九三学社年鉴/九三学

社辽宁年鉴 1993, 1997/2002, 1998, 2008/134

009617804 *辽宁省卫生统计年鉴/辽宁卫生统计年鉴 1986—1987, 1989, 1991, 1996, 1999—2000, 2003—2005, 2007—2009/138

013932129 辽宁省化工统计年鉴/辽宁省化学工业经济统计年鉴/辽宁化学工业统计年鉴/辽宁化工统计年鉴 1991—1998/135

013932129 *辽宁省化学工业经济统计年鉴/辽宁省化工统计年鉴/辽宁化学工业统计年鉴/辽宁化工统计年鉴 1991—1998/135

009287889 辽宁省文化事业统计年鉴 1994—2005, 2007/136

009287893 辽宁省计划生育年鉴 1990/134

011966791 辽宁省电力有限公司年鉴 2006—2009/139

009307935 辽宁省地下水动态年鉴 1980/137

009307929 辽宁省交通高等专科学校年鉴 1995/142

012079224 辽宁省安全生产年鉴 2002/2006, 2007—2008/138

012591899 辽宁省房地产行业年鉴 2006—2008, 2010—2012/135

013757956 辽宁省高级人民法院年鉴 2008—2009/134

011503020 辽宁省高等教育中等专业教育统计年鉴 1985—1986/137

009492255 *辽宁省教育经费统计年鉴/辽宁省教育统计年鉴 1987—1992, 1995, 1999—2008, 2010—2011/137

009492255 辽宁省教育统计年鉴/辽宁省教育经费统计年鉴 1987—1992, 1995, 1999—2008, 2010—2011/137

009288873 辽宁省普通教育年鉴 1949/1985/137

009065011 *辽宁省普通教育年鉴/辽宁教育年鉴 1991—1992, 1993/1999, 2000—2005/137

009309865 辽宁科协年鉴 1986/1989, 1994/1998/136

009289600 辽宁科技年鉴 1993—1995, 2008—2010/136

009287878 辽宁科技统计年鉴 1992, 1998, 2007, 2011/136

002032806 *辽宁统计年鉴/辽宁经济统计年鉴 1983, 1985—1991/134

008163652 辽宁统计年鉴/辽宁经济统计年鉴 1993—1997, 1999—2014/133

010226473 辽宁统计调查年鉴 2006—2014/133

009065011 辽宁教育年鉴/辽宁省普通教育年鉴 1991—1992, 1993/1999, 2000—2005/137

008433538 辽阳年鉴 1997—2001, 2002/2003, 2004/2005, 2006—2009, 2010/2011, 2013/157

012199181 辽阳县年鉴 2007—2012/158

009169530 辽阳金融年鉴 1989/1994, 1996/1997, 1997/1999, 2000/2002/157

009287901 辽阳教育年鉴 1986/1990, 1996/2000, 2001—2005/157

012791076 辽金西夏研究年鉴 2009—2011/941

012724426 *辽河石化公司年鉴/中国石油辽河石化公司年鉴 2009/2010, 2011/159

009324848 辽河石油勘探局年鉴/中国石油辽河石油勘探局年鉴 2001—2004,2006—2008/158

012617016 *辽河石油勘探局年鉴/辽河油田年鉴/中国石油辽河油田年鉴/辽河油田公司年鉴 2009—2011/159

009104824 *辽河油田分公司年鉴/中国石油辽河油田分公司年鉴/辽河油田公司年鉴/辽河油田公司年鉴 2001—2008/159

009104824 *辽河油田公司年鉴/中国石油辽河油田分公司年鉴/辽河油田分公司年鉴/中国石油辽河油田公司年鉴 2001—2008/159

012617016 *辽河油田公司年鉴/辽河油田年鉴/中国石油辽河油田年鉴/辽河石油勘探局年鉴 2009—2011/159

006088354 辽河油田年鉴 1989,1990/1991,1992/1993,1994,1995/1996,1997/1998,1999/2000/158

012617016 辽河油田年鉴/中国石油辽河油田年鉴/辽河油田公司年鉴/辽河石油勘探局年鉴 2009—2011/159

008403007 辽渔年鉴 1986/1992,1993/1994,1995,1996/1997,1998—2001,2002/2003,2004/2005,2006/2007,2008/2009,2010/2011/145

009360435 辽源市教育学会年鉴 1980/1989/176

008331556 辽源年鉴 1987—1991,1992/1993,1994/1997,1998/2001,2002/2003,2004/2005,2006—2009,2011—2014/176

009617830 辽源统计年鉴 1999—2012,2014/176

发

012176953 发展和改革工作年鉴/怀柔区发展和改革工作年鉴/北京市怀柔区发展和改革工作年鉴 2007—2008/47

009928075 发展教育学年鉴 2003/921

对

009588886 对外经济贸易大学年鉴 2001/2003,2004/2005/28

008264895 *对外经济统计年鉴/上海市对外经济统计年鉴 1978/1995,1997,2000/232

013608966 对港澳台文化交流年鉴 2010/916

台

012079531 台儿庄统计年鉴 1998/2002,2000,2001/2005/417

005430956 台山年鉴 △1986,1988,1993—1994,1998/1999/586

008463685 台山经济年鉴 1996/586

010226847 台风年鉴 1954/1955,1960—1967,1969—1975,1977—1979,1981—1988/946

012008362 台北市卫生医疗年鉴 2001/833

010227625 台北市年鉴 2012/833

008966544 台北市原住民统计年鉴 2001/833

008134108 台北县年鉴 1952/1961/834

011967368 台州外事年鉴 2008—2010/317

013936495 *台州市国家税务局年鉴/台州国税年鉴 2006,2010/318

013936486 *台州市"浙江省工商企业守合同重信用单位"年鉴/浙江省工商企业守合同重信用单位台州市年鉴 2007—2008/317

008789153 台州年鉴 1983—1999,2001—2008 /317

013747933 台州财政地税年鉴/台州财税年鉴 1997—1999,2001—2009,2011—2012 /318

013747933 *台州财税年鉴/台州财政地税年鉴 1997—1999,2001—2009,2011—2012 /318

013936495 台州国税年鉴/台州市国家税务局年鉴 2006,2010/318

013758161 台州学院年鉴 2003—2007/318

013609214 台州科教文卫年鉴 2005/318

008270567 台州统计年鉴 1994—1995,1998—2014/317

008957521 台安年鉴 1986/1992,1993/1997 /151

009289584 *台安县国民经济统计年鉴/台安县统计年鉴/台安县经济统计年鉴 1983—1985,1989,1991—1994,2000,2002,2004 /151

009289584 *台安县经济统计年鉴/台安县统计年鉴/台安县国民经济统计年鉴 1983—1985,1989,1991—1994,2000,2002,2004 /151

009289584 台安县统计年鉴/台安县经济统计年鉴/台安县国民经济统计年鉴 1983—1985,1989,1991—1994,2000,2002,2004 /151

012079533 台前年鉴 2007—2008,2010—2014 /475

008643443 台港澳、外国企业驻沪机构年鉴 1999—2001,2003,2005—2009/226

009618358 台湾工作年鉴 1989/2002,2003/ 2004,2005—2013/832

009460776 台湾文化资产保存年鉴古物 古迹 历史建筑 2001/833

008017313 台湾文学年鉴 1996—2002,2004—2013/833

011422321 台湾电影年鉴 2007—2013/833

003602073 台湾地区劳工统计年鉴 1987—1997,1999—2000,2002—2003,2005—2014/832

008149916 台湾年鉴 1947/832

003979965 台湾年鉴 1991/832

008748529 台湾年鉴 1998/832

007432728 台湾美术年鉴 1990—1997/833

005999848 台湾铁路年鉴 1962/832

纠

009492559 纠风工作年鉴 1990/1997,1998/ 2002,2003/2007/847

六画

耒

008437641 耒阳年鉴 1993—2005,2007—2010, 2012/546

013814880 耒阳统计年鉴 2002,2005/546

刑

007821038 刑事案例年鉴 1991—1992/854

邢

013758212 邢台市邮电年鉴 1990/78

008553671 邢台年鉴 1999,2001—2008,2011—2012,2014/78

008477440 邢台县年鉴 1989/1993,1994/1996/79

008432650 邢台经济统计年鉴/邢台统计年鉴 1999—2011/78

008432650 *邢台统计年鉴/邢台经济统计年鉴 1999—2011/78

009360543 邢台教育年鉴 2000—2008/78

吉

013747924 吉木乃年鉴 2012/827

011966666 吉木萨尔年鉴 2008—2009,2011,2013—2014/818

013772760 吉水年鉴 2012/385

012923600 吉州年鉴 2000/2008/384

013793241 吉安年鉴 2011—2012/384

012983364 吉安县年鉴 1996/385

009437203 吉安统计年鉴 1998—1999,2001—2009,2011—2014/384

008149046 吉县年鉴 1989/111

009307909 吉林工业大学年鉴 1991—1995/171

013634200 吉林工业和信息化年鉴 2011—2013/167

010224166 吉林大学团委年鉴/共青团吉林大学委员会年鉴 2003/2004/171

009805724 吉林大学年鉴 1992,1995—1999,2000/2001,2002—2012/171

011822135 吉林卫生年鉴 1991,2007/168

009933627 吉林开发区年鉴 1988/1995/166

009913574 吉林石油集团公司年鉴 2001/2002,2003/2004,2005/2006/180

010102519 吉林市龙潭区年鉴/龙潭区年鉴 2004—2006/173

007630642 吉林市年鉴 1994—2008,2010—2013/173

011140420 吉林市邮电年鉴 1991/1995/173

008399405 吉林市社会经济统计年鉴 1999—2014/173

007733584 吉林市统计年鉴 1995—1997/173

012079162 吉林出入境检验检疫年鉴 2004,2006—2008/168

013369976 吉林共青团年鉴 2005/2006,2007/166

004561357 吉林年鉴 1987—2003,2005—2014/165

009617391 吉林企业统计年鉴 2002,2004/166

013634213 吉林交通职业技术学院年鉴 2011/171

013898639 吉林农信年鉴 2008/167

009617395 吉林邮政年鉴 2000/2001,2002/2003,2004—2007,2009—2013/167

009425975 吉林财政年鉴 2003—2010/167

004561374 吉林社会经济统计年鉴/吉林统计年鉴 1986—1989,1991/166

004569397 *吉林社会经济统计年鉴/吉林统计年鉴 1992—2014/165

012521532 吉林社科联年鉴 1997/1999/165

011502954 吉林金融年鉴 2010/167

009169798 吉林油田年鉴/中国石油吉林油田年鉴 1996—1997,1998/1999,2000/180

009564730 *吉林油田年鉴/中国石油吉林油田年鉴 2001—2011/180

012079182 吉林供电公司年鉴 2003/2004,2005/169

010225595 吉林建设年鉴 2005—2007/167

004561348 吉林城市统计年鉴 1990/165

012047328 吉林省文化产业统计年鉴 1998,2001,2007—2008,2011—2012/167

012923597 吉林省生态环境统计年鉴 2010/168

013173522 吉林省民政统计年鉴 2003—2010/166

013714910 吉林省机构编制年鉴 2012/166

011139903 吉林省全国经济普查年鉴 2004,2008/166

010225597 吉林省邮政统计年鉴 1998/2001,2002,2004—2008/167

013608990 吉林省邮政管理局年鉴 2006/2010/170

012591816 吉林省环境监测年鉴 1972/1984,1985/1987,1989—1990,1992/1993,1994—1995/168

012617211 吉林省经济技术合作年鉴 2010—2013/166

009698914 吉林省科技统计年鉴/吉林科技统计年鉴 1987—1988,1990,1992—1999,2001,2003—2008,2010/168

013656009 吉林省信息年鉴 2010/167

012723585 吉林省高技术产业统计年鉴 2008—2013/166

013710961 吉林省疾病预防控制中心年鉴 2009/171

011398563 吉林省教育年鉴 1949/1985/168

012923583 吉林省精神文明建设年鉴 2005—2007/166

009698914 *吉林科技统计年鉴/吉林省科技统计年鉴 1987—1988,1990,1992—1999,2001,2003—2008,2010/168

004561374 *吉林统计年鉴/吉林社会经济统计年鉴 1986—1989,1991/166

004569397 吉林统计年鉴/吉林社会经济统计年鉴 1992—2014/165

008551476 吉林铁路分局年鉴 1987,1995—1998,2000/173

011502950 吉林调查年鉴 2007—2009/165

013655999 吉林教育统计年鉴 2010/168

013854482 吉林基本单位统计年鉴 2011/165

009436902 吉首年鉴 2002—2008/558

011140423 吉首统计年鉴 1999—2000,2002—2008/558

托

011967483 托克逊年鉴 2008—2009,2011,2013/811

011823216 托里年鉴 2006—2008,2010—2011/825

老

009459824 老河口年鉴 1994/1996,1997/1999/513

巩

012176975 巩义年鉴 2007—2008,2011—2012/457

011139754 巩义统计年鉴 2004—2005,2008—2009/457

013089992 巩留年鉴 2009/824

地

004594257 *地质矿产部年鉴/中华人民共和国地质矿产部年鉴 1985/34

扬

012801279 扬中年鉴 2010,2012—2013/281

009307825 扬中统计年鉴 2000/2002,2004, 2006,2008/281

004187787 扬州年鉴 1991—2014/278

008278865 扬州统计年鉴 1991—1994,1996—2014/278

共

009502098 *共青团工作年鉴/北京林业大学共青团工作年鉴 2002—2008,2010—2012/5

014014249 共青团中北大学委员会工作年鉴 2008/93

010101907 *共青团中央民族大学委员会工作年鉴/中央民族大学共青团工作年鉴 2004—2009,2011/5

010224166 *共青团吉林大学委员会年鉴/吉林大学团委年鉴 2003/2004/171

亚

009055154 亚太华人杰出专业人像摄影师造型师年鉴 2001/937

机

009288925 机械教育年鉴 1994/921

西

013609018 *西工年鉴/洛阳市西工年鉴 2009—2012/461

013791034 *西山区经济普查年鉴/西山经济普查年鉴 2008/715

013634348 西山区统计年鉴 2003—2004,2009,2011—2012/715

008491818 西山年鉴 1992,2001—2014/715

013932986 西山林场年鉴 2010/11

013791034 西山经济普查年鉴/西山区经济普查年鉴 2008/715

011141206 西山煤电集团年鉴 2006—2012/94

009519861 西乡年鉴 1992—1993,1995,2001/2003,2004/2005,2006/2007/764

013603364 西乡塘区年鉴 2011—2013/612

013974360 西乡塘统计年鉴 2008—2010/612

011823093 *西区年鉴/攀枝花市西区年鉴 2007—2010,2012—2013/661

008211462 西双版纳年鉴 1997,2000,2002—2003,2005,2007,2009—2013/737

011399389 西双版纳傣族自治州统计年鉴 1989—1990,1998—1999/737

011140394 西平年鉴 2001/2005,2007,2007/2008,2009/2010/487

010102177 西北工业大学年鉴 1987,2003—2011/754

009726341 西北大学年鉴 2002—2010/754

009015876 *西北石油年鉴/西北石油局年鉴 2002—2014/807

009015876 西北石油局年鉴/西北石油年鉴 2002—2014/807

012200235 西北电网有限公司年鉴 2009—2010/752

011503555 西北民族大学年鉴 2005—2011/776

009406190 西北农林科技大学年鉴 1999—2003/758

013753529 *西宁市城西区年鉴/城西年鉴/城西区年鉴 2010—2013/789

009436923 西宁年鉴 1995/1997,1998/2000,2001/2002,2004,2006,2011/2012/789

012617522 西宁金融年鉴 1986/1990,1991/1992,1993/1994,1995/1996,1997/1998/789

008175492 西宁统计年鉴 1998—2014/789

011823242 西吉年鉴 2007—2014/802

013312063 西曲矿年鉴 2004/2009,2010/95

011823237 西华检察年鉴 2007/486

009542191 西充年鉴 2000/2002, 2003/2004, 2005/2006, 2007/2008, 2009/2010, 2013—2014/675

009395677 西安公安年鉴 1998/752

013820336 西安文物保护修复中心年鉴 2008/753

013932589 西安电子科技大学年鉴 2008, 2010/754

010102203 西安电信年鉴 1991/1995/753

009806763 西安印钞厂年鉴 2002/2003, 2004—2006/752

009934510 西安市卫生统计年鉴 2004, 2006,2011/754

013790134 西安市莲湖区统计年鉴/莲湖统计年鉴 2009—2010/755

012530493 西安半坡博物馆年鉴 1958/1998/753

011141202 西安地税年鉴 1994/2002, 2004—2010/753

005326684 西安年鉴 1993—2014/752

011399363 西安交通大学年鉴 2004—2005/754

009426257 西安财政年鉴 1992—1993, 1995—1996, 1999, 2001—2009/753

006296673 *西安社会经济统计年鉴/西安统计年鉴 1993—2014/752

006296673 西安统计年鉴/西安社会经济统计年鉴 1993—2014/752

008623494 西安铁路分局年鉴 1986—2004/753

013965505 西安铁路医院年鉴 2007/754

012361514 西安铁路局年鉴 2006—2008, 2010/753

013899339 西安高新区经济与社会发展年鉴 2010/752

009805920 西岗年鉴 2004/147

012983863 西秀年鉴 2007—2009/700

009726375 *西青区年鉴/西青年鉴 1999, 2005—2007/57

009726375 西青年鉴/西青区年鉴 1999, 2005—2007/57

013790092 西青经济开发区年鉴/天津市西青经济开发区年鉴 2004—2005/57

011967509 西林年鉴 2001/2005/623

011140392 西林钢铁公司年鉴/西钢年鉴 2001/2003,2004/208

008399628 西昌年鉴 1991/1998, 1999—2011, 2013/691

013974353 西昌铁路分局工会年鉴 1992/691

012593325 *西城区公安消防支队年鉴/西城消防工作年鉴 2009/40

009492668 西城区教育年鉴 1992, 1994, 1996,1998/1999,2000/2001,2002—2010/40

008957058 *西城统计年鉴/西城统计年鉴 1996—2009,2011—2014/40

008957058 西城统计年鉴/西城统计年鉴 1996—2009, 2011—2014/40

012593325 西城消防工作年鉴/西城区公安消防支队年鉴 2009/40

012617508 西南工学院年鉴 1998—2000/665

011503559 西南大学年鉴 2005/2006, 2007/636

012593329 西南石油年鉴 2008—2013/652

010227007 西南民族大学年鉴2005/655

009928054 西南师范大学年鉴1996,2002—2003/636

009324501 西南交通大学年鉴1990,1992—1994,1996—1997,1999—2012/654

011824390 ＊西南设计年鉴/中国西南设计年鉴1999,2001,2004,2009,2012/648

009520041 西南油气田分公司年鉴2000—2003/652

012925084 ＊西南油气田分公司年鉴/四川油气田年鉴/四川石油管理局年鉴2004—2006,2008—2013/651

013312057 西南科技大学年鉴2001—2003/665

011140392 ＊西钢年鉴/西林钢铁公司年鉴2001/2003,2004/208

009289238 西峰年鉴2002—2009/783

009926378 ＊西部钻探克拉玛依钻井公司年鉴/新疆石油管理局钻井公司年鉴2002/2004,2005—2006/809

012048647 西部钻探克拉玛依钻井公司年鉴/新疆石油管理局钻井公司年鉴2007/809

009502481 西陵年鉴1987/1997,1998/2003/409

009395834 西畴年鉴1999,2001,2003—2013/736

013603360 西湖区统计年鉴2004—2007,2009—2013/298

012724282 西藏大学年鉴2004—2009,2011/745

013932595 西藏山南地区统计年鉴2002/746

008990693 西藏年鉴2000—2003,2005—2013/744

011399373 西藏自治区经济普查年鉴/西藏经济普查年鉴2004,2008/744

012801225 西藏自治区政协年鉴2009—2011/744

010227006 西藏自治区藏医院年鉴2005,2007—2009,2011/745

010102769 西藏邮政年鉴2000/2001,2002,2005,2006/2007,2008/2009,2010—2011/745

005326693 西藏社会经济统计年鉴/西藏统计年鉴1989—1990,1992/744

015282373 西藏阿里地区统计年鉴2002/747

013936558 西藏林芝地区社会经济统计年鉴1986/1990/746

011399373 ＊西藏经济普查年鉴/西藏自治区经济普查年鉴2004,2008/744

011824378 ＊西藏政协年鉴/中国人民政治协商会议西藏自治区政协年鉴2002/744

005326693 ＊西藏统计年鉴/西藏社会经济统计年鉴1989—1990,1992/744

005326699 西藏统计年鉴1993—2014/744

百

008941943 百色年鉴1997—1999,2005/2006,2007/2008,2009/2010/622

达

010223934 达州市统计年鉴/达州统计年鉴2006—2007,2011—2012/681

009160712 达州年鉴2002—2004,2006,2008,2010—2013/681

013710655 达州体育年鉴2009—2010/681

010223934 ＊达州统计年鉴/达州市统计

年鉴 2006—2007,2011—2012/681

013935883 达县地区救灾年鉴 1950/1993/681

012789981 达县年鉴 2006/2007/681

010102602 达拉特年鉴 2005,2008,2010/126

成

008879148 成华年鉴 1991/1998,1999/2000,2009—2014/656

007850593 成武年鉴 1988,1990—1992,1996—1998,2000,2002,2008—2011,2013/444

013935850 成都七中初中学校年鉴 2010/2011/654

012916359 成都卫生年鉴 2009—2012/655

013965159 成都中医药大学年鉴 2000/654

013898443 *成都电信年鉴/成都市电信局年鉴 1999—2000/653

013898842 成都电信年鉴/成都市电信局年鉴 2001/653

009806766 成都印钞公司年鉴/成都印钞有限公司年鉴 2002/2003,2004—2005,2010/650

009806766 *成都印钞有限公司年鉴/成都印钞公司年鉴 2002/2003,2004—2005,2010/650

013898443 成都市电信局年鉴/成都电信年鉴 1999—2000/653

013898842 *成都市电信局年鉴/成都电信年鉴 2001/653

009041813 成都市企业和产品年鉴 2002/2003,2005/650

008438809 成都市青白江年鉴/青白江年鉴 1991/1994,1995/1998,1999/2002,2010—2013/656

004625168 *成都市经济年鉴/成都年鉴 1988—2014/649

013935861 成都市城市(县城)和村镇建设统计年鉴 2010/649

012047124 成都市城市建设统计年鉴 1949/1998,1991/1997,1999/2005/650

012916357 成都市教育年鉴 2010—2011,2013/654

008325244 *成都市温江区综合年鉴/温江年鉴 1986/1989,1990/1993,1994/1996,1997/1999,2000/2002,2003/2004,2005—2007,2009—2010,2013/656

008108737 *成都年鉴/成都经济年鉴 1987/650

004625168 成都年鉴/成都市经济年鉴 1988—2014/649

008980499 成都证券期货市场年鉴 1999/653

012080546 成都招商年鉴 1996—1998,2002—2003/653

008108737 成都经济年鉴/成都年鉴 1987/650

011965718 成都城市社会经济调查年鉴 2001/2005/650

009541708 成都信息化年鉴 2001/2002/654

007916600 成都统计年鉴 1989,1991—1998,2000—2014/650

005719372 成都铁路分局年鉴 1993—1997,2000/652

008378180 成都铁路局年鉴 1990—2011/652

011821824 *成都高新区年鉴/成都高新技术产业开发区年鉴 2007—2013/650

013173446 *成都高新区桂溪街道年鉴/

成都高新技术产业开发区桂溪街道年鉴/桂溪街道年鉴2010—2014/650

011821824 成都高新技术产业开发区年鉴/成都高新区年鉴2007—2013/650

013173446 成都高新技术产业开发区桂溪街道年鉴/桂溪街道年鉴/成都高新区桂溪街道年鉴2010—2014/650

009926357 *成都勘测设计研究院综合年鉴/国家电力公司成都勘测设计研究院综合年鉴1996/2002/651

夹

006913038 夹江县年鉴1986,1988—2002,2004—2010,2012/673

夷

013393872 夷陵年鉴2011—2014/511

尧

011399594 尧都年鉴1999/2002,2003/2008/109

毕

013603030 毕节市年鉴/毕节年鉴2002—2003,2007—2008,2011—2014/701

013753514 毕节市统计年鉴2008,2010/701

009033484 毕节地区年鉴2002—2011/701

012176871 毕节地区统计年鉴/毕节统计年鉴2002,2007—2010/701

013603030 *毕节年鉴/毕节市年鉴2002—2003,2007—2008,2011—2014/701

012176871 *毕节统计年鉴/毕节地区统计年鉴2002,2007—2010/701

师

009928064 师宗年鉴1992—1994,1997—2009,2012—2013/718

尖

010226245 尖山铁矿十年鉴1992/2002/96

当

014015094 当代艺术年鉴2008/933

012242427 当代世界研究中心年鉴2004—2005/5

013898461 当代岭南中国画年鉴2008,2009/2010/565

013926009 当代经典国画作品年鉴2008/934

009237408 当阳年鉴1994/1999,2012—2013/511

008434039 当涂年鉴1998,2002,2004,2006,2009,2012—2014/333

早

014014863 早晨设计年鉴2008/33

吐

012199711 吐鲁番市年鉴2007—2013/811

011823214 吐鲁番年鉴2007—2009,2011—2013/811

005215173 吐鲁番统计年鉴1992—2014/811

曲

013471041 曲江年鉴2011—2013/574

013758038 曲阳年鉴2010/81

009309795 曲沃年鉴1989/2001/110

009913664 曲阜师范大学年鉴1992—2004,2007/426

008247786 曲阜年鉴1991/1993,1994/1995,1996/1998,1999/2002,2003/2005,2006/2007,2008/2011/426

013932359 曲阜统计年鉴1994—1996,1999—2003,2006/426

012617399 曲周年鉴 2010—2014/77

012048455 曲周国土资源年鉴 1997/2004/78

008437581 曲靖市统计年鉴/曲靖统计年鉴 1997—1998,2000—2014/717

007683373 *曲靖地区年鉴/曲靖年鉴 1990—1991,1996—2014/717

006998356 曲靖地区年鉴/曲靖年鉴 1991—1995/717

008378197 曲靖地区统计年鉴 1994—1995/717

013656090 曲靖师范学院年鉴 2000/2001,2008/717

007683373 曲靖年鉴/曲靖地区年鉴 1990—1991,1996—2014/717

006998356 *曲靖年鉴/曲靖地区年鉴 1991—1995/717

008437581 *曲靖统计年鉴/曲靖市统计年鉴 1997—1998,2000—2014/717

团

013790127 团风统计年鉴 1995/1998,2001/523

吕

013898691 吕梁山林局年鉴 2010/113

008331583 吕梁年鉴 1986/1988,1989/1990,1991/1993/112

012357167 吕梁政协年鉴 2003/2004,2005/2006,2007/2008,2009/2010,2011/2012/113

009617922 吕梁统计年鉴 1989/2000,2006/2007,2008,2010/113

同

008805289 同济大学年鉴 1999—2000,2002—2013/237

岁

008118290 岁计年鉴 1934—1935,1937/910

刚

013753626 *刚察年鉴/刚察县综合年鉴 2006/2010,2011/791

013753626 刚察县综合年鉴/刚察年鉴 2006/2010,2011/791

朱

012049090 朱台年鉴 2005/2007,2010/2011/415

竹

008406296 竹山年鉴 1995—1996,1998—1999,2000/2001,2002/2003,2004—2010/509

012617812 竹溪年鉴 2008—2009,2012/509

迁

008553693 迁西年鉴 1987/1995/74

008604928 迁安年鉴 1987/1995,1997,1998/1999,2000—2001,2003—2014/73

传

013396763 *传承钟表年鉴/亨得利钟表年鉴/钟表年鉴 2011—2012/957

休

009215389 休宁统计年鉴 2003,2005—2007/337

伍

009492640 伍家岗年鉴 2002—2008,2011—2014/511

延

012530568 延川统计年鉴 2005/762

011968047 延长年鉴 2008—2011,2013/761

012530563 *延长县统计年鉴/延长县综

合统计年鉴 2003/2004,2005/2006,2007/2008/762

012530563 延长县综合统计年鉴/延长县统计年鉴 2003/2004,2005/2006,2007/2008/762

011399589 延长油矿管理局永宁钻采公司年鉴 1990/2005/762

010102520 延边年鉴 2005—2013/182

009289774 延边邮电年鉴 1991/1995/182

011399449 延边林业年鉴 1949/1986,1988—1992,1994,1997/1998,1999—2004/182

008616350 延边统计年鉴 1990,1998,2000—2008,2010—2014/182

009502626 延吉年鉴 2001/2005,2006/2007,2008,2010—2013/182

006035329 延吉统计年鉴 1992—2009,2011/2014/182

008670269 延安年鉴 2000—2011,2013/761

012200280 延安经济普查年鉴 2004/761

008426180 延安统计年鉴/陕西省延安地区统计年鉴/陕西省延安统计年鉴 1994—2008,2010—2013/761

008426151 延寿年鉴 1993—1994,1997—1999,2006/2008,2009/2010/195

009739322 延寿县国民经济统计年鉴合刊 1995/2002/195

009502386 延津年鉴 2001/2002,2009—2013/470

任

013898769 任丘经济年鉴 2003—2006/84

013932373 任丘统计年鉴 2001/84

013636588 *任城区统计年鉴/济宁市任城区统计年鉴 2008,2010—2012/425

013677352 任城年鉴 2012—2013/425

华

008643419 华人艺术拍卖年鉴/骨董拍卖年鉴/美术拍卖年鉴 1996/902

005701057 华人经济年鉴 1994—1996,1997/1998,2000/2001,2009/2010,2012/2013/858

012792570 华中师范大学年鉴 2010—2012/502

014014288 华中科技大学土木工程与力学学院年鉴 2009/501

009081348 华中科技大学年鉴 2000/2001,2002—2005/501

013634187 华中科技大学启明学院 Dian 团队年鉴/基于导师制的人才孵化站（Dian 团队）年鉴 2010—2011/501

012242438 华文房地产广告年鉴 2008/872

008555697 *华龙年鉴/濮阳市区年鉴/濮阳华龙区年鉴 1996/1997,1998—2009,2011—2012/474

005949584 华东地区统计年鉴 1990—1992,1994—1995/840

006088579 华东师范大学文学研究年鉴 1986/236

009081340 华东师范大学年鉴 2000—2001,2003—2004/236

011140419 华东理工大学年鉴 2005—2006/236

009618350 华北电力工业统计年鉴 1983—1987/51

011397480 华北电力大学年鉴 2005—2007,2010—2012/28

008432902 华北油田年鉴 1997,1999/84

007767742 华北宗教年鉴 1941/3

011398551 华北科技学院年鉴 2002,2004—2005,2011—2013/28

012194287 华北煤炭医学院年鉴 2007/72

009395164 华宁年鉴 2001—2003,2005—2012/721

012047313 华阴市统计年鉴 2002—2003/760

012923568 华县年鉴 2009/2010,2011/2012,2013/2014/760

008643415 华坪年鉴 1997—2014/726

004534867 *华侨报澳门经济年鉴/澳门经济年鉴 1983,1984/1986/831

004727857 华侨经济年鉴 1957/858

004727845 华侨经济年鉴 1958—1959,1961—1972,1974/1975,1976/1977,1977/1978,1978/1979,1979/1980,1980/1981,1981/1982,1982/1983,1983/1984,1984/1985,1986—1987,1989—1990,1992—1993,1996—1999,2001/2002,2002/2003,2009—2012/858

011822088 华南师范大学年鉴 1999/2001,2007/2008/570

009324784 华南理工大学年鉴 1996—1997,1998/1999,2000—2012/570

008825428 *华亭年鉴/华亭县年鉴 1996—1998,1999/2000,2001/2002,2003/2005/781

008825428 华亭县年鉴/华亭年鉴 1996—1998,1999/2000,2001/2002,2003/2005/781

007847481 华容年鉴 1992—2008,2010,2012/514

013898633 华容统计年鉴 1990,1995—1996,1998—1999,2004—2005/549

011140345 华菱年鉴 1996/2001/537

008643532 华蓥年鉴 1992/1997,1998/2002,2008—2011/680

伪

009618359 伪皇宫陈列馆年鉴 1984—1989,1992—1993,1995,1996/1997,1998/1999/170

012592719 *伪皇宫陈列馆年鉴/伪满皇宫博物院年鉴 2000/2001,2002,2003/2004,2005/2006/170

012592719 伪满皇宫博物院年鉴/伪皇宫陈列馆年鉴 2000/2001,2002,2003/2004,2005/2006/170

008125333 (伪)满洲国文教年鉴 1934/170

自

012926243 *自动化系年鉴/上海交通大学自动化系年鉴 2008/237

008397738 自贡年鉴 1991/1994,1995,1997—2014/659

008276754 自贡统计年鉴 1990—2007,2009,2011—2014/659

012530660 自流井区年鉴/自流井年鉴 2008—2013/659

012926235 自流井区图片年鉴 2007/2008,2009/2010/659

012530660 *自流井年鉴/自流井区年鉴 2008—2013/659

012361824 自然杂志年鉴/自然科学年鉴 1979/944

011504692 自然科学发展大事年鉴综合卷 2007/944

012361824 *自然科学年鉴/自然杂志年鉴 1979/944

008118243 自然科学年鉴 1981—1990/944

伊

009492647 伊川年鉴 2002/2003,2004/2005,2006/2007,2008—2009/462

013933018 伊川统计年鉴 2003/463

012925189 伊宁市年鉴 2010—2013/821

013481725 伊宁市统计年鉴 2005,2008,2010—2013/822

011503609 伊宁县年鉴 2007—2010,2012/824

008465968 伊克昭盟统计年鉴 1990—1992,1994—1998,2000—2001/125

012048774 伊吾年鉴 2007/2008,2009—2012/812

012521623 伊金霍洛年鉴 2006/2007,2010/2011/126

009933606 伊春市公安年鉴 1993/208

008467194 伊春年鉴 1988,2001—2008,2011—2014/208

012048770 伊春国税年鉴 2007—2008/208

009289241 伊春统计年鉴 2002—2008,2011—2014/208

011140408 伊犁年鉴 2006—2013/821

012361577 伊犁军事年鉴 2003/821

009170206 伊犁哈萨克自治州统计年鉴 2000—2013/821

008270616 伊犁统计年鉴/新疆伊犁统计年鉴 1949/1999,2000/821

014211998 *伊犁统计年鉴/新疆伊犁统计年鉴 1989/821

后

009934732 后勤科技装备工作年鉴 2001/856

行

013859268 行唐年鉴 2012/71

舟

008957576 舟山年鉴 1989/1994,1995/2000,2002—2012,2014/316

008400867 舟山统计年鉴 1997—2014/316

全

009300211 *全国人民代表大会年鉴/中国人民代表大会年鉴 2003—2004/846

013914934 全国人民代表大会年鉴/中国人民代表大会年鉴 2005,2011—2012/846

012079243 全国人民代表大会年鉴内部工作版 2004—2009,2011/846

009287764 全国广播电视大学教育统计年鉴/全国广播电视大学教育基本情况统计年鉴/中国广播电视大学教育统计年鉴 1992/1993,1993—1999,2000/2001,2002—2011/924

009287764 *全国广播电视大学教育基本情况统计年鉴/全国广播电视大学教育统计年鉴/中国广播电视大学教育统计年鉴 1992/1993,1993—1999,2000/2001,2002—2011/924

009055131 全国双拥工作年鉴 2000—2001,2002/2003,2004—2010/857

012079256 全国石油产品和润滑剂标准化技术委员会年鉴 2005/2006,2007/2008,2009—2010/956

007696810 全国主要社会经济指标排序年鉴 1992/840

009934735 全国地下水位年鉴 1983/947

012080574 全国农作物审定品种年鉴 1983/1984/953

013932361 全国体育硕士专业学位年鉴 2009/925

011823132 全国研究生招生统计年鉴 1996/2002/921

013789996 全国信息学奥林匹克年鉴 2006—2007, 2010 / 923

011503321 全国铁路统计年鉴 2006—2007 / 895

010226710 全国烟草系统企业国有资产年鉴 1991/1995, 1997, 1999, 2001—2002, 2004 / 901

009913856 全国勘察设计单位百强年鉴 2003, 2005—2007 / 880

008225051 全国银行年鉴 1935 / 910

002079097 全国银行年鉴 1937 / 911

013635233 全国硬质合金行业统计年鉴 2011 / 878

013467707 全国普通高等学校毕业生就业工作年鉴 1994—1995, 1997—2000 / 921

012792697 全国普通高等院校就业年鉴 2010 / 921

010102794 全球环境展望年鉴 2006—2007 / 968

008402816 全椒年鉴 1995/1998 / 338

会

013090003 会东年鉴 2009 / 691

013636594 会宁年鉴 2011—2013 / 778

008788773 会同年鉴 1989/1991, 1992/1995, 1996/2000, 2001/2005, 2006—2008, 2009/2010 / 556

008728194 会昌年鉴 1986/1995 / 383

008940454 会泽年鉴 1993—2014 / 719

合

008435329 合川年鉴 1999—2008 / 640

008998169 合江年鉴 2000—2006, 2008—2009, 2011—2013 / 663

008849869 合阳年鉴 1992/1996 / 760

009804974 合肥工业大学年鉴 2002—2011 / 328

008849862 合肥年鉴 2000—2014 / 327

012723410 合肥交通年鉴 1998/1999, 2000/2001, 2003 / 328

013928109 合肥学院年鉴 2007 / 328

012923502 合肥房地产年鉴 2010, 2014 / 327

007712972 合肥统计年鉴 1990, 1993, 1995—2014 / 327

013772682 合肥高新技术产业开发区年鉴 2011 / 327

009926194 合钢年鉴 2002/2003 / 328

013655910 合浦年鉴 2009/2010, 2012—2014 / 618

旬

011140402 旬邑年鉴 2004/2006 / 759

旭

012593446 旭日年鉴 1994/1999 / 569

名

008426360 名山年鉴 1997—2000, 2002—2011 / 682

013470981 名表年鉴 2011/2012, 2012/2013 / 957

各

006440886 各国陆军年鉴 1914 / 856

色

013311870 色达年鉴 2006/2008, 2009/2011 / 689

庄

008434055 庄河年鉴 1998—2014 / 149

013765023 庄浪年鉴 2011 / 782

012926224 庄浪县综合年鉴 1991/2000 / 782

庆

011503204 庆元年鉴 2007—2013／322

013751789 庆安县国民经济统计年鉴 1999／2003／219

008749158 庆阳年鉴 2001,2003—2014／783

011968667 庆阳综合年鉴 2008—2010／783

齐

012733950 *齐轨道装备公司·齐车公司年鉴／中国北车集团齐车公司年鉴／中国北车集团齐齐哈尔车辆(集团)有限责任公司年鉴 2006—2007／196

012734007 齐轨道装备公司·齐车公司年鉴／齐齐哈尔轨道交通装备有限责任公司·中国北车集团齐齐哈尔车辆(集团)有限责任公司年鉴／中国北车集团齐车公司年鉴 2008—2011,2013／196

010568553 齐齐哈尔车辆厂年鉴／齐齐哈尔铁路车辆(集团)有限责任公司年鉴 1997—1998／197

010226691 *齐齐哈尔车辆厂年鉴／齐齐哈尔铁路车辆(集团)有限责任公司年鉴 1999—2005／197

009436783 齐齐哈尔电业局年鉴 1986／1991,1992—1993／198

009897964 齐齐哈尔市邮电局年鉴 1991—1998,2000—2001／197

010102474 齐齐哈尔市财政年鉴 1996—2010／197

012617375 齐齐哈尔市建华区年鉴 2007—2010,2012／198

012734007 *齐齐哈尔轨道交通装备有限责任公司·中国北车集团齐齐哈尔车辆(集团)有限责任公司年鉴／齐轨道装备公司·齐车公司年鉴／中国北车集团齐车公司年鉴 2008—2011,2013／196

008653457 齐齐哈尔年鉴 1987／1988,1989／1996,1997／1998,1999／2000,2001／2002,2003—2005,2006／2007,2008—2014／196

009436763 齐齐哈尔邮政年鉴 1998／2001,2002／2005／197

004569661 齐齐哈尔经济统计年鉴 1989—2014／196

013467631 齐齐哈尔经济普查年鉴 2008／196

009913267 齐齐哈尔钢厂年鉴 1988／1990,1991／1992／197

013467639 齐齐哈尔宣传思想工作年鉴 2008／196

012335207 齐齐哈尔统计年鉴 1988／196

010568553 *齐齐哈尔铁路车辆(集团)有限责任公司年鉴／齐齐哈尔车辆厂年鉴 1997—1998／197

010226691 齐齐哈尔铁路车辆(集团)有限责任公司年鉴／齐齐哈尔车辆厂年鉴 1999—2005／197

008424326 齐齐哈尔铁路分局年鉴 1987—2003／197

013898747 齐齐哈尔铁路公安处年鉴 1994／196

012724215 齐齐哈尔通信年鉴 2005／197

013815002 齐齐哈尔教育年鉴 1997／198

008278751 齐鲁石化年鉴 1990／1994,1995／1996,1997／1998,1999／2000,2001／2002,2003／2004,2005／2006,2007／2008,2010—2013／413

013634176 齐鲁师范学院年鉴 2011—2012／402

交

010101986 交易统计年鉴/上海期货交易所交易统计年鉴 2000—2010/233

013935963 交城年鉴 2006/2010/114

013396750 交通银行年鉴 2011—2012/233

013757913 交通银行合肥分行统计年鉴 2009—2010/328

014014322 交通银行武汉分行统计年鉴 1989/1997/501

产

008202037 产品信息年鉴 1988/909

羊

008788306 羊城铁路总公司年鉴 1995—2003/568

关

009805038 关山月美术馆年鉴 1998—2011/579

米

011503072 米东年鉴 2007,2009/808

009502917 米易年鉴 2004—2009,2011,2013—2014/661

008968679 米泉年鉴 1991—1992,2002—2003,2004/2005,2006/809

灯

009502631 灯塔年鉴 1998—1999,2005—2006/158

江

012047338 江山年鉴 2008—2009/315

008941757 *江川年鉴/江川县年鉴 1993—1995,1996/1997,1998—2002,2004—2014/720

009385264 江川年鉴 2002/721

008941757 江川县年鉴/江川年鉴 1993—1995,1996/1997,1998—2002,2004—2014/720

008438817 江门年鉴 1996/1997,1998/1999,1999/2000,2001—2005,2007—2013/586

008270553 江门统计年鉴 1990—1995,1997—2004,2007—2014/586

013928142 江北年鉴/江北监狱年鉴 2009/521

013928142 *江北监狱年鉴/江北年鉴 2009/521

011822205 江汉年鉴 2007—2014/504

009307942 江汉油田年鉴 2002—2004,2006,2008,2011/504

008876510 江宁年鉴 1996/2000,2001,2003—2014/258

013714545 江宁统计年鉴 2012/258

013608633 江西工业经济年鉴 2002—2004,2007—2010/371

004575043 江西广播电视年鉴 1986—2009/371

012882826 江西广播电影电视年鉴 2010—2012/372

009726237 江西日报社年鉴 2001—2012/371

013608994 江西中医学院年鉴 2008—2009/375

011398583 江西公安年鉴 2002—2003/370

010102574 江西市县年鉴 1987/369

011502987 江西出版集团年鉴 2007—2011/375

013173528 江西师范大学年鉴 1996,2004—2005,2011—2012/375

013467390 江西师范大学体育学院年鉴 2007/375

008119759 江西年鉴 1936/369

009111410 江西年鉴 2002—2003,2005—2014 /369

009035680 江西企业年鉴 2003—2004/370

008604917 江西交通年鉴 1997—2014/371

009726235 江西农村经济年鉴 2004/371

013665297 江西农村统计年鉴 1989,1992 /369

004569679 江西戏曲年鉴 1983/372

013467380 江西扶贫和移民工作年鉴 2001/2009,2010/370

008400165 江西邮电年鉴 1992—1999/371

009036928 江西邮政年鉴 2000—2012/371

009617760 江西体育年鉴 2003—2013/372

012923633 江西林业统计年鉴 2010/371

013928144 江西经济年鉴 1988—1989,1992 /370

011139906 江西经济普查年鉴 2004,2008 /370

009425796 江西城市年鉴 1992/2003/370

010226262 江西城市调查年鉴 1989—1990 /369

010226289 江西省交通统计年鉴 1999/371

013711343 江西省招生工作年鉴 2004—2007,2009/372

010102566 江西省高级人民法院年鉴 2003—2006,2008—2010/370

010102563 江西省高等教育自学考试年鉴 2000/2001/372

013965322 江西省教育考试招生年鉴 2010 /372

009726239 江西省教育事业统计年鉴 1997—2002,2004,2006,2009—2010/372

012591864 江西省教育经费统计年鉴 2007,2009/372

009934185 江西科技年鉴 1991,1994/1995, 1996—1998,1999/2000,2001—2012/372

009617757 江西测绘年鉴 1991/2003/372

009934193 江西宣传思想工作年鉴/江西宣传思想文化工作年鉴 2001/2003,2004—2010/370

009934193 *江西宣传思想文化工作年鉴/江西宣传思想工作年鉴 2001/2003, 2004—2010/370

001992585 江西统计年鉴 1988—2014/369

013656066 江西基本单位统计年鉴 2010—2011/369

012199103 江西减灾年鉴 2006/372

008239357 *江西新余钢铁总厂年鉴/新余钢铁厂年鉴 1988—1989/379

013766119 江西新余钢铁总厂年鉴/新余钢铁厂年鉴/新钢年鉴 1992—1993/380

008272959 *江西新余钢铁总厂年鉴/新钢年鉴 1995—2002,2004—2010/380

011966714 江州年鉴 2008—2014/627

008773075 江安年鉴 1999—2010/678

009502888 江阳年鉴 2003—2008,2010—2012 /662

008399210 *江阴市统计年鉴/江阴统计年鉴 1993—2002,2004—2014/261

008250239 江阴年鉴 1988/1992,1993—1998, 2001—2014/261

008399210 江阴统计年鉴/江阴市统计年鉴 1993—2002,2004—2014/261

012591826 江苏大学年鉴 2002,2004,2010, 2013/280

011966691 江苏广告年鉴 2001/249

008405382 江苏卫生年鉴 1989—2011,2013—2014/251

004569404 *江苏乡镇企业年鉴/江苏年鉴/江苏经济年鉴 1991—2003,2005—2014/246

008310353 江苏乡镇企业年鉴/江苏年鉴 1994—2002,2004/248

005325838 江苏水利年鉴 1993—1994,1995/1996,1997—2014/248

009237402 江苏文化年鉴 2002—2011,2013/249

009805873 江苏出入境检验检疫年鉴 2004—2009,2011—2014/251

005719887 江苏出版年鉴 1992,1994—2008/250

008438975 江苏机械工业年鉴 1992,1998—1999,2002—2004/248

004586925 *江苏年鉴/江苏经济年鉴 1986,1988—1989/247

004569404 江苏年鉴/江苏乡镇企业年鉴/江苏经济年鉴 1991—2003,2005—2014/246

008310353 *江苏年鉴/江苏乡镇企业年鉴 1994—2002,2004/248

008432687 江苏企业文化年鉴 1995—1998/248

009425880 江苏企业年鉴 2003/247

008788909 江苏企业产品信息年鉴 2000/2001,2002/2003,2004/2005/247

012559252 江苏企业信息年鉴 2008/2009/248

010102149 江苏企业调查年鉴 2002,2005/247

008406431 江苏交通年鉴 1996—2013/249

012357125 江苏安全生产年鉴 2005,2006/2007,2008/2009,2010/2011/252

013788381 江苏农机化年鉴 2010/248

013677616 江苏农机安全监理年鉴 2011—2012/251

012199086 江苏邮政企业年鉴 2009—2012/249

008405176 江苏财政年鉴 1997—2001,2003—2005,2007,2010/249

008438118 江苏体育年鉴 1989/1991,1992,1996—2000,2002—2009/250

013467377 江苏社会养老保险统计年鉴汇编 2003/249

013713435 江苏改革年鉴 2011—2012,2013/2014/246

013090006 江苏依法行政年鉴 2009/247

012047356 江苏质量年鉴 2006—2007/247

008433731 江苏金融年鉴 1991,1993—1994,1996—1998,2000/249

008438959 江苏油田年鉴 1992/1995,1996—2012/278

009519330 江苏审计年鉴 1983/2003/247

009913605 江苏建设信息年鉴 2005/248

004586925 江苏经济年鉴/江苏年鉴 1986,1988—1989/247

004569404 *江苏经济年鉴/江苏年鉴/江苏乡镇企业年鉴 1991—2003,2005—2014/246

013793368 江苏经济年鉴 2012—2013/247

011139904 江苏经济普查年鉴 2004,2008/247

009805868 江苏城建档案年鉴 2005/250

011502981 江苏政监局年鉴 2006/253

011822222 江苏省卫生监督所年鉴 2000/2006,2007/2010,2011/251

009289315 江苏省丰县统计年鉴/丰县统

计年鉴 1994,1996—1998,2000,2003—2004/263

009934181 江苏省文化统计年鉴 2001—2002,2004,2006/249

012357139 江苏省文学艺术界联合会年鉴 2009—2013/251

013898647 江苏省会议展览年鉴 2004,2009/250

011966700 江苏省交通统计年鉴 2002/249

009425949 江苏省农村统计年鉴 2000—2009,2011—2014/246

013370002 江苏省县市报年鉴 2009/250

002092078 江苏省政治年鉴 1988/247

011502976 江苏省美术馆年鉴 1982—1987,1988/1989,1990—2000,2006/256

013656020 *江苏省淮阴中学十年鉴/江苏省淮阴中学年鉴 2002/2012/273

013656020 江苏省淮阴中学年鉴/江苏省淮阴中学十年鉴 2002/2012/273

012526051 江苏省新能源可再生能源及节能减排应用与技术年鉴 2009/248

004569411 江苏科技年鉴 1989—2003,2005—2014/250

012923629 江苏保险年鉴 2009—2014/249

008849758 江苏信息化年鉴 2000,2002—2013/250

011140456 江苏信息职业技术学院年鉴 2002/2004,2005—2006/260

009081365 江苏宣传年鉴 2000—2003,2005—2014/246

003098961 江苏统计年鉴 1988—2015/246

013369997 江苏高等学校图书馆年鉴 1990/250

009492951 江苏疾病预防控制年鉴 2003—2009/251

012591846 江苏理工大学年鉴 2000—2001/280

008438101 江苏教育年鉴 1996—2002,2004—2012/250

013965313 江苏常州张林芳律师事务所年鉴 2000/2004/264

009934177 江苏常熟发电有限公司年鉴 2003—2004,2007,2010/268

004588191 江苏博物馆年鉴 1983,1984/1985/254

013711331 江苏博爱建筑安全年鉴 2009—2010/251

011140429 江苏散文双年鉴 2000/2001,2005,2008/2009/251

011822194 江岸年鉴 2008,2010—2014/503

008998177 江油年鉴 2001—2014/666

013965326 江油县统计年鉴/四川省江油县统计年鉴/江油统计年鉴 1983,1985—1986,1988—1991,1993/666

013965326 *江油统计年鉴/江油县统计年鉴/四川省江油县统计年鉴 1983,1985—1986,1988—1991,1993/666

013714670 江南大学年鉴 2011—2012/260

013603132 江南区年鉴 2011—2014/612

009081357 *江津市统计年鉴/江津统计年鉴 2002—2008,2011—2013/639

013470938 江津年鉴 2011—2014/639

009081357 江津统计年鉴/江津市统计年鉴 2002—2008,2011—2013/639

008432558 江都年鉴 1997—2013/279

011822232 江夏年鉴 2008—2014/505

014014314 江夏统计年鉴 2008/506

008915981 江浦年鉴 2001—2002/257

012261265 *江陵五年鉴/江陵年鉴 1995/1999,2000/2004/521

008466012 江陵年鉴 1992—1993/521

012261265 江陵年鉴/江陵五年鉴 1995/1999,2000/2004/521

009805881 江铜年鉴 1993/2000/381

012617232 江源年鉴 2007/2008,2009,2010/2011,2012—2013/179

汕

009197893 汕头电信年鉴 2002/583

012242638 汕头市企业和产品年鉴 1999/2000/583

008476087 汕头市统计年鉴/汕头统计年鉴 1995—2012/583

003098907 *汕头年鉴/汕头经济特区年鉴 1989—2014/583

003098907 汕头经济特区年鉴/汕头年鉴 1989—2014/583

008476087 *汕头统计年鉴/汕头市统计年鉴 1995—2012/583

008433828 汕尾市国民经济和社会统计年鉴 1994/596

008555473 汕尾年鉴 1999—2014/596

008378199 汕尾统计年鉴 1996—2014/596

池

009182840 池州年鉴 2002,2003/2004,2005/2006,2009—2010/342

008433678 池州统计年鉴 1997—2014/342

汝

013677382 汝州年鉴 2012—2014/464

013656093 汝南年鉴 1984/488

汤

010226850 汤阴年鉴 2005—2013/466

012521600 汤阴统计年鉴 2002—2008,2010—2012/466

009492632 汤旺河年鉴 1992—1993/209

009397705 汤原县统计年鉴 2002/212

兴

011503608 兴义年鉴 2006—2010/703

009035876 兴化年鉴 2002—2012/282

008426307 兴文年鉴 1996/1997,1998,2000—2008/679

012801264 兴平年鉴 2010,2012/758

011823289 兴业年鉴 2006/2007,2008/2009,2010/2011,2013/622

013996309 兴宁区年鉴 2012/612

013680528 兴宁区统计年鉴/兴宁统计年鉴 2006—2007,2011/612

011968031 兴宁市统计年鉴 2002—2003/594

008588975 兴宁年鉴 1996—2014/594

013680528 *兴宁统计年鉴/兴宁区统计年鉴 2006—2007,2011/612

013859239 兴庆年鉴 2012/800

012048763 兴安年鉴 2007/2008,2009—2013/131

009135148 兴安盟统计年鉴 1997,1999,2002—2003,2005—2007,2009—2012,2014/131

009492941 兴国年鉴 1996/1997,1998/2000/383

004943485 兴城年鉴 1987—1989,1990/1992,1993/1995,1996/1998,1999/2001,2002/2004,2005/2007,2008/2010/164

013090423 兴宾年鉴 2009/2010,2011/626

009160733 兴隆台年鉴 1997/1998,1999/2000,2001/2002,2003,2004/2005,2006/2007,2008/2009/159

013090426 兴隆年鉴 2009/82

011140154 兴隆统计年鉴 1987—2006/159

安

008331587 安义年鉴 1986/1992,1993/1998,2001/2007/376

009033479 安乡年鉴 1990/1997,1998/2002/551

013470777 安化统计年鉴 2001,2007,2011/553

009502092 安宁市年鉴/安宁年鉴 1998—2014/716

009502092 *安宁年鉴/安宁市年鉴 1998—2014/716

013965143 安宁县社会经济统计年鉴 1994/716

008749090 安吉年鉴 1994,1996,1998,1999,2000,2001/2002,2003/2004,2005/2006,2007/2008,2009/2010,2011/2012/310

008396642 安庆年鉴 1997—2013/335

008276752 安庆经济统计年鉴 1996—2003/335

009900443 安庆统计年鉴 2005—2014/335

008728165 *安阳市统计年鉴/安阳统计年鉴 1992—1995,1997—2007,2012—2014/465

008588845 安阳年鉴 1999—2012,2012/2013/465

011139602 安阳县年鉴 2003/2004,2005—2012/466

011491034 安阳国土资源年鉴 2003/465

013843872 安阳经济普查年鉴 2008/465

008728165 安阳统计年鉴/安阳市统计年鉴 1992—1995,1997—2007,2012—2014/465

008438142 安阳教育年鉴 1988—2013/466

008465928 安远年鉴 1986/1991,1992/1994,1995/1997,1998/2000/382

013843888 安远统计年鉴 2003,2006/383

009502675 安县年鉴 1993,1995—1997,2000—2004,2006—2009/666

013809401 *安陆市国民经济统计资料/安陆统计年鉴 2000—2002,2006,2008—2010/517

013859208 安陆年鉴 2012—2013/517

013809401 安陆统计年鉴/安陆市国民经济统计资料 2000—2002,2006,2008—2010/517

011965589 安图年鉴 2008,2012—2013/184

008788758 安图森林经营局年鉴 1962/1986,1987/1990,1991/1993/184

012909269 安岳年鉴 2006—2010/685

013608597 安泽年鉴 2003/2004,2005/2006/111

009014751 安钢年鉴 2001—2013/465

010223319 安顺年鉴 2002/2004,2005/2007,2008—2012/700

013843868 安顺统计年鉴 2003—2007,2009—2010/700

004534792 *安康市年鉴/安康地区年鉴 1998—2000/766

008434159 安康市年鉴/安康年鉴/安康地区年鉴 2001—2010,2012—2013/766

004534792 安康地区年鉴/安康市年鉴 1998—2000/766

008434159 *安康地区年鉴/安康市年鉴/安康年鉴 2001—2010,2012—2013/766

009651969 安康年鉴 1990,1992—1997/766

009926321 *安康年鉴/汉滨年鉴 2001,

2003—2013/767

008434159 *安康年鉴/安康市年鉴/安康地区年鉴 2001—2010,2012—2013/766

009033458 安康统计年鉴 2000—2002,2004—2009,2011—2014/767

013790813 安康统计调查年鉴 2009/767

008901576 安康铁路分局年鉴 1999—2001,2003—2004/767

009520087 安溪年鉴 1991/1998,2000—2001,2001/2002,2003/2004,2005/2006/361

009805036 安溪统计年鉴 2001,2009/361

012176834 安塞年鉴 2002/2005,2007—2013/761

008405357 安福年鉴 1988/1996,1997/2005/385

013467176 安徽工业大学年鉴 2010/333

009520072 安徽工业经济统计年鉴 2004—2008/325

009726002 安徽大学年鉴 2001—2008/328

012243188 安徽卫生年鉴 2006—2007/327

012909253 安徽中烟工业公司年鉴/安徽中烟工业有限责任公司年鉴 2003/2008,2009—2011/328

012909253 *安徽中烟工业有限责任公司年鉴/安徽中烟工业公司年鉴 2003/2008,2009—2011/328

008784527 安徽水利年鉴 1999,2001—2010/325

013714926 安徽文化年鉴 2012—2013/326

009004268 安徽地税年鉴 1996—2003,2005—2010,2012—2013/325

013311372 安徽地税稽查年鉴 1994/2002,2003/2008,2009/2010/325

004534723 *安徽年鉴/安徽经济年鉴 1985—1987/324

004534748 安徽年鉴/安徽经济年鉴 1988—2003,2005—2014/323

010101841 安徽价格年鉴 2005,2007/325

010101850 安徽企业年鉴 2003—2005/324

011965547 安徽军事年鉴 1999,2001—2006/324

009726004 安徽农村经济统计年鉴 2005—2007/324

012588304 安徽纪检监察年鉴 1993—1998/323

009616541 安徽邮政年鉴 2000/2002,2005,2006/2007/325

008849830 安徽财政年鉴 1994—2003,2005—2014/325

013467181 安徽体育年鉴 1993/1994,1995/1998/326

013787229 安徽汽车年鉴 2007/325

012789935 安徽社会组织年鉴 2010/323

009062428 安徽社会科学年鉴 1949/1995,1996/1998,2002/2003,2004/2007,2008/2010/323

012046922 安徽质量技术监督年鉴 2007—2008/324

006504353 安徽金融年鉴 1993—1997,1999—2008/326

012723169 安徽国税年鉴 1996—2003,2009—2012/326

012789950 安徽物价年鉴 1998,2000/325

011821752 安徽审计年鉴 2003—2004,2006—2013/324

009033345 安徽建设统计年鉴 2002—2003,2005—2010/324

004534723 安徽经济年鉴/安徽年鉴

1985—1987/324

004534748 *安徽经济年鉴/安徽年鉴 1988—2003,2005—2014/323

011395152 安徽经济普查年鉴 2004,2008/324

013747995 安徽城市年鉴 2010/324

012789940 安徽省开发区年鉴 1992/1997,2006/324

012364951 安徽省气象灾害年鉴 2009/327

013089985 安徽省民政统计年鉴 1993,2004—2005,2009/323

010226654 安徽省阜阳专区卫生防疫年鉴 1965/338

013925174 安徽省高级人民法院年鉴 2003,2010/327

012591653 *安徽省高等学校毕业生就业工作年鉴/安徽省普通高校毕业生就业工作年鉴 1998,2006—2007/326

013363378 安徽省疾病预防控制中心年鉴 2009/329

011965522 安徽省烟草专卖局(公司)年鉴 2006,2009/327

012591653 安徽省普通高校毕业生就业工作年鉴/安徽省高等学校毕业生就业工作年鉴 1998,2006—2007/326

010223310 安徽科技年鉴 2005/326

010101855 安徽信息年鉴 2006—2010/326

004534773 安徽统计年鉴 1987—2014/323

010223300 安徽航运年鉴 2000—2008/325

012525894 安徽教育年鉴 1994—1998,2008,2010—2011/326

013787159 安徽教育招生考试年鉴 2008/326

010223307 安徽减灾年鉴 1991/1995,1996/2000/327

军

012617358 军队卫生工作年鉴 2008/950

011966747 军械工程学院年鉴 1997,2002—2006/68

祁

008990686 祁连年鉴 1986/1994,1995/2003/790

讷

009805660 讷河市国民经济统计年鉴 2003/199

008467028 讷河年鉴 1989/198

许

008633829 许昌年鉴 2000—2009,2011—2014/475

009520231 许昌县年鉴 1992,2002—2003,2004/2005,2006/2007,2009/2010,2011/2012/476

013790735 许昌县统计年鉴 2009/476

008397285 *许昌经济统计年鉴/许昌统计年鉴 1991—2004,2006—2008,2011—2012,2014/475

013899358 许昌经济普查年鉴 2008/476

008397285 许昌统计年鉴/许昌经济统计年鉴 1991—2004,2006—2008,2011—2012,2014/475

农

012924932 农一师阿拉尔市年鉴 2009/828

009035706 农七师年鉴/新疆生产建设兵团农七师年鉴 2001—2010/822

011140528 农六师五家渠市年鉴/六师五家渠市年鉴 2006—2013/828

013680600 农六师五家渠市统计年鉴/第

六师五家渠市统计年鉴 2011—2014/828

012080569 农业气象情报年鉴 1986/1987, 1988/1989/953

012048424 农民信息年鉴 2006/953

011485922 *农产品加工业年鉴/中国乡镇企业及农产品加工业年鉴/中国乡镇企业年鉴 2007—2012/871

寻

011823291 寻乌年鉴 2008—2011/383

013393877 寻甸年鉴 2011—2014/717

那

012924000 那曲地区年鉴 2007—2008/747

孙

009928162 孙子兵学年鉴 2004—2006,2007/2008,2009,2010/2011/856

011140389 孙吴年鉴 2004—2014/218

009933584 孙吴县国民经济统计年鉴 2001—2003/218

011399017 孙通公司年鉴 2006/233

阳

012079667 阳山年鉴 2007/2008,2011—2014/599

013090429 阳东年鉴 2001/2008,2012—2013/598

012200291 阳江市经济普查年鉴 2004,2008/597

011140405 阳江年鉴 2001/2005,2006/2008,2009/2010/2012/597

008278847 阳江统计年鉴 1995—2014/597

008438581 阳谷年鉴 1988/1994,1995/1999,2000/2003/440

008643802 阳信年鉴 1986/1995/442

013714922 阳信统计年鉴 1997,1999,2006,2011/442

013635482 阳泉卫生年鉴 2011/97

010227014 阳泉市郊区年鉴 1994/2002/98

008923187 阳泉市城区年鉴 1991/1995,1996/2000,2001/2005,2006/2010/97

011968073 *阳泉市统计年鉴/阳泉统计年鉴 2006,2008—2014/97

006035345 阳泉年鉴 1989—1992,1993/2000,2001—2014/97

013821803 阳泉供电分公司年鉴 2010/97

011968073 阳泉统计年鉴/阳泉市统计年鉴 2006,2008—2014/97

009288855 阳朔年鉴 1986/1990,1991/1995,2010—2013/617

012801285 阳新年鉴 2006—2010/507

014014969 阳新县统计年鉴 2008—2009/507

防

008944091 防城港市年鉴/防城港年鉴 1993/1998,1999/2001,2002,2004—2013/619

009616847 防城港市统计年鉴/防城港统计年鉴 1999—2000,2003—2005,2009/2010,2011/619

008944091 *防城港年鉴/防城港市年鉴 1993/1998,1999/2001,2002,2004—2013/619

009616847 *防城港统计年鉴/防城港市统计年鉴 1999—2000,2003—2005,2009/2010,2011/619

如

008749440 如东年鉴 2000—2014/271

008588909 如皋年鉴 1989—2014/270

013932378 如皋统计年鉴 1994—1995,1998,2001,2004—2007,2009—2010/270

妇

008626006 妇女年鉴第 1 回 △1924—1925 /844

牟

010226492 牟平统计年鉴 1994,1997,2011 /421

008241775 牟定年鉴/牟定县年鉴 1992, 1994—2000,2002—2007,2010—2012/731

008241775 *牟定县年鉴/牟定年鉴 1992, 1994—2000,2002—2007,2010—2012/731

红

013608979 *红山区统计年鉴/赤峰市红山区统计年鉴 1993—1994,2003,2005—2007,2009—2011/123

008588880 红山年鉴 1992/1996/122

013634251 红云红河年鉴 2011/712

008614818 红兴隆年鉴 1999—2000/204

009913227 红兴隆热电厂年鉴 2002/204

008466000 红安年鉴 1990/1993,1994/1997,1998/2000/523

013753740 红安县统计年鉴 1998,2005/523

013608978 红安教育年鉴 2008—2010/523

012593629 *红花岗年鉴/遵义红花岗年鉴 1997/2005,2006/2007,2008/2009,2011,2013/698

008275312 红河州年鉴 1995—2008,2010—2014/732

009618309 红河州林业年鉴 1999—2005/733

011396421 *红河州统计年鉴/红河哈尼族彝族自治州统计年鉴/红河哈尼族彝族自治州"十五"统计年鉴 1990/2000,2000/2005,2008,2010,2013/732

011824470 红河县年鉴 2007—2014/734

011966603 红河学院年鉴 2005—2007,2010—2011/733

011396421 *红河哈尼族彝族自治州"十五"统计年鉴/红河哈尼族彝族自治州统计年鉴/红河州统计年鉴 1990/2000,2000/2005,2008,2010,2013/732

011396421 红河哈尼族彝族自治州统计年鉴/红河哈尼族彝族自治州"十五"统计年鉴/红河州统计年鉴 1990/2000,2000/2005,2008,2010,2013/732

012047270 红桥年鉴 2001/2006/57

012923527 红原年鉴 2006/2008,2009,2010/2011/687

008574186 红塔区年鉴/红塔年鉴/玉溪市年鉴 1998—2014/720

013603101 红塔区统计年鉴/玉溪市红塔区统计年鉴 2000,2003,2010—2011/720

008574186 *红塔年鉴/红塔区年鉴/玉溪市年鉴 1998—2014/720

012354159 红塔集团年鉴 2009—2014/720

008802299 红旗区年鉴 1987—2013/469

七画

寿

008990528 寿宁年鉴 1999—2000/368

008406200 寿光年鉴 1995,1996/2000,2001/2005,2006/2010/423

013820242 寿光经济普查年鉴 2004／423

008250227 寿阳年鉴 1985／1987，1988／1990，1991／1996，1997／2000，2001／2003／105

麦

013635208 麦盖提县年鉴 2011／815

玛

011398626 玛纳斯年鉴 2005—2013／817

进

013470939 进口手表年鉴 2012／907

008437902 进贤年鉴 1986／1992／376

013757921 *进贤县经济社会统计年鉴／进贤经济社会统计年鉴 2004—2006，2010／376

013757921 进贤经济社会统计年鉴／进贤县经济社会统计年鉴 2004—2006，2010／376

009934589 进藏工作年鉴 1996，1997／1998／407

运

011399610 *运行年鉴／引黄济青工程运行年鉴 1992／1993，1993／1994，1995／1996，1996／1997，1997／1998／409

009199693 运城地区年鉴 1998／1999／105

008998298 运城地区社会经济统计年鉴 1985—1994／105

008802325 运城年鉴 2000，2002—2003，2004／2006，2007／2009，2010—2013／105

009324798 运城经济统计年鉴 2002／106

008998306 运城统计年鉴 1997，2007—2008，2011—2014／105

扶

013788096 扶沟统计年鉴 1999／2001，2002／2003／486

抚

009406107 抚州年鉴 2003—2014／387

009617743 抚州统计年鉴 1992—1996，1998，2000—2006，2010—2014／387

009805567 抚远县国民经济统计年鉴 1949／1980，1979—1994／212

012176968 抚松县年鉴 2005／2007／179

009287850 抚顺卫生年鉴 1986，1990—1991／152

005402508 抚顺年鉴 1992—2013／151

012047163 抚顺县年鉴 2007—2013／152

012176964 抚顺财政年鉴 1990，2001—2002，2004／152

009406014 抚顺金融年鉴 1987／1991，1992／1993，1996／1997，2000／2001，2002／2003，2003／2004，2005／2006，2007／2008，2009／2010／152

013935905 抚顺供电公司年鉴 2009／151

009617768 抚顺统计年鉴 2003—2008，2010—2012／151

贡

012983238 *贡山年鉴／贡山独龙族怒族自治县年鉴 2007—2008／743

012983238 贡山独龙族怒族自治县年鉴／贡山年鉴 2007—2008／743

赤

011965724 赤坎统计年鉴 2006—2009，2011—2013／588

012916363 赤城年鉴 2009—2013／82

013608979 赤峰市红山区统计年鉴／红山区统计年鉴 1993—1994，2003，2005—2007，2009—2011／123

008403650 赤峰年鉴 1983／2003，1983／2013，

1991/1995,1998—2001,2004—2010/122

008976969 赤峰统计年鉴 1986,1991—1992, 1994,1996—2008,2011/122

009081314 赤壁年鉴 1998/2000,2001/2002, 2003—2012,2014/524

孝

008315307 孝义年鉴 1984/1985,1986/1987, 1988,1992/1993,1994/1995,1996/1997,1998/ 1999,2000,2001/2002,2005/2006,2007/2008, 2009/2010/113

013791004 孝昌统计年鉴 1993/2001,1996, 2000,2007/518

013996304 孝南统计年鉴 2012/517

008438093 孝感年鉴 1993/1995,1999,2002, 2005,2008—2013/516

012593433 孝感国税年鉴 1997—1999,2000/ 2001,2002/2003,2004—2005,2007—2008/517

013821787 孝感供电年鉴 2001/2003,2004/ 2007/517

013791015 孝感学院年鉴 2010/517

009492608 孝感统计年鉴 1995—1997,1999— 2000,2002—2013/516

均

013173558 *均瑶集团20周年年鉴/均瑶集团年鉴 1991/2011/226

013173558 均瑶集团年鉴/均瑶集团 20 周年年鉴 1991/2011/226

坊

011396127 *坊子区年鉴/潍坊市坊子区年鉴 1985,1987/423

志

012617679 志丹年鉴 2005—2006,2008—2014 /762

012530595 志丹统计年鉴 2004/2006/762

芙

013788108 芙蓉国年鉴 2007/535

芜

008476179 芜湖年鉴 1996—2014/330

013656120 芜湖县年鉴 2009/2010/331

007733579 芜湖统计年鉴 1992—2011,2013— 2014/331

邯

010224285 邯郸文化年鉴 2004—2007/76

013821952 邯郸地区年鉴 1990/75

008901584 邯郸年鉴 2001—2008,2010—2013 /75

007698496 邯郸农村统计年鉴 1996/75

011502083 邯郸县年鉴 2004,2007—2010, 2012—2013/76

012723386 邯郸县供电公司年鉴 2010/76

013898541 邯郸县统计年鉴 2004/2005, 2008/2009/76

007998870 邯郸统计年鉴 1994—2014/76

010224281 邯郸教育年鉴 2004/76

芷

009502621 芷江年鉴 1992,1998/2000,2002— 2003,2008/2009/556

花

011140093 花垣统计年鉴 2001—2005/558

008398349 花都年鉴/广州市花都年鉴 1997—2014/573

013772636 *花都统计年鉴/广州市花都区统计年鉴 2011/573

013747820 花溪统计年鉴/贵阳市花溪区统计年鉴 1992,1994—1996,1998—1999,

2002,2008—2011/697

苍

012351751 苍山年鉴 1996/2006/437

009062436 苍南年鉴 1994—1995,1998—1999,2002—2011/306

009033488 苍溪年鉴 1991/1996,1997/2000/669

芳

008432508 芳村年鉴 1995/1996,1997,1999—2005/572

芦

013373880 芦山年鉴 2009—2010/683

克

009805593 克山年鉴 1991/199

009698874 克山县国民经济统计年鉴 2002—2003/199

009502396 克东年鉴 2007/2009/199

014217082 克东县国民经济统计年鉴//199

009503007 克孜勒苏年鉴 2004—2009/820

013608999 克孜勒苏柯尔克孜自治州统计年鉴 2001/2005/821

013747898 克拉玛依市乌尔禾区年鉴/乌尔禾区年鉴 2011—2014/810

012792602 克拉玛依市白碱滩区年鉴/白碱滩区年鉴 2010—2013/810

012923767 克拉玛依市克拉玛依区年鉴 2008—2014/810

012792613 克拉玛依市独山子区年鉴/独山子区年鉴/克拉玛依市独山子年鉴/独山子年鉴 2010—2012,2014/810

012792613 *克拉玛依市独山子年鉴/克拉玛依市独山子区年鉴/独山子区年鉴/独山子年鉴 2010—2012,2014/810

013467412 克拉玛依市统计年鉴 2000/809

008923179 克拉玛依市新疆石油管理局年鉴 1998—2000/809

008941764 克拉玛依年鉴 2001—2014/809

苏

012983726 苏仙年鉴 2007/2009/554

009035732 苏州大学年鉴 1991/1992,1993/1994,1995—1996,1998—2013/266

013747891 苏州市职业大学年鉴 2011/266

004598822 苏州年鉴 1983—1985,1987—2013/266

013634265 苏州油画雕塑年鉴 2011—2012/266

004569407 苏州统计年鉴 1989—2014/266

009726211 苏州高新区、虎丘区年鉴 2004,2007/267

008435414 苏州新区年鉴 1995,1997,1999/267

巫

009104906 巫山年鉴 2002,2004/641

013714561 *巫溪县国民经济和社会发展统计年鉴/巫溪统计年鉴 2011/642

013714561 巫溪统计年鉴/巫溪县国民经济和社会发展统计年鉴 2011/642

李

013470951 李沧年鉴 2010—2012/411

008802305 *李沧统计年鉴/青岛市李沧区统计年鉴/青岛李沧统计年鉴 1994,1996—2007,2009/411

杨

008182170 杨浦年鉴 1991/1994,1995/1996,1997/1998,2000—2013/241

013854489 杨浦统计年鉴 2011/241

酉

013899400 酉阳统计年鉴 2007/642

丽

011821243 丽日传播·IT媒体年鉴/IT媒体年鉴 2007/21

008749125 丽水地区年鉴/丽水年鉴 1997—2014/320

008749125 *丽水年鉴/丽水地区年鉴 1997—2014/320

008805279 丽水统计年鉴 1993,2000—2014/321

009928066 丽江市古城区年鉴 2004—2011,2013/726

009806776 丽江地区国民经济和社会发展统计年鉴 1998,2002/725

008477165 丽江年鉴 1997—2011/725

009326822 丽江纳西族自治县年鉴 2002—2003/725

009520148 丽江统计年鉴 2001,2003—2005,2008—2009,2011—2012/725

邳

009840922 邳州年鉴 2006—2013/263

来

012923777 来凤年鉴 2000,2000/2007,2008/2009/528

013932115 来凤统计年鉴 2005—2006/528

009324732 来宾市统计年鉴 2003—2013/625

009272099 来宾年鉴 1991/2000,2004—2008,2010—2013/625

连

012723598 连山年鉴 2005/2007,2008—2012/164

013772665 连山年鉴 2012—2014/599

011398611 连云年鉴 2007—2014/272

012079214 连云港市卫生年鉴 1990/271

008401716 *连云港市统计年鉴/连云港统计年鉴 1988—1989,1991—1995,1997—2014/271

008406132 连云港年鉴 1999—2014/271

008401716 连云港统计年鉴/连云港市统计年鉴 1988—1989,1991—1995,1997—2014/271

008944122 连云港港年鉴 1991—2003,2005—2014/271

011822990 连平年鉴 2007,2008/2009/597

009805712 连州年鉴 2004,2006—2013/599

013467453 连江年鉴/连江经济年鉴 1996/353

013467453 *连江经济年鉴/连江年鉴 1996/353

肖

013790331 肖家河街道年鉴 2007/649

呈

013713405 呈贡区社会经济统计年鉴/呈贡县社会经济统计年鉴/昆明市呈贡区社会经济统计年鉴 2005—2012/714

009502104 呈贡年鉴 2003—2014/714

013713405 *呈贡县社会经济统计年鉴/呈贡区社会经济统计年鉴/昆明市呈贡区社会经济统计年鉴 2005—2012/714

吴

013792397 吴川统计年鉴 2011/588

009004476 吴中年鉴 2002—2012／267

010226782 吴中统计年鉴 2006—2014／267

005345917 吴江年鉴 1986,1988—1992,1995,1997—2012,2014／267

012530265 吴江统计年鉴 2008,2010／267

006035366 吴县年鉴 1986—1991,1994—1996,1998—2001／267

013820273 吴忠广播电视年鉴 2000／801

009272117 吴忠统计年鉴 1990—1992,1999,2001,2005—2009,2011—2013／801

009397683 吴旗统计年鉴 1995／762

县

008958012 县镇供水统计年鉴 1990,1992—2000,2003—2005,2007／2008,2009,2011,2013—2014／963

围

012925145 围场年鉴 2010—2013／83

013481551 围棋年鉴围棋天地增刊Ⅱ／中国围棋年鉴 2009,2011—2013／926

邮

009170306 邮电部设计院年鉴／信息产业部邮电设计院年鉴 1998—1999,2001／453

岐

008611717 岐山年鉴 1998／1999,2000／2002,2004—2005／757

岑

009933470 岑溪年鉴 2003／2005,2010,2012／618

岚

011503010 岚山统计年鉴 2006／433

012792617 岚皋年鉴 2009／767

财

013790785 *财产保险业务统计年鉴／中国人民财产保险股份有限公司福建省分公司财产保险业务统计年鉴／保险业务统计年鉴 2002／351

008248668 财政年鉴 1935／910

013467187 财政监察工作年鉴 1995／2002／909

牡

009617345 *牡二电厂年鉴／牡丹江第二发电厂年鉴 1986／1990,1991／1995,1996／2000／214

008879214 *牡丹江分局年鉴／牡丹江铁路分局年鉴／哈尔滨铁路局牡丹江分局年鉴 1994／2000,2001／2002／214

012199437 牡丹江公安年鉴 1995—2006／213

009617347 牡丹江电业局年鉴 1998／1999,2000／2001,2002—2009／214

008402886 *牡丹江电信年鉴／牡丹江市邮电局年鉴／牡丹江邮电年鉴 1993／1994,1995／1996,1997—1998／214

009182899 牡丹江电信年鉴／牡丹江市邮电局年鉴 1999—2001／214

006088575 牡丹江市工会工作年鉴 1986／213

008402886 牡丹江市邮电局年鉴／牡丹江邮电年鉴／牡丹江电信年鉴 1993／1994,1995／1996,1997—1998／214

009182899 *牡丹江市邮电局年鉴／牡丹江电信年鉴 1999—2001／214

009081416 牡丹江市财政年鉴 1991,2001—2006,2009／215

012521544 牡丹江民政年鉴 2009—2010/213

013173568 牡丹江地税年鉴 1994/2000,2001/2006,2008/214

009182819 牡丹江年鉴 2002—2010/213

008402886 *牡丹江邮电年鉴/牡丹江市邮电局年鉴/牡丹江电信年鉴 1993/1994,1995/1996,1997—1998/214

009927871 牡丹江邮政年鉴 1999/2001/214

008574190 牡丹江社会经济统计年鉴/牡丹江统计年鉴 2000/214

007424733 牡丹江统计年鉴 1996—1999,2001—2004,2005/2006,2007,2009/2011,2012—2014/213

008574190 *牡丹江统计年鉴/牡丹江社会经济统计年鉴 2000/214

008879214 牡丹江铁路分局年鉴/哈尔滨铁路局牡丹江分局年鉴/牡丹江分局年鉴 1994/2000,2001/2002/214

009589688 牡丹江通信年鉴 2002/214

009617345 牡丹江第二发电厂年鉴/牡二电厂年鉴 1986/1990,1991/1995,1996/2000/214

利

008520887 利川年鉴 1999—2008,2011—2013/527

012983672 利州年鉴 2010/668

012199171 利辛年鉴 1998,2008—2009,2011/2012,2013/342

008728204 利津年鉴 1996—2013/419

010102633 利通区年鉴 2004/801

秀

013899353 秀山统计年鉴 2008/642

013677524 秀峰年鉴 2012—2013/617

兵

008957985 兵工教育年鉴 1991/1993/921

003886136 *兵团年鉴/新疆生产建设兵团年鉴 1986—2014/805

007067837 兵团统计年鉴 1986—1988,2003/804

009288906 兵器工业部物资工作年鉴 1986/9

邱

008749425 邱北年鉴/丘北年鉴 2000—2009,2011,2013—2014/737

体

009459714 体育事业统计年鉴 1994,1995/1997,1999—2002/925

何

011396287 何香凝美术馆年鉴 1997/2001,2003/2006,2007/579

攸

008435127 攸县年鉴 1991—1993,1995—2011/543

014014970 攸县统计年鉴 2005/2006/544

佛

008436659 佛山文化年鉴 1992,1993/1994,1995/1996,1997—2003/584

008138090 佛山年鉴 1993—2014/584

008405313 佛山统计年鉴 1999—2014/584

013752857 佛山旅游年鉴 2011/584

011821963 佛冈年鉴 2008,2012—2013/599

011396140 佛冈统计年鉴 2001/2005,2006—2008,2010/599

008535725 佛光山开山 31 周年年鉴 1999

/834

余

004187790 余杭年鉴 1991—2014/299

013939503 余杭统计年鉴 2002,2004,2007,2009/299

013711482 余姚市统计年鉴/余姚统计年鉴 2002,2005—2007,2010/303

013821840 余姚年鉴 2010/303

013711482 *余姚统计年鉴/余姚市统计年鉴 2002,2005—2007,2010/303

谷

008555500 谷城年鉴 1999/514

邻

008437432 邻水年鉴 1993/1997,1998/2002,2007—2008,2010—2013/680

鸠

013711349 鸠江区年鉴 2009/2010/331

邹

008437703 邹平年鉴 1986/1995,1996/1998,1999/2003,2004/2009,2010—2012/443

010296044 邹平统计年鉴 1997,2010—2011/443

008589005 邹城市年鉴/邹城年鉴 1991/1995,1996/1998,1999/2000,2001/2002,2003/2004/426

012530663 邹城市统计年鉴/邹城统计年鉴 2000—2001,2003—2011/427

008589005 *邹城年鉴/邹城市年鉴 1991/1995,1996/1998,1999/2000,2001/2002,2003/2004/426

012530663 *邹城统计年鉴/邹城市统计年鉴 2000—2001,2003—2011/427

亨

013396763 亨得利钟表年鉴/传承钟表年鉴/钟表年鉴 2011—2012/957

库

009913807 库车年鉴 2005—2013/813

012199159 *库尔勒市统计年鉴/库尔勒统计年鉴 2008/819

012591877 库尔勒年鉴 2008—2011/819

012199159 库尔勒统计年鉴/库尔勒市统计年鉴 2008/819

应

008434168 应城年鉴 1986/1992,1993/1998,1999/2003,2004/2006/517

011399612 应城统计年鉴 1993—2008,2010,2012/517

冷

011503014 冷水江年鉴 2006/557

013814890 冷水滩市统计年鉴/永州市冷水滩区统计年鉴 1995—1996,1998—1999,2001—2010/555

010227086 *冷冻年度中国空调市场年鉴 空调销售/中国空调市场年鉴 2005/903

庐

013636585 庐江年鉴 2011,2014/330

冶

009289364 冶金安全年鉴 1983—1984/956

闵

008399387 闵行年鉴 1995,1997—2013/241

013603204 闵行统计年鉴 2011/241

汪

012199716 汪清年鉴 2009,2012—2013/184

沅

013481741　沅江统计年鉴 2011/553

沐

009520173　沐川年鉴 1986/1992,1994—1998,
2001/2004,2005—2010/673

013932162　沐川县交通年鉴 2006/2012/673

沛

010102534　沛县年鉴 2005—2006,2008—2009,
2011—2012/263

沙

006058859　沙市年鉴 1987—1992,1993/1994
/519

013677623　沙市年鉴/荆州市沙市年鉴
2005/2009,2011—2012,2014/519

009542167　沙尘天气年鉴 2000—2010/946

008990521　沙县年鉴 1989/1998,2000—2004,
2006—2012/359

009840954　沙河口区年鉴 2002/2003/147

013758057　沙河口区统计年鉴 2005—2006,
2009/147

009617188　沙河年鉴 1997/2003,2012—2013
/79

011967117　沙洋年鉴 1998/2007,2011—2013
/516

009542170　沙雅年鉴 2004—2005,2007—2012
/813

011140551　沙雅组织工作年鉴 2006/813

009520020　沙湾年鉴 1996/2001,2002—2007,
2010/672

013714918　沙湾年鉴 2009,2012—2013/825

汨

008438833　汨罗年鉴 1994/1996,1997—2003,
2006,2008—2009,2011—2012/549

009840914　汨罗统计年鉴 1984,1988—1993,
1995,1997,1999—2004,2007,2009—2011/549

汽

013815005　汽车影音年鉴 2006/964

沂

008643805　沂水年鉴 1991/1999,2004/2005,
2006/2007,2008/2009,2010—2012/437

013899367　沂水县统计年鉴 1992,1994,
1996—2003/437

009264742　沂南年鉴 1990/1999,2006/2010
/437

汾

013157473　汾西年鉴 2007/2008/112

010102650　汾阳年鉴 2001,2002/2003/113

沧

013369654　*沧州市地方税务年鉴/沧州
地方税务年鉴 2008—2010/84

013925311　沧州市交通年鉴/沧州交通年
鉴 1998,2001,2002/2003/83

013898423　*沧州市科技年鉴/沧州地区
科技年鉴 1986/1989,1990/1993/84

013898423　沧州地区科技年鉴/沧州市科
技年鉴 1986/1989,1990/1993/84

013369654　沧州地方税务年鉴/沧州市地
方税务年鉴 2008—2010/84

009033486　沧州年鉴 2000,2002,2006,2008,
2010,2012—2013/83

013925311　*沧州交通年鉴/沧州市交通
年鉴 1998,2001,2002/2003/83

011139650　沧州邮电年鉴 1989/1993/83

009616907　沧州财政年鉴 1996/1998,1999
/83

008749097 沧州经济统计年鉴/沧州统计年鉴 1999—2008,2010—2012/83

008749097 *沧州统计年鉴/沧州经济统计年鉴 1999—2008,2010—2012/83

012909300 沧州教育年鉴 1999,1999/2000,2005—2006,2011—2013/84

008438189 沧县年鉴 1995,1997—1999,2001,2004/85

013859467 沧县交通年鉴 1989/1997,1999,2002/85

013925291 沧县统计年鉴 2010/85

013809451 沧浪年鉴 2007/266

011500292 沧源佤族自治县年鉴 2007—2011,2014/729

汶

009589520 汶上年鉴 2000/2002/428

012724272 汶川县年鉴 2005/2008,2009—2012,2014/686

沪

011502906 沪深300指数年鉴 2006,2009—2013/233

沈

013936475 沈阳三资企业年鉴 1993/139

009289669 沈阳工程总公司年鉴 1993/140

012199577 沈阳广播电视大学年鉴 1996,1999,2004—2005/143

009287755 沈阳卫生统计年鉴 1985,1988,1990,1992—1993,1995,1999—2000,2005—2010/143

012199567 沈阳公安统计年鉴 2007/139

009289684 沈阳电业局年鉴 1986,1987/1990/140

009289719 沈阳市石油公司年鉴 1990/140

009492154 *沈阳市沈河区国民经济统计年鉴/沈河统计年鉴/沈河区统计年鉴 1986—1988,1994,1996—2010/143

009289716 沈阳市金融年鉴 1987/1996/141

009346299 沈阳市教育统计年鉴 1980/1981,1983/1984,1984/1985,1985/1986,2000/2001,2001/2002,2003/2004,2004/2005,2005/2006,2006/2007,2007/2008/142

006038348 沈阳市普通教育年鉴/沈阳教育年鉴 1986/142

007430877 *沈阳市普通教育年鉴/沈阳教育年鉴 1988/1990,1991/1994,1995—2000,2002—2012/142

008789009 沈阳机车车辆厂年鉴/沈阳机车车辆有限责任公司年鉴/沈阳机车车辆工厂年鉴/中国北车集团沈阳机车车辆有限责任公司年鉴 1993—2002/140

008789009 *沈阳机车车辆工厂年鉴/沈阳机车车辆厂年鉴/沈阳机车车辆有限责任公司年鉴/中国北车集团沈阳机车车辆有限责任公司年鉴 1993—2002/140

008789009 *沈阳机车车辆有限责任公司年鉴/沈阳机车车辆厂年鉴/沈阳机车车辆工厂年鉴/中国北车集团沈阳机车车辆有限责任公司年鉴 1993—2002/140

009746470 *沈阳机车车辆有限责任公司年鉴/中国北车集团沈阳机车车辆有限责任公司年鉴 2003—2007/140

009287748 沈阳师范学院工作年鉴 1991/142

009426062 沈阳师范学院年鉴 1998—2000/142

001992520 *沈阳年鉴/沈阳经济统计年鉴 1985—1991/139

004187783 沈阳年鉴/沈阳经济统计年鉴 1992—2014/138

009324548 沈阳农业大学年鉴 1990—1991/142

008574197 沈阳农村统计年鉴 1997,1999—2014/138

009289653 沈阳财政年鉴 1992—1993/141

009289730 沈阳招生考试年鉴 1993/1994, 1995/1996, 1997/1998, 1999/2000, 2001/2002, 2003/2004, 2005/2006/141

011503468 沈阳固定资产投资统计年鉴 2001,2004—2008,2010/141

013173242 沈阳学会学术年鉴 2004/2008/138

009927881 沈阳房地产年鉴 2002, 2003/2004, 2005/139

001992520 沈阳经济统计年鉴/沈阳年鉴 1985—1991/139

004187783 *沈阳经济统计年鉴/沈阳年鉴 1992—2014/138

011140695 沈阳故宫博物院年鉴 2005/2006,2007—2011/141

009287727 沈阳药科大学年鉴 1990/142

009289678 沈阳保险年鉴 1980/1996/141

008402784 沈阳统计年鉴 1996—2004,2007—2014/139

009698935 沈阳铁路分局年鉴 1987—1988, 1989/1990,1991—1993,1995—2004/140

007999013 沈阳铁路局年鉴 1986—1992, 1994—2010,2012—2013/140

009805904 沈阳造币厂年鉴 2005/140

012617432 沈阳调查年鉴 2007—2013/138

006038348 *沈阳教育年鉴/沈阳市普通教育年鉴 1986/142

007430877 沈阳教育年鉴/沈阳市普通教育年鉴 1988/1990, 1991/1994, 1995—2000, 2002—2012/142

013677748 沈阳综合年鉴 2012—2014/138

009492154 *沈河区统计年鉴/沈河统计年鉴/沈阳市沈河区国民经济统计年鉴 1986—1988,1994,1996—2010/143

009492154 沈河统计年鉴/沈河区统计年鉴/沈阳市沈河区国民经济统计年鉴 1986—1988,1994,1996—2010/143

沁

012724224 沁水年鉴/山西沁水年鉴/晋城市沁水年鉴 1989—1994, 1996—2003, 2005—2013/102

013898751 沁水交通年鉴 1990/1999/102

013898754 沁水统计年鉴 2003,2005,2007, 2010/102

014014833 沁阳统计年鉴 2005/472

013677823 沁县年鉴 2011/101

013932279 沁新集团年鉴 2010/101

怀

008728186 怀化年鉴 1998—2000,2002,2004, 2006—2010,2012/555

008997596 怀化统计年鉴 2001—2014/555

009617370 怀化铁路总公司年鉴 2003—2005/556

008438203 怀宁年鉴 1986/1995, 2003/2007/336

013680414 怀柔人大工作年鉴 2012—2013/47

012176953 *怀柔区发展和改革工作年鉴/发展和改革工作年鉴/北京市怀柔区发展和改革工作年鉴 2007—2008/47

009460001 怀柔区统计年鉴/北京怀柔区统计年鉴 2002—2011,2013—2014/47

009492545 怀柔财政年鉴 1995,2000/47

010225591 怀柔政协年鉴 2004—2005/47

008466709 怀集年鉴 1987/1994,1995,1996/1997,1998/1999,2000,2001/2002,2003/2004,2005/2008/592

忻

012048748 忻州统计年鉴 2008—2014/108

010102217 忻城年鉴 1996/2003/626

宋

008919293 宋代文学研究年鉴 1997/1999,2000/2001,2002/2003,2004/2005,2006/2007,2008/2009,2010/2011/929

011503512 宋庄艺术年鉴 2006/44

012941677 宋庄当代艺术年鉴 2006—2009/44

良

011140368 良庆年鉴 2006—2012/612

013173563 良圻农场年鉴 1992/2003/613

启

008438153 启东年鉴 1998—2014/270

社

009928156 社会主义学院年鉴 2000/6

008390517 *社会经济统计年鉴/南通市社会经济统计年鉴 1990,1992—1997/269

009425937 *社会经济统计年鉴/集贤县社会经济统计年鉴 1998—2002/203

词

008388546 词学研究年鉴 1995/1996/929

灵

011503037 灵山年鉴 2011—2012/619

012357154 灵石年鉴 2005/105

013788400 灵台年鉴 2010/781

013470974 灵武年鉴 2011—2013/800

009540756 灵宝年鉴 2002—2005,2007—2008,2012—2013/478

007733589 灵璧年鉴 1986/1995,1996/1998,1999/2000,2001/2009/340

即

008397837 即墨年鉴 1992/1998,2000—2010,2011/2012/411

009617864 即墨统计年鉴 2000,2003—2006,2008—2009,2011—2014/411

张

012048820 张店十年鉴 1988/1997/414

008966666 张店区教育年鉴 1996/1998,1999—2000/414

012838933 张店年鉴 2009/414

011141244 张家口文化年鉴 2005—2007/81

011968142 张家口市国家税务局税务年鉴/税务年鉴 2006/81

013312072 张家口市宣化区年鉴 2005—2010/82

012724382 张家口年鉴 2010—2014/81

009588815 张家口财政年鉴 2003—2008/81

008957550 *张家口经济年鉴/张家口经济社会统计年鉴 1994,1995/2000,2005—2014/81

008957550 张家口经济社会统计年鉴/张家口经济年鉴 1994,1995/2000,2005—2014/81

008397779 张家界年鉴 1996,1997/2000/552

009805720 张家界统计年鉴 1989/1997,2000—2009,2011—2013/552

008272090 张家港市统计年鉴/张家港统计年鉴1989—2013/268

008405439 张家港年鉴1996—2014/268

008272090 *张家港统计年鉴/张家港市统计年鉴1989—2013/268

009124000 张掖市统计年鉴/张掖统计年鉴2002,2004,2006,2011—2012/779

008958016 张掖年鉴1998—2000/779

009124000 *张掖统计年鉴/张掖市统计年鉴2002,2004,2006,2011—2012/779

009726024 张掖综合年鉴1996/2003,2004/2005,2006,2007/2008,2009/2010/779

012617659 *张湾年鉴/十堰市张湾年鉴2008—2014/508

陆

011966827 陆川年鉴2008—2012/621

008968748 陆良年鉴1992—1999,2002—2009,2012—2014/718

010102658 陆家嘴年鉴2006—2009/242

012923827 陆家嘴金融城年鉴2010,2012—2013/243

阿

011490851 阿瓦提年鉴/阿瓦提县年鉴资料汇编2007,2009—2013/814

011490851 *阿瓦提县年鉴资料汇编/阿瓦提年鉴2007,2009—2013/814

008643501 阿坝州年鉴1991/1996,1998,2000—2013/685

008643508 阿坝州邮电年鉴1994/1998/685

014020628 阿坝州邮政年鉴1999/2001/685

013710636 阿坝统计年鉴1998—1999,2010/685

012525890 阿克苏市年鉴2009—2013/813

009169843 *阿克苏地区统计年鉴/阿克苏统计年鉴2000,2001/2002,2003—2009,2011/812

009081237 阿克苏年鉴2002—2013/812

009169843 阿克苏统计年鉴/阿克苏地区统计年鉴2000,2001/2002,2003—2009,2011/812

012078945 阿克塞历史统计年鉴/阿克塞哈萨克族自治县历史统计年鉴2002/783

012078945 *阿克塞哈萨克族自治县历史统计年鉴/阿克塞历史统计年鉴2002/783

004534632 阿拉善年鉴1988,2001/2002,2003/2004,2005/2006,2007/2008,2009/2010/132

012176829 阿拉善财政年鉴2007/132

009081241 阿拉善统计年鉴/"九五"统计年鉴/阿拉善盟"九五"统计年鉴1996/2000,2002—2006/132

009081241 *阿拉善盟"九五"统计年鉴/阿拉善统计年鉴/"九五"统计年鉴1996/2000,2002—2006/132

009436919 阿城市统计年鉴1990—1992,1996—1997,2000,2002,2004/194

012616931 阿城年鉴2006/2007,2008/2009,2013—2014/194

009219759 阿勒泰地区统计年鉴/阿勒泰统计年鉴1998,2000—2011/826

012789929 阿勒泰年鉴2009—2013/826

009219759 *阿勒泰统计年鉴/阿勒泰地区统计年鉴1998,2000—2011/826

013747829 阿鲁科尔沁旗统计年鉴2012/123

陇

013747931 陇川年鉴 2011—2013/742

011323012 *陇南发展年鉴/陇南年鉴/陇南综合年鉴 2005, 2007—2008, 2010, 2012/784

009123995 *陇南地区统计年鉴/陇南统计年鉴 1994—2003/784

011323012 陇南年鉴/陇南综合年鉴/陇南发展年鉴 2005, 2007—2008, 2010, 2012/784

009123995 陇南统计年鉴/陇南地区统计年鉴 1994—2003/784

011323012 *陇南综合年鉴/陇南年鉴/陇南发展年鉴 2005, 2007—2008, 2010, 2012/784

008112143 陇海年鉴 1935/452

陈

014014113 陈省身数学研究所年鉴 2008/55

邵

013790996 邵东统计年鉴 2008—2009/547

008437627 邵阳年鉴 1998—2005, 2007—2008, 2009/2010, 2011—2014/547

011140387 *邵阳县年鉴/中共邵阳县委工作纪事·邵阳县年鉴 2005—2006, 2008, 2010/547

009933623 邵阳统计年鉴 2004—2007/547

鸡

009805587 鸡东县国民经济统计年鉴 1990—2000/201

010102460 鸡西电业局年鉴 1986/1992/200

011140095 鸡西市交通统计年鉴 1994—2006/200

008406776 鸡西市国民经济统计年鉴 1992—2001, 2003, 2005—2006, 2008—2014/200

009698871 鸡西发电厂年鉴 1985/1995/200

008426152 鸡西年鉴 1987/1988, 2000/2001, 2002/2003, 2005—2010/200

012591807 鸡西党史年鉴 1985/200

纳

010102230 纳雍年鉴 2004—2005, 2007—2008, 2011/702

013898703 纳雍县统计年鉴 1999/2003, 2004/2007/702

008426347 纳溪年鉴 1986/1991, 2002—2009, 2011—2013/662

八画

奉

010223975 奉化经济普查年鉴 2004/303

011966528 奉化统计年鉴 1993, 2002—2008/303

008438658 奉节年鉴 1991/1996/641

008849838 奉贤年鉴 2000—2013/245

环

011822104 环渤海区域经济年鉴 2007—2011/9

008728189 *环境与发展国际合作年鉴/

绿色全球年鉴 1995,1997,1998/1999,1999/2000/968

003165166 环境保护年鉴△1982,2001/833

武

012983808 武冈年鉴 2007—2009/547

012925178 武功年鉴 2009/759

008406248 武平县年鉴/福建省武平县年鉴 1988/1993,1994/1996,1997/1999,2000/366

008325241 武汉工运年鉴 1991—1994,1995/1996,1997/1998,1999—2006/497

012724279 武汉大学共青团工作年鉴 2009—2011/496

012983815 武汉大学年鉴 2008—2010/502

008405265 武汉卫生年鉴 1986/1995,1996/1997,1998/2000,2001—2002,2004—2011,2013/502

008240724 武汉日报年鉴 1947/496

012521615 武汉长江轮船公司年鉴 1993,1995—2000/500

008432860 武汉公安年鉴 1996—2012,2014/497

013747877 武汉东湖高新区统计年鉴 2011/496

009037008 武汉电信年鉴 2001—2003,2007/500

010226784 武汉市交通统计年鉴/武汉交通统计年鉴 2001,2003—2006/499

013758188 武汉市青山区统计年鉴 2007/505

009617363 武汉市规划国土年鉴/武汉市城乡规划年鉴 2004—2006/497

012014982 *武汉市规划国土年鉴/武汉市城乡规划年鉴/武汉市国土规划年鉴 2008—2009/503

012014982 *武汉市国土规划年鉴/武汉市城乡规划年鉴/武汉市规划国土年鉴 2008—2009/503

013620035 武汉市国土规划年鉴/武汉市城乡规划年鉴 2010—2014/497

009617363 *武汉市城乡规划年鉴/武汉市规划国土年鉴 2004—2006/497

012014982 武汉市城乡规划年鉴/武汉市规划国土年鉴/武汉市国土规划年鉴 2008—2009/503

013620035 *武汉市城乡规划年鉴/武汉市国土规划年鉴 2010—2014/497

009617362 *武汉市科技统计年鉴/武汉科技统计年鉴 1992—1993,1996—1997,2002—2009,2011—2014/501

013174658 武汉市常青花园社区年鉴 1993/2009/497

013312048 武汉地税年鉴 2010—2011,2013/500

013396583 武汉光电国家实验室(筹)年鉴 2010—2011/503

008199122 *武汉年鉴/武汉经济年鉴 1985/497

006036452 武汉年鉴/武汉经济年鉴 1986—2002,2004—2014/496

013677537 武汉交通运输年鉴 2011—2013/499

010226784 *武汉交通统计年鉴/武汉市交通统计年鉴 2001,2003—2006/499

008944155 武汉农村经济年鉴 2000—2002/498

009136659 武汉私营企业年鉴 1999/498

011967502 *武汉改革开放 30 年鉴/武汉

改革开放年鉴 1978/2008/497

011967502 武汉改革开放年鉴/武汉改革开放 30 年鉴 1978/2008/497

009425811 武汉金融年鉴 2003—2005/501

011503545 武汉国税年鉴 2004—2013/500

008405239 武汉房地产年鉴 1998—2003,2005—2014/498

008271981 *武汉建设年鉴/武汉城建年鉴 1991—2000/498

008894133 武汉建设年鉴/武汉城建年鉴 2001—2013/498

008199122 武汉经济年鉴/武汉年鉴 1985/497

006036452 *武汉经济年鉴/武汉年鉴 1986—2002,2004—2014/496

012361511 武汉经济普查年鉴 2004/497

012048637 武汉城市圈年鉴 2008—2013/498

013932576 武汉城市管理年鉴 2005—2006,2010/498

008271981 武汉城建年鉴/武汉建设年鉴 1991—2000/498

008894133 *武汉城建年鉴/武汉建设年鉴 2001—2013/498

008923185 武汉政协年鉴 1998—2009,2011—2012/497

009617362 武汉科技统计年鉴/武汉市科技统计年鉴 1992—1993,1996—1997,2002—2009,2011—2014/501

014277247 武汉美术馆年鉴 2008/2013/502

006915791 武汉统计年鉴 1991—2014/496

008432809 武汉铁路分局年鉴/武汉铁路局年鉴 1991—1992,1995—2007,2009—2011/499

013932570 武汉铁路运输经济年鉴 1985/500

008432809 *武汉铁路局年鉴/武汉铁路分局年鉴 1991—1992,1995—2007,2009—2011/499

009927873 武汉理工大学年鉴 2000/2001,2002—2006/502

012592753 武汉理工大学年鉴华夏学院年鉴 2004/502

008405272 武汉教育年鉴 1986/1990,1991/1995,1996/1998,1999/2000,2001/2003,2004—2012/501

012983819 武宁年鉴 2010/379

013899334 *武穴市统计年鉴/武穴统计年鉴 1997—1998,2001,2003/522

008465996 武穴年鉴 1998,2003,2003/2006,2010/2011/522

013899334 武穴统计年鉴/武穴市统计年鉴 1997—1998,2001,2003/522

009519857 武夷山年鉴 1994/2000,2001/2002/364

013771893 武江年鉴 2011—2013/574

004187707 武进年鉴 1987,1989—2014/265

013932580 武进统计年鉴 1991,1995—1998,2002,2006,2008—2010/265

010226875 武昌车辆厂年鉴/中国南车集团武昌车辆厂年鉴 1995—2003,2005/504

009324462 武昌年鉴 2003—2009,2011—2014/504

009004487 武鸣年鉴 1991/2000,2001/2002,2003,2005—2013/612

013899333 武鸣统计年鉴 2008/613

008749298 武定年鉴 1995—1996,1997/1998,1999—2014/732

013936512 武定政协年鉴 2008/2012/732

013713397 *武城县统计年鉴/武城统计年鉴 2012—2013/439

013713397 武城统计年鉴/武城县统计年鉴 2012—2013/439

009182822 武威年鉴 2001,2003,2005—2011,2013/779

009123996 武威统计年鉴 1996,2000,2002—2003,2004/2005,2007—2010,2012/779

007211265 武钢年鉴 1987—2013/499

011503551 武侯年鉴 2006,2008—2014/655

009542188 武胜年鉴 2005,2007—2010,2013/680

009272147 武胜统计年鉴 2002,2004/680

012048641 武宣年鉴 1997/2006/626

009617301 武陟年鉴 2004,2004/2005,2006/2007,2008/2009,2010/2011/473

012801217 武陟统计年鉴 2009/473

013758195 *武陵区统计年鉴/常德市武陵区统计年鉴/武陵统计年鉴 2001—2005,2007/550

013758195 *武陵统计年鉴/常德市武陵区统计年鉴/武陵区统计年鉴 2001—2005,2007/550

013820279 武陵源统计年鉴 2011/552

011140147 *武清区统计年鉴/天津市武清区统计年鉴/武清县统计年鉴 1992,1994,2003—2004,2007/57

011503529 武清年鉴 2001/2005/57

011140147 *武清县统计年鉴/天津市武清区统计年鉴/武清区统计年鉴 1992,1994,2003—2004,2007/57

009503296 武隆年鉴 1996/1997/640

009309834 武隆县统计年鉴 2002—2005/641

009065031 *武警山东总队年鉴/山东武警年鉴 1999—2004,2009/392

010102626 武警内蒙古自治区森林总队年鉴 2001/2002/119

010101900 武警北京总队年鉴 2000,2003/8

010102590 *武警辽宁总队年鉴/辽宁武警年鉴 2001,2005/134

011399343 武警交通部队年鉴 2002/857

014014935 武警森林指挥学校年鉴 2006/45

010102482 武警黑龙江省森林总队年鉴 2002,2004/190

青

011823125 青山年鉴 2007,2011—2014/505

013677489 青山湖年鉴 2012—2013/376

009589816 青川年鉴/青川县年鉴 1986,1987/1989,1990/1992,1993/1996,2003,2003/2004,2005/2006,2011/2012/669

009589816 *青川县年鉴/青川年鉴 1986,1987/1989,1990/1992,1993/1996,2003,2003/2004,2005/2006,2011/2012/669

013898764 *青云谱区经济社会统计年鉴/南昌市青云谱区经济社会统计年鉴 2008/375

013471037 青龙满族自治县年鉴 2011—2012/75

008438809 *青白江年鉴/成都市青白江年鉴 1991/1994,1995/1998,1999/2002,2010—2013/656

008406236 青羊年鉴 1991/1997,1998/2002,2006,2008—2014/655

012924978 青州年鉴 2010/423

013815009 青州统计年鉴 2007,2010/423

013965434 青阳县统计年鉴/青阳统计年鉴2000/2001,2002,2004/2005/342

013965434 *青阳统计年鉴/青阳县统计年鉴2000/2001,2002,2004/2005/342

012617392 青秀年鉴2005/2008,2009/2010,2012/611

013965419 青岛大学附属医院年鉴2008/2013/408

013758023 青岛广东商会年鉴2006/2011/408

008849887 青岛卫生年鉴1997—2000,2002—2011,2013/408

013393824 青岛市木工机械协会年鉴2011—2014/408

008802305 青岛市李沧区统计年鉴/青岛李沧统计年鉴/李沧统计年鉴1994,1996—2007,2009/411

008975039 青岛市沧口区统计年鉴1992—1993/411

013932348 *青岛市崂山区青岛高科技工业园统计年鉴/青岛市崂山区统计年鉴/崂山统计年鉴/青岛高科技工业园青岛市崂山区统计年鉴1996—2005/410

013932348 青岛市崂山区统计年鉴/崂山统计年鉴/青岛高科技工业园青岛市崂山区统计年鉴/青岛市崂山区青岛高科技工业园统计年鉴1996—2005/410

013467669 青岛市烟草专卖局·山东青岛烟草有限公司年鉴1999/2000/407

011503199 *青岛市黄岛区年鉴/青岛经济技术开发区·青岛市黄岛区年鉴2007—2009,2011/410

006998133 青岛年鉴1988—2014/406

014014838 青岛劳动和社会保障年鉴2008/407

008802305 *青岛李沧统计年鉴/青岛市李沧区统计年鉴/李沧统计年鉴1994,1996—2007,2009/411

012360324 青岛青年工作年鉴1996—2000/407

012530149 *青岛卷烟厂年鉴/山东中烟工业公司青岛卷烟厂年鉴2007—2008/407

011503199 青岛经济技术开发区·青岛市黄岛区年鉴/青岛市黄岛区年鉴2007—2009,2011/410

011967084 *青岛经济技术开发区·青岛市黄岛区统计年鉴/青岛经济技术开发区统计年鉴2003,2010/410

011967084 青岛经济技术开发区统计年鉴/青岛经济技术开发区·青岛市黄岛区统计年鉴2003,2010/410

009806073 青岛药监年鉴2003—2004/408

013965427 *青岛药监年鉴/青岛食品药品监管年鉴2005/408

012048443 青岛科技大学年鉴2006,2008/408

013965427 青岛食品药品监管年鉴/青岛药监年鉴2005/408

004590749 青岛统计年鉴1990—2013/406

008137667 青岛铁路分局年鉴1992—2002/408

007705665 （伪）青岛特别市公署行政年鉴1940/406

009411548 （伪）青岛特别市市公署行政年鉴中华民国二十八年度1939/406

013932348 *青岛高科技工业园青岛市崂山区统计年鉴/青岛市崂山区统计年

鉴/崂山统计年鉴/青岛市崂山区青岛高科技工业园统计年鉴1996—2005/410

012199542 青岛理工大学年鉴2006/408

012199533 青岛教育年鉴2008—2011/408

009841178 青河年鉴2011—2012/827

008728210 青钢年鉴1991/1994,1997/1998,1999/2000,2001/2002,2003/2004,2007/2008/407

008670255 青神年鉴1996—2008,2010,2013/677

011398701 青原年鉴2001/2006/384

013603225 青浦区统计年鉴2007—2012/244

008433565 青浦年鉴/青浦县年鉴1986,1990/1992,1993/1998,2000—2014/244

008433565 *青浦县年鉴/青浦年鉴1986,1990/1992,1993/1998,2000—2014/244

013311853 青海卫生统计年鉴2003—2008,2010/788

013635213 青海民政统计年鉴2010—2012,2014/787

011967093 青海西部资源有限公司年鉴2006/2007,2008/789

008773086 青海年鉴1997—2003,2005—2014/787

013090030 青海交通年鉴2006—2008,2010—2011/788

009492928 *青海邮电年鉴/青海邮政年鉴1996/1998,1998/2000,2001/2007/788

009492928 青海邮政年鉴/青海邮电年鉴1996/1998,1998/2000,2001/2007/788

012079237 青海武警年鉴2000—2001/787

009726250 青海油田分公司年鉴/中国石油青海油田公司年鉴2000/2003,2005,2010,2011/2012/782

013603221 青海经济年鉴2011—2013/788

003098896 *青海省社会经济统计年鉴/青海省统计年鉴1987—1992/788

004598881 *青海省社会经济统计年鉴/青海省统计年鉴/青海统计年鉴1993/787

011139932 青海省经济普查年鉴/青海省第二次全国经济普查年鉴2004,2008/788

003098896 *青海省统计年鉴/青海省社会经济统计年鉴1987—1992/788

004598881 青海省统计年鉴/青海省社会经济统计年鉴/青海统计年鉴1993/787

006924910 *青海省统计年鉴/青海统计年鉴1994—2014/787

011139932 *青海省第二次全国经济普查年鉴/青海省经济普查年鉴2004,2008/788

004598881 *青海统计年鉴/青海省统计年鉴/青海省社会经济统计年鉴1993/787

006924910 青海统计年鉴/青海省统计年鉴1994—2014/787

008211768 青海教育年鉴1949/1990/788

008728211 青铜峡年鉴1998—2001,2002/2004,2006—2014/802

011140543 青藏铁路公司年鉴2006—2013/789

011967066 青藏高原低涡切变线年鉴1998—2011/788

盂

008957893 盂县年鉴1991/1999/98

拍

009073715 *拍卖年鉴骨董/骨董拍卖年鉴 2001,2011—2013/902

拉

008879207 拉萨市国民经济统计年鉴/拉萨市统计年鉴 2000—2005,2007—2008,2010—2014/745

008879207 *拉萨市统计年鉴/拉萨市国民经济统计年鉴 2000—2005,2007—2008,2010—2014/745

009913792 拉萨年鉴 2005,2012—2014/745

招

008413347 招远年鉴 1995,2009,2011,2013/422

011968154 招远统计年鉴 2002—2003/422

012079779 招商银行济南分行统计年鉴 2000/2005,2006/2010/401

010226820 招商银行统计年鉴 1995/1997,1998/2001,2002/2004/578

昔

011967520 昔阳年鉴 1998/2002/104

若

013467716 若尔盖县年鉴 2010/2011/687

013793183 若羌年鉴 2012/820

茂

009104894 茂名石化年鉴 2001—2014/589

011140377 茂名年鉴 2006—2008,2012—2013/589

007733433 茂名统计年鉴 1992—2014/589

012983680 茂县年鉴 2010—2011/686

013603192 茂南年鉴 2011—2013/589

英

008135642 英属婆罗洲年鉴 1952/970

010226881 英德年鉴 2003/2005,2006,2012—2014/599

茌

008405349 茌平年鉴 1986/1996,1997/2009/440

范

013995998 范县年鉴 2012/2013/475

茅

009492922 茅箭年鉴 1997—2001,2002/2003,2004/2005,2006/2007,2007/2008,2011—2014/508

林

012723609 林口年鉴 2007,2007/2008,2010/2011/216

009805595 林口县国民经济统计年鉴 1984—1985,2001/216

009805185 林州年鉴 2003/2004,2005—2008,2011—2012/466

008966653 林甸年鉴 1986,1989/1990,1991—2001/208

枝

013957775 枝江年鉴 2011,2013—2014/511

枞

008993633 枞阳年鉴 1990/1998/335

松

008643796 松山年鉴 1992/1996,1997/2001,2007/2011/123

007720923 松江年鉴 1987/1988,1989/1990,1991/1993,1994/1995,1996/1997,1998/1999,2000—2012/244

009065027 松江统计年鉴 1996,2002,2008/244

009618333 松阳年鉴 1998/2003,2005—2010/321

008440581 松花江年鉴 1992—1995/190

013481546 松桃年鉴/铜仁松桃年鉴 2007/2008,2011/702

012724200 *松原市宁江年鉴/宁江年鉴 2007/2008,2011/2012/180

008749287 松原市统计年鉴/松原统计年鉴 1993,1995—1996,1999,2001—2008,2012—2014/180

008902174 松原年鉴 1992/1995,1996/1997,1998/1999,2000/2001,2002/2003,2004/2005,2006/2007,2010/2011,2013/180

008749287 *松原统计年鉴/松原市统计年鉴 1993,1995—1996,1999,2001—2008,2012—2014/180

008215832 松滋年鉴 1987,1991/520

013953617 *松滋统计十年鉴/松滋统计年鉴 1997/2006,2004/520

007211174 松滋统计年鉴 1993,1995/520

013953617 松滋统计年鉴/松滋统计十年鉴 1997/2006,2004/520

012724243 松潘县年鉴 1986,1987/1988,2008/686

杭

014014260 杭州工艺美术博物馆·中国刀剪剑博物馆·中国扇博物馆·中国伞博物馆年鉴 2011/295

011396280 杭州大学年鉴 1996/1997/295

013927823 杭州大剧院年鉴 2006/297

011502088 杭州广播电视年鉴 1995,1997—2001,2002/2003,2004—2013/295

009197858 杭州公安年鉴 1996/2002,2004/2005,2006—2013/293

008432482 杭州电信年鉴/中国电信杭州分公司年鉴 1996—2007/294

012320716 *杭州电信年鉴/中国电信杭州分公司年鉴 2008—2013/294

011139968 *杭州市下城区统计年鉴/下城统计年鉴/下城区统计年鉴 2006—2013/298

013603088 杭州市电力局年鉴 2011—2012/294

014014265 *杭州市电力局统计资料汇编/杭州市电力统计年鉴 2009—2010/294

014014265 杭州市电力统计年鉴/杭州市电力局统计资料汇编 2009—2010/294

013814800 杭州市市政市容年鉴 2002/297

014014995 *杭州市环境质量年鉴/浙江省杭州市环境质量年鉴 1986,1988/297

011822032 杭州市经济委员会(市乡镇企业局)年鉴/杭州市经济委员会年鉴汇集 1986/2003,2004—2008/293

011822032 *杭州市经济委员会年鉴汇集/杭州市经济委员会(市乡镇企业局)年鉴 1986/2003,2004—2008/293

012047181 杭州市城市建设年鉴/杭州城市建设年鉴 1984—1990,1992—1993,1995—1998,2000/294

013710873 [杭州市萧山区聋哑学校]年鉴 2008/299

013652772 杭州市萧山区第一人民医院年鉴 2001—2009/299

001992622 杭州年鉴 1987—2003,2005—2014

/292

011502093 杭州建设年鉴/杭州城乡建设年鉴 2002,2004,2006—2014/293

013470929 杭州经济技术开发区年鉴 2011—2014/293

013814722 杭州经济普查年鉴 2008/293

011502093 *杭州城乡建设年鉴/杭州建设年鉴 2002,2004,2006—2014/293

012047181 *杭州城市建设年鉴/杭州市城市建设年鉴 1984—1990,1992—1993,1995—1998,2000/294

012983283 杭州城投年鉴 2007/293

012923491 杭州科协年鉴 1991,1993,1999/2001/295

008997591 杭州科技年鉴 2001—2009,2011—2012/295

006924871 杭州统计年鉴 1990—1991,1993,1995—2014/292

009425856 杭州铁路分局工会年鉴 1996—1997,1999—2002/293

008476935 杭州铁路分局年鉴 1995—1997,2000—2004/294

013928102 杭州高新区（滨江）统计年鉴 2005,2007—2010/298

013788240 杭州教育年鉴 2003—2004/295

013608619 杭州商业年鉴 1993/294

008990561 杭钢年鉴 1995—2009/294

枣

011399625 枣庄卫生年鉴 1986/1995/416

011823307 枣庄卫生监督年鉴 2004/2005,2006/416

008966663 *枣庄市中年鉴/市中年鉴 2004/2008,2009/2010/415

012079775 枣庄市市中区统计年鉴/市中区统计年鉴 2003—2004,2006—2011/417

008325245 枣庄年鉴 1993—2014/416

009927914 枣庄交通年鉴 1998/2002/416

013174668 枣庄红十字年鉴 2008/2009/416

008264907 枣庄统计年鉴 1992—2014/416

011503696 枣庄烟草年鉴 2006—2007/416

013899429 枣庄检察年鉴 2010/416

009104908 枣阳年鉴 2000—2007,2010/2011,2012/2013/513

雨

009520240 雨花年鉴 2001/2003,2004—2014/258

010226987 雨城年鉴 2005—2008,2010—2012/682

卖

013397031 卖方分析师水晶球奖年鉴 2011/912

砀

008432428 砀山年鉴 1999,2002,2002/2004,2005/2007/340

奈

013636605 奈曼旗统计年鉴 2011—2012/125

奔

012079048 奔腾诗歌年鉴 2008/2009,2009/2010,2011/2012/929

奇

011967044 奇台年鉴 2008—2010/818

瓯

011967046 瓯海年鉴 2006—2010/305

011503127 瓯海政协年鉴 2002/2004,2005/

2006/305

欧

012199524　欧盟标准与中国纺织品贸易年鉴 200u/958

郏

009617292　郏县年鉴 2003—2014/465

卓

013790791　卓尼县年鉴 1991/2003/786

虎

009492660　虎林市国民经济统计年鉴 2002/200

尚

008749948　尚志年鉴 1997—1999,2002—2006,2008—2010/194

盱

008250235　盱眙年鉴 1994—2003,2008—2010,2013/275

旺

008643558　旺苍年鉴 1986/1997,2006—2007,2009—2010,2012—2014/668

009520181　旺苍县发展计划年鉴 1986/2000/669

009520185　旺苍邮政年鉴 1998/2001/669

果

009104892　*果洛年鉴/果洛藏族自治州年鉴 1996—2013/792

009104892　果洛藏族自治州年鉴/果洛年鉴 1996—2013/792

昆

008143417　昆山年鉴 1988/1993,1994/1997,1999—2011/268

012079207　昆山钞票纸厂年鉴 2002/2003,2005,2007/269

009617442　昆山统计年鉴 1988—1992,1998,2000,2002—2013/268

014014376　昆明工业统计年鉴 1989—1990/712

013757949　昆明市五华区经济普查年鉴 2004/714

012047440　昆明市中级人民法院年鉴 2003—2004/712

011966767　昆明市水利水电统计年鉴 2006—2007,2009/712

013713405　*昆明市呈贡区社会经济统计年鉴/呈贡区社会经济统计年鉴/呈贡县社会经济统计年鉴 2005—2012/714

011139907　昆明市经济普查年鉴 2004/712

012047436　昆明市盘龙区统计年鉴 2003—2007/715

005445545　昆明年鉴 1990—2013/711

008588893　昆明交通年鉴 1998/712

013936041　昆明医学院年鉴 2005—2006,2009—2010/713

014014380　昆明国土资源年鉴 2009/712

008381647　昆明统计年鉴 1990—1999,2001—2006,2008—2014/711

008137820　昆明铁路分局年鉴 1990,1992—1994,1996/713

008923180　昆明铁路局年鉴/昆铁年鉴 1998—2010/713

012526073　昆明高新区年鉴 2003—2005,2005/2009,2006—2008,2010—2013/712

012591889　昆明理工大学共青团工作年鉴 2006,2008/711

009541739　昆明理工大学年鉴 2000—2006,

2009—2013/713
013634208 昆钢年鉴 2011—2014/716
008923180 *昆铁年鉴/昆明铁路局年鉴 1998—2010/713

国

011139963 国电大渡河公司年鉴 2006—2008/651
009062480 *国电霍州发电厂年鉴/霍州发电厂年鉴 1997/2001,2002/2005,2006/2008/110
005929800 国民年鉴 1949/851
013609043 *国民经济统计年鉴/蕲春统计年鉴/蕲春县统计年鉴 1991—1994,1998—1999,2000/2001,2002—2005,2007—2008,2010/524
012704390 国民政府年鉴 1943/1946/852
003098308 国民政府年鉴 1945/852
008121084 国民政府年鉴台湾省行政部份 1946/1948/832
009913056 *国网北京市电力公司年鉴/北京电力公司年鉴/北京市电力公司年鉴 2005—2013/11
011823189 *国网四川省电力公司年鉴/四川省电力公司年鉴 2007—2014/651
013747804 国防大学年鉴 2012/28
008135044 国防年鉴 1969/856
013090001 国防科学技术大学年鉴 2009/538
012591720 国医年鉴 2009—2015/950
013965243 国际中国文化研究年鉴 1979/2009/915
013396930 国际风景园林景观规划设计获奖作品年鉴 2011/962

013677468 国际农产品贸易统计年鉴 2012—2013/906
006965694 国际形势年鉴 1982—1993,1995—2011/844
012080558 国际劳动统计年鉴 2003/865
008116717 国际政治年鉴 1965—1966/844
007463544 国际统计年鉴 1995—2005,2006/2007,2008—2014/840
013396922 国际楼盘设计年鉴 2011/960
009934721 国家气象中心年鉴 1994—1995/34
009926357 国家电力公司成都勘测设计研究院综合年鉴/成都勘测设计研究院综合年鉴 1996/2002/651
010224263 国家电网公司年鉴 2006—2014/12
011822097 *国家自然科学基金委员会化学科学部年鉴/化学科学部年鉴 2005—2007,2012/33
013104825 国家图书馆年鉴 2011—2014/22
013747888 国家哲学社会科学数据库项目组年鉴 2012/839
012923487 国家预防腐败局年鉴 2007/2009,2010/2011/6

昌

011395736 昌平区教育年鉴/昌平教育年鉴 2006—2013/45
011395736 *昌平教育年鉴/昌平区教育年鉴 2006—2013/45
013793236 昌宁年鉴 2012—2014/723
009406296 昌吉市年鉴 2003—2013/817
008432588 *昌吉回族自治州统计年鉴/昌吉统计年鉴 1997—2007,2011—2012/817

010102771 昌吉年鉴 2005—2013/817

008432588 昌吉统计年鉴/昌吉回族自治州统计年鉴 1997—2007,2011—2012/817

009616904 昌江年鉴/昌江黎族自治县年鉴 1991/2002,2011—2012/632

009616904 *昌江黎族自治县年鉴/昌江年鉴 1991/2002,2011—2012/632

013787872 昌邑统计年鉴 2004,2008—2009/424

008397894 昌图年鉴 1986/1988,1989/1990,1991—1993,1995—2000,2001/2003,2004/2006,2009/2010/161

009805887 昌图县教育年鉴 2004—2005,2009—2010/161

013898438 昌河汽车年鉴 2004/2008/377

009519825 昌都地区统计年鉴 1998/1999,2000/2001,2002/2003/746

011139655 昌都年鉴 2004,2008/746

010102767 昌都检察年鉴 2003—2004,2008,2010/746

明

012923991 明孝陵博物馆年鉴 2009,2011/254

004727785 明清小说研究年鉴 1986/931

013793232 明溪年鉴 2011—2014/358

易

009035911 易门年鉴 2002—2014/721

迪

008957455 迪庆年鉴 1994—1996,2001—2014/743

011966325 迪庆藏族自治州统计年鉴 2006—2009/743

固

008588876 固始年鉴 1996—1998,2000,2011—2014/484

013788110 固始统计年鉴 2007,2008/2009,2010/2011/485

008438857 固原地区年鉴/固原年鉴 1991/1995,2004—2005,2007—2008,2010—2013/802

008438857 *固原年鉴/固原地区年鉴 1991/1995,2004—2005,2007—2008,2010—2013/802

009805930 固原统计年鉴 1993/2000/802

忠

009588949 忠县年鉴 1988/2000,2001/2002,2003/2004/641

呼

012617173 呼兰年鉴 2008/2009,2010/2011,2012—2014/194

009436933 *呼兰县国民经济和社会发展统计年鉴/呼兰县统计年鉴/呼兰统计年鉴 1990—1991,1993—1994,1996—2002/194

009436933 呼兰县统计年鉴/呼兰统计年鉴/呼兰县国民经济和社会发展统计年鉴 1990—1991,1993—1994,1996—2002/194

009436933 *呼兰统计年鉴/呼兰县统计年鉴/呼兰县国民经济和社会发展统计年鉴 1990—1991,1993—1994,1996—2002/194

008476974 *呼伦贝尔市统计年鉴/呼伦贝尔盟统计年鉴 1989—1992,1994—2004,2006—2007,2011,2013—2014/127

007462378 *呼伦贝尔市海拉尔区统计年鉴/海拉尔市统计年鉴 1993—1995,2000—

2001/127

014442483 呼伦贝尔市海拉尔区统计年鉴/海拉尔区统计年鉴/海拉尔市统计年鉴 2002—2005,2011—2012/127

004724297 呼伦贝尔年鉴 1986—1993,2001,2002/2003,2004,2005/2006,2007/2008,2009—2011/127

008476974 呼伦贝尔盟统计年鉴/呼伦贝尔市统计年鉴 1989—1992,1994—2004,2006—2007,2011,2013—2014/127

011502183 呼图壁年鉴 2006—2014/817

013714566 呼和浩特石化公司年鉴 2010—2011/119

009397854 呼和浩特市新城区国民经济和社会发展情况统计年鉴 1986/1990/120

014014797 呼和浩特发电厂内蒙古丰泰发电有限公司年鉴 2001—2002/119

009927890 呼和浩特年鉴 2002/2003,2004/2005,2006/2007,2008—2010/119

011396449 呼和浩特财政年鉴 2002,2004—2008,2010—2011/120

004569188 呼和浩特经济统计年鉴/呼和浩特统计年鉴 1990,1992—2005,2007—2014/119

004724286 呼和浩特科学技术年鉴/科学技术年鉴 1986/120

004569188 *呼和浩特统计年鉴/呼和浩特经济统计年鉴 1990,1992—2005,2007—2014/119

011502175 呼和浩特铁路局工程处年鉴 1999—2002/119

007598613 呼和浩特铁路局年鉴 1989,1991—1993,1995—2012/120

009927888 呼和浩特铁路建设年鉴 2003—2006/119

罗

009157745 罗山年鉴 1999—2000/484

008957046 罗平年鉴 1991,1993—2008,2010/719

008828449 罗田年鉴 2000—2002,2004—2006,2008—2009,2011—2012/523

013747813 罗田统计年鉴 2002—2007,2011/523

011966854 罗庄区年鉴/罗庄年鉴 1995/1997,1998/2004/436

011966854 *罗庄年鉴/罗庄区年鉴 1995/1997,1998/2004/436

012792637 罗江年鉴 2010—2013/664

008773078 罗定年鉴 1998/1999,2003,2003/2008/603

011140125 *罗湖区统计年鉴/深圳市罗湖区统计年鉴/罗湖统计年鉴 2002—2005,2007,2009—2014/580

012530112 罗湖年鉴 2005/2008,2010/580

011140125 *罗湖统计年鉴/深圳市罗湖区统计年鉴/罗湖区统计年鉴 2002—2005,2007,2009—2014/580

013788404 罗源统计年鉴 2004—2005,2007—2008,2010/353

岫

008331610 岫岩年鉴 1985/1990,1991/1995,1996/2000,2002—2003,2003/2004,2006—2009/151

凯

009395423 凯里年鉴 2002,2007—2014/704

图

007420592 图书年鉴 1930/918

007426372 图书年鉴 1933/918

012617489 图们年鉴 2008,2009/2010,2012/182

005719993 图们铁路分局年鉴 1991,1993—1998/182

物

008139882 *物资工业公司年鉴/济南铁路局物资工业公司年鉴/济南铁路局物资工业年鉴/物资工业年鉴/物资工业总公司年鉴 1987,1990,1993—1994,1998,2002/400

008139882 *物资工业年鉴/济南铁路局物资工业公司年鉴/物资工业公司年鉴/济南铁路局物资工业年鉴/物资工业总公司年鉴 1987,1990,1993—1994,1998,2002/400

008139882 *物资工业总公司年鉴/济南铁路局物资工业公司年鉴/物资工业公司年鉴/济南铁路局物资工业年鉴/物资工业年鉴 1987,1990,1993—1994,1998,2002/400

014014937 物联网年鉴 2010/958

和

012354121 和布克赛尔蒙古自治县年鉴 2007—2008,2010—2013/826

009589765 和龙市国民经济和社会发展统计年鉴 2002—2004/184

012194187 和龙年鉴 2009—2014/183

009426242 和平年鉴 2000,2001/2002,2003,2004/2005,2011,2013/56

009287865 和平经济统计年鉴/和平统计年鉴 1988,1991,1995,2001,2009/143

009287865 *和平统计年鉴/和平经济统计年鉴 1988,1991,1995,2001,2009/143

011822038 和田市年鉴 2007—2014/816

009169849 *和田地区统计年鉴/和田统计年鉴 2000—2012/816

009913795 和田年鉴 2005—2013/816

009169849 和田统计年鉴/和田地区统计年鉴 2000—2012/816

013747928 和县年鉴 2012—2013/333

008438765 和政县十年鉴 1986/1995/785

009726275 和顺年鉴 2000/2003/104

012792519 和静年鉴 2010—2011/820

佳

008137704 *佳木斯分局年鉴/佳木斯铁路分局年鉴 1987—1996,1998—2004/210

009195466 佳木斯电业局年鉴 1987/1994/210

010225620 佳木斯市人民检检察院年鉴 1990/2005/210

010225628 佳木斯市卫生年鉴 1986/2005/211

009395375 佳木斯市电信年鉴 2001—2002/211

010225613 佳木斯市纪检监察年鉴 1990/2005/209

009169547 佳木斯市邮电年鉴 1998—1999/211

011140427 佳木斯市财政年鉴 2006—2009/211

010102463 佳木斯市林业局年鉴 1990/2000,2001/2005/210

010225630 佳木斯市物价管理年鉴 1986/

2005/211

010225611 佳木斯市城区道路管理年鉴 1989/2005/210

010102466 佳木斯市政府办年鉴 1990/2005/210

010225617 佳木斯市科学技术协会年鉴 1986/2005/211

010225609 佳木斯发电厂年鉴 1987/1997/210

013311812 佳木斯地税年鉴 2007/2008/211

008990493 佳木斯年鉴 2000—2007, 2009, 2011—2012/209

009169557 佳木斯邮政年鉴 1999, 2001/2005/211

002032744 佳木斯经济统计年鉴 1987—1993, 1995—2005, 2007—2014/210

008137704 佳木斯铁路分局年鉴/佳木斯分局年鉴 1987—1996, 1998—2004/210

009195462 佳木斯第二发电厂年鉴 1987/1995/210

岳

012724305 岳西年鉴 2003/2008, 2009/2010/336

008426362 岳池年鉴 1986/1992, 1993/1997, 2003, 2006—2008, 2010—2011, 2013—2014/680

013899414 岳阳市金融经济统计年鉴 1999/548

008274866 *岳阳市统计年鉴/岳阳统计年鉴 1984/1985, 1990/1991, 1992/1993, 1994/1995, 1997, 1999—2004, 2005/2006, 2007—2008, 2009/2010, 2011, 2013/548

008728241 岳阳年鉴 1997—1998, 2000—2013/548

009502614 岳阳县年鉴 1997—1998, 2002, 2004, 2006, 2008, 2010, 2014/549

013747946 岳阳县统计年鉴 2012/549

013974403 岳阳茶业年鉴 2010/548

008274866 岳阳统计年鉴/岳阳市统计年鉴 1984/1985, 1990/1991, 1992/1993, 1994/1995, 1997, 1999—2004, 2005/2006, 2007—2008, 2009/2010, 2011, 2013/548

012983877 岳阳楼区年鉴 2006, 2008—2009, 2011/548

013996316 岳普湖年鉴 2013/815

岱

008969070 岱山年鉴 1989/1992, 1993/1997, 2001/2006, 2007/2008, 2009—2011/317

014014132 岱山县统计年鉴 2010/2011/317

凭

009927849 凭祥年鉴 2002/2003/627

依

012925193 依兰年鉴 2008/2009, 2010/2011/194

008434177 依安年鉴 1986/1987, 1996/1997, 1998/1999/199

阜

007918346 阜宁年鉴 1986/1992, 1993/2000, 2011, 2014/277

009237357 阜宁统计年鉴 1995—2008/277

008434128 阜阳年鉴 1997, 1999, 2001, 2003—2013/338

008402866 阜阳统计年鉴 1996—1998, 2000—2014/338

011501905 阜康年鉴 2007—2012/817

011139715 阜新市教育年鉴 2006—2007, 2009/156

007916805 阜新年鉴 1986—1998,2000—2009/156

009617772 阜新统计年鉴 1995—2004,2006—2008,2010—2013/156

009459804 阜新蒙古族自治县年鉴 1999—2000,2001/2002,2003/2004/157

金

012923759 金口河区年鉴 2006—2009/672

004589965 金山年鉴 1991—2014/244

008426369 金川年鉴 1989/1997,1998/2000,2001/2003,2006/2008,2009—2010,2011/2012/686

014374206 金门文化年鉴 2013/362

009589481 金乡年鉴 1991/1995/427

014014334 金水区土地管理年鉴 2000/457

009913212 *金水区统计年鉴/郑州市金水区统计年鉴 1995,1998—1999,2001—2011/456

012047362 金水年鉴 2007—2008,2010—2012/456

009492947 金牛年鉴 2003—2014/655

011502999 金凤区综合年鉴 2002/2006/799

012526057 金平年鉴 2011—2012,2014/735

013928146 金东区统计年鉴 2005/314

009726392 金华公安年鉴 2005/313

013936033 金华书画院年鉴 2006/2007/313

008432415 金华年鉴 1997—2007,2010—2012/313

007977700 金华统计年鉴 1997—1998,2000,2002—2014/313

007211342 金州年鉴 1987—2009,2011—2014/148

011822249 金安年鉴 2007—2008,2012—2013/340

014217079 金安统计年鉴//341

010226297 金阳年鉴 1998/2002/691

008001354 金坛年鉴 1988/1993,1994/1996,1997/1999,2000/2002,2003/2005,2008—2014/265

011398589 金秀年鉴 1988/2002/626

009492552 金沙年鉴 2001,2003—2004,2007—2008,2010/701

010137459 金昌市统计年鉴/金昌统计年鉴 1988—1989,1991,2007,2012/777

009111401 金昌年鉴 1992/2000,2002—2009,2011—2013/777

010137459 *金昌统计年鉴/金昌市统计年鉴 1988—1989,1991,2007,2012/777

013965357 金城造纸(集团)有限责任公司年鉴 1998/155

008879201 金堂年鉴 1991/1997,1998/1999,2000/2001,2002/2003,2006,2008,2013/658

009460009 *金塔年鉴/金塔县统计年鉴/金塔统计年鉴 1984/2000,2001—2006/783

009460009 金塔县统计年鉴/金塔统计年鉴/金塔年鉴 1984/2000,2001—2006/783

009460009 *金塔统计年鉴/金塔县统计年鉴/金塔年鉴 1984/2000,2001—2006/783

008433861 金湖年鉴 1995—2013/275

008437613 金溪年鉴 1986/1992,1998/387

008439085 金融技术设备年鉴第2—3,5册/910

乳

010101973 乳山市统计年鉴 1998/432

008435376 乳山年鉴 1996/1998,2000—2012/432

013771899 乳源年鉴 2012—2014/575

肥

013677363 肥东年鉴 2011—2013/330

013859283 肥西年鉴 2012/330

008378166 肥城年鉴 1988/1992, 1993/1997, 2003/2007, 2008/2011/429

周

008643769 周口地区年鉴 1991/1995, 1997—2000/485

008643770 周口年鉴 2001, 2002/2003, 2004, 2005/2006, 2007/2008, 2009/2010, 2011—2014/485

013899532 周口经济普查年鉴 2008/486

008728268 周口统计年鉴 1994—1995, 1997—2008, 2010—2014/485

011968495 周口教育年鉴 2006, 2008/486

009542222 周宁年鉴 1989/1999/368

008957079 周村年鉴 1986/1992, 1993/1995, 2003/2005, 2009/2010, 2011, 2013—2014/415

鱼

013790756 鱼峰年鉴 2005/615

京

008001514 京口年鉴 1990/1992, 1993/1995, 1996/1997, 2000, 2002, 2004, 2006, 2008—2014/281

008998435 京山年鉴 1986/1990, 1991/1995, 1996/2000, 2012, 2014/516

府

008670243 府谷年鉴 1990/1994/765

兖

008633832 兖州年鉴 1996/1999, 2000, 2001/2002, 2003/2005, 2006/2008, 2009, 2010/2012/426

012361570 兖州统计年鉴 2005/426

育

011141234 育英中学年鉴 2001/402

闸

008875528 闸北年鉴 1999—2014/240

郑

012079784 郑州人大年鉴 2004—2005/452

008643815 郑州工业大学年鉴 1996—1997/455

013791039 郑州工学院年鉴 1988, 1989/1990, 1994/455

014014999 郑州大学研究生院年鉴 2008/455

011968161 郑州电信年鉴 1997—1998/454

013603466 郑州外国语学校年鉴 2011/454

011503717 郑州市二七区统计年鉴/二七区统计年鉴 2006—2010/456

011503724 郑州市土地管理年鉴 1996/2001/453

012724393 郑州市上街年鉴/上街年鉴 2010—2014/457

012724396 郑州市中原区土地管理年鉴 1995/1999/456

011503727 郑州市中原区统计年鉴/中原区统计年鉴 1990—1994, 2001, 2003, 2005, 2007—2012/455

013790764 郑州市自来水公司年鉴 1990/1991/453

009913212 郑州市金水区统计年鉴/金水区统计年鉴 1995, 1998—1999, 2001—2011/456

008250228 郑州市统计年鉴/郑州统计年

鉴 1983—1993,1995—1997,2002/452

009307890 *郑州市统计年鉴/郑州统计年鉴 1999—2014/452

013933101 郑州市疾病预防控制中心年鉴 2010/455

011140223 郑州市惠济区统计年鉴/惠济区统计年鉴 2004,2007,2009—2010/457

012048904 *郑州市管城回族区年鉴/管城回族区年鉴/管城年鉴/郑州市管城年鉴 2006—2014/456

011823317 郑州市管城回族区统计年鉴/管城统计年鉴 2004,2007—2014/456

012048904 *郑州市管城年鉴/管城回族区年鉴/郑州市管城回族区年鉴/管城年鉴 2006—2014/456

011503743 郑州网通年鉴 2005—2006/454

001992461 郑州年鉴△1985—2014/452

008878947 郑州邮政年鉴 1993—2001/453

012530592 郑州物流年鉴 2006/2007/453

013974411 郑州房地产年鉴 2005/2006,2006/2007/453

013957771 郑州经济技术开发区统计年鉴 2012/452

013791042 郑州经济普查年鉴 2008/452

012926137 郑州政协年鉴 2010—2012/452

011968193 郑州科技统计年鉴 2003/454

008250228 *郑州统计年鉴/郑州市统计年鉴 1983—1993,1995—1997,2002/452

009307890 郑州统计年鉴/郑州市统计年鉴 1999—2014/452

013758763 郑州铁路分局工会年鉴 1997,2003/452

008250218 郑州铁路分局年鉴 1984—1985,1986/1987,1988—1998,2000—2004/453

007849774 *郑州铁路年鉴/郑州铁路局年鉴 1985—2014/453

007849774 郑州铁路局年鉴/郑州铁路年鉴 1985—2014/453

013481746 郑煤集团年鉴 2011—2012/453

炎

009015887 炎陵年鉴 1995—2001,2003,2005,2007,2009/544

炉

013311820 炉霍年鉴 2006—2007/689

法

011501847 法库县国民经济统计年鉴 1999/2005/144

009358483 法鼓山年鉴 1989/2001,2002—2006/834

沭

009289609 沭阳年鉴 2000—2003,2007—2009/284

013714554 沭阳统计年鉴 2003—2005,2011/284

河

011396297 河口一中年鉴 2004,2006/419

009288913 河口年鉴 1996/1998,2001,2003—2010,2012—2013/419

012525988 河口瑶族自治县年鉴 2009—2013/735

013753730 河东区统计年鉴 2004,2010/436

009618298 河东年鉴/天津·河东年鉴 2001/2003,2005—2006,2008—2010/56

009933538 河北人口调查年鉴 1991/1994/60

014014270 河北大学年鉴 1991/68

008941741 河北卫生年鉴 1986,1989/1999,2001—2012/65

011140246 河北卫生监督年鉴 2001/2003,2004/2005,2009—2010/65

009195512 河北乡镇经济年鉴 2001,2004—2005,2007—2009,2011/62

009501703 河北区年鉴/天津市河北年鉴/河北年鉴 1997/2003,2004—2011/56

011396292 河北水利统计年鉴 2002,2006,2008—2010/63

012194193 河北公路工程建设集团有限公司年鉴 1999/67

013898627 河北文化艺术年鉴 1987—1989/64

012047200 河北文学评论年鉴 2001—2006/65

009913138 河北电力工业统计年鉴 1998,2000—2003,2008/62

012923506 河北电信年鉴 2001/63

008437480 河北市场年鉴 1996—1997/63

011966570 河北出入境检验检疫年鉴 2002/2003,2004—2006/65

008438127 河北出版年鉴/河北出版集团年鉴 1992—2008/68

008438127 *河北出版集团年鉴/河北出版年鉴 1992—2008/68

008993676 河北地方税务年鉴 1994—2000,2002—2009/63

009346332 河北地震年鉴 2001—2007/65

012525982 河北共青团年鉴 2009/61

009452699 *河北网通年鉴/河北通信年鉴 2002—2007/63

004187761 河北年鉴 1991—2003,2005—2014/60

008277827 *河北年鉴/正定县年鉴 河北年鉴增刊 1991,1992/1993,1994/1995,1996/1998,2001/2002,2003—2006,2007/2008,2010—2013/71

009501703 *河北年鉴/河北区年鉴/天津市河北年鉴 1997/2003,2004—2011/56

007733602 *河北年鉴增刊/高邑县年鉴 1995/71

012591731 河北企业年鉴 2009—2013/62

012080561 河北交通年鉴 1987,1989,1994—1995/63

011140249 河北兴泰发电有限责任公司年鉴 2003/2005/78

012080566 河北农村金融年鉴 1989/1993,1994/1997,1998/2000,2001/2005/64

008245751 河北农村统计年鉴 1995—2014/60

004187771 河北县镇年鉴 1990—1991/62

012047204 河北邮电年鉴 1998—1999/63

009157757 河北邮政年鉴 2001,2002/2003,2004/2005,2006/2007/63

008849877 河北财政年鉴 1993,1997,1999—2003,2005—2013/63

008902159 河北体育年鉴 1991/1993,1995—1996,1997/1998,1999/2000,2001/2002,2003/2004/65

013369887 河北住宅与房地产业年鉴 2009/62

011502097 河北社会科学年鉴 2007—2014/60

012047190 河北环境保护年鉴 2008—2010,2012—2013/65

006296720 河北金融年鉴 1991—2013/64

011822056 河北国土资源年鉴 2005/2006

/62

012047183 河北国税年鉴 2007—2012/64

009264659 河北法制年鉴 2002,2004,2006, 2008,2010,2012/61

007464835 *河北经济年鉴/河北经济统计年鉴 1985—1993/61

006633795 河北经济年鉴/河北经济统计年鉴 1995—2002,2005—2014/61

007464835 河北经济统计年鉴/河北经济年鉴 1985—1993/61

006633795 *河北经济统计年鉴/河北经济年鉴 1995—2002,2005—2014/61

012983919 河北经济普查年鉴 2008/61

008491884 河北城市金融年鉴 1989/1991/64

009617178 河北政法年鉴 2000/61

012079145 河北省人民法院年鉴 1993/1997/61

011966574 河北省土地调查统计年鉴 2006—2007/62

008923244 河北省广播电视年鉴 1995—1998,1999/2000,2001/2002,2003—2013/64

009589235 河北省开发区年鉴 1996—2006,2008—2012/61

012792523 河北省文化文物统计年鉴 2009,2011—2012/64

008643411 河北省农林科学院年鉴 1986/1990,1991/1995,1996/1998,1999—2001/69

013965247 河北省住房公积金统计年鉴 1992/2010/62

013467353 河北省国有资产监督管理年鉴 2010/61

008129562 河北省统计年鉴 1929/1930/60

012521516 河北省博物馆年鉴 1987,1988/

2000/68

012047193 *河北省道路运输年鉴/河北省道路运输管理年鉴 1986—1988,1997—1999,2001—2003,2007—2008/63

012047193 河北省道路运输管理年鉴/河北省道路运输年鉴 1986—1988,1997—1999,2001—2003,2007—2008/63

008957902 河北省精神文明建设年鉴 2001—2010/61

013788261 河北钢铁集团有限公司统计年鉴 2010/66

008902156 河北科技年鉴 1998,2000—2013/64

009452699 河北通信年鉴/河北网通年鉴 2002—2007/63

012923512 河北能源统计年鉴 2005/2007/62

009913143 河北教育考试年鉴 2002/64

009698790 河北教育年鉴 2002—2006/65

010102235 河北移动通信有限责任公司年鉴 2002—2003,2005/67

013935943 河北税收年鉴 1991,1993/64

009182884 河西年鉴 1996/2000,2001—2008,2012—2013/56

008633718 河池市年鉴/河池年鉴 1991/1996,1997—1998,1999/2000,2004—2007,2008/2009,2010—2014/625

009426055 河池地区经济社会统计年鉴 1998—2002/625

008633718 *河池年鉴/河池市年鉴 1991/1996,1997—1998,1999/2000,2004—2007,2008/2009,2010—2014/625

009406099 河池统计年鉴 2003—2008/625

008553649 河间年鉴 1991/1993,1993/1996,

1995/1998,1999/2000/85

012990536 河南人力资源和社会保障年鉴 2009,2011—2012/447

013603097 河南工业大学年鉴 2010—2011/454

011396304 河南工业年鉴 2006—2008,2010—2011,2012/2013,2014/448

013753734 河南卫生年鉴 2010/451

012591752 河南卫生统计年鉴 1987,2007/451

008574185 河南水利年鉴 1995—2014/448

009933559 河南水利统计年鉴/河南省水利统计年鉴 1989—1993,1996—1997,1999—2001,2003—2005,2008—2010/448

008941746 河南文化艺术年鉴/河南文化年鉴/河南文化文物年鉴 1992—1996,1997/1999,2001—2014/450

008941746 *河南文化文物年鉴/河南文化艺术年鉴/河南文化年鉴 1992—1996,1997/1999,2001—2014/450

008941746 *河南文化年鉴/河南文化艺术年鉴/河南文化文物年鉴 1992—1996,1997/1999,2001—2014/450

011140328 河南书法年鉴 2006—2007,2010/451

012792546 河南电信实业有限公司年鉴 2001/2005/454

012194199 河南电信统计年鉴/河南省电信统计年鉴 1998—2001/449

012617153 河南司法行政年鉴 2009—2012/446

012617145 河南师范大学年鉴 2009/469

010101946 河南网通统计年鉴/河南省通信统计年鉴/河南通信统计年鉴 2002—2007/449

004724472 河南年鉴 1984—2014/445

008941976 河南企业年鉴/河南企业调查年鉴 1998—2003,2005/447

010225486 *河南企业年鉴/河南调查年鉴/河南农村统计年鉴/河南城市统计年鉴 2006—2014/445

008941976 *河南企业调查年鉴/河南企业年鉴 1998—2003,2005/447

011502139 河南交通年鉴/河南省交通年鉴 2002—2010,2011/2012/448

012591739 河南交通运输年鉴 2009—2010/448

012194195 河南安全生产年鉴/河南省安全生产年鉴 2002,2003/2006,2007/2008,2009—2012/451

011822070 河南农业大学年鉴 1996/1997,2003/455

013470931 河南农业年鉴 2011—2013/447

006379064 河南农村统计年鉴 1988,1990—2005/445

010225486 *河南农村统计年鉴/河南调查年鉴/河南城市统计年鉴/河南企业年鉴 2006—2014/445

009913170 河南技术监督年鉴/河南质量技术监督年鉴 1990—2000/447

013766075 河南劳动年鉴 1992—1998/447

010102418 河南劳动和社会保障年鉴 1999—2007/446

009014800 河南邮政年鉴 2000/2002,2003—2007,2009—2012,2013/2014/449

013395127 河南邮政统计年鉴 2003—2005/449

011966590 河南体育年鉴 1997/451

013790894 河南冶金建材年鉴 1983/1984/448

012047211 河南武警年鉴 2000—2001,2004,2007/446

009913170 *河南质量技术监督年鉴/河南技术监督年鉴 1990—2000/447

009406068 河南质量技术监督年鉴 2001—2003,2008—2010/447

008643778 河南金融年鉴 1995—2001,2006—2014/449

009062454 河南国土资源年鉴 2002—2003,2009—2012/447

009617286 河南油田年鉴 2003—2013/480

005215210 *河南经济统计年鉴/河南统计年鉴 1984—1985,1987—1988,1993—2014/445

005326669 河南经济统计年鉴/河南统计年鉴 1989—1992/446

010225513 河南经济普查年鉴 2004,2008/446

008990572 河南城市年鉴 2001—2002/447

004724495 河南城市统计年鉴 1990—2003,2005/445

010225486 *河南城市统计年鉴/河南调查年鉴/河南农村统计年鉴/河南企业年鉴 2006—2014/445

012521521 河南政法年鉴 2009/446

012591743 *河南省人民检察院检察政治工作年鉴/检察政治工作年鉴 2000—2004/446

009913179 河南省卫生防疫站年鉴 1999—2000,2002—2004/455

010225514 河南省内黄县统计年鉴 1999/466

009933559 *河南省水利统计年鉴/河南水利统计年鉴 1989—1993,1996—1997,1999—2001,2003—2005,2008—2010/448

013655914 河南省电力公司"十五"期间技术改造统计年鉴 2006/448

012194199 *河南省电信统计年鉴/河南电信统计年鉴 1998—2001/449

011502139 *河南省交通年鉴/河南交通年鉴 2002—2010,2011/2012/448

012194195 *河南省安全生产年鉴/河南安全生产年鉴 2002,2003/2006,2007/2008,2009—2012/451

009913174 *河南省邮电统计年鉴/河南省邮政统计年鉴 1995—1998,1999/2001,2002/449

009913174 河南省邮政统计年鉴/河南省邮电统计年鉴 1995—1998,1999/2001,2002/449

012526005 河南省南水北调年鉴 2007—2014/451

011140258 河南省高等学校人文社会科学研究年鉴 2001—2003,2006—2007/451

009913155 河南省疾病预防控制中心年鉴 2004—2009/455

012617102 河南省畜牧业竞争力年鉴 2005/447

010101946 *河南省通信统计年鉴/河南网通统计年鉴/河南通信统计年鉴 2002—2007/449

009933555 河南省教育统计年鉴 1987—1989,1991—1992,1994—2012/450

009913167 河南省勘察设计协会年鉴 2004—2013/451

008643779 河南科技年鉴 1984—1985,1987—

2012／450

008275188 河南科技统计年鉴 1994—1995,1996/1997,1998/1999,2001/2002,2003/2005,2006—2008,2010—2012／450

011502146 河南信息化年鉴 2007—2008,2009/2010,2011/2012／450

013635260 河南美术年鉴 2009—2012／451

005215210 河南统计年鉴／河南经济统计年鉴 1984—1985,1987—1988,1993—2014／445

005326669 *河南统计年鉴／河南经济统计年鉴 1989—1992／446

013965250 河南监狱工作年鉴 2001—2003,2005—2007／446

013369962 河南旅游年鉴 2010／448

010225486 河南调查年鉴／河南农村统计年鉴／河南城市统计年鉴／河南企业年鉴 2006—2014／445

011140342 河南通信年鉴 2003,2011—2013／449

010101946 *河南通信统计年鉴／河南网通统计年鉴／河南省通信统计年鉴 2002—2007／449

007698659 河南教育年鉴 1930／450

005033327 河南教育年鉴 1987—2013／450

012525997 河南检察年鉴 2007—2011,2013／446

012617164 河南银监局监管统计年鉴 2006／449

009927901 河南蒙古族自治县年鉴 1991/2000／791

009933565 河南新闻年鉴 2005—2007／450

008435209 河津市年鉴／河津年鉴 1994—1995,1997—2014／106

008435209 *河津年鉴／河津市年鉴 1994—1995,1997—2014／106

009726193 河海大学年鉴 2001/2002,2003—2012／254

009062461 河源年鉴 2002—2014／596

011396308 河源经济普查年鉴 2004／596

008388824 河源统计年鉴 1995—2014／596

013710912 河源职业技术学院年鉴 2008/2009／597

沾

008433944 沾化年鉴 1988/1997／442
008728258 沾益年鉴 1999—2014／718

泸

013609011 泸水年鉴 2004/2005,2006/2007,2008/2009／742

008728207 泸西年鉴 1999—2014／734

009617991 泸州乡镇经济年鉴 2003—2005／662

008398277 泸州年鉴 1997—2010,2012—2014／662

008426311 泸州交通年鉴 1988,1993—2003／662

008944125 泸州统计年鉴 1998—2007,2009,2013—2014／662

012983673 泸县年鉴 2007,2009—2013／663

010226487 泸定年鉴 2005—2010／688

011140115 泸溪县统计年鉴／泸溪统计年鉴 2000—2005,2011／558

011140115 *泸溪统计年鉴／泸溪县统计年鉴 2000—2005,2011／558

泗

008437425 泗水年鉴 1992,1994—1995,1997/1998,2002—2004,2005/2006,2007—2014／428

008333937 泗阳年鉴 1996—2007,2010,2013/284

009542182 泗洪年鉴 1996/2002,2003/2004,2005,2008,2010—2011,2013/284

泊

008476830 泊头市交通年鉴 1986,1994/84

008574174 泊头年鉴 1998—1999/84

泌

013932159 泌阳县统计年鉴 2006/2010/488

泽

008849897 泽州统计年鉴 1998,2000/103

011503699 泽普年鉴 2007—2010/815

泾

008866912 泾县年鉴 1988/1997,2010—2011,2012/2013/343

012723596 泾源年鉴 2001/2008,2010/803

治

008477476 治江年鉴/长江年鉴 1992/503

007511608 *治江年鉴/长江年鉴 1992/2001,1993,1994/1995,1996—2014/503

宝

013603015 宝山工业年鉴 2011/242

005701138 宝山年鉴 1990—2013/241

008588857 宝丰年鉴 1997—1999,2009—2013/464

013714682 宝丰统计年鉴 2011—2012/464

012525960 宝兴年鉴 2008—2010/683

013751797 宝安公路年鉴 2007/2009/581

010102162 宝安年鉴 1995—2013/580

013467184 宝安环境年鉴 2007—2010/581

011140122 *宝安统计年鉴/深圳市宝安区统计年鉴 2002—2011/581

009104860 宝应年鉴 2001,2005—2014/280

010223365 宝鸡车务段年鉴 1998/756

008388831 宝鸡市统计年鉴/宝鸡统计年鉴 1988,1990—1996,1998,2000—2003,2005—2008,2011—2014/756

008432542 宝鸡年鉴 1999—2013/756

009492578 宝鸡县年鉴 1998/2001/757

008388831 *宝鸡统计年鉴/宝鸡市统计年鉴 1988,1990—1996,1998,2000—2003,2005—2008,2011—2014/756

008805286 *宝钢年鉴/上海宝钢年鉴 2001—2012/242

009287834 宝泉岭国营农场管理局年鉴 1991—1992/202

012176840 宝清年鉴 2006—2013/204

009460042 *宝清县社会经济统计年鉴/宝清县国民经济统计年鉴 1996—1998,1999/2000,2001/2002,2003/204

009460042 宝清县国民经济统计年鉴/宝清县社会经济统计年鉴 1996—1998,1999/2000,2001/2002,2003/204

012909291 宝塔年鉴 2010—2012/761

定

011139680 定边年鉴 2001/2006,2007/2009,2010—2013/766

009123964 定西年鉴 2001—2005/784

009917875 定西统计年鉴 2000,2006,2008—2013/784

012047131 定州年鉴 2006/2008,2011—2012/80

013369802 定安县年鉴 2009/631

013935898 定运年鉴 1997/2009/784

009237353 定南年鉴 1986/1991/383

010223958 定海年鉴 2004—2012/316

宜

008405423 宜丰年鉴 1986/1991,1992/1994, 1995/1997,1998/2000,2004/386

006434891 宜兴年鉴 1990—1993,1995—2005, 2007—2014/261

008574204 宜阳年鉴 1998,2006—2014/462

013747969 宜良年鉴 2011—2014/716

011503618 宜昌卫生监督年鉴 2005—2006 /510

013758215 宜昌市卫生防疫站年鉴 1997 /510

008251273 *宜昌市统计年鉴/宜昌统计年鉴 1985—1987,1994,1996—2013/509

011503613 宜昌地税年鉴 2004/2006,2007/ 2008/510

008251239 宜昌年鉴 1989—1991,1993—2000, 2002—2014/509

013656182 宜昌财政年鉴 2007—2008/510

008957540 宜昌金融统计年鉴 1949/2000 /510

008251273 宜昌统计年鉴/宜昌市统计年鉴 1985—1987,1994,1996—2013/509

013656184 宜春市经济普查年鉴 2008/386

008405434 宜春年鉴 1993,2001/2004,2005— 2008,2010—2012/385

008477452 宜春统计年鉴 1997—2006,2010— 2013/386

008438066 宜城年鉴 1989,1991—1992,1994, 1995/1997,1996—1997,2000,2002,2004—2008, 2010,2012—2013/513

008406267 宜宾市年鉴/宜宾年鉴 1987, 1991,1992/1993,1994/1996,1998—2007,2009— 2011,2013—2014/677

008406267 *宜宾年鉴/宜宾市年鉴 1987, 1991,1992/1993,1994/1996,1998—2007,2009— 2011,2013—2014/677

009503001 宜宾县年鉴 1986/1992,2001/ 2003,2004,2006,2010,2012—2014/678

008942057 宜宾统计年鉴 2000—2001,2003— 2009,2011—2014/677

审

009618353 审计工作年鉴/哈尔滨特派办审计年鉴 1992/1995/191

官

013608975 官桥年鉴/官桥镇年鉴 1986/ 1988/417

013608975 *官桥镇年鉴/官桥年鉴 1986/ 1988/417

013680216 官渡区统计年鉴 2003,2005,2011 /715

009501739 官渡年鉴 2003—2009/715

宛

009520260 宛城区年鉴/南阳市宛城区年鉴 1996,2001/2003,2004/2007,2008/2009/480

013788411 *宛城区经济统计年鉴/南阳市宛城区经济统计年鉴 2002/480

实

002032697 实用百科年鉴 1985—1986/833

009123988 实用国民年鉴 1941/852

房

008476866 房山区年鉴/北京房山年鉴 1987—1995,1998/44

008957972 *房山区年鉴/北京房山年鉴 2000—2013/44

009726020 房山区教师进修学校年鉴 2001—2002/44

008438744 房县年鉴 1986/1992,2011—2013/509

诚

012916361 诚信中国年鉴 2010/850

郓

008643813 郓城年鉴 1991/1997,1998/2001/444

013821846 郓城县教育年鉴 1986/1997/444

建

008477156 建三江农垦统计年鉴 1994,1997,2001—2003/209

011502971 建工师年鉴 2007—2014/807

009111392 建中年鉴 2000/677

009928068 建水年鉴 2004—2014/734

012199075 建平年鉴 2006/2007,2010/2011/163

011966683 建宁年鉴 2006,2006/2008/359

008437462 建阳市年鉴 1998/364

009933338 建阳市统计年鉴 2002—2004/364

008629586 建阳年鉴 1996/363

008957912 建邺年鉴 1989—1991,2000,2002—2009,2011—2013/257

009933333 *建瓯市社会经济统计年鉴/建瓯统计年鉴 2001,2004—2008,2011/364

009840731 建瓯年鉴 2006/2010/364

009933333 建瓯统计年鉴/建瓯市社会经济统计年鉴 2001,2004—2008,2011/364

008310352 建昌县年鉴 1992—2007,2011/164

008941752 *建始年鉴/建始县年鉴 2000,2003,2005,2013/527

008941752 建始县年鉴/建始年鉴 2000,2003,2005,2013/527

009913846 建筑与室内设计年鉴 2005/961

008643429 建筑材料与设备指南年鉴 1995—1997,1998/1999,2000,2002/878

009841191 建筑实录年鉴 2005—2008/959

008876506 建湖年鉴 1999,2001—2013/278

009726197 建湖统计年鉴 2006—2009/278

013928137 *建德市国民经济统计年鉴/建德统计年鉴/建德市统计年鉴 1949/1989,2000—2001,2007—2009/300

013928137 *建德市统计年鉴/建德统计年鉴/建德市国民经济统计年鉴 1949/1989,2000—2001,2007—2009/300

010226248 建德年鉴 2001—2014/300

013928137 建德统计年鉴/建德市国民经济统计年鉴/建德市统计年鉴 1949/1989,2000—2001,2007—2009/300

居

009014814 居巢年鉴 2000,2002,2004,2007,2009—2011/329

弥

009015775 弥勒年鉴 2002—2008,2011—2014/734

012923833 弥勒经济年鉴 2000/2005/734

008940640 弥渡年鉴 1998,2000—2008,2011—2014/739

承

010223916 承德市交通年鉴 1990,1996/82

孟

009520162 孟州年鉴/孟县年鉴/孟州通鉴 1993/1994,1995/1996,2001/2004,2005/2009/472

009520162 *孟州通鉴/孟州年鉴/孟县年

鉴 1993/1994,1995/1996,2001/2004,2005/2009/472

013932154 孟连年鉴 2009/2010,2013/728

009520162 *孟县年鉴/孟州年鉴/孟州通鉴 1993/1994,1995/1996,2001/2004,2005/2009/472

012357194 孟津年鉴 2005,2011/462

陕

013634424 陕西人物年鉴 2011—2013/751

008802311 陕西工业年鉴 2001,2003/749

009406309 *陕西工业交通年鉴/陕西经济贸易年鉴 2001/2003/748

009617935 陕西工业交通年鉴/陕西经济贸易年鉴 2004—2014/749

008623479 陕西广播电视年鉴 1991/1995,1996/1997,1998/1999/750

009056035 陕西卫生年鉴 2001—2009,2010/2011,2012/751

013815051 陕西卫生统计年鉴 2004,2006—2008/751

013859222 陕西区域统计年鉴 2012/748

007474528 陕西历史学年鉴 1949/1989/751

009406314 陕西水利年鉴 1996/2001,2002/2004,2005—2008,2010—2011/749

011503427 陕西文物年鉴 2006—2012/751

013965449 陕西地税年鉴 2008—2010/750

009542173 陕西师范大学年鉴 2000—2003/754

008127901 陕西年鉴 1987—1989,1991—2003,2005—2014/748

009395544 陕西企业年鉴 2004—2005/749

008623490 陕西邮电年鉴 1997/749

008935619 陕西邮政年鉴 2001,2003—2013/749

013790965 陕西体育年鉴 2010/750

011398761 陕西金融年鉴 1991/1995/750

008651520 陕西经济年鉴 1998—2002,2004—2010,2012/748

009406309 陕西经济贸易年鉴/陕西工业交通年鉴 2001/2003/748

009617935 *陕西经济贸易年鉴/陕西工业交通年鉴 2004—2014/749

011139936 陕西经济普查年鉴 2004,2008/749

013790985 陕西咸阳化学工业有限公司年鉴 2009/757

008623483 陕西省人物年鉴 1997,2003/751

012530165 陕西省干旱灾害年鉴 1949/1995/749

008426180 *陕西省延安地区统计年鉴/延安统计年鉴/陕西省延安统计年鉴 1994—2008,2010—2013/761

008426180 *陕西省延安统计年鉴/延安统计年鉴/陕西省延安地区统计年鉴 1994—2008,2010—2013/761

009934506 陕西省名牌产品年鉴 2003/2004,2007—2008,2010/749

008271341 陕西省戏剧年鉴 1949/1989/751

008588962 *陕西省咸阳市国民经济统计年鉴/咸阳统计年鉴/陕西省咸阳市统计年鉴 1986—2003,2010—2013/757

008588962 *陕西省咸阳市统计年鉴/咸阳统计年鉴/陕西省咸阳市国民经济统计年鉴 1986—2003,2010—2013/757

011140681 陕西省美术博物馆年鉴 2001/2004,2005/2006,2007/2008,2009/2011/753

011968080 *陕西省洋县年鉴/洋县年鉴

2002/2003,2004/2005,2006/2007,2008/2009,2010/2011/764

009726335 陕西科技年鉴2007—2014/750

013714668 陕西科技统计年鉴2007—2014/750

012048495 陕西食品药品监督管理年鉴/陕西食品药品监管年鉴2005—2008,2010—2011,2013/751

012048495 *陕西食品药品监管年鉴/陕西食品药品监督管理年鉴2005—2008,2010—2011,2013/751

013656101 陕西神木化学工业有限公司年鉴/神木化工年鉴2005,2007/765

012530170 陕西退耕还林（草）监测调查年鉴/陕西退耕还林监测调查年鉴2008/751

012530170 *陕西退耕还林监测调查年鉴/陕西退耕还林（草）监测调查年鉴2008/751

004569235 陕西统计年鉴1990—1993,1995—2014/748

013471067 陕西消防安全年鉴2011—2013/748

007655215 陕西教育年鉴1949/1984/750

009011575 陕西教育年鉴1998,2005—2011,2013/750

009726331 陕西教育事业统计年鉴2001—2010,2012/750

009324855 陕西救灾年鉴1996,1997/1999,2000/2002,2003—2012/751

011140383 陕县年鉴2006—2008,2011—2013/478

织

013634394 织金县年鉴2011/702

驻

013757908 ［驻马店市］检察年鉴/驻马店市检察年鉴1997/487

007683399 驻马店地区年鉴/驻马店年鉴1993—2009,2012—2014/487

007683399 *驻马店年鉴/驻马店地区年鉴1993—2009,2012—2014/487

008749339 驻马店统计年鉴1994—2009,2011—2014/487

绍

012079326 绍兴人事年鉴2007—2009/310

012925063 绍兴文理学院年鉴2008—2009/311

013711434 绍兴文理学院附属医院年鉴2007/2009/311

013758064 绍兴市乡镇企业年鉴1996/311

012079328 绍兴市乡镇企业统计年鉴2000/311

011823173 绍兴市社科联年鉴2000/2005/310

013790047 绍兴市城市建设档案馆年鉴1984/1993/311

013634389 绍兴市政协摄影协会年鉴2011/311

008588919 绍兴年鉴2000—2014/310

012079332 绍兴县文艺年鉴2006/2007/312

009264745 绍兴县年鉴2001—2009,2011—2013/311

013790081 绍兴县统计年鉴1997—1998,2002—2006,2009/312

012361427 绍兴财政（地税）年鉴2008—

2010/311

011967293 绍兴改革开放30年统计年鉴 2008/310

007424799 绍兴统计年鉴 1995—2014/310

012592300 绍兴检察年鉴 2002/311

经

008111120 *经济年鉴/第一次中国劳动年鉴 1927/865

九画

封

008433608 封开年鉴 1996/1997,1998/2002, 2003/2004,2007/2009/592

012351795 封丘县年鉴 2003/2005/471

013788092 封丘县统计年鉴 2007/471

拱

013635354 拱墅区统计年鉴 2011—2013/297

垣

012593451 垣曲年鉴 2001,2002/2003,2005/2006/107

项

013747922 项城市统计年鉴 2011/486

城

008958030 城市节水统计年鉴 1990—1992,1994—1998/963

008749098 城市供水统计年鉴 1988—1989,1992—1993,1995/1997—2005,2007,2009—2014/963

013753529 *城西区年鉴/城西年鉴/西宁市城西区年鉴 2010—2013/789

013753529 城西年鉴/西宁市城西区年鉴/城西区年鉴 2010—2013/789

011500371 城阳年鉴 2007—2014/411

008623449 城固年鉴 1991/1996,1997/2002,2003/2007/764

013935872 城厢年鉴 2010/2011/357

013603038 城镇排水统计年鉴 2011—2014/963

政

013899436 政和县统计年鉴/政和统计年鉴/福建省政和统计年鉴 1985—1988,1991,1994—1998,2006/364

013899436 *政和统计年鉴/政和县统计年鉴/福建省政和统计年鉴 1985—1988,1991,1994—1998,2006/364

赵

013634392 赵县年鉴 2011—2013/71

指

011399654 指标股股市总览年鉴 2006/912

垫

009588951 垫江年鉴 2001/2002,2003/2004,2005/2006/641

009081328 垫江统计年鉴 1996/2000/641

荆

013753418 荆门卫生监督年鉴 2012/515

012526064 荆门公安年鉴 2004/515

009840903 *荆门市国民经济和社会发展

统计年鉴/荆门统计年鉴 1990,2004—2014/515

013753420 荆门地税年鉴 2012/515

008432802 荆门年鉴 1997—2014/515

009840902 荆门国税年鉴 2001,2009/515

013753419 荆门供电公司年鉴 2012/515

009840903 荆门统计年鉴/荆门市国民经济和社会发展统计年鉴 1990,2004—2014/515

013711346 荆门税务年鉴 1991—1992/515

014014351 荆州卫生年鉴 2003,2004/2005,2010/519

013677623 *荆州市沙市年鉴/沙市年鉴 2005/2009,2011—2012,2014/519

013788391 荆州师范学院年鉴 2001—2002/519

008432786 荆州年鉴 1997—2014/519

013172745 荆州交通年鉴 2008,2010/519

009234096 荆州统计年鉴/荆沙统计年鉴 1992,1995—1998,2000—2014/519

008432917 荆沙年鉴 1995—1996/519

009234096 *荆沙统计年鉴/荆州统计年鉴 1992,1995—1998,2000—2014/519

茞

014014370 茞县卫生年鉴 1995/434

014014365 茞县统计年鉴 1972/1984,1985/1987,1989—1990,1992/1993,1994—1995/434

008902161 茞南年鉴 1994/1998,1999/2003,2004/2006,2011—2014/438

013936039 茞南法院年鉴 2008/438

茶

008923222 茶陵年鉴 1993/1996,1997/2000,2001/2002,2003/2004,2005/2006,2007/2008/544

荣

008426303 荣县年鉴 1986/1994,1995/1996,1998,1999/2000,2001/2002,2003/2007,2008—2009,2012,2014/660

009589513 荣昌年鉴 1986—1989,1990/1991,2001—2008/640

008773091 荣城年鉴 1996/1999/432

荥

011503625 *荥阳市统计年鉴/荥阳统计年鉴 2000—2001,2003—2004,2006,2008—2009/457

011503625 荥阳统计年鉴/荥阳市统计年鉴 2000—2001,2003—2004,2006,2008—2009/457

008805300 荥经年鉴 1999—2001,2003—2008,2010—2013/683

故

009913841 故宫博物院年鉴 2004—2011/22

荔

009062483 荔湾年鉴 2008—2013/571

012530093 荔湾统计年鉴 2008—2012/571

南

012924912 南山年鉴/中国·深圳南山年鉴 1996,2009—2014/580

012530188 *南山统计年鉴/深圳市南山区统计年鉴 2002—2011/580

011823055 南开大学外国语学院行政年鉴 1997/2002/54

009618302 南开大学年鉴 2002—2011/54

006997349 南开区年鉴/天津市南开区年鉴/天津南开年鉴 1984—1987,1989—1990,1992—1996,1997/2001,2002—2008,2010,2012

/56

008439203 *南车石家庄车辆有限公司年鉴/石家庄车辆厂年鉴/中国南车集团石家庄车辆厂年鉴 1997—1998,2000—2009/66

009324906 南车四方机车车辆股份有限公司年鉴 2003,2007/409

008397438 *南车株洲电力机车有限公司年鉴/株洲电力机车工厂年鉴/株洲电力机车厂年鉴/中国南车集团株洲电力机车厂年鉴/中国南车集团株洲电力机车有限公司年鉴 1983/1988,1990,1992,1994—2001,2003—2008,2010—2011/542

010226497 南长年鉴 1991/1992/261

008439023 南化年鉴 1998—2011,2013/253

013932244 南丹县统计年鉴 2002,2008/625

008438566 南平市年鉴/南平年鉴 1995/1997,1998,1999/2000,2001,2003—2010/363

008433547 *南平市统计年鉴/南平统计年鉴 1996—2000,2002—2014/363

008438566 *南平年鉴/南平市年鉴 1995/1997,1998,1999/2000,2001,2003—2010/363

008433547 南平统计年鉴/南平市统计年鉴 1996—2000,2002—2014/363

012924016 南乐年鉴 2008—2010/475

010102348 南市年鉴 1993/1997,1999/2000/240

008849885 南汇年鉴 1999—2009/242

010101978 南汇统计年鉴 2004—2005,2009/243

012199457 南宁市全国经济普查年鉴 2004,2008/610

011140523 南宁市财政年鉴 1999—2001/611

009215401 南宁地区年鉴 1999—2002/626

008963269 南宁地区经济社会统计年鉴/南宁地区统计年鉴 1988,1996,1998—1999,2001/627

008963269 *南宁地区统计年鉴/南宁地区经济社会统计年鉴 1988,1996,1998—1999,2001/627

008315321 南宁年鉴 1996—2014/610

011140521 南宁供电局年鉴 2000,2002—2003,2010/610

008278814 南宁经济社会统计年鉴/南宁统计年鉴 1995/610

008241769 南宁统计年鉴 1986,1990—1991,1994,1996—2014/610

008278814 *南宁统计年鉴/南宁经济社会统计年鉴 1995/610

009616851 南宁铁路分局年鉴 1996/610

013079104 南宁铁路局年鉴/柳州铁路局年鉴 2008—2013/610

012047572 南宁调查年鉴 2008,2012/610

011823061 南召年鉴 2003/2006/481

013936051 南皮年鉴 2007/2009/85

008977022 南皮县交通年鉴 1992/1993,1995/1997,1998,2009/85

013965402 南皮县国家税务局年鉴/南皮县国税年鉴 1994/1996/85

013965402 *南皮县国税年鉴/南皮县国家税务局年鉴 1994/1996/85

010102186 南华大学共青团工作年鉴 2005/545

008277838 南华年鉴 1997—2005,2008/731

008333845 *南充市顺庆年鉴/顺庆年鉴 1995—1996,1998—1999,2001,2003,2007,2011,2013/674

008437598 南充市高坪年鉴/高坪年鉴 1995—1996,1996/2000,2009/2011/674

009588873 南充市嘉陵年鉴 1993/1995,1996/1998/674

008426367 南充年鉴 1995,1996/1997,1998—2008,2011—2013/674

008957720 *南充炼油厂年鉴/四川石油管理局南充炼油厂年鉴 1991/1995/674

009459959 南充统计年鉴 1990—1997,1999—2011/674

013932256 南关统计年鉴 2002,2004,2007,2009/172

008993694 南安年鉴 1989/1993,1999,2001—2004,2007/361

013898717 南安统计年鉴 2009/361

013788409 南阳市土地管理年鉴 1999,2000/2001/480

005719940 南阳市年鉴 1986/1990,1992—1994/479

008670253 南阳市卧龙区年鉴 1996—2001/480

014014435 南阳市卧龙区经济统计年鉴 2000—2003/480

009840810 南阳市国土资源年鉴 2002/2005/480

009520260 *南阳市宛城区年鉴/宛城区年鉴 1996,2001/2003,2004/2007,2008/2009/480

013788411 南阳市宛城区经济统计年鉴/宛城区经济统计年鉴 2002/480

012079233 南阳市教育统计年鉴 2003—2004/480

008623431 南阳年鉴/南阳县年鉴 1996—2013/479

009805231 南阳农业年鉴 2004,2007/2008,2009,2010/2011/480

009562283 南阳县年鉴 1987—1988,1990—1993/479

008623431 *南阳县年鉴/南阳年鉴 1996—2013/479

008435151 南阳经济统计年鉴 1990,1992—1993,1995,1999—2003/479

013898722 南阳经济普查年鉴 2008/479

014156247 南阳统计年鉴 2004—2013/479

013932259 南县统计年鉴 2004,2008/553

008966654 南岗年鉴 1997/193

012530116 南沙年鉴 2007—2013/573

013467477 南昌工程学院年鉴 2004—2007/375

013932211 南昌大学年鉴 1993/1998,2007/375

010102200 *南昌电局年鉴/南昌电信局年鉴 1995/374

010102197 南昌电信年鉴 1993/1994,2001—2003/374

010102200 南昌电信局年鉴/南昌电局年鉴 1995/374

011398648 南昌市工商年鉴 2000/2001/373

013608664 南昌市工商行政管理年鉴 2009—2012/374

008406442 南昌市交通年鉴/南昌交通年鉴 1996—1998,2000—2004/374

013898764 南昌市青云谱区经济社会统计年鉴/青云谱区经济社会统计年鉴 2008/375

010102580 南昌地区邮电年鉴 1992,1993/1995/374

008465212 南昌年鉴 1998—2014/373

008406442 *南昌交通年鉴/南昌市交通年鉴 1996—1998,2000—2004/374

012723639 南昌县年鉴 2010—2014/376

013608644 南昌财政年鉴 2008—2010/374

012357202 南昌房产年鉴 1999/2004/374

006409153 *南昌经济社会统计年鉴/南昌统计年鉴 1993,1996—2000/373

008749144 南昌经济社会统计年鉴/南昌统计年鉴 2001—2006/373

011830927 *南昌经济社会统计年鉴/南昌统计年鉴 2007—2014/373

006409153 南昌统计年鉴/南昌经济社会统计年鉴 1993,1996—2000/373

008749144 *南昌统计年鉴/南昌经济社会统计年鉴 2001—2006/373

011830927 南昌统计年鉴/南昌经济社会统计年鉴 2007—2014/373

008001187 南昌铁路分局年鉴 1992—1994,1996/374

013752841 南昌铁路公安局年鉴 2011/373

008866785 南昌铁路局年鉴 1995,1997—2011/374

014014422 南昌航空工业学院年鉴 1999—2004/375

013467469 南昌慈善年鉴 1999/2011/373

008435388 南岸区年鉴 1990/1992,1993/1997,1998/2002,2003/2006/638

014014424 南京工会年鉴 1993/2001/252

008788919 南京大学年鉴/南京大学行政年鉴 1990—1992,1993/1994,1995—2001,2005—2008/255

008788919 *南京大学行政年鉴/南京大学年鉴 1990—1992,1993/1994,1995—2001,2005—2008/255

013373966 南京大学建筑与城市规划学院建筑系教学年鉴 2010/2011,2011/2012,2012/2013/255

012742161 南京大学建筑学院年鉴 2007/2008,2008/2009/255

011140519 *南京大学建筑研究所年鉴/南京大学建筑研究所教学年鉴 2004/2005/255

011140519 南京大学建筑研究所教学年鉴/南京大学建筑研究所年鉴 2004/2005/255

008773085 南京卫生年鉴 1987—2010,2012/256

013609038 南京艺术学院年鉴 2001—2002,2006—2007/255

013788406 南京中医药大学年鉴 2005—2009/255

013467507 南京中国近代史遗址博物馆管理建设办公室年鉴 2005/254

008879216 *南京分局年鉴/南京铁路分局年鉴/南京铁路年鉴 1987—1989,1992—1993,1997,2000—2001/253

010226630 南京书画院年鉴 2001—2004,2006—2008/256

012242601 南京生活实用年鉴 1994/256

013965392 南京外国语学校仙林分校年鉴 2008/254

012924012 南京市社会科学界联合会·南京市社会科学院年鉴 2006,2008—2009/254

013790934 南京市疾病预防控制中心年鉴 2001/2005,2006/2010/256

011823051 南京市教学研究年鉴 2006—2010/254

010102530 南京市第一医院年鉴/南京医科大学附属南京第一医院年鉴1996/2001/256

008433781 南京地方税务年鉴1994/1996,1997/1998,1999/2000,2001/2002,2003/2004,2005/2006,2007/2008,2009/2010,2011/2012/253

012047562 南京师范大学年鉴1993,1995—1996,2002,2004—2007,2011—2013/255

013311844 南京师范大学统计年鉴1992/255

005032888 南京年鉴1987—2003,2005—2014/252

006038497 南京交通年鉴1990—1994,1995/1996,1997/1998,1999/2000,2001/2002,2003/2004,2005/2006,2007/2008,2009/2010,2011/2012/253

010102530 *南京医科大学附属南京第一医院年鉴/南京市第一医院年鉴1996/2001/256

008424337 南京财政年鉴1990—1991,1995—2000,2002—2005/253

008942000 南京国税年鉴1994/1996,2004/2006/253

014014428 南京审计学院年鉴2010/255

008879215 南京房地产年鉴/南京房产年鉴1997—2003,2005—2007,2009/252

008879215 *南京房产年鉴/南京房地产年鉴1997—2003,2005—2007,2009/252

010226621 南京经济普查年鉴2004,2008/252

013711373 南京城市建设年鉴1987/1988/256

008390458 南京统计年鉴1995—2005,2007—2014/252

012924004 南京都市圈年鉴2010—2013/252

008879216 南京铁路分局年鉴/南京分局年鉴/南京铁路年鉴1987—1989,1992—1993,1997,2000—2001/253

008879216 *南京铁路年鉴/南京铁路分局年鉴/南京分局年鉴1987—1989,1992—1993,1997,2000—2001/253

013936047 南京理工大学年鉴2002,2007/255

012924014 南京税务年鉴1990/253

008327878 南郑年鉴1993—2003,2004/2005,2006—2009,2014/764

008435359 南岳年鉴1996,1997/2002,2003/2008,2009—2013/546

012521547 南钢年鉴2004,2008/252

008454787 南洋年鉴1939,1951/970

009618316 南浔年鉴2004—2008/309

009502968 南部年鉴2005,2011,2013/675

008277831 南海年鉴1994—2014/584

008555408 南海统计年鉴1996—2013/585

008588898 *南涧年鉴/南涧县年鉴1990/1993,1994/1995,1996—1998,2000—2014/740

008588898 南涧县年鉴/南涧年鉴1990/1993,1994/1995,1996—1998,2000—2014/740

010226632 南通文化艺术年鉴/南通文化年鉴2006—2010,2012—2013/269

010226632 *南通文化年鉴/南通文化艺术年鉴2006—2010,2012—2013/269

008390517 南通市社会经济统计年鉴/社会经济统计年鉴1990,1992—1997/269

008399283 *南通市通州年鉴/通州年鉴1997—2013/270

008438002 南通年鉴 1998—2012/269
008402932 南通统计年鉴 1999—2014/269
009436896 南康年鉴 1986/1991,2001,2003—2013/382
008849765 南雄年鉴 1993/1997,1998,1998,2002/575
012047568 南靖年鉴 1991/2002/363
009406036 南溪年鉴 1986/1989,1990/1992,1993/1997,2001/2003,2005—2008/678
008520903 南漳年鉴 1990,1993—1994,1997,1999,2001,2005,2007,2009,2011—2014/513
014014785 南漳统计年鉴 2008/513
013677400 南澳年鉴 2011—2014/584

柯

011398593 柯城年鉴 2004/2005,2006/2010/315

柘

013974406 柘城县百科年鉴 1981/483
008432736 柘荣年鉴 1991/1996,1997/2000,2001/2003/368

柞

009926350 柞水年鉴 1998/2002,2003—2006,2007/2008,2009/2010/769
013939540 柞水财政年鉴 2001/2005/769

柳

013714669 柳北年鉴 2011—2013/614
007423419 *柳州市统计年鉴/柳州经济统计年鉴 1994—2010/614
008391315 柳州地区社会经济统计年鉴/柳州地区统计年鉴 1997—2002/625
008391315 *柳州地区统计年鉴/柳州地区社会经济统计年鉴 1997—2002/625
008250233 柳州年鉴 1993—2014/614

010102220 柳州社会科学年鉴 2005,2006/2007,2008,2010—2012/614
007423419 柳州经济统计年鉴/柳州市统计年鉴 1994—2010/614
013291799 *柳州经济统计年鉴/柳州统计年鉴 2011—2014/614
013291799 柳州统计年鉴/柳州经济统计年鉴 2011—2014/614
008749131 柳州铁路局年鉴 2001—2004,2006—2007/614
013079104 *柳州铁路局年鉴/南宁铁路局年鉴 2008—2013/610
009519853 柳江年鉴 2000/2001,2002/2003,2007,2010—2012/615
010686520 柳林年鉴 2000/2004,2005/2007/114
013898673 柳林县民间剪纸协会年鉴 2010/114
012199225 柳林政协年鉴 2002—2008/114
013898946 柳林统计年鉴/山西柳林统计年鉴 1999/2001/114
009805598 柳河[乡]农业年鉴/柳河农业年鉴 1987/178
009805612 柳河乡镇经济年鉴 1985/178
008901682 柳河年鉴 2000,2007—2012/178
009805603 柳河统计年鉴 1949/1990,1985/178
012723614 柳城年鉴 2001/2004/615
008277836 柳铁年鉴 1996—2000/614

勃

009081283 勃利年鉴 1992,1994,1995/1996,1997/1998,1999/2001/213

柬

009274659 *柬埔寨出入口贸易年鉴/柬埔寨商业贸易年鉴 1963,1966/905

009274659 柬埔寨商业贸易年鉴/柬埔寨出入口贸易年鉴 1963,1966/905

咸

012655826 咸丰年鉴 2008,2011—2013/527

008957076 咸宁年鉴 2001—2013/524

009436823 咸宁统计年鉴 2002,2004,2008—2014/524

013957694 咸安年鉴 2011—2013/524

008643800 咸阳年鉴 1996/1999,2000—2006,2008—2014/757

008773101 咸阳邮电年鉴 1999/758

008588962 咸阳统计年鉴/陕西省咸阳市国民经济统计年鉴/陕西省咸阳市统计年鉴 1986—2003,2010—2013/757

008990534 咸阳教育年鉴 1991/2000/758

威

013758174 威县年鉴 2010/79

008940669 *威信年鉴/威信县年鉴 1994/1999,2001,2001/2003,2004/2005,2006,2008—2013/725

008940669 威信县年鉴/威信年鉴 1994/1999,2001,2001/2003,2004/2005,2006,2008—2013/725

012530214 威海日报社年鉴 2009/431

009065041 威海火炬高技术产业开发区年鉴 1991/2000/430

013711459 威海市环翠区统计年鉴 1994,2002—2004/431

008399609 威海年鉴 1998—2014/430

013608689 威海建设年鉴 2007/2011/431

013996172 威海经济技术开发区年鉴 2011/2012/430

012200200 威海经济技术开发区统计年鉴 2002,2008/430

007553907 威海统计年鉴 1990,1992—2005,2007—2014/430

011141178 威海通信年鉴 2004/431

砚

009502055 砚山年鉴 1992—2002,2004—2005,2007—2008,2011/736

奎

009136668 奎屯年鉴 2002—2013/822

005215198 *奎屯经济普查资料/奎屯统计年鉴 1993—1998,2000—2009,2011—2013/822

005215198 奎屯统计年鉴/奎屯经济普查资料 1993—1998,2000—2009,2011—2013/822

009425751 奎文年鉴 1994/1997,1998/2002/423

临

013932144 临川年鉴 2006/2011/387

009913607 临川统计年鉴 2001/387

009520258 临江年鉴 1994/1995,1996/1997,1998/2002,2003/2006,2007/2008,2009/2010/179

008250215 临安年鉴 1990—1994,1996—2000,2002—2014/300

013932140 临安统计年鉴 2004—2005/300

012047448 临县年鉴 2005/2006,2007/2008,2009/2010,2011/2012/114

013790897 临沂地区经济社会年鉴 1986/436

008505170 临沂年鉴 1995—1999,2001—2012 /435

012047460 临沂国税年鉴 2006/436

008276755 临沂统计年鉴 1989—2012/435

012047463 临沂检察年鉴 1999,2004—2008, 2010/436

012199185 临汾人大年鉴 2001—2006,2008— 2009,2011—2012/109

011881626 临汾年鉴 △1998/1999,2002— 2011,2013—2014/108

008274932 *临汾年鉴/临汾统计年鉴 1998—2001/108

012047443 临汾供电分公司年鉴/临汾供电公司年鉴 2005—2008,2010—2011/109

012047443 *临汾供电公司年鉴/临汾供电分公司年鉴 2005—2008,2010—2011/109

011822998 临汾政协年鉴 2002/2003,2004/ 2005,2006/2007/109

012199198 临汾信合年鉴 2006/109

008274932 临汾统计年鉴/临汾年鉴 1998—2001/108

012762453 临汾统计年鉴 2008—2013/108

008749128 临汾铁路分局年鉴 2000—2001 /109

012792632 临沧公安年鉴 2006,2009—2011 /728

010014007 临沧市年鉴 2005—2013/728

008728205 临沧地区年鉴 1998—2004/728

009264756 临沧县年鉴 1991/1995,2002— 2003/728

013603139 临沧统计年鉴 2012—2014/728

011140369 临沭年鉴 2001/2005,2007—2008, 2009/2010,2011—2012/438

008401585 临河年鉴 1992/1998,1999/2001 /129

009928033 临泽年鉴 2003—2007,2011/780

011966807 临钢·新临钢年鉴/太钢集团临汾钢铁有限公司·山西新临钢钢铁有限公司年鉴 2000—2012/109

011823002 临泉年鉴 2005,2008—2011/339

012521535 临朐年鉴 2001/2008/424

013793300 临桂年鉴 2012/617

008438724 临夏市年鉴 1986/1995,1996/2000 /785

008433758 *临夏回族自治州年鉴/临夏回族自治州综合年鉴 1986/1995,2001/ 2002,2003/2004/784

013373808 临夏回族自治州统计年鉴 1998/2002/784

008433758 临夏回族自治州综合年鉴/临夏回族自治州年鉴 1986/1995,2001/2002, 2003/2004/784

013996061 临高县年鉴 2011—2013/631

013757958 临海市统计年鉴/临海统计年鉴 1996,1999—2003,2009—2010/319

006088591 临海年鉴 1985—1999,2001—2007, 2009,2011—2012/319

013757958 *临海统计年鉴/临海市统计年鉴 1996,1999—2003,2009—2010/319

009492244 临猗年鉴 1991/1998,1999/2000, 2001/106

013788396 *临猗县建国60周年统计年鉴/临猗县统计年鉴 2008/106

013788396 临猗县统计年鉴/临猗县建国60周年统计年鉴 2008/106

013788394 临清文化年鉴 2005/2011/440

008902170 临清年鉴 1991/1998/440

013603180 临清统计年鉴 1945/2004,2007,

2011/440

009589758 临淄年鉴 2004—2011,2013—2014/414

010226477 临翔区年鉴 2005—2013/728

008574187 临湘年鉴 1993/1997,1998—1999,2002,2004,2008,2012/549

012530101 临澧年鉴 2006—2007/551

星

013996313 星子年鉴 2011/379

008109005 星马工商年鉴 1960—1961/859

昭

009502367 昭平年鉴 2011/2012/624

012593462 昭平统计年鉴 1995/2001/624

008944145 昭阳区年鉴/昭阳年鉴 2001—2010/723

008944145 *昭阳年鉴/昭阳区年鉴 2001—2010/723

009841185 昭苏年鉴 2008/824

008942063 昭通市年鉴/昭通年鉴/昭通地区年鉴 1999/2000,2001—2014/723

008378201 *昭通市统计年鉴/昭通地区统计年鉴/昭通统计年鉴 1991,1993—1994,1997—2001,2003—2005,2008—2009,2011—2012/723

004561137 昭通地区年鉴/昭通年鉴 1990—2000/723

008942063 *昭通地区年鉴/昭通市年鉴/昭通年鉴 1999/2000,2001—2014/723

008378201 昭通地区统计年鉴/昭通市统计年鉴/昭通统计年鉴 1991,1993—1994,1997—2001,2003—2005,2008—2009,2011—2012/723

004561137 *昭通年鉴/昭通地区年鉴 1990—2000/723

008942063 *昭通年鉴/昭通市年鉴/昭通地区年鉴 1999/2000,2001—2014/723

008378201 *昭通统计年鉴/昭通地区统计年鉴/昭通市统计年鉴 1991,1993—1994,1997—2001,2003—2005,2008—2009,2011—2012/723

贵

013753722 贵州大学年鉴 2004/2010/696

012923476 贵州卫生年鉴 2010—2011,2014/695

009927852 贵州气象"九五"统计年鉴 1996/2000/694

012177010 贵州电力年鉴 2004—2005,2007—2014/694

013753726 贵州民政统计年鉴 1992,1999—2000,2006—2008,2010/693

011139891 贵州出入境检验检疫年鉴 1999/2005/694

012243231 贵州师范大学年鉴 2008—2009,2011/696

005459217 贵州年鉴 1985—1995,1997—2013/693

008624494 贵州财政年鉴 1992/694

013788233 贵州法院年鉴 1997—1998/694

011139893 贵州经济普查年鉴 2004,2008/694

009360384 贵州省电力工业局年鉴 1990/695

012525967 贵州省安全生产年鉴 2007/695

013965239 贵州省物价统计年鉴 1988/694

007698661 贵州省统计年鉴 1945—1946/693

012983246 贵州科技统计年鉴 1998—2002,2004,2006,2009—2010/694

010224261 贵州信息年鉴 2006/694

011139895 贵州宣传工作年鉴 2005—2012/693

003602053 贵州统计年鉴 1991—2014/693

007284930 贵州教育年鉴 1949/1984/694

009934839 *贵阳白云年鉴/白云年鉴 2001/2005,2006—2007,2013/697

013635456 贵阳市小河区统计年鉴 2000—2003,2005,2007—2008,2010—2012/697

013927813 贵阳市乌当区统计年鉴 2008/696

013965237 贵阳市白云区统计年鉴 1999—2001,2008/697

013747820 *贵阳市花溪区统计年鉴/花溪统计年鉴 1992,1994—1996,1998—1999,2002,2008—2011/697

007733577 贵阳市国民经济统计年鉴/贵阳统计年鉴 1994—1996,1998—2014/695

012177007 贵阳市经济普查年鉴 2004/695

004187660 贵阳年鉴 1991—2014/695

012079139 贵阳知识产权年鉴 2008/695

012354087 贵阳建设生态文明城市年鉴 2009—2014/696

013753718 贵阳经济技术开发区统计年鉴 1996,1998/695

007733577 *贵阳统计年鉴/贵阳市国民经济统计年鉴 1994—1996,1998—2014/695

008017290 贵阳铁路分局年鉴 1990—1992,1994—1995,1997—2004/695

007356300 贵阳教育年鉴 1949/1989,1990—1992/696

007916674 贵阳教育年鉴 1993,1995—1997,1999,1999/2005/696

009541727 贵定年鉴 2001/2002/705

013788120 贵定县统计年鉴 2008/705

011822019 贵港市港北区人民法院年鉴 1996/2006/620

008777389 贵港年鉴 1996/1997,1998/2005,2006—2008,2009/2010,2011—2012,2014/620

009927843 贵港统计年鉴 2004—2005,2006/2007,2010/2011,2012/620

界

008968726 界首年鉴 2002,2004—2005,2007,2009,2010/2011/339

虹

008399366 虹口年鉴 1997—2014/241

思

010102777 思茅市国民经济和社会发展统计年鉴 2004—2005/727

008574199 思茅年鉴 1997—1998,1999/2000,2001—2007/727

011823109 *思茅年鉴/普洱年鉴 2008—2014/727

009927813 思明区经济社会年鉴 2004—2012/356

郧

012617575 郧西年鉴 2009,2011—2013/509

012617594 郧县年鉴 2006/2007,2008,2011—2012/508

响

008941920 响水年鉴 1988/1999,2000/2003,2009—2011,2013/277

009307946 响水统计年鉴 2002/277

哈

012525970 哈巴河年鉴 2009—2014/827

013603083 哈巴河县统计年鉴 2012/827

011822029 哈尔滨工业大学共青团年鉴 2007/190

010224268 哈尔滨工业大学年鉴 2003—2006/193

009933571 哈尔滨工商行政管理年鉴 2004—2005/191

009805573 哈尔滨工程大学年鉴 2001—2011/192

010224273 哈尔滨公安年鉴 1992—1996,2003—2004,2006—2008/190

009436928 哈尔滨电业局年鉴 1999/191

013935938 哈尔滨市卫生统计年鉴 2006/193

008935459 哈尔滨市电信局年鉴 1987,1989—1990,1992,1995—1998,2000/192

008437536 哈尔滨市邮政局年鉴/哈尔滨市邮政局综览 1991—2000,2002—2004/192

008437536 *哈尔滨市邮政局综览/哈尔滨市邮政局年鉴 1991—2000,2002—2004/192

009698854 哈尔滨市道外区社会经济发展统计综合年鉴/哈尔滨市道外区统计年鉴/道外区经济社会统计年鉴 1978/1987,1989—1993,1996,1998/193

009698854 *哈尔滨市道外区统计年鉴/哈尔滨市道外区社会经济发展统计综合年鉴/道外区经济社会统计年鉴 1978/1987,1989—1993,1996,1998/193

009492651 哈尔滨发电厂年鉴 1986/1997,1998/2000/191

008902148 哈尔滨地税年鉴 1994/1998,1999—2004,2005/2006,2007—2010/192

005318507 哈尔滨年鉴 1949/2009,1987—2013/190

008980363 哈尔滨财政年鉴 1992,1994—1997,1999,2001—2004,2006—2009/192

001992611 哈尔滨统计年鉴 1987—2014/190

013927818 哈尔滨铁路分局工会年鉴 1997,2000/190

008769604 哈尔滨铁路分局年鉴 1997/1999,2000—2004/191

013898537 哈尔滨铁路公安局年鉴 1997,1999/190

005326585 哈尔滨铁路局年鉴 1987—2008,2012/192

008879214 *哈尔滨铁路局牡丹江分局年鉴/牡丹江铁路分局年鉴/牡丹江分局年鉴 1994/2000,2001/2002/214

009618353 *哈尔滨特派办审计年鉴/审计工作年鉴 1992/1995/191

013935934 哈尔滨理工大学年鉴 2000/2009/193

009698862 哈尔滨第三发电厂年鉴/哈尔滨第三发电有限责任公司年鉴 1992/1997,1997/2002/191

009698862 *哈尔滨第三发电有限责任公司年鉴/哈尔滨第三发电厂年鉴 1992/1997,1997/2002/191

012791027 哈铁检察年鉴 2003/2006/190

009406198 哈密市年鉴 2003—2005,2007—2008,2010—2014/812

012724416 哈密年鉴 2006—2007,2010,2012—2013/811

005719381 哈密铁路分局年鉴1992/812

骨

008643419 *骨董拍卖年鉴/华人艺术拍卖年鉴/美术拍卖年鉴1996/902

008002888 骨董拍卖年鉴1997/901

009073715 骨董拍卖年鉴/拍卖年鉴骨董2001,2011—2013/902

钟

013090449 *钟山区年鉴/钟山年鉴2010—2011/698

013090449 钟山年鉴/钟山区年鉴2010—2011/698

013859278 钟山年鉴2011/2012/624

013396763 *钟表年鉴/亨得利钟表年鉴/传承钟表年鉴2011—2012/957

009502483 钟祥年鉴1995,2009—2014/516

014015070 钟楼年鉴2003/2007/265

钢

008669486 钢城企业总公司年鉴/攀钢集团钢城企业总公司年鉴1998/660

钦

008942005 钦州市年鉴/钦州年鉴1990—1992,1995—1996,1997/1998,1999/2001,2002/2003,2004—2013/619

008942005 *钦州年鉴/钦州市年鉴1990—1992,1995—1996,1997/1998,1999/2001,2002/2003,2004—2013/619

009616859 钦州统计年鉴2001,2008,2010—2012/619

拜

011500166 拜城年鉴2007—2014/814

009617333 拜泉年鉴1987,1991,1992/1993,1994/1995/199

009840822 *拜泉县经济统计年鉴/拜泉经济统计年鉴2000—2003/200

009840822 拜泉经济统计年鉴/拜泉县经济统计年鉴2000—2003/200

香

011503576 香河年鉴2002/2003,2004/2005,2006/2007,2008/2009/86

009726379 香格里拉年鉴2004—2014/743

008006245 香港巴士年鉴1997—1998,2000/830

008113671 香港出入口贸易年鉴1957,1959—1964/830

008152403 香港年鉴/新香港年鉴1948—1992/829

012242748 *香港年鉴/新香港年鉴1997/829

004600488 香港华商年鉴1986/830

013140113 香港交通年鉴2011/830

006799945 香港医药年鉴1976/830

008109725 香港房地产年鉴1990/829

005326725 香港经济年鉴1948,1955—1956,1958—1959,1961—1976,1981,1983—1999,2005,2011—2014/829

008113651 香港贸易年鉴1981/1982/830

008125329 香港教育年鉴1965,1967/830

008113654 香港商业年鉴1951,1954—1955/830

008100102 香港摄影年鉴1955/830

科

013757928 科尔沁统计年鉴2007,2010/124

006088509 科学年鉴1977—1978,1981,1986—1988/944

004724286 *科学技术年鉴/呼和浩特科

学技术年鉴 1986/120

重

009324820 重庆人大年鉴 1997/2002,2003/2007/634

009806785 重庆人口年鉴 2000/2001,2002/633

013680608 重庆工商大学年鉴 2011/636

009542218 重庆大学年鉴 1998,2005—2013/636

014015079 重庆大学建筑城规学院年鉴 2010/636

008957561 重庆广播电视年鉴 1998—2003,2006,2012/635

012049086 重庆市卫生监督年鉴 2007/636

013933121 重庆市气象灾害年鉴 2006/2010/636

009233908 重庆市巴南区统计年鉴/巴南统计年鉴 2000—2003,2005,2008/639

009926663 重庆市民政统计年鉴 2005,2007,2009/634

012593591 重庆市交通统计年鉴 2001—2003/635

009081477 重庆市沙坪坝区统计年鉴 2002—2006/638

011141496 重庆市国土资源和房地产年鉴 2006—2008,2011—2014/634

011399964 重庆市城市建设档案年鉴 2005/2006,2011/2012/635

009934614 重庆市疾病预防控制工作年鉴 2003—2004/636

013712289 重庆出版年鉴 2010/635

005756710 重庆年鉴 1987,1989,1991,1993—2004,2006—2014/633

010102154 重庆企业调查年鉴 1997/2004/634

009726401 重庆安全生产年鉴 2006/636

009157729 重庆邮政年鉴 1998/2000,2001,2007,2008/2010/635

004683503 重庆财政年鉴 1987—1994,1997—2010/635

008980645 重庆社会科学年鉴 1999,2001,2004—2009/633

011141502 重庆直辖十年鉴 1997/2007/633

011399970 重庆金融年鉴 2005,2008/635

011824418 重庆法院年鉴 2002—2006/634

011503952 重庆建筑业年鉴 2006—2007/635

008944153 重庆经济年鉴 2001—2003,2005—2012/634

010226746 重庆经济普查年鉴 2004,2008/634

009806780 重庆城市建设综合开发年鉴 2002—2008/634

003548982 重庆统计年鉴 △1989—1990,1992,1994,1996—2015/633

012361608 重庆调查年鉴 2008—2014/633

011824425 重庆教育年鉴 1997/2003,2005,2010/635

007916837 重钢年鉴 1993—2012/634

复

011501911 复旦大学年鉴 2007—2012/235

008851332 复旦大学医学院年鉴 2000/236

012243219 复旦大学研究生学生工作年鉴 2005/236

012517874 复旦大学统计年鉴 1992,1994—1998,2000—2001/235

段

013898492 段店镇年鉴 1988, 1990—1991, 1993—1994/404

顺

012617465 顺义教育年鉴 1995/2005, 2006/2010/45

008333845 顺庆年鉴/南充市顺庆年鉴 1995—1996, 1998—1999, 2001, 2003, 2007, 2011, 2013/674

012048599 顺德年鉴 2008—2013/585

013609107 顺德统计年鉴 2010—2014/585

修

009502383 修武年鉴 1995, 2010/473

013790729 修武统计年鉴 2010/473

保

013363384 保山电力工作年鉴 2008—2011/722

007916545 保山地区年鉴/保山年鉴 1992—2000/722

008272147 *保山地区统计年鉴/保山统计年鉴 1995, 1997, 1999—2011/722

007916545 *保山年鉴/保山地区年鉴 1992—2000/722

008941955 保山年鉴 2001—2014/722

008272147 保山统计年鉴/保山地区统计年鉴 1995, 1997, 1999—2011/722

008788768 保定天鹅化纤集团有限公司年鉴 1992/1996, 1997/2006/80

012351706 保定化纤厂年鉴 1987/1991/80

011821772 保定文化年鉴 2005—2006/80

009589775 保定电信年鉴 2000, 2002/80

008002103 保定市年鉴 1991/79

008433699 保定年鉴 1995/1997, 1999—2000, 2001/2002, 2003, 2004/2005, 2006, 2007/2008, 2009—2013/79

007916468 保定经济统计年鉴 1995—2003, 2006—2014/79

013790785 *保险业务统计年鉴/中国人民财产保险股份有限公司福建省分公司财产保险业务统计年鉴/财产保险业务统计年鉴 2002/351

011812401 保险年鉴 1935/914

012080535 保险统计年鉴 1990/1992/914

009840857 保康年鉴 2011—2014/514

011139604 保靖统计年鉴 1990, 1996—1998, 2000, 2002—2006/558

俄

008432955 俄罗斯和东欧中亚国家年鉴 1992/1993, 1996—2000/970

信

009934197 信州区统计年鉴 2001/388

012048430 *信阳市平桥年鉴/平桥年鉴 2007—2014/484

013939364 信阳师范学院年鉴 2005—2006/484

008588971 信阳年鉴 1999—2007, 2009, 2011—2014/483

013899349 信阳经济普查年鉴 2008/484

008403055 信阳统计年鉴 1991/1995, 1996/1997, 1998—2001, 2003—2014/483

008426291 信宜年鉴 1989/1995, 1996/2000/590

009195451 信宜统计年鉴 2000—2002, 2004—2012/590

009617994 *信息中心年鉴/中国石油西南油气田分公司信息中心年鉴 2000/

2002/652

009170306 *信息产业部邮电设计院年鉴/邮电部设计院年鉴 1998—1999,2001/453

皇

014014295 皇姑区经济统计年鉴 1989/143

泉

010102120 泉州公安年鉴 2003/359

013790001 泉州市外商投资企业年鉴 1980/1990,1991/1992,1994/1995,1996/1997,1998/1999,2000/2001/360

008981621 泉州年鉴 1996/2000,2002—2011,2013—2014/359

013789999 泉州经济普查年鉴 2004/360

010102133 泉州科技年鉴 1996/2000,2001—2009/360

008336646 泉州统计年鉴 1988—1989,1993,1995—2003,2005,2007—2014/359

010226716 泉港区统计年鉴/泉港统计年鉴 2006—2007/360

010226716 *泉港统计年鉴/泉港区统计年鉴 2006—2007/360

侵

012530134 侵华日军南京大屠杀遇难同胞纪念馆年鉴 2003,2009—2010/254

禹

009035948 禹州年鉴 2000—2013/476

008437877 禹城年鉴 1986/1995,2001/2005/439

侯

010225584 侯马年鉴 2005,2007,2007/2008,2009/2010/110

叙

013312068 叙永年鉴 2010/663

剑

009926380 剑川年鉴 1991/2000/740

011822163 剑阁年鉴 2008—2013/669

食

013758090 食品药品监督管理统计年鉴 2008,2010/958

胜

008426305 胜利油田年鉴 1991,1993—1995,1997—1999,2001—2011,2013/418

勉

008588896 勉县年鉴 1999—2000,2001/2002,2003/2004,2005/2006/764

独

012792613 *独山子区年鉴/克拉玛依市独山子区年鉴/克拉玛依市独山子年鉴 2010—2012,2014/810

008957766 *独山子石化年鉴/独山子石化总厂年鉴/中国石油独山子石化年鉴 1996/1997,1999,2000/2003,2004/2005,2006/2007/810

008957766 独山子石化总厂年鉴/独山子石化年鉴/中国石油独山子石化年鉴 1996/1997,1999,2000/2003,2004/2005,2006/2007/810

012792613 *独山子年鉴/克拉玛依市独山子区年鉴/独山子区年鉴/克拉玛依市独山子年鉴 2010—2012,2014/810

饶

013771987 饶平年鉴 2011/601

009913277 饶河农场年鉴 2002/2003/205

亭

011140391 亭湖年鉴 2006,2010—2013/276

闻

010226860 闻喜年鉴 2003—2004,2007,2009—2010/107

012200205 闻喜教育年鉴 2009/107

闽

012792650 闽侯年鉴 1997,2000,2003—2005/353

013467465 闽清年鉴 2002/353

014014406 闽清统计年鉴 2009—2010/353

美

012361846 美中贸易年鉴 1993/1994/908

008098784 美术年鉴 1972/933

008643419 ＊美术拍卖年鉴/华人艺术拍卖年鉴/骨董拍卖年鉴 1996/902

007980404 美术拍卖年鉴 1997—1998/902

012242592 美欧中贸易年鉴 中国卷 1995/1996/906

004944458 美国工商年鉴 1986,1990/867

008432965 美国年鉴 1999—2001/970

005438549 美国华侨年鉴 1946/850

009360390 美姑年鉴 1991/2000/692

姜

008749121 姜堰年鉴 1989/2000,2001—2014/282

娄

011503047 娄底工会年鉴 2002,2002/2006/557

008551478 娄底年鉴 1993,1993/1998,2000/557

011447300 娄底统计年鉴 1988—1998,2000, 2004,2007—2008,2011—2014/557

前

011503190 前郭尔罗斯年鉴 2007—2014/180

013932274 前郭统计年鉴 2008/181

首

009287777 首发公司年鉴 1999/2001,2001/2002,2002/2003,2003/2004/17

009933317 首钢年鉴 2004/2005,2006—2013/12

011398884 首都师范大学年鉴 2003—2006/29

013603303 首都经济贸易大学年鉴 2011—2012/29

009933314 首都精神文明建设年鉴 2005—2007/7

洱

008728180 洱源年鉴 1999—2014/740

洪

009360357 洪山年鉴 2002—2004,2011—2014/505

012194242 洪江年鉴 1999/2001/556

011502169 洪泽年鉴 2007—2012,2014/274

012923532 洪洞县年鉴 1995/1999,2000/2001,2003/2005/111

012983294 洪雅年鉴 2008—2010/677

009840898 洪湖统计年鉴 2008—2009/520

浈

012926152 浈江年鉴 2010—2014/574

浉

012617447 浉河年鉴 2005,2009,2012/484

洞

009492584 洞头年鉴1993—1995,1997,1999—2009/305

洮

009933591 洮南市国民经济统计年鉴/洮南统计年鉴1997—1998,2001,2004/181

012724259 洮南年鉴2007/181

009933591 *洮南统计年鉴/洮南市国民经济统计年鉴1997—1998,2001,2004/181

洛

013898676 洛川年鉴2004/2005,2009/2010/763

012723618 *洛龙年鉴/洛阳市洛龙年鉴2008—2009,2010/2011/461

012357174 洛宁年鉴2006,2008/462

012047475 洛阳卫生年鉴2001,2005/461

012199423 洛阳石化年鉴2001,2005,2009/460

012807791 洛阳石油化工总厂年鉴1992—1998/460

012753137 洛阳市吉利年鉴2009,2011—2013/461

013609018 洛阳市西工年鉴/西工年鉴2009—2012/461

012723618 洛阳市洛龙年鉴/洛龙年鉴2008—2009,2010/2011/461

012079228 洛阳市涧西年鉴2007—2009,2011—2012/461

008604923 洛阳年鉴2000—2003,2005—2014/459

010102423 洛阳交通年鉴2000/460

013898682 洛阳经济普查年鉴2008/460

005215189 洛阳统计年鉴1984,1987—1990,1992—2006,2008—2014/459

009492573 洛阳铁路分局工会年鉴2000/2001/460

008477203 洛阳铁路分局年鉴1994—1995,1997—2005/460

009215402 洛阳教育年鉴2001—2003,2005—2009/460

009541751 洛南年鉴2000/2004,2005/2006,2013/768

浏

008435454 浏阳年鉴1986—1990,1992—1994,1996—2010,2012,2014/540

济

013711325 济宁卫生监督年鉴2006/2008/425

011966671 济宁公路年鉴2000,2003/2004,2005/2006/425

008728198 济宁市中区年鉴/济宁市市中区年鉴1996/1998,1999/2004,2005/2009,2010/2012/425

008728198 *济宁市市中区年鉴/济宁市中区年鉴1996/1998,1999/2004,2005/2009,2010/2012/425

014014298 济宁市市中区统计年鉴2005—2007,2009—2010/425

013636588 济宁市任城区统计年鉴/任城区统计年鉴2008,2010—2012/425

008274895 *济宁市统计年鉴/济宁统计年鉴1986—1993,1995—2012/424

009014905 济宁年鉴2003—2012/424

012243239 济宁邮电年鉴1991/1995/425

012047335 济宁财政年鉴2001/2005/425

008274895 济宁统计年鉴/济宁市统计年

鉴 1986—1993,1995—2012/424

011966674 济宁疾控年鉴 2006—2008/425

009840982 济阳年鉴 1991/1995/406

012079185 *济阳县统计年鉴/济阳统计年鉴 2000,2003,2006—2008,2011—2012/406

012079185 济阳统计年鉴/济阳县统计年鉴 2000,2003,2006—2008,2011—2012/406

011398571 济青工会年鉴 1994/1999/399

012521533 济南大学年鉴 2008—2009,2011—2013/402

011822139 济南卫生监督年鉴 2005,2007,2010/403

013369984 济南公安年鉴 2010/399

012983366 济南外国语学校年鉴 2009—2013/402

008398295 *济南市天桥年鉴/天桥年鉴 1991/1993,1994/1995,1996,1997/1998,1999/2003,2004/2009,2009/2010/404

009617878 *济南市中年鉴/市中年鉴 1989,1991/1997,1998/2004/403

011398567 济南市中级人民法院年鉴 2001/2002/399

011140566 *济南市公路管理局年鉴/济南管理处年鉴/济南市公路管理段年鉴/山东省济南市公路管理段年鉴 1986—1992,1994—1998,2000,2005—2006/401

011140566 *济南市公路管理段年鉴/济南管理处年鉴/山东省济南市公路管理段年鉴/济南市公路管理局年鉴 1986—1992,1994—1998,2000,2005—2006/401

009617883 济南市市中区统计年鉴/市中统计年鉴 1992/1993,1998/1999,2001—2007,2009,2011—2012/403

013603119 济南地方税务年鉴/济南地税年鉴 2010—2014/401

013603119 *济南地税年鉴/济南地方税务年鉴 2010—2014/401

012194332 济南轨道交通装备有限责任公司年鉴 2008—2009/399

011140424 济南网通年鉴 2005—2007/401

004569642 济南年鉴 1989—2000,2000/2001,2001—2003,2005—2014/398

013757868 济南城市水文年鉴 2010/403

008267883 济南钢铁总厂年鉴/济钢年鉴 1987—1994/399

008268409 *济南钢铁总厂年鉴/济钢年鉴 1995—2013/399

004569650 济南统计年鉴 1984—1985,1990—2014/398

012651885 济南铁路工程集团有限责任公司年鉴/济南铁路局工程总公司年鉴 2000/2002/400

009492556 济南铁路分局工会年鉴 1999—2001,2003/399

008017318 济南铁路分局年鉴 1986/1995,1997—1998,2003/400

009309842 济南铁路局工会年鉴 1999—2005/399

008435287 济南铁路局工程总公司年鉴 1986/1990,1992/1996,1997/1999/400

012651885 *济南铁路局工程总公司年鉴/济南铁路工程集团有限责任公司年鉴 2000/2002/400

007999452 济南铁路局年鉴 1991—2010/400

008139882 济南铁路局物资工业公司年鉴/物资工业公司年鉴/济南铁路局物资工业年鉴/物资工业年鉴/物资工业

总公司年鉴 1987,1990,1993—1994,1998,2002/400

008139882 *济南铁路局物资工业年鉴/济南铁路局物资工业公司年鉴/物资工业公司年鉴/物资工业年鉴/物资工业总公司年鉴 1987,1990,1993—1994,1998,2002/400

008187446 济南铁路局教育年鉴 1991—1999,2001—2003/400

012194341 济南通信年鉴 2002/401

013369988 济南教育年鉴 2010—2012/402

011140566 济南管理处年鉴/济南市公路管理段年鉴/山东省济南市公路管理段年鉴/济南市公路管理局年鉴 1986—1992,1994—1998,2000,2005—2006/401

012354194 济钢工会年鉴 2001/2005,2006/2010/489

008267883 *济钢年鉴/济南钢铁总厂年鉴 1987—1994/399

008268409 济钢年鉴/济南钢铁总厂年鉴 1995—2013/399

013898643 济源市经济普查年鉴/济源经济普查年鉴 2008/489

008643428 济源年鉴 1997—2013/488

013898643 *济源经济普查年鉴/济源市经济普查年鉴 2008/489

008728200 济源统计年鉴 1996,1998—2008,2011—2012/488

洋

011968080 洋县年鉴/陕西省洋县年鉴 2002/2003,2004/2005,2006/2007,2008/2009,2010/2011/764

浑

008213035 浑江年鉴 1986—1987,1988/1989,1990/1991,1992/1993/179

011140348 浑源年鉴 2001/2004/97

津

008435347 津市年鉴 1991/1994/550

009324887 津市统计年鉴 1988—1991,1992/1993,1994,1996—2004,2005/2006,2010/551

007782478 *津浦年鉴/津浦铁路年鉴 1932/52

007782478 津浦铁路年鉴/津浦年鉴 1932/52

宣

008651526 宣汉年鉴 1986/1992,2002,2002/2003/681

012660380 宣武区区域统计年鉴 2007—2008/40

011141216 宣武园林年鉴初稿 1983/1988/41

010101903 宣武统计年鉴/北京市宣武区统计年鉴 2002—2004,2006—2009/40

012079563 宣武集邮年鉴 1999/2000,2001—2006/41

008773108 宣城市统计年鉴/宣城统计年鉴 2001—2006,2010—2014/343

008400253 宣城地区统计年鉴 1996—2000/343

009395688 宣城年鉴 2003,2005,2007,2010—2013/343

008773108 *宣城统计年鉴/宣城市统计年鉴 2001—2006,2010—2014/343

007490349 宣威年鉴 1987/1988,1989/1990,1994,2000—2013/718

013714534 宣恩年鉴 2010—2012/527

009933612 宣恩统计年鉴 1999/527

突

013609250 突泉年鉴 2007/2010/131

神

013656101 *神木化工年鉴/陕西神木化学工业有限公司年鉴 2005,2007/765

008728229 神木年鉴 1992,1992/2000/765

013680575 神木统计年鉴 2002—2005,2007—2009,2011/765

009501604 *神火年鉴/神火集团年鉴 1998/2002,2004—2010,2012—2013/482

009501604 神火集团年鉴/神火年鉴 1998/2002,2004—2010,2012—2013/482

010223357 *神华包神铁路有限责任公司年鉴/神华集团包神铁路有限责任公司年鉴/包神铁路有限责任公司年鉴 2002,2006—2008/125

010223357 神华集团包神铁路有限责任公司年鉴/包神铁路有限责任公司年鉴/神华包神铁路有限责任公司年鉴 2002,2006—2008/125

011503460 神农架年鉴 2001/2005/529

垦

009502664 垦利年鉴 2004—2013/419

既

013603114 既有建筑改造年鉴 2010—2013/961

屏

008426336 屏山年鉴/屏山县年鉴 1999—2001,2002/2003,2004—2012/679

008426336 *屏山县年鉴/屏山年鉴 1999—2001,2002/2003,2004—2012/679

013634192 屏边年鉴 2011—2014/735

费

013859246 费县年鉴 2011/2012,2014/437

012079114 费县统计年鉴 1997,2005—2006/437

逊

011399441 逊克年鉴 2003,2005,2007,2011—2013/217

009933601 逊克县国民经济统计年鉴 1995—1996,1998/217

眉

009617992 眉山车辆厂年鉴/中国南车集团眉山车辆厂年鉴 2002—2003/676

009617993 *眉山车辆厂年鉴/中国南车集团眉山车辆厂年鉴 2003/676

009195481 眉山市东坡区年鉴 2001—2005,2007—2013/676

009014833 *眉山地区统计年鉴/眉山统计年鉴 1999—2007/676

008230465 眉山年鉴 1988/1989,1990—2000,2003—2014/676

013814903 眉山交通年鉴 1997/1999/676

009014833 眉山统计年鉴/眉山地区统计年鉴 1999—2007/676

009264757 眉县年鉴 1995/1999,2000/2001,2002/2004/757

姚

009492857 姚安县年鉴 2001—2007/731

怒

013374008 怒江州中级人民法院年鉴 2010,2012—2013/742

012199512 怒江统计年鉴 1990/1995,1996/

2000,2001/2005,2006/2007/742

011823086 怒江傈僳族自治州年鉴 2005—2013/742

贺

013772853 贺兰年鉴 2011—2014/800

010225548 贺州市八步区年鉴/八步区年鉴 2002/2003,2004/2005,2006/2007,2008/624

009616864 贺州市年鉴/贺州年鉴 2003,2004/2005,2006/2008,2011/2012,2013/623

008405516 *贺州市社会经济统计年鉴/贺州地区社会经济统计年鉴 1998,2000,2002—2003,2005,2011,2013/624

008405516 贺州地区社会经济统计年鉴/贺州市社会经济统计年鉴 1998,2000,2002—2003,2005,2011,2013/624

009616864 *贺州年鉴/贺州市年鉴 2003,2004/2005,2006/2008,2011/2012,2013/623

盈

012361581 盈江年鉴 2008—2010,2011/2012/742

十画

泰

008406187 泰山区年鉴 1985/1996,2003/2007/429

009004463 泰宁年鉴 1995/1996,1997/1998,1999—2003/359

013714679 泰州市人民医院年鉴 2011/282

008432419 泰州年鉴 1998—2014/282

008643466 泰州统计年鉴 1997—2014/282

008399579 泰兴年鉴 1994,1996—1997,1999—2008,2010,2012,2014/283

011823201 泰安卫生监督年鉴 2006/2007/429

011399030 *泰安市政协年鉴/中国人民政治协商会议山东省泰安市委员会年鉴 1998—2001,2002/2007/428

004187698 泰安年鉴 1985/1990,1992—2014/428

009360376 泰安财政年鉴 2000/428

008278744 泰安统计年鉴 1990—1991,1994—2013/428

013772755 泰和年鉴 2012/385

009926386 泰顺年鉴 1999,2000/2001,2005—2009/307

秦

013965415 秦山第二核电厂生产运行年鉴 2004/309

014014827 秦山第三核电有限公司年鉴/中核集团秦山第三核电有限公司年鉴 2001,2010/308

011398684 秦始皇兵马俑博物馆年鉴 1979/1983,1984—1985,1987—1991,1995,2002—2003,2005/753

008438863 秦皇岛市海港区年鉴/海港区年鉴 1989/1992,1998,1998/2002,2003/2004,2005/2006,2007/2008,2009/2010,2012—2013/74

007683403 秦皇岛年鉴 1996—1999,2001—2014/74

013396743 秦皇岛金融年鉴 2011—2012/74

011140541 秦皇岛图书馆年鉴 2005,2007/74

008403132 秦皇岛统计年鉴 1995—1999,2001—2009,2011—2013/74

012924964 秦都年鉴 2009/758

009542158 秦淮年鉴 2004—2014/257

珙

008643527 珙县年鉴 1994—1995,1996/1997,1998,1999/2001,2002/2004/679

珠

012806204 珠江三角洲城市群年鉴 2010—2014/568

012243179 珠海市企业和产品年鉴 2008/582

001992399 *珠海年鉴/珠海经济年鉴 1979/1986/582

001992409 珠海年鉴/珠海经济年鉴 1987—1989,1990/1991,1992—2003,2005—2013/582

013467790 珠海企业文化年鉴 2010/582

001992399 珠海经济年鉴/珠海年鉴 1979/1986/582

001992409 *珠海经济年鉴/珠海年鉴 1987—1989,1990/1991,1992—2003,2005—2013/582

011399974 珠海经济普查年鉴 2004,2008/582

008244988 珠海统计年鉴 1990—1992,1994—2005,2007—2014/582

珲

013655993 珲春边境经济合作区统计年鉴 2007/183

012617202 珲春年鉴 2007/2008,2012—2013/183

盐

013481735 盐田年鉴 2011—2012/581

008118434 盐务年鉴 1929/910

011823295 盐边年鉴 2006—2012,2014/661

013793130 盐池年鉴 2012,2014/802

008788163 盐城市建设年鉴 1993/1996/275

008406315 盐城年鉴 1998—2014/275

009087826 盐城交通年鉴 1986/1993,1996/1997/275

008400136 盐城统计年鉴 1990—1996,1998—2014/275

013933028 盐城港口年鉴/港口年鉴 1986/1993/276

008643565 盐亭年鉴/盐亭县年鉴 1989,1997—2003/667

008643565 *盐亭县年鉴/盐亭年鉴 1989,1997—2003/667

014014965 盐亭统计年鉴 2008/667

009501631 盐津年鉴 2001—2008,2011/724

008432884 盐都年鉴 1983/1996,1996/1999,2001—2014/276

009395532 *盐都县统计年鉴/盐都统计年鉴 1998—2002/276

009395532 盐都统计年鉴/盐都县统计年鉴 1998—2002/276

010102783 盐湖年鉴 2001/2004/106

都

009406076 都匀年鉴 1991/2000,2001/2002,2003—2010/704

008968734 *都江堰市年鉴/都江堰年鉴 2000,2004,2011,2013—2014/657

008968734 都江堰年鉴/都江堰市年鉴 2000,2004,2011,2013—2014/657

哲

013790793 哲里木盟金融统计年鉴 1952/1963,1986—1987,1989—1990/124

009135201 哲里木盟统计年鉴 1990—1998/124

热

009698937 热带气旋年鉴 1989,1992—1999,2001—2002,2004—2009,2011/947

壶

011966608 壶关年鉴 2008/100

耿

012923445 耿马年鉴/耿马县年鉴 2006—2009/729

012923445 *耿马县年鉴/耿马年鉴 2006—2009/729

莆

008278846 莆田市统计年鉴/莆田统计年鉴 1989,1991—1992,1994—2000,2002—2007,2010—2013/356

010102115 莆田法院年鉴 2003/356

013603212 莆田宣传年鉴 2008,2011/356

008278846 *莆田统计年鉴/莆田市统计年鉴 1989,1991—1992,1994—2000,2002—2007,2010—2013/356

莱

011503005 *莱西市统计年鉴/莱西统计年鉴/莱西县统计年鉴 1988—1989,1991,1993—2006,2011—2012/412

011966772 莱西年鉴 2006—2011,2013/412

011503005 *莱西县统计年鉴/莱西统计年鉴/莱西市统计年鉴 1988—1989,1991,1993—2006,2011—2012/412

011503005 莱西统计年鉴/莱西县统计年鉴/莱西市统计年鉴 1988—1989,1991,1993—2006,2011—2012/412

012526080 莱州统计年鉴 2004—2005,2007,2009,2011/421

008990614 莱阳年鉴 2000,2000/2001,2002/2004,2005/2007,2006/421

011822283 莱芜卫生监督年鉴 2005—2010/435

013965367 莱芜市莱城区统计年鉴 2001/435

008398329 莱芜年鉴 1994—2014/434

008278812 莱芜钢铁总厂年鉴 1991/1992,1993—1999/434

008728201 *莱芜钢铁总厂年鉴/莱钢集团公司年鉴/莱钢年鉴 2000—2014/434

008400303 莱芜统计年鉴 1991,1993—2003,2005—2012/434

013957272 莱城年鉴 2012/435

008728201 *莱钢年鉴/莱钢集团公司年鉴/莱芜钢铁总厂年鉴 2000—2014/434

010305673 莱钢年鉴十五技改卷 2003/2004/435

008437675 莱钢统计年鉴 1970/1995/435

008728201 莱钢集团公司年鉴/莱钢年鉴/莱芜钢铁总厂年鉴 2000—2014/434

莲

014014384 *莲花县"十五"时期统计年鉴/莲花统计年鉴 2006/378

014014384 莲花统计年鉴/莲花县"十五"时期统计年鉴 2006/378

011140367 莲都年鉴 2006,2008—2014/321

013790134 *莲湖统计年鉴/西安市莲湖区统计年鉴 2009—2010/755

莫

010226491 莫力达瓦达斡尔族自治旗年鉴 1987,2006/2008/129

014014417 莫力达瓦达斡尔族自治旗统计年鉴 2004—2005/129

获

009182881 获鹿县年鉴 1991—1993/70

011140362 获嘉年鉴 2001/2004,2005/2008/470

晋

013370012 晋中纠风年鉴 1990/2010/104

008788913 晋中年鉴 1997/1998,1999/2000,2003,2003/2004,2005/2006,2007/2008,2009/2010,2012—2013/104

011824449 晋中统计年鉴 2008,2011—2012/104

011966734 晋宁年鉴 2008—2014/715

012526061 晋州市农村经济年鉴 2000/70

008553709 晋州年鉴 1991/1996,1997/2000,2001/2005,2007—2008,2010—2013/70

008539910 晋江年鉴 1996—2014/361

010102063 晋江统计年鉴 2002,2007/361

011140460 晋城文化年鉴 1991/1995,1996/2000,2001/2003,2004—2009/102

012724224 *晋城市沁水年鉴/沁水年鉴/山西沁水年鉴 1989—1994,1996—2003,2005—2013/102

012723591 晋城市城区年鉴 2009—2010,2012—2013/102

009806760 晋城市统计年鉴/晋城统计年鉴 1989,1992—1997,2001—2003,2007—2012,2014/101

009406127 晋城年鉴 1999/2000,2001/2002,2003/2004,2005/2006,2007/2008,2009/2010,2011/2012/101

014014342 晋城金融年鉴 1997/102

012723588 晋城经济普查年鉴 2008/101

009806760 *晋城统计年鉴/晋城市统计年鉴 1989,1992—1997,2001—2003,2007—2012,2014/101

013936036 晋城煤业集团年鉴 2010/101

013788389 晋钢年鉴 1993/102

莎

013747914 莎车年鉴 2012/815

莞

013396615 莞城美术馆年鉴 2009—2011/600

桂

008413149 桂平年鉴 1988/1994,2006/620

011139958 *桂林公安年鉴/桂林市公安年鉴 1997—2001/616

011139958 桂林市公安年鉴/桂林公安年鉴 1997—2001/616

008002829 *桂林市年鉴/桂林市鉴 1986/1990,1991/1995,2000/616

008311371 桂林市年鉴/桂林年鉴/桂林市鉴 1997—1999,2001—2014/616

011139897 桂林市经济普查年鉴 2004/616

008002829 桂林市鉴/桂林市年鉴 1986/1990,1991/1995,2000/616

008311371 *桂林市鉴/桂林市年鉴/桂林年鉴 1997—1999,2001—2014/616

007722475 桂林地区经济统计年鉴 1995—

1997/616

008399421　桂林地区统计年鉴/广西壮族自治区桂林地区统计年鉴1985—1987,1998/616

008311371　*桂林年鉴/桂林市年鉴/桂林市鉴1997—1999,2001—2014/616

006088403　*桂林经济社会统计年鉴/桂林统计年鉴1988,1990—1992/616

004569375　桂林经济社会统计年鉴/桂林统计年鉴1993—2014/616

006088403　桂林统计年鉴/桂林经济社会统计年鉴1988,1990—1992/616

004569375　*桂林统计年鉴/桂林经济社会统计年鉴1993—2014/616

013173446　*桂溪街道年鉴/成都高新技术产业开发区桂溪街道年鉴/成都高新区桂溪街道年鉴2010—2014/650

郴

008728169　*郴州地区统计年鉴/郴州统计年鉴1992,1996—2009,2011—2014/554

008437991　郴州年鉴1996/1997,1998—2009,2011—2014/554

008728169　郴州统计年鉴/郴州地区统计年鉴1992,1996—2009,2011—2014/554

桓

011502931　桓仁年鉴2001—2002,2007/2008/153

008477016　桓台年鉴1988/1991,2003/2006,2007/2008/415

栖

009617452　栖霞年鉴2003—2014/258

桐

012592715　桐乡文艺年鉴1999/2001/308

013603324　桐乡市统计年鉴/桐乡统计年鉴2003—2005,2011/308

008432381　桐乡年鉴1998—2014/308

013603324　*桐乡统计年鉴/桐乡市统计年鉴2003—2005,2011/308

008433559　桐庐年鉴1986/1990,1991/1992,1993/1994,1995/1996,1997/1998,1999/2000,2001/2002,2003,2005—2013/300

012521604　桐庐统计年鉴2001—2006,2008—2010/300

013758172　桐庐粮食年鉴1986/1990/300

008432437　桐城年鉴1998—2005,2007,2011—2013/335

株

013174718　株洲卫生监督年鉴2003/2005/542

011824374　*株洲车辆厂年鉴/中国南车集团株洲车辆厂年鉴/株洲车辆工厂年鉴1992—2007/542

011824374　*株洲车辆工厂年鉴/中国南车集团株洲车辆厂年鉴/株洲车辆厂年鉴1992—2007/542

011504680　株洲公安年鉴1992/1995,1996—1997,1999,2000/2001,2002/2003,2004/541

008397438　*株洲电力机车厂年鉴/株洲电力机车工厂年鉴/中国南车集团株洲电力机车厂年鉴/中国南车集团株洲电力机车有限公司年鉴/南车株洲电力机车有限公司年鉴1983/1988,1990,1992,1994—2001,2003—2008,2010—2011/542

008397438　株洲电力机车工厂年鉴/株洲电力机车厂年鉴/中国南车集团株洲电力机车厂年鉴/中国南车集团株洲电力

机车有限公司年鉴/南车株洲电力机车有限公司年鉴 1983/1988,1990,1992,1994—2001,2003—2008,2010—2011/542

013656199 株洲市环境统计年鉴 2007—2008,2010/543

014015085 株洲市环境监测年鉴 2000/543

007211286 株洲年鉴 1989—2013/541

008435142 株洲县年鉴 1996—1998,2000,2002,2004—2013/543

013821923 株洲县统计年鉴 1993—1995,1997—2003,2005—2007/543

011504685 株洲冶炼厂年鉴/株洲冶炼集团有限责任公司年鉴 1993/1994,1995/1996,1997/1998,1999/2000,2001/2002,2003/2004,2009/2010/542

011504685 *株洲冶炼集团有限责任公司年鉴/株洲冶炼厂年鉴 1993/1994,1995/1996,1997/1998,1999/2000,2001/2002,2003/2004,2009/2010/542

011504682 株洲经济普查年鉴 2004/541

008391585 株洲统计年鉴 1991—1998,2000—2008,2010—2014/541

012593603 株洲高新技术产业开发区统计年鉴 1998,2000—2002/541

011504687 株洲硬质合金厂年鉴 1995—1997/542

009459966 株洲新区年鉴 2003/541

013821920 株洲新区统计年鉴 2010/541

桥

012521552 桥东区年鉴 1993/1997,1998/2002/78

012678382 桥东年鉴 2006/81

桦

009425934 桦川县国民经济统计年鉴 1976—1979,1986—1987/212

011398556 桦甸市年鉴/桦甸年鉴 2007—2011,2013/174

010225589 桦甸市教育年鉴 1997/174

011398556 *桦甸年鉴/桦甸市年鉴 2007—2011,2013/174

009406057 *桦南社会经济统计年鉴/桦南经济统计年鉴 1990,1997,2003,2005/212

009406057 桦南经济统计年鉴/桦南社会经济统计年鉴 1990,1997,2003,2005/212

桃

013471076 桃江统计年鉴 2011/553

013932462 桃源年鉴 1987,2003/2009/551

013820251 桃源统计年鉴 1986—1989,1992,1996,1998—2001,2003—2006/551

格

011501923 格尔木市统计年鉴 1996/2000/793

009840968 格尔木年鉴 2001/2005,2006/2008,2008/2010,2010/2012/793

贾

011822155 贾汪年鉴 2008—2010,2012/262

夏

012925179 夏县年鉴 1998/1999/107

012593333 *夏县国税十年鉴/夏县国税年鉴 1994/2003/107

012593333 夏县国税年鉴/夏县国税十年鉴 1994/2003/107

007375261 夏邑年鉴 1985/1991/483

原

012617570 原山林场年鉴 2006/2010/413

010102642 原州年鉴 2005,2012—2014/802

009502392 原阳年鉴 2004,2011/470

监

013677835 监利年鉴 2009—2014/520

013603126 监利统计年鉴 2007,2011/521

党

007650059 党史资料年鉴 1986/201

007650065 党史资料年鉴 1987/201

004899388 *党校年鉴/中共中央党校年鉴△1984—1985,1990,1992,1994—1996 2001/4

蚌

009395845 蚌埠年鉴 1998—2011,2013—2014/332

008405325 蚌埠统计年鉴 1998—2014/332

008788764 蚌埠铁路分局年鉴 1993—2005/332

恩

010223968 恩平年鉴 2001/2003,2004/2006/587

013747977 恩施市年鉴 2011/527

008579678 恩施州年鉴 1999—2009,2011—2013/526

009426246 恩施州统计年鉴 1994,2002—2013/527

崂

009913656 崂山年鉴 2005—2009,2013/410

013932348 *崂山统计年鉴/青岛市崂山区统计年鉴/青岛高科技工业园青岛市崂山区统计年鉴/青岛市崂山区青岛高科技工业园统计年鉴 1996—2005/410

峨

008670242 峨山年鉴 2000—2014/721

014014224 峨边统计年鉴 2005/673

011396114 峨边彝族自治县年鉴 2007—2009,2013—2014/673

012983220 峨眉山市年鉴 2003—2005,2007—2010/672

峰

013996004 峰峰年鉴 2011—2012,2013/2014/76

钻

011821838 *钻技公司年鉴/大庆石油管理局钻探集团钻技公司年鉴 2006—2007/206

铁

008213063 *铁力市年鉴/铁力年鉴 1987—1988,1997/1998,2003/209

009805665 铁力市国民经济统计年鉴 1997,1999,2003/209

008213063 铁力年鉴/铁力市年鉴 1987—1988,1997/1998,2003/209

008574200 铁东区年鉴/铁东年鉴 1986,1993,1995—2010/150

008574200 *铁东年鉴/铁东区年鉴 1986,1993,1995—2010/150

013714673 *铁东年鉴/四平铁东年鉴 2011,2013/175

008399295 *铁四局年鉴/铁道部第四工程局年鉴/中铁四局集团年鉴/中国中铁四局集团年鉴 1994—2010,2012/328

013772677 铁西统计年鉴 1997—1998,2001—2003,2007,2009—2011/144

013932474 铁岭工业年鉴 2007—2009/160

008495946 铁岭市城乡建设年鉴 1991/160

012617486 铁岭市教育年鉴 1949/1990, 1991/1995, 2003—2005, 2006/2008, 2009—2010/160

013711476 铁岭市银州区教育年鉴/银州教育年鉴 1980/1990, 2003/2007/160

008940663 铁岭年鉴 2000—2013/160

013932507 铁岭县年鉴 1986/1994/161

012079556 铁岭经济普查年鉴 2004/160

012079558 铁岭统计年鉴 2001—2010, 2013/160

009589714 铁法矿务局年鉴/铁煤集团年鉴 1989/1990, 1991/1992, 1993/1994, 1995/1996, 1997/1998, 1999/161

009589721 *铁法矿务局年鉴/铁煤集团年鉴 2000—2003, 2007/161

008397432 *铁科院年鉴/铁道部科学研究院年鉴/铁道科学研究院年鉴/中国铁道科学研究院年鉴 1991—1998, 2000—2012/38

008112146 铁道年鉴 1933/896

008397432 *铁道科学研究院年鉴/铁道部科学研究院年鉴/铁科院年鉴/中国铁道科学研究院年鉴 1991—1998, 2000—2012/38

010227003 铁道部大桥工程局年鉴/中铁大桥局集团年鉴 1994—1995, 2001/500

012692329 *铁道部大桥工程局年鉴/中铁大桥局集团年鉴 2002/500

008196236 铁道部专业设计院年鉴 1995—2001/38

009617890 铁道部四方车辆研究所年鉴 1999/410

008195667 铁道部建厂工程局年鉴 1994—1998/16

008397432 铁道部科学研究院年鉴/铁科院年鉴/铁道科学研究院年鉴/中国铁道科学研究院年鉴 1991—1998, 2000—2012/38

009913859 铁道部第一勘测设计院年鉴/铁道第一勘察测设计院年鉴/中铁第一勘察设计院集团年鉴 1996, 2000, 2003—2004, 2010/776

009406183 铁道部第二工程局年鉴/中铁二局集团年鉴 1991—1998/652

009406163 *铁道部第二工程局年鉴/中铁二局集团年鉴 1999—2012/652

010102797 铁道部第二勘测设计院年鉴/铁道第二勘察设计院年鉴 1993—1996, 2000—2006/655

008396598 铁道部第十一工程局年鉴/中铁第十一工程局年鉴/中铁十一局集团年鉴 1994—2004, 2005/2006/499

008396948 铁道部第十二工程局年鉴/中铁十二局集团年鉴 1995—2001, 2003—2006, 2010/94

008397001 铁道部第十七工程局年鉴/中铁第十七工程局年鉴/中铁十七局集团年鉴 1994—2004, 2006, 2008—2011/94

009406156 *铁道部第十八工程局年鉴/中铁第十八工程局年鉴/中铁十八局集团年鉴 1997, 1999/2000, 2001/2002, 2002/2003, 2004/2006/52

008749295 铁道部第十九工程局年鉴/中铁十九局集团年鉴 1995—1997, 1999/157

009425968 *铁道部第十九工程局年鉴/中铁十九局集团年鉴 1999/2001/157

008396964 铁道部第十五工程局年鉴/中铁第十五工程局年鉴/中铁十五局集团年鉴 1993—2003/460

008670263 铁道部第十六工程局年鉴/中铁第十六工程局年鉴 1994—2000,2002/16

008477391 铁道部第十四工程局年鉴 1993/1994,1995—2001/401

008140296 铁道部第三工程局年鉴 1994—2000/94

009425965 *铁道部第三工程局年鉴/中铁三局集团有限公司年鉴 2001—2003,2005,2010/94

009065038 *铁道部第三勘测设计院年鉴/铁道第三勘察设计院年鉴/铁道第三勘察设计院集团有限公司年鉴/铁道第三勘测设计院年鉴 1997,1999—2008/56

008399295 铁道部第四工程局年鉴/铁四局年鉴/中铁四局集团年鉴/中国中铁四局集团年鉴 1994—2010,2012/328

009520025 铁道部第四勘测设计院年鉴/铁道第四勘察设计院年鉴 1993/1997,1998/2001,2003/2004/503

009618468 *铁道部隧道工程局年鉴/中铁隧道集团年鉴 1999—2011,2014/460

009913859 *铁道第一勘察测设计院年鉴/铁道部第一勘测设计院年鉴/中铁第一勘察设计院集团年鉴 1996,2000,2003—2004,2010/776

010102797 *铁道第二勘察设计院年鉴/铁道部第二勘测设计院年鉴 1993—1996,2000—2006/655

013090444 *铁道第二勘察设计院年鉴/中铁二院工程集团有限责任公司年鉴 2010,2012/653

009065038 *铁道第三勘测设计院年鉴/铁道第三勘察设计院年鉴/铁道第三勘察设计院集团有限公司年鉴/铁道部第三勘测设计院年鉴 1997,1999—2008/56

009065038 铁道第三勘察设计院年鉴/铁道第三勘察设计院集团有限公司年鉴/铁道部第三勘测设计院年鉴/铁道第三勘测设计院年鉴 1997,1999—2008/56

009065038 *铁道第三勘察设计院集团有限公司年鉴/铁道第三勘察设计院年鉴/铁道部第三勘测设计院年鉴/铁道第三勘测设计院年鉴 1997,1999—2008/56

009520025 *铁道第四勘察设计院年鉴/铁道部第四勘测设计院年鉴 1993/1997,1998/2001,2003/2004/503

009589714 *铁煤集团年鉴/铁法矿务局年鉴 1989/1990,1991/1992,1993/1994,1995/1996,1997/1998,1999/161

009589721 铁煤集团年鉴/铁法矿务局年鉴 2000—2003,2007/161

铂

012242418 铂钯年鉴 2005—2006,2010—2012/909

特

012530200 特克斯年鉴 2008,2009/2010,2012—2013/824

积

012354187 积石山保安族东乡族撒拉族自治县年鉴 2006/2007/785

射

008728228 射阳年鉴 2000,2005/2007,2009—2012/277

009617448 射阳统计年鉴 2002—2003/278

008230500 射洪年鉴 1986/1990/670

013898984 射洪统计年鉴 2006/2007,2010/670

息

012724285 息县年鉴 2010—2011/485

郫

007683410 郫县年鉴 2004/2006/657

徐

013603437 *徐汇区统计年鉴/徐汇统计年鉴 2003,2005—2014/240

008879223 徐汇年鉴 1992/1998,1999—2013/240

013603437 徐汇统计年鉴/徐汇区统计年鉴 2003,2005—2014/240

012801271 徐州市地方税收统计年鉴 1995/2000,2001/2005/262

011968039 徐州市保险年鉴 2007—2008,2011—2012/262

008477445 徐州市教育年鉴/徐州教育年鉴 1996—2000,2002—2014/262

008435171 徐州年鉴 1998—2014/261

013656180 徐州企业调查年鉴 2003/262

009617738 徐州建设年鉴 1997—1999,2002—2004,2006,2009,2011/262

008265107 徐州统计年鉴 1990,1992—2014/262

008378178 徐州铁路分局年鉴 1996—2004/262

008477445 *徐州教育年鉴/徐州市教育年鉴 1996—2000,2002—2014/262

009726034 徐闻年鉴 2004—2005,2006/2007,2008,2010—2012/589

航

009618348 航天中心医院年鉴 2001,2003,2006/36

009806789 航天财务年鉴 1987—1989/879

008139901 航业年鉴 1935—1936/965

翁

009502636 *翁牛特年鉴/翁牛特旗年鉴 2010—2014/123

009502636 翁牛特旗年鉴/翁牛特年鉴 2010—2014/123

013603334 翁源年鉴 2011—2014/575

胶

011822238 胶州市新农村建设年鉴 2007/412

009502655 胶州年鉴 2004—2012/411

010226291 胶州统计年鉴 1994—2007,2009—2010/412

009324893 胶南年鉴 2003—2013/410

011966719 胶南统计年鉴 1989—1991,1993,1998,2001—2003,2005—2012/410

留

008941791 留坝年鉴 1997/2001,2002/2006/764

凌

012199210 凌云年鉴 2008/2009/623

012199203 凌源年鉴 2004—2008,2010—2011/162

栾

005719903 栾川社会经济统计年鉴 1949/

1992,1993—2005/462

008604922 栾城年鉴 1998—2001,2002/2003,2003,2005—2009,2011—2013/70

高

012351831 高平市统计年鉴 2005/102

012351806 高平年鉴 2008—2012/102

013369830 高台综合年鉴 2009/2010/780

013089988 高州年鉴 2009/589

009182790 高州统计年鉴 2001—2005,2007—2012/590

008001516 高安年鉴 1986/1990,1991/1993,1994/2000,2001/2003/386

012983232 高县年鉴 2004—2005,2007,2010,2012,2014/678

005325795 高邮年鉴 1992—2002,2004—2014/279

009617439 高邮统计年鉴 2002—2008,2011/279

007733602 高邑县年鉴/河北年鉴增刊 1995/71

013369824 高青年鉴 2005/2010,2012—2014/415

008437598 *高坪年鉴/南充市高坪年鉴 1995—1996,1996/2000,2009/2011/674

008574183 高明年鉴 1999—2014/585

011966542 高明统计年鉴 2007—2013/585

006088566 高要年鉴 1989,2000,2002,2004,2008,2010—2014/591

012525950 高要统计年鉴 2005—2012/591

008643776 高唐年鉴 1988/1998,1999/2004/441

012243227 高陵年鉴 2008/755

009324879 高陵县社会经济统计年鉴/高陵统计年鉴 2002—2006,2008,2010—2011/755

009324879 *高陵统计年鉴/高陵县社会经济统计年鉴 2002—2006,2008,2010—2011/755

008402843 高淳年鉴 1993,1998,2003,2009,2011,2013/259

008438614 高密年鉴 1986/1996/424

013710783 高密统计年鉴 1988,1990—1991,1993—2000,2002—2006,2009/424

012723276 高港年鉴 2010—2014/282

亳

013747974 亳州市谯城区统计年鉴/谯城区统计年鉴/谯城区统计局年鉴/谯城统计年鉴 2002,2005,2008—2013/341

009081222 亳州年鉴 2002—2014/341

008401849 亳州统计年鉴 1998—1999,2001—2008,2010—2012,2014/341

郭

012983256 郭沫若研究年鉴 2010—2011/942

准

008805319 准格尔年鉴 1992/2000,2001—2010,2011/2012/126

离

013609003 离石年鉴 2004/2006,2007/2010/113

唐

013173618 唐人旅游规划设计年鉴 2009,2011—2012,2014/897

012983775 唐山机车车辆厂年鉴 1996/72

009616909 唐山年鉴 2008—2012,2014/72

006296708 唐山统计年鉴 1992—1996, 1998—2014 / 72

008002633 唐代文学研究年鉴 1983—1988, 1989/1990, 1991—1992, 1993/1994, 1995/1996, 1997—2014 / 929

009502374 唐河年鉴 2002—2003, 2006—2008, 2011 / 481

资

011824427 资中年鉴 2010 / 671

009208252 资阳地区年鉴/资阳年鉴 1998/2000, 2001/2002, 2003/2005, 2006/2008, 2009/2010, 2011—2012 / 684

009208252* 资阳年鉴/资阳地区年鉴 1998/2000, 2001/2002, 2003/2005, 2006/2008, 2009/2010, 2011—2012 / 684

010226836 资阳统计年鉴 1999, 2004—2006, 2011—2014 / 685

凉

008426356 凉山年鉴 1999—2013 / 690

010101989 凉山统计年鉴 1991—1993, 1996, 2001—2002 / 690

旅

008122376 旅英华侨年鉴 1965 / 850

008969105 旅顺口年鉴 1998/1999, 2000/2001, 2002/2003, 2004, 2008—2013 / 148

013757974 旅顺日俄监狱旧址博物馆年鉴 2005 / 148

008969100 旅顺教育年鉴 1991—2007 / 148

013757970 旅顺博物馆年鉴 2006 / 148

阆

009502890 阆中年鉴 2002/2003, 2004, 2006—2011 / 675

益

008438020 益阳年鉴 1994/1998, 2001—2008, 2011 / 553

008879225 益阳统计年鉴 1991—1992, 1994—1996, 1998—2008, 2010—2014 / 553

011968102 益林年鉴 2001/2005 / 277

朔

009492539 朔州年鉴 2002—2003, 2004/2005 / 103

011967340 朔州经济普查年鉴 2004 / 103

011824460 朔州统计年鉴 2008, 2010—2014 / 103

烟

009913716 烟台大学年鉴 1995/2000, 2001—2004, 2006—2008 / 420

011823292 烟台日报传媒集团年鉴 2007—2013 / 420

012243728 烟台电力统计年鉴 1949/2007 / 420

013609294 烟台市芝罘区统计年鉴/山东省烟台市芝罘区国民经济统计年鉴 1989—1990, 1992—1993, 1995, 2001, 2005—2011 / 421

011823294 烟台市邮电年鉴 1988/1999 / 420

013821796 烟台市福山区统计年鉴/福山统计年鉴 2002, 2004—2005, 2010 / 421

013939424 烟台师范学院年鉴 1992, 2000 / 421

004625044 烟台年鉴 1990—1993, 1995/1996, 1997, 1998/1999, 2000—2012 / 420

012079666 烟台青年工作年鉴 1986 / 420

013379118 烟台经济技术开发区统计年鉴 2007—2008 / 420

006934113 烟台统计年鉴 1985—1991,1993—2013／420

013677337 *烟材年鉴／白玉兰烟材年鉴／上海白玉兰烟材年鉴 2011—2012／227

郯

011967374 郯城年鉴 2000／2004,2005／2007,2008／2010／437

浙

011503713 *浙江人力资源和社会保障年鉴／浙江劳动和社会保障年鉴 2007—2014／287

014014975 浙江工业大学共青团工作年鉴 2008／293

013711496 浙江工业大学年鉴 1996—1997,2001,2003,2006,2009／296

014014982 浙江工业大学建筑工程学院学生工作年鉴 2008／296

013933092 浙江工业大学信息工程学院年鉴 2007—2008,2010／296

012801319 浙江工商大学年鉴 2006—2009,2012／295

008113682 浙江工商年鉴 1946／288

013939587 浙江大学化学系年鉴 2010／295

014014977 浙江大学共青团工作年鉴 2003,2007／293

004561266 浙江大学年鉴 1990—1991,1993—2000,2002—2014／295

008993767 浙江广播电视年鉴／浙江广播电影电视年鉴 2001—2013／290

012048826 浙江广播电视高等专科学校年鉴 2002／297

008993767 *浙江广播电影电视年鉴／浙江广播电视年鉴 2001—2013／290

012801344 浙江卫生年鉴 2010／291

009618324 浙江乡镇统计年鉴 2004—2006／285

009014896 浙江乡镇街道年鉴 2002／291

013939599 浙江中医学院年鉴 2001／296

009542208 浙江公安年鉴 2004—2014／286

011399634 浙江文化市场年鉴 2005—2012／290

011823310 浙江文化年鉴 2007—2012／290

009459927 浙江文物年鉴 1998—2000,2002—2008,2010—2011／291

008902183 浙江电信年鉴 2000,2003,2006／288

009926531 浙江电信实业年鉴 2002—2006／288

009913832 浙江外事年鉴 2005—2014／286

009503017 浙江民办教育年鉴 1979／2003／290

011503702 浙江出入境检验检疫年鉴／浙江检验检疫年鉴 2006—2007,2009—2010／291

008923204 浙江出版年鉴 1998—1999／290

009081524 浙江地税年鉴 2001,2003—2012／289

002992888 *浙江年鉴／浙江经济年鉴 1986—1990／287

004967459 浙江年鉴／浙江经济年鉴 1992—2003,2005—2014／285

012801348 浙江自然资源与环境统计年鉴 2009—2014／292

011503704 浙江交通年鉴 2002—2013／287

011503708 浙江交通统计四十年鉴 1949／1988／287

012724385 浙江农业大学年鉴 1992—1997

/296

010226824 浙江农村统计年鉴 1993—2001, 2005—2007/285

011503713 浙江劳动和社会保障年鉴/浙江人力资源和社会保障年鉴 2007—2014/287

008879259 浙江邮电年鉴 1997—1998/288

009618341 *浙江邮电年鉴/浙江邮政年鉴 2000—2012/288

009618341 浙江邮政年鉴/浙江邮电年鉴 2000—2012/288

014014971 浙江财经学院年鉴 2010/295

009055177 浙江财政年鉴 2001—2003, 2005—2013/289

012593469 浙江体育年鉴/浙江省体育年鉴 1992—1993, 1997—2000, 2002, 2005—2006/291

010227022 浙江社科联年鉴/浙江省社科联年鉴/浙江省社联年鉴/浙江社联年鉴 1995—1997, 1999—2007, 2009—2010/285

010227022 *浙江社联年鉴/浙江社科联年鉴/浙江省社科联年鉴/浙江省社联年鉴 1995—1997, 1999—2007, 2009—2010/285

012048837 浙江环境统计年鉴 2008/292

011399631 浙江林学院年鉴 1998/2002, 2004/300

009055181 浙江非国有经济年鉴 2000—2003, 2005—2014/286

009014887 浙江金融年鉴 1997—2013/289

009618332 浙江制造业年鉴 2004/287

013174671 浙江建筑业统计年鉴/浙江省建筑业统计年鉴 1988—1989, 1995—1996, 1999, 2001—2002, 2005—2010/287

008108961 浙江经济年鉴 1948/286

002992888 浙江经济年鉴/浙江年鉴 1986—1990/287

004967459 *浙江经济年鉴/浙江年鉴 1992—2003, 2005—2014/285

010226745 浙江经济普查年鉴 2004, 2008/286

012530586 浙江城乡建设年鉴 2009—2014/292

010102071 浙江城市建设统计年鉴/浙江省城市建设统计年鉴 1999—2000, 2004, 2006—2008/291

011399640 浙江政策年鉴 2007—2014/286

012724387 浙江树人大学年鉴 2010/296

013936486 浙江省工商企业守合同重信用单位台州市年鉴/台州市"浙江省工商企业守合同重信用单位"年鉴 2007—2008/317

008749633 浙江省乡镇年鉴/浙江省乡镇街道年鉴 1999—2000, 2002/287

012559243 浙江省乡镇企业统计年鉴/乡镇企业统计年鉴 2001—2002, 2004, 2006—2009/287

008749633 *浙江省乡镇街道年鉴/浙江省乡镇年鉴 1999—2000, 2002/287

014014989 浙江省公路统计年鉴 2008/288

012801334 浙江省文化文物统计年鉴 2008—2009, 2011—2012/289

010102073 浙江省火灾统计年鉴 1994/1996/292

008805305 浙江省对外贸易经济合作年鉴 2001—2002, 2004—2009/289

012864399 *浙江省对外贸易经济合作年鉴/浙江商务年鉴 2010—2013/289

013790762 *浙江省老年人体育协会十年鉴/浙江省老年人体育协会年鉴 1985/1995/291

013790762 浙江省老年人体育协会年鉴/浙江省老年人体育协会十年鉴 1985/1995/291

013173288 浙江省交通统计年鉴 1989—1991,1993—2004,2006/287

012048849 浙江省农业银行统计年鉴 2000—2004/289

012521642 浙江省医院细菌耐药检测年鉴 2008—2011/291

012593469 *浙江省体育年鉴/浙江体育年鉴 1992—1993,1997—2000,2002,2005—2006/291

010227022 *浙江省社科联年鉴/浙江社科联年鉴/浙江省社联年鉴/浙江社联年鉴 1995—1997,1999—2007,2009—2010/285

010227022 *浙江省社联年鉴/浙江社联年鉴/浙江省社科联年鉴/浙江社联年鉴 1995—1997,1999—2007,2009—2010/285

014014997 浙江省环境监测年鉴 1987/292

014014995 浙江省杭州市环境质量年鉴/杭州市环境质量年鉴 1986,1988/297

013174671 *浙江省建筑业统计年鉴/浙江建筑业统计年鉴 1988—1989,1995—1996,1999,2001—2002,2005—2010/287

014014986 浙江省城乡建设统计年鉴 1985/292

010102071 *浙江省城市建设统计年鉴/浙江城市建设统计年鉴 1999—2000,2004,2006—2008/291

008278742 浙江省科技统计年鉴/浙江科技统计年鉴 1989,1991,2004,2007—2014/290

012200453 浙江省高级人民法院年鉴 2008—2013/286

013758759 浙江省能源集团系统综合统计年鉴 2008/294

009698996 浙江省教育厅教研室年鉴 2004,2006—2008,2012/291

013635507 浙江省萧山中学年鉴 2011/299

013173247 浙江科技学院年鉴 2005,2008—2010/296

008278742 *浙江科技统计年鉴/浙江省科技统计年鉴 1989,1991,2004,2007—2014/290

012617667 浙江保险年鉴 2010—2012/289

010227026 浙江统一战线年鉴 2006—2014/286

004561302 浙江统计年鉴 1984—1988,1990—2010,2012—2014/285

009913828 浙江党校年鉴 2002/292

013933097 浙江疾病预防控制年鉴 2000—2002/291

009726396 浙江旅游年鉴 2004—2014/288

013379138 浙江通信服务年鉴 2008,2011/288

013714700 浙江教育考试统计年鉴 2011,2013/290

012048841 浙江教育年鉴 2008—2012/290

013312079 浙江教育学院年鉴 2002—2003,2009—2010/296

011503702 *浙江检验检疫年鉴/浙江出入境检验检疫年鉴 2006—2007,2009—2010/291

009913836 浙江移动通信年鉴/中国移动通信集团浙江有限公司年鉴 2000—2005/288

014142053 *浙江移动通信年鉴/中国移动通信集团浙江有限公司年鉴 2006—2010/288

012864399 浙江商务年鉴/浙江省对外贸易经济合作年鉴 2010—2013/289

013609312 浙江税务统计年鉴 2000,2004/289

012200463 浙江新闻年鉴 2001/2002/290

浦

009395720 浦口年鉴 2003—2014/257

008866789 浦东生活年鉴 2001—2002,2007/243

008405378 浦东年鉴 1999—2009,2011—2014/242

010226673 浦东企业年鉴 2006—2007,2010/243

009928050 *浦东法院年鉴/上海市浦东新区人民法院年鉴 1993/2000,2001—2005,2007,2009/2010,2011—2012/243

007423401 浦东新区年鉴 1994—1998/243

009726347 浦东新区社会事业统计年鉴 2003—2009/243

008438674 浦北年鉴 1991/1995/620

009588876 浦城年鉴 2000/364

酒

008990510 酒店采购年鉴 2002/899

009182868 *酒泉市三个五年计划统计年鉴/酒泉统计年鉴/酒泉年鉴 1985/2000,1999—2005/782

009182868 *酒泉年鉴/酒泉统计年鉴/酒泉市三个五年计划统计年鉴 1985/2000,1999—2005/782

009616796 酒泉年鉴 2004—2014/782

009182868 *酒泉统计年鉴/酒泉年鉴/酒泉市三个五年计划统计年鉴 1985/2000,1999—2005/782

涟

009015765 涟水年鉴 1998—2001,2003—2008,2011—2014/274

009840920 涟源市统计年鉴/涟源统计年鉴 1997—2004/557

009840920 *涟源统计年鉴/涟源市统计年鉴 1997—2004/557

涉

011823179 涉县年鉴 2005,2007,2010/77

消

007977655 *消费行为与生活形态年鉴/IMI消费行为与生活形态年鉴 1995,1997/1998,1998/1999,2000—2002,2003/2004,2004/2005,2005/2006,2007—2008,2009/2010/862

涡

013714929 涡阳年鉴 2012—2013/342

海

007511734 *海口市年鉴/海口年鉴 1995—2014/629

007511734 海口年鉴/海口市年鉴 1995—2014/629

004683523 海口统计年鉴 1989,1996—1997,1999—2014/629

008728184 海门年鉴 2000—2014/270

009805726 海门统计年鉴 2000—2008,2011—2013/270

013996014 海丰年鉴 2012—2013/596

009840975 海东统计年鉴 2001,2003/790

009501989 海北年鉴 2001—2009,2011—2013/790

009806037 *海北州统计年鉴/海北统计年鉴 2003—2005,2008,2010/790

009806037 海北统计年鉴/海北州统计年鉴 2003—2005,2008,2010/790

008604256 海宁年鉴 1999—2014/307

012194182 海宁统计年鉴 1996—1998,2000,2002,2006—2008/307

008250229 海西年鉴 1988,2002,2003/2007,2008—2011/792

009806063 海西统计年鉴 2009—2012/792

009805576 海伦市国民经济统计年鉴 2000—2002/219

009287855 海伦年鉴/海伦综鉴 1995—1996,1997/2000,2006/2008,2009/218

009287855 *海伦综鉴/海伦年鉴 1995—1996,1997/2000,2006/2008,2009/218

011966563 海州区年鉴/海州年鉴 2000—2008,2009/2010,2011—2014/272

011966563 *海州年鉴/海州区年鉴 2000—2008,2009/2010,2011—2014/272

008828450 海安年鉴 1993/1998,2000—2014/270

012617060 海阳年鉴 2007/2008/422

013790828 海阳企业年鉴 1949/2010/422

014442483 *海拉尔区统计年鉴/呼伦贝尔市海拉尔区统计年鉴/海拉尔市统计年鉴 2002—2005,2011—2012/127

007462378 海拉尔市统计年鉴/呼伦贝尔市海拉尔区统计年鉴 1993—1995,2000—2001/127

014442483 *海拉尔市统计年鉴/呼伦贝尔市海拉尔区统计年鉴/海拉尔区统计年鉴 2002—2005,2011—2012/127

010224276 海拉尔年鉴 2004—2005,2009,2011—2013/127

009065021 海拉尔铁路分局年鉴 1989,2001—2004/127

012723376 海林年鉴 2007/215

012194169 海林党史年鉴 1986/215

009395401 海河年鉴 1999—2004,2006—2012/55

008331563 海城年鉴 1989/1991,1992/1996,1997,1998/1999,2000—2012/151

011966560 海南大学年鉴 2008—2013/629

013470988 海南公安年鉴 2010/628

009541728 海南生态省建设年鉴 2000/2004/629

005032911 海南年鉴 1990,1992—2004,2006—2013/628

008977016 *海南年鉴/海南藏族自治州年鉴/海南州年鉴 2001—2009/791

008977016 *海南州年鉴/海南藏族自治州年鉴/海南年鉴 2001—2009/791

009805115 海南邮电年鉴 1994—1997/629

009616898 海南邮政年鉴 2000—2008,2010/629

012791035 海南法院年鉴 2008—2009/628

011139898 海南经济普查年鉴 2004,2008/628

009926255 *海南省地方年鉴第 1 辑/琼海年鉴/琼海市年鉴 2009,2011—2013/631

011140232 *海南省企业年鉴/海南省企业管理年鉴 2006—2010/629

011140232 海南省企业管理年鉴/海南省

企业年鉴 2006—2010／629

003601324 海南统计年鉴 1987—2014／628

009806055 海南统计年鉴 2003,2008／791

012591726 海南核电年鉴 2010—2011,2013／629

008199179 海南特区经济年鉴 1989／628

009805083 海南教育年鉴 2005—2006／629

008977016 海南藏族自治州年鉴／海南州年鉴／海南年鉴 2001—2009／791

013172722 海勃湾发电厂年鉴 2008／122

004214790 海洋技术年鉴 1982／947

012617098 海洋钻井公司年鉴 2009—2011／418

009437217 海珠年鉴 2002—2014／572

013747940 海珠统计年鉴 2011／572

008401641 海盐年鉴 1994/1995,1996/1997,1998/1999,2000—2012／308

013859233 海原年鉴 2011—2012／803

012194158 海淀区卫生防疫站工作年鉴 2000／43

011502072 海淀区发展和改革委员会年鉴 2004/2005／43

011502076 海淀区校外教育年鉴 1957/2007／43

012194150 海淀区教育督导年鉴 1989/2009／43

009913092 *海淀统计年鉴／北京市海淀区统计年鉴／北京市海淀区国民经济统计年鉴／北京海淀统计年鉴 1996,1998—2000,2002—2013／42

008438863 *海港区年鉴／秦皇岛市海港区年鉴 1989/1992,1998,1998/2002,2003/2004,2005/2006,2007/2008,2009/2010,2012—2013／74

浠

009520191 浠水年鉴 1994—2014／523

013936566 浠水统计年鉴 2001—2002／523

013397148 浠水教育年鉴 2010,2012／523

浮

012517873 浮山年鉴 2003,2006,2006/2009／111

012176963 浮梁年鉴 2004,2006／377

013926018 浮梁国土资源年鉴 2006/2010／377

润

008773095 润州年鉴 2000,2003,2005—2014／281

浚

013173236 浚县年鉴 2010—2011,2013／467

宽

008876531 宽甸年鉴 1999—2002,2003/2006,2007—2010／154

012199165 宽城年鉴／长春市宽城年鉴 2007—2012／172

家

007698501 *家庭收支调查统计年鉴／中国物价及城镇居民家庭收支调查统计年鉴／中国价格及城镇居民家庭收支调查统计年鉴 1996—1999／862

004574730 家畜卫生年鉴 1987,1989,1991／954

宾

008940389 宾川年鉴／宾川县年鉴 1994/1995,1996/1997,1998/1999,2000—2014／739

008940389 *宾川县年鉴／宾川年鉴 1994/1995,1996/1997,1998/1999,2000—2014／739

008315311 宾阳年鉴 1987—1993,1995—1996,1997/1998,1999,2000/2001,2002/2003,2004/2005,2006/2007,2010/2011/613

容

012617408 容县年鉴 2008—2012/621

诸

009015916 诸暨年鉴 2002—2008/312

012049092 诸暨体育年鉴 2008/312

013710640 诸暨统计年鉴 2002—2003,2007—2008,2011—2012/312

袖

007632157 袖珍中国市场年鉴 1994—1995,1997—1998,2004/904

祥

011140400 祥云年鉴 2006—2009,2012—2014/739

陵

013996068 陵川年鉴 2012/103

013859274 陵水黎族自治县年鉴 2011—2012/632

勐

011398637 勐海县乡镇年鉴 2005,2009—2010/738

009492916 勐海县年鉴 1991/1995/738

013898697 勐海县统计年鉴 2008/738

012047484 勐腊年鉴 2008,2010,2012/738

通

013957679 通山年鉴 2011—2013/525

008643554 通川年鉴 1996/1999,2001—2005,2007—2008,2010/681

012176937 通化市东昌年鉴/东昌年鉴 1999/2003,2004/2008/177

007712969 通化年鉴 1991—1992,1993/1994,1995/1997,1998/2002,2003—2008,2011—2013/176

011967427 通化县年鉴 2002/2008,2009/2010/177

011967432 通化县统计年鉴 2005—2006/178

013965484 通化财政年鉴 1996/2000/177

009933637 通化统计年鉴 1991/2000,2001,2002/2005,2006,2011—2012,2014/176

009927876 通化铁路分局年鉴 1999/2001,2003—2004/177

013711457 通辽市科尔沁区人民法院年鉴 2004—2005/125

009081505 *通辽市统计年鉴/通辽统计年鉴 1999,2001—2011,2013—2014/124

008849891 通辽年鉴 1988,2000/2001,2002—2007,2008/2010,2011/2012,2013—2014/124

009081505 通辽统计年鉴/通辽市统计年鉴 1999,2001—2011,2013—2014/124

013899025 通辽铁路分局年鉴 2004/124

008399283 通州年鉴/南通市通州年鉴 1997—2013/270

008433622 通江年鉴 1999,2004—2010,2012,2014/684

008966657 通河年鉴 1992,2001/195

008063523 通城年鉴 1989—1992,1995—1997,1999—2008,2012/525

009913579 *通钢年鉴/通钢集团公司年鉴 1997—1998,2001—2007,2011/177

009913579 通钢集团公司年鉴/通钢年鉴 1997—1998,2001—2007,2011/177

008283314 通海年鉴 1989/1992,1993/1997,1998/2002,2004—2009,2012—2014/721

009502499 通道年鉴 1996/2000/556

012801198 通榆年鉴 2009,2011,2013/181

预

011542438 预防青少年违法犯罪工作年鉴 2004/2005/851

桑

011140381 桑植年鉴 2001/2005,2006,2007/2008,2009/2010/552

绥

008940657 绥中年鉴 1990,1993,2000,2003—2008/164

013758136 绥化市北林区统计年鉴 2009/218

008321767 绥化市年鉴 1983/1989,1991,1993,1995,1999/218

009289753 *绥化市国民经济统计年鉴/绥化市统计年鉴 2001—2003,2005—2007,2011—2013/218

009289753 绥化市统计年鉴/绥化市国民经济统计年鉴 2001—2003,2005—2007,2011—2013/218

009036799 绥化地区年鉴 1996/218

013714677 绥化法院年鉴 2011—2012/218

008477375 绥江县年鉴 1994—2007,2010—2013/724

013758142 绥阳年鉴 2008/2010,2012—2013/699

009132558 绥芬河市财政年鉴 1997/2001/215

009588868 *绥芬河市国民经济统计年鉴/绥芬河市统计年鉴 1998—2006/215

009588868 绥芬河市统计年鉴/绥芬河市国民经济统计年鉴 1998—2006/215

012724249 绥芬河年鉴 2006/2008,2009/2010/215

011503517 绥滨年鉴 2004/2005,2006/2008/202

008968741 *绥滨县社会经济统计年鉴/绥滨县国民经济和社会发展统计年鉴 1996,1998—2000,2003/202

008968741 绥滨县国民经济和社会发展统计年鉴/绥滨县社会经济统计年鉴 1996,1998—2000,2003/202

邕

008438194 邕宁年鉴 1991/1996,1997/1998,1999/2001,2002—2003,2005/2009,2011—2012/612

十一画

理

008643541 理县年鉴 1991/1997,2009/686

012199167 理塘年鉴 2004/2005,2006/2007,2008/2009/690

焉

012925183 焉耆年鉴 2010—2011/820

掇

013470926 掇刀年鉴 2011—2013/516

职

006773129 职棒年鉴 1993/926

008439143 职篮年鉴 1994/1995/925

基

013634187 *基于导师制的人才孵化站（Dian 团队）年鉴/华中科技大学启明学院 Dian 团队年鉴 2010—2011/501

008134114 基隆市年鉴 1957/834

008129753 基隆市统计年鉴 1949—1950, 1957/834

008121243 基隆年鉴 1947/834

聊

013965370 聊城水利年鉴 1991/1997/440

008433961 聊城年鉴 1991/1994, 1995/1997, 1998/2001, 2002/2003, 2005—2013/439

013936042 聊城经济技术·高新技术产业开发区年鉴 2009/2011/439

008400334 聊城统计年鉴 1998, 2000—2014/439

黄

012526036 黄山区年鉴 2009, 2011/337

008336672 黄山市统计年鉴/黄山统计年鉴 1996, 1998—2005, 2007—2014/337

008397119 黄山年鉴 1987/1997, 1998—2014/336

008336672 *黄山统计年鉴/黄山市统计年鉴 1996, 1998—2005, 2007—2014/337

011502935 黄冈卫生年鉴 1999/522

013753930 黄冈市教育统计年鉴 1996/1998, 1999/2000, 2003/2004/522

013608986 *黄冈地区财政年鉴/黄冈地区财政税务年鉴 1986—1989/522

013608986 黄冈地区财政税务年鉴/黄冈地区财政年鉴 1986—1989/522

008397152 黄冈年鉴 1997—2014/521

008432820 黄冈邮电年鉴 1998/521

012923574 黄冈财政年鉴 1992/1996/521

009805702 黄冈统计年鉴 1991, 1994, 1996—1997, 1999—2001, 2004—2011, 2014/521

008399237 黄石年鉴 1995—2009, 2011—2013/506

008234824 黄石统计年鉴 1993, 1995—1998, 2000, 2002—2014/506

012033441 黄石统计年鉴黄石改革开放三十年 2008 特刊/506

012317204 黄石统计年鉴黄石辉煌六十年 2009 特刊/506

013935952 黄龙年鉴 2006/2007/763

013859205 黄州统计年鉴 2012/522

009698704 黄村七中教育年鉴/北京市大兴区黄村第七中学教育年鉴/大兴七中教育年鉴/北京市大兴区第七中学教育年鉴 2001—2003, 2005, 2007/46

011822119 黄岛检验检疫年鉴 2007/410

009805580 *黄陂年鉴/黄陂县年鉴 1985, 2007—2008, 2010, 2012—2013/506

011968705 黄陂年鉴 2003/2007/383

009805580 黄陂县年鉴/黄陂年鉴 1985, 2007—2008, 2010, 2012—2013/506

009841227 黄金工业统计年鉴 1989—1992, 1995—1999/880

013603109 黄金年鉴 2011—2012/912

012723576 黄岩年鉴 2004, 2010/318

011502942 黄岩财政地税年鉴/黄岩财税年鉴 1987—1988, 1997/1998, 1999/2000, 2001/2002, 2003/2004/319

011502942 *黄岩财税年鉴/黄岩财政地

税年鉴 1987—1988, 1997/1998, 1999/2000, 2001/2002, 2003/2004/319

013714727 黄河水电公司年鉴 2011/789

008276748 黄河年鉴 1990, 1995—2014/455

008969087 黄河钻井总公司年鉴 1998, 2009/418

008969091 黄河钻井钻前公司年鉴 1999/418

009309941 黄泥河林业局年鉴 1985/1988, 1989/1990, 1991/1992/183

009726246 黄南年鉴 1991/2000, 2001/2005, 2006/2007/791

008749943 黄埔年鉴 1999—2013/572

008728193 黄浦年鉴 1994/1998, 1999—2000, 2002—2011, 2013—2014/239

008623454 黄陵年鉴 1998, 2001, 2004—2014/763

萝

009495383 萝北县统计年鉴 1998, 2000—2002/202

011503063 萝岗年鉴 2007—2014/572

菏

011966592 菏泽公路年鉴 2000/2001, 2009/2010/443

008403673 菏泽地区年鉴/菏泽年鉴 1999, 2007—2014/443

008400292 *菏泽地区国民经济统计资料/菏泽地区统计年鉴/菏泽统计年鉴 1991—1999, 2001—2013/443

008400292 菏泽地区统计年鉴/菏泽统计年鉴/菏泽地区国民经济统计资料 1991—1999, 2001—2013/443

008403673 *菏泽年鉴/菏泽地区年鉴 1999, 2007—2014/443

008400292 *菏泽统计年鉴/菏泽地区统计年鉴/菏泽地区国民经济统计资料 1991—1999, 2001—2013/443

萍

009913624 萍乡年鉴 2005—2013/377

008878930 萍乡统计年鉴 1989, 1991—1994, 1996—2013/378

营

009519286 营口卫生年鉴 1994—2001/155

008405533 营口年鉴 1999—2009, 2011—2014/155

006035289 营口年鉴资料汇编 1986, 1988/155

009208616 营口经济技术开发区年鉴 2001/2002, 2003/2004, 2005/2006, 2007/2008, 2009/2010/155

009406030 营山县年鉴 1986/1993/675

乾

011140537 乾-人文年鉴 2004/839

012357238 乾县年鉴 2006/758

萧

012200248 萧山区统计年鉴/萧山市统计年鉴 1995—2012/298

013711470 萧山市临浦镇年鉴 1992/1993/298

012200248 *萧山市统计年鉴/萧山区统计年鉴 1995—2012/298

008749483 萧山年鉴 1986—2014/298

013974367 萧山国税统计年鉴 2002, 2006, 2009/299

013656171 萧山建设年鉴 2005—2010/298

梧

009927842 梧州市综合年鉴/梧州综合年鉴 2005,2005/2006,2007—2008/617

008435236 梧州年鉴 1995—1996,1999—2007,2009—2012,2014/617

008659620 梧州统计年鉴 1992—1993,2008—2014/618

009927842 *梧州综合年鉴/梧州市综合年鉴 2005,2005/2006,2007—2008/617

梅

013173238 梅列年鉴 2008/2011,2012,2014/357

012199428 梅州市经济普查年鉴 2004/594

008272965 梅州市统计年鉴/梅州统计年鉴 1990,1992—1996,1998—2014/594

007657036 梅州年鉴 1992/1993,1994—2000,2002—2014/594

008272965 *梅州统计年鉴/梅州市统计年鉴 1990,1992—1996,1998—2014/594

008477217 梅县年鉴 1994—2013/594

008443162 梅县学校年鉴 1935/594

009617342 梅里斯统计年鉴 2001—2002/198

009617398 梅河口市社会经济统计年鉴 2003/177

006038468 梅河口年鉴 1988/1989,1990,1991/1992,2006—2014/177

检

012591743 检察政治工作年鉴/河南省人民检察院检察政治工作年鉴 2000—2004/446

梓

011824438 梓潼年鉴/中华文昌故里·梓潼年鉴 1994/2000,2004/2006,2008,2010—2012/667

郓

008642760 郓城年鉴 1991/1995,1996/2000,2013—2014/444

戚

008439191 戚墅堰机车车辆厂年鉴/中国南车集团戚墅堰机车车辆厂年鉴 1995,1998—2007/265

硚

011823122 硚口年鉴 2007,2012—2014/504

常

011139668 常山年鉴 2005,2008—2013/315

013677398 常山统计年鉴 2012/315

008633712 常宁年鉴 1991/1994,1995/1998,2008—2012/546

004967425 常州年鉴 1991—2013/264

009041810 常州财政年鉴 2002/264

014014106 常州国家高新区常州市新北区年鉴 2003/2005,2006/2008,2009/2011/264

004534872 常州统计年鉴 1991—2014/264

013935880 常州新区年鉴 1992/1998/265

013758195 常德市武陵区统计年鉴/武陵区统计年鉴/武陵统计年鉴 2001—2005,2007/550

013809459 常德市鼎城区统计年鉴 1989—1992,1996,1998,2003,2005,2007,2009—2010/550

008378198 常德年鉴 1989/1993,1993/1997,2001—2013/550

008378194 常德统计年鉴 1987,1989,1991,1993,1995—1999,2001—2013/550

010101962 *常熟市统计年鉴/常熟统计

年鉴 1993—1995,1997—1998,2000—2008,2011,2013/268

007733605 常熟年鉴 1991/1995,1997—2014/267

011965714 常熟美术馆(庞熏琴美术馆)年鉴 2005/2007,2008—2012/268

010101962 常熟统计年鉴/常熟市统计年鉴 1993—1995,1997—1998,2000—2008,2011,2013/268

冕

009460053 *冕宁年鉴/冕宁县年鉴 1990/1995,1996/2000,2001/2005,2006/2009,2010—2011,2014/692

009460053 冕宁县年鉴/冕宁年鉴 1990/1995,1996/2000,2001/2005,2006/2009,2010—2011,2014/692

略

009926324 略阳年鉴 2000,2001/2005/764

鄂

008957251 鄂尔多斯市统计年鉴/内蒙古鄂尔多斯市统计年鉴/鄂尔多斯统计年鉴 2002—2014/125

010102605 鄂尔多斯年鉴 2002/2003,2006/2007,2008—2009/125

012517870 鄂尔多斯经济社会调查年鉴 2007—2010/125

008957251 *鄂尔多斯统计年鉴/鄂尔多斯市统计年鉴/内蒙古鄂尔多斯市统计年鉴 2002—2014/125

013926016 鄂托克旗年鉴 2009/2010/126

013753615 鄂托克旗统计年鉴 2004/2007/126

008574176 鄂州年鉴 1997—2012/514

013173450 鄂州供电公司年鉴 2010—2011/514

009426077 鄂州统计年鉴 1983/2013,1997,1999,2001,2003—2004,2006,2006/2010,2008—2009,2011,2013/514

008432829 鄂钢年鉴 1994—1997,2004,2010/514

崇

004683566 崇义年鉴 1986/1989,1990/1992,1993/1995,1996/1998,2001/2004,2007,2009/2014/382

010101874 *崇文统计年鉴/北京市崇文区统计年鉴 2002—2010/39

011965731 崇左年鉴 2008—2014/626

008433581 崇庆年鉴 1986/1990/657

013809468 崇州年鉴 2010/658

010102651 崇阳年鉴 2007,2010,2012/525

008139639 *崇明年鉴/崇明县年鉴 1989—1992,1994,1996,1998,2000,2002,2004,2006,2008—2013/245

008139639 崇明县年鉴/崇明年鉴 1989—1992,1994,1996,1998,2000,2002,2004,2006,2008—2013/245

012047130 *崇明县统计资料汇编/崇明统计年鉴/上海市崇明县统计年鉴 1987,1989—1991,1993—2012/245

012047130 崇明统计年鉴/崇明县统计资料汇编/上海市崇明县统计年鉴 1987,1989—1991,1993—2012/245

009588939 崇信年鉴 1991/2002,2003/2006/781

崆

011822278 崆峒区年鉴 2006/2007,2008/2009/781

铜

011967473 铜山年鉴 2008—2010,2012/263

014014919 铜山统计年鉴 1993/263

008719850 铜川年鉴 2000—2010,2012—2014/756

009041841 铜川统计年鉴 1997—2002,2004—2007,2011—2014/756

009616900 铜仁市统计年鉴/铜仁统计年鉴 2002—2004,2006—2009,2011—2012/702

008878941 *铜仁地区年鉴/铜仁年鉴 1998—2001,2002/2003,2004—2012/702

008878941 铜仁年鉴/铜仁地区年鉴 1998—2001,2002/2003,2004—2012/702

013481546 *铜仁松桃年鉴/松桃年鉴 2007/2008,2011/702

009616900 *铜仁统计年鉴/铜仁市统计年鉴 2002—2004,2006—2009,2011—2012/702

008749459 铜陵有色金属(集团)公司年鉴/铜陵有色金属集团控股有限公司年鉴 1994,1996—2007/335

008749459 *铜陵有色金属集团控股有限公司年鉴/铜陵有色金属(集团)公司年鉴 1994,1996—2007/335

008315303 铜陵年鉴 1991—2013/334

011967459 铜陵县年鉴 2002/2007,2008/2009,2012/335

008405495 铜陵统计年鉴 1991—1993,1995—2010,2012—2013/334

008437436 铜鼓年鉴 1991/1995/386

铨

008119294 铨叙年鉴/铨叙部年鉴 1930,1931/1933/852

008119294 *铨叙部年鉴/铨叙年鉴 1930,1931/1933/852

银

012242787 银川生活年鉴 2003/799

013379131 银川市全国经济普查年鉴 2008/798

008390572 *银川市社会经济统计年鉴/银川统计年鉴/银川市国民经济统计年鉴/银川市统计年鉴 1982—1985,1988,1992,1992/1994,1995,1997—2014/798

008390572 *银川市国民经济统计年鉴/银川统计年鉴/银川市社会经济统计年鉴/银川市统计年鉴 1982—1985,1988,1992,1992/1994,1995,1997—2014/798

008390572 *银川市统计年鉴/银川统计年鉴/银川市国民经济统计年鉴/银川市社会经济统计年鉴 1982—1985,1988,1992,1992/1994,1995,1997—2014/798

008802320 银川年鉴 2000—2003,2005—2014/798

008390572 银川统计年鉴/银川市国民经济统计年鉴/银川市社会经济统计年鉴/银川市统计年鉴 1982—1985,1988,1992,1992/1994,1995,1997—2014/798

008574207 银川综合年鉴 2000/798

009169792 银州年鉴 1991,1996,2011—2012/160

013711476 *银州教育年鉴/铁岭市银州区教育年鉴 1980/1990,2003/2007/160

009015892 银南统计年鉴 1996/801

梨

008998262 梨树年鉴 1994/175

第

007420692 第一回中国年鉴 1923/969

008111120 第一次中国劳动年鉴/经济年鉴 1927/865

008226395 第一次中国教育年鉴 1932/922

007534319 第一次中国教育年鉴 1933/922

008997613 *第一汽车年鉴/中国第一汽车集团公司年鉴/第一汽车制造厂年鉴 1993,1995,1998,2000,2002—2008/170

007916769 第一汽车制造厂年鉴/一汽年鉴/中国第一汽车集团公司年鉴 1987/169

008997613 *第一汽车制造厂年鉴/中国第一汽车集团公司年鉴/第一汽车年鉴 1993,1995,1998,2000,2002—2008/170

007700034 第二次中国劳动年鉴 1928/1931/865

001643161 第二次中国教育年鉴 1948/922

013634218 第二军医大学年鉴 2007,2010—2012/235

011139676 第三军医大学年鉴 1997/635

013680600 *第六师五家渠市统计年鉴/农六师五家渠市统计年鉴 2011—2014/828

013787979 第四军医大学年鉴 2009/754

偃

013790737 偃师年鉴 2010/461

013790743 偃师统计年鉴 2005,2007—2008/461

得

009436910 得荣年鉴 1991/1999,2006/2009/690

盘

008944129 盘龙年鉴 1989—1990,1992—1997,1999—2014/714

007712965 盘锦年鉴 1992/1993,1994—2009,2011—2013/158

009324615 盘锦统计年鉴 1999—2002,2005—2007,2009—2012/158

船

012982968 船山年鉴 2008—2009/670

象

009933479 象山年鉴 2005—2010,2011/2012,2013/303

008588963 象州年鉴 1991/1995,1996/2000/626

麻

014014401 麻城市统计年鉴/麻城统计年鉴 1999/2003,2002,2004—2008/522

009502486 麻城年鉴 1986/1997,2012/522

014014401 *麻城统计年鉴/麻城市统计年鉴 1999/2003,2002,2004—2008/522

011503065 *麻栗坡年鉴/麻栗坡县年鉴 2002—2004,2006—2010/736

011503065 麻栗坡县年鉴/麻栗坡年鉴 2002—2004,2006—2010/736

廊

013608637 廊坊市图书馆年鉴 1996/2011/86

009014822 廊坊年鉴 2000/2001,2002/2003,2004/2005,2006/2007,2008—2013/86

008397439 廊坊经济统计年鉴 1997—2014/86

康

009136676 康定年鉴 1986/1992,2003,2006—2007,2009,2011,2013—2014/688

鹿

013898674 鹿邑统计年鉴 2005/2008,2009/2011/486

011966831 鹿城年鉴 2004—2013/305

008438178 鹿泉市年鉴/鹿泉年鉴 1994—2008/70

008438178 *鹿泉年鉴/鹿泉市年鉴 1994—2008/70

009588915 鹿寨年鉴 1996/2000/615

章

011141251 章丘文学双年鉴 2004/2005,2006/2007,2008/2009,2010/2011/405

008944143 章丘年鉴 1990/1992,1996/2000,2006/2010/405

009913731 章丘企业年鉴 1949/2002/405

009617916 *章丘县统计年鉴/章丘统计年鉴 1990—1991,1994,2002—2010/405

012200444 *章丘园林五年鉴/章丘园林年鉴 2003/2008/405

012200444 章丘园林年鉴/章丘园林五年鉴 2003/2008/405

009617916 章丘统计年鉴/章丘县统计年鉴 1990—1991,1994,2002—2010/405

009459924 章贡区年鉴/章贡年鉴 1996/2000,2001/2005,2007—2012/381

009459924 *章贡年鉴/章贡区年鉴 1996/2000,2001/2005,2007—2012/381

商

013790008 商水年鉴 2009/2010/486

008395994 商丘年鉴 1999—2013/482

008395953 商丘县年鉴 1991/1992,1996,1999/482

013898978 商丘经济普查年鉴 2008/482

009459911 商丘统计年鉴 1997—2004,2006—2014/482

010226696 *商会年鉴/中华全国工商业联合会直属会员商会年鉴 2005—2006,2007/2009/7

009324859 商州年鉴 1992/2001,2002/2004,2005/2007/768

012925017 商河年鉴 2007/2010/406

009617299 商河统计年鉴 2001—2005,2007—2008/406

009169812 商南年鉴 1995—1997,2003/768

009035750 *商洛市统计年鉴/商洛统计年鉴 2001—2009,2011—2014/768

009035746 商洛年鉴 2001,2002/2003,2004—2005,2006/2007,2008—2010/768

009035750 商洛统计年鉴/商洛市统计年鉴 2001—2009,2011—2014/768

旌

012199118 旌阳年鉴/德阳市旌阳区年鉴 2006—2013/663

望

008434224 望江年鉴 1998,1998/2000,2001/2003,2004/2005/336

009542184 望城年鉴 2004—2014/540

008426164 望奎年鉴 1995/219

009805667 *望奎县国民经济统计年鉴/望奎统计年鉴 1986,1988,1992,1995,1997—1998/219

009805667 望奎统计年鉴/望奎县国民经济统计年鉴 1986,1988,1992,1995,1997—

1998/219

阎

013790732 阎良统计年鉴 2009/755

盖

008940432 盖州年鉴 1999,2000/2001,2002/2003,2004/2005,2006/2007,2008/2009,2010,2011/2012/156

清

012048450 清丰年鉴 2006—2008/475

013932351 清华大学计算机科学与技术系年鉴 1997,1999—2001,2003—2005,2007,2009/29

009616754 清华大学电子工程系年鉴 1998—1999,2002—2004/29

010101895 清华大学年鉴 1999—2001/29

012592258 清华大学自动化系年鉴 1995/29

012592246 清华大学产业年鉴 2004/28

013471048 清华大学法学院年鉴 2012/29

011140548 清华大学学生部(处)武装部年鉴 2004/29

012792681 清华大学科研院文科建设处年鉴 2006/29

013714935 清华大学信息技术研究院年鉴 2011/29

013396735 *清华大学美术学院韩墨现代彩墨研修班艺术年鉴/韩墨现代彩墨研修班艺术年鉴 2011—2012/32

012592253 清华大学党委研究生工作部工作年鉴 2001/28

008908663 清华哲学年鉴 2000—2002,2004—2008/3

013957660 清江年鉴 2011/510

008325287 清远市国民经济统计年鉴 1992,1995—1997/598

011398712 清远市经济普查年鉴 2004/598

008574192 清远年鉴 1999—2014/598

008555396 清远统计年鉴 1998—2000,2002—2014/598

009617838 清河门区年鉴/清河门年鉴 2002/2004,2005/2006,2007/2008/156

009617838 *清河门年鉴/清河门区年鉴 2002/2004,2005/2006,2007/2008/156

008433978 清河年鉴 1990/1995,1996/2000,2006/2011/79

009934493 清河年鉴 1994/2002/160

012530140 清河年鉴/淮安市清河年鉴 2008—2014/274

005072097 清季外交年鉴 4册/852

013772646 清城年鉴 2012,2014/598

009928042 清徐年鉴 2006/2008/95

013965439 清徐社会经济统计年鉴 2008/2009/96

013090034 清流年鉴 2007—2010/358

009542164 清新年鉴 1988/2002,2003—2005/598

013936417 清镇年鉴 2010/697

淇

011503182 淇县年鉴 2005—2008,2011/467

淅

011399400 淅川年鉴 2005—2006/481

涿

008245051 涿州年鉴 1990,1995,1996/1999/80

渠

013311861 渠县年鉴 2010/682

渑

011503483 渑池年鉴 2001/2006, 2011—2013 /478

012592308 渑池统计年鉴 2006—2008, 2011—2012/479

淮

008435187 淮北市统计年鉴/淮北统计年鉴 1998—2013/334

008643426 淮北年鉴 2000—2012/334

008435187 *淮北统计年鉴/淮北市统计年鉴 1998—2013/334

012530140 *淮安市清河年鉴/清河年鉴 2008—2014/274

009307845 淮安市清浦区国民经济统计年鉴/淮安市清浦区统计年鉴 2002, 2004 /274

009307845 *淮安市清浦区统计年鉴/淮安市清浦区国民经济统计年鉴 2002, 2004/274

008849879 淮安年鉴 2001—2014/273

008849883 淮安统计年鉴 2000—2012, 2014 /273

008398261 淮阴市统计年鉴/淮阴统计年鉴 1987, 1998—1999/274

008278748 淮阴年鉴 1995—2000, 2005, 2007, 2010/274

013928131 淮阴财政年鉴 2000/274

008398261 *淮阴统计年鉴/淮阴市统计年鉴 1987, 1998—1999/274

008278752 *淮南市统计年鉴/淮南统计年鉴 1997—2011, 2013—2014/332

008437453 淮南年鉴 1999—2013/332

012723572 淮南财政年鉴 2010—2012/332

008278752 淮南统计年鉴/淮南市统计年鉴 1997—2011, 2013—2014/332

012194305 淮海经济区城市年鉴 2006/248

014014291 淮剧年鉴 1985/251

008588887 淮滨年鉴 1996/1997, 1998/485

渔

006010751 渔业统计年鉴 1986/954

008089516 渔业统计年鉴渔产品/粮农组织渔业统计年鉴渔产品 1986, 1988, 1990 /954

008089514 渔业统计年鉴渔获量和上岸量/粮农组织渔业统计年鉴渔获量和上岸量 1986/954

淳

012591684 淳化年鉴 2007—2008, 2011/759

011500382 淳安年鉴 1998, 2000—2001, 2007—2011, 2013—2014/301

012176915 淳安统计年鉴 1985, 1988—1992, 1995—1997, 1999—2003, 2005—2006, 2008—2009/301

013925994 淳安粮食年鉴 1991/1992/301

涪

008397936 涪城年鉴 1993/1995, 1997—2014 /666

008957472 涪陵年鉴 2001—2008, 2012—2013 /637

009081331 *涪陵经济社会统计年鉴/涪陵统计年鉴 1991, 1993, 1995—1997, 1999—2009, 2011—2014/637

009081331 涪陵统计年鉴/涪陵经济社会统计年鉴 1991, 1993, 1995—1997, 1999—2009, 2011—2014/637

深

013936439 深圳工商物价年鉴2001/578

011140687 深圳文艺年鉴2006—2013/579

010102191 深圳电信年鉴2000,2003—2004/577

013936470 深圳外商投资企业协会年鉴2003/577

013711438 深圳市无线电管理年鉴1997,2005/2006/578

013820230 深圳市水文资料年鉴1957/1973,1974/1981,1982/1989,1990/1996,1997/2000,2001/2002/579

010226755 深圳市龙岗区统计年鉴1999—2011,2013/581

011140125 深圳市罗湖区统计年鉴/罗湖区统计年鉴/罗湖统计年鉴2002—2005,2007,2009—2014/580

011140122 深圳市宝安区统计年鉴/宝安统计年鉴2002—2011/581

012199565 深圳市南山天后博物馆年鉴2004—2005,2007/580

012530188 深圳市南山区统计年鉴/南山统计年鉴2002—2011/580

011503452 深圳市盐田区统计年鉴2006—2013/582

011967308 深圳市福田区统计年鉴1998—1999,2001—2013/580

010226749 深圳出入境检验检疫年鉴2005,2010—2011/579

009805060 深圳地税年鉴2004—2014/578

004943456 *深圳年鉴/深圳经济特区年鉴1985,1987,1989—1994,1996/575

007694740 深圳年鉴/深圳经济特区年鉴1997—2014/575

014014860 深圳仲裁年鉴1998/2003/576

009933359 深圳企业年鉴2005—2006,2007/2008,2009/577

009395512 [深圳]交通年鉴/深圳交通年鉴/深圳交通运输年鉴2003—2014/577

008399483 深圳劳动年鉴1979/1997,1999/576

009426247 深圳财政年鉴1997/578

008001260 深圳证券交易所市场统计年鉴1994—2001,2006—2013/578

009616823 深圳社会保险年鉴2000/578

009397836 深圳物业管理年鉴2003,2005—2010/577

008378172 深圳房地产年鉴1992—1995,1997—2003,2005—2014/577

011503444 *深圳房地产年鉴/深港房地产年鉴1997/577

004943456 深圳经济特区年鉴/深圳年鉴1985,1987,1989—1994,1996/575

007694740 *深圳经济特区年鉴/深圳年鉴1997—2014/575

008261218 深圳经济特区年鉴增刊深圳辉煌十五年1995/575

006296731 深圳经济特区产品年鉴1994—1995/577

011967298 深圳经济普查年鉴2004,2008/576

008434600 深圳政法年鉴1996—2013/576

009805070 深圳科技年鉴2005—2013/579

009933350 深圳保险年鉴2002,2005/578

013467726 深圳律师年鉴2010/2012/576

013758075 深圳狮子会年鉴2002/2012/576

010102211 深圳室内设计年鉴2006/579

005801121 深圳统计年鉴/深圳统计信息年鉴 1991—1993,1995—1996/576

008183146 *深圳统计年鉴/深圳统计信息年鉴 1997—2001/576

009434787 深圳统计年鉴/深圳统计信息年鉴 2002—2014/576

005801121 *深圳统计信息年鉴/深圳统计年鉴 1991—1993,1995—1996/576

008183146 深圳统计信息年鉴/深圳统计年鉴 1997—2001/576

009434787 *深圳统计信息年鉴/深圳统计年鉴 2002—2014/576

009933353 深圳高等职业技术学院年鉴 1996/579

013936468 深圳勘察设计行业年鉴 2010/579

014014855 深圳摄影年鉴 1987,1989—1991/579

009933543 深州年鉴 2005,2009/87

011503444 深港房地产年鉴/深圳房地产年鉴 1997/577

涵

008438706 涵江年鉴 1995/1997,1998/2000,2001/2004,2005/2008,2010—2014/357

淄

011824431 淄博卫生监督年鉴 2006—2009/414

008957581 淄博公路年鉴 1986/1990,1991,1993—1994,1995/1996,1997/1998,1999/2000,2001/2002,2003/2004,2005—2006/413

005756716 淄博年鉴 1987—2014/412

008405213 淄博财政年鉴 1996,1999—2013/413

012593624 淄博体育年鉴 2004/2007,2008—2010/414

013471063 淄博实验中学年鉴/山东淄博实验中学年鉴 2008—2012/414

012049098 淄博经贸年鉴 2003/413

012079856 淄博经济社会年鉴 1985/413

011504690 淄博科技年鉴 2004/2005,2011/413

006214234 淄博统计年鉴 1990—1994,1996—2014/413

011968565 淄博教育年鉴 2002—2005,2007—2010/413

宿

008851365 宿迁年鉴 2000—2013/283

008643439 宿迁统计年鉴 1997—2014/283

008432756 宿州年鉴 1999—2014/339

008413051 宿州统计年鉴 1999—2013/340

008403922 宿县地区统计年鉴 1996—1998/339

008437912 宿松年鉴 1986/1994/336

009237384 宿城区年鉴/宿城年鉴 1999—2003,2005—2007,2009/283

009237384 *宿城年鉴/宿城区年鉴 1999—2003,2005—2007,2009/283

009015846 宿豫年鉴 2002—2013/284

009840925 宿豫统计年鉴 2010—2011/284

密

009589749 密山市统计年鉴 1998—2003/201

009698884 密山年鉴 2003—2004/201

011965635 *密云年鉴/北京密云年鉴 2008—2013/48

009927807 密云县工会年鉴 1999/2003/48

009616746 密云县统计年鉴/密云统计年鉴/北京市密云县统计年鉴 1996—1997,2000—2009,2011—2012/48

009616746 *密云统计年鉴/密云县统计年鉴/北京市密云县统计年鉴 1996—1997,2000—2009,2011—2012/48

尉

012530258 尉犁年鉴 2008—2009,2011/819

随

009135307 随州年鉴 2002—2014/525

011398899 随州经济普查年鉴 2004/526

011967363 随州统计年鉴 2000,2008—2015/525

013467747 随县年鉴 2010,2012—2014/526

隆

011140371 隆回年鉴 2005—2012,2014/547

011503040 隆安年鉴 2004/2005,2009/2011/613

012923804 隆林年鉴 2007/2008,2009/2010/623

009520254 隆德县年鉴 2001—2003/802

绩

013634339 绩溪年鉴 2011—2013/344

维

012048625 维扬年鉴 2006—2011/279

绵

008437973 绵竹年鉴 1998—2011/664

013656080 绵阳师范学院年鉴 2004—2012/665

008109000 绵阳年鉴 1996—2014/665

012923986 绵阳交通年鉴 1998,2000—2003,2005,2007/665

013311838 绵阳国家高新技术产业开发区年鉴 1992/2000/665

013656076 绵阳经济普查年鉴 2008/665

008378193 绵阳统计年鉴 1985,1987—2008,2010—2011,2013/665

绿

008728189 绿色全球年鉴/环境与发展国际合作年鉴 1995,1997,1998/1999,1999/2000/968

011966836 绿春年鉴 2008—2014/735

巢

007916484 巢湖市年鉴 1991—1993,1995—1998/329

008438648 巢湖地区年鉴/巢湖年鉴 1998,2000,2002,2004,2006,2008—2014/329

008403866 巢湖地区统计年鉴 1996—1999/329

008438648 *巢湖年鉴/巢湖地区年鉴 1998,2000,2002,2004,2006,2008—2014/329

012517862 巢湖法院年鉴 2000/2003/330

008957857 巢湖统计年鉴 2000—2011/330

十二画

琼

008749164 琼山统计年鉴 1999—2000/630

012521557 琼中黎族苗族自治县年鉴 2010/632

009926255 *琼海市年鉴/琼海年鉴/海南省地方年鉴第1辑 2009,2011—2013/631

009926255 琼海年鉴/琼海市年鉴/海南省地方年鉴第1辑 2009,2011—2013/631

塔

008439030 塔里木石油年鉴 1996—2013/819

011399024 塔河统计年鉴 1981/1983/220

011823195 塔城市年鉴 2007—2010,2011/2012,2013/825

009928062 *塔城地区年鉴/塔城年鉴 2005—2006,2008,2011/825

010226756 塔城地区统计年鉴 2006/825

009928062 塔城年鉴/塔城地区年鉴 2005—2006,2008,2011/825

越

008435426 越秀年鉴/广州市越秀年鉴 1996,1996/2003,1997—2014/571

013790761 越城区统计年鉴 2002/311

008113688 越南华侨商业年鉴 1952/906

博

009913629 博山年鉴 1986/1997/414

011500280 博白年鉴 1990/2003,2004/2008,2012—2014/621

009406287 博尔塔拉年鉴 2003—2010/818

011821811 博尔塔拉统计年鉴/博尔塔拉蒙古自治州统计年鉴 2004,2006—2009,2011—2014/818

011821811 *博尔塔拉蒙古自治州统计年鉴/博尔塔拉统计年鉴 2004,2006—2009,2011—2014/818

008438199 博兴年鉴 1986/1996,1997/1999,2000/2002,2003/2005/442

013925178 *博兴县统计年鉴/博兴统计年鉴 2004/443

013925178 博兴统计年鉴/博兴县统计年鉴 2004/443

009182944 博罗年鉴 2003/2005,2008/593

013677359 博宝艺术网潜力艺术家年鉴/潜力艺术家年鉴 2011—2012/32

013369620 博爱年鉴 2010/473

012047117 博湖年鉴 2008—2009,2011/820

揭

013772642 揭西年鉴 2012—2014/602

008405361 揭阳年鉴 1992/1995,1997—2014/601

008388823 揭阳统计年鉴 1993—1994,1996—2014/602

喜

013932992 喜德年鉴 2007/2008/691

彭

008669513 *彭山年鉴/彭山县年鉴 1991,1993—2005,2010/676

008669513 彭山县年鉴/彭山年鉴 1991,1993—2005,2010/676

013814910 彭水年鉴 2010/2011/642

013898726 彭水统计年鉴 2006—2007/642

008426350 彭州年鉴 1998—2000,2002—2010,2013/657

009289206 彭阳年鉴 1994/2002,2011—2014/803

援

011141237 援藏工作年鉴 2002/2004,2004/2005,2006/2007/407

葫

008588885 葫芦岛年鉴 2000—2012/163

009805896 葫芦岛教育年鉴 1995/2000,2006/2010/163

散

005059954 散文年鉴 1991,1995/931

葛

008449424 葛洲坝工程局年鉴 1994/510

008875772 葛洲坝集团年鉴 1995—2012/510

韩

009617929 韩城年鉴 2000,2001,2002,2006—2007,2009/759

008728185 韩城矿务局年鉴 1992—1993,1994/1995,1996,1998—2010/760

013396735 韩墨现代彩墨研修班艺术年鉴/清华大学美术学院韩墨现代彩墨研修班艺术年鉴 2011—2012/32

朝

012982959 朝天年鉴 2006/2007,2010,2012/668

010223909 朝阳区教育年鉴 2005/41

013608592 朝阳发电厂年鉴 1987/1998/162

004561191 朝阳年鉴 1987,1988/1989,1990/1991,2002—2011/162

012176906 朝阳县年鉴 2006/2007/163

010223898 *朝阳园林绿化年鉴/北京朝阳绿化年鉴/朝阳绿化年鉴 2003/2004,2005—2014/41

009324746 朝阳统计年鉴 2001—2006,2008—2011/162

009589795 朝阳教育年鉴 2003—2009/162

010223898 *朝阳绿化年鉴/北京朝阳绿化年鉴/朝阳园林绿化年鉴 2003/2004,2005—2014/41

椒

013757915 *椒江市统计年鉴/椒江统计年鉴 1989,2000—2009/318

009926528 椒江年鉴 2004,2006—2010,2012/318

010226295 椒江科技统计年鉴 2006/318

013757915 椒江统计年鉴/椒江市统计年鉴 1989,2000—2009/318

惠

013634419 惠山区年鉴 2012—2013/261

009004428 惠东年鉴 1997/2002,2003/2004,2005/2006,2007/2008,2009/2010,2011—2013/593

008588889 惠民年鉴 1986/1997,1998/2000,2001/2009/442

008555421 惠州年鉴 1999—2014/592

011502945 *惠州邮电年鉴/中国广东惠州邮电年鉴 1995,1998/593

006409013 惠州统计年鉴 1949/1993,1995—2014/592

010225593 惠州教育年鉴 2000/2005/593

013710940 惠农区统计年鉴 2006—2009/801

009927841 惠阳年鉴 2005—2010, 2011/2012 /593

012194311 惠城年鉴 2008—2014/593

011140223 *惠济区统计年鉴/郑州市惠济区统计年鉴 2004, 2007, 2009—2010/457

011140346 惠济年鉴 2001/2005, 2006/2007 /457

厦

013174659 厦门市中级人民法院年鉴 2002—2005, 2008/355

014217057 厦门市对外经济统计年鉴 1989 /355

012361518 厦门市社会科学界联合会年鉴 2007—2008/354

013898898 厦门市经济普查年鉴 2004, 2008 /355

004724468 厦门市城乡社会经济调查年鉴 1989/355

010227010 厦门市科技工作年鉴 2002, 2004—2011/355

013714571 厦门市集美区统计年鉴 2011 /356

011503573 厦门市湖里区年鉴 2005—2006, 2008—2011/356

009208622 厦门年鉴 2002—2014/354

009913104 厦门社会发展年鉴 1997/2001, 1998, 2002/2004/354

011503566 厦门国土资源与房产年鉴 2006, 2009—2012/355

012200244 厦门房地产年鉴 2001, 2002/2005 /355

004724438 厦门经济特区年鉴 1986, 1990—2003, 2005—2014/354

007466928 厦门统计年鉴 1986, 1993—1995 /354

011967525 厦门高新技术年鉴 2006—2011 /355

确

013932371 确山年鉴 2001/2010/488

雁

013899363 雁北年鉴 1983—1985/96

013991069 雁北年鉴 1987/96

009588965 雁江年鉴 2001, 2008—2010/685

雅

009926367 雅江年鉴 2002—2005, 2010—2011, 2013/689

008426358 雅安年鉴 1998—2013/682

紫

013090455 紫云年鉴 2010—2012/700

008788167 紫金年鉴 1989/1998, 1998/2002, 2005—2012/597

辉

008250244 辉县市年鉴/辉县年鉴 1985, 1990/1993, 1994/1995, 1996—2001, 2002/2003, 2004—2009, 2011—2013/470

008250244 *辉县年鉴/辉县市年鉴 1985, 1990/1993, 1994/1995, 1996—2001, 2002/2003, 2004—2009, 2011—2013/470

010102518 辉南年鉴 2004, 2005/2007/178

晴

012243269 晴隆年鉴 2008—2009/703

鼎

013710660 鼎城年鉴 2007—2010/550

013311508 鼎湖年鉴 2009/2010, 2011—2014 /591

景

013757923 景山公园年鉴/景山公园年鉴汇编 2003/2010/41

013757923 *景山公园年鉴汇编/景山公园年鉴 2003/2010/41

013470969 景观设计年鉴 2011/962

008643537 景谷年鉴 1998—1999,2000/2001,2009/2011,2012/727

013814858 景洪市统计年鉴 2001—2002,2008/738

009618311 景洪年鉴 2001/2003,2005—2013/737

012591868 景泰年鉴/景泰县年鉴 2004—2006,2011—2012/778

012591868 *景泰县年鉴/景泰年鉴 2004—2006,2011—2012/778

008306410 景德镇市统计年鉴/景德镇统计年鉴 1986—2002,2004—2014/376

008001283 景德镇年鉴 1991/1992,1993—1995,1997—2013/376

008306410 *景德镇统计年鉴/景德镇市统计年鉴 1986—2002,2004—2014/376

004625188 景德镇陶瓷工业年鉴 1985—1987/377

蛟

008957496 蛟河年鉴 1986—1989,2008—2010,2013/173

喀

012047428 喀什市年鉴 2008—2013/814

013748443 喀什市统计年鉴 2011—2012/815

009195587 *喀什地区统计年鉴/喀什统计年鉴 1949/1989,1990/2001,2003—2010,2013—2014/814

006088449 喀什年鉴 1985—1987,1999—2001,2002/2004,2005—2011/814

009195587 喀什统计年鉴/喀什地区统计年鉴 1949/1989,1990/2001,2003—2010,2013—2014/814

008604920 喀喇沁左翼蒙古族自治县年鉴 1998—1999,2000/2001,2002/2003,2004/2005,2006/2007/163

012079202 喀喇沁统计年鉴/喀喇沁旗统计年鉴 1993—2008/124

012079202 *喀喇沁旗统计年鉴/喀喇沁统计年鉴 1993—2008/124

黑

008426312 黑水年鉴/黑水县年鉴 1998,2000,2003,2005,2008—2011/687

008426312 *黑水县年鉴/黑水年鉴 1998,2000,2003,2005,2008—2011/687

009892590 黑龙江卫生年鉴 1992—1993,1995,2002/2003,2003/2004,2004,2006—2012/189

009215399 黑龙江卫生统计年鉴 2001—2002/189

011502167 黑龙江艺术设计年鉴 2002/2003,2004/2005,2006/2007/189

009426058 黑龙江电力年鉴 1986/1990,1992,1993/1994,1997/1998,1999—2001/187

011502160 黑龙江电信年鉴 2000—2001/188

009169758 黑龙江民政年鉴/黑龙江省民政年鉴 1985—2000/185

009726056 黑龙江民营经济年鉴 2004—2008/186

002032711 黑龙江对外经济贸易年鉴/黑龙江商务年鉴 1987—1994,1995/1996,1997/1998,1999/2000,2001—2003/188

009806988 *黑龙江对外经济贸易年鉴/黑龙江商务年鉴 2004—2014/188

009617335 黑龙江地税年鉴 1994/2001,2003—2012/188

003980125 黑龙江年鉴/黑龙江省经济年鉴 1986—2003,2005—2014/185

012047258 黑龙江农垦年鉴 2008—2013/187

009913222 黑龙江农垦农业职业技术学院年鉴 2002/193

010225555 黑龙江劳改工作年鉴 1986/1994/186

008670246 黑龙江邮政年鉴 2000—2009/187

009360539 黑龙江体育年鉴 1994/189

005719402 黑龙江金融年鉴 1992—2013/188

009169617 黑龙江国税年鉴 1996—1997/188

009933572 黑龙江法院年鉴 1993—1996,1998—2000/186

001992529 *黑龙江经济统计年鉴/黑龙江统计年鉴 1987/185

004683510 黑龙江经济统计年鉴/黑龙江统计年鉴 1988—1993/186

006934091 *黑龙江经济统计年鉴/黑龙江统计年鉴 1993—1998,2000—2014/185

011139900 黑龙江经济普查年鉴 2004,2008/186

009169628 黑龙江轻工业综合年鉴 1986/1990/187

008749119 黑龙江省工商银行年鉴/中国工商银行黑龙江省分行年鉴 1986—2001,2003—2007/192

014014276 黑龙江省公安交管年鉴 2009/187

012014928 黑龙江省电力有限公司年鉴 2002/2006,2007—2009/191

009169758 *黑龙江省民政年鉴/黑龙江民政年鉴 1985—2000/185

012354134 黑龙江省农业年鉴 1985—1986/187

013467360 *黑龙江省农垦总局水利统计年鉴/[黑龙江省农垦总局]水利统计年鉴 1997,1999—2000,2002,2006—2007/191

009123985 黑龙江省财政年鉴 1980/1984,1986—1992,1994—1995,1997—2002,2004—2006,2008—2009/188

012079155 黑龙江省环境保护年鉴 1986/189

014217073 黑龙江省国营农场总局工业统计年鉴//191

010225581 黑龙江省知识产权局年鉴 2003—2005,2007,2011/186

009617338 黑龙江省审计年鉴 1993,1997,2001—2005/187

009062467 黑龙江省经济年鉴 1983—1985/186

003980125 *黑龙江省经济年鉴/黑龙江年鉴 1986—2003,2005—2014/185

013821960 黑龙江省轻工业年鉴 1986/187

013788374 黑龙江省教育统计年鉴 1992/189

011139984 黑龙江省嫩江县国民经济统计年鉴 2004/217

008435219 黑龙江科技统计年鉴 1999—2000/189

011502155 黑龙江保险年鉴 1992—1993/188

009036851 黑龙江信息年鉴 2001/188

012792553 黑龙江宣传工作年鉴 2008—2012/186

006058844 黑龙江垦区统计年鉴 1993—2014/185

001992529 黑龙江统计年鉴/黑龙江经济统计年鉴 1987/185

004683510 *黑龙江统计年鉴/黑龙江经济统计年鉴 1988—1993/186

006934091 黑龙江统计年鉴/黑龙江经济统计年鉴 1993—1998,2000—2014/185

010225551 黑龙江监狱年鉴 2000,2001/2002,2003—2006/186

008643780 黑龙江教育年鉴 1996,1997/1999,2000/2001,2002/2003,2004/2005,2006/2007,2008/2009/189

009933577 黑龙江检察年鉴 1994/186

011396414 黑龙江移动通信有限责任公司年鉴 2006/192

002032711 *黑龙江商务年鉴/黑龙江对外经济贸易年鉴 1987—1994,1995/1996,1997/1998,1999/2000,2001—2003/188

009806988 黑龙江商务年鉴/黑龙江对外经济贸易年鉴 2004—2014/188

010225579 黑龙江粮食年鉴 1992—1994/187

011396311 黑龙江煤炭工业年鉴 2005/187

012591765 *黑芝麻胡同小学年鉴/东城区黑芝麻胡同小学年鉴/北京市东城区黑芝麻胡同小学年鉴 2007—2013/39

013753737 黑河电业局年鉴 2006/217

009309875 黑河市社会经济统计年鉴/黑河市统计年鉴 1993—1994,1996—2014/216

011966598 黑河市经济普查年鉴 2004/216

009309875 *黑河市统计年鉴/黑河市社会经济统计年鉴 1993—1994,1996—2014/216

009309939 黑河地区统计年鉴 1985/1987,1989—1990,1992/216

008651503 黑河年鉴 2000,2002—2010,2012—2013/216

犍

007544510 犍为年鉴 1986/1989,1991—1998,1999/2000,2001,2002/2003,2004—2010,2012/672

程

011821831 程潮铁矿年鉴 2004—2008/514

税

011968142 *税务年鉴/张家口市国家税务局税务年鉴 2006/81

集

008788775 集宁铁路分局年鉴 1992—1994/130

010101955 集安市国民经济统计年鉴 2004/177

011502963 集安年鉴 2007—2010,2012—2014/177

003165046 *集邮年鉴/中国集邮年鉴 1987—1988,1990—1991/926

012194323 集贤年鉴 2007,2008/2009,2010—2013/203

009425937 集贤县社会经济统计年鉴/社会经济统计年鉴 1998—2002/203

013677734　集美年鉴 2012—2013/356

焦

011966724　焦作市山阳区年鉴 2006/472

013173531　*焦作市马村区年鉴/马村区年鉴 2006/2007,2008/2009,2010/2011/472

012617240　焦作市中站区年鉴 2009,2011/472

013793294　焦作市教育统计年鉴 1985—1988,1991,1994—1995,1998—2002,2004—2006,2008—2012/472

013172742　焦作市解放区年鉴/解放区年鉴 2010—2011/472

008433551　焦作年鉴 1987/1991,1992/1995,1997—2014/471

013898874　焦作经济普查年鉴 2008/471

010101949　焦作统计年鉴 1995—1998,2000—2001,2003—2007,2009,2011—2013/471

009913182　焦作教育年鉴 1991,2004/472

奥

012078954　奥地利对华经济年鉴 2007,2008/2009,2011/2012,2013/2014/858

舒

012511630　舒兰市年鉴/舒兰年鉴 2008—2010,2012/174

010101959　*舒兰市统计年鉴/舒兰统计年鉴/舒兰县国民经济统计资料汇编 2003—2004/174

008495018　舒兰年鉴 1986—1987/174

012511630　*舒兰年鉴/舒兰市年鉴 2008—2010,2012/174

010101959　*舒兰县国民经济统计资料汇编/舒兰统计年鉴/舒兰市统计年鉴 2003—2004/174

010101959　舒兰统计年鉴/舒兰县国民经济统计资料汇编/舒兰市统计年鉴 2003—2004/174

008643436　舒城年鉴 2000,2011—2014/341

番

007683379　番禺年鉴 1995—2014/573

012047146　番禺统计年鉴 2007—2013/573

鲁

009264752　鲁山年鉴 2002—2004,2006/2010,2011/2012/465

009520051　鲁迅研究年鉴 2002—2007,2010/942

008477199　鲁甸年鉴 1995,1997,1999,2001—2012/724

013711356　鲁矿集团年鉴 2004/435

颍

008432523　颍上年鉴 1989/1997,2004/2007/339

敦

012617053　敦化年鉴 2009—2014/183

013753608　敦化统计年鉴 2008/2009/183

011396105　敦煌研究院年鉴 2005/2006,2007/2008/782

普

008399542　普兰店年鉴 1993/1995,1996/1997,1998—2012/149

013677404　普宁年鉴 2012,2014/602

012199528　普安年鉴 2007—2009,2011—2012/703

008275430　普陀年鉴 1995,1997,1999,2001,2003—2008,2010—2013/240

010226674　普陀年鉴 1996/2002/316

011823100 普定年鉴 2006—2012/700

011823116 普洱市国民经济和社会发展统计年鉴/普洱市统计年鉴 2006/727

011823116 *普洱市统计年鉴/普洱市国民经济和社会发展统计年鉴 2006/727

011823109 普洱年鉴/思茅年鉴 2008—2014/727

007445515 普通高等学校招生工作年鉴/中国普通高等学校招生年鉴/中国高等学校招生工作年鉴 1991,1993—1998,2000—2004/920

道

009698854 *道外区经济社会统计年鉴/哈尔滨市道外区社会经济发展统计综合年鉴/哈尔滨市道外区统计年鉴 1978/1987,1989—1993,1996,1998/193

013608956 道外年鉴 2010—2014/193

009698840 *道里区统计年鉴/道里统计年鉴 1997—1999,2001,2003/193

009698840 道里统计年鉴/道里区统计年鉴 1997—1999,2001,2003/193

010223956 道孚年鉴 2003/689

遂

012617471 遂平年鉴 2001/2006,2011—2012/488

008426355 遂宁年鉴 1985/1995,1996/1998,1999/2000,2001—2002,2004—2013/669

011140130 遂宁统计年鉴 1985/2004,2006,2011,2014/669

012243278 遂溪年鉴 2008,2010—2014/588

曾

012617643 曾都年鉴 2000/2002/526

湛

013758749 湛江市科技年鉴 2001/2005,2006/2008/588

008403062 *湛江市统计年鉴/湛江统计年鉴/"八五"时期湛江统计年鉴/"九五"时期湛江统计年鉴 1978/1993,1990/1995,1994,1996/2000,1997—1998,2000,2002—2014/587

013996336 湛江市霞山年鉴 2012—2013/588

008397880 湛江年鉴 1994,1996—2012,2014/587

012200439 湛江经济普查年鉴 2004,2008/587

008403062 湛江统计年鉴/"八五"时期湛江统计年鉴/"九五"时期湛江统计年鉴/湛江市统计年鉴 1978/1993,1990/1995,1994,1996/2000,1997—1998,2000,2002—2014/587

港

013933028 *港口年鉴/盐城港口年鉴 1986/1993/276

011139748 港澳与内地经济贸易年鉴 2006/830

008113662 港澳华商年鉴 1954/830

008788769 港澳经济年鉴 2000—2003,2005—2010/829

湖

009913282 湖北人口年鉴 1989/491

012194249 湖北工会年鉴 2007—2009,2011/491

008437552 湖北工交统计年鉴 1949/1998/492

012983356 湖北工商行政管理统计年鉴 2010／491

012354164 湖北卫生年鉴 2009—2013／496

014014280 湖北卫生防疫年鉴 1993,1998／496

013713430 湖北日报传媒集团年鉴 2011—2012／501

011502208 湖北日报报业集团年鉴 2006／501

008633768 湖北水运年鉴 1991—1998,2003／493

012899651 湖北公路年鉴 1991—1992／493

008433640 湖北公路运输年鉴 1990/1991,1993／493

013608983 湖北电力职工思想政治工作研究年鉴／湖北省电力公司思想政治工作研究年鉴 2000,2009,2011／496

009036998 湖北电信年鉴 2000—2001／493

012526019 湖北民政统计年鉴／湖北省民政事业统计年鉴 1994—1996,1999,2007—2008／491

011140410 湖北民营经济年鉴 2006,2008／491

009195517 湖北发展年鉴 2005／492

012194247 湖北发展改革年鉴 2009—2014／491

009541732 湖北地税年鉴 1995—1996,2000,2002—2011,2013／494

011822074 湖北共青团年鉴 2007—2010／491

004724260 湖北年鉴 △1982—1987,1989—2004,2006—2014／490

008848388 湖北企业年鉴 2000—2004／492

008251241 湖北交通年鉴／湖北交通运输年鉴 1991—2014／492

008251241 *湖北交通运输年鉴／湖北交通年鉴 1991—2014／492

010225585 湖北交通统计年鉴 1993／493

009035672 湖北农业年鉴 2002—2009,2010/2011,2012／492

004569177 湖北农村统计年鉴／湖北农村统计资料汇编／湖北省农村统计年鉴 1991—1993,1995—2014／490

004569177 *湖北农村统计资料汇编／湖北农村统计年鉴／湖北省农村统计年鉴 1991—1993,1995—2014／490

008876502 湖北投资建设年鉴 1949/1999,1949/2005,2001／492

013713407 湖北医改年鉴 2012—2013／495

008400199 湖北邮电年鉴 1995—1999／493

009617355 湖北邮政年鉴 2000/2002,2003/2004,2004/2005／493

013928124 湖北邮政金融年鉴 2003／493

007630640 湖北财政年鉴 1986—1996,1998—2002,2004—2012／494

011397468 湖北体育年鉴 1986/1995,2000—2008／495

013788376 湖北冶金工业年鉴 1987／492

013467367 湖北汽车工业学院年鉴 2002／508

008651505 湖北社会经济评价年鉴 1994—1995,1997—2000／492

013965292 *湖北社会保险十年鉴／湖北社会保险年鉴 1990/1999／494

013965292 湖北社会保险年鉴／湖北社会保险十年鉴 1990/1999／494

009237412 湖北武警年鉴 2000／491

010225586 湖北金融年鉴 2006—2014／494

008993680 湖北国税年鉴 1995—2010/494

013814828 湖北版画年鉴 1979/1982/495

011966625 湖北建设年鉴 2008—2014/492

011139901 湖北经济普查年鉴 2004, 2008/492

013311761 湖北政协年鉴 2010—2012/491

012591777 湖北省电力公司年鉴 2010—2012/499

013608983 *湖北省电力公司思想政治工作研究年鉴/湖北电力职工思想政治工作研究年鉴 2000, 2009, 2011/496

013635203 湖北省电力建设第二工程公司年鉴 2011/499

012526019 *湖北省民政事业统计年鉴/湖北民政统计年鉴 1994—1996, 1999, 2007—2008/491

014014278 湖北省地面气象年鉴 1971—1982/495

008119741 湖北省年鉴 1937/490

004569177 *湖北省农村统计年鉴/湖北农村统计年鉴/湖北农村统计资料汇编 1991—1993, 1995—2014/490

008118459 *湖北省科学技术协会年鉴/湖北科协年鉴 1991, 1993, 1996, 1999, 2002, 2004, 2006—2009, 2011—2013/495

008849744 湖北省贸易外经统计年鉴 1996/493

007699016 湖北省统计年鉴 1945/490

008275226 *湖北省襄樊市统计年鉴/襄樊统计年鉴 1989/1990, 1995—1996, 1997/1998, 2000/2001, 2002—2010/512

008118459 湖北科协年鉴/湖北省科学技术协会年鉴 1991, 1993, 1996, 1999, 2002, 2004, 2006—2009, 2011—2013/495

008426168 湖北科技年鉴 1986—2004, 2006—2013/494

010102512 湖北科技统计年鉴 1993, 1999, 2001—2002, 2004, 2006—2008, 2011—2014/495

009062470 湖北信息年鉴 2002—2014/494

013928118 湖北美术馆年鉴 2007/2012/502

011140413 湖北宣传年鉴 2006—2013/491

001992652 湖北统计年鉴 1985, 1987—1988, 1990—2014/490

012983360 湖北旅游年鉴 2009, 2011/493

013747811 湖北调查年鉴 2012—2014/490

012200731 湖北教育30年鉴 1978/2008/495

009805678 湖北教育考试年鉴 1997/2003, 2004—2011/495

008272939 湖北教育年鉴 1949/1987, 1988/1990, 1991/1992, 1994—2014/495

013311722 湖北博物馆年鉴 2010—2011, 2013/501

011396467 湖北税务年鉴 1989—1991/494

011966636 湖州市企业年鉴 2003/2004, 2005/309

008267128 湖州年鉴 1994—2014/309

011966629 湖州科技年鉴 2003/309

008643413 湖州统计年鉴 1992—1993, 1995—2014/309

013752780 湖南101市县IT渠道年鉴 2012/533

012792558 湖南工业大学年鉴 2006/542

011502884 湖南工业统计年鉴 1987/1993, 2000/2006, 2007/2011/533

008805276 湖南大学年鉴 1998—2011/539

013714746 湖南小康年鉴 2012—2014/531

005033362 湖南广播电视年鉴 1986, 1987/

1988,1989/1990,1991/1992,1993,1994/1995, 1996—2007,2011/534

008241761 湖南卫生年鉴 1991—1998,1999/2000,2001—2007,2009—2011/535

012591792 湖南开发区年鉴 2010—2013/531

012354171 湖南水利统计年鉴 2006—2009/532

008977258 湖南长株潭经济年鉴 2002/537

013311777 湖南火灾统计年鉴 1990/1994/536

009617384 湖南电信年鉴 2000,2003—2004,2006,2008—2012/533

008944102 湖南出版年鉴 1996—2006/534

012923535 湖南地税年鉴 2006—2009/533

012923540 湖南共青团年鉴 2009—2011/531

013753878 湖南师范大学统计年鉴 1996,2003/539

008133959 湖南年鉴/湖南省年鉴/湖南省政治年鉴 1930,1933/530

001733890 湖南年鉴 1986—2004,2006—2011,2013/530

008437561 湖南交通年鉴湖南年鉴分册 1998/533

013173458 湖南安全生产年鉴 2006/536

012521528 湖南农业大学年鉴 2001/2002,2003/2004,2005—2010/539

008405489 湖南农业年鉴 1996/532

009933618 湖南农业统计年鉴/湖南农村统计年鉴 1995—2014/532

009933618 *湖南农村统计年鉴/湖南农业统计年鉴 1995—2014/532

013753883 湖南异地商会年鉴 2007/2009,2010/2011/533

009062474 湖南邮电年鉴 1997—1999/533

009805705 湖南邮政年鉴 2000—2005,2007—2009/533

013965302 湖南财经高等专科学校年鉴/湖南财经高等专科学校统计年鉴 2003,2005,2008/539

013965302 *湖南财经高等专科学校统计年鉴/湖南财经高等专科学校年鉴 2003,2005,2008/539

009913543 湖南财政年鉴 2005—2014/533

011822080 湖南体育年鉴 1990/1991,1992,1993/1994,1995/1996,1997/1998,1999/2000,2001/2002,2003/2004/535

011140415 湖南冶金年鉴 1986/1990,1991/1995/532

009926309 湖南社会科学年鉴 1987/1989/530

013664711 湖南社会科学年鉴/湖南社科联年鉴 2012/530

013369968 湖南社会科学院年鉴 2010/538

008477000 湖南社科联年鉴 1992,2000,2000/2005/530

013664711 *湖南社科联年鉴/湖南社会科学年鉴 2012/530

013753750 湖南青年书法年鉴 1985/2012/535

013173459 湖南林业年鉴 1986/1991/531

013173479 湖南质量技术监督年鉴 2007—2008/531

012194262 湖南法院年鉴 2006—2009,2011—2013/531

012923558 湖南物价年鉴 2002/2003,2004—2008,2011—2012/533

009519982 湖南建设年鉴 1996,1998,2000/2001,2002—2014/535

013752788 湖南建设造价年鉴 2012—2013/535

013655938 湖南城市统计年鉴 2010/530

013173474 湖南省工程机械行业年鉴 2010/532

013753874 湖南省卫生监督所年鉴 2009/535

012723557 湖南省文学艺术界联合会年鉴 2009/535

012526027 湖南省石化统计年鉴 1988—1989,1991—1993,1995—1997/532

011502901 湖南省扫黄打非年鉴 2006—2012/534

008133959 *湖南省年鉴/湖南年鉴/湖南省政治年鉴 1930,1933/530

012521530 湖南省农村水电统计年鉴 2005—2007/532

008139732 湖南省环境监测年鉴 1976/1985/536

008133959 *湖南省政治年鉴/湖南年鉴/湖南省年鉴 1930,1933/530

008516762 湖南省政治年鉴 1932/531

001709145 *湖南省统计年鉴/湖南统计年鉴 1982—1983,1985—2009,2011—2014/530

011502895 湖南省教育经费统计年鉴 1996—1998/535

012048742 湖南省博物馆年鉴 2003/2005,2006/2007/538

009436870 湖南科技年鉴 2002—2014/534

013655941 湖南科技统计年鉴 2005,2010/534

012047281 湖南保险年鉴 2003—2014/534

012591797 湖南信息年鉴 2005/2006,2009—2013/534

013680592 湖南宣传年鉴 2012—2014/531

001709145 湖南统计年鉴/湖南省统计年鉴 1982—1983,1985—2009,2011—2014/530

013814847 湖南铁道职业技术学院年鉴 2004/542

013172739 湖南烟草工业年鉴 2008—2010/532

013655954 湖南能源统计年鉴 2005/2010/532

009502491 湖南教育年鉴 2002—2012/534

009726063 湖南教育事业统计年鉴 2000—2010/534

013753745 湖南检察年鉴 2010/531

012194269 湖南商学院年鉴 1997—2001,2004—2006,2008/539

013752793 湖南硬笔书坛年鉴 2012/535

013655949 湖南路桥建设集团公司年鉴 2009—2010/537

012923551 湖南煤炭工业年鉴 2002/2008,2009/2011/532

湘

011823244 湘乡年鉴 2005—2010/545

008866919 湘西州年鉴 1996/2000,2002—2012/557

013974362 湘西金融统计年鉴 1949/1989,1997/1999/558

009617376 湘西统计年鉴 1986—2008,2010—2012/558

013634413 湘阴年鉴 2011—2014/549

013609292 湘阴统计年鉴 2004,2006/549

013936569 湘潭大学年鉴 1999—2001/544

008381627 *湘潭市统计年鉴/湘潭统计年鉴 1991—1998,2000—2007,2010—2014/544

008267116 湘潭年鉴 1992—2014/544

008438843 湘潭县年鉴 1997—2010/545

008381627 湘潭统计年鉴/湘潭市统计年鉴 1991—1998,2000—2007,2010—2014/544

渤

013859462 渤海钻探工程公司年鉴 2009—2010/51

温

013481553 温州公安年鉴 2012/304

013758175 温州市科技年鉴/温州科技年鉴 2003—2005,2007,2009/304

011503534 温州师范学院年鉴 1999,2004/304

008902121 温州年鉴 1998—2014/304

013758175 *温州科技年鉴/温州市科技年鉴 2003—2005,2007,2009/304

006036494 温州统计年鉴 1985—2014/304

008325244 温江年鉴/成都市温江区综合年鉴 1986/1989,1990/1993,1994/1996,1997/1999,2000/2002,2003/2004,2005—2007,2009—2010,2013/656

013820270 温江县统计年鉴/温江统计年鉴 2001,2003,2006,2008—2010/656

013820270 *温江统计年鉴/温江县统计年鉴 2001,2003,2006,2008—2010/656

011823220 温县年鉴 2001/2003,2004/2006,2007/2010/473

013634422 温县统计年鉴 2009—2012/473

014024815 温岭市统计年鉴 1998/319

009169573 温岭年鉴 2002—2008,2010—2014/319

010226855 温宿年鉴 2006,2008—2014/813

渭

008438793 渭南年鉴 1996,1999—2012,2014/759

008773099 渭南邮电年鉴 1997/759

009114025 渭南统计年鉴 1996—1997,1999—2001,2003—2007,2010/759

渝

008435400 渝中年鉴 1995/1996,1997/1998,1999/2000,2001/2004,2005/2006/636

009081521 渝中统计年鉴 1998,2000—2001,2004—2008/637

005319112 渝水年鉴 1984/1986,1988,1990/1995,1996/2000,2001/2004,2005/2006,2008—2012/380

008651528 渝北年鉴 1999—2000,2001/2002,2003/2004,2005/2006,2007/2008,2009/2010,2011/2012/639

湾

013677541 湾里年鉴 2013/375

游

010226889 游仙年鉴 1993/1997,1998/1999/666

湄

013757981 湄潭年鉴 2008/2010/699

滁

008438823 滁州年鉴 1999—2010,2012—2013/337

014014119 滁州法院年鉴 2000/338

007850518 滁州统计年鉴/滁县地区统计

年鉴 1994—1998,2000—2008,2010—2014/337

004593744 滁县地区统计年鉴 1990—1992/337

007850518 *滁县地区统计年鉴/滁州统计年鉴 1994—1998,2000—2008,2010—2014/337

寒

005326605 寒潮年鉴 1951.9/1952.5,1951/1975（综合本）,1952.9/1953.5,1953.9/1954.5,1954.9/1955.5,1955.9/1956.5,1956.9/1957.5,1957.9/1958.5,1958.9/1959.5,1959.9/1960.5,1960.9/1961.5,1961.9/1962.5,1962.9/1963.5,1963.9/1964.5,1964.9/1965.5,1965.9/1966.5,1966.9/1967.5,1967.9/1968./945

富

013311649 富川年鉴 2010/2011/624

011821965 富平年鉴 2006—2007,2008/2009/761

009104844 富宁年鉴 2002—2014/737

009913820 富民年鉴 2005,2010—2014/716

008438028 富阳年鉴 1996—2014/299

012351803 富阳统计年鉴 1998—2004,2006—2009,2011/299

011501915 富县年鉴 2006—2007,2008/2009,2010—2014/763

009589731 富拉尔基发电总厂年鉴 1984/1987,1988/1991,1992/1995,1996/2000/198

009913764 富顺年鉴 2004—2012/660

009913216 富裕年鉴 1992,2003,2007—2008/199

009805570 富裕县国民经济统计年鉴/富裕县统计年鉴 1996—1999,2001,2003—2004/199

009805570 *富裕县统计年鉴/富裕县国民经济统计年鉴 1996—1999,2001,2003—2004/199

012525935 富锦市农村信用联社工作年鉴 1997/211

011396158 富锦市财政年鉴 1991/1992,1993,1994/1995,1996—1997,2000/2001/211

011396168 富锦市国民经济统计年鉴 1993—1995,2002—2006/211

008940411 富源年鉴 1988/1990,1992,1995—2012/719

013714914 富蕴年鉴 2012—2013/826

裕

011503632 裕民年鉴 2006,2009/826

禅

011139653 禅城统计年鉴 2004—2010/584

禄

009324766 禄丰县年鉴 1992—2006,2009—2012/732

009492957 禄劝年鉴 1991/1998,2001—2014/716

疏

013173587 疏附年鉴 2008/2009/815

012983724 疏勒年鉴 2009—2010,2011/2012/815

婺

013793320 婺城年鉴 2012/314

013608692 婺源年鉴 1987/1997/389

十三画

瑞

008941893 瑞安年鉴 1987—1988,1990—2008, 2010—2011/305

013790961 瑞安统计年鉴 2000,2004,2008—2009/305

011967102 瑞丽年鉴 2007—2013/741

013711409 瑞金统计年鉴 2008—2009/382

013677463 瑞昌年鉴 2012—2013/379

鄢

012361563 鄢陵年鉴 2009—2014/476

鼓

009036972 鼓楼区综合年鉴 1996/1999/352

005345942 鼓楼年鉴 1986,1991,1993—2005, 2007—2014/257

塘

011140132 塘沽区国民经济和社会发展统计年鉴 2003,2009/58

013758168 塘沽区海洋管理年鉴 2001/2005/59

011503521 *塘沽年鉴/天津市塘沽年鉴/天津市滨海新区塘沽年鉴 2007—2013/58

鄞

013758222 鄞州区统计年鉴 2004/303

009426263 鄞州年鉴 2003—2013/302

009427786 鄞县年鉴 1987,1989,1991—1993, 1995,1997—2002/302

蓬

013714541 蓬江统计年鉴 2012—2013/586

009502970 蓬安年鉴 2006—2007,2008/2009/675

008969134 蓬莱年鉴 1998/421

009588884 蓬溪年鉴 2003/670

蓄

013932998 蓄电池行业商务年鉴 2009—2010/880

蒲

008426352 蒲江年鉴 1986/1992,1993/1997, 1998/2001,2002/2006,2009—2014/658

005033010 蒲圻年鉴 1987—1991,1994/1997/525

012983703 蒲县年鉴 2000/2002,2009—2010/112

蒙

013932147 蒙山年鉴 2009/2010/618

011503068 蒙古学研究年鉴 2004—2011/118

008941795 蒙自年鉴 1996—2014/733

008396712 蒙阴年鉴 1988/1993,1994/1995, 1996/2003,2004/2008/438

颐

008969151 颐中集团年鉴 1994/1996,1997, 1999—2000,2002—2003,2005—2007/407

献

013932995 献县经济年鉴 2004,2007—2009/85

楚

009617431 楚州年鉴 2001—2010/274

008137426 楚雄市年鉴 1995—2013/730

013787969 楚雄市统计年鉴 2007/730

004187653 楚雄州年鉴 1991—2014/730
009934595 楚雄州统计年鉴/楚雄统计年鉴 2000—2012/730
009934595 *楚雄统计年鉴/楚雄州统计年鉴 2000—2012/730

榆

013608915 榆次年鉴 2006/2007/104
009289192 榆阳年鉴 2001/765
008749311 榆林年鉴 2000—2013/765
012617553 榆林供电局年鉴 1991/2005/765
009035928 榆林统计年鉴 1996—2008,2011—2012/765
010226793 榆树市国民经济统计年鉴 1999/2000,2001—2004/172
012617561 榆树年鉴 2007—2012/172

碑

012982944 碑林年鉴 2010—2013/755

雷

012243248 雷州年鉴 2007/2008,2009/2010/588

零

012199219 零陵年鉴 1992/555
009324534 零陵统计年鉴 1989,1991—1993,2005,2008—2009,2011/555

虞

013481738 虞城年鉴 2011,2013—2014/483
013939509 虞城县统计年鉴/虞城统计年鉴 2001—2003,2007/2008/483
013939509 *虞城统计年鉴/虞城县统计年鉴 2001—2003,2007/2008/483

睢

012199635 睢宁年鉴 2009/264

009425806 睢阳年鉴 1998/2000,2001/2003/482
012361435 睢县年鉴 2001/2006,2007/2008,2009—2013/482

暖

013397068 暖通空调产品选型年鉴 2011/2012,2012/2013,2013/2014/962

路

009264755 路桥年鉴 1995—1999,2001—2008,2010—2012/319

蜀

013714686 蜀山年鉴 2012—2013/329

嵊

010102782 嵊州年鉴 2002—2014/312
013772747 嵊州经济开发区年鉴 2012/313
013790086 嵊州统计年鉴 1998—1999,2002—2006,2008—2009/313
013932440 嵊县统计年鉴 1987,1989,1991/312
008833766 *嵊泗年鉴/嵊泗县年鉴 1986/1990,1992—1993,1994/1997,2001/2006,2007/2010/317
008833766 嵊泗县年鉴/嵊泗年鉴 1986/1990,1992—1993,1994/1997,2001/2006,2007/2010/317

嵩

012361431 嵩县年鉴 2009—2014/462
011967359 嵩明年鉴 2008—2013/716

锡

008311522 锡山市年鉴/锡山年鉴 1995—1999,2007—2015/260
008311522 *锡山年鉴/锡山市年鉴 1995—

1999,2007—2015/260

013932991 锡山统计年鉴 1996—1997/260

008789165 锡林郭勒年鉴 2000—2010,2012/131

009272166 *锡林郭勒统计年鉴/锡林郭勒盟统计年鉴 1993,1995—1999,2001,2003—2009,2011—2014/131

009272166 锡林郭勒盟统计年鉴/锡林郭勒统计年鉴 1993,1995—1999,2001,2003—2009,2011—2014/131

013609257 锡林浩特年鉴 2008/132

锦

013788386 锦化年鉴 1987—1989/163

008439009 锦西炼油化工总厂年鉴 1994/163

011503003 锦州市教育统计年鉴 1989/1990,1990/1991,1991/1992,1992/1993,1993/1994,1994/1995,1995/1996,1997/1998,1998/1999,1999/2000,2002/2003/154

007223585 锦州市普通教育年鉴 1949/1985/154

011907890 *锦州市普通教育年鉴/锦州教育年鉴 1986/1990,1991/1995,1996/2000/154

008318911 锦州年鉴 1987—1989,1990/1995,1996—2000,2002—2012/154

008957238 锦州铁路分局年鉴 1986—1993,1995—2004/154

011907890 锦州教育年鉴/锦州市普通教育年鉴 1986/1990,1991/1995,1996/2000/154

008426306 锦江年鉴 1991/1997,1998/2002,2008—2014/655

筠

009397868 筠连年鉴/筠连县年鉴 1999,2009,2011—2013/679

009397868 *筠连县年鉴/筠连年鉴 1999,2009,2011—2013/679

简

009502680 简阳年鉴 2003—2008,2011/658

微

008966661 微山年鉴 1991/1998,1999/2000,2001/2002,2003/2005,2006/2010/427

009589501 微山县财政年鉴 2002—2006/427

011734894 微山县财政税务年鉴 2007—2013/427

009589507 微山县税务年鉴 2002—2006/427

颖

012048781 颖州区年鉴 2008—2010/339

解

013172742 *解放区年鉴/焦作市解放区年鉴 2010—2011/472

廉

010226318 廉江年鉴 2005,2006/2008/588

011140099 廉江统计年鉴 2008/588

靖

014103768 靖边年鉴 2013/766

010226307 靖西年鉴 2004,2007/2008,2009/2010/622

009014808 靖江年鉴 2001/2002,2003—2005,2007—2014/283

010226305 靖江统计年鉴 1984,1992—1994,1996—2009,2011—2012/283

012199120 靖宇年鉴 2003/2006, 2007/2008, 2011/2012/179

新

008336632 新干年鉴 1986/1990, 1991/1995/385

013791031 新乡市土地年鉴 2000—2001/468

010226852 *新乡市卫滨年鉴/卫滨年鉴/新华区年鉴 2004, 2006—2008, 2010—2013/469

009726037 新乡市北站区年鉴 2001/2003/469

008643483 新乡市郊区年鉴 1994—1999/469

009425814 *新乡市统计年鉴/新乡统计年鉴 1996—2007, 2010—2011, 2013—2014/468

008396013 新乡年鉴 1996—2010, 2012—2014/468

013634252 新乡医学院年鉴 2011/469

008665733 新乡县年鉴 1987/1991, 1992—1994, 2001/2002, 2003, 2009—2010/470

009913206 新乡国土资源年鉴 2002—2007/468

013899343 新乡经济普查年鉴 2008/468

009425814 新乡统计年鉴/新乡市统计年鉴 1996—2007, 2010—2011, 2013—2014/468

013174666 新乡调查年鉴 2007—2008/468

013932997 新乡教育年鉴 2002/469

014014962 新乡联通年鉴 2010/468

013603427 新丰年鉴 2011/575

013603420 新区（大兴—开发区）统计年鉴 2012/46

008432465 新区年鉴 1991/1995/72

008643562 新中国晚报五十年鉴 1949/1999/916

013714618 新巴尔虎右旗年鉴 2011/129

012801246 *新世纪中国晚报十年鉴/新世纪中国晚报年鉴 2010/916

012801246 新世纪中国晚报年鉴/新世纪中国晚报十年鉴 2010/916

008789168 新龙年鉴 1988/2000, 2001/2002, 2003—2011/689

008477437 新平年鉴 1996, 1998—2014/722

013936573 新北区人大年鉴 2002/2012/265

008553467 新乐年鉴 1993/1996, 2000, 2004/70

008135668 新加坡经济年鉴 1975/1976/859

013939362 新台商年鉴 2007/318

008588965 新华区年鉴/平顶山市新华区年鉴 1994, 1997, 2012—2013/463

009436839 新华区年鉴/卫滨年鉴 1995—1997, 1998/1999, 2000—2002/469

010226852 *新华区年鉴/卫滨年鉴/新乡市卫滨年鉴 2004, 2006—2008, 2010—2013/469

009589769 新华发电厂年鉴 1995/206

012200265 *新华年鉴/上海交通大学医学院附属新华医院新华年鉴 2005, 2008, 2011/236

009588912 新华社人事年鉴 1995—1996/6

008670265 新华社年鉴 1997—2011/21

008437445 新会年鉴 1995/1996, 1997/1998, 1999/2000, 2001/2002, 2011/2012/586

012530515 新会统计年鉴 2005—2013/586

009806758 新兴年鉴 2005, 2007, 2009, 2011, 2013/603

011140152 新兴县统计年鉴/广东省新兴县国民经济统计年鉴 2000—2012/603

012521620 新安年鉴 2009—2010,2012—2013/462

013481720 新县年鉴 2011—2014/484

008250243 新余年鉴 1986/1990,1991/1995,1997—2014/379

013758205 新余经济普查年鉴 2008/379

008239357 新余钢铁厂年鉴/江西新余钢铁总厂年鉴 1988—1989/379

013766119 *新余钢铁厂年鉴/江西新余钢铁总厂年鉴/新钢年鉴 1992—1993/380

009519795 新余统计年鉴 2002—2007,2011—2014/379

011968027 新沂年鉴 2006—2013/263

009307758 新沂统计年鉴 1995—2007/263

008977326 新昌年鉴 2002—2013/313

013711471 新昌统计年鉴 2001—2005,2008—2009/313

008395787 *新罗年鉴/龙岩新罗年鉴/福建省龙岩新罗年鉴/龙岩市年鉴 1994—2003,2005—2009,2012—2013/365

009913209 新郑年鉴 2004—2010,2012—2013/458

011503602 新郑统计年鉴 2001—2002,2004—2005/458

010226879 新和年鉴 2006—2013/813

008164888 新南洋年鉴 1947/970

013766119 *新钢年鉴/江西新余钢铁总厂年鉴/新余钢铁厂年鉴 1992—1993/380

008272959 新钢年鉴/江西新余钢铁总厂年鉴 1995—2002,2004—2010/380

008152403 *新香港年鉴/香港年鉴 1948—1992/829

012242748 新香港年鉴/香港年鉴 1997/829

012801256 新洲年鉴 2006/2008,2010—2013/506

008327867 新津年鉴 1986/1989,1990/1992,1993/1995,1996/1998,1999/2001,2002/2005,2006/2007,2008—2009,2011—2012/658

014014945 新绛年鉴 2006,2009/107

012048757 新泰市人民法院年鉴 2002/2006/429

008588969 新泰年鉴 1986/1992,1993/1997,2001/2005,2006/2010/429

013711475 新泰统计年鉴 1999/2000,2001,2002/2003,2007/2008,2010—2011/429

005563230 新都年鉴 1934/656

009520060 新都年鉴 2002,2004,2010—2013/656

008977331 新浦年鉴 2001—2014/272

008604938 新野年鉴 1998—1999,2000/2001,2002,2003/2006,2007/2008,2009/2010/481

011503594 新密市统计年鉴/新密统计年鉴 2002,2006,2011/458

012361527 新密年鉴 2007—2013/458

011503594 *新密统计年鉴/新密市统计年鉴 2002,2006,2011/458

011141209 新密教育年鉴 2000—2011/458

012530558 新源年鉴 2008—2012/824

013790728 新蔡县统计年鉴 1995/2010/488

011823285 新疆中小型工业企业统计年鉴 2007/805

011141208 新疆石油管理局年鉴 1998/810

009926378 新疆石油管理局钻井公司年

鉴/西部钻探克拉玛依钻井公司年鉴 2002/2004,2005—2006/809

012048647 *新疆石油管理局钻井公司年鉴/西部钻探克拉玛依钻井公司年鉴 2007/809

011503583 新疆电信年鉴 2001,2005/806

003886136 新疆生产建设兵团年鉴/兵团年鉴 1986—2014/805

009233937 新疆生产建设兵团农七师一二七团年鉴/一二七团年鉴 2001—2003/823

009160739 新疆生产建设兵团农七师一二八团年鉴/一二八团年鉴 2001—2003/822

009208280 *新疆生产建设兵团农七师一二九中心团场年鉴/新疆生产建设兵团农七师一二九团年鉴/一二九团年鉴/一二九中心团场年鉴 2000—2008/822

009208280 新疆生产建设兵团农七师一二九团年鉴/新疆生产建设兵团农七师一二九中心团场年鉴/一二九团年鉴/一二九中心团场年鉴 2000—2008/822

009233916 新疆生产建设兵团农七师一二三团年鉴/一二三团年鉴 2001—2002,2004—2005/823

009233923 新疆生产建设兵团农七师一二五团年鉴/一二五团年鉴 2001/823

009233930 新疆生产建设兵团农七师一二六团年鉴/一二六团年鉴 2001/822

009233921 新疆生产建设兵团农七师一二四团年鉴/一二四团年鉴 2001,2003/823

009208284 新疆生产建设兵团农七师一三〇团年鉴/一三〇团年鉴 2001—2006/823

009234086 新疆生产建设兵团农七师一三一团年鉴/一三一团年鉴 2001—2002,2004—2006/823

009234094 新疆生产建设兵团农七师一三七团年鉴/一三七团年鉴 2001—2005,2007—2008/823

013935841 *新疆生产建设兵团农七师北方集团年鉴/北方集团年鉴 2010/2011/823

009035706 *新疆生产建设兵团农七师年鉴/农七师年鉴 2001—2010/822

011139948 新疆生产建设兵团经济普查年鉴 2004,2008/805

003886110 新疆生产建设兵团统计年鉴 1990—2002,2004—2014/804

011967531 新疆出入境检验检疫局年鉴 2001,2006—2012/808

004724421 新疆年鉴 1985—2004,2006—2014/805

008270616 *新疆伊犁统计年鉴/伊犁统计年鉴 1949/1999,2000/821

014211998 新疆伊犁统计年鉴/伊犁统计年鉴 1989/821

008998233 新疆企业年鉴 2001—2002/805

012983867 新疆农业大学年鉴 2006/807

009841182 新疆农村社会经济统计年鉴 2005/805

008402773 新疆邮电年鉴 1998/805

009492644 新疆邮政年鉴 2000—2005/806

008998228 新疆财政年鉴 1986,1987/1988,1989—1991,1993—2002,2004—2012/806

011503588 新疆体育年鉴 2004—2009/806

013747894 新疆社会科学年鉴 2012—2013

/804

011139938 新疆经济普查年鉴 2004,2008 /804

008477431 新疆钢铁年鉴 1996—2002/805

003165082 新疆统计年鉴 1989—2014/804

010227011 新疆调查年鉴 2006—2007,2010—2014/804

011823246 新疆能源统计年鉴 2007/805

009182817 新疆教育年鉴 1949/1989/806

010102236 新疆移动通信年鉴/中国移动通信集团新疆有限公司新疆移动通信年鉴 2000,2002—2004,2010,2012/806

013680210 新疆维吾尔自治区文物古迹保护中心工作年鉴 2011—2012/806

粮

008089489 粮农组织生产年鉴 1987,1989—1990/874

008238714 粮农组织林产品年鉴 1987—1989/874

008090184 粮农组织肥料年鉴 1987,1989,1991/953

005236706 粮农组织贸易年鉴 1987—1989/906

008089516 *粮农组织渔业统计年鉴渔产品/渔业统计年鉴渔产品 1986,1988,1990/954

008089514 *粮农组织渔业统计年鉴渔获量和上岸量/渔业统计年鉴渔获量和上岸量 1986/954

慈

013710650 慈溪经济普查年鉴 2004/303

010102059 慈溪统计年鉴 1996—2009/303

煤

013711365 煤炭科学研究总院科研年鉴 2006/2009/36

满

009492504 满洲里市年鉴/满洲里年鉴 2002—2005,2006/2007,2008/2010/128

009492504 *满洲里年鉴/满洲里市年鉴 2002—2005,2006/2007,2008/2010/128

012357184 满洲里市建设局年鉴 2009/128

008397210 满洲里市统计年鉴 1992—1999,2001—2003/128

009840958 满洲里检验检疫年鉴 2002/2003/128

溧

008438636 溧水年鉴 1986/1995,1996/2000,2001/2005,2011—2014/258

009913585 溧阳年鉴 2005—2007,2009,2011—2014/266

滦

011140373 滦平年鉴 2003/2007,2011—2012/82

008465925 滦县年鉴 1986/1996/73

滨

008399531 滨州市年鉴 1998—1999/441

008399502 滨州年鉴 1997—2014/441

011965708 滨州交通年鉴 1991/2000/441

012176884 滨州宣传年鉴 2007/2008,2009/441

008261201 滨州统计年鉴 1991—1994,1996—1997,1999—2014/441

013787261 滨城区统计年鉴/滨城统计年鉴 2006—2007/442

013787261 *滨城统计年鉴/滨城区统计年鉴 2006—2007/442

011500268 滨海年鉴 2000,2007—2008,2012/277

009309706 滨海统计年鉴 1991—2007/277

013397356 滨海新区年鉴 2011—2013/58

福

013821796 *福山统计年鉴/烟台市福山区统计年鉴 2002,2004—2005,2010/421

013965191 福田年鉴 2009/2011/580

012351799 福州大学年鉴 1991,1995,2002,2008,2010—2011/352

011139710 福州市中级人民法院年鉴 2005—2011,2013/350

013809487 福州市仓山区经济年鉴 1996,2001/352

008274968 福州市经济技术开发区马尾区年鉴/福州经济技术开发区年鉴/福州市经济技术开发区马尾区经济年鉴 1994,1996—2003,2006—2013/352

008274968 *福州市经济技术开发区马尾区经济年鉴/福州市经济技术开发区马尾区年鉴/福州经济技术开发区年鉴 1994,1996—2003,2006—2013/352

012923434 福州师范学校年鉴 1991/1997/352

005059974 *福州年鉴/福州经济年鉴 1988—1989,1991—1994/350

006909411 福州年鉴/福州经济年鉴 1995—2014/350

008990652 福州建设年鉴 1993/1995,1996/1998,1999/2000/351

005059974 福州经济年鉴/福州年鉴 1988—1989,1991—1994/350

006909411 *福州经济年鉴/福州年鉴 1995—2014/350

008274968 *福州经济技术开发区年鉴/福州市经济技术开发区马尾区年鉴/福州市经济技术开发区马尾区经济年鉴 1994,1996—2003,2006—2013/352

011139708 福州经济普查年鉴 2004/350

013369819 福州科技年鉴 2004,2010/351

009588971 福州统计年鉴 2003—2014/350

008588874 福州铁路分局年鉴 1993—2004/351

008990660 福州教育年鉴 1990/1995,1996/1997,1998—2010/351

012923429 福州第一中学年鉴 2009/352

009541723 福安市年鉴/福安年鉴 2003,2005,2007—2008/367

009933321 福安市统计年鉴/福安统计年鉴 2003,2005—2010/367

009541723 *福安年鉴/福安市年鉴 2003,2005,2007—2008/367

009933321 *福安统计年鉴/福安市统计年鉴 2003,2005—2010/367

011824464 福贡年鉴 2004—2010/742

008977249 福建工业交通经济年鉴/福建工业经济统计年鉴 2002/348

014217110 *福建工业经济统计年鉴/福建工业统计年鉴 1988/347

004187288 福建工业经济统计年鉴 1990—1995,1997—2001/348

008977249 *福建工业经济统计年鉴/福建工业交通经济年鉴 2002/348

014217110 福建工业统计年鉴/福建工业经济统计年鉴 1988/347

009933342 *福建工商银行统计年鉴/中国工商银行福建省分行统计年鉴1991/2000/351

012723230 福建卫生年鉴2008—2009,2011—2013/350

009036704 福建水利年鉴1991/2000,1998/347

013714923 福建石材行业年鉴2012/347

009726023 福建市场占有年鉴1999/2003,2005—2014/348

008574180 福建市场统计年鉴2000—2001/348

007236272 福建对外经贸年鉴1990,1994—1995/349

008866897 福建对外经济统计年鉴2001/348

011139704 福建地税年鉴1999,2001,2004—2006,2008—2013/349

009913101 福建机构编制年鉴2004,2008/346

013157479 福建师范大学年鉴1997—2001/352

005032831 *福建年鉴/福建经济年鉴1985—1992,1994/346

007916855 福建年鉴/福建经济年鉴1995—2004,2006—2014/345

008577066 福建企业年鉴2000—2014/347

012790006 福建农业产业化龙头企业统计年鉴2004/347

014212027 *福建农村经济年鉴/福建农村统计年鉴/福建省农村统计年鉴1992/345

007698545 福建农村经济年鉴/福建农村统计年鉴1994—2002/347

012820309 *福建农村统计年鉴/福建省农村统计年鉴1991/345

014212027 福建农村统计年鉴/福建省农村统计年鉴/福建农村经济年鉴1992/345

007698545 *福建农村统计年鉴/福建农村经济年鉴1994—2002/347

009307981 福建农村调查年鉴1997—2003,2005/347

009926238 福建农林大学年鉴2003—2004,2009/352

014217087 福建劳动统计年鉴//347

008588872 福建财政年鉴1992,1994—2002,2004—2014/349

012591707 福建评价年鉴1995,2000,2002—2003/346

008977253 福建金融统计年鉴1998/2002/349

012079117 福建法院年鉴2006—2009/346

012079121 福建审计年鉴1996/2000,2001/2005/346

009123981 福建建设年鉴1998/2000,2001/2002,2003,2004/2005,2007,2012/347

009307989 福建经济与社会统计年鉴2003—2010/345

005032831 福建经济年鉴/福建年鉴1985—1992,1994/346

007916855 *福建经济年鉴/福建年鉴1995—2004,2006—2014/345

010223978 福建经济普查年鉴2004,2008/346

009933328 福建省开发区年鉴2001—2002/346

008272712 *福建省龙岩地区年鉴/龙岩

地区年鉴 1988/1992,1993—1994,1995/1996,1997—2001/365

009169610 *福建省龙岩年鉴/龙岩年鉴 2002—2014/365

008395787 *福建省龙岩新罗年鉴/龙岩新罗年鉴/龙岩市年鉴/新罗年鉴 1994—2003,2005—2009,2012—2013/365

007698572 福建省对外经贸年鉴 1996—2011/349

012820309 福建省农村统计年鉴/福建农村统计年鉴 1991/345

014212027 *福建省农村统计年鉴/福建农村统计年鉴/福建农村经济年鉴 1992/345

004683559 福建省戏剧年鉴 1981—1990,1992,1994—1999/350

008406148 福建省连城县年鉴 1988/1993/366

012790018 福建省社会科学界联合会年鉴 2001—2006,2008—2012/345

008406248 *福建省武平县年鉴/武平县年鉴 1988/1993,1994/1996,1997/1999,2000/366

013899436 *福建省政和统计年鉴/政和县统计年鉴/政和统计年鉴 1985—1988,1991,1994—1998,2006/364

007699459 福建省统计年鉴 1937,1944/345

004187520 福建省商业统计年鉴/福建商业经济统计年鉴 1988/1989/348

007698517 *福建省商业统计年鉴/福建商业经济统计年鉴/福建贸易经济统计年鉴 1991/1992,1994,1996/348

013926042 福建省普通教育教学研究室年鉴 2006/351

010102107 福建省道路水路运输行业统计年鉴 2002—2003,2005—2006,2008/348

013898511 福建省港口航道统计年鉴 2006—2007/350

008923249 *福建省漳平年鉴/漳平年鉴 1994/1998/366

008923176 福建科技年鉴 2001—2013/349

007920205 福建科技统计年鉴 1992—1996,1998—2002/349

012047155 福建信息产业年鉴 2007/2008/348

007698517 *福建贸易经济统计年鉴/福建商业经济统计年鉴/福建省商业统计年鉴 1991/1992,1994,1996/348

008388836 福建贸易经济统计年鉴 1998/348

013898497 福建美术年鉴 2007—2010/349

011501902 福建宣传年鉴 2006—2008/346

001992664 福建统计年鉴 1983—1984,1986—2014/346

009840725 福建教育年鉴 1995,1997—1998/349

004187520 *福建商业经济统计年鉴/福建省商业统计年鉴 1988/1989/348

007698517 福建商业经济统计年鉴/福建省商业统计年鉴/福建贸易经济统计年鉴 1991/1992,1994,1996/348

013898505 福建摄影年鉴 2010/349

012789998 福建精神文明建设年鉴 2010—2013/346

008977011 福泉年鉴 1997/1998,1999/2001/704

013898528 福泉统计年鉴 2010/705

008876478 福海年鉴 2001—2003/827

013898521 福清统计年鉴 2004—2007, 2010 /353

008643406 福鼎年鉴 1996/367

缙

009934605 缙云年鉴 2002—2010/321

014014348 缙云统计年鉴 2001/321

十四画

静

012983386 静宁综合年鉴 2003/2006/782

009004445 静安年鉴 1994/1998, 1999—2005, 2007—2014/240

瑶

011968087 瑶海年鉴 2008/329

嘉

008432926 嘉兴年鉴 1998—2014/307

010225756 嘉兴经济普查年鉴 2008/307

008001290 嘉兴统计年鉴 1997—2014/307

012923626 嘉鱼年鉴 2009—2013/525

013928134 嘉定区经济普查年鉴 2008/242

006060304 嘉定年鉴 1988/1990, 1991—1994, 1996—2012/242

005325846 嘉荫年鉴 1992/209

009395415 嘉峪关市统计年鉴/嘉峪关统计年鉴 2002—2003, 2005—2007, 2010—2013 /777

009492566 嘉峪关年鉴 2000, 2001/2002, 2003—2008, 2010—2013/776

009395415 *嘉峪关统计年鉴/嘉峪关市统计年鉴 2002—2003, 2005—2007, 2010—2013/777

009840997 嘉祥县年鉴 1986/427

013965304 嘉祥统计年鉴 2009/427

008653439 嘉善年鉴 1993/1997, 1998/2002, 2004—2014/308

013634281 嘉善县统计年鉴/嘉善统计年鉴 2011—2014/308

013634281 *嘉善统计年鉴/嘉善县统计年鉴 2011—2014/308

赫

013470936 赫山区统计年鉴 2006, 2011/553

011140344 赫章年鉴 2006—2007, 2010—2011, 2013/702

綦

009503284 綦江年鉴 1986/1990, 1991/1995, 1996/2000, 2008/638

蔡

008466008 蔡甸年鉴 1991/1995, 2006—2007, 2011—2014/505

榕

008998320 榕江年鉴 2001—2002/704

磁

012617033 磁县年鉴 2007/2008/77

舞

013996220 舞阳年鉴 2012/477

008588959 *舞钢区年鉴/舞钢市年鉴 1989—1994, 1996, 1999—2014/464

008588959 舞钢市年鉴/舞钢区年鉴 1989—1994, 1996, 1999—2014/464

管

012176981 管网叠压供水技术年鉴 2007／963

012048904 管城回族区年鉴／郑州市管城回族区年鉴／管城年鉴／郑州市管城年鉴 2006—2014／456

012048904 *管城年鉴／管城回族区年鉴／郑州市管城回族区年鉴／郑州市管城年鉴 2006—2014／456

011823317 *管城统计年鉴／郑州市管城回族区统计年鉴 2004,2007—2014／456

彰

008129605 彰化县统计年鉴 1950,1953,1968／834

008802326 彰武年鉴 2000,2008／156

韶

008402756 韶关市统计年鉴／韶关统计年鉴 1998—2003,2005—2013／574

008773097 韶关年鉴 1986,1991/1995,1996/2000,2001/2005,2009—2014／574

008402756 *韶关统计年鉴／韶关市统计年鉴 1998—2003,2005—2013／574

端

008438776 端州年鉴 1997,1999/2000,2001—2003,2004/2005,2006/2007／591

鄯

011503430 鄯善年鉴 2007—2008,2011,2013／811

潢

012792583 潢川年鉴 2010／485

漯

008969119 漯河年鉴 1999—2009,2011—2014／477

013898684 漯河经济普查年鉴 2008／477

007423420 漯河统计年鉴 1994—2007,2011—2013／477

漳

008923249 漳平年鉴／福建省漳平年鉴 1994/1998／366

008643817 漳州年鉴 1999—2002,2004/2005,2006/2007,2010—2012／362

008432555 漳州统计年鉴 1993,1997—2002,2004—2006,2008—2014／362

漾

013859257 漾濞年鉴 2012／740

潍

011396127 潍坊市坊子区年鉴／坊子区年鉴 1985,1987／423

008396804 潍坊年鉴 1995—2012,2014／422

013752797 潍坊医学院年鉴 2011／422

005325782 潍坊统计年鉴 1990—1991,1993—2013／422

012048633 潍坊新村街道年鉴 1998,2002—2003,2005,2008／422

008396758 潍城年鉴 1996／423

肇

008438713 肇庆年鉴 1998—2014／590

011139949 肇庆经济普查年鉴 2004,2008／591

008400240 肇庆统计年鉴 1992—1996,1998—2014／590

013608947 肇庆高新区年鉴 2007/2010／590

009840854 肇源县统计年鉴／肇源县统计综鉴 1949/1989,2002,2006／207

009840854 *肇源县统计综鉴／肇源县统

计年鉴 1949/1989,2002,2006/207

009289790 肇源县粮食年鉴 1993/2000/207

谯

013747974 *谯城区统计年鉴/亳州市谯城区统计年鉴/谯城区统计局年鉴/谯城统计年鉴 2002,2005,2008—2013/341

013747974 *谯城区统计局年鉴/亳州市谯城区统计年鉴/谯城区统计年鉴/谯城统计年鉴 2002,2005,2008—2013/341

013747974 *谯城统计年鉴/亳州市谯城区统计年鉴/谯城区统计年鉴/谯城区统计局年鉴 2002,2005,2008—2013/341

暨

012079196 暨南大学年鉴 2007—2008,2010—2013/570

嫩

008426159 嫩江年鉴 1997—2011/217

翠

008426371 翠屏区年鉴 1997/1998,2004,2010/678

十五画

增

008435163 增城年鉴 1997—2014/573

鞍

013608428 *鞍山人口和计划生育年鉴/鞍山计划生育年鉴 2002,2004—2005/149

013608428 鞍山计划生育年鉴/鞍山人口和计划生育年鉴 2002,2004—2005/149

009287794 鞍山市城建局年鉴 1987/150

013173421 鞍山市商业银行年鉴 1991/1996,2001/2006/150

005402517 鞍山年鉴 1985—1988,1989/1991,1992—2013/149

008433738 鞍山金融年鉴 1987—1989,1990/1991,1992/1993,1994—1996/150

008977222 鞍山统计年鉴 2002—2014/149

007676512 鞍钢年鉴 1985—2012/150

009287814 鞍钢附企炼铁建筑安装工程公司年鉴 1994/150

蕉

008401611 蕉岭年鉴 1999,2001,2003—2012/595

013898659 蕉岭县统计年鉴 2007/595

014014324 蕉城年鉴 2010/367

蕲

009054718 蕲春年鉴 1994/1998/524

013609043 *蕲春县统计年鉴/蕲春统计年鉴/国民经济统计年鉴 1991—1994,1998—1999, 2000/2001, 2002—2005, 2007—2008,2010/524

013608671 蕲春国税年鉴 1994/1999,2004/2012/524

013609043 蕲春统计年鉴/蕲春县统计年鉴/国民经济统计年鉴 1991—1994,1998—1999, 2000/2001, 2002—2005, 2007—2008, 2010/524

横

008247768 横县年鉴 1987/1990,1993—1994,1996/1997,1998/1999,2000/2001,2007/613

樱

009913719 樱花[公司]年鉴 2004/425

橡

012242745 橡皮年鉴诗歌卷 2003/930

樟

008278749 樟树年鉴 1989,1990/1995/386

碾

009589695 碾子山经济统计年鉴 1992—1998,2000—2002/198

暴

012982935 暴雨年鉴 2008—2010/945

墨

012792655 墨玉年鉴 2010/816
013470977 墨竹工卡年鉴 2012—2014/745
012724192 墨江年鉴 2012—2014/727

镇

012926130 镇宁年鉴 2008/2009,2010—2012/700
012242800 镇江生活年鉴 2004/280
008403167 *镇江市统计年鉴/镇江统计年鉴 1989,1991—1997,1999—2014/280
008278747 镇江年鉴 1992—2014/280
011823313 镇江保险年鉴 2006/280
008403167 镇江统计年鉴/镇江市统计年鉴 1989,1991—1997,1999—2014/280
011399648 镇江博物馆年鉴 1994—1996/280
009926343 镇安年鉴 2002/2004,2005/2006,2007/2008,2009/769
008643763 镇沅年鉴 1990/1997,1998/2002/727
013173268 镇城底矿年鉴 2006/2010/95
013636586 镇原年鉴 2012—2013/783
012801365 镇原综合年鉴 2009/2010/783
009926383 镇康县年鉴 2007—2009/729
008851402 *镇雄年鉴/镇雄县年鉴 1998—2000,2002—2003,2004/2005/724
008851402 镇雄县年鉴/镇雄年鉴 1998—2000,2002—2003,2004/2005/724

稷

004574722 稷山年鉴 1987,1996/1997,1998/1999,2000/2003,2003/2004,2005—2006,2007/2008,2009/2011/107

稻

012983195 稻城年鉴 1991/2002,2010/690

黎

008438605 黎川年鉴 1991/1994,1995/1998/387
013814898 黎平统计年鉴 2008—2010/704
008440593 黎城年鉴 1991/1995,1997/1999/100

儋

013652726 儋州市年鉴 2009,2011—2012/630

德

013753583 德化年鉴 2009—2010/362
009616759 德化县大事年鉴 1994/362
013898468 德化统计年鉴 2009/362
009616763 德化综合年鉴 1993/1999/362
013369666 德令哈年鉴 2007/2009/792
008848377 德庆年鉴 1999,2001/592
008271384 德州地区统计年鉴/德州统计

年鉴 1992,1994/438

007955721 德州年鉴 1993—2014/438

009913634 德州邮电年鉴 1996/1998/439

008271384 *德州统计年鉴/德州地区统计年鉴 1992,1994/438

008272742 德州统计年鉴 1995—2014/439

013935886 德兴年鉴 2007/2009/389

013965179 德兴统计年鉴 2007/389

012199118 *德阳市旌阳区年鉴/旌阳年鉴 2006—2013/663

008426339 德阳年鉴 1999—2012,2014/663

008923238 德阳统计年鉴 2000,2003—2009,2011—2014/663

007916504 德宏年鉴 1992—2012,2014/741

013753580 德宏宣传年鉴 2007—2008/741

009004348 德宏统计年鉴/德宏傣族景颇族自治州统计年鉴 2000—2001,2003—2004,2007—2008,2010—2013/741

009004348 *德宏傣族景颇族自治州统计年鉴/德宏统计年鉴 2000—2001,2003—2004,2007—2008,2010—2013/741

012983196 德昌年鉴 2008—2011/691

008944059 德钦年鉴 2001,2001/2005,2006/2010/743

012923414 德保年鉴 2008/2009,2010/2011/623

012723216 德格年鉴 2006/2008,2011—2012/689

009104873 德清年鉴 1995—1997,1998/2000,2001/2002,2003/2004,2005/2006,2007/2008,2009/2010,2011/2012,2013/309

013753588 德清教育年鉴 2008/310

012591703 德惠年鉴 2008/2009,2010—2013/172

徵

008399376 徵江年鉴/澄江年鉴 1993—2006,2008—2014/721

磐

012691770 磐石市年鉴 2008—2009,2011/174

008477234 磐石年鉴 1989,1991—1992/174

滕

008405337 滕州年鉴 1991/1995,2008—2009,2013—2014/417

012079542 滕州统计年鉴 1997,2000,2004,2006,2010—2012,2014/417

鲤

009616776 鲤城年鉴 1998/2002,2009—2012/360

010101911 鲤城统计年鉴 2010—2011/360

遵

008426373 遵义市年鉴/遵义年鉴 1999—2012/698

008977353 *遵义市统计年鉴/遵义统计年鉴 2002—2014/698

008426373 *遵义年鉴/遵义市年鉴 1999—2012/698

012593629 遵义红花岗年鉴/红花岗年鉴 1997/2005,2006/2007,2008/2009,2011,2013/698

013090460 遵义县年鉴 2009,2012/699

008977353 遵义统计年鉴/遵义市统计年鉴 2002—2014/698

潜

013677359 *潜力艺术家年鉴/博宝艺术网潜力艺术家年鉴 2011—2012/32

008438160 潜山年鉴 1988/1996,2003/2009/336

013957645 潜江年鉴 2011/529

009459870 潜江统计年鉴 2003—2009,2011—2013/529

潮

008403024 潮州市统计年鉴/潮州统计年鉴 1993—2001,2003—2014/601

008438009 潮州年鉴 1997—2000,2002—2014/601

008403024 *潮州统计年鉴/潮州市统计年鉴 1993—2001,2003—2014/601

013677409 潮阳年鉴 2012—2013/583

010102158 潮剧年鉴 1990—2006/583

澳

008108991 澳门工商年鉴 1959,1961—1962,1975/1977,1981,1983/831

009030073 澳门年鉴 2002,2011—2013/831

004534867 澳门经济年鉴/华侨报澳门经济年鉴 1983,1984/1986/831

潼

012983782 潼关年鉴 2008,2010/760

澄

008399376 *澄江年鉴/徵江年鉴 1993—2006,2008—2014/721

009425771 澄城年鉴 1997,1999—2008,2011—2013/760

013470914 澄海年鉴 2011—2013/583

额

005459203 额尔古纳右旗年鉴 1988—1989,1990/1991/128

009520094 *额尔古纳右旗年鉴/额尔古纳市年鉴/额尔古纳年鉴 2001/2002,2008/128

009520094 额尔古纳市年鉴/额尔古纳年鉴/额尔古纳右旗年鉴 2001/2002,2008/128

009520094 *额尔古纳年鉴/额尔古纳市年鉴/额尔古纳右旗年鉴 2001/2002,2008/128

012176943 额济纳年鉴 1998/2008/132

013369814 额敏年鉴 2010/825

鹤

009425866 鹤山年鉴 2003,2005,2007,2011,2013/587

008315312 鹤立林业局年鉴 1986/1991/212

012723416 鹤庆年鉴 2006/2008,2011/740

009840833 鹤岗地税年鉴 1994/2003/202

004724506 鹤岗年鉴 1987—1989,1990/1991,1992,2000—2004,2005/2006,2007/2008,2009/2010/201

008784534 鹤岗社会经济统计年鉴/鹤岗经济统计年鉴/鹤岗统计年鉴 1996—2004,2005/2006,2011—2012/201

008784534 *鹤岗经济统计年鉴/鹤岗社会经济统计年鉴/鹤岗统计年鉴 1996—2004,2005/2006,2011—2012/201

008784534 *鹤岗统计年鉴/鹤岗社会经济统计年鉴/鹤岗经济统计年鉴 1996—2004,2005/2006,2011—2012/201

009501743 鹤岗通信年鉴 2002/2003/202

009436905 鹤城年鉴 1999,2003/556

008577068 鹤峰年鉴 1986/1990,1991/1995,1996/2000,2001/2005,2009,2011—2013/528

014014273 鹤峰县统计年鉴 2008/528

009307967 *鹤煤年鉴/鹤煤集团年鉴/鹤壁煤业（集团）公司年鉴 2000,2002—2004,2006—2010/467

009307967 鹤煤集团年鉴/鹤壁煤业（集团）公司年鉴/鹤煤年鉴 2000,2002—2004,2006—2010/467

012521524 鹤壁市郊区年鉴 1992/1993/467

009425991 *鹤壁市统计年鉴/鹤壁统计年鉴 1996,1998—2001,2003—2007,2011—2013/467

008588877 鹤壁年鉴 1992—1993,1994/1995,1996—2009,2012,2014/467

013788368 *鹤壁国家经济技术开发区 20 年鉴/鹤壁国家经济技术开发区年鉴 1992/2011/467

013788368 鹤壁国家经济技术开发区年鉴/鹤壁国家经济技术开发区 20 年鉴 1992/2011/467

013898630 鹤壁经济普查年鉴 2008/467

009425991 鹤壁统计年鉴/鹤壁市统计年鉴 1996,1998—2001,2003—2007,2011—2013/467

009307967 *鹤壁煤业（集团）公司年鉴/鹤煤集团年鉴/鹤煤年鉴 2000,2002—2004,2006—2010/467

豫

012200419 豫商年鉴 2009/449

十六画

燕

009289768 燕山大学年鉴 1997/1999/74

薛

012724291 薛城年鉴 2007/2008,2009/2012/416

009617892 薛城统计年鉴 1995—1996,1998—1999,2003—2005,2011/416

融

009502363 融安年鉴 1990/2002/615

霍

012723579 霍山年鉴 2012—2013/341

009062480 霍州发电厂年鉴/国电霍州发电厂年鉴 1997/2001,2002/2005,2006/2008/110

011966658 霍州煤电集团公司年鉴/霍州煤电集团有限责任公司年鉴 2005—2012/110

011966658 *霍州煤电集团有限责任公司年鉴/霍州煤电集团公司年鉴 2005—2012/110

013898863 霍州煤电集团有限责任公司纪委年鉴 2009/110

013603112 霍邱年鉴 2011—2012/341

012526039 霍城年鉴 2000/2007,2007/2008,2009/2010/824

冀

009805120 冀东油田年鉴/中国石油天然气股份有限公司冀东油田分公司年鉴 1999/2000,2001/2002,2003—2011,2013/72

黔

008901697 黔东南年鉴 2000—2010, 2012—2013/703

009395435 黔东南统计年鉴 1997—1998, 2000—2003, 2011—2012/703

009502370 黔西年鉴 2010—2011/701

009215382 黔西南年鉴/黔西南年鉴资料 2002—2008/703

009215382 *黔西南年鉴资料/黔西南年鉴 2002—2008/703

009436790 *黔西南州统计年鉴/黔西南统计年鉴 2001—2004, 2006/703

009436790 黔西南统计年鉴/黔西南州统计年鉴 2001—2004, 2006/703

008143279 黔江年鉴 1996—1997/639

009406121 黔江统计年鉴 2003—2008, 2011/639

008437470 黔阳年鉴 1991, 1991/1997/556

008969140 黔南年鉴 1997—2008, 2010/704

013790959 黔南统计年鉴 2002, 2004, 2006/704

镜

012792596 镜湖年鉴 2009—2010/331

赞

013793259 赞皇年鉴 2012/71

穆

011503074 穆棱年鉴 2007, 2008/2009, 2010/2011/215

衡

013173457 衡山年鉴 2006/2008/546

008401627 衡水年鉴 1997—2014/87

008433774 衡水统计年鉴 1997—2001, 2003—2013/87

012354145 衡东年鉴 1990/1996, 2002/2007, 2008/2009/546

008399566 衡阳年鉴 1994—2014/545

013655924 衡阳县年鉴 1996, 2009/2010/546

007211234 衡阳社会经济统计年鉴 1994—1998/545

012079158 衡阳信息年鉴 2001/2002, 2003/2004/545

008848383 衡阳统计年鉴 2000—2008, 2010—2014/545

歙

009264748 歙县年鉴 1988/1998, 2001/337

濉

009406328 濉溪年鉴 1997/2000, 2003/2004, 2005/2006, 2009/2010/334

潞

009492960 潞西年鉴 2003—2008/741

012617361 潞安集团年鉴 2009/100

011399663 潞城年鉴 2007—2008/99

澧

009502495 澧县年鉴 1990/1996, 2006—2009, 2011, 2013/551

013932118 澧县统计年鉴 1988—1990, 2002, 2006—2007/551

隰

008479556 隰县年鉴 1987/112

十七画

藁

009395390 藁城年鉴 1997/2001,2002/2004, 2005/2006,2007/2010/69

霞

013790318 霞浦统计年鉴 2007,2009—2010/367

曙

009215395 曙光年鉴 2002—2003/210

繁

013965186 繁昌县统计年鉴/繁昌统计年鉴 2005,2007/331

013965186 *繁昌统计年鉴/繁昌县统计年鉴 2005,2007/331

襄

013957768 襄州年鉴 2012—2014/513

009037023 *襄阳年鉴/襄阳县年鉴 1986/1995,1996/1998,1999/2001/512

012833418 襄阳年鉴/襄樊年鉴 2010—2014/512

009037023 襄阳县年鉴/襄阳年鉴 1986/1995,1996/1998,1999/2001/512

013531533 襄阳统计年鉴 2011—2012/512

009360547 襄汾年鉴 1991—1992,2000,2007/2010/111

013711462 襄汾县教育年鉴 1986/1992,1993/2000/111

011399419 襄垣年鉴 1985/100

011399411 襄城年鉴 2005,2007,2009,2011,2013/477

014014942 襄城统计年鉴 2006/477

007462385 襄樊年鉴 1988,1991/1992,1993—2003,2004/2005,2006—2009/512

012833418 *襄樊年鉴/襄阳年鉴 2010—2014/512

012243284 襄樊财政年鉴 1992,1999—2001/513

011503579 襄樊政协年鉴 1999/2003/512

008275226 襄樊统计年鉴/湖北省襄樊市统计年鉴 1989/1990,1995—1996,1997/1998,2000/2001,2002—2010/512

008477426 襄樊铁路分局年鉴 1986—1987,1989—2004/512

濮

008555697 濮阳市区年鉴/濮阳华龙区年鉴/华龙年鉴 1996/1997,1998—2009,2011—2012/474

013378986 濮阳市文化艺术年鉴/文化艺术年鉴 1992/474

012591933 濮阳市经济普查年鉴 2004,2008/474

013378985 濮阳市科技年鉴/濮阳科技年鉴 1995,1997—1998,2000—2003,2005—2007,2009—2010/474

007479029 濮阳年鉴 1987—1991,1992/1993,1994—2014/474

008555697 *濮阳华龙区年鉴/濮阳市区年鉴/华龙年鉴 1996/1997,1998—2009,2011—2012/474

011967056 濮阳县年鉴 1998/475

011967052 濮阳经济年鉴 2004/2006,2009/2010/474

013378985 *濮阳科技年鉴/濮阳市科技年鉴 1995,1997—1998,2000—2003,2005—2007,2009—2010/474
009425953 濮阳统计年鉴 1997—2010,2012—2014/474

翼
012521625 翼城人大年鉴 2005,2008/110
009501713 翼城年鉴 2000/2002,2006/2010/110
012079735 翼城政协年鉴 2007—2011/111

十八画

藤
013608683 藤县年鉴 2009/2010/618

鹰
009004494 鹰潭年鉴 2002—2013/380
008426200 鹰潭社会经济统计年鉴 1993—1996/380
013137463 鹰潭统计年鉴 1997—1998,2000—2006,2011—2014/380

璧
008434015 璧山年鉴 1998—2014/640
013470858 璧山统计年鉴 2011—2012/640

彝
009501723 彝良年鉴 1991/1994,1995/2003,2004/2006,2007—2009,2011/725

十九画

攀
010226670 攀枝花市东区年鉴/东区年鉴 2001/2004,2006—2010,2012—2014/661
011823093 攀枝花市西区年鉴/西区年鉴 2007—2010,2012—2013/661
005719988 攀枝花年鉴 1986/1990,1991/1992,1994—2012,2014/660
009459709 攀枝花钢铁有限责任公司钢铁研究院年鉴/攀钢钢铁研究院年鉴 2003/661
008437658 攀枝花统计年鉴 1995,1999—2009,2011—2014/660
008241773 攀钢年鉴 1992—2008/660
009459709 *攀钢钢铁研究院年鉴/攀枝花钢铁有限责任公司钢铁研究院年鉴 2003/661
008669486 *攀钢集团钢城企业总公司年鉴/钢城企业总公司年鉴 1998/660

麒
008588905 麒麟区年鉴 1999—2014/718

二十画

壤

012983716 *壤塘年鉴/壤塘县年鉴 2001/2002,2011/687

012983716 壤塘县年鉴/壤塘年鉴 2001/2002,2011/687

醴

007275149 醴陵年鉴 1987—1990,1992—2013/543

012923792 醴陵企业年鉴 2007/543

008272048 醴陵统计年鉴 1994—2008/543

耀

011399598 耀州年鉴 2006—2010,2012—2014/756

巍

008434231 巍山年鉴 1991/1994,1996—1997,1999—2014/741

灌

009840783 灌云年鉴 2004—2010,2013/273

009307831 灌云经济年鉴 1993—2001/273

012511668 灌云统计年鉴 1991/273

008432868 灌南年鉴 1997—2010,2013/273

013926372 灌南统计年鉴 2007,2010/273

二十一画

霸

011395197 霸州年鉴 2004/2006/86

赣

010224140 *赣州市工商行政管理年鉴/赣州地区工商行政管理年鉴 1992/1995,1996/2000,2001/2005/381

010224140 赣州地区工商行政管理年鉴/赣州市工商行政管理年鉴 1992/1995,1996/2000,2001/2005/381

008849846 赣州地区年鉴 1992/1995/381

007683404 赣州地区统计年鉴/赣州统计年鉴 1994,1996—2014/381

009437205 赣州年鉴 2002—2009,2011,2013/381

007683404 *赣州统计年鉴/赣州地区统计年鉴 1994,1996—2014/381

009594884 赣县年鉴 1986/1990,1991/1995,2011—2013/382

008981603 赣南邮电年鉴 1986/1990/381

009492595 赣榆年鉴 2003,2004/2005,2006—2008,2009/2010,2011,2013/272

011966536 赣榆统计年鉴 1991,1996—2001,2003—2005/272

二十四画

衢

008749431 衢州年鉴 1995/1999,1996,2000/2004,2011—2012/315

009618319 衢州统计年鉴 1997,2003—2014/315

013711406 衢江年鉴 2001/2011/315

分类索引目录

哲学、宗教 …………… 1253
 世界哲学 ………………… 1253
 中国哲学 ………………… 1253
 伦理学（道德哲学） ……… 1253
 美学 ……………………… 1253
 心理学 …………………… 1253
 宗教 ……………………… 1253

社会科学总论 …………… 1254
 社会科学现状及发展 …… 1254
 社会科学机构、团体、会议 … 1254
 统计学 …………………… 1255
  北京市 ………………… 1255
  天津市 ………………… 1256
  河北省 ………………… 1256
  山西省 ………………… 1256
  内蒙古自治区 ………… 1257
  辽宁省 ………………… 1258
  吉林省 ………………… 1259
  黑龙江省 ……………… 1259

  上海市 ………………… 1260
  江苏省 ………………… 1261
  浙江省 ………………… 1262
  安徽省 ………………… 1263
  福建省 ………………… 1264
  江西省 ………………… 1265
  山东省 ………………… 1266
  河南省 ………………… 1268
  湖北省 ………………… 1270
  湖南省 ………………… 1271
  广东省 ………………… 1273
  广西壮族自治区 ……… 1274
  海南省 ………………… 1275
  重庆市 ………………… 1275
  四川省 ………………… 1275
  贵州省 ………………… 1276
  云南省 ………………… 1277
  西藏自治区 …………… 1278
  陕西省 ………………… 1278
  甘肃省 ………………… 1279

青海省 …………………… 1279
　　　宁夏回族自治区 ………… 1279
　　　新疆维吾尔自治区 ……… 1280
　　　港澳台地区 ……………… 1281
　　社会学 …………………………… 1281
　　人口学 …………………………… 1281
　　人才学 …………………………… 1281

政治、法律 …………………… 1281
　　中国共产党 ……………………… 1281
　　工人、农民、青年、妇女运动与组织
　　　……………………………… 1284
　　世界政治 ………………………… 1285
　　中国政治 ………………………… 1285
　　外交、国际关系 ………………… 1291
　　法律 ……………………………… 1291

军事 …………………………… 1294

经济 …………………………… 1295
　　经济概况、经济史、经济地理……
　　　……………………………… 1295
　　经济计划与管理 ………………… 1307
　　农业经济 ………………………… 1315
　　工业经济 ………………………… 1318
　　信息产业经济（总论）………… 1336
　　交通运输经济 …………………… 1336
　　旅游经济 ………………………… 1342
　　邮电经济 ………………………… 1343
　　贸易经济 ………………………… 1347
　　财政、金融 ……………………… 1352

文化、科学、教育、体育 ………
　　……………………………… 1360
　　文化与文化事业 ………………… 1360
　　信息与知识传播 ………………… 1362
　　科学、科学研究 ………………… 1365
　　教育 ……………………………… 1367
　　体育 ……………………………… 1382

语言、文字 …………………… 1383

文学 …………………………… 1383

艺术 …………………………… 1385
　　艺术概况 ………………………… 1385
　　绘画 ……………………………… 1386
　　书法、篆刻 ……………………… 1387
　　雕塑 ……………………………… 1387
　　摄影艺术 ………………………… 1387
　　工艺美术 ………………………… 1387
　　音乐 ……………………………… 1388
　　戏剧艺术 ………………………… 1388
　　电影、电视艺术 ………………… 1388

历史、地理 …………………… 1389
　　世界史 …………………………… 1389
　　中国史 …………………………… 1389
　　亚洲史 …………………………… 1389
　　传记 ……………………………… 1389

文物考古	1389	农作物	1398
地理	1390	林业	1398
		畜牧、动物医学	1398
自然科学总论	**1390**	水产、渔业	1398

数理科学和化学 ………… 1390

工业技术 ……………… 1398
  一般工业技术 …………… 1398
天文学、地球科学 ……… 1391
  矿业工程 ………………… 1399
  测绘学 …………………… 1391
  石油、天然气工业 ……… 1399
  地球物理学 ……………… 1391
  冶金工业 ………………… 1399
  大气科学(气象学) ……… 1391
  金属学与金属工艺 ……… 1399
  地质学 …………………… 1391
  机械、仪表工业 ………… 1399
  海洋学 …………………… 1392
  能源与动力工程 ………… 1399
  电工技术 ………………… 1399
生物科学 ………………… 1392
  无线电电子学、电信技术 … 1400
  自动化技术、计算机技术 … 1400
医药、卫生 ……………… 1392
  化学工业 ………………… 1400
  预防医学、卫生学 ……… 1392
  轻工业、手工业 ………… 1400
  中国医学 ………………… 1397
  建筑科学 ………………… 1400
  内科学 …………………… 1397
  水利工程 ………………… 1403
  外科学 …………………… 1397
  肿瘤学 …………………… 1397
交通运输 ………………… 1403
  口腔科学 ………………… 1397
  药学 ……………………… 1397
航空、航天 ……………… 1404

农业科学 ………………… 1397
环境科学、安全科学 …… 1404
  农业基础科学 …………… 1398
  社会与环境 ……………… 1405
  农业工程 ………………… 1398
  环境保护管理 …………… 1405
  农学(农艺学) …………… 1398
  灾害及其防治 …………… 1405
  植物保护 ………………… 1398
  环境质量评价与环境监测………
    ………………………… 1405

安全科学 …………………… 1406

综合性图书 …………………… 1406
中国 …………………… 1406
 北京市 …………………… 1406
 天津市 …………………… 1407
 河北省 …………………… 1407
 山西省 …………………… 1409
 内蒙古自治区 …………… 1411
 辽宁省 …………………… 1412
 吉林省 …………………… 1413
 黑龙江省 ………………… 1415
 上海市 …………………… 1416
 江苏省 …………………… 1417
 浙江省 …………………… 1420
 安徽省 …………………… 1421
 福建省 …………………… 1423
 江西省 …………………… 1424
 山东省 …………………… 1426
 河南省 …………………… 1429
 湖北省 …………………… 1432
 湖南省 …………………… 1434
 广东省 …………………… 1436
 广西壮族自治区 ………… 1438
 海南省 …………………… 1440
 重庆市 …………………… 1441
 四川省 …………………… 1441
 贵州省 …………………… 1446
 云南省 …………………… 1447
 西藏自治区 ……………… 1451
 陕西省 …………………… 1451
 甘肃省 …………………… 1452
 青海省 …………………… 1453
 宁夏回族自治区 ………… 1454
 新疆维吾尔自治区 ……… 1454
 港澳台地区 ……………… 1456
各国 …………………… 1456

分类索引

哲学、宗教

世界哲学

006038335 世界哲学年鉴 1986—1987/837

中国哲学

003549321 中国哲学年鉴 1983—2003,2004/2005,2006—2014/837

008923218 中国儒学年鉴 2001—2013/837

008908663 清华哲学年鉴 2000—2002,2004—2008/3

009806798 中共中央党校哲学学科年鉴 2002/2003,2004/2005,2006/2007,2008/2009,2010/2011/3

伦理学(道德哲学)

011824363 中国经济伦理学年鉴 2000/2001,2002/2003,2004/2005,2006—2012/837

美学

009618442 中国美学年鉴 2001—2005,2006/2007/837

心理学

012243737 中国心理学年鉴 2005/2006,2007/2008,2009/2010/837

宗教

008479442 中国宗教研究年鉴 1996,1997/1998,1999/2000,2001/2002,2003/2004,2005/2006,2007/2008,2009/2010,2011/2012,2013/838

007767742 华北宗教年鉴 1941/3

009358483 法鼓山年鉴 1989/2001,2002—2006/834

008535725 佛光山开山31周年年鉴 1999/834

008097245 中华基督教会年鉴 1914,1934—1936/838

社会科学总论

社会科学现状及发展

008849835 北京社会科学年鉴 2000—2003, 2005—2013/3

009618296 天津社会科学年鉴 2004—2006, 2008—2012/49

011502097 河北社会科学年鉴 2007—2014/60

009062428 安徽社会科学年鉴 1949/1995, 1996/1998, 2002/2003, 2004/2007, 2008/2010/323

009926309 湖南社会科学年鉴 1987/1989/530

013664711 湖南社会科学年鉴/湖南社科联年鉴 2012/530

012791016 广州社会科学年鉴 2010—2014/567

009324807 广西社会科学年鉴 2003, 2005—2013/604

010102220 柳州社会科学年鉴 2005, 2006/2007, 2008, 2010—2012/614

008980645 重庆社会科学年鉴 1999, 2001, 2004—2009/633

013467755 云南社会科学年鉴 2008/2010, 2012—2014/706

012525946 甘肃社会科学年鉴 2001/2005/770

013467521 宁夏社会科学年鉴 2011/794

013747894 新疆社会科学年鉴 2012—2013/804

社会科学机构、团体、会议

011399769 中国第三部门研究年鉴 2000—2001/839

011968357 中国社会组织年鉴 2008—2014/839

009841163 上海民间组织年鉴 2005/221

009289129 上海社团年鉴 1995—1996/222

012789935 安徽社会组织年鉴 2010/323

012361612 中央文史研究馆年鉴 2009—2011/3

012521532 吉林社科联年鉴 1997/1999/165

008140336 上海社联年鉴 1990, 1993—1995, 1997—2001, 2003—2009, 2011—2013/222

010227022 浙江社科联年鉴/浙江省社科联年鉴/浙江省社联年鉴/浙江社联年鉴 1995—1997, 1999—2007, 2009—2010/285

011823173 绍兴市社科联年鉴 2000/2005/310

012790018 福建省社会科学界联合会年鉴 2001—2006, 2008—2012/345

012361518 厦门市社会科学界联合会年鉴 2007—2008/354

008477000 湖南社科联年鉴 1992, 2000, 2000/2005/530

011502044 广西社会科学界联合会年鉴 2002/604

010227018 云南社科联年鉴 2004—2007, 2009—2010/706

013747888 国家哲学社会科学数据库项目组年鉴 2012/839

011140537 乾-人文年鉴 2004/839

009928171 中国学术年鉴 2004/839

013173242 沈阳学会学术年鉴 2004/2008

/138

009182931 中国人文社会科学学报年鉴 2003/839

统计学

006908654 中国统计年鉴/中国统计工作年鉴 1988—2014/841

003862548 中国统计工作年鉴/中国统计年鉴 1992—1994,1996—1998/841

004600495 中国城市统计年鉴 1985—1991,1993/1994,1995—2014/840

005123467 中国农村统计年鉴 1985—1995,1997—2014/840

009841252 中国农垦统计年鉴 1999—2000,2002—2007,2009—2013/840

010226832 中国社会统计年鉴 2006—2014/841

007696810 全国主要社会经济指标排序年鉴 1992/840

008618343 中国基本单位统计年鉴 1999—2001,2003—2004,2006—2008,2011—2013/840

009425783 长江和珠江三角洲及港澳特别行政区统计年鉴 2003,2005—2007/839

011959195 长江和珠江三角洲及港澳台统计年鉴/长江和珠江三角洲及港澳特别行政区统计年鉴 2008—2009/840

005949584 华东地区统计年鉴 1990—1992,1994—1995/840

008957878 中国西部统计年鉴 2001/841

007463544 国际统计年鉴 1995—2005,2006/2007,2008—2014/840

009698991 中国排行榜年鉴 2005/841

007698712 中华民国统计年鉴/中华民国统计年鉴汇编 1948/841

北京市

010223787 北京农村统计年鉴 2005,2010/3

009062435 北京区域统计年鉴 2002—2004,2005/2006,2007—2014/4

008119479 [(伪)北京特别市]市政统计年鉴 1939/4

003549330 北京统计年鉴/北京社会经济统计年鉴 1992—2004,2006—2014/4

010101874 北京市崇文区统计年鉴/崇文统计年鉴 2002—2010/39

009698700 东城统计年鉴 2002—2012/39

008957058 西城统计年鉴/西城统计年鉴 1996—2009,2011—2014/40

012751642 北京西城统计年鉴 2008/40

012660380 宣武区区域统计年鉴 2007—2008/40

010101903 宣武统计年鉴/北京市宣武区统计年鉴 2002—2004,2006—2009/40

008997579 北京市朝阳区统计年鉴 2002—2014/41

008997584 北京市丰台区统计年鉴/北京市丰台区社会经济统计资料 2000,2002—2009,2011—2012/42

009616757 北京市石景山区统计年鉴/北京石景山统计年鉴 2002—2007,2009,2011,2014/42

009913092 北京市海淀区统计年鉴/海淀统计年鉴/北京市海淀区国民经济统计年鉴/北京海淀统计年鉴 1996,1998—2000,2002—2013/42

009698672 北京市门头沟区统计年鉴 2003,2006,2008—2012/43

009406279 北京市房山区统计年鉴 2002—2013/44

010101879 北京市通州区统计年鉴 2003，2005—2008，2010—2011，2013/44

009926204 北京市昌平统计年鉴/北京昌平区统计年鉴 2002—2012/45

010101878 北京市大兴区统计年鉴 2002—2004，2007—2008，2010/46

013603420 新区（大兴—开发区）统计年鉴 2012/46

009460001 怀柔区统计年鉴/北京怀柔区统计年鉴 2002—2011，2013—2014/47

009840718 北京市平谷区统计年鉴 2003—2009，2013/47

009616746 密云县统计年鉴/密云统计年鉴/北京市密云县统计年鉴 1996—1997，2000—2009，2011—2012/48

011395283 北京市延庆县统计年鉴 2003—2004，2006—2009，2011—2014/48

天津市

012199669 天津调查年鉴 2007—2014/49

009835559 天津郊区统计年鉴/天津市农村社会经济统计年鉴 2004—2005/49

008229386 天津市统计年鉴 1928/1932/49

003601362 天津统计年鉴 1984—1988，1990—2014/50

011140147 天津市武清区统计年鉴/武清县统计年鉴/武清区统计年鉴 1992，1994，2003—2004，2007/57

011140144 天津滨海新区统计年鉴 1994/1998，1999—2000，2004—2005，2010—2014/58

河北省

008245751 河北农村统计年鉴 1995—2014/60

008129562 河北省统计年鉴 1929/1930/60

010102241 石家庄高新技术产业开发区统计年鉴 1996，1999—2000，2002—2005/66

008276764 石家庄统计年鉴/石家庄市统计年鉴 1992—1995，1997—2009，2011—2013/66

012199603 石家庄市新华区统计年鉴 2006，2008—2009/69

006296708 唐山统计年鉴 1992—1996，1998—2014/72

013757955 乐亭县统计年鉴 2010/73

008403132 秦皇岛统计年鉴 1995—1999，2001—2009，2011—2013/74

007698496 邯郸农村统计年鉴 1996/75

007998870 邯郸统计年鉴 1994—2014/76

013898541 邯郸县统计年鉴 2004/2005，2008/2009/76

009287769 永年统计年鉴 2002，2004/76

008957550 张家口经济社会统计年鉴/张家口经济年鉴 1994，1995/2000，2005—2014/81

011139692 丰宁满族自治县统计年鉴/丰宁县统计年鉴 1985，2000—2001，2004—2006，2008/83

013932373 任丘统计年鉴 2001/84

013925291 沧县统计年鉴 2010/85

008433774 衡水统计年鉴 1997—2001，2003—2013/87

山西省

011398737 山西简要统计年鉴 2006/88

008749284 [山西省]农村统计年鉴/山西省农村统计年鉴 1997—2002/88

008119606 山西省统计年鉴 1933—1934/88

003602047 山西统计年鉴 1983,1985—2005, 2007—2014/88

008993737 太原统计年鉴 2000,2008—2014/93

009081321 大同统计年鉴 2002,2003/2004, 2005—2008,2011—2014/96

011968073 阳泉统计年鉴/阳泉市统计年鉴 2006,2008—2014/97

009460028 长治统计年鉴 1990,1992,1995—1997,2001—2006,2008—2014/98

009806760 晋城市统计年鉴/晋城统计年鉴 1989,1992—1997,2001—2003,2007—2012,2014/101

012351831 高平市统计年鉴 2005/102

013898754 沁水统计年鉴 2003,2005,2007,2010/102

008849897 泽州统计年鉴 1998,2000/103

011824460 朔州统计年鉴 2008,2010—2014/103

013899402 右玉统计年鉴 2009/103

011824449 晋中统计年鉴 2008,2011—2012/104

008998306 运城统计年鉴 1997,2007—2008,2011—2014/105

013788396 临猗县统计年鉴/临猗县建国60周年统计年鉴 2008/106

012048748 忻州统计年鉴 2008—2014/108

008274932 临汾统计年鉴/临汾年鉴 1998—2001/108

012762453 临汾统计年鉴 2008—2013/108

009617922 吕梁统计年鉴 1989/2000,2006/2007,2008,2010/113

013898946 柳林统计年鉴/山西柳林统计年鉴 1999/2001/114

014015062 中阳统计年鉴 2005/2010/115

内蒙古自治区

001992563 内蒙古统计年鉴/内蒙古自治区统计年鉴/内蒙古城市社会经济统计年鉴 1982—1986,1988—1992,1992/1993,1993—2014/116

008405399 包头统计年鉴 1991—1994,1996—2014/121

009081511 内蒙古自治区乌海市统计年鉴/乌海市统计年鉴/乌海统计年鉴 1994,1996—1998,2000—2013/122

008976969 赤峰统计年鉴 1986,1991—1992,1994,1996—2008,2011/122

013608979 赤峰市红山区统计年鉴/红山区统计年鉴 1993—1994,2003,2005—2007,2009—2011/123

013747829 阿鲁科尔沁旗统计年鉴 2012/123

011139603 巴林左旗统计年鉴 1999,2005/123

013710647 巴林右旗统计年鉴 2001,2003—2004,2006,2008/123

012079202 喀喇沁统计年鉴/喀喇沁旗统计年鉴 1993—2008/124

009081505 通辽统计年鉴/通辽市统计年鉴 1999,2001—2011,2013—2014/124

009135201 哲里木盟统计年鉴 1990—1998/124

013757928 科尔沁统计年鉴 2007,2010/124

013636605 奈曼旗统计年鉴 2011—2012/125

008957251 鄂尔多斯市统计年鉴/内蒙古鄂尔多斯市统计年鉴/鄂尔多斯统计年

鉴 2002—2014/125

008465968 伊克昭盟统计年鉴 1990—1992,1994—1998,2000—2001/125

013753601 东胜统计年鉴 2010/125

013753615 鄂托克旗统计年鉴 2004/2007/126

008476974 呼伦贝尔盟统计年鉴/呼伦贝尔市统计年鉴 1989—1992,1994—2004,2006—2007,2011,2013—2014/127

007462378 海拉尔市统计年鉴/呼伦贝尔市海拉尔区统计年鉴 1993—1995,2000—2001/127

014442483 呼伦贝尔市海拉尔区统计年鉴/海拉尔区统计年鉴/海拉尔市统计年鉴 2002—2005,2011—2012/127

008397210 满洲里市统计年鉴 1992—1999,2001—2003/128

014014417 莫力达瓦达斡尔族自治旗统计年鉴 2004—2005/129

009132680 巴彦淖尔盟统计年鉴/巴盟统计年鉴/巴彦淖尔市统计年鉴 1987—1988,1990,1995—2005,2010,2012—2014/129

009081513 乌兰察布统计年鉴 1992—1996,1998—2005,2008,2011—2014/130

009135148 兴安盟统计年鉴 1997,1999,2002—2003,2005—2007,2009—2012,2014/131

009272166 锡林郭勒盟统计年鉴/锡林郭勒统计年鉴 1993,1995—1999,2001,2003—2009,2011—2014/131

009081241 阿拉善统计年鉴/"九五"统计年鉴/阿拉善盟"九五"统计年鉴 1996/2000,2002—2006/132

辽宁省

008784539 辽宁城市统计年鉴 2001,2003—2004/133

009237316 辽宁农村统计年鉴 2002—2004/133

010226473 辽宁统计调查年鉴 2006—2014/133

008163652 辽宁统计年鉴/辽宁经济统计年鉴 1993—1997,1999—2014/133

008163646 东北经济区统计年鉴 1986—1987/138

012617432 沈阳调查年鉴 2007—2013/138

008574197 沈阳农村统计年鉴 1997,1999—2014/138

008402784 沈阳统计年鉴 1996—2004,2007—2014/139

009492154 沈河统计年鉴/沈河区统计年鉴/沈阳市沈河区国民经济统计年鉴 1986—1988,1994,1996—2010/143

013925997 大东统计年鉴 2004—2006,2008/143

013772677 铁西统计年鉴 1997—1998,2001—2003,2007,2009—2011/144

013758743 于洪统计年鉴/于洪区统计年鉴 2006,2011/144

008402875 大连统计年鉴 1998—2013/145

013753546 大连市西岗区统计年鉴 2007,2008/2009,2010/147

013758057 沙河口区统计年鉴 2005—2006,2009/147

008977222 鞍山统计年鉴 2002—2014/149

009289584 台安县统计年鉴/台安县经济统计年鉴/台安县国民经济统计年鉴 1983—1985,1989,1991—1994,2000,2002,2004

/151

009617768 抚顺统计年鉴 2003—2008,2010—2012/151

012176866 本溪统计年鉴 1984/152

009425793 丹东统计年鉴 2000—2009,2011—2014/153

011139683 东港市统计年鉴/东港统计年鉴 1949/1998,1994,2004/153

009617772 阜新统计年鉴 1995—2004,2006—2008,2010—2013/156

009324615 盘锦统计年鉴 1999—2002,2005,2007,2009—2012/158

011140154 兴隆统计年鉴 1987—2006/159

012079558 铁岭统计年鉴 2001—2010,2013/160

009324746 朝阳统计年鉴 2001—2006,2008—2011/162

吉林省

013854482 吉林基本单位统计年鉴 2011/165

004561348 吉林城市统计年鉴 1990/165

011502950 吉林调查年鉴 2007—2009/165

004569397 吉林统计年鉴/吉林社会经济统计年鉴 1992—2014/165

009120136 长春统计年鉴/长春经济统计年鉴 1999—2004,2006—2014/169

013932256 南关统计年鉴 2002,2004,2007,2009/172

009805590 九台统计年鉴 1991/2001/172

007733584 吉林市统计年鉴 1995—1997/173

010101959 舒兰统计年鉴/舒兰县国民经济统计资料汇编/舒兰市统计年鉴

2003—2004/174

009933608 永吉县统计年鉴 1993,1996/175

008278760 四平统计年鉴 1998—2007,2009—2014/175

012079525 双辽统计年鉴 2005/175

009617830 辽源统计年鉴 1999—2012,2014/176

009933637 通化统计年鉴 1991/2000,2001,2002/2005,2006,2011—2012,2014/176

011967432 通化县统计年鉴 2005—2006/178

009805603 柳河统计年鉴 1949/1990,1985/178

008749287 松原市统计年鉴/松原统计年鉴 1993,1995—1996,1999,2001—2008,2012—2014/180

013932274 前郭统计年鉴 2008/181

008749093 白城统计年鉴 1999,2001—2008,2011—2012,2014/181

008616350 延边统计年鉴 1990,1998,2000—2008,2010—2014/182

006035329 延吉统计年鉴 1992—2009,2011—2014/182

013753608 敦化统计年鉴 2008/2009/183

013655993 珲春边境经济合作区统计年鉴 2007/183

黑龙江省

006058844 黑龙江垦区统计年鉴 1993—2014/185

001992529 黑龙江统计年鉴/黑龙江经济统计年鉴 1987/185

006934091 黑龙江统计年鉴/黑龙江经济统计年鉴 1993—1998,2000—2014/185

001992611 哈尔滨统计年鉴 1987—2014 /190

009698840 道里统计年鉴/道里区统计年鉴 1997—1999,2001,2003/193

009436933 呼兰县统计年鉴/呼兰统计年鉴/呼兰县国民经济和社会发展统计年鉴 1990—1991,1993—1994,1996—2002/194

009436919 阿城市统计年鉴 1990—1992, 1996—1997,2000,2002,2004/194

012335207 齐齐哈尔统计年鉴 1988/196

009617342 梅里斯统计年鉴 2001—2002 /198

009589749 密山市统计年鉴 1998—2003 /201

009495383 萝北县统计年鉴 1998,2000—2002/202

005215183 大庆统计年鉴 1987,1989,1991—2008,2009/2010,2011—2014/205

009840854 肇源县统计年鉴/肇源县统计综鉴 1949/1989,2002,2006/207

009289241 伊春统计年鉴 2002—2008,2011—2014/208

008477156 建三江农垦统计年鉴 1994, 1997,2001—2003/209

009397705 汤原县统计年鉴 2002/212

008968650 七台河统计年鉴 2011/2012/212

007424733 牡丹江统计年鉴 1996—1999, 2001—2004,2005/2006,2007,2009/2011,2012/2014/213

009588868 绥芬河市统计年鉴/绥芬河市国民经济统计年鉴 1998—2006/215

009492904 宁安市统计年鉴 1995/1996,1997/215

009309939 黑河地区统计年鉴 1985/1987, 1989—1990,1992/216

009289753 绥化市统计年鉴/绥化市国民经济统计年鉴 2001—2003,2005—2007, 2011—2013/218

013758136 绥化市北林区统计年鉴 2009 /218

009805667 望奎统计年鉴/望奎县国民经济统计年鉴 1986,1988,1992,1995,1997—1998/219

009307950 大兴安岭统计年鉴 1991/1995, 1997—2003,2005—2007/219

011399024 塔河统计年鉴 1981/1983/220

上海市

007499693 上海统计年鉴 1983—1984,1986—2010,2012—2014/222

009841158 上海经济区统计年鉴 1982, 1984,1986,1988/222

008403148 上海农村统计年鉴 1998—2000 /222

008403153 上海郊区统计年鉴 1993—1996, 2002—2003,2005—2008,2010—2012/222

013757966 卢湾区统计年鉴 2006/240

013603437 徐汇统计年鉴/徐汇区统计年鉴 2003,2005—2014/240

013854489 杨浦统计年鉴 2011/241

013603204 闵行统计年鉴 2011/241

010101978 南汇统计年鉴 2004—2005,2009 /243

009726347 浦东新区社会事业统计年鉴 2003—2009/243

006373435 上海浦东新区统计年鉴 1991—1992,1994—2003,2005—2014/243

009065027 松江统计年鉴 1996,2002,2008

/244

013603225 青浦区统计年鉴 2007—2012/244

012047130 崇明统计年鉴/崇明县统计资料汇编/上海市崇明县统计年鉴 1987,1989—1991,1993—2012/245

江苏省

009425949 江苏省农村统计年鉴 2000—2009,2011—2014/246

003098961 江苏统计年鉴 1988—2015/246

008390458 南京统计年鉴 1995—2005,2007—2014/252

013714545 江宁统计年鉴 2012/258

004598740 无锡统计年鉴 1990—1995,1997—2014/259

013932991 锡山统计年鉴 1996—1997/260

008399210 江阴统计年鉴/江阴市统计年鉴 1993—2002,2004—2014/261

008265107 徐州统计年鉴 1990,1992—2014/262

014014919 铜山统计年鉴 1993/263

009307758 新沂统计年鉴 1995—2007/263

009289315 江苏省丰县统计年鉴/丰县统计年鉴 1994,1996—1998,2000,2003—2004/263

004534872 常州统计年鉴 1991—2014/264

013932580 武进统计年鉴 1991,1995—1998,2002,2006,2008—2010/265

004569407 苏州统计年鉴 1989—2014/266

010226782 吴中统计年鉴 2006—2014/267

012530265 吴江统计年鉴 2008,2010/267

010101962 常熟统计年鉴/常熟市统计年鉴 1993—1995,1997—1998,2000—2008,2011,2013/268

008272090 张家港市统计年鉴/张家港统计年鉴 1989—2013/268

009617442 昆山统计年鉴 1988—1992,1998,2000,2002—2013/268

008402932 南通统计年鉴 1999—2014/269

013932378 如皋统计年鉴 1994—1995,1998,2001,2004—2007,2009—2010/270

009805726 海门统计年鉴 2000—2008,2011—2013/270

008401716 连云港统计年鉴/连云港市统计年鉴 1988—1989,1991—1995,1997—2014/271

011966536 赣榆统计年鉴 1991,1996—2001,2003—2005/272

013753594 东海统计年鉴 2004,2006,2008/272

009307831 灌云经济年鉴 1993—2001/273

012511668 灌云统计年鉴 1991/273

013926372 灌南统计年鉴 2007,2010/273

008849883 淮安统计年鉴 2000—2012,2014/273

008398261 淮阴市统计年鉴/淮阴统计年鉴 1987,1998—1999/274

008400136 盐城统计年鉴 1990—1996,1998—2014/275

009395532 盐都统计年鉴/盐都县统计年鉴 1998—2002/276

009617436 大丰统计年鉴 1991—2007,2009/276

009309749 东台统计年鉴 1995—2009,2011/276

009307946 响水统计年鉴 2002/277

009309706 滨海统计年鉴 1991—2007/277

009237357 阜宁统计年鉴 1995—2008/277

009617448 射阳统计年鉴 2002—2003/278

009726197 建湖统计年鉴 2006—2009/278

008278865 扬州统计年鉴 1991—1994,1996—2014/278

009426267 仪征统计年鉴 2000—2007,2011/279

009617439 高邮统计年鉴 2002—2008,2011/279

008403167 镇江统计年鉴/镇江市统计年鉴 1989,1991—1997,1999—2014/280

011395828 丹阳统计年鉴 2007—2014/281

009307825 扬中统计年鉴 2000/2002,2004,2006,2008/281

008643466 泰州统计年鉴 1997—2014/282

010226305 靖江统计年鉴 1984,1992—1994,1996—2009,2011—2012/283

008643439 宿迁统计年鉴 1997—2014/283

009840925 宿豫统计年鉴 2010—2011/284

013714554 沭阳统计年鉴 2003—2005,2011/284

浙江省

010226824 浙江农村统计年鉴 1993—2001,2005—2007/285

004561302 浙江统计年鉴 1984—1988,1990—2010,2012—2014/285

009618324 浙江乡镇统计年鉴 2004—2006/285

006924871 杭州统计年鉴 1990—1991,1993,1995—2014/292

013635354 拱墅区统计年鉴 2011—2013/297

013609074 上城区统计年鉴 2007—2013/298

011139968 下城统计年鉴/杭州市下城区统计年鉴/下城区统计年鉴 2006—2013/298

013603360 西湖区统计年鉴 2004—2007,2009—2013/298

013928102 杭州高新区(滨江)统计年鉴 2005,2007—2010/298

012200248 萧山区统计年鉴/萧山市统计年鉴 1995—2012/298

013939503 余杭统计年鉴 2002,2004,2007,2009/299

012351803 富阳统计年鉴 1998—2004,2006—2009,2011/299

013928137 建德统计年鉴/建德市国民经济统计年鉴/建德市统计年鉴 1949/1989,2000—2001,2007—2009/300

013932140 临安统计年鉴 2004—2005/300

012521604 桐庐统计年鉴 2001—2006,2008—2010/300

012176915 淳安统计年鉴 1985,1988—1992,1995—1997,1999—2003,2005—2006,2008—2009/301

008265097 宁波统计年鉴 1992—1994,1997,1999—2014/301

013758222 鄞州区统计年鉴 2004/303

013711482 余姚市统计年鉴/余姚统计年鉴 2002,2005—2007,2010/303

010102059 慈溪统计年鉴 1996—2009/303

011966528 奉化统计年鉴 1993,2002—2008/303

006036494 温州统计年鉴 1985—2014/304

014014391 龙湾统计年鉴 2004/305

013790961 瑞安统计年鉴 2000,2004,2008—

2009/305

013758741 永嘉统计年鉴 2001,2007/306

009934611 平阳统计年鉴 1993,1995—1996,2000—2001/306

010226761 文成统计年鉴 1991—1992,1994—1995,2000,2002—2006/306

008001290 嘉兴统计年鉴 1997—2014/307

012194182 海宁统计年鉴 1996—1998,2000,2002,2006—2008/307

013932267 平湖统计年鉴 2002,2004,2006,2008—2009/308

013603324 桐乡市统计年鉴/桐乡统计年鉴 2003—2005,2011/308

013634281 嘉善县统计年鉴/嘉善统计年鉴 2011—2014/308

008643413 湖州统计年鉴 1992—1993,1995—2014/309

011967293 绍兴改革开放 30 年统计年鉴 2008/310

007424799 绍兴统计年鉴 1995—2014/310

013790761 越城区统计年鉴 2002/311

013790081 绍兴县统计年鉴 1997—1998,2002—2006,2009/312

013820227 上虞统计年鉴 2004—2005/312

013710640 诸暨统计年鉴 2002—2003,2007—2008,2011—2012/312

013932440 嵊县统计年鉴 1987,1989,1991/312

013790086 嵊州统计年鉴 1998—1999,2002—2006,2008—2009/313

013711471 新昌统计年鉴 2001—2005,2008—2009/313

007977700 金华统计年鉴 1997—1998,2000,2002—2014/313

013928146 金东区统计年鉴 2005/314

009503014 义乌统计年鉴 1997—2013/314

010226786 永康统计年鉴 2005,2008—2009,2011—2014/314

009618319 衢州统计年鉴 1997,2003—2014/315

013677398 常山统计年鉴 2012/315

008400867 舟山统计年鉴 1997—2014/316

014014132 岱山县统计年鉴 2010/2011/317

008270567 台州统计年鉴 1994—1995,1998—2014/317

013757915 椒江统计年鉴/椒江市统计年鉴 1989,2000—2009/318

014024815 温岭市统计年鉴 1998/319

013757958 临海市统计年鉴/临海统计年鉴 1996,1999—2003,2009—2010/319

013939515 玉环统计年鉴 1999,2006—2009/320

014014850 三门县统计年鉴 1990/320

010102066 仙居统计年鉴 2003/320

008805279 丽水统计年鉴 1993,2000—2014/321

014014348 缙云统计年鉴 2001/321

安徽省

004534773 安徽统计年鉴 1987—2014/323

007712972 合肥统计年鉴 1990,1993,1995—2014/327

008403866 巢湖地区统计年鉴 1996—1999/329

008957857 巢湖统计年鉴 2000—2011/330

007733579 芜湖统计年鉴 1992—2011,2013—2014/331

013965186 繁昌县统计年鉴/繁昌统计年

鉴 2005,2007/331

008405325 蚌埠统计年鉴 1998—2014/332

008278752 淮南统计年鉴/淮南市统计年鉴 1997—2011,2013—2014/332

008435158 马鞍山统计年鉴 1998—2014/333

008435187 淮北市统计年鉴/淮北统计年鉴 1998—2013/334

008405495 铜陵统计年鉴 1991—1993,1995—2010,2012—2013/334

009900443 安庆统计年鉴 2005—2014/335

008336672 黄山市统计年鉴/黄山统计年鉴 1996,1998—2005,2007—2014/337

009215389 休宁统计年鉴 2003,2005—2007/337

004593744 滁县地区统计年鉴 1990—1992/337

007850518 滁州统计年鉴/滁县地区统计年鉴 1994—1998,2000—2008,2010—2014/337

013932469 天长统计年鉴 2004—2005/338

008402866 阜阳统计年鉴 1996—1998,2000—2014/338

008403922 宿县地区统计年鉴 1996—1998/339

008413051 宿州统计年鉴 1999—2013/340

008433655 六安地区统计年鉴/六安统计年鉴 1995—2014/340

014217079 金安统计年鉴/341

008401849 亳州统计年鉴 1998—1999,2001—2008,2010—2012,2014/341

013747974 亳州市谯城区统计年鉴/谯城区统计年鉴/谯城区统计局年鉴/谯城统计年鉴 2002,2005,2008—2013/341

008433678 池州统计年鉴 1997—2014/342

013965434 青阳县统计年鉴/青阳统计年鉴 2000/2001,2002,2004/2005/342

008400253 宣城地区统计年鉴 1996—2000/343

008773108 宣城市统计年鉴/宣城统计年鉴 2001—2006,2010—2014/343

009287713 宁国统计年鉴/宁国市统计年鉴 2003,2005—2009,2013—2014/343

福建省

009307989 福建经济与社会统计年鉴 2003—2010/345

014212027 福建农村统计年鉴/福建省农村统计年鉴/福建农村经济年鉴 1992/345

012820309 福建省农村统计年鉴/福建农村统计年鉴 1991/345

007699459 福建省统计年鉴 1937,1944/345

001992664 福建统计年鉴 1983—1984,1986—2014/346

009588971 福州统计年鉴 2003—2014/350

013898521 福清统计年鉴 2004—2007,2010/353

013788404 罗源统计年鉴 2004—2005,2007—2008,2010/353

014014406 闽清统计年鉴 2009—2010/353

013899393 永泰统计年鉴 1949/1993,2008/354

013898734 平潭统计年鉴 2007/354

007466928 厦门统计年鉴 1986,1993—1995/354

009307975 开元区经济社会年鉴 2003/355

009927813 思明区经济社会年鉴 2004—

2012/356

013714571 厦门市集美区统计年鉴 2011/356

008278846 莆田市统计年鉴/莆田统计年鉴 1989,1991—1992,1994—2000,2002—2007,2010—2013/356

013899372 永安统计年鉴 2008/358

008336646 泉州统计年鉴 1988—1989,1993,1995—2003,2005,2007—2014/359

010101969 丰泽区统计年鉴 1999—2001,2003,2005/360

010101911 鲤城统计年鉴 2010—2011/360

010226716 泉港区统计年鉴/泉港统计年鉴 2006—2007/360

013609100 石狮市统计年鉴/石狮统计年鉴 2003—2004,2006,2010/361

010102063 晋江统计年鉴 2002,2007/361

013898717 南安统计年鉴 2009/361

009805036 安溪统计年鉴 2001,2009/361

013899380 永春统计年鉴 2009/361

013898468 德化统计年鉴 2009/362

008432555 漳州统计年鉴 1993,1997—2002,2004—2006,2008—2014/362

008433547 南平统计年鉴/南平市统计年鉴 1996—2000,2002—2014/363

009933338 建阳市统计年鉴 2002—2004/364

009933333 建瓯统计年鉴/建瓯市社会经济统计年鉴 2001,2004—2008,2011/364

013899436 政和县统计年鉴/政和统计年鉴/福建省政和统计年鉴 1985—1988,1991,1994—1998,2006/364

009076369 龙岩地区统计年鉴/龙岩地区国民经济统计资料 1985—1996/365

008993686 龙岩统计年鉴 1998—2000,2002,2011—2014/365

009048488 宁德地区统计年鉴 1991—1995,1997—1999/367

009036725 宁德统计年鉴/宁德地区统计年鉴 1996,2000,2002—2009,2011—2014/367

009933321 福安市统计年鉴/福安统计年鉴 2003,2005—2010/367

013790318 霞浦统计年鉴 2007,2009—2010/367

江西省

013656066 江西基本单位统计年鉴 2010—2011/369

010226262 江西城市调查年鉴 1989—1990/369

013665297 江西农村统计年鉴 1989,1992/369

001992585 江西统计年鉴 1988—2014/369

006409153 南昌统计年鉴/南昌经济社会统计年鉴 1993,1996—2000/373

008749144 南昌经济社会统计年鉴/南昌统计年鉴 2001—2006/373

011830927 南昌统计年鉴/南昌经济社会统计年鉴 2007—2014/373

013898764 南昌市青云谱区经济社会统计年鉴/青云谱区经济社会统计年鉴 2008/375

013757921 进贤经济社会统计年鉴/进贤县经济社会统计年鉴 2004—2006,2010/376

008306410 景德镇市统计年鉴/景德镇统计年鉴 1986—2002,2004—2014/376

008878930 萍乡统计年鉴 1989,1991—1994,

1996—2013/378

014014384 莲花统计年鉴/莲花县"十五"时期统计年鉴2006/378

009519795 新余统计年鉴2002—2007,2011—2014/379

013137463 鹰潭统计年鉴1997—1998,2000—2006,2011—2014/380

007683404 赣州地区统计年鉴/赣州统计年鉴1994,1996—2014/381

013843888 安远统计年鉴2003,2006/383

009437203 吉安统计年鉴1998—1999,2001—2009,2011—2014/384

013656071 井冈山市统计年鉴/井冈山统计年鉴2004,2008/384

008477452 宜春统计年鉴1997—2006,2010—2013/386

009617743 抚州统计年鉴1992—1996,1998,2000—2006,2010—2014/387

009913607 临川统计年鉴2001/387

009436794 上饶经济社会统计年鉴/上饶统计年鉴2003—2013/388

009436757 上饶统计年鉴/上饶经济社会统计年鉴△ 1990—1996,1998—2002,2014/388

009934197 信州区统计年鉴2001/388

013965179 德兴统计年鉴2007/389

山东省

005402341 山东省城市统计年鉴/山东城市统计年鉴1986—1987/390

005402288 山东城市统计年鉴/山东省城市统计年鉴1990—1992,1999—2003,2005—2006/390

012007959 山东调查年鉴2007—2010/390

013898908 山东区域统计年鉴1995/390

007630646 山东省农村统计年鉴/山东农村统计年鉴/山东省农业统计年鉴/山东农业统计年鉴1991—1994,1996—2005,2007—2012/390

005196996 山东统计年鉴1989—2014/391

004569650 济南统计年鉴1984—1985,1990—2014/398

009617883 济南市市中区统计年鉴/市中统计年鉴1992/1993,1998/1999,2001—2007,2009,2011—2012/403

013634352 历下区统计年鉴2003—2004,2006—2009,2011/404

009617872 历城统计年鉴2000—2011/404

009617916 章丘统计年鉴/章丘县统计年鉴1990—1991,1994,2002—2010/405

013814941 平阴统计年鉴2000,2002—2003,2005/405

012079185 济阳统计年鉴/济阳县统计年鉴2000,2003,2006—2008,2011—2012/406

009617299 商河统计年鉴2001—2005,2007—2008/406

004590749 青岛统计年鉴1990—2013/406

012592680 市北统计年鉴2009/409

012592706 四方统计年鉴2009/409

011966719 胶南统计年鉴1989—1991,1993,1998,2001—2003,2005—2012/410

011967084 青岛经济技术开发区统计年鉴/青岛经济技术开发区·青岛市黄岛区统计年鉴2003,2010/410

013932348 青岛市崂山区统计年鉴/崂山统计年鉴/青岛高科技工业园青岛市崂山区统计年鉴/青岛市崂山区青岛高科技工业园统计年鉴1996—2005/410

008975039 青岛市沧口区统计年鉴 1992—1993／411

008802305 青岛市李沧区统计年鉴／青岛李沧统计年鉴／李沧统计年鉴 1994,1996—2007,2009／411

010226291 胶州统计年鉴 1994—2007,2009—2010／412

009617864 即墨统计年鉴 2000,2003—2006,2008—2009,2011—2014／411

011503005 莱西统计年鉴／莱西县统计年鉴／莱西市统计年鉴 1988—1989,1991,1993—2006,2011—2012／412

006214234 淄博统计年鉴 1990—1994,1996—2014／413

008264907 枣庄统计年鉴 1992—2014／416

009617892 薛城统计年鉴 1995—1996,1998—1999,2003—2005,2011／416

012079775 枣庄市市中区统计年鉴／市中区统计年鉴 2003—2004,2006—2011／417

012079531 台儿庄统计年鉴 1998/2002,2000,2001/2005／417

012079542 滕州统计年鉴 1997,2000,2004,2006,2010—2012,2014／417

006058822 东营统计年鉴 1990—1996,1999—2013／418

013379118 烟台经济技术开发区统计年鉴 2007—2008／420

006934113 烟台统计年鉴 1985—1991,1993—2013／420

013609294 烟台市芝罘区统计年鉴／山东省烟台市芝罘区国民经济统计年鉴 1989—1990,1992—1993,1995,2001,2005—2011／421

013821796 烟台市福山区统计年鉴／福山统计年鉴 2002,2004—2005,2010／421

010226492 牟平统计年鉴 1994,1997,2011／421

012526080 莱州统计年鉴 2004—2005,2007,2009,2011／421

011968154 招远统计年鉴 2002—2003／422

005325782 潍坊统计年鉴 1990—1991,1993—2013／422

013815009 青州统计年鉴 2007,2010／423

013710783 高密统计年鉴 1988,1990—1991,1993—2000,2002—2006,2009／424

013787872 昌邑统计年鉴 2004,2008—2009／424

008274895 济宁统计年鉴／济宁市统计年鉴 1986—1993,1995—2012／424

013636588 济宁市任城区统计年鉴／任城区统计年鉴 2008,2010—2012／425

014014298 济宁市市中区统计年鉴 2005—2007,2009—2010／425

012361570 兖州统计年鉴 2005／426

013932359 曲阜统计年鉴 1994—1996,1999—2003,2006／426

012530663 邹城市统计年鉴／邹城统计年鉴 2000—2001,2003—2011／427

013965304 嘉祥统计年鉴 2009／427

008278744 泰安统计年鉴 1990—1991,1994—2013／428

013711475 新泰统计年鉴 1999/2000,2001,2002/2003,2007/2008,2010—2011／429

012200200 威海经济技术开发区统计年鉴 2002,2008／430

007553907 威海统计年鉴 1990,1992—2005,2007—2014／430

013711459 威海市环翠区统计年鉴 1994,

2002—2004/431

011140146 文登市统计年鉴/文登统计年鉴 1995,1998,2002,2004—2006/431

010101973 乳山市统计年鉴 1998/432

008277825 日照统计年鉴 1994—2013/433

011503010 岚山统计年鉴 2006/433

013965498 五莲统计年鉴 2003,2010/434

014014365 莒县统计年鉴 1972/1984,1985/1987,1989—1990,1992/1993,1994—1995/434

008400303 莱芜统计年鉴 1991,1993—2003,2005—2012/434

013965367 莱芜市莱城区统计年鉴 2001/435

008276755 临沂统计年鉴 1989—2012/435

013753730 河东区统计年鉴 2004,2010/436

013899367 沂水县统计年鉴 1992,1994,1996—2003/437

012079114 费县统计年鉴 1997,2005—2006/437

008271384 德州地区统计年鉴/德州统计年鉴 1992,1994/438

008272742 德州统计年鉴 1995—2014/439

013713397 武城统计年鉴/武城县统计年鉴 2012—2013/439

008400334 聊城统计年鉴 1998,2000—2014/439

013603054 东昌府统计年鉴 2011—2014/440

013603180 临清统计年鉴 1945/2004,2007,2011/440

014103707 东阿统计年鉴 2013—2014/441

008261201 滨州统计年鉴 1991—1994,1996—1997,1999—2014/441

013787261 滨城区统计年鉴/滨城统计年鉴 2006—2007/442

013714922 阳信统计年鉴 1997,1999,2006,2011/442

013481560 无棣统计年鉴 2008,2011—2012/442

013925178 博兴统计年鉴/博兴县统计年鉴 2004/443

010296044 邹平统计年鉴 1997,2010—2011/443

008400292 菏泽地区统计年鉴/菏泽统计年鉴/菏泽地区国民经济统计资料 1991—1999,2001—2013/443

009617861 东明统计年鉴/东明县国民经济统计年鉴 2000—2004/444

河南省

006379064 河南农村统计年鉴 1988,1990—2005/445

004724495 河南城市统计年鉴 1990—2003,2005/445

010225486 河南调查年鉴/河南农村统计年鉴/河南城市统计年鉴/河南企业年鉴 2006—2014/445

005215210 河南统计年鉴/河南经济统计年鉴 1984—1985,1987—1988,1993—2014/445

013957771 郑州经济技术开发区统计年鉴 2012/452

008250228 郑州市统计年鉴/郑州统计年鉴 1983—1993,1995—1997,2002/452

009307890 郑州统计年鉴/郑州市统计年鉴 1999—2014/452

011503727 郑州市中原区统计年鉴/中原区统计年鉴 1990—1994,2001,2003,2005,

2007—2012/455

011503717 郑州市二七区统计年鉴/二七区统计年鉴 2006—2010/456

011823317 郑州市管城回族区统计年鉴/管城统计年鉴 2004,2007—2014/456

009913212 郑州市金水区统计年鉴/金水区统计年鉴 1995,1998—1999,2001—2011/456

013790031 上街统计年鉴 2004,2009—2011/457

011140223 郑州市惠济区统计年鉴/惠济区统计年鉴 2004,2007,2009—2010/457

011139754 巩义统计年鉴 2004—2005,2008—2009/457

011503625 荥阳统计年鉴/荥阳市统计年鉴 2000—2001,2003—2004,2006,2008—2009/457

011503594 新密市统计年鉴/新密统计年鉴 2002,2006,2011/458

011503602 新郑统计年鉴 2001—2002,2004—2005/458

009459997 中牟统计年鉴 1991/2001,2002,2005—2006,2010/458

007733434 开封统计年鉴 1994—2014/459

005215189 洛阳统计年鉴 1984,1987—1990,1992—2006,2008—2014/459

013790743 偃师统计年鉴 2005,2007—2008/461

013933018 伊川统计年鉴 2003/463

007683386 平顶山统计年鉴 1995—2009,2011—2013/463

013714682 宝丰统计年鉴 2011—2012/464

008728165 安阳统计年鉴/安阳市统计年鉴 1992—1995,1997—2007,2012—2014/465

012521600 汤阴统计年鉴 2002—2008,2010—2012/466

010225514 河南省内黄县统计年鉴 1999/466

009425991 鹤壁统计年鉴/鹤壁市统计年鉴 1996,1998—2001,2003—2007,2011—2013/467

013174666 新乡调查年鉴 2007—2008/468

009425814 新乡统计年鉴/新乡市统计年鉴 1996—2007,2010—2011,2013—2014/468

013788092 封丘县统计年鉴 2007/471

010101949 焦作统计年鉴 1995—1998,2000—2001,2003—2007,2009,2011—2013/471

014014833 沁阳统计年鉴 2005/472

013790729 修武统计年鉴 2010/473

012801217 武陟统计年鉴 2009/473

013634422 温县统计年鉴 2009—2012/473

009425953 濮阳统计年鉴 1997—2010,2012—2014/474

008397285 许昌统计年鉴/许昌经济统计年鉴 1991—2004,2006—2008,2011—2012,2014/475

013790735 许昌县统计年鉴 2009/476

014014942 襄城统计年鉴 2006/477

007423420 漯河统计年鉴 1994—2007,2011—2013/477

005325813 三门峡统计年鉴 1993—2014/478

014014849 三门峡市湖滨区统计年鉴 2009/478

013790746 义马市统计年鉴 2003/478

012592308 渑池统计年鉴 2006—2008,2011—2012/479

014156247 南阳统计年鉴 2004—2013/479

014014144 邓州统计年鉴/邓州市统计年鉴 2000,2002—2003,2006—2010/481

009459911 商丘统计年鉴 1997—2004,2006—2014/482

013949955 永城统计年鉴 1998/2002,2006/2010/482

013939509 虞城县统计年鉴/虞城统计年鉴 2001—2003,2007/2008/483

008403055 信阳统计年鉴 1991/1995,1996/1997,1998—2001,2003—2014/483

013788110 固始统计年鉴 2007,2008/2009,2010/2011/485

008728268 周口统计年鉴 1994—1995,1997—2008,2010—2014/485

013747922 项城市统计年鉴 2011/486

013788096 扶沟统计年鉴 1999/2001,2002/2003/486

013898674 鹿邑统计年鉴 2005/2008,2009/2011/486

008749339 驻马店统计年鉴 1994—2009,2011—2014/487

013965468 上蔡统计年鉴 2003/487

013932159 泌阳县统计年鉴 2006/2010/488

013790728 新蔡县统计年鉴 1995/2010/488

008728200 济源统计年鉴 1996,1998—2008,2011—2012/488

湖北省

013747811 湖北调查年鉴 2012—2014/490

004569177 湖北农村统计年鉴/湖北农村统计资料汇编/湖北省农村统计年鉴 1991—1993,1995—2014/490

007699016 湖北省统计年鉴 1945/490

001992652 湖北统计年鉴 1985,1987—1988,1990—2014/490

013747877 武汉东湖高新区统计年鉴 2011/496

006915791 武汉统计年鉴 1991—2014/496

013758188 武汉市青山区统计年鉴 2007/505

014014314 江夏统计年鉴 2008/506

008234824 黄石统计年鉴 1993,1995—1998,2000,2002—2014/506

012033441 黄石统计年鉴黄石改革开放三十年 2008 特刊/506

012317204 黄石统计年鉴黄石辉煌六十年 2009 特刊/506

014014122 大冶统计年鉴 2008—2009/507

014014969 阳新县统计年鉴 2008—2009/507

008399438 十堰统计年鉴 1996,1998,2000—2014/507

008251273 宜昌统计年鉴/宜昌市统计年鉴 1985—1987,1994,1996—2013/509

013531533 襄阳统计年鉴 2011—2012/512

008275226 襄樊统计年鉴/湖北省襄樊市统计年鉴 1989/1990,1995—1996,1997/1998,2000/2001,2002—2010/512

014014785 南漳统计年鉴 2008/513

009426077 鄂州统计年鉴 1983/2013,1997,1999,2001,2003—2004,2006,2006/2010,2008—2009,2011,2013/514

009840903 荆门统计年鉴/荆门市国民经济和社会发展统计年鉴 1990,2004—2014/515

009492608 孝感统计年鉴 1995—1997,1999—2000,2002—2013/516

013996304 孝南统计年鉴 2012/517

011399612 应城统计年鉴 1993—2008,2010,2012/517

013809401 安陆统计年鉴/安陆市国民经济统计资料 2000—2002,2006,2008—2010/517

013859212 汉川统计年鉴 2008,2012/518

013791004 孝昌统计年鉴 1993/2001,1996,2000,2007/518

013753561 大悟县统计年鉴 2000—2001,2005—2009,2012—2013/518

013758745 云梦统计年鉴 1997,2001,2003,2004/2005,2008/2009,2010/518

009234096 荆州统计年鉴/荆沙统计年鉴 1992,1995—1998,2000—2014/519

009840898 洪湖统计年鉴 2008—2009/520

007211174 松滋统计年鉴 1993,1995/520

013953617 松滋统计年鉴/松滋统计十年鉴 1997/2006,2004/520

013603126 监利统计年鉴 2007,2011/521

009805702 黄冈统计年鉴 1991,1994,1996—1997,1999—2001,2004—2011,2014/521

013859205 黄州统计年鉴 2012/522

014014401 麻城市统计年鉴/麻城统计年鉴 1999/2003,2002,2004—2008/522

013899334 武穴统计年鉴/武穴市统计年鉴 1997—1998,2001,2003/522

013790127 团风统计年鉴 1995/1998,2001/523

013753740 红安县统计年鉴 1998,2005/523

013747813 罗田统计年鉴 2002—2007,2011/523

013936566 浠水统计年鉴 2001—2002/523

013609043 蕲春统计年鉴/蕲春县统计年鉴/国民经济统计年鉴 1991—1994,1998—1999,2000/2001,2002—2005,2007—2008,2010/524

009436823 咸宁统计年鉴 2002,2004,2008—2014/524

011967363 随州统计年鉴 2000,2008—2015/525

014014251 广水市统计年鉴/广水统计年鉴 2008/526

009426246 恩施州统计年鉴 1994,2002—2013/527

009933612 宣恩统计年鉴 1999/527

013932115 来凤统计年鉴 2005—2006/528

014014273 鹤峰县统计年鉴 2008/528

009426259 仙桃统计年鉴 1999—2009,2011—2013/528

009459870 潜江统计年鉴 2003—2009,2011—2013/529

009426253 天门统计年鉴 2002—2009,2011—2013/529

湖南省

013655938 湖南城市统计年鉴 2010/530

001709145 湖南统计年鉴/湖南省统计年鉴 1982—1983,1985—2009,2011—2014/530

004534886 长沙统计年鉴 1986—1990,1993—2005,2007—2014/536

013603033 长沙市雨花区统计年鉴 2005—2012/540

013965409 宁乡统计年鉴 2009—2010/540

012593603 株洲高新技术产业开发区统计年鉴 1998,2000—2002/541

008391585 株洲统计年鉴 1991—1998,2000—2008,2010—2014/541

013821920 株洲新区统计年鉴 2010/541

008272048 醴陵统计年鉴 1994—2008/543

013821923 株洲县统计年鉴 1993—1995, 1997—2003, 2005—2007/543

014014970 攸县统计年鉴 2005/2006/544

008381627 湘潭统计年鉴/湘潭市统计年鉴 1991—1998, 2000—2007, 2010—2014/544

008848383 衡阳统计年鉴 2000—2008, 2010—2014/545

013814880 耒阳统计年鉴 2002, 2005/546

009933623 邵阳统计年鉴 2004—2007/547

013790996 邵东统计年鉴 2008—2009/547

008274866 岳阳统计年鉴/岳阳市统计年鉴 1984/1985, 1990/1991, 1992/1993, 1994/1995, 1997, 1999—2004, 2005/2006, 2007—2008, 2009/2010, 2011, 2013/548

009840914 汨罗统计年鉴 1984, 1988—1993, 1995, 1997, 1999—2004, 2007, 2009—2011/549

013747946 岳阳县统计年鉴 2012/549

013898633 华容统计年鉴 1990, 1995—1996, 1998—1999, 2004—2005/549

013609292 湘阴统计年鉴 2004, 2006/549

008378194 常德统计年鉴 1987, 1989, 1991, 1993, 1995—1999, 2001—2013/550

013758195 常德市武陵区统计年鉴/武陵区统计年鉴/武陵区统计年鉴 2001—2005, 2007/550

013809459 常德市鼎城区统计年鉴 1989—1992, 1996, 1998, 2003, 2005, 2007, 2009—2010/550

009324887 津市统计年鉴 1988—1991, 1992/1993, 1994, 1996—2004, 2005/2006, 2010/551

013932118 澧县统计年鉴 1988—1990, 2002, 2006—2007/551

013820251 桃源统计年鉴 1986—1989, 1992, 1996, 1998—2001, 2003—2006/551

013714697 石门统计年鉴 2011—2014/552

009805720 张家界统计年鉴 1989/1997, 2000—2009, 2011—2013/552

013820279 武陵源统计年鉴 2011/552

008879225 益阳统计年鉴 1991—1992, 1994—1996, 1998—2008, 2010—2014/553

013470936 赫山区统计年鉴 2006, 2011/553

013481741 沅江统计年鉴 2011/553

013932259 南县统计年鉴 2004, 2008/553

013471076 桃江统计年鉴 2011/553

013470777 安化统计年鉴 2001, 2007, 2011/553

008728169 郴州统计年鉴/郴州地区统计年鉴 1992, 1996—2009, 2011—2014/554

009324714 永州统计年鉴 1997—1998, 2000—2014/555

013814890 冷水滩市统计年鉴/永州市冷水滩区统计年鉴 1995—1996, 1998—1999, 2001—2010/555

009324534 零陵统计年鉴 1989, 1991—1993, 2005, 2008—2009, 2011/555

008997596 怀化统计年鉴 2001—2014/555

011447300 娄底统计年鉴 1988—1998, 2000, 2004, 2007—2008, 2011—2014/557

009840920 涟源市统计年鉴/涟源统计年鉴 1997—2004/557

009617376 湘西统计年鉴 1986—2008, 2010—2012/558

011140423 吉首统计年鉴 1999—2000, 2002—2008/558

011140115 泸溪县统计年鉴/泸溪统计年鉴 2000—2005, 2011/558

011139694 凤凰统计年鉴/凤凰县统计年

鉴 1990—1991,2002—2005/558

011140093 花垣统计年鉴 2001—2005/558

011139604 保靖统计年鉴 1990,1996—1998, 2000,2002—2006/558

011139762 古丈统计年鉴 2003,2005/559

011140170 永顺统计年鉴 1989—1990,1992, 1998—2007/559

011140109 龙山统计年鉴 2001—2010/559

广东省

005264103 广东农村统计年鉴 1993—2003, 2005—2014/560

012525964 广东社会统计年鉴 2009/560

008153029 广东省统计年鉴／广东统计年鉴 1984—1990/560

006915850 广东统计年鉴／广东省统计年鉴 1991—2014/560

002288510 广州统计年鉴 1985—2005,2007—2014/567

012530093 荔湾统计年鉴 2008—2012/571

013747940 海珠统计年鉴 2011/572

013680515 广州市白云区统计年鉴 2011/572

012047146 番禺统计年鉴 2007—2013/573

013772636 广州市花都区统计年鉴／花都统计年鉴 2011/573

013747964 从化统计年鉴 2011/574

008402756 韶关市统计年鉴／韶关统计年鉴 1998—2003,2005—2013/574

005801121 深圳统计年鉴／深圳统计信息年鉴 1991—1993,1995—1996/576

008183146 深圳统计信息年鉴／深圳统计年鉴 1997—2001/576

009434787 深圳统计年鉴／深圳统计信息年鉴 2002—2014/576

011967308 深圳市福田区统计年鉴 1998—1999,2001—2013/580

011140125 深圳市罗湖区统计年鉴／罗湖区统计年鉴／罗湖统计年鉴 2002—2005, 2007,2009—2014/580

012530188 深圳市南山区统计年鉴／南山统计年鉴 2002—2011/580

011140122 深圳市宝安区统计年鉴／宝安统计年鉴 2002—2011/581

010226755 深圳市龙岗区统计年鉴 1999—2011,2013/581

011503452 深圳市盐田区统计年鉴 2006—2013/582

008244988 珠海统计年鉴 1990—1992,1994—2005,2007—2014/582

008476087 汕头市统计年鉴／汕头统计年鉴 1995—2012/583

008405313 佛山统计年鉴 1999—2014/584

011139653 禅城统计年鉴 2004—2010/584

008555408 南海统计年鉴 1996—2013/585

013609107 顺德统计年鉴 2010—2014/585

009616818 三水统计年鉴 2003—2013/585

011966542 高明统计年鉴 2007—2013/585

008270553 江门统计年鉴 1990—1995,1997—2004,2007—2014/586

013714541 蓬江统计年鉴 2012—2013/586

012530515 新会统计年鉴 2005—2013/586

008403062 湛江统计年鉴／"八五"时期湛江统计年鉴／"九五"时期湛江统计年鉴／湛江市统计年鉴 1978/1993,1990/1995, 1994,1996/2000,1997—1998,2000,2002—2014/587

011965724 赤坎统计年鉴 2006—2009,2011—

2013/588

011140099 廉江统计年鉴 2008/588

013792397 吴川统计年鉴 2011/588

007733433 茂名统计年鉴 1992—2014/589

009182790 高州统计年鉴 2001—2005,2007—2012/590

009195451 信宜统计年鉴 2000—2002,2004—2012/590

008400240 肇庆统计年鉴 1992—1996,1998—2014/590

012525950 高要统计年鉴 2005—2012/591

012592710 四会统计年鉴 2007—2008,2011,2013/591

011501795 大亚湾统计年鉴 2001/2006,2012—2014/592

006409013 惠州统计年鉴 1949/1993,1995—2014/592

008272965 梅州市统计年鉴/梅州统计年鉴 1990,1992—1996,1998—2014/594

011968031 兴宁市统计年鉴 2002—2003/594

013898659 蕉岭县统计年鉴 2007/595

008378199 汕尾统计年鉴 1996—2014/596

008433828 汕尾市国民经济和社会统计年鉴 1994/596

008388824 河源统计年鉴 1995—2014/596

008278847 阳江统计年鉴 1995—2014/597

008555396 清远统计年鉴 1998—2000,2002—2014/598

011396140 佛冈统计年鉴 2001/2005,2006—2008,2010/599

008285481 东莞统计年鉴 1993,1995—2014/600

008403046 中山市统计年鉴/中山统计年鉴 1995—1999,2001—2014/601

008403024 潮州市统计年鉴/潮州统计年鉴 1993—2001,2003—2014/601

008388823 揭阳统计年鉴 1993—1994,1996—2014/602

008403875 云浮统计年鉴 1998—2012/602

011140152 新兴县统计年鉴/广东省新兴县国民经济统计年鉴 2000—2012/603

广西壮族自治区

011502038 广西调查年鉴 2007—2014/604

001992547 广西统计年鉴 1982—1984,1986—2013/604

012047572 南宁调查年鉴 2008,2012/610

008241769 南宁统计年鉴 1986,1990—1991,1994,1996—2014/610

008278814 南宁经济社会统计年鉴/南宁统计年鉴 1995/610

013680528 兴宁区统计年鉴/兴宁统计年鉴 2006—2007,2011/612

013974360 西乡塘统计年鉴 2008—2010/612

013899333 武鸣统计年鉴 2008/613

013603189 马山统计年鉴 2012/613

013291799 柳州统计年鉴/柳州经济统计年鉴 2011—2014/614

008399421 桂林地区统计年鉴/广西壮族自治区桂林地区统计年鉴 1985—1987,1998/616

006088403 桂林统计年鉴/桂林经济社会统计年鉴 1988,1990—1992/616

004569375 桂林经济社会统计年鉴/桂林统计年鉴 1993—2014/616

008659620 梧州统计年鉴 1992—1993,2008—

2014／618

008378200 北海统计年鉴 1990—1991,1993,1995—2002,2004,2007—2010,2011／612618

009616847 防城港市统计年鉴／防城港统计年鉴 1999—2000,2003—2005,2009／2010,2011／619

009616859 钦州统计年鉴 2001,2008,2010—2012／619

009927843 贵港统计年鉴 2004—2005,2006/2007,2010/2011,2012／620

011140172 玉林市统计年鉴 1949/1999,2006—2008,2011—2013／621

012593462 昭平统计年鉴 1995/2001／624

009426055 河池地区经济社会统计年鉴 1998—2002／625

009406099 河池统计年鉴 2003—2008／625

013932244 南丹县统计年鉴 2002,2008／625

009324732 来宾市统计年鉴 2003—2013／625

008963269 南宁地区经济社会统计年鉴／南宁地区统计年鉴 1988,1996,1998—1999,2001／627

海南省

003601324 海南统计年鉴 1987—2014／628

004683523 海口统计年鉴 1989,1996—1997,1999—2014／629

008749164 琼山统计年鉴 1999—2000／630

008272023 三亚市统计年鉴／三亚统计年鉴 1997—2008,2010—2014／630

重庆市

012361608 重庆调查年鉴 2008—2014／633

003548982 重庆统计年鉴△ 1989—1990,1992,1994,1996—2015／633

009081521 渝中统计年鉴 1998,2000—2001,2004—2008／637

009081510 万州统计年鉴／万县市统计年鉴 1993,1996—2003,2005—2009,2011—2013／637

009081331 涪陵统计年鉴／涪陵经济社会统计年鉴 1991,1993,1995—1997,1999—2009,2011—2014／637

009081477 重庆市沙坪坝区统计年鉴 2002—2006／638

013994053 北碚区统计年鉴／北碚统计年鉴 2012—2014／638

009233908 重庆市巴南区统计年鉴／巴南统计年鉴 2000—2003,2005,2008／639

009406121 黔江统计年鉴 2003—2008,2011／639

009324873 长寿统计年鉴 2003／639

009081357 江津统计年鉴／江津市统计年鉴 2002—2008,2011—2013／639

009081519 永川统计年鉴 2000—2002,2004—2005／640

013470858 璧山统计年鉴 2011—2012／640

009081328 垫江统计年鉴 1996/2000／641

009309834 武隆县统计年鉴 2002—2005／641

013714561 巫溪统计年鉴／巫溪县国民经济和社会发展统计年鉴 2011／642

013899353 秀山统计年鉴 2008／642

013899400 酉阳统计年鉴 2007／642

013898726 彭水统计年鉴 2006—2007／642

四川省

013379049 四川农村统计年鉴 2000/2005

/643

007700037 四川省统计年鉴 1946/643

013714692 四川统计分析年鉴 2011—2012/643

006036613 四川统计年鉴 1989—2014/643

013935861 成都市城市(县城)和村镇建设统计年鉴 2010/649

007916600 成都统计年鉴 1989,1991—1998,2000—2014/650

013820270 温江县统计年鉴/温江统计年鉴 2001,2003,2006,2008—2010/656

013936425 邛崃统计年鉴 2005—2006,2008—2009/657

008276754 自贡统计年鉴 1990—2007,2009,2011—2014/659

008437658 攀枝花统计年鉴 1995,1999—2009,2011—2014/660

008944125 泸州统计年鉴 1998—2007,2009,2013—2014/662

008923238 德阳统计年鉴 2000,2003—2009,2011—2014/663

008378193 绵阳统计年鉴 1985,1987—2008,2010—2011,2013/665

013965326 江油县统计年鉴/四川省江油县统计年鉴/江油统计年鉴 1983,1985—1986,1988—1991,1993/666

013758043 三台县统计年鉴 2006—2010/667

014014965 盐亭统计年鉴 2008/667

008923240 广元统计年鉴 1985—1991,1993,1994/1995,1996—2008,2012—2014/668

011140130 遂宁统计年鉴 1985/2004,2006,2011,2014/669

013898984 射洪统计年鉴 2006/2007,2010/670

010226494 内江统计年鉴 2001—2006,2013—2014/670

008396574 乐山统计年鉴 1995—2003,2006,2009,2012—2014/671

014014224 峨边统计年鉴 2005/673

009459959 南充统计年鉴 1990—1997,1999—2011/674

009014833 眉山统计年鉴/眉山地区统计年鉴 1999—2007/676

008942057 宜宾统计年鉴 2000—2001,2003—2009,2011—2014/677

008533751 广安统计年鉴 1994—2006,2008,2012,2014/679

009272147 武胜统计年鉴 2002,2004/680

010223934 达州市统计年鉴/达州统计年鉴 2006—2007,2011—2012/681

010223347 巴中统计年鉴/巴中统计五年鉴 1993/1998,2002,2004,2006,2014/684

014009062 巴州统计年鉴 2007/2011/684

010226836 资阳统计年鉴 1999,2004—2006,2011—2014/685

013710636 阿坝统计年鉴 1998—1999,2010/685

013898668 九寨沟统计年鉴 2009/686

013935913 甘孜州统计年鉴/甘孜统计年鉴 1993,2002/688

010101989 凉山统计年鉴 1991—1993,1996,2001—2002/690

贵州省

007698661 贵州省统计年鉴 1945—1946/693

003602053 贵州统计年鉴 1991—2014/693

013753718 贵阳经济技术开发区统计年鉴 1996,1998/695

013927813 贵阳市乌当区统计年鉴 2008/696

013635456 贵阳市小河区统计年鉴 2000—2003,2005,2007—2008,2010—2012/697

013747820 花溪统计年鉴/贵阳市花溪区统计年鉴 1992,1994—1996,1998—1999,2002,2008—2011/697

013965237 贵阳市白云区统计年鉴 1999—2001,2008/697

009405989 六盘水市统计年鉴/六盘水统计年鉴 2000—2001,2003—2014/698

013899010 水城县统计年鉴 2007—2010/698

008977353 遵义统计年鉴/遵义市统计年鉴 2002—2014/698

013843868 安顺统计年鉴 2003—2007,2009—2010/700

012176871 毕节地区统计年鉴/毕节统计年鉴 2002,2007—2010/701

013753514 毕节市统计年鉴 2008,2010/701

013753538 大方县统计年鉴 2009/701

013898703 纳雍县统计年鉴 1999/2003,2004/2007/702

009616900 铜仁市统计年鉴/铜仁统计年鉴 2002—2004,2006—2009,2011—2012/702

009436790 黔西南统计年鉴/黔西南州统计年鉴 2001—2004,2006/703

009395435 黔东南统计年鉴 1997—1998,2000—2003,2011—2012/703

013814898 黎平统计年鉴 2008—2010/704

013790959 黔南统计年鉴 2002,2004,2006/704

013898528 福泉统计年鉴 2010/705

013788120 贵定县统计年鉴 2008/705

云南省

014217032 云南调查年鉴/706

006010736 云南统计年鉴 1986—2014/706

008381647 昆明统计年鉴 1990—1999,2001—2006,2008—2014/711

013677378 五华统计年鉴 2004—2011/714

012047436 昆明市盘龙区统计年鉴 2003—2007/715

013680216 官渡区统计年鉴 2003,2005,2011/715

013634348 西山区统计年鉴 2003—2004,2009,2011—2012/715

008378197 曲靖地区统计年鉴 1994—1995/717

008437581 曲靖市统计年鉴/曲靖统计年鉴 1997—1998,2000—2014/717

009519803 玉溪统计年鉴/云南省玉溪市统计年鉴/玉溪市统计年鉴 1995—1996,1998,2001—2008,2010,2012/720

013603101 红塔区统计年鉴/玉溪市红塔区统计年鉴 2000,2003,2010—2011/720

008272147 保山统计年鉴/保山地区统计年鉴 1995,1997,1999—2011/722

008378201 昭通地区统计年鉴/昭通市统计年鉴/昭通统计年鉴 1991,1993—1994,1997—2001,2003—2005,2008—2009,2011—2012/723

009520148 丽江统计年鉴 2001,2003—2005,2008—2009,2011—2012/725

013790750 玉龙纳西族自治县统计年鉴 2009—2010/726

013603139 临沧统计年鉴 2012—2014/728

009934595 楚雄州统计年鉴/楚雄统计年鉴 2000—2012/730

013787969 楚雄市统计年鉴 2007/730

011396421 红河哈尼族彝族自治州统计年鉴/红河哈尼族彝族自治州"十五"统计年鉴/红河州统计年鉴 1990/2000,2000/2005,2008,2010,2013/732

011399389 西双版纳傣族自治州统计年鉴 1989—1990,1998—1999/737

013814858 景洪市统计年鉴 2001—2002,2008/738

013898697 勐海县统计年鉴 2008/738

008270669 大理州统计年鉴/大理白族自治州统计年鉴/大理统计年鉴 1993,1995,1997—2002,2004—2007,2009,2014/738

009004348 德宏统计年鉴/德宏傣族景颇族自治州统计年鉴 2000—2001,2003—2004,2007—2008,2010—2013/741

012199512 怒江统计年鉴 1990/1995,1996/2000,2001/2005,2006/2007/742

011966325 迪庆藏族自治州统计年鉴 2006—2009/743

西藏自治区

005326699 西藏统计年鉴 1993—2014/744

009307744 日喀则地区统计年鉴 2002—2004/746

009519825 昌都地区统计年鉴 1998/1999,2000/2001,2002/2003/746

013932595 西藏山南地区统计年鉴 2002/746

015282373 西藏阿里地区统计年鉴 2002/747

陕西省

013859222 陕西区域统计年鉴 2012/748

004569235 陕西统计年鉴 1990—1993,1995—2014/748

006296673 西安统计年鉴/西安社会经济统计年鉴 1993—2014/752

013790134 西安市莲湖区统计年鉴/莲湖统计年鉴 2009—2010/755

013790732 阎良统计年鉴 2009/755

013933037 长安统计年鉴 2009/755

009041841 铜川统计年鉴 1997—2002,2004—2007,2011—2014/756

008388831 宝鸡市统计年鉴/宝鸡统计年鉴 1988,1990—1996,1998,2000—2003,2005—2008,2011—2014/756

008588962 咸阳统计年鉴/陕西省咸阳市国民经济统计年鉴/陕西省咸阳市统计年鉴 1986—2003,2010—2013/757

009114025 渭南统计年鉴 1996—1997,1999—2001,2003—2007,2010/759

012047313 华阴市统计年鉴 2002—2003/760

008426180 延安统计年鉴/陕西省延安地区统计年鉴/陕西省延安统计年鉴 1994—2008,2010—2013/761

012530563 延长县综合统计年鉴/延长县统计年鉴 2003/2004,2005/2006,2007/2008/762

012530568 延川统计年鉴 2005/762

012530595 志丹统计年鉴 2004/2006/762

009397683 吴旗统计年鉴 1995/762

013809511 甘泉县综合统计年鉴/甘泉县统计年鉴 2005/762

011396270 汉中统计年鉴 2003—2008,2010 /763

009035928 榆林统计年鉴 1996—2008,2011— 2012/765

013680575 神木统计年鉴 2002—2005,2007— 2009,2011/765

013772681 子洲统计年鉴/子洲"十一五" 时期统计年鉴汇编 2006/2008,2009—2011 /766

013790813 安康统计调查年鉴 2009/767

009033458 安康统计年鉴 2000—2002,2004— 2009,2011—2014/767

009035750 商洛统计年鉴/商洛市统计年 鉴 2001—2009,2011—2014/768

甘肃省

005381810 甘肃统计年鉴/甘肃年鉴△ 1984—1985,1987—1992/770

008270414 兰州市统计年鉴/兰州统计年 鉴 1992—1996,2007—2014/774

009395415 嘉峪关市统计年鉴/嘉峪关统 计年鉴 2002—2003,2005—2007,2010—2013 /777

010137459 金昌市统计年鉴/金昌统计年 鉴 1988—1989,1991,2007,2012/777

009081249 白银统计年鉴 1995—2000,2005— 2012,2014/777

007712964 天水统计年鉴/天水经济统计 年鉴 1990—1991,1993—1999,2006/778

009123996 武威统计年鉴 1996,2000,2002— 2003,2004/2005,2007—2010,2012/779

013711451 天祝统计年鉴 2008/779

009124000 张掖市统计年鉴/张掖统计年 鉴 2002,2004,2006,2011—2012/779

009182868 酒泉统计年鉴/酒泉年鉴/酒 泉市三个五年计划统计年鉴 1985/2000, 1999—2005/782

012078945 阿克塞历史统计年鉴/阿克塞 哈萨克族自治县历史统计年鉴 2002 /783

009917875 定西统计年鉴 2000,2006,2008— 2013/784

009123995 陇南统计年鉴/陇南地区统计 年鉴 1994—2003/784

013373808 临夏回族自治州统计年鉴 1998/2002/784

011966530 甘南统计年鉴 2004,2006—2007, 2011—2012/785

青海省

004598881 青海省统计年鉴/青海省社会 经济统计年鉴/青海省统计年鉴 1993/787

006924910 青海统计年鉴/青海省统计年 鉴 1994—2014/787

008175492 西宁统计年鉴 1998—2014/789

009840975 海东统计年鉴 2001,2003/790

013793179 乐都统计年鉴 2012/790

009806037 海北统计年鉴/海北州统计年 鉴 2003—2005,2008,2010/790

009806055 海南统计年鉴 2003,2008/791

009806070 玉树统计年鉴 2001—2004/792

009806063 海西统计年鉴 2009—2012/792

011501923 格尔木市统计年鉴 1996/2000 /793

宁夏回族自治区

008477224 宁夏城调年鉴 1986/1990,1992— 1997/794

011966895 宁夏调查年鉴 2005/794

002456569 宁夏统计年鉴 1987—1988, 1990—1997, 1999—2008, 2010—2014/794

008390572 银川统计年鉴/银川市国民经济统计年鉴/银川市社会经济统计年鉴/ 银川市统计年鉴 1982—1985, 1988, 1992, 1992/1994, 1995, 1997—2014/798

013711478 永宁统计年鉴 2006/2010/800

009015837 石嘴山市统计年鉴/石嘴山统计年鉴 1992, 2008—2013/800

009934498 石嘴山统计年鉴 2001—2004, 2006—2007/801

013710940 惠农区统计年鉴 2006—2009/801

009272117 吴忠统计年鉴 1990—1992, 1999, 2001, 2005—2009, 2011—2013/801

009015892 银南统计年鉴 1996/801

009805930 固原统计年鉴 1993/2000/802

009805933 中卫统计年鉴 2003, 2006/803

新疆维吾尔自治区

003165082 新疆统计年鉴 1989—2014/804

010227011 新疆调查年鉴 2006—2007, 2010—2014/804

007067837 兵团统计年鉴 1986—1988, 2003/804

003886110 新疆生产建设兵团统计年鉴 1990—2002, 2004—2014/804

007683398 乌鲁木齐统计年鉴 1996—2010, 2012—2014/807

013467412 克拉玛依市统计年鉴 2000/809

005215173 吐鲁番统计年鉴 1992—2014/811

009169843 阿克苏统计年鉴/阿克苏地区统计年鉴 2000, 2001/2002, 2003—2009, 2011/812

009195587 喀什统计年鉴/喀什地区统计年鉴 1949/1989, 1990/2001, 2003—2010, 2013—2014/814

013748443 喀什市统计年鉴 2011—2012/815

009169849 和田统计年鉴/和田地区统计年鉴 2000—2012/816

008432588 昌吉统计年鉴/昌吉回族自治州统计年鉴 1997—2007, 2011—2012/817

011821811 博尔塔拉统计年鉴/博尔塔拉蒙古自治州统计年鉴 2004, 2006—2009, 2011—2014/818

007424800 巴音郭楞统计年鉴/巴音郭楞蒙古自治州统计年鉴 1994—2009, 2011—2013/819

012199159 库尔勒统计年鉴/库尔勒市统计年鉴 2008/819

013608999 克孜勒苏柯尔克孜自治州统计年鉴 2001/2005/821

009170206 伊犁哈萨克自治州统计年鉴 2000—2013/821

008270616 伊犁统计年鉴/新疆伊犁统计年鉴 1949/1999, 2000/821

014211998 新疆伊犁统计年鉴/伊犁年鉴 1989/821

013481725 伊宁市统计年鉴 2005, 2008, 2010—2013/822

005215198 奎屯统计年鉴/奎屯经济普查资料 1993—1998, 2000—2009, 2011—2013/822

010226756 塔城地区统计年鉴 2006/825

009219759 阿勒泰地区统计年鉴/阿勒泰

统计年鉴 1998,2000—2011/826

013603083　哈巴河县统计年鉴 2012/827

014215459　石河子统计年鉴/石河子社会经济统计年鉴 2011—2012/828

013680600　农六师五家渠市统计年鉴/第六师五家渠市统计年鉴 2011—2014/828

港澳台地区

008129605　彰化县统计年鉴 1950,1953,1968/834

008129753　基隆市统计年鉴 1949—1950,1957/834

社会学

004605405　中国社会学年鉴 1979/1989,1992/1995,1995/1998,1999/2000,2003/2006,2007/2010/841

人口学

002653604　中国人口年鉴 1985—1992,1994—2013/842

002032727　中国人口统计年鉴/中国人口和就业统计年鉴 1988—2001/842

011399849　中国人口和就业统计年鉴/中国人口统计年鉴 2007—2014/842

002459144　中国计划生育年鉴/中国人口和计划生育年鉴 1986—2013/841

011500255　北京市人口和计划生育年鉴 2007—2013/4

009933538　河北人口调查年鉴 1991/1994/60

004187533　辽宁人口统计年鉴 1988—1990,1992/134

009287893　辽宁省计划生育年鉴 1990/134

011965735　大连人口和计划生育年鉴 2006—2010/145

013608428　鞍山计划生育年鉴/鞍山人口和计划生育年鉴 2002,2004—2005/149

008941909　上海人口和计划生育年鉴/上海人口计生年鉴/上海人口与计划生育年鉴 1999—2013/222

012909477　长垣人口计生年鉴 2009/471

009913282　湖北人口年鉴 1989/491

009806785　重庆人口年鉴 2000/2001,2002/633

012925206　云南省人口和计划生育年鉴/云南人口和计划生育年鉴 2006/2008,2010—2011/706

人才学

009726408　中国地方艺术人才年鉴 2001/842

013609121　四川人才年鉴 1995/2005/643

政治、法律

中国共产党

009726413　中国共产党党史工作年鉴 2002—2004/843

009617173　中共河北年鉴 2002—2012/60

009360550　中共唐山年鉴 2002—2014/72

011968215　中共路北年鉴 2006—2007,2009,2011—2012/73

013603490　中共古冶区委年鉴/中共古冶

年鉴 2011/73

012593478 中共丰南年鉴 2004/2005,2006/2007,2010/2011/73

009459883 中共邯郸年鉴 2002—2007,2009—2010/76

009926260 中共成安年鉴 2004—2007/77

011823345 中共大名年鉴 2005,2010/77

012724399 中共魏县年鉴 2006/2008/77

012802550 中共曲周年鉴 2001/2003,2004/2006,2007/2009,2014/77

012048960 中共邢台年鉴 2003—2004/78

011399657 中共廊坊年鉴 2005/86

011503764 中共三河年鉴 2005—2008/86

011399721 中共山西年鉴 2006—2007,2009—2012/88

011141254 中共长治年鉴 2004,2006—2007,2012/98

013609321 中共长治县年鉴 2006/2007/99

012048916 中共平顺年鉴 2008/100

009425825 中国共产党辽宁年鉴 2003—2008/134

009726419 中国共产党沈阳年鉴 2004—2013/139

009805924 中国共产党盘锦年鉴/中共盘锦年鉴 2004—2009/158

013656188 中国共产党葫芦岛年鉴 2007—2008/163

012591807 鸡西党史年鉴 1985/200

007650059 党史资料年鉴 1986/201

007650065 党史资料年鉴 1987/201

012194169 海林党史年鉴 1986/215

009492591 大兴安岭党史年鉴/中共大兴安岭党史年鉴 1992,1994,1996—2007,2009/219

011823738 中共绍兴市委办公室年鉴 2006—2007/310

009264707 中共山东年鉴 2002—2014/391

012048922 中共青岛市委办公厅年鉴 2004/407

011823734 中共桓台年鉴 2008/415

012048969 中共诸城年鉴 2004—2009/423

009219750 中共济宁年鉴 2002—2007,2010/424

009015903 中共兖州年鉴 2002—2003,2004/2007/426

009035966 中共曲阜年鉴 2002,2002/2004/426

012079796 中共邹城年鉴 2008,2010,2012/427

011141259 中共新泰年鉴 2006—2007/429

012048909 中共费县年鉴 2003/2007,2009/437

014015012 中共平邑年鉴 2010/438

011141257 中共定陶年鉴 2005,2007—2009,2011—2013/443

013714705 中共郓城年鉴 2010—2011/444

012617692 中共柘城年鉴 2008/483

011503779 中共肇庆年鉴 2007—2013/591

013603484 中共贵州省直属机关工作委员会年鉴 2011/693

008147927 中国共产党楚雄彝族自治州委员会年鉴/中共楚雄州委年鉴 1993—2013/730

013603495 中共永仁县委年鉴 2011/731

012530603 中共武定县委年鉴 2004—2005,2007—2008/732

011968204 中共河口县委年鉴 2007,2011—2013/735

011141288 中国共产党伊犁地方工作年鉴 2006/821

012361656 中国思想理论年鉴 2007—2012/843

008969158 中国思想政治工作年鉴 1997,1999,2001—2003,2004/2005,2005/2006,2006/2007,2007/2008,2009/2010,2010/2011,2011/2012/843

008784546 中共中央党校函授教育年鉴 1996—2006/4

004899388 中共中央党校年鉴/党校年鉴△1984—1985,1990,1992,1994—1996 2001/4

012048934 中共上海市委党校上海行政学院年鉴 2007—2009/222

009913828 浙江党校年鉴 2002/292

010102584 中共江西省委党校年鉴 2000/373

013608675 四川党校行政学院年鉴 2009/2011/650

013609414 中共甘肃省委党校年鉴 2002—2011/774

012199700 天津市纪检监察年鉴 2005/50

013932397 山西煤炭进出口集团有限公司纪委年鉴 2010/93

013711448 太原组织工作年鉴 2004,2006,2008—2010/93

013898863 霍州煤电集团有限责任公司纪委年鉴 2009/110

010225613 佳木斯市纪检监察年鉴 1990/2005/209

012588304 安徽纪检监察年鉴 1993—1998/323

011396212 甘州区纪检监察年鉴 2000/2006/780

011140551 沙雅组织工作年鉴 2006/813

009726421 中国共青团年鉴 1998/2002,2003—2012/843

011399841 中国青年政治学院年鉴/中国青年政治学院·中央团校年鉴 2002—2003,2006—2010,2012/4

010223762 北京工业大学共青团工作年鉴 2000/2001,2003/2004/4

010101869 北京建筑工程学院团学工作年鉴 2004—2005/5

010223777 北京理工大学共青团工作年鉴 2005/5

009502098 北京林业大学共青团工作年鉴/共青团工作年鉴 2002—2008,2010—2012/5

010223795 北京师范大学共青团工作年鉴 2002/2003,2005—2006/5

012593440 [北京邮电大学]信息与通信工程学院分团委年鉴 2008/2009/5

012591930 民航空管系统共青团和青年工作年鉴 2009—2010/5

010101907 中央民族大学共青团工作年鉴/共青团中央民族大学委员会工作年鉴 2004—2009,2011/5

012525982 河北共青团年鉴 2009/61

014014249 共青团中北大学委员会工作年鉴 2008/93

013369976 吉林共青团年鉴 2005/2006,2007/166

011822029 哈尔滨工业大学共青团年鉴 2007/190

012079324 上海第二工业大学共青团工作年鉴 2002/2003/222

009081491 上海共青团年鉴 2001—2006,

2009—2012/223

014014977 浙江大学共青团工作年鉴 2003,2007/293

014014975 浙江工业大学共青团工作年鉴 2008/293

012923782 兰山共青团年鉴 2009—2010/436

011822074 湖北共青团年鉴 2007—2010/491

012724279 武汉大学共青团工作年鉴 2009—2011/496

012923540 湖南共青团年鉴 2009—2011/531

012926212 中南大学共青团工作年鉴 2009—2011/536

010102186 南华大学共青团工作年鉴 2005/545

011139771 广东共青团年鉴/广东省共青团年鉴 2006—2011/561

011139800 广西共青团年鉴 2002—2006/605

012591889 昆明理工大学共青团工作年鉴 2006,2008/711

013677515 云南大学共青团年鉴 2012/712

工人、农民、青年、妇女运动与组织

008187004 中国工会年鉴 1995—2014/843

006384653 中国工会统计年鉴 1991—1994,1995/1996,1997—2013/843

011500228 北京市教育工会工作年鉴/北京市教育工会年鉴 2005—2010/5

009927807 密云县工会年鉴 1999/2003/48

011824454 内蒙古工会年鉴 2003—2004/116

013809476 大连市工会年鉴 1996/1997/145

009698892 长春工运年鉴 1993,2001—2004/169

010102525 长春铁路分局工会年鉴 1999,2002/169

013927818 哈尔滨铁路分局工会年鉴 1997,2000/190

013467340 大庆石化公司工会年鉴 2007/2008,2009/205

006088575 牡丹江市工会工作年鉴 1986/213

007978243 上海工会年鉴 1996—2014/223

007702746 上海市劳工年鉴 1948/223

009492665 上海铁路分局工会年鉴 1992,1994—2004/223

013090040 上海医务工会年鉴 2002,2004—2006,2008/223

014014424 南京工会年鉴 1993/2001/252

009425856 杭州铁路分局工会年鉴 1996—1997,1999—2002/293

008434193 山东工会年鉴 1995—2011/391

009492556 济南铁路分局工会年鉴 1999—2001,2003/399

009309842 济南铁路局工会年鉴 1999—2005/399

011398571 济青工会年鉴 1994/1999/399

013758763 郑州铁路分局工会年鉴 1997,2003/452

009492573 洛阳铁路分局工会年鉴 2000/2001/460

012354194 济钢工会年鉴 2001/2005,2006/2010/489

012194249 湖北工会年鉴 2007—2009,2011/491

010223884 长航工会年鉴 2003/496

013608983 湖北电力职工思想政治工作研究年鉴/湖北省电力公司思想政治工作研究年鉴 2000,2009,2011/496

008325241 武汉工运年鉴 1991—1994,1995/1996,1997/1998,1999—2006/497

011503047 娄底工会年鉴 2002,2002/2006/557

009237363 广东工会年鉴 1997—2014/561

013974353 西昌铁路分局工会年鉴 1992/691

004900644 中国农村住户调查年鉴 2000—2006,2008—2010/844

008405453 山东省分县乡农民生活统计年鉴 1993/1994,1995,1997—1998/391

008405253 山东省农民生活统计年鉴 1999/391

004598826 中国青年工作年鉴 1985—1986,1988/844

008479316 中国青少年年鉴 1994,1996/844

008476789 北京青少年年鉴 1991/5

008315305 上海青年年鉴 1991/223

012360324 青岛青年工作年鉴 1996—2000/407

012079666 烟台青年工作年鉴 1986/420

009542174 四川青少年年鉴 2003,2004/2005,2006—2010/643

008626006 妇女年鉴第1回 △ 1924—1925/844

008805314 中国妇女研究年鉴 1991/1995,1996/2000,2001/2005/844

011503354 山东省妇女工作年鉴 1991—1992,1994—1996/391

世界政治

006965694 国际形势年鉴 1982—1993,1995—2011/844

008116717 国际政治年鉴 1965—1966/844

008152428 世界年鉴 1931/844

008149920 世界年鉴 1951—1952/844

014103780 世界社会主义研究年鉴 2011/2012,2013/845

012242427 当代世界研究中心年鉴 2004—2005/5

中国政治

009360583 中国政治学年鉴 2002/845

009437218 中国政策年鉴 2001/2002/845

012617758 中国和学年鉴 2010—2011/845

008017258 中国社会主义年鉴 1995/1996/845

008388830 中国特色社会主义年鉴/中国特色社会主义理论年鉴/中国社会主义年鉴 1997—2002,2003/2004,2005,2006/2007,2008—2009/845

012923829 马克思主义理论研究与学科建设年鉴/中国特色社会主义年鉴 2010—2014/845

012079835 中国统一战线年鉴 2007/845

009928156 社会主义学院年鉴 2000/6

008977278 中共上海市委统战部年鉴 2002—2003/223

010227026 浙江统一战线年鉴 2006—2014/286

009913768 四川统一战线年鉴 2004—2005/644

009618358 台湾工作年鉴 1989/2002,2003/2004,2005—2013/832

008557079 中国纪录（大全）年鉴 2000/845

013713435 江苏改革年鉴 2011—2012, 2013/2014/246

009934589 进藏工作年鉴 1996, 1997/1998/407

011141237 援藏工作年鉴 2002/2004, 2004/2005, 2006/2007/407

012194247 湖北发展改革年鉴 2009—2014/491

011967502 武汉改革开放年鉴/武汉改革开放 30 年鉴 1978/2008/497

012065422 中国改革年鉴/中国经济体制改革年鉴 2003/2012, 2007/2008, 2009—2014/845

011968416 中华人民共和国改革开放 30 年年鉴 1978/2008/846

008432833 中国人权年鉴 2000, 2000/2005, 2006/2010/846

009300211 中国人民代表大会年鉴/全国人民代表大会年鉴 2003—2004/846

012079243 全国人民代表大会年鉴内部工作版 2004—2009, 2011/846

013914934 全国人民代表大会年鉴/中国人民代表大会年鉴 2005, 2011—2012/846

013914929 中国人大年鉴 2006—2010/846

013680414 怀柔人大工作年鉴 2012—2013/47

011500348 长治人大年鉴 2000, 2002—2003/98

012199185 临汾人大年鉴 2001—2006, 2008—2009, 2011—2012/109

012521625 翼城人大年鉴 2005, 2008/110

013936573 新北区人大年鉴 2002/2012/265

012079784 郑州人大年鉴 2004—2005/452

009324820 重庆人大年鉴 1997/2002, 2003/2007/634

009542177 四川省人民代表大会年鉴 2004—2009/644

013713442 北京影响力年鉴 2012/6

010102466 佳木斯市政府办年鉴 1990/2005/210

009913101 福建机构编制年鉴 2004, 2008/346

012361400 山东机关事务年鉴 2009—2011/391

008457800 广州市市政府统计年鉴 1929/567

008426188 中国人民政治协商会议年鉴 1993—1996, 1998—2013/846

009195504 北京政协年鉴 1993, 1996—2002, 2004—2013/6

011965614 北京朝阳政协年鉴 2007—2011, 2013/41

010225591 怀柔政协年鉴 2004—2005/47

006038431 山西政协年鉴 1991—1992, 1993/1994, 1995, 1996/1997, 1998/1999, 2000/2001, 2002/2003, 2004, 2005/2006, 2007/2008, 2009, 2010/2011/89

011139665 长治政协年鉴 1993—2006, 2008—2014/99

009934503 长子政协年鉴 2005, 2013/101

011822998 临汾政协年鉴 2002/2003, 2004/2005, 2006/2007/109

012079735 翼城政协年鉴 2007—2011/111

012593426 乡宁政协年鉴 2009/112

012357167 吕梁政协年鉴 2003/2004, 2005/2006, 2007/2008, 2009/2010, 2011/2012/113

012199225 柳林政协年鉴 2002—2008/114
013790941 内蒙古政协年鉴 2008/116
008998372 上海政协年鉴 1998—2010/223
011503127 瓯海政协年鉴 2002/2004,2005/2006/305
011399030 中国人民政治协商会议山东省泰安市委员会年鉴/泰安市政协年鉴 1998—2001,2002/2007/428
012926137 郑州政协年鉴 2010—2012/452
013311761 湖北政协年鉴 2010—2012/491
008923185 武汉政协年鉴 1998—2009,2011—2012/497
011503579 襄樊政协年鉴 1999/2003/512
011966336 东莞政协年鉴 1999/2003/600
012243729 云南政协年鉴 2008—2013/707
013936512 武定政协年鉴 2008/2012/732
012801225 西藏自治区政协年鉴 2009—2011/744
011824378 中国人民政治协商会议西藏自治区政协年鉴/西藏政协年鉴 2002/744
012049061 中国人民政治协商会议青海省委员会年鉴 2003—2010/787
012357229 宁夏回族自治区政协年鉴 2008—2012/795
013680617 中国公共管理年鉴 2013/846
013604132 中国公共管理学年鉴 2011/846
012079802 中国管治年鉴 2009/846
013793252 中国社会管理综合治理年鉴/中国社会治安综合治理年鉴 2011/847
009841296 中国行政管理学年鉴 2002/847
009360574 中国电子政务年鉴 2003/847
013904216 中国电子政务年鉴 2012—2013/847
013635228 中国机构编制年鉴 2011—2013/847
012926200 中国政府绩效管理年鉴 2010,2012/847
005033026 中国人事年鉴 1988/1989/847
013603065 干部三局年鉴 2011/6
013926370 干部四局年鉴 2010/6
012047169 干部五局年鉴 2004/6
009588912 新华社人事年鉴 1995—1996/6
013714910 吉林省机构编制年鉴 2012/166
011968291 中国浦东干部学院年鉴 2004/2006,2007/2009/243
012079326 绍兴人事年鉴 2007—2009/310
009934462 中国井冈山干部学院年鉴 2003/2004,2006—2011,2014/384
013677348 甘肃机构编制年鉴 2012—2013/770
009492559 纠风工作年鉴 1990/1997,1998/2002,2003/2007/847
003601033 中国监察年鉴 1987/1991,1998/2002,2003/2007/847
012593530 中国廉政建设年鉴 2005/847
012923487 国家预防腐败局年鉴 2007/2009,2010/2011/6
013370012 晋中纠风年鉴 1990/2010/104
009289231 中国公安出入境管理年鉴 2001—2002,2005—2006,2008/847
009081529 中国公安年鉴 2000/848
012983890 中国公安宣传思想工作年鉴 2008/848
008426172 中国社会治安综合治理年鉴 1992,1993/1994,1995/1996,1997/1998,1999/2000,2001/2002,2003—2010/848
009360556 北京公安年鉴 2001—2009/6

008878936 天津公安年鉴 2000—2006,2010/50

012199567 沈阳公安统计年鉴 2007/139

011139657 长春公安年鉴 2001/2003,2004/2006/169

010224273 哈尔滨公安年鉴 1992—1996,2003—2004,2006—2008/190

013898537 哈尔滨铁路公安局年鉴 1997,1999/190

013898747 齐齐哈尔铁路公安处年鉴 1994/196

009933606 伊春市公安年鉴 1993/208

012199437 牡丹江公安年鉴 1995—2006/213

003818333 上海公安年鉴 1988—2013/223

008143969 无锡县公安局年鉴 1932/1933/260

009542208 浙江公安年鉴 2004—2014/286

009197858 杭州公安年鉴 1996/2002,2004/2005,2006—2013/293

013481553 温州公安年鉴 2012/304

009726392 金华公安年鉴 2005/313

010102120 泉州公安年鉴 2003/359

011398583 江西公安年鉴 2002—2003/370

013752841 南昌铁路公安局年鉴 2011/373

011139961 山东公安年鉴 2001—2002,2003/2004,2005—2013/391

013369984 济南公安年鉴 2010/399

008432860 武汉公安年鉴 1996—2012,2014/497

012526064 荆门公安年鉴 2004/515

012243205 长沙公安年鉴 2003,2005—2006/536

011504680 株洲公安年鉴 1992/1995,1996—1997,1999,2000/2001,2002/2003,2004/541

010224228 广西公安统计年鉴 1988/605

011139958 桂林市公安年鉴/桂林公安年鉴 1997—2001/616

013470988 海南公安年鉴 2010/628

011503642 云南公安年鉴 2005—2009/707

012792632 临沧公安年鉴 2006,2009—2011/728

013713447 开远保安工作年鉴 2012/733

009395677 西安公安年鉴 1998/752

008958002 甘肃公安年鉴 1991/1994,1996—2001/770

011139959 兰州公安年鉴 2005,2007/774

009928166 中国消防年鉴 2004—2012/848

012593325 西城消防工作年鉴/西城区公安消防支队年鉴 2009/40

013471067 陕西消防安全年鉴 2011—2013/748

009395857 中国民政年鉴 2002—2004,2006—2007/848

007887674 中国民政统计年鉴/民政统计年鉴 1994—2014/848

011399864 中国社会工作协会年鉴 2001/2006/848

008437490 北京民政年鉴 1992—2010,2012—2013/6

009437208 北京市民政统计年鉴 2001—2010,2012—2013/7

011399062 天津市民政统计年鉴 1998,2000,2010/50

009928037 山西民政年鉴 1997,1999—2000,2002—2009/89

008149945 民生年鉴 1938/139

013173522 吉林省民政统计年鉴 2003—

2010/166

009169758 黑龙江民政年鉴/黑龙江省民政年鉴 1985—2000/185

012521544 牡丹江民政年鉴 2009—2010/213

013089985 安徽省民政统计年鉴 1993,2004—2005,2009/323

009934500 山东民政统计年鉴/山东省民政统计年鉴 1992—1994,1997—2008,2010—2012/391

012526019 湖北民政统计年鉴/湖北省民政事业统计年鉴 1994—1996,1999,2007—2008/491

009913131 广西民政统计年鉴 2001,2005—2007,2010—2011/605

009926663 重庆市民政统计年鉴 2005,2007,2009/634

012617467 四川民政统计年鉴 1995,2002—2005,2008—2009,2012—2013/644

013753726 贵州民政统计年鉴 1992,1999—2000,2006—2008,2010/693

012525940 甘肃民政统计年鉴 2008—2010/770

012351700 白银民政年鉴 2004—2007/777

013635213 青海民政统计年鉴 2010—2012,2014/787

011141275 中国儿童福利事业年鉴 2006/848

009914071 中国红十字年鉴 2004/2005,2005/2006,2006/2007,2007/2008,2009/2010,2011/2012/848

013173253 中国社会救助工作年鉴 2004/2009/849

008958020 中华慈善年鉴 2000—2005,2006/2007,2008—2013/849

012789989 大连慈善年鉴 2004/2008/145

013467469 南昌慈善年鉴 1999/2011/373

013174668 枣庄红十字年鉴 2008/2009/416

013758075 深圳狮子会年鉴 2002/2012/576

010227076 中国救灾年鉴 1988/849

013935883 达县地区救灾年鉴 1950/1993/681

011141263 中国殡葬年鉴 2004/849

011140683 上海殡葬年鉴 2006—2007,2010/224

014142040 上海市殡葬服务中心殡葬年鉴 2001/224

008923215 中国民族工作年鉴/中国民族统计年鉴 2001—2002/849

007696756 中国民族年鉴 1995—2014/849

005581468 中国民族统计年鉴/中国民族工作年鉴△ 1949/1994,1995—2000,2004—2013/849

009914086 中国民族信息年鉴 2005/849

007461198 中国民族研究年鉴 1993—1995,1996/1997,1998—2004,2006—2009/849

008966544 台北市原住民统计年鉴 2001/833

013604167 中国侨联年鉴 2011—2014/850

008122376 旅英华侨年鉴 1965/850

005438549 美国华侨年鉴 1946/850

008122347 世界华侨年鉴 1969/850

012242674 世界杰出华人年鉴 2002,2005—2006,2009/2010/850

008977342 中国农村基层民主政治建设年鉴 2001—2002/850

009726679 中国行业思想政治工作年鉴 2003—2005,2007/850

012080600 中国政工年鉴 1998/850

013634428 内蒙古宣传思想文化年鉴 2011/116

012792553 黑龙江宣传工作年鉴 2008—2012/186

013467639 齐齐哈尔宣传思想工作年鉴 2008/196

009081365 江苏宣传年鉴 2000—2003,2005—2014/246

011501902 福建宣传年鉴 2006—2008/346

013603212 莆田宣传年鉴 2008,2011/356

009934193 江西宣传思想工作年鉴/江西宣传思想文化工作年鉴 2001/2003,2004—2010/370

011967170 山东宣传年鉴 2003/392

012176884 滨州宣传年鉴 2007/2008,2009/441

011140413 湖北宣传年鉴 2006—2013/491

013680592 湖南宣传年鉴 2012—2014/531

011139895 贵州宣传工作年鉴 2005—2012/693

013753580 德宏宣传年鉴 2007—2008/741

012916361 诚信中国年鉴 2010/850

008715475 中国精神文明建设年鉴 1998/1999,2000—2014/850

004605558 中国精神文明年鉴 1992,1993/1994/850

009933314 首都精神文明建设年鉴 2005—2007/7

011399057 天津市精神文明建设年鉴 2003/2004,2005/2006/50

008957902 河北省精神文明建设年鉴 2001—2010/61

013173573 内蒙古精神文明建设年鉴 2010/116

012525897 包头精神文明建设年鉴 2005/2008/121

012923583 吉林省精神文明建设年鉴 2005—2007/166

012789998 福建精神文明建设年鉴 2010—2013/346

012724205 平顶山市精神文明建设年鉴 2003,2008/463

009104884 广东精神文明建设年鉴 2002—2011,2012/2013,2014/561

012983223 甘肃精神文明建设年鉴 2010/771

009726244 宁夏精神文明建设年鉴 2004—2005,2007—2008,2010—2013/795

011503937 中国政党制度年鉴 2006—2009,2011—2013/851

012530625 中国民主促进会年鉴 2008—2011/851

012615158 中华全国工商业联合会年鉴 2007—2008,2010—2012/851

010226696 中华全国工商业联合会直属会员商会年鉴/商会年鉴 2005—2006,2007/2009/7

010226345 辽宁省九三学社年鉴/九三学社辽宁年鉴 1993,1997/2002,1998,2008/134

013609023 民革浙江省委员会工作年鉴 2007/2012/286

009616827 广东城市调查年鉴/广东城市调查统计年鉴 2004—2006/561

009726251 山东劳动保障年鉴 2004—2009/392

010102418 河南劳动和社会保障年鉴

1999—2007/446

009618447 中国社区建设年鉴2003/851

013174658 武汉市常青花园社区年鉴1993/2009/497

011542438 预防青少年违法犯罪工作年鉴2004/2005/851

002032798 中国青少年犯罪研究年鉴1987/851

009520205 中国老龄工作年鉴1982/2002,2003/2005,2006—2007,2008/2009,2010—2012/851

007696772 中国残疾人事业年鉴1949/1993,1994/2000/851

009520216 中国残疾人事业统计年鉴2002—2009,2011—2015/851

009927775 北京市残疾人联合会年鉴1999/2002,2003—2005,2007/7

012616973 北京市残疾人事业统计年鉴2008/7

013965479 四川省残联年鉴2008/644

012351719 北京社会建设年鉴2009—2012/7

011399640 浙江政策年鉴2007—2014/286

009913104 厦门社会发展年鉴1997/2001,1998,2002/2004/354

012047468 龙岩市社会发展年鉴2000/365

008121084 国民政府年鉴台湾省行政部份1946/1948/832

005929800 国民年鉴1949/851

009123988 实用国民年鉴1941/852

012704390 国民政府年鉴1943/1946/852

003098308 国民政府年鉴1945/852

008137817 内政年鉴1936/852

008119294 铨叙年鉴/铨叙部年鉴1930,1931/1933/852

002092078 江苏省政治年鉴1988/247

008516762 湖南省政治年鉴1932/531

008119370 中国国民党年鉴1929/852

外交、国际关系

008426169 SIPRI年鉴军备·裁军和国际安全1999,2011,2013—2014/852

008244739 外交年鉴/外交年鉴1920/852

008006417 中日青年交流年鉴1992/852

009913832 浙江外事年鉴2005—2014/286

011967368 台州外事年鉴2008—2010/317

005072097 清季外交年鉴4册/852

005091348 中国外交年鉴民国二十二年一月至十二月1933/852

005091337 中国外交年鉴民国二十三年一月至十二月1934/853

005091349 中国外交年鉴民国二十四年一月至十二月1935/853

法律

003565876 中国法学研究年鉴1991/853

001819668 中国法律年鉴1987—1990,1992—2014/853

012926157 中国法制信息年鉴1982/2005/853

011141413 中国依法行政年鉴2005/2006,2007/2008/853

002455202 中国农业年鉴1983—1985/853

011141299 中国环保执法年鉴2005/2006,2007,2008/2009/853

008849908 中国知识产权年鉴2000,2001/2002,2003—2014/853

013604210 中国知识产权司法保护年鉴2011—2013/853

012346400 中国版权年鉴 2009—2014/854

013634136 中国消费者权益保护年鉴 2012/854

010227235 中国质量消费年鉴 2001/2002/854

007821038 刑事案例年鉴 1991—1992/854

012832463 中国商事审判年鉴 2009—2010/854

010227043 中国法律援助年鉴 2005—2012/854

008146101 司法年鉴 1941/854

007345477 中国司法行政年鉴 1995—2003,2005—2013/854

003077179 人民法院年鉴 1988—1991/854

008957926 北京法院年鉴/北京法院工作年鉴 1993—2004,2005/2006,2007—2013/7

012079145 河北省人民法院年鉴 1993/1997/61

013820239 石家庄市中级人民法院年鉴 2009—2010/66

013711457 通辽市科尔沁区人民法院年鉴 2004—2005/125

013757956 辽宁省高级人民法院年鉴 2008—2009/134

013713456 大连海事法院年鉴 2011—2013/145

009933572 黑龙江法院年鉴 1993—1996,1998—2000/186

013714677 绥化法院年鉴 2011—2012/218

009913743 上海海事法院年鉴 2002—2003,2006—2010/224

011503435 上海市第一中级人民法院年鉴 1995—2005/224

011967258 上海市高级人民法院年鉴 1996—2011/224

009928050 上海市浦东新区人民法院年鉴/浦东法院年鉴 1993/2000,2001—2005,2007,2009/2010,2011—2012/243

013603284 上海市松江区人民法院年鉴 2011/244

013936507 无锡市中级人民法院年鉴 1998/259

012200453 浙江省高级人民法院年鉴 2008—2013/286

013925174 安徽省高级人民法院年鉴 2003,2010/327

012517862 巢湖法院年鉴 2000/2003/330

014014119 滁州法院年鉴 2000/338

012079117 福建法院年鉴 2006—2009/346

011139710 福州市中级人民法院年鉴 2005—2011,2013/350

013174659 厦门市中级人民法院年鉴 2002—2005,2008/355

010102115 莆田法院年鉴 2003/356

010102566 江西省高级人民法院年鉴 2003—2006,2008—2010/370

011398567 济南市中级人民法院年鉴 2001/2002/399

008643799 天桥法院年鉴 1993/1997/404

012048757 新泰市人民法院年鉴 2002/2006/429

013898478 东港法院年鉴 2010/433

013936039 莒南法院年鉴 2008/438

012194262 湖南法院年鉴 2006—2009,2011—2013/531

009395463 广东法院年鉴 1998—2012/561

011822019 贵港市港北区人民法院年鉴 1996/2006/620

012791035 海南法院年鉴 2008—2009/628

011824418 重庆法院年鉴 2002—2006/634

013788233 贵州法院年鉴 1997—1998/694

013609299 云南法院年鉴 1998—2003,2010/707

012047440 昆明市中级人民法院年鉴 2003—2004/712

013608603 云南省大理白族自治州中级人民法院年鉴/大理州中级人民法院年鉴 2009—2010/739

013374008 怒江州中级人民法院年鉴 2010,2012—2013/742

009933346 甘肃法院年鉴 2003,2006,2008—2010/771

002531659 中国检察年鉴 1988—2013/854

009425762 北京检察年鉴 1987—1995,1996/1997,1998—2014/7

013603317 天津市人民检察院第一分院年鉴 2011/50

009288991 山西检察年鉴 2000—2001,2003—2005,2009—2012/89

009933577 黑龙江检察年鉴 1994/186

012791027 哈铁检察年鉴 2003/2006/190

010225620 佳木斯市人民检检察院年鉴 1990/2005/210

011967266 上海检察年鉴 2004,2006—2010/224

012592300 绍兴检察年鉴 2002/311

013899429 枣庄检察年鉴 2010/416

012047463 临沂检察年鉴 1999,2004—2008,2010/436

012525997 河南检察年鉴 2007—2011,2013/446

012591743 检察政治工作年鉴/河南省人民检察院检察政治工作年鉴 2000—2004/446

011823237 西华检察年鉴 2007/486

013757908 [驻马店市]检察年鉴/驻马店市检察年鉴 1997/487

013753745 湖南检察年鉴 2010/531

012791003 广西检察年鉴 2010/605

009503012 云南检察年鉴 1990,1994—2003/707

010102767 昌都检察年鉴 2003—2004,2008,2010/746

011139720 甘肃检察年鉴 1987,1997,2005,2008,2011/771

010102139 兰铁检察年鉴 2004—2005,2008—2010/774

009289257 中国律师年鉴 2000,2001/2003,2004—2005,2006/2008,2009—2011,2013/855

013965313 江苏常州张林芳律师事务所年鉴 2000/2004/264

013467726 深圳律师年鉴 2010/2012/576

009519993 北京监狱年鉴/北京监狱劳教年鉴 1998—1999,2003—2004,2006—2007,2011/8

009520046 北京司法行政年鉴 1990/1996,1997—2010,2013/8

009615289 北京知识产权审判年鉴 2005/8

009264659 河北法制年鉴 2002,2004,2006,2008,2010,2012/61

009617178 河北政法年鉴 2000/61

013932402 山西司法行政年鉴 2009/89

010225551 黑龙江监狱年鉴 2000,2001/2002,2003—2006/186

010225555 黑龙江劳改工作年鉴 1986/1994/186

010225581 黑龙江省知识产权局年鉴 2003—2005,2007,2011/186

009913748 上海监狱年鉴 2001/2003,2004/2005,2006—2011,2013/224

008580047 上海司法行政年鉴 1996/1998,1999/2000,2001—2002,2005—2008/224

013090006 江苏依法行政年鉴 2009/247

013965250 河南监狱工作年鉴 2001—2003,2005—2007/446

012617153 河南司法行政年鉴 2009—2012/446

012521521 河南政法年鉴 2009/446

009237336 广东司法行政年鉴 2001—2002/561

008969081 广东知识产权年鉴 2002—2014/561

008434600 深圳政法年鉴 1996—2013/576

014014860 深圳仲裁年鉴 1998/2003/576

012791012 广西政法年鉴 2010—2014/605

013635408 四川监狱年鉴 2011—2013/644

012079139 贵阳知识产权年鉴 2008/695

012593456 云南司法行政年鉴 2008—2013/707

011918221 中国海洋行政执法统计年鉴 2001/2007/855

军事

006038311 世界军事年鉴 1985,1987—1992,1993/1994,1995/1996,1997—2011/856

006440886 各国陆军年鉴 1914/856

009928162 孙子兵学年鉴 2004—2006,2007/2008,2009,2010/2011/856

009726430 中国国防经济年鉴 2001/856

008135044 国防年鉴 1969/856

009055131 全国双拥工作年鉴 2000—2001,2002/2003,2004—2010/857

009934732 后勤科技装备工作年鉴 2001/856

011399343 武警交通部队年鉴 2002/857

009934783 中国武警年鉴 1995—2000/857

010101900 武警北京总队年鉴 2000,2003/8

013790822 北京军事年鉴/北京卫戍区年鉴 2009/8

014014935 武警森林指挥学校年鉴 2006/45

010102765 天津武警年鉴 2000—2001/50

010102626 武警内蒙古自治区森林总队年鉴 2001/2002/119

010102590 辽宁武警年鉴/武警辽宁总队年鉴 2001,2005/134

010102482 武警黑龙江省森林总队年鉴 2002,2004/190

010102655 上海民防年鉴 2005—2006/224

011965547 安徽军事年鉴 1999,2001—2006/324

009065031 山东武警年鉴/武警山东总队年鉴 1999—2004,2009/392

012047211 河南武警年鉴 2000—2001,2004,2007/446

009237412　湖北武警年鉴 2000/491
008998196　四川武警年鉴 2000,2002/644
012079237　青海武警年鉴 2000—2001/787
012361577　伊犁军事年鉴 2003/821

经济

012530180　上海市经济团体联合会年鉴 2009—2010,2012/225
014014916　天则经济研究所年鉴 2008/8

经济概况、经济史、经济地理

005032850　世界经济年鉴 1981—1982,1983/1984,1988—1998,1999/2000,2001,2002/2003,2003/2004,2005/2006,2006/2007,2007/2008,2008/2009,2009/2010,2010/2011,2011/2012,2012/2013/858

007415103　世界经济文化年鉴 1995/1996,1997/1998,1998/1999,2000/2001/859

012078954　奥地利对华经济年鉴 2007,2008/2009,2011/2012,2013/2014/858

008135668　新加坡经济年鉴 1975/1976/859

008109005　星马工商年鉴 1960—1961/859

004727857　华侨经济年鉴 1957/858

004727845　华侨经济年鉴 1958—1959,1961—1972,1974/1975,1976/1977,1977/1978,1978/1979,1979/1980,1980/1981,1981/1982,1982/1983,1983/1984,1984/1985,1986—1987,1989—1990,1992—1993,1996—1999,2001/2002,2002/2003,2009—2012/858

005701057　华人经济年鉴 1994—1996,1997/1998,2000/2001,2009/2010,2012/2013/858

004598841　中国经济科学年鉴 1984—1989,1990/1991,1992—1993/859

008715460　中国经济贸易年鉴 2000—2006,2008—2013/859

008198071　中国经济年鉴 1934/859

013110444　中国经济年鉴 1934/1936/859

002020744　中国经济年鉴/中国经济年鉴续编 1934—1935/859

010228447　中国经济年鉴 1947/859

008108575　中国经济年鉴 1947—1948/859

002646241　中国经济年鉴 1981—1988/859

007067763　中国经济年鉴 1981,1989—2014/860

010227237　中华经济年鉴 1994/860

011968243　中国经济学年鉴 2008—2012/860

012724411　中国反垄断与规制经济学学术年鉴 2010—2011,2013/860

004569418　中国经济体制改革年鉴 1989—1999,2000/2001,2002—2006/860

007342266　中国开放年鉴 1995—1996,1998/860

008432656　中国非国有经济年鉴/中国非公有制经济年鉴 1998—1999,2007—2010/860

011503909　中国民营科技与经济年鉴 2006/2007/860

009257837　中国私营经济年鉴 1978/1993,1996,2000,2000/2001,2002/2004,2004/2006,2006/2008,2008/2010,2010/2012/860

009726056　黑龙江民营经济年鉴 2004—2008/186

009460061 上海民营经济年鉴 2002/225

009913583 无锡民营经济年鉴 2003—2011/259

009055181 浙江非国有经济年鉴 2000—2003,2005—2014/286

011140410 湖北民营经济年鉴 2006,2008/491

009616800 广州民营经济年鉴 2004—2009,2011—2013/567

009589789 四川省民营经济年鉴 2003—2005/644

010102641 宁夏非公有制经济年鉴 2005/795

008990547 中国招投标管理年鉴 2001/861

009928111 中国国有资产监督管理年鉴 2004—2014/861

007509803 中国国有资产年鉴 1993—1998/861

011139627 北京市国有资产监督管理年鉴 2005—2013/8

013467353 河北省国有资产监督管理年鉴 2010/61

011503423 山西省国有资产监督管理年鉴 2006—2012/89

010102731 上海资产统计年鉴/上海国有资产统计年鉴 2000—2003,2005/225

012200433 云南省国有资产监督管理年鉴 2008,2009/2010,2011/707

013932522 无锡工商年鉴 2010/259

011398648 南昌市工商年鉴 2000/2001/373

010224140 赣州地区工商行政管理年鉴/赣州市工商行政管理年鉴 1992/1995,1996/2000,2001/2005/381

012983356 湖北工商行政管理统计年鉴 2010/491

007542310 广州工商年鉴 1947/567

010102811 中国经济景气年鉴 2005/861

012926141 中国低碳年鉴 2010—2014/861

011824392 中国循环经济年鉴 2008—2014/861

011968400 中国再生资源综合利用年鉴 2008—2009/861

011968235 中国光彩事业年鉴 1994/2007/861

012521719 中国小康年鉴 2009/861

013714746 湖南小康年鉴 2012—2014/531

010102775 云南小康年鉴 2005—2014/707

012926167 中国国际经济合作年鉴 2009—2010/861

013467380 江西扶贫和移民工作年鉴 2001/2009,2010/370

007977655 IMI 消费行为与生活形态年鉴/消费行为与生活形态年鉴 1995,1997/1998,1998/1999,2000—2002,2003/2004,2004/2005,2005/2006,2007—2008,2009/2010/862

007698501 中国物价及城镇居民家庭收支调查统计年鉴/家庭收支调查统计年鉴/中国价格及城镇居民家庭收支调查统计年鉴 1996—1999/862

008577073 中国价格及城镇居民家庭收支调查统计年鉴/中国物价及城镇居民家庭收支调查统计年鉴 2000—2004/862

010378373 中国城市(镇)生活与价格年鉴/中国价格及城镇居民家庭收支调查统计年鉴/中国价格统计年鉴 2006—2012/862

013275729 中国住户调查年鉴/中国农村

住户调查年鉴 2011—2014/862

009934586 天津市城市居民生活与物价调查统计年鉴/天津城市居民生活与物价调查统计年鉴 2000/2003, 2002/2004/50

009934517 上海城市居民家庭收支和价格统计年鉴 2002, 2005—2007/225

013669653 上海居民生活和价格年鉴 2011—2012/225

005553814 山东省城镇居民生活调查统计年鉴/山东城镇居民生活调查统计年鉴/山东省物价与人民生活调查统计年鉴 1987—1991/392

009934755 中国经济普查年鉴 2004, 2008, 2013/863

009503300 中国百强县(市)发展年鉴 2004—2005/862

007510396 中国黄金海岸年鉴 经济 贸易 企业 1994—2001, 2002/2003/862

013635450 中国建制镇统计年鉴 2012/863

003862558 中国西部地区开发年鉴/中国中西部地区开发年鉴 1979/1992, 1993/863

012079804 中国区域经济发展年鉴/中国中西部地区开发年鉴 2007—2014/863

008773115 中国区域经济统计年鉴 2000—2014/863

008270281 中国县市经济年鉴 1992/864

009726668 中国县域经济年鉴 2004—2005, 2006/2007, 2008—2011/864

009934802 中国县域社会经济年鉴 2000/2005/864

008858171 中国县市社会经济统计年鉴 2001—2012/864

013986745 中国县域统计年鉴/中国县市社会经济统计年鉴 2013—2014/864

008858164 中国县镇年鉴 1949/1988, 1990—1996/864

010227121 中国乡镇年鉴 2005—2006/864

006940614 中国中西部地区开发年鉴/中国西部地区开发年鉴/中国区域经济发展年鉴 1995—1998, 2000/2001, 2002—2003, 2005—2006/864

012926162 中国高新技术产业开发区年鉴 2010—2012/862

004605532 中国经济特区与沿海经济技术开发区年鉴/中国经济特区开放地区年鉴 1980/1989, 1990/1992/863

007202533 中国经济特区开放地区年鉴/中国经济特区开发区年鉴/中国经济特区与沿海经济技术开发区年鉴 1995—1999, 2000/2001, 2002—2003/863

004605498 中国经济特区年鉴 1983—1984/863

009136654 中国开发区年鉴 2002, 2004—2014/863

013714552 北京经济技术开发区年鉴 2012—2013/8

010223775 北京经济普查年鉴 2004, 2008/8

009698664 北京经济信息年鉴 1999/2000/8

011139629 北京市国资委年鉴 2003/9

001784309 北京市社会经济统计年鉴/北京社会经济统计年鉴 1985—1987/9

001784311 北京社会经济统计年鉴/北京市社会经济统计年鉴/北京统计年鉴 1987—1991/9

011822104 环渤海区域经济年鉴 2007—2011/9

008273029 中国京九发展年鉴 1997/9

013363367 北京市崇文区经济普查年鉴 2008/39

012723210 北京市西城区经济普查年鉴 2008/40

011502072 海淀区发展和改革委员会年鉴 2004/2005/43

012200470 中关村科技园区年鉴/中关村国家自主创新示范区年鉴 2008—2009/43

012802564 中关村国家自主创新示范区年鉴/中关村科技园区年鉴 2010—2014/43

013311456 北京市门头沟区经济普查年鉴 2008/43

009616682 北京市顺义区统计年鉴/北京顺义统计年鉴 2000,2002—2008,2011/43

012617006 北京市大兴区经济普查年鉴 2008/46

009520018 北京市大兴县社会经济统计年鉴/大兴县社会经济统计年鉴 1998—2000/46

012176953 发展和改革工作年鉴/怀柔区发展和改革工作年鉴/北京市怀柔区发展和改革工作年鉴 2007—2008/47

012617019 北京市平谷区经济普查年鉴 2008/47

011139937 天津经济普查年鉴 2004,2008/50

006036512 天津经济年鉴 1986—1999/51

008728232 天津市农村社会经济统计年鉴/天津郊区统计年鉴 1996,1998,2000—2003/50

013790092 西青经济开发区年鉴/天津市西青经济开发区年鉴 2004—2005/57

013397356 滨海新区年鉴 2011—2013/58

011140132 塘沽区国民经济和社会发展统计年鉴 2003,2009/58

012361491 天津滨海高新技术产业开发区年鉴 2009/58

010226996 天津经济技术开发区年鉴/天津经济技术开发区(南港工业区)年鉴 2006—2009,2012—2014/58

007464835 河北经济统计年鉴/河北经济年鉴 1985—1993/61

006633795 河北经济年鉴/河北经济统计年鉴 1995—2002,2005—2014/61

012983919 河北经济普查年鉴 2008/61

009589235 河北省开发区年鉴 1996—2006,2008—2012/61

004187771 河北县镇年鉴 1990—1991/62

009195512 河北乡镇经济年鉴 2001,2004—2005,2007—2009,2011/62

010102345 中国·秦皇岛经济技术开发区年鉴 2005—2013/74

008432650 邢台经济统计年鉴/邢台统计年鉴 1999—2011/78

007916468 保定经济统计年鉴 1995—2003,2006—2014/79

008749097 沧州经济统计年鉴/沧州统计年鉴 1999—2008,2010—2012/83

013898769 任丘经济年鉴 2003—2006/84

013932995 献县经济年鉴 2004,2007—2009/85

008397439 廊坊经济统计年鉴 1997—2014/86

006058694 山西经济年鉴 1985—2003,2005—2014/89

010226722 山西经济普查年鉴 2004,2008

/89

013379006 山西省开发区年鉴2008,2010/89

009036946 太原社会经济统计年鉴2001/2002,2003—2005,2007/93

013965439 清徐社会经济统计年鉴2008/2009/96

012591681 长治经济普查年鉴2004/99

012723588 晋城经济普查年鉴2008/101

011967340 朔州经济普查年鉴2004/103

010226721 山西晋中经济普查年鉴2004/104

008998298 运城地区社会经济统计年鉴1985—1994/105

009324798 运城经济统计年鉴2002/106

008998266 平陆经济年鉴1994,1996/108

012261441 平陆经济统计年鉴2008/108

014014805 内蒙古经济贸易年鉴2001—2002/117

011139908 内蒙古经济普查年鉴2004,2008/117

010226496 内蒙古经济社会调查年鉴2006—2014/117

010102619 内蒙古自治区农村牧区社会经济统计年鉴2000,2002/117

004569188 呼和浩特经济统计年鉴/呼和浩特统计年鉴1990,1992—2005,2007—2014/119

009397854 呼和浩特市新城区国民经济和社会发展情况统计年鉴1986/1990/120

011965600 包头经济普查年鉴2004/121

012517870 鄂尔多斯经济社会调查年鉴2007—2010/125

010226456 辽宁经济普查年鉴2004,2008/134

002032806 辽宁经济统计年鉴/辽宁统计年鉴1983,1985—1991/134

001992520 沈阳经济统计年鉴/沈阳年鉴1985—1991/139

009287865 和平经济统计年鉴/和平统计年鉴1988,1991,1995,2001,2009/143

014014295 皇姑区经济统计年鉴1989/143

011503034 辽中县经济统计年鉴1999/2003,2004/2005/144

011501847 法库县国民经济统计年鉴1999/2005/144

010223940 大连经济普查年鉴2004,2008/145

009287844 大连开发区年鉴1984/1989,1990/1992,1993/1995,1996/1997/145

008336643 大连市社会经济统计年鉴1993—1996/145

008405163 大连香港经济比较年鉴1997/145

009208616 营口经济技术开发区年鉴2001/2002,2003/2004,2005/2006,2007/2008,2009/2010/155

012079556 铁岭经济普查年鉴2004/160

012617211 吉林省经济技术合作年鉴2010—2013/166

011139903 吉林省全国经济普查年鉴2004,2008/166

004561374 吉林社会经济统计年鉴/吉林统计年鉴1986—1989,1991/166

009933627 吉林开发区年鉴1988/1995/166

012789965 长春高新技术产业开发区年鉴2010—2012,2014/169

006924678 长春经济统计年鉴/长春统计年鉴 1992—1998/169

010226793 榆树市国民经济统计年鉴 1999/2000,2001—2004/172

008399405 吉林市社会经济统计年鉴 1999—2014/173

009617398 梅河口市社会经济统计年鉴 2003/177

010101955 集安市国民经济统计年鉴 2004/177

009805612 柳河乡镇经济年鉴 1985/178

007722490 白山市社会经济统计年鉴/白山社会经济统计年鉴/白山经济统计年鉴/白山市统计年鉴/白山统计年鉴 1993—2002,2004—2012,2014/178

009933591 洮南市国民经济统计年鉴/洮南统计年鉴 1997—1998,2001,2004/181

006058828 龙井社会经济统计年鉴/龙井市国民经济统计资料/龙井市国民经济统计年鉴 1994—1998,2000—2001,2003/183

009589765 和龙市国民经济和社会发展统计年鉴 2002—2004/184

011139900 黑龙江经济普查年鉴 2004,2008/186

009062467 黑龙江省经济年鉴 1983—1985/186

004683510 黑龙江经济统计年鉴/黑龙江统计年鉴 1988—1993/186

009698854 哈尔滨市道外区社会经济发展统计综合年鉴/哈尔滨市道外区统计年鉴/道外区经济社会统计年鉴 1978/1987,1989—1993,1996,1998/193

009492657 双城市国民经济统计年鉴 2000—2003/194

009805540 巴彦县国民经济统计年鉴 1970,1975/1976,1979,1984,1987,1995,1999,2003/195

009805655 木兰县国民经济统计年鉴 1997—2000/195

009739322 延寿县国民经济统计年鉴合刊 1995/2002/195

013467631 齐齐哈尔经济普查年鉴 2008/196

004569661 齐齐哈尔经济统计年鉴 1989—2014/196

014014387 龙沙区经济统计年鉴 2009/198

009589695 碾子山经济统计年鉴 1992—1998,2000—2002/198

009805660 讷河市国民经济统计年鉴 2003/199

009805570 富裕县国民经济统计年鉴/富裕县统计年鉴 1996—1999,2001,2003—2004/199

009698874 克山县国民经济统计年鉴 2002—2003/199

014217082 克东县国民经济统计年鉴/199

009840822 拜泉经济统计年鉴/拜泉县经济统计年鉴 2000—2003/200

008406776 鸡西市国民经济统计年鉴 1992—2001,2003,2005—2006,2008—2014/200

009492660 虎林市国民经济统计年鉴 2002/200

009805587 鸡东县国民经济统计年鉴 1990—2000/201

008784534 鹤岗社会经济统计年鉴/鹤岗经济统计年鉴/鹤岗统计年鉴 1996—2004,2005/2006,2011—2012/201

008968741 绥滨县国民经济和社会发展统计年鉴/绥滨县社会经济统计年鉴 1996,1998—2000,2003/202

006373396 双鸭山社会经济统计年鉴 1992—2007,2011—2012/203

009425937 集贤县社会经济统计年鉴/社会经济统计年鉴 1998—2002/203

009492837 友谊县(农场)社会经济统计年鉴 1997/1999,2000/2001/204

009460042 宝清县国民经济统计年鉴/宝清县社会经济统计年鉴 1996—1998,1999/2000,2001/2002,2003/204

013725316 大庆经济年鉴 1986/205

009805665 铁力市国民经济统计年鉴 1997,1999,2003/209

002032744 佳木斯经济统计年鉴 1987—1993,1995—2005,2007—2014/210

011396168 富锦市国民经济统计年鉴 1993—1995,2002—2006/211

009805567 抚远县国民经济统计年鉴 1949/1980,1979—1994/212

009406057 桦南经济统计年鉴/桦南社会经济统计年鉴 1990,1997,2003,2005/212

009425934 桦川县国民经济统计年鉴 1976—1979,1986—1987/212

007698520 七台河经济统计年鉴 1994—2007/212

008574190 牡丹江社会经济统计年鉴/牡丹江统计年鉴 2000/214

009805561 东宁县国民经济统计年鉴 2000—2002/216

009805595 林口县国民经济统计年鉴 1984—1985,2001/216

011966598 黑河市经济普查年鉴 2004/216

009309875 黑河市社会经济统计年鉴/黑河市统计年鉴 1993—1994,1996—2014/216

009933594 五大连池市国民经济统计年鉴 1949/1998/217

011139984 黑龙江省嫩江县国民经济统计年鉴 2004/217

009933601 逊克县国民经济统计年鉴 1995—1996,1998/217

009933584 孙吴县国民经济统计年鉴 2001—2003/218

009805576 海伦市国民经济统计年鉴 2000—2002/219

013751789 庆安县国民经济统计年鉴 1999/2003/219

009726055 大兴安岭地区国民经济统计年鉴 1990—1994/219

011139663 长江三角洲发展年鉴 2006/225

010102786 长江三角洲年鉴 2005—2006,2007/2008,2009/2010/225

011139664 长三角年鉴 2006—2014/225

005072562 上海经济年鉴 △ 1949/1982,1983/1985,1988—2003,2005—2014/225

010226742 上海经济普查年鉴 2004,2008/226

012925026 上海经济体制改革年鉴政策卷 1989/1993/226

013928134 嘉定区经济普查年鉴 2008/242

014014854 上海市松江区经济普查年鉴数据资料篇 2008/244

011139904 江苏经济普查年鉴 2004,2008/247

004586925 江苏经济年鉴/江苏年鉴 1986,1988—1989/247

013793368 江苏经济年鉴 2012—2013/247

010226621 南京经济普查年鉴 2004,2008 /252

008390517 南通市社会经济统计年鉴/社会经济统计年鉴 1990,1992—1997/269

009307845 淮安市清浦区国民经济统计年鉴/淮安市清浦区统计年鉴 2002,2004 /274

010226745 浙江经济普查年鉴 2004,2008 /286

008108961 浙江经济年鉴 1948/286

002992888 浙江经济年鉴/浙江年鉴 1986—1990/287

008749633 浙江省乡镇年鉴/浙江省乡镇街道年鉴 1999—2000,2002/287

013470929 杭州经济技术开发区年鉴 2011—2014/293

013814722 杭州经济普查年鉴 2008/293

011139928 宁波市经济普查年鉴 2004/301

010226655 宁波市科技园区年鉴 2002/301

013710650 慈溪经济普查年鉴 2004/303

010223975 奉化经济普查年鉴 2004/303

014014815 宁海经济普查年鉴 2004/304

014014818 宁海县统计年鉴/宁海县国民经济统计年鉴 2009/304

010225756 嘉兴经济普查年鉴 2008/307

013772747 嵊州经济开发区年鉴 2012/313

013656074 兰溪经济年鉴 1999/314

011395152 安徽经济普查年鉴 2004,2008 /324

004534723 安徽经济年鉴/安徽年鉴 1985—1987/324

012789940 安徽省开发区年鉴 1992/1997, 2006/324

013772682 合肥高新技术产业开发区年鉴 2011/327

008276752 安庆经济统计年鉴 1996—2003 /335

010223978 福建经济普查年鉴 2004,2008 /346

005032831 福建经济年鉴/福建年鉴 1985—1992,1994/346

012591707 福建评价年鉴 1995,2000,2002—2003/346

009933328 福建省开发区年鉴 2001—2002 /346

005059974 福州经济年鉴/福州年鉴 1988—1989,1991—1994/350

011139708 福州经济普查年鉴 2004/350

013809487 福州市仓山区经济年鉴 1996,2001/352

008274968 福州市经济技术开发区马尾区年鉴/福州经济技术开发区年鉴/福州市经济技术开发区马尾区经济年鉴 1994,1996—2003,2006—2013/352

013467330 长乐经济年鉴 1995,1997—1998 /353

013899386 永泰经济年鉴 1995,2002/354

014217057 厦门市对外经济统计年鉴 1989 /355

013898898 厦门市经济普查年鉴 2004,2008 /355

004724468 厦门市城乡社会经济调查年鉴 1989/355

008381695 三明经济统计年鉴/三明统计年鉴/三明市统计年鉴 1990—2000,2002—2008,2011—2013/357

013789999 泉州经济普查年鉴 2004/360

013928144 江西经济年鉴 1988—1989,1992

/370

011139906 江西经济普查年鉴2004,2008/370

004592989 九江经济统计年鉴/九江统计年鉴1993—2014/378

013758205 新余经济普查年鉴2008/379

008426200 鹰潭社会经济统计年鉴1993—1996/380

013711409 瑞金统计年鉴2008—2009/382

013656184 宜春市经济普查年鉴2008/386

011139934 山东经济普查年鉴2004,2008/392

012924998 山东开发区年鉴2008/2009,2010—2011/392

011140567 山东省县域经济年鉴2005—2007,2008/2009/392

013820242 寿光经济普查年鉴2004/423

009065041 威海火炬高技术产业开发区年鉴1991/2000/430

013996172 威海经济技术开发区年鉴2011/2012/430

010226718 山东省荣成市国民经济统计年鉴1998/432

013790897 临沂地区经济社会年鉴1986/436

013936042 聊城经济技术·高新技术产业开发区年鉴2009/2011/439

013758178 无棣县经济普查年鉴2008/442

010225513 河南经济普查年鉴2004,2008/446

005326669 河南经济统计年鉴/河南统计年鉴1989—1992/446

013791042 郑州经济普查年鉴2008/452

013898682 洛阳经济普查年鉴2008/460

005719903 栾川社会经济统计年鉴1949/1992,1993—2005/462

013898877 平顶山经济普查年鉴2008/463

013843872 安阳经济普查年鉴2008/465

013788368 鹤壁国家经济技术开发区年鉴/鹤壁国家经济技术开发区20年鉴1992/2011/467

013898630 鹤壁经济普查年鉴2008/467

013899343 新乡经济普查年鉴2008/468

013898874 焦作经济普查年鉴2008/471

011967052 濮阳经济年鉴2004/2006,2009/2010/474

012591933 濮阳市经济普查年鉴2004,2008/474

013899358 许昌经济普查年鉴2008/476

013898684 漯河经济普查年鉴2008/477

013898887 三门峡经济普查年鉴2008/478

013898722 南阳经济普查年鉴2008/479

008435151 南阳经济统计年鉴1990,1992—1993,1995,1999—2003/479

014014435 南阳市卧龙区经济统计年鉴2000—2003/480

013788411 南阳市宛城区经济统计年鉴/宛城区经济统计年鉴2002/480

013898978 商丘经济普查年鉴2008/482

013899349 信阳经济普查年鉴2008/484

013899532 周口经济普查年鉴2008/486

013898643 济源市经济普查年鉴/济源经济普查年鉴2008/489

009195517 湖北发展年鉴2005/492

011139901 湖北经济普查年鉴2004,2008/492

008651505 湖北社会经济评价年鉴1994—1995,1997—2000/492

012361511 武汉经济普查年鉴 2004/497
008199122 武汉经济年鉴/武汉年鉴 1985/497
011398899 随州经济普查年鉴 2004/526
012591792 湖南开发区年鉴 2010—2013/531
013311461 长沙经济普查年鉴 2008/537
008977258 湖南长株潭经济年鉴 2002/537
011504682 株洲经济普查年鉴 2004/541
007211234 衡阳社会经济统计年鉴 1994—1998/545
008457806 广东经济年鉴 1940/561
011966547 广东经济年鉴 2007—2008,2012/562
010224181 广东经济普查年鉴 2004,2008/562
001734022 广州经济年鉴/广州年鉴 1983—1984/567
010224257 广州市全国经济普查年鉴 2004,2008/567
014014257 广州市越秀区全国经济普查年鉴/广州市越秀区第二次全国经济普查年鉴 2008/571
011396264 广州市荔湾区经济社会事业发展年鉴 2006/571
011967298 深圳经济普查年鉴 2004,2008/576
011399974 珠海经济普查年鉴 2004,2008/582
001992399 珠海经济年鉴/珠海年鉴 1979/1986/582
008463685 台山经济年鉴 1996/586
012200439 湛江经济普查年鉴 2004,2008/587

011139949 肇庆经济普查年鉴 2004,2008/591
012199428 梅州市经济普查年鉴 2004/594
011396308 河源经济普查年鉴 2004/596
012200291 阳江市经济普查年鉴 2004,2008/597
008325287 清远市国民经济统计年鉴 1992,1995—1997/598
011398712 清远市经济普查年鉴 2004/598
011139954 中山市经济普查年鉴 2004,2008/601
011503639 云浮市经济普查年鉴/云浮经济普查年鉴 2004,2008/602
008108803 广西经济年鉴 1985/605
011396243 广西经济普查年鉴 2004,2008/605
014014253 广西县域经济年鉴 2009/605
012199457 南宁市全国经济普查年鉴 2004,2008/610
007423419 柳州经济统计年鉴/柳州市统计年鉴 1994—2010/614
007722475 桂林地区经济统计年鉴 1995—1997/616
011139897 桂林市经济普查年鉴 2004/616
008405516 贺州地区社会经济统计年鉴/贺州市社会经济统计年鉴 1998,2000,2002—2003,2005,2011,2013/624
008391315 柳州地区社会经济统计年鉴/柳州地区统计年鉴 1997—2002/625
011139898 海南经济普查年鉴 2004,2008/628
008199179 海南特区经济年鉴 1989/628
008944153 重庆经济年鉴 2001—2003,2005—2012/634

010226746 重庆经济普查年鉴 2004,2008 /634

008968760 四川经济贸易年鉴/四川工业年鉴 2003/644

011503494 四川经济普查年鉴 2004/644

013609289 四川民营经济统计年鉴 2005—2006,2011,2013/644

001709257 四川经济年鉴/四川年鉴 1986—1987/645

009062531 四川乡镇年鉴 1999,2002/645

011965718 成都城市社会经济调查年鉴 2001/2005/650

013173446 成都高新技术产业开发区桂溪街道年鉴/桂溪街道年鉴/成都高新区桂溪街道年鉴 2010—2014/650

011821824 成都高新技术产业开发区年鉴/成都高新区年鉴 2007—2013/650

008108737 成都经济年鉴/成都年鉴 1987/650

009617991 泸州乡镇经济年鉴 2003—2005/662

013311838 绵阳国家高新技术产业开发区年鉴 1992/2000/665

013656076 绵阳经济普查年鉴 2008/665

009520181 旺苍县发展计划年鉴 1986/2000/669

011139893 贵州经济普查年鉴 2004,2008/694

007733577 贵阳市国民经济统计年鉴/贵阳统计年鉴 1994—1996,1998—2014/695

012177007 贵阳市经济普查年鉴 2004/695

012048809 云南个体私营经济年鉴 2001/707

008199185 云南经济年鉴 1993—2001,2003,2005—2014/707

011399620 云南经济普查年鉴 2004,2008/708

011823303 云南生态经济年鉴/云南生态年鉴 2008—2010,2012—2014/708

009934593 云南乡镇年鉴 2004/708

012526073 昆明高新区年鉴 2003—2005,2005/2009,2006—2008,2010—2013/712

011139907 昆明市经济普查年鉴 2004/712

013713405 呈贡区社会经济统计年鉴/呈贡县社会经济统计年鉴/昆明市呈贡区社会经济统计年鉴 2005—2012/714

013757949 昆明市五华区经济普查年鉴 2004/714

013791034 西山经济普查年鉴/西山区经济普查年鉴 2008/715

013965143 安宁县社会经济统计年鉴 1994/716

009806776 丽江地区国民经济和社会发展统计年鉴 1998,2002/725

011823116 普洱市国民经济和社会发展统计年鉴/普洱市统计年鉴 2006/727

010102777 思茅市国民经济和社会发展统计年鉴 2004—2005/727

012923833 弥勒经济年鉴 2000/2005/734

011399310 文山壮族苗族自治州社会经济统计年鉴/文山壮族苗族自治州统计年鉴 2000—2001,2003—2006,2011/735

011398637 勐海县乡镇年鉴 2005,2009—2010/738

005326693 西藏社会经济统计年鉴/西藏统计年鉴 1989—1990,1992/744

011399373 西藏自治区经济普查年鉴/西藏经济普查年鉴 2004,2008/744

008879207 拉萨市国民经济统计年鉴/拉萨市统计年鉴 2000—2005, 2007—2008, 2010—2014/745

013936558 西藏林芝地区社会经济统计年鉴 1986/1990/746

009406309 陕西经济贸易年鉴/陕西工业交通年鉴 2001/2003/748

008651520 陕西经济年鉴 1998—2002, 2004—2010, 2012/748

011139936 陕西经济普查年鉴 2004, 2008/749

013899339 西安高新区经济与社会发展年鉴 2010/752

009324879 高陵县社会经济统计年鉴/高陵统计年鉴 2002—2006, 2008, 2010—2011/755

012200280 延安经济普查年鉴 2004/761

011139734 甘肃经济普查年鉴 2004, 2008/771

012808745 甘肃发展年鉴/甘肃年鉴 2010—2014/771

012983227 甘肃县域经济年鉴 2010/771

012078950 白银经济普查年鉴 2004/777

009900456 天水经济统计年鉴/天水经济年鉴/天水统计年鉴 1985/2005, 2001—2004, 2007—2010/778

009746462 甘州区国民经济和社会发展统计年鉴/甘州区统计年鉴 2003—2006/780

009460009 金塔县统计年鉴/金塔统计年鉴/金塔年鉴 1984/2000, 2001—2006/783

013603221 青海经济年鉴 2011—2013/788

011139932 青海省经济普查年鉴/青海省第二次全国经济普查年鉴 2004, 2008/788

003098896 青海省社会经济统计年鉴/青海省统计年鉴 1987—1992/788

008940647 宁夏城市社会经济调查年鉴/宁夏城调年鉴 2000, 2003, 2005/795

008405232 宁夏回族自治区农村社会经济调查年鉴/宁夏农村社会经济调查年鉴/宁夏回族自治区农村社会经济调查资料△ 1990/1995, 1996—2004, 2011—2013/795

012047592 宁夏经济年鉴 2008/795

011139930 宁夏经济普查年鉴 2004/795

013379131 银川市全国经济普查年鉴 2008/798

013711444 石嘴山市经济年鉴/石嘴山经济年鉴 2004/801

013610082 中卫经济年鉴 2009/803

011139938 新疆经济普查年鉴 2004, 2008/804

004724421 新疆年鉴 1985—2004, 2006—2014/805

009841182 新疆农村社会经济统计年鉴 2005/805

013996341 乌鲁木齐经济技术开发区(头屯河区)年鉴 2012/808

008433668 石河子社会经济统计年鉴 1999—2001/828

008788769 港澳经济年鉴 2000—2003, 2005—2010/829

005326725 香港经济年鉴 1948, 1955—1956, 1958—1959, 1961—1976, 1981, 1983—1999, 2005, 2011—2014/829

004534867 澳门经济年鉴/华侨报澳门经济年鉴 1983, 1984/1986/831

008426375 中国国土资源年鉴 1999—2008，2010—2013／864

010102077 中国国土资源统计年鉴 2005—2013／864

011395208 北京市国土资源年鉴 2007—2013／9

011823205 天津市国土资源和房屋管理年鉴 2008—2011，2013／51

011822056 河北国土资源年鉴 2005／2006／62

012048455 曲周国土资源年鉴 1997／2004／78

012361523 乡宁县国土资源年鉴／乡宁县国土资源五年鉴 2002／2007／112

011503566 厦门国土资源与房产年鉴 2006，2009—2012／355

013926018 浮梁国土资源年鉴 2006／2010／377

013471053 山东国土资源年鉴 2011—2012／392

009062454 河南国土资源年鉴 2002—2003，2009—2012／447

011491034 安阳国土资源年鉴 2003／465

009913206 新乡国土资源年鉴 2002—2007／468

009840810 南阳市国土资源年鉴 2002／2005／480

009617363 武汉市规划国土年鉴／武汉市城乡规划年鉴 2004—2006／497

013620035 武汉市国土规划年鉴／武汉市城乡规划年鉴 2010—2014／497

009033490 广东国土资源年鉴／广东地政地产年鉴 2000—2003，2005—2012／562

012923462 广西国土资源年鉴 2010—2013／605

013311976 四川国土资源年鉴 2004，2009／645

011503497 四川资源开发年鉴 2001／645

012361586 云南国土资源年鉴 2009—2011／708

014014380 昆明国土资源年鉴 2009／712

经济计划与管理

011140225 中国第三产业统计年鉴 2006—2014／865

013809413 北京市质量技术监督统计年鉴 2010／9

005059985 中国工商行政管理年鉴 1992—2014／865

010223832 北京市平谷工商行政管理年鉴 1978／2004／47

009933571 哈尔滨工商行政管理年鉴 2004—2005／191

013608664 南昌市工商行政管理年鉴 2009—2012／374

009217460 广西工商行政管理年鉴 1998／605

009208270 云南工商年鉴 2002—2003，2005—2013／708

009726433 中国国民经济核算年鉴 2004／865

008336861 中国会计年鉴 1996—2003，2005—2014／865

009927917 山东省注册会计师年鉴 2003／392

003165031 中国审计年鉴 1983／1988，1989／1993，1994／1998，1999—2000，2001／2002，2003—2004，2006—2010／865

009617338 黑龙江省审计年鉴 1993,1997, 2001—2005/187

009618353 审计工作年鉴/哈尔滨特派办审计年鉴 1992/1995/191

009519330 江苏审计年鉴 1983/2003/247

011821752 安徽审计年鉴 2003—2004,2006—2013/324

012079121 福建审计年鉴 1996/2000,2001/2005/346

009501733 广西审计年鉴 2002/2003,2004/2005/606

012080558 国际劳动统计年鉴 2003/865

008111174 中国劳动工资统计年鉴 1990/865

008111120 第一次中国劳动年鉴/经济年鉴 1927/865

007700034 第二次中国劳动年鉴 1928/1931/865

002758102 民国二十一年中国劳动年鉴 1932/866

008247194 民国二十一年中国劳动年鉴 1932/866

007702745 民国二十二年中国劳动年鉴 1933/866

004967435 中国劳动年鉴/中国劳动人事年鉴 1988/1989,1990/1991,1992/1994,1995/1996,1997—1998/866

007344430 中国劳动统计年鉴 1993—2014/866

008604941 中国劳动和社会保障年鉴/中国人力资源和社会保障年鉴 1999—2006,2008/866

012593556 中国人力资源和社会保障年鉴/中国劳动和社会保障年鉴 2009—2014/866

009841255 中国人力资源开发年鉴 2004,2007/866

011967175 山西人保年鉴/中保财产保险山西年鉴 1999/89

013603255 山西人力资源和社会保障年鉴 2011—2013/90

009309923 辽宁劳动年鉴 1990—1992/134

011503713 浙江劳动和社会保障年鉴/浙江人力资源和社会保障年鉴 2007—2014/287

014217087 福建劳动统计年鉴/347

012724231 山东人力资源和社会保障年鉴 2010—2014/393

014014838 青岛劳动和社会保障年鉴 2008/407

013766075 河南劳动年鉴 1992—1998/447

012990536 河南人力资源和社会保障年鉴 2009,2011—2012/447

008399483 深圳劳动年鉴 1979/1997,1999/576

009426071 广西劳动和社会保障年鉴 2002—2003/606

013311983 四川劳动和社会保障统计年鉴 2005—2006/645

013677449 云南人力资源和社会保障年鉴 2011—2013/708

003602073 台湾地区劳工统计年鉴 1987—1997,1999—2000,2002—2003,2005—2014/832

013711498 中国冷链年鉴 2009—2010/866

008977190 中国物流年鉴 2002—2003,2005—2014/867

004872904 中国生产资料市场统计年鉴 1993/867

009288906 兵器工业部物资工作年鉴 1986/9

009928047 上海物流与采购行业年鉴 2003/226

014394950 上海物流年鉴 2012/226

013898934 山东物资管理年鉴 1991/393

012530592 郑州物流年鉴 2006/2007/453

011503862 中国管理年鉴 2008/867

008878964 中国招标投标年鉴 2001—2003,2004/2005,2008/2009/867

012530651 中国企业新记录暨自主创新成果年鉴 2009/867

009036840 中国产品质量比较年鉴 2001/867

005544807 中国质量认证年鉴 1994—2001/867

013379152 中国设备管理年鉴 2010/867

012047356 江苏质量年鉴 2006—2007/247

012046922 安徽质量技术监督年鉴 2007—2008/324

009406068 河南质量技术监督年鉴 2001—2003,2008—2010/447

013173479 湖南质量技术监督年鉴 2007—2008/531

010224252 广西质量技术监督年鉴 2005/606

013609212 四川招标投标年鉴 2007/645

004944458 美国工商年鉴 1986,1990/867

011141279 中国法国工商会年鉴 2002/2003,2004/2005,2005/2006,2007/2008,2008/2009,2009/2010,2010/2011,2011/2012,2012/2013/868

007511654 世界华商经济年鉴 1995,1996/1997,1997/1998,1998/1999,2000/2001,2001/2002,2004/2005,2005/2006,2007/2008,2008/2009/867

011140227 中国对外经济贸易与合作企业统计年鉴 2005/868

009324840 中国对外贸易经济合作企业年鉴/中国外经贸企业年鉴 2001—2002,2003/2004,2004/2005,2007/2008,2009/868

002397183 中国企业登记年鉴外商投资企业专辑 1979/1987/869

002395873 中国企业登记年鉴特辑 1984/870

002397340 中国企业登记年鉴全国性公司特辑 1985/870

008395368 中国企业登记年鉴多层次传销企业专辑 1996/870

007977135 中国企业发展年鉴 1988/870

004569391 中国企业升级年鉴 1986/1988,1989,1990/1991/870

011399856 中国上市公司年鉴 2007—2013/871

006747754 中国信息企业(机构)年鉴/中国信息企业年鉴 1994/871

009841271 中国信誉企业年鉴 2002/871

012079837 中国质量检验协会团体会员工作年鉴 2006/871

008198189 中韩经济产业体年鉴/中国韩国经济产业体年鉴 1994/872

009324248 中国产权市场年鉴 2003—2004,2006—2012/868

009618443 中国企业并购年鉴 2005—2013/869

008902131 中国 CIS 年鉴 2002/868

012802572 中国策划家年鉴 2009/2010/868

009913865 中国策划年鉴/中国策划年

鉴·导览 2005 / 868

009928154 中国品牌年鉴 2002, 2003/2004, 2006 / 869

004569387 中国企业管理年鉴 1990—1993, 1995—2000, 2001/2002, 2003—2010 / 870

011141399 中国企业劳动保障成就年鉴 2005 / 870

013275710 中国企业年鉴 2011—2014 / 870

009726506 中国企业文化年鉴 2004, 2005/2006, 2007/2008, 2009/2010, 2011/2012 / 870

009746477 中国认证认可年鉴 2004—2014 / 871

008278753 中国大中型企业年鉴 1996—1997 / 868

009341074 中国高技术产业发展年鉴 2002—2003, 2005—2013 / 868

009132585 中国高技术产业统计年鉴 2002—2014 / 869

008866924 中国高新技术产业年鉴 2001 / 869

009341095 中国高新技术企业年鉴 2000 / 869

004621286 中国横向经济年鉴 1991 / 869

011824356 中国火炬统计年鉴 2008—2014 / 869

011503903 中国留学人员创业年鉴 2007—2014 / 869

009459990 中国企业集团年鉴 2003 / 870

004621326 中国乡镇企业年鉴/中国乡镇企业及农产品加工业年鉴 1978/1987, 1989—2005 / 871

011485922 中国乡镇企业及农产品加工业年鉴/农产品加工业年鉴/中国乡镇企业年鉴 2007—2012 / 871

009459981 中国中小企业发展年鉴/中国中小企业年鉴 2003, 2004/2005, 2006—2014 / 871

008370726 中国企业登记年鉴 北京专辑 1991 / 9

004156473 中国外向型企业年鉴 北京卷 1989 / 10

011139599 BG北控年鉴/北京控股集团有限公司年鉴 2005—2009 / 9

011968298 中国企业集团财务公司年鉴 2008—2013 / 10

009015861 天津企业年鉴 1997/2001, 2002—2003 / 51

012591731 河北企业年鉴 2009—2013 / 62

013790006 山西省企业和产品年鉴 2008 / 90

009460049 辽宁企业集团年鉴 2001, 2003 / 135

008968770 中国企业登记年鉴 总29号 辽宁特辑 1988 / 135

009698927 辽宁城镇集体经济年鉴 1988 / 134

009182915 辽宁企业年鉴 2002—2004 / 135

008957874 辽宁企业统计年鉴 2001 / 135

013936475 沈阳三资企业年鉴 1993 / 139

004161518 中国外向型企业年鉴 吉林卷 1996 / 167

012723585 吉林省高技术产业统计年鉴 2008—2013 / 166

009617391 吉林企业统计年鉴 2002, 2004 / 166

002397603 中国企业登记年鉴 上海市专辑 1985 / 227

002556674 中国企业登记年鉴 上海专辑 第

三产业卷 1989/227

004161499 中国外向型企业年鉴上海卷 1989/227

013173558 均瑶集团年鉴/均瑶集团20周年年鉴 1991/2011/226

009617986 上海市企业集团统计年鉴 2003—2011,2014/226

009324723 上海外商投资企业年鉴 2003—2011,2012/2013/226

011398844 上海信息产业年鉴 2000/226

008643443 台港澳、外国企业驻沪机构年鉴 1999—2001,2003,2005—2009/226

007886747 外商驻沪机构年鉴 1995/226

010226673 浦东企业年鉴 2006—2007,2010/243

002397584 中国企业登记年鉴江苏省分册 1984/248

008310353 江苏乡镇企业年鉴/江苏年鉴 1994—2002,2004/248

008788909 江苏企业产品信息年鉴 2000/2001,2002/2003,2004/2005/247

010102149 江苏企业调查年鉴 2002,2005/247

009425880 江苏企业年鉴 2003/247

008432687 江苏企业文化年鉴 1995—1998/248

012559252 江苏企业信息年鉴 2008/2009/248

013656180 徐州企业调查年鉴 2003/262

012559243 浙江省乡镇企业统计年鉴/乡镇企业统计年鉴 2001—2002,2004,2006—2009/287

011822032 杭州市经济委员会(市乡镇企业局)年鉴/杭州市经济委员会年鉴汇集 1986/2003,2004—2008/293

011966636 湖州市企业年鉴 2003/2004,2005/309

013758064 绍兴市乡镇企业年鉴 1996/311

012079328 绍兴市乡镇企业统计年鉴 2000/311

013936486 浙江省工商企业守合同重信用单位台州市年鉴/台州市"浙江省工商企业守合同重信用单位"年鉴 2007—2008/317

010101850 安徽企业年鉴 2003—2005/324

008577066 福建企业年鉴 2000—2014/347

002397209 中国企业登记年鉴福州专辑 1985/351

002397210 中国企业登记年鉴厦门经济特区专辑5 1985/355

011967525 厦门高新技术年鉴 2006—2011/355

013790001 泉州市外商投资企业年鉴 1980/1990,1991/1992,1994/1995,1996/1997,1998/1999,2000/2001/360

002397592 中国企业登记年鉴江西省分册 1985/370

009035680 江西企业年鉴 2003—2004/370

008604933 山东企业调查年鉴 2000/393

009726272 山东企业年鉴 2004—2013/393

008805282 山东企业统计年鉴 2001—2003/393

009913731 章丘企业年鉴 1949/2002/405

011967158 山东胜利股份有限公司年鉴 1995—1998,2000—2006,2008—2010/418

013790828 海阳企业年鉴 1949/2010/422

009913170 河南技术监督年鉴/河南质量技术监督年鉴 1990—2000/447

008941976 河南企业年鉴/河南企业调查年鉴 1998—2003,2005/447

008848388 湖北企业年鉴 2000—2004/492

002397208 中国企业登记年鉴武汉市专辑 1984/498

009136659 武汉私营企业年鉴 1999/498

012361863 中国外向型企业年鉴湖南分卷 1989/531

013758756 长沙市企业和产品年鉴 2003/2004/537

012923792 醴陵企业年鉴 2007/543

008968662 中国企业登记年鉴广东专辑 公司 2000/562

013752764 广东火炬统计年鉴 2012/562

012790995 广东企业年鉴 2010—2013/562

008968700 中国企业登记年鉴 总 48 号 广州专辑 1990,1993/567

009933359 深圳企业年鉴 2005—2006,2007/2008,2009/577

002397539 中国企业登记年鉴深圳经济特区专辑 1984/577

013936470 深圳外商投资企业协会年鉴 2003/577

006296731 深圳经济特区产品年鉴 1994—1995/577

013467790 珠海企业文化年鉴 2010/582

012243179 珠海市企业和产品年鉴 2008/582

012242638 汕头市企业和产品年鉴 1999/2000/583

011139803 广西企业集团和重点企业统计监测年鉴 2002—2003/606

009062446 广西企业年鉴 1996—2002,2004—2006/606

013634093 广西企业与企业家年鉴 2011—2012/606

011140232 海南省企业管理年鉴/海南省企业年鉴 2006—2010/629

010102154 重庆企业调查年鉴 1997/2004/634

011823183 四川企业年鉴 1996,1999/645

009041813 成都市企业和产品年鉴 2002/2003,2005/650

009395544 陕西企业年鉴 2004—2005/749

010102144 甘肃企业调查年鉴/甘肃企业年鉴 2001,2003/771

008940652 宁夏企业年鉴 2001—2004/795

008998233 新疆企业年鉴 2001—2002/805

008108991 澳门工商年鉴 1959,1961—1962,1975/1977,1981,1983/831

012522828 世界城市经营年鉴 2009—2011/872

013898992 世界城镇经营年鉴 2005,2007/872

011503858 中国工程项目管理 20 年年鉴 1986/2006/873

013174688 中国城市经济年鉴 2010—2014/872

010102848 中国城市竞争力年鉴 2003—2009,2011—2014/872

005403850 中国城市经济社会年鉴/中国城市年鉴 1985—1991/872

006925567 中国城市年鉴/中国城市经济社会年鉴 1993—2014/872

008878953 中国建设年鉴 1999—2007,2009—2013/873

009808401 中国建设年鉴住宅与房地产业 2002—2003/873

009265516 中国建设年鉴 建筑设计篇 2002 /874

013821896 中国县城建设统计年鉴 2010 /874

011399907 中国小城镇建设年鉴 2006/874

011399949 中国中小城市科学发展年鉴 2007—2009/874

012242438 华文房地产广告年鉴 2008/872

010227032 中国大型房地产与建筑业企业年鉴/中国大型房地产业与建筑业企业年鉴 2006—2012/872

009926706 中国地产市场年鉴 2003—2004 /873

014222110 中国房地产广告年鉴 2012/873

012361637 中国房地产年鉴 2008,2010—2011,2013—2015/873

011824315 中国房地产品牌年鉴 2008/873

007672759 中国房地产市场年鉴 1996—1997,1998/1999,1999/2000,2000/2001,2001/2002,2005/873

008476083 中国房地产统计年鉴 1999—2001,2002/2003,2004,2005/2006,2007—2014 /873

011141490 中国直辖市房地产年鉴 2006—2008/874

009841282 中国住交会年鉴 2004—2006 /874

009726741 中国住宅产业年鉴 2003/2004 /874

011824317 中国公益事业发展年鉴 2008 /873

008182268 北京房地产年鉴 1998/1999/10

009933254 北京房地产市场年鉴 透视与分析 1999/10

012351715 北京华宅年鉴 2008—2009/10

010223829 [北京市房地产管理局]统计年鉴 1988,1990/10

009309052 北京市房地产年鉴 2003—2013 /10

008643772 北京住宅年鉴 2000/10

012521651 中国城市房地产开发商策略联盟年鉴 2008/10

014015049 中国铁建地产集团年鉴 2008/ 2012/11

008439068 北京居民购房年鉴 1999/10

010101892 北京住总集团年鉴 1993/1994 /10

009036159 中国新建设年鉴 北京奥运卷 2002/2003/11

013965247 河北省住房公积金统计年鉴 1992/2010/62

013369887 河北住宅与房地产业年鉴 2009 /62

013311880 山西住房和城乡建设年鉴 2008/2009/90

012591899 辽宁省房地产行业年鉴 2006—2008,2010—2012/135

009927881 沈阳房地产年鉴 2002,2003/ 2004,2005/139

012176931 东北城市年鉴 2008/139

010225595 吉林建设年鉴 2005—2007/167

008643793 上海房地产年鉴 1999—2001, 2004,2006—2010,2012—2014/227

010226741 上海房地产投资发展与城市交通年鉴 2006/227

009460048 长江三角洲城市年鉴 2003—2014/227

009934521 上海建设年鉴 2002—2005,2007

/227

012194305 淮海经济区城市年鉴 2006/248

009913605 江苏建设信息年鉴 2005/248

008879215 南京房地产年鉴/南京房产年鉴 1997—2003,2005—2007,2009/252

012924004 南京都市圈年鉴 2010—2013/252

009264750 无锡市城市建设年鉴 1986/1990,1991/1992,1993/1994,1995—2008/260

008788163 盐城市建设年鉴 1993/1996/275

012983283 杭州城投年鉴 2007/293

011502093 杭州建设年鉴/杭州城乡建设年鉴 2002,2004,2006—2014/293

012047181 杭州市城市建设年鉴/杭州城市建设年鉴 1984—1990,1992—1993,1995—1998,2000/294

013656171 萧山建设年鉴 2005—2010/298

013747995 安徽城市年鉴 2010/324

012923502 合肥房地产年鉴 2010,2014/327

009123981 福建建设年鉴 1998/2000,2001/2002,2003,2004/2005,2007,2012/347

008990652 福州建设年鉴 1993/1995,1996/1998,1999/2000/351

012200244 厦门房地产年鉴 2001,2002,2005/355

009425796 江西城市年鉴 1992/2003/370

012357202 南昌房产年鉴 1999/2004/374

011823142 山东建设年鉴 2007—2014/393

012079856 淄博经济社会年鉴 1985/413

013608689 威海建设年鉴 2007/2011/431

013787132 "十一五"河南房地产年鉴 2006/2010/447

008990572 河南城市年鉴 2001—2002/447

013974411 郑州房地产年鉴 2005/2006,2006/2007/453

013790764 郑州市自来水公司年鉴 1990/1991/453

013791105 中国·新乡房地产年鉴 2007/2009/468

008876502 湖北投资建设年鉴 1949/1999,1949/2005,2001/492

011966625 湖北建设年鉴 2008—2014/492

008271981 武汉城建年鉴/武汉建设年鉴 1991—2000/498

008405239 武汉房地产年鉴 1998—2003,2005—2014/498

013932576 武汉城市管理年鉴 2005—2006,2010/498

012048637 武汉城市圈年鉴 2008—2013/498

008894133 武汉建设年鉴/武汉城建年鉴 2001—2013/498

013677456 长沙房地产广告年鉴 2012/537

011821817 长沙房地产年鉴 2006—2012/537

013173435 长株潭城市群年鉴 2010/537

012517876 广东建设年鉴 2009—2014/562

009233901 广州房地产年鉴 2001—2003,2005—2008/568

008137500 广州建设年鉴 广州年鉴分卷/广州年鉴 1996—2007/568

012806204 珠江三角洲城市群年鉴 2010—2014/568

008378172 深圳房地产年鉴 1992—1995,1997—2003,2005—2014/577

011503444 深港房地产年鉴/深圳房地产年鉴 1997/577

009397836 深圳物业管理年鉴 2003,2005—

2010/577

009104887 广西建设年鉴 2002—2003,2004/ 2005,2006—2007,2011—2012/606

011141496 重庆市国土资源和房地产年鉴 2006—2008,2011—2014/634

009806780 重庆城市建设综合开发年鉴 2002—2008/634

005885042 四川省建设统计年鉴 1941/646

011141175 四川房地产年鉴 2006—2009, 2011—2014/645

013609116 四川城市年鉴 2002,2005,2007 /645

012048603 四川建设年鉴 2003,2005—2014 /645

012047124 成都市城市建设统计年鉴 1949/1998,1991/1997,1999/2005/650

008879208 乐山市城乡建设年鉴 2001— 2004/671

011399615 云南城市年鉴 2007/708

009459719 云南建设年鉴 2003/708

009501745 甘肃城市年鉴 2003,2005,2007, 2009,2012/771

010226310 兰州城市建设统计年鉴 2001 /774

008109725 香港房地产年鉴 1990/829

农业经济

001822840 中国农业年鉴 1980—1991,1993— 2003,2005—2014/874

012049067 中国新农村建设年鉴 2008/875

009928151 中国农业产业化年鉴 2004/874

008089489 粮农组织生产年鉴 1987,1989— 1990/874

008238714 粮农组织林产品年鉴 1987—

1989/874

008046183 中国土地年鉴 1994/1995,1996— 1997/875

011966574 河北省土地调查统计年鉴 2006—2007/62

011503724 郑州市土地管理年鉴 1996/2001 /453

012724396 郑州市中原区土地管理年鉴 1995/1999/456

014014334 金水区土地管理年鉴 2000/457

013791031 新乡市土地年鉴 2000—2001 /468

013788409 南阳市土地管理年鉴 1999, 2000/2001/480

009169434 广东地政地产年鉴/广东国土 资源年鉴 1996—1999/562

008405447 中国农村能源年鉴 1997,1998/ 1999,2000/2008,2009/2013/875

010227091 中国农业化机械化年鉴/中国 农业机械化年鉴 2005—2014/875

010570280 中国农业机械工业年鉴/中国 农业机械年鉴 2005—2014/875

008264053 中国农业机械年鉴 1992—2004 /875

013788381 江苏农机化年鉴 2010/248

009726499 中国农业综合开发年鉴 1988/ 2003,2004—2005,2007—2009/875

009806867 中国农产品价格调查年鉴 2004—2005,2007—2014/875

012802578 中国扶贫开发年鉴 2010—2014 /876

012242997 中国农业产品及技术装备供 应年鉴 2000/876

012080593 中国农业产业信息年鉴 2003

/876

009519807 中国农垦财务年鉴 1997—2002, 2004—2014/876

012047258 黑龙江农垦年鉴 2008—2013/187

012864457 北大荒集团北大荒股份二九一分公司年鉴／二九一分公司年鉴 2010/191

014217073 黑龙江省国营农场总局工业统计年鉴／191

009287834 宝泉岭国营农场管理局年鉴 1991—1992/202

009215397 双鸭山农场年鉴 2002—2004, 2005/2008/203

009264732 二九一年鉴 2002, 2003/2004, 2005/2006, 2007/2008, 2009/2010/203

008614818 红兴隆年鉴 1999—2000/204

009264735 八五二年鉴 2002—2003, 2004/2005, 2006—2009/204

012046932 八五三农场年鉴 2002/2006/204

012880633 北大荒集团北大荒股份八五二分公司年鉴／八五二分公司年鉴 2010/204

009215403 五九七年鉴 2002/204

009913277 饶河农场年鉴 2002/2003/205

009215395 曙光年鉴 2002—2003/210

011139632 北兴年鉴 2002, 2003/2004/213

013173563 良圻农场年鉴 1992/2003/613

012923437 甘肃农垦年鉴 1953/1990/771

011139948 新疆生产建设兵团经济普查年鉴 2004, 2008/805

003886136 新疆生产建设兵团年鉴／兵团年鉴 1986—2014/805

009035706 农七师年鉴／新疆生产建设兵团农七师年鉴 2001—2010/822

009160739 新疆生产建设兵团农七师一二八团年鉴／一二八团年鉴 2001—2003/822

009208280 新疆生产建设兵团农七师一二九团年鉴／新疆生产建设兵团农七师一二九中心团场年鉴／一二九团年鉴／一二九中心团场年鉴 2000—2008/822

009233930 新疆生产建设兵团农七师一二六团年鉴／一二六团年鉴 2001/822

009233937 新疆生产建设兵团农七师一二七团年鉴／一二七团年鉴 2001—2003/823

009233916 新疆生产建设兵团农七师一二三团年鉴／一二三团年鉴 2001—2002, 2004—2005/823

009233921 新疆生产建设兵团农七师一二四团年鉴／一二四团年鉴 2001, 2003/823

009233923 新疆生产建设兵团农七师一二五团年鉴／一二五团年鉴 2001/823

009234094 新疆生产建设兵团农七师一三七团年鉴／一三七团年鉴 2001—2005, 2007—2008/823

009208284 新疆生产建设兵团农七师一三〇团年鉴／一三〇团年鉴 2001—2006/823

009234086 新疆生产建设兵团农七师一三一团年鉴／一三一团年鉴 2001—2002, 2004—2006/823

012924932 农一师阿拉尔市年鉴 2009/828

011141337 中国粮食年鉴 2006—2014/876

010225579 黑龙江粮食年鉴 1992—1994/187

009289790 肇源县粮食年鉴 1993/2000/207

013758172 桐庐粮食年鉴 1986/1990/300

013925994 淳安粮食年鉴 1991/1992/301

012243731 中国茶业年鉴 2008,2009/2010,2011—2012/876

009841238 中国棉花年鉴 2004,2004/2005,2005/2006,2006/2007,2007/2008,2008/2009,2010/2011,2011/2012,2012/2013/876

013974403 岳阳茶业年鉴 2010/548

011824383 中国食用菌年鉴 2004—2005,2007—2010/876

012200480 中国花卉园林年鉴 1978/2008/876

012200525 中国林业产业与林产品年鉴 2007,2008/2010,2011—2012/877

001709263 中国林业年鉴 1949/1986,1987—1998,1999/2000,2001—2003,2005—2014/877

008434212 中国林业统计年鉴 1998—2003,2005—2013/877

010223782 北京林业年鉴 2005—2006/11

013932986 西山林场年鉴 2010/11

013898691 吕梁山林局年鉴 2010/113

011503108 内蒙古林业年鉴 1947/1990/117

011399449 延边林业年鉴 1949/1986,1988—1992,1994,1997/1998,1999—2004/182

009309941 黄泥河林业局年鉴 1985/1988,1989/1990,1991/1992/183

007916636 八家子林业局年鉴 1949/1989/184

008788758 安图森林经营局年鉴 1962/1986,1987/1990,1991/1993/184

009698834 白河林业局年鉴 1986/1990,1991/1992, 1993/1994, 1995/2000, 2001/2003, 2004/2005/184

010102463 佳木斯市林业局年鉴 1990/2000,2001/2005/210

008315312 鹤立林业局年鉴 1986/1991/212

012923633 江西林业统计年鉴 2010/371

012617570 原山林场年鉴 2006/2010/413

013173459 湖南林业年鉴 1986/1991/531

012047174 广西林业年鉴 1950/2003,2008/2009,2010—2012/606

013926044 甘孜林业年鉴 1991/2000/688

010102778 云南林业年鉴/云南省林业年鉴 1985—1987,1988/1989,1990/708

009618309 红河州林业年鉴 1999—2005/733

012079832 中国饲料产品与技术年鉴 2008/2009/877

008588987 中国饲料工业年鉴 1991,1991/2000,2001—2005,2006/2007,2008—2013/877

008467095 中国畜牧业年鉴 1999—2013/877

012243743 中国畜牧业商务年鉴 2005/2006/877

008239298 天津市畜牧业经济历史年鉴 1988/51

012592262 山东省畜牧业统计年鉴 2001,2005—2008/393

010226706 中国水产统计年鉴 1989,1991—1992/877

008715470 中国渔业年鉴 2000—2003,2005—2014/877

008749336 中国渔业统计年鉴 1993—1994,1996—2007,2010—2015/877

011503111 内蒙古自治区渔业统计年鉴 2003/2004/117

008403007 辽渔年鉴 1986/1992,1993/1994,

1995,1996/1997,1998—2001,2002/2003,2004/2005,2006/2007,2008/2009,2010/2011/145

011823154 山东渔业统计年鉴 2002,2004—2008,2010—2012/393

011139737 甘肃渔业经济年鉴 1984/1994/771

008944150 中国农产品加工业年鉴 2001—2014/878

008802291 北京农村年鉴 2001—2014/11

009197899 天津农村年鉴 2003/51

012526061 晋州市农村经济年鉴 2000/70

012079537 太原市农业年鉴 1988/2001/93

009805598 柳河[乡]农业年鉴/柳河农业年鉴 1987/178

012354134 黑龙江省农业年鉴 1985—1986/187

009726004 安徽农村经济统计年鉴 2005—2007/324

009307981 福建农村调查年鉴 1997—2003,2005/347

007698545 福建农村经济年鉴/福建农村统计年鉴 1994—2002/347

012790006 福建农业产业化龙头企业统计年鉴 2004/347

009726235 江西农村经济年鉴 2004/371

011822238 胶州市新农村建设年鉴 2007/412

008434089 文登农业年鉴 1991/1997/431

013470931 河南农业年鉴 2011—2013/447

012617102 河南省畜牧业竞争力年鉴 2005/447

009805231 南阳农业年鉴 2004,2007/2008,2009,2010/2011/480

009035672 湖北农业年鉴 2002—2009,2010/2011,2012/492

008944155 武汉农村经济年鉴 2000—2002/498

008405489 湖南农业年鉴 1996/532

009933618 湖南农业统计年鉴/湖南农村统计年鉴 1995—2014/532

012176997 广西农业年鉴 1998/606

009913771 四川农村年鉴 2005—2014/646

013899021 四川农业年鉴抗震救灾专卷 2010/646

005032865 甘肃农村经济年鉴 1990,1992—1999/772

008849842 甘肃农村年鉴/甘肃农村经济年鉴 2001—2012,2014/772

012792661 宁夏农业综合开发年鉴 2009/796

010227001 天津农业资源区划年鉴 1997/51

工业经济

008479262 中国技术监督年鉴 1993,1995—1998/878

008465950 中国质量技术监督年鉴 1999—2001/878

013635233 全国硬质合金行业统计年鉴 2011/878

013933104 中国LED显示应用产业发展年鉴 2010/878

004871570 世界化学工业年鉴/中国化学工业年鉴 1987—1991,1992/1993/878

008643429 建筑材料与设备指南年鉴 1995—1997,1998/1999,2000,2002/878

002456588 中国工业经济统计年鉴/中国工业统计年鉴 1988—1992,1994—1995,

1998,2001—2004,2006—2014/878

005059997 中国工业年鉴 1991—1993,2003—2006,2008/879

009806839 中国工业经济年鉴/工业年鉴 2005—2009/879

013294557 工业年鉴/中国工业年鉴/中国工业经济年鉴 2011—2013/879

005559238 中国引进技术改造现有企业十年鉴 1979/1988/879

013603068 工业企业科技活动统计年鉴 2012—2014/879

008335881 中国工业市场年鉴/中国市场年鉴 1997,1999—2001,2003—2006,2008/879

012351787 电力自动化行业年鉴/中国电气商务年鉴电力自动化行业年鉴 2007/2008,2008/2009,2009/2010,2010/2011,2011/2012/879

013470778 电气行业年鉴 2011/879

009806789 航天财务年鉴 1987—1989/879

009841227 黄金工业统计年鉴 1989—1992,1995—1999/880

009913856 全国勘察设计单位百强年鉴 2003,2005—2007/880

009698940 水利统计年鉴 1988,1990,1992,1995,2000,2002,2004—2006/880

013932998 蓄电池行业商务年鉴 2009—2010/880

011823745 中国安全防范行业年鉴 2003—2012/880

011141261 中国半导体照明产业发展年鉴 2006,2008/2009/880

013173429 中国半导体照明产业发展年鉴/半导体照明产业发展年鉴 2010/2011/880

013636614 中国包装采购市场年鉴 2011/880

004605415 中国包装年鉴 1981—1982,1983/1984,1985—1992,1994—2005,2006/2007,2007/2008,2008/2009,2009/2010,2010/2011,2011/2012,2012/2013/880

013758827 中国保健食品年鉴 2008/881

012048974 中国泵阀年鉴 2009/881

009841201 中国泵业年鉴 2004/881

012521645 中国标签产业年鉴 2009—2010/881

013790779 中国表面活性剂行业年鉴 2010/2011/881

008439001 中国齿轮工业年鉴 1999,2002,2006,2010,2014/881

011141265 中国船舶工业年鉴 2006—2014/881

009520199 中国船舶工业统计年鉴 2003—2005/881

011503854 中国大型工业企业年鉴 2007—2009/881

013713460 中国地板/木门品牌年鉴 2013/881

013603503 中国电镀年鉴 2011/882

008278750 中国电力年鉴 1993—1995,1996/1997,1998—2003,2005—2014/882

013603511 中国电气商务年鉴输配电行业商鉴 2011/2012/882

013713451 中国电气商务年鉴低压行业商鉴 2012/2013/882

008438980 中国电器工业年鉴 1999—2014/882

014325148 中国电源行业年鉴 2012/882

008553868 中国电子工业年鉴/中国机械

电子工业年鉴电子卷 △ 1986—2003/882

009459938 中国电子信息产业年鉴/中国电子信息产业统计年鉴 2001—2003, 2005—2012/882

011399786 中国阀门行业统计年鉴/中国阀门行业协会统计年鉴 1995/2000, 2001/2005/882

001992537 中国纺织工业年鉴 1986/1987, 1988/1989, 1990—1996, 1997/1999, 2000, 2000/2001, 2001/2002, 2002/2003, 2003/2004, 2004/2005, 2005/2006, 2006/2007, 2007/2008, 2008/2009, 2009/2010, 2010/2011, 2012/2013/883

010102804 中国粉体工业年鉴 2003/883

004605437 中国钢铁工业年鉴 1985—2014/883

013677412 中国工程机械产品年鉴 2011/883

009045395 中国工程机械工业年鉴 2000, 2002—2014/883

009004508 中国工程建设年鉴 2001—2003, 2005/883

008902135 中国管材年鉴 2000/883

013604135 中国灌溉企业年鉴 2009/2010, 2011—2014/883

008588985 中国航空工业年鉴 1987/1988, 1989/1992, 1993/1994, 1995/1996, 1997/1998/884

012521681 中国核能年鉴 2009—2014/884

011824351 中国化肥工业年鉴 2005/2006, 2012/884

009841222 中国化工装备年鉴 2003/2004/884

006908611 中国化学工业年鉴/世界化学工业年鉴 1994/1995, 1995/1996, 1996/1997, 1997/1998, 1998/1999, 2000/2001, 2001/2002, 2002/2003, 2003/2004, 2004, 2004/2005, 2005/2006, 2007—2010, 2011/2012, 2013/884

011399802 中国化学矿业年鉴 2006—2007/884

012049031 中国环氧树脂行业年鉴 2008/884

009841226 中国黄金工业年鉴 1995—1997, 1999/2000/884

009045407 中国机床工具工业年鉴 2002—2014/884

013758840 中国机顶盒年鉴 2009/885

009324430 中国机械工业年鉴/中国机械电子工业年鉴机械卷 △ 1987—1988, 1993—2014/885

009324415 中国机械通用零部件工业年鉴 2003, 2006, 2009/885

009841231 中国家具年鉴 2004—2014/885

011141305 中国建材与装饰年鉴 2005/885

007551415 中国建筑材料工业年鉴 1989/1990, 1991/1992, 1993/1994, 1995—1996, 1997/2001, 2002/2003, 2004/2005, 2006—2014/885

001700362 中国建筑年鉴/中国建筑业年鉴 1984/1985, 1986/1987, 1988/1989, 1990/1991/885

006896081 中国建筑业年鉴/中国建筑年鉴 1992/1993, 1994—2001, 2003/2004, 2005—2014/885

008863525 中国建筑业统计年鉴 △ 1952/1985, 1986/1987, 1988/1989, 1990/1991, 1997—1999, 2001—2004, 2006—2009, 2011—2014/886

009841235 中国建筑装饰行业年鉴 2002—2011/886

011399815 中国金属流通年鉴 2006/886

011141307 中国酒业年鉴2000/886

013758843 中国聚氨酯行业大全年鉴2008,2009/2010/886

009081531 中国矿业年鉴2002—2012/886

009914083 中国铝业公司年鉴2006—2014/886

013604153 中国铝业年鉴2009—2010,2012,2014/886

008246260 中国煤炭工业年鉴1982—2013/886

013790784 中国煤炭建设年鉴2006/2010/887

012806183 中国民用航空工业年鉴2010—2011,2013—2014/887

011824368 中国民用航空工业统计年鉴2007—2012/887

010102814 中国民用建筑设计市场年鉴2004/2005/887

009841291 中国模具工业年鉴2004,2008,2012/887

009065087 中国摩托车工业年鉴2002—2003,2005—2014/887

008438993 中国磨料磨具工业年鉴1999/887

007977105 中国内燃机工业年鉴1993—2014/887

009081532 中国奶业年鉴2002—2014/887

010227090 中国能源年鉴2004/888

003098932 中国能源统计年鉴1986,1989,1991,1991/1996,1997/1999,2000/2001,2004—2014/888

009036690 中国酿酒工业年鉴2001,2003,2008—2009,2010/2011/888

011503910 中国农药工业年鉴2005—2007,2008/2009,2010—2012/888

013677492 中国农药企业年鉴2012/2013/888

011141390 中国皮革工业年鉴1997/888

013680424 中国平板显示年鉴2011—2012/888

012049052 中国汽车电子电器电机工业年鉴2008/888

001992556 中国汽车工业年鉴1983,1986,1988,1991,1993—2014/888

012243027 中国汽车用品行业年鉴2003/889

013604165 中国汽配用品专业市场年鉴2011/889

004605591 中国轻工业年鉴1985—2014/889

013604172 中国燃气行业年鉴2012—2013/889

012049056 中国染料工业年鉴2007—2012,2014/889

010227096 中国热处理年鉴2003,2008/889

012200527 中国热喷涂年鉴2003/889

010227098 中国肉类年鉴1949/2005,2006—2008,2009/2010,2011/889

009934768 中国散装水泥年鉴2003/889

009934772 中国石材工业年鉴/中国石材工业双年鉴2004/2005,2006/2007,2008/2009,2009/2010,2010/2011/890

011141403 中国石油石化工程建设年鉴2001/2005,2006/2010/890

012361835 中国石油石化企业展示暨物资采购年鉴2002/890

012361651 中国石油石化设备工业年鉴2007—2013/890

007696803 中国石油天然气工业年鉴 1996—1998, 2002/890

001823871 中国食品工业年鉴 1984—1992, 1993/1996, 1997—2006, 2008—2010, 2011/2013/890

004605385 中国水力发电年鉴 1949/1983, 1984/1988, 1989/1991, 1992/1994, 1995/1997, 1998/2000, 2001/2002, 2004—2010, 2012/890

004594709 中国水利年鉴 1991—2003, 2005—2013/890

011141407 中国水泥年鉴 2001/2005, 2007—2011, 2012/2013/890

008802336 中国丝绸年鉴 2000—2007, 2008/2009, 2010—2011/891

008977186 中国塑料工业年鉴 2001, 2002/2003, 2004—2014/891

012200538 中国塑料机械工业年鉴 2009—2013/891

013481778 中国碳酸钙工业年鉴 2011/891

009208660 中国糖酒年鉴 2003—2011/891

008588989 中国特殊钢年鉴 1996—1997, 1999—2001, 2004—2006, 2009/891

008424333 中国铁路机车车辆工业年鉴 1994—2001/891

009026489 中国通用机械工业年鉴 2002, 2004, 2006—2014/891

008849900 中国涂料工业年鉴 1989/1990, 1991/1995, 1996/1998, 1999/2000, 2001—2004, 2006—2013/891

009806884 中国钨工业年鉴 2002—2009/892

008977197 中国橡胶工业年鉴 2001—2006, 2007/2008, 2008/2009, 2009/2010, 2011/2012/892

012243739 中国新能源与可再生能源年鉴 2009—2014/892

008588995 中国烟草年鉴 1981/1990, 1991/1995, 1996/1997, 1998/1999, 2000—2010, 2011/2012, 2013/892

013604183 中国烟花爆竹年鉴 2005, 2011/892

010227126 中国盐业年鉴 2006—2013/892

013174716 中国冶金矿山年鉴 2009/2010/892

009914107 中国液压气动密封工业年鉴/中国液压液力气动密封工业年鉴 2005, 2010/892

012361661 中国医疗器械行业年鉴 2008/893

006928980 中国医药年鉴 1991—1992, 1994—1998/893

009618467 中国医药统计年鉴 2004—2005/893

009726681 中国印钞造币年鉴 2005/893

012926174 中国印刷装备年鉴 2010, 2013/893

004705434 中国有色金属工业年鉴 1991—2014/893

012593570 中国有色矿业年鉴 2009/2010, 2011/893

003098877 中国造纸年鉴 1986, 1990, 1993, 1996, 1999, 2002—2014/893

012755722 中国制冷商务年鉴 2010—2014/894

011141493 中国制衣工业商务年鉴设备卷 2006/2007, 2007/2008/894

012200477 中国制衣工业商务年鉴辅料卷/中国服装辅料年鉴/中国服装辅料

商务年鉴 2007/2008,2008/2009,2009/2010,2010/2011,2011/2012/894

009914382 中国重型机械工业年鉴 2005—2014/894

008997616 中国珠宝年鉴/中国珠宝玉石首饰年鉴 2000/2001,2002,2003/2004,2005,2009,2012/894

013481776 中国汽车用品年鉴 2011—2014/888

010223394 北京大唐发电股份有限公司年鉴 2000—2003/11

009913056 北京电力公司年鉴/北京市电力公司年鉴/国网北京市电力公司年鉴 2005—2013/11

009698589 北京电力建设公司年鉴 1998—2002,2006/11

009698660 北京金隅集团年鉴 2001—2006,2008/11

011500207 北京燃气年鉴 2006,2008,2010—2012/11

012243199 北京烟草年鉴 2005—2009/12

009616743 北京印钞厂年鉴 2002/2003,2004—2008/12

010224263 国家电网公司年鉴 2006—2014/12

013603197 民航华北空管局年鉴 2011/12

009933317 首钢年鉴 2004/2005,2006—2013/12

012079791 中钞油墨有限公司年鉴 2002/2005/12

011823322 中电国华电力股份有限公司北京热电分公司年鉴/北京热电分公司年鉴 2003,2005—2006/12

008977313 中国北方机车车辆工业集团公司年鉴/中国北车年鉴 2002—2014/12

011399756 中国大唐集团年鉴 2004—2009/12

012048990 中国电力科学研究院年鉴 2006,2010/13

009726426 中国国电集团年鉴 2004—2007,2009—2013/13

011503866 中国航空工业第一集团公司年鉴 1999/2000/13

010227063 中国核工业集团公司年鉴 2004/13

010227066 中国华电集团公司年鉴 2006,2006/2007,2008—2012/13

012803136 中国机械工业集团有限公司年鉴/中国机械工业集团年鉴 2010—2013/13

013680408 中国煤炭科工集团有限公司科技年鉴 2011/13

009045388 中国南方机车车辆工业集团公司年鉴/中国南车年鉴 2002—2013/13

013758850 中国石化润滑油公司年鉴 2009/13

013379155 中国石油长城钻探工程公司年鉴 2010/14

010226833 中国石油华北销售分公司投资统计年鉴 1999/2003/14

005949531 中国石油化工总公司年鉴/中国石油化工集团公司年鉴 1988,1991,1994,1997/14

009288960 中国石油化工集团公司年鉴/中国石油化工总公司年鉴 1999—2014/14

008773119 中国石油天然气集团公司规划设计总院年鉴/中国石油天然气股份

有限公司规划总院年鉴 1998,2000—2002 /14

008426297 中国石油天然气集团公司年鉴/中国石油天然气工业年鉴 1999—2001,2003—2014/14

012200532 中国石油天然气集团公司统计工作年鉴 1998,2008/14

008802334 中国石油天然气总公司规划设计总院年鉴 1995,1997/14

009928160 中国石油天然气总公司石油勘探开发科学研究院年鉴/石油勘探开发科学研究院年鉴/中国石油勘探开发研究院年鉴 1996—2007,2010—2011/14

009806879 中国水利水电建设集团公司年鉴 2003/2005,2006—2014/15

010226835 中国五矿集团公司统计年鉴 2005—2006/15

011399919 中国冶金科工集团公司年鉴 2007,2009/15

011503933 中国印钞造币总公司技术中心年鉴 2007/15

013859462 渤海钻探工程公司年鉴 2009—2010/51

009618350 华北电力工业统计年鉴 1983—1987/51

010102758 天津机械统计年鉴 1994,1998—1999/51

008851382 天津石化年鉴 1993—1994,2000/51

009036955 天津水利年鉴/天津水务年鉴 1991/1996,1998—2010/52

008604254 大港油田年鉴/大港油田集团公司年鉴 1995/1996,1997/1998,1999—2002/58

009913138 河北电力工业统计年鉴 1998,2000—2003,2008/62

012923512 河北能源统计年鉴 2005/2007/62

011396292 河北水利统计年鉴 2002,2006,2008—2010/63

013788261 河北钢铁集团有限公司统计年鉴 2010/66

008439203 石家庄车辆厂年鉴/中国南车集团石家庄车辆厂年鉴/南车石家庄车辆有限公司年鉴 1997—1998,2000—2009/66

012521593 石家庄电力工业统计年鉴 2007/66

009927862 石家庄印钞厂年鉴 2002/2003,2004—2008/66

009805120 冀东油田年鉴/中国石油天然气股份有限公司冀东油田分公司年鉴 1999/2000,2001/2002,2003—2011,2013/72

009406192 开滦年鉴 1963/1985,2002,2010/72

012983775 唐山机车车辆厂年鉴 1996/72

008396929 山桥年鉴 1990/1991,1992/1993,1994/1995/75

013996004 峰峰年鉴 2011—2012,2013/2014/76

012723386 邯郸县供电公司年鉴 2010/76

011140249 河北兴泰发电有限责任公司年鉴 2003/2005/78

012351706 保定化纤厂年鉴 1987/1991/80

008788768 保定天鹅化纤集团有限公司年鉴 1992/1996,1997/2006/80

009572697 石油地球物理勘探局年鉴/中国石油集团地球物理勘探局年鉴 1997—

1999/80

008438944 中国石油集团地球物理勘探局年鉴/石油地球物理勘探局年鉴/中国石油集团东方地球物理勘探有限责任公司年鉴 2001—2002/80

009746453 中国石油集团东方地球物理勘探有限责任公司年鉴/中国石油集团地球物理勘探局年鉴 2003—2005,2008—2011/80

011966341 丰宁水电站年鉴 1995/2006/83

008432902 华北油田年鉴 1997,1999/84

013711500 中国石油华北石化公司年鉴 2008,2010/84

012048475 山西电力年鉴 1995—1999/90

013379007 山西水利统计年鉴/山西省水利统计年鉴 1995—1997,2000,2003,2005—2007/90

012048489 山西省电力公司年鉴 2007—2010/93

008245566 太钢年鉴 1990—2009,2011—2014/93

012048612 太原供电分公司年鉴 2006—2008,2010/93

009928040 太原机车车辆厂年鉴/中国北车集团太原机车车辆厂年鉴 1998,2003/94

011141206 西山煤电集团年鉴 2006—2012/94

013312063 西曲矿年鉴 2004/2009,2010/95

013173268 镇城底矿年鉴 2006/2010/95

010226245 尖山铁矿十年鉴 1992/2002/96

008017455 大同矿务局年鉴/大同煤矿年鉴/大同煤矿集团有限责任公司年鉴 1992—2008/96

013821803 阳泉供电分公司年鉴 2010/97

013932518 王庄煤矿工作年鉴 2010/99

011503491 司马煤业有限公司年鉴 2006,2010/100

012617361 潞安集团年鉴 2009/100

013932279 沁新集团年鉴 2010/101

013936036 晋城煤业集团年鉴 2010/101

013788389 晋钢年鉴 1993/102

008879255 中国北车集团永济电机厂年鉴/永济电机厂年鉴 2000—2006/106

012049079 中条山集团年鉴 2005/107

012047443 临汾供电分公司年鉴/临汾供电公司年鉴 2005—2008,2010—2011/109

011966807 临钢·新临钢年鉴/太钢集团临汾钢铁有限公司·山西新临钢钢铁有限公司年鉴 2000—2012/109

009062480 霍州发电厂年鉴/国电霍州发电厂年鉴 1997/2001,2002/2005,2006/2008/110

011966658 霍州煤电集团公司年鉴/霍州煤电集团有限责任公司年鉴 2005—2012/110

011823031 内蒙古电力工业年鉴 2006—2007/117

008405242 内蒙古水利年鉴 1998—2001/117

014014797 呼和浩特发电厂内蒙古丰泰发电有限公司年鉴 2001—2002/119

013714566 呼和浩特石化公司年鉴 2010—2011/119

008788765 包钢年鉴 1999,2000/2001,2002—2009/121

013172722 海勃湾发电厂年鉴 2008/122

013609217 天顺年鉴 2006/2010/127

009287881 辽宁机械工业经济年鉴 1999/135

009287883 辽宁机械工业统计年鉴 1990/135

012923796 辽宁汽车工业年鉴 2007/135

013932129 辽宁省化工统计年鉴／辽宁省化学工业经济统计年鉴／辽宁化学工业统计年鉴／辽宁化工统计年鉴 1991—1998/135

009287892 辽宁医药经济统计年鉴 1991/1992,1993/1995/135

013312088 中国石油辽宁销售公司年鉴 2005—2006,2008—2009/136

008957466 东北电力年鉴 1994/1995,1996—1999/139

009805892 东北电网有限公司沈阳超高压局年鉴 2000/2005/139

011966791 辽宁省电力有限公司年鉴 2006—2009/139

009289684 沈阳电业局年鉴 1986,1987/1990/140

009289719 沈阳市石油公司年鉴 1990/140

009805904 沈阳造币厂年鉴 2005/140

008789009 沈阳机车车辆厂年鉴／沈阳机车车辆有限责任公司年鉴／沈阳机车车辆工厂年鉴／中国北车集团沈阳机车车辆有限责任公司年鉴 1993—2002/140

009746470 中国北车集团沈阳机车车辆有限责任公司年鉴／沈阳机车车辆有限责任公司年鉴 2003—2007/140

013369663 大船年鉴 1986/1991/146

013790833 大连船用柴油机厂年鉴 1984/1993,1994/2005/146

008142898 大连机车车辆厂年鉴／中国北车集团大连机车车辆有限公司年鉴 1989/1991,1992/1994,1995/1996,1997—2012/146

012983209 东北特钢年鉴 2005/2007,2008/2009,2010/2011/146

009934719 东电二公司年鉴 1992—1993/146

009287814 鞍钢附企炼铁建筑安装工程公司年鉴 1994/150

007676512 鞍钢年鉴 1985—2012/150

013935905 抚顺供电公司年鉴 2009/151

012176864 本钢化工厂年鉴／本钢化工厂三十年年鉴 1978/2008/152

008245551 本钢年鉴 1987—2010/152

013965357 金城造纸（集团）有限责任公司年鉴 1998/155

006088354 辽河油田年鉴 1989,1990/1991,1992/1993,1994,1995/1996,1997/1998,1999/2000/158

009324848 辽河石油勘探局年鉴／中国石油辽河石油勘探局年鉴 2001—2004,2006—2008/158

009104824 中国石油辽河油田分公司年鉴／辽河油田分公司年鉴／中国石油辽河油田公司年鉴／辽河油田公司年鉴 2001—2008/159

012617016 辽河油田年鉴／中国石油辽河油田年鉴／辽河油田公司年鉴／辽河石油勘探局年鉴 2009—2011/159

012724426 中国石油辽河石化公司年鉴／辽河石化公司年鉴 2009/2010,2011/159

009589714 铁法矿务局年鉴／铁煤集团年鉴 1989/1990,1991/1992,1993/1994,1995/1996,1997/1998,1999/161

009589721 铁煤集团年鉴/铁法矿务局年鉴 2000—2003,2007/161

013608592 朝阳发电厂年鉴 1987/1998/162

013788386 锦化年鉴 1987—1989/163

008439009 锦西炼油化工总厂年鉴 1994/163

008439167 长春客车厂年鉴 1996—2000/169

013771915 长春汽车经济技术开发区年鉴 2012,2014/169

012079182 吉林供电公司年鉴 2003/2004,2005/169

007916769 第一汽车制造厂年鉴/一汽年鉴/中国第一汽车集团公司年鉴 1987/169

008997613 中国第一汽车集团公司年鉴/第一汽车年鉴/第一汽车制造厂年鉴 1993,1995,1998,2000,2002—2008/170

012570159 中国一汽年鉴/中国第一汽车集团公司年鉴 2009—2013/170

009913579 通钢集团公司年鉴/通钢年鉴 1997—1998,2001—2007,2011/177

009913574 吉林石油集团公司年鉴 2001/2002,2003/2004,2005/2006/180

009169798 吉林油田年鉴/中国石油吉林油田年鉴 1996—1997,1998/1999,2000/180

009564730 中国石油吉林油田年鉴/吉林油田年鉴 2001—2011/180

009805557 长山热电厂年鉴 1988/1992,1997/181

009426058 黑龙江电力年鉴 1986/1990,1992,1993/1994,1997/1998,1999—2001/187

011396311 黑龙江煤炭工业年鉴 2005/187

009169628 黑龙江轻工业综合年鉴 1986/1990/187

013821960 黑龙江省轻工业年鉴 1986/187

009698862 哈尔滨第三发电厂年鉴/哈尔滨第三发电有限责任公司年鉴 1992/1997,1997/2002/191

009436928 哈尔滨电业局年鉴 1999/191

009492651 哈尔滨发电厂年鉴 1986/1997,1998/2000/191

012014928 黑龙江省电力有限公司年鉴 2002/2006,2007—2009/191

013467360 [黑龙江省农垦总局]水利统计年鉴/黑龙江省农垦总局水利统计年鉴 1997,1999—2000,2002,2006—2007/191

009520228 北钢年鉴/北钢集团有限责任公司年鉴 1995/1996,1997/1998/196

012733950 中国北车集团齐车公司年鉴/中国北车集团齐齐哈尔车辆(集团)有限责任公司年鉴/齐轨道装备公司·齐车公司年鉴 2006—2007/196

012734007 齐轨道装备公司·齐车公司年鉴/齐齐哈尔轨道交通装备有限责任公司·中国北车集团齐齐哈尔车辆(集团)有限责任公司年鉴/中国北车集团齐车公司年鉴 2008—2011,2013/196

009913267 齐齐哈尔钢厂年鉴 1988/1990,1991/1992/197

010568553 齐齐哈尔车辆厂年鉴/齐齐哈尔铁路车辆(集团)有限责任公司年鉴 1997—1998/197

010226691 齐齐哈尔铁路车辆(集团)有限责任公司年鉴/齐齐哈尔车辆厂年鉴 1999—2005/197

009589731 富拉尔基发电总厂年鉴 1984/1987,1988/1991,1992/1995,1996/2000/198

010102460 鸡西电业局年鉴 1986/1992/200

009698871 鸡西发电厂年鉴 1985/1995/200

012882810 龙煤集团双鸭山分(子)公司年鉴 2009—2010/203

009395879 双矿集团公司年鉴 2000/2001,2002/2003,2004/2005,2006—2008/203

010102478 双鸭山第一发电厂年鉴 1998/1999,2000/2001,2002/2003/203

009913227 红兴隆热电厂年鉴 2002/204

013965174 大庆炼化公司年鉴 2004/205

013664738 大庆石化公司年鉴 2001—2003,2005,2008/206

008426162 大庆石化总厂年鉴/大庆石化年鉴 1993,1995—2006/206

011821838 大庆石油管理局钻探集团钻技公司年鉴/钻技公司年鉴 2006—2007/206

012983071 大庆油田开发年鉴 1960/1964,1965/1971,1972/1976,1977/1980,1981/1984,1985/1987,1988/1990,1991/1993,1994/1997,1998/2000/206

011139671 大庆油田年鉴 2000—2006,2008—2010/206

011139675 大庆钻井年鉴 1979—1981,1983—1987/206

012806215 大庆钻探工程公司钻技一公司年鉴 2009—2010/206

009589769 新华发电厂年鉴 1995/206

005949565 大庆石油管理局年鉴 1989—1990,1992—1993,1995—1997,1999,2001—2008/206

011140392 西林钢铁公司年鉴/西钢年鉴 2001/2003,2004/208

009195462 佳木斯第二发电厂年鉴 1987/1995/210

009195466 佳木斯电业局年鉴 1987/1994/210

010225609 佳木斯发电厂年鉴 1987/1997/210

009617345 牡丹江第二发电厂年鉴/牡二电厂年鉴 1986/1990,1991/1995,1996/2000/214

009617347 牡丹江电业局年鉴 1998/1999,2000/2001,2002—2009/214

013753737 黑河电业局年鉴 2006/217

013677337 白玉兰烟材年鉴/上海白玉兰烟材年鉴/烟材年鉴 2011—2012/227

009928045 上海及长江三角洲地区服装服饰行业年鉴 2004/227

008276745 上海梅山冶金公司年鉴/上海梅山(集团)有限公司年鉴 1994/228

008245038 上海梅山(集团)有限公司年鉴/上海梅山年鉴/上海梅山冶金公司年鉴 1995,1999,2004/228

012724232 上海能源统计年鉴 2010—2012/228

011140684 上海石材业双年鉴 2003/2004/228

009346313 上海石化年鉴 1993/1997,1998/2000,2002—2013/228

013379043 上海市排水行业协会年鉴 2005/2010/228

008336680 上海固定资产投资和建筑业统计年鉴/上海投资建设统计年鉴 1993—1996/228

008336681 上海投资建设统计年鉴/上海固定资产投资和建筑业统计年鉴 1997—2003,2005—2007,2009,2011/228

008977299 上海医药生物工程年鉴 2002—2007/228

012048500 上海印钞厂年鉴 2002/2003, 2004—2007/229

010102657 上海印刷及机材行业年鉴 2003/229

013397061 上海永荣广告传播上海汽车用品年鉴/上海汽车用品年鉴 2011/2012/229

009913749 上海纸业行业年鉴 2005/229

008805286 上海宝钢年鉴/宝钢年鉴 2001—2012/242

008438975 江苏机械工业年鉴 1992,1998—1999,2002—2004/248

012526051 江苏省新能源可再生能源及节能减排应用与技术年鉴 2009/248

005325838 江苏水利年鉴 1993—1994,1995/1996,1997—2014/248

012521547 南钢年鉴 2004,2008/252

008439023 南化年鉴 1998—2011,2013/253

008439191 戚墅堰机车车辆厂年鉴/中国南车集团戚墅堰机车车辆厂年鉴 1995,1998—2007/265

009934177 江苏常熟发电有限公司年鉴 2003—2004,2007,2010/268

012079207 昆山钞票纸厂年鉴 2002/2003,2005,2007/269

012080552 大生纺织公司年鉴 1895/1947/269

008438959 江苏油田年鉴 1992/1995,1996—2012/278

013174671 浙江建筑业统计年鉴/浙江省建筑业统计年鉴 1988—1989,1995—1996,1999,2001—2002,2005—2010/287

009618332 浙江制造业年鉴 2004/287

008990561 杭钢年鉴 1995—2009/294

013603088 杭州市电力局年鉴 2011—2012/294

014014265 杭州市电力统计年鉴/杭州市电力局统计资料汇编 2009—2010/294

013758759 浙江省能源集团系统综合统计年鉴 2008/294

014014827 秦山第三核电有限公司年鉴/中核集团秦山第三核电有限公司年鉴 2001,2010/308

012079842 中核集团三门核电有限公司年鉴 2006—2008,2010/320

013143915 中核集团三门核电有限公司网络年鉴 2008—2010/320

009033345 安徽建设统计年鉴 2002—2003,2005—2010/324

013787229 安徽汽车年鉴 2007/325

008784527 安徽水利年鉴 1999,2001—2010/325

011965522 安徽省烟草专卖局(公司)年鉴 2006,2009/327

012909253 安徽中烟工业公司年鉴/安徽中烟工业有限责任公司年鉴 2003/2008,2009—2011/328

009926194 合钢年鉴 2002/2003/328

006038478 马钢年鉴 1987—2014/333

008749459 铜陵有色金属(集团)公司年鉴/铜陵有色金属集团控股有限公司年鉴 1994,1996—2007/335

014217110 福建工业统计年鉴/福建工业经济统计年鉴 1988/347

013714923 福建石材行业年鉴 2012/347

009036704 福建水利年鉴 1991/2000,1998

/347

008990515 三明钢铁厂年鉴 1999/357

013898438 昌河汽车年鉴 2004/2008/377

013899524 中航工业昌飞年鉴 1999/2008/377

008239357 新余钢铁厂年鉴/江西新余钢铁总厂年鉴 1988—1989/379

013766119 江西新余钢铁总厂年鉴/新余钢铁厂年鉴/新钢年鉴 1992—1993/380

008272959 新钢年鉴/江西新余钢铁总厂年鉴 1995—2002,2004—2010/380

009805881 江铜年鉴 1993/2000/381

011503339 山东煤炭工业年鉴 1993—1994,1996—1997/393

011503415 山东省水利统计年鉴 1994,1998,2000—2001,2003,2005—2006,2009—2010/393

008402984 山东水利年鉴 1994,1996—2012/394

008325250 山东冶金年鉴 1990—1995/394

008267883 济南钢铁总厂年鉴/济钢年鉴 1987—1994/399

008268409 济钢年鉴/济南钢铁总厂年鉴 1995—2013/399

012194332 济南轨道交通装备有限责任公司年鉴 2008—2009/399

013898919 山东省烟草包装印刷有限公司年鉴 2001—2002/399

012792712 山钢年鉴 2009/2010, 2011—2013/400

012983881 中国北车集团济南机车车辆厂年鉴 2001/2002, 2006—2007/400

013467669 青岛市烟草专卖局·山东青岛烟草有限公司年鉴 1999/2000/407

008728210 青钢年鉴 1991/1994, 1997/1998, 1999/2000, 2001/2002, 2003/2004, 2007/2008/407

012530149 山东中烟工业公司青岛卷烟厂年鉴/青岛卷烟厂年鉴 2007—2008/407

008969151 颐中集团年鉴 1994/1996, 1997, 1999—2000, 2002—2003, 2005—2007/407

009324906 南车四方机车车辆股份有限公司年鉴 2003, 2007/409

008439098 四方机车车辆厂年鉴 1996—1997/409

009617890 铁道部四方车辆研究所年鉴 1999/410

008278751 齐鲁石化年鉴 1990/1994, 1995/1996, 1997/1998, 1999/2000, 2001/2002, 2003/2004, 2005/2006, 2007/2008, 2010—2013/413

011503696 枣庄烟草年鉴 2006—2007/416

009123971 东营油区年鉴 1996/2000/418

012617098 海洋钻井公司年鉴 2009—2011/418

008969087 黄河钻井总公司年鉴 1998, 2009/418

008969091 黄河钻井钻前公司年鉴 1999/418

008426305 胜利油田年鉴 1991, 1993—1995, 1997—1999, 2001—2011, 2013/418

012243728 烟台电力统计年鉴 1949/2007/420

009913719 樱花[公司]年鉴 2004/425

011398875 石特年鉴 2001/2005, 2007—2009, 2009/2010, 2011/2012/430

008278812 莱芜钢铁总厂年鉴 1991/1992, 1993—1999/434

008728201 莱钢集团公司年鉴/莱钢年鉴/莱芜钢铁总厂年鉴 2000—2014/434
010305673 莱钢年鉴十五技改卷 2003/2004/435
008437675 莱钢统计年鉴 1970/1995/435
013711356 鲁矿集团年鉴 2004/435
013965370 聊城水利年鉴 1991/1997/440
013655914 河南省电力公司"十五"期间技术改造统计年鉴 2006/448
008574185 河南水利年鉴 1995—2014/448
009933559 河南水利统计年鉴/河南省水利统计年鉴 1989—1993,1996—1997,1999—2001,2003—2005,2008—2010/448
013790894 河南冶金建材年鉴 1983/1984/448
013481746 郑煤集团年鉴 2011—2012/453
008426299 中原油田年鉴 1992,1993/1994,1995/1996,1997/1998,1999—2014/456
012199423 洛阳石化年鉴 2001,2005,2009/460
012807791 洛阳石油化工总厂年鉴 1992—1998/460
009014751 安钢年鉴 2001—2013/465
009307967 鹤煤集团年鉴/鹤壁煤业(集团)公司年鉴/鹤煤年鉴 2000,2002—2004,2006—2010/467
013312095 中国铝业中州分公司年鉴/中铝公司中州企业年鉴 2006/2007,2008/2009/471
011141495 中州铝厂年鉴 1999/2000,2001/473
012200519 中国钧瓷年鉴 2000/2008,2009/2010,2011/2012/476
009617286 河南油田年鉴 2003—2013/480

009501604 神火集团年鉴/神火年鉴 1998/2002,2004—2010,2012—2013/482
013788376 湖北冶金工业年鉴 1987/492
013758752 长江水利委员会统计年鉴 1990—2004,2005/2006/498
012591777 湖北省电力公司年鉴 2010—2012/499
013635203 湖北省电力建设第二工程公司年鉴 2011/499
007211265 武钢年鉴 1987—2013/499
013711511 中南院综合年鉴 1995/2009/499
009307942 江汉油田年鉴 2002—2004,2006,2008,2011/504
013898572 汉阳县水利年鉴 1986/1990/504
010226875 武昌车辆厂年鉴/中国南车集团武昌车辆厂年鉴 1995—2003,2005/504
008749359 东风汽车公司年鉴 2000,2002,2004,2006,2008—2013/507
013710665 东风汽车有限公司商用车重型车厂年鉴 2002/2003/508
013957660 清江年鉴 2011/510
011821831 程潮铁矿年鉴 2004—2008/514
008432829 鄂钢年鉴 1994—1997,2004,2010/514
013173450 鄂州供电公司年鉴 2010—2011/514
013753419 荆门供电公司年鉴 2012/515
013821787 孝感供电年鉴 2001/2003,2004/2007/517
012525975 汉川水利年鉴 1997/2007/518
012923551 湖南煤炭工业年鉴 2002/2008,2009/2011/532
013655954 湖南能源统计年鉴 2005/2010/532

013173474 湖南省工程机械行业年鉴 2010/532

012521530 湖南省农村水电统计年鉴 2005—2007/532

012526027 湖南省石化统计年鉴 1988—1989,1991—1993,1995—1997/532

012354171 湖南水利统计年鉴 2006—2009/532

013172739 湖南烟草工业年鉴 2008—2010/532

011140415 湖南冶金年鉴 1986/1990,1991/1995/532

013791036 长沙卷烟厂年鉴 2008—2009/537

013655949 湖南路桥建设集团公司年鉴 2009—2010/537

011140345 华菱年鉴 1996/2001/537

011824374 中国南车集团株洲车辆厂年鉴/株洲车辆工厂年鉴/株洲车辆厂年鉴 1992—2007/542

008397438 株洲电力机车工厂年鉴/株洲电力机车厂年鉴/中国南车集团株洲电力机车厂年鉴/中国南车集团株洲电力机车有限公司年鉴/南车株洲电力机车有限公司年鉴 1983/1988,1990,1992,1994—2001,2003—2008,2010—2011/542

011504685 株洲冶炼厂年鉴/株洲冶炼集团有限责任公司年鉴 1993/1994,1995/1996,1997/1998,1999/2000,2001/2002,2003/2004,2009/2010/542

011504687 株洲硬质合金厂年鉴 1995—1997/542

012351836 广东纺织年鉴 2005/2008/562

008993661 广东机械产品年鉴 2003/562

008876493 广东建材年鉴 2001/2002/563

009169598 广东建筑及建材年鉴 2002/563

013753709 广东省煤矿安全生产年鉴 1993/1995/563

013173454 广东土木建筑年鉴 2008/563

008849849 广钢年鉴 2000—2002,2003/2004,2009/2011/568

010102214 广州建筑集团有限公司年鉴 2000/568

009841249 中国南方电网公司年鉴 2004—2010/568

012755673 大亚湾核电运营管理有限责任公司年鉴/广东大亚湾核电站岭澳核电站生产运行年鉴 2009—2013/581

009104894 茂名石化年鉴 2001—2014/589

010224225 广西电力年鉴/广西电力有限公司年鉴 1994/1995,1996/1997,1998—1999,2001—2004/607

011396255 广西水利统计年鉴 2005—2007/607

011502035 广西电网公司年鉴/广西电力年鉴/广西电力有限公司年鉴 2005,2007,2011,2013/610

011140521 南宁供电局年鉴 2000,2002—2003,2010/610

012591726 海南核电年鉴 2010—2011,2013/629

008957749 四川石油管理局川东开发公司年鉴/川东开发公司年鉴 1997,1999/634

007916837 重钢年鉴 1993—2012/634

011503952 重庆建筑业年鉴 2006—2007/635

009726368 四川电力年鉴 2003—2006,2007/

2009,2010/2011,2012—2014/646

014014867 四川省二轻工业统计年鉴 1984/646

013965481 四川省水利统计年鉴 2000/646

009806766 成都印钞公司年鉴/成都印钞有限公司年鉴 2002/2003,2004—2005,2010/650

013311490 川庆钻探工程有限公司年鉴 2009—2012/651

011139963 国电大渡河公司年鉴 2006—2008/651

011823189 四川省电力公司年鉴/国网四川省电力公司年鉴 2007—2014/651

012361429 四川石油管理局地球物理勘探公司年鉴 2006/651

008426316 四川石油管理局年鉴 1991/1995,1996—2003/651

008957753 四川石油管理局物资总公司年鉴 1991/1995,1997/2000/651

012925084 四川油气田年鉴/四川石油管理局年鉴/西南油气田分公司年鉴 2004—2006,2008—2013/651

012593329 西南石油年鉴 2008—2013/652

009520041 西南油气田分公司年鉴 2000—2003/652

009934747 中国二重年鉴 2003—2005/652

013933115 中国石油四川销售分公司年鉴/中国石油四川销售公司年鉴 2000,2006/652

009617994 中国石油西南油气田分公司信息中心年鉴/信息中心年鉴 2000/2002/652

009926357 国家电力公司成都勘测设计研究院综合年鉴/成都勘测设计研究院综合年鉴 1996/2002/651

013965164 川润年鉴 2002/2006,2010/659

012983216 东锅年鉴 2007/659

012592702 四川石油管理局川西南矿区年鉴/川西南矿区年鉴 1996/659

008669486 钢城企业总公司年鉴/攀钢集团钢城企业总公司年鉴 1998/660

008241773 攀钢年鉴 1992—2008/660

009459709 攀枝花钢铁有限责任公司钢铁研究院年鉴/攀钢钢铁研究院年鉴 2003/661

009520099 四川石油管理局川西北矿区年鉴/川西北矿区年鉴 1991/1995,1996/1999,2000—2004/666

014014872 四川石油管理局井下作业处年鉴/井下作业处年鉴 1991/1995/671

008957720 四川石油管理局南充炼油厂年鉴/南充炼油厂年鉴 1991/1995/674

009617992 眉山车辆厂年鉴/中国南车集团眉山车辆厂年鉴 2002—2003/676

009617993 中国南车集团眉山车辆厂年鉴/眉山车辆厂年鉴 2003/676

009111392 建中年鉴 2000/677

012177010 贵州电力年鉴 2004—2005,2007—2014/694

009360384 贵州省电力工业局年鉴 1990/695

008923189 云南电力年鉴 1994,1996—2013/708

011140205 云南能源统计年鉴 2000/2005,2005/2009,2011—2013/709

012530573 云南水利年鉴 2009,2011—2014/709

009492872 云南铜业年鉴 2002—2014/709

012801309　云南烟草年鉴 2008—2013/709

013634251　红云红河年鉴 2011/712

011966767　昆明市水利水电统计年鉴 2006—2007, 2009/712

009928065　云南酒业年鉴 2004, 2005/2008/712

013634208　昆钢年鉴 2011—2014/716

012048787　玉溪矿业公司云南达亚公司年鉴/玉溪矿业云南达亚年鉴/云南铜业玉溪矿业·云南达亚年鉴 2004/2006, 2007—2010, 2012/720

012354159　红塔集团年鉴 2009—2014/720

013363384　保山电力工作年鉴 2008—2011/722

013609309　云南永昌铅锌股份有限公司年鉴 2005—2007/723

014014926　文山开开药业有限公司年鉴 2002/2012/736

012530165　陕西省干旱灾害年鉴 1949/1995/749

009406314　陕西水利年鉴 1996/2001, 2002/2004, 2005—2008, 2010—2011/749

009927885　长庆石油勘探局年鉴 2001/2004, 2005—2008/752

011395770　长庆油田公司年鉴 2001/2002, 2003/2004, 2005/2006, 2009—2010/752

012909391　长庆油田矿区服务事业部年鉴 2009/2010/752

009806763　西安印钞厂年鉴 2002/2003, 2004—2006/752

012200235　西北电网有限公司年鉴 2009—2010/752

013790985　陕西咸阳化学工业有限公司年鉴 2009/757

008728185　韩城矿务局年鉴 1992—1993, 1994/1195, 1996, 1998—2010/760

011399589　延长油矿管理局永宁钻采公司年鉴 1990/2005/762

013656101　陕西神木化学工业有限公司年鉴/神木化工年鉴 2005, 2007/765

012617553　榆林供电局年鉴 1991/2005/765

013635198　甘肃水利年鉴 2011—2012/772

013965234　甘肃水利统计年鉴 2003, 2008/772

008958007　兰化年鉴 1993/1995/775

013635459　兰州石化公司年鉴 2011, 2013/775

009934817　中燃年鉴 1997/2003/780

009726250　青海油田分公司年鉴/中国石油青海油田公司年鉴 2000/2003, 2005, 2010, 2011/2012/782

013714727　黄河水电公司年鉴 2011/789

011967093　青海西部资源有限公司年鉴 2006/2007, 2008/789

011398671　宁夏电力年鉴 2001—2004/796

011966903　宁夏能源年鉴 2008/796

012924917　宁夏能源统计年鉴 2008/796

012792666　宁夏水利年鉴 2008—2013/796

008477431　新疆钢铁年鉴 1996—2002/805

011823246　新疆能源统计年鉴 2007/805

011502971　建工师年鉴 2007—2014/807

009015876　西北石油局年鉴/西北石油年鉴 2002—2014/807

012521709　中国石油西部钻探工程公司年鉴 2009—2012/807

008923179　克拉玛依市新疆石油管理局年鉴 1998—2000/809

009926378　新疆石油管理局钻井公司年

鉴/西部钻探克拉玛依钻井公司年鉴 2002/2004,2005—2006/809

012048647 西部钻探克拉玛依钻井公司年鉴/新疆石油管理局钻井公司年鉴 2007/809

011141208 新疆石油管理局年鉴 1998/810

008957766 独山子石化总厂年鉴/独山子石化年鉴/中国石油独山子石化年鉴 1996/1997,1999,2000/2003,2004/2005,2006/2007/810

008651522 土哈石油年鉴/土哈油田年鉴 2000—2002,2003/2004,2007/2008,2009/2010/812

008439030 塔里木石油年鉴 1996—2013/819

013935841 北方集团年鉴/新疆生产建设兵团农七师北方集团年鉴 2010/2011/823

006799945 香港医药年鉴 1976/830

007211359 北京工业年鉴 1991—1992,1994—2003,2005—2013/15

008969123 内蒙古工业经济年鉴 1997—2000/117

013790874 大连市工业企业年鉴 2005/146

013932474 铁岭工业年鉴 2007—2009/160

013634200 吉林工业和信息化年鉴 2011—2013/167

008273022 上海工业物资能源交通统计年鉴 1994—1995,1997—2001/229

008957241 上海工业交通能源统计年鉴/工业交通能源统计年鉴/上海工业能源交通统计年鉴/上海工业物资能源交通统计年鉴 2002—2003,2005—2009/229

012751447 上海工业交通统计年鉴 2010—2012/229

005949425 上海工业年鉴 1988—1991,1992/1993,1994—1995,1997—2003,2010—2015/229

009589477 上海工业商业年鉴 2004—2009/229

008270606 上海工业统计年鉴 1991—1993/230

013603015 宝山工业年鉴 2011/242

014014811 宁波市工业企业年鉴 1993/301

009520072 安徽工业经济统计年鉴 2004—2008/325

004187288 福建工业经济统计年鉴 1990—1995,1997—2001/348

008977249 福建工业交通经济年鉴/福建工业经济统计年鉴 2002/348

013608633 江西工业经济年鉴 2002—2004,2007—2010/371

009459848 山东省工业大型骨干企业风采与工业统计年鉴 1997/394

005650960 山东省工业统计年鉴/山东工业统计年鉴 1989,1991—1995,1998—2004,2006—2010/394

011396304 河南工业年鉴 2006—2008,2010—2011,2012/2013,2014/448

008437552 湖北工交统计年鉴 1949/1998/492

011502884 湖南工业统计年鉴 1987/1993,2000/2006,2007/2011/533

008578415 广东工业统计年鉴 2000—2003,2005—2014/563

008406220 广东省工业统计年鉴 1997—1999/563

009726372 四川工业年鉴/四川经济贸易年鉴 2004—2013/646

012724315 云南工业和信息化年鉴 2010—2014/709

013677519 云南省工业园区年鉴 2012/709

014014376 昆明工业统计年鉴 1989—1990/712

009003185 "九五"时期陕西工业统计年鉴 2000/749

009617935 陕西工业交通年鉴/陕西经济贸易年鉴 2004—2014/749

008802311 陕西工业年鉴 2001,2003/749

011823285 新疆中小型工业企业统计年鉴 2007/805

007698703 山西造产年鉴 1936/90

信息产业经济(总论)

009062420 CBI中国IT渠道年鉴 2002/2003/894

013636647 IT影响中国年鉴 2012/894

013294607 中国软件和信息技术服务业年鉴 2011—2012/894

009502085 中国信息产业年鉴 2003/2004/894

010235316 中国信息产业年鉴/中国电子工业年鉴 2005—2014/894

010281659 中国信息产业年鉴通信卷/中国通信年鉴 2007—2008/895

009036700 中国信息经济年鉴 2001—2003/895

012047155 福建信息产业年鉴 2007/2008/348

013752780 湖南101市县IT渠道年鉴 2012/533

009840751 广东信息产业年鉴 2005/563

交通运输经济

012517867 大陆桥年鉴 2008/271

012617734 中国国际货运代理年鉴 2000/2009/895

008902137 中国交通教育五十年年鉴 1949/1999/895

013814903 眉山交通年鉴 1997/1999/676

013379142 中国交通运输统计年鉴 2010—2012/895

013481763 中国交通企业年鉴 2011—2012/895

009698964 中国交通市场年鉴 2001—2004/895

001822750 中国交通年鉴 1986—2014/895

012723193 北京交通年鉴 2010—2014/15

012080561 河北交通年鉴 1987,1989,1994—1995/63

010102251 石家庄市交通年鉴/石家庄市公路交通年鉴/石家庄市交通局年鉴 1999—2001,2004,2008,2010/67

010223916 承德市交通年鉴 1990,1996/82

013925311 沧州市交通年鉴/沧州交通年鉴 1998,2001,2002/2003/83

008476830 泊头市交通年鉴 1986,1994/84

013859467 沧县交通年鉴 1989/1997,1999,2002/85

008977022 南皮县交通年鉴 1992/1993,1995/1997,1998,2009/85

008275283 山西交通年鉴 1990—1991,1996—2014/90

013752833 大同交通年鉴 2010—2011/97

013898751 沁水交通年鉴 1990/1999/102

011140095 鸡西市交通统计年鉴 1994—

2006/200

013379026 上海市交通运输和港口管理局年鉴 2010—2013/230

008406431 江苏交通年鉴 1996—2013/249

011966700 江苏省交通统计年鉴 2002/249

006038497 南京交通年鉴 1990—1994,1995/1996,1997/1998,1999/2000,2001/2002,2003/2004,2005/2006,2007/2008,2009/2010,2011/2012/253

008749475 无锡交通年鉴 1991/1995,2000—2006,2006/2010,2007/260

009087826 盐城交通年鉴 1986/1993,1996/1997/275

011503704 浙江交通年鉴 2002—2013/287

011503708 浙江交通统计四十年鉴 1949/1988/287

013173288 浙江省交通统计年鉴 1989—1991,1993—2004,2006/287

011966887 宁波市交通统计年鉴 1994/302

012723410 合肥交通年鉴 1998/1999,2000/2001,2003/328

008604917 江西交通年鉴 1997—2014/371

010226289 江西省交通统计年鉴 1999/371

008406442 南昌市交通年鉴/南昌交通年鉴 1996—1998,2000—2004/374

011501812 大余县交通年鉴 2001—2002/382

009927914 枣庄交通年鉴 1998/2002/416

011965708 滨州交通年鉴 1991/2000/441

011502139 河南交通年鉴/河南省交通年鉴 2002—2010,2011/2012/448

012591739 河南交通运输年鉴 2009—2010/448

010102423 洛阳交通年鉴 2000/460

008251241 湖北交通年鉴/湖北交通运输年鉴 1991—2014/492

010225585 湖北交通统计年鉴 1993/493

013677537 武汉交通运输年鉴 2011—2013/499

010226784 武汉市交通统计年鉴/武汉交通统计年鉴 2001,2003—2006/499

013172745 荆州交通年鉴 2008,2010/519

008437561 湖南交通年鉴湖南年鉴分册 1998/533

009840746 广东交通年鉴 2002,2006—2007/563

009395512 [深圳]交通年鉴/深圳交通年鉴/深圳交通运输年鉴 2003—2014/577

009933473 广西交通年鉴 1992—2012/607

012593591 重庆市交通统计年鉴 2001—2003/635

004625088 四川交通年鉴 1987—2014/646

008426311 泸州交通年鉴 1988,1993—2003/662

012923986 绵阳交通年鉴 1998,2000—2003,2005,2007/665

013932162 沐川县交通年鉴 2006/2012/673

008588893 昆明交通年鉴 1998/712

011965746 丹凤交通年鉴 1989/1997/768

005033179 甘肃交通年鉴 1992—2014/772

013935898 定运年鉴 1997/2009/784

013090030 青海交通年鉴 2006—2008,2010—2011/788

013140113 香港交通年鉴 2011/830

011503321 全国铁路统计年鉴 2006—2007/895

008112146 铁道年鉴 1933/896

008432794 中国铁道年鉴 1999—2012/896

006915861 北京铁路分局年鉴 1989/1990,1991—2005/15

004187256 北京铁路局年鉴 1987—2012,2014/15

010102789 电化局建筑工程处年鉴 1999/2000/16

008670263 铁道部第十六工程局年鉴/中铁第十六工程局年鉴 1994—2000,2002/16

008195667 铁道部建厂工程局年鉴 1994—1998/16

008435299 中国铁道建筑总公司年鉴/中国铁建年鉴 1993—2013/16

010102817 中国铁道建筑总公司铁路运输处年鉴 1998/16

009618451 中国铁路工程总公司年鉴 2003—2012/16

009618453 中国铁路通信信号总公司年鉴 1997/16

009841286 中铁电气化工程局年鉴/中铁电气化局集团年鉴 1999/2000,2002—2006,2008,2010/16

011824404 中铁工程设计咨询集团有限公司年鉴 2006/17

008643768 中铁建厂工程局年鉴/中铁建工集团年鉴 1999—2000,2002—2006/17

011503945 中铁行包快递年鉴/中铁行包快递有限责任公司年鉴/中铁快运年鉴 2005—2007/17

007782478 津浦铁路年鉴/津浦年鉴 1932/52

008137895 天津铁路分局年鉴 1987—2002/52

009406156 中铁第十八工程局年鉴/铁道部第十八工程局年鉴/中铁十八局集团年鉴 1997,1999/2000,2001/2002,2002/2003,2004/2006/52

012530199 石家庄车辆段年鉴 1997,1999,2001/67

008588922 石家庄铁路分局年鉴 1988—1992,1994,1996—2001,2003/67

008749292 太原铁路分局年鉴/太原铁路局年鉴 1989,1995—1996,1999/2000,2002—2011/94

008396948 铁道部第十二工程局年鉴/中铁十二局集团年鉴 1995—2001,2003—2006,2010/94

008397001 铁道部第十七工程局年鉴/中铁第十七工程局年鉴/中铁十七局集团年鉴 1994—2004,2006,2008—2011/94

008140296 铁道部第三工程局年鉴 1994—2000/94

009425965 中铁三局集团有限公司年鉴/铁道部第三工程局年鉴 2001—2003,2005,2010/94

008476848 大同铁路分局年鉴 1989/97

008749128 临汾铁路分局年鉴 2000—2001/109

009927888 呼和浩特铁路建设年鉴 2003—2006/119

011502175 呼和浩特铁路局工程处年鉴 1999—2002/119

007598613 呼和浩特铁路局年鉴 1989,1991—1993,1995—2012/120

012199452 内蒙古集通铁路有限责任公司年鉴/内蒙古集通铁路(集团)有限责任公司年鉴 2003/2004,2006/2008,2009—2010/120

009617856 包头铁路分局年鉴 1989,1991—1994,1996/121

013899025 通辽铁路分局年鉴 2004/124

010223357 神华集团包神铁路有限责任公司年鉴/包神铁路有限责任公司年鉴/神华包神铁路有限责任公司年鉴 2002,2006—2008/125

009065021 海拉尔铁路分局年鉴 1989,2001—2004/127

008788775 集宁铁路分局年鉴 1992—1994/130

009289669 沈阳工程总公司年鉴 1993/140

009698935 沈阳铁路分局年鉴 1987—1988,1989/1990,1991—1993,1995—2004/140

007999013 沈阳铁路局年鉴 1986—1992,1994—2010,2012—2013/140

012243745 中铁九局集团有限公司年鉴 2005—2006/141

012351775 大连铁路分局年鉴 1986—1995/146

008957238 锦州铁路分局年鉴 1986—1993,1995—2004/154

008749295 铁道部第十九工程局年鉴/中铁十九局集团年鉴 1995—1997,1999/157

009425968 中铁十九局集团年鉴/铁道部第十九工程局年鉴 1999/2001/157

008923151 长春铁路分局年鉴 1987—1995,1997—2004/170

008551476 吉林铁路分局年鉴 1987,1995—1998,2000/173

009927876 通化铁路分局年鉴 1999/2001,2003—2004/177

005719993 图们铁路分局年鉴 1991,1993—1998/182

008769604 哈尔滨铁路分局年鉴 1997/1999,2000—2004/191

005326585 哈尔滨铁路局年鉴 1987—2008,2012/192

008424326 齐齐哈尔铁路分局年鉴 1987—2003/197

008137704 佳木斯铁路分局年鉴/佳木斯分局年鉴 1987—1996,1998—2004/210

008879214 牡丹江铁路分局年鉴/哈尔滨铁路局牡丹江分局年鉴/牡丹江分局年鉴 1994/2000,2001/2002/214

007977001 上海铁路分局年鉴 1992—2004/230

007977086 上海铁路局年鉴 1992—2007,2009,2011/230

008879216 南京铁路分局年鉴/南京分局年鉴/南京铁路年鉴 1987—1989,1992—1993,1997,2000—2001/253

008378178 徐州铁路分局年鉴 1996—2004/262

008476935 杭州铁路分局年鉴 1995—1997,2000—2004/294

008399295 铁道部第四工程局年鉴/铁四局年鉴/中铁四局集团年鉴/中国中铁四局集团年鉴 1994—2010,2012/328

008788764 蚌埠铁路分局年鉴 1993—2005/332

008588874 福州铁路分局年鉴 1993—2004/351

008001187 南昌铁路分局年鉴 1992—1994,1996/374

008866785 南昌铁路局年鉴 1995,1997—2011/374

008017318 济南铁路分局年鉴 1986/1995,

1997—1998,2003/400

008435287 济南铁路局工程总公司年鉴 1986/1990,1992/1996,1997/1999/400

012651885 济南铁路工程集团有限责任公司年鉴/济南铁路局工程总公司年鉴 2000/2002/400

008187446 济南铁路局教育年鉴 1991—1999,2001—2003/400

007999452 济南铁路局年鉴 1991—2010/400

008139882 济南铁路局物资工业公司年鉴/物资工业公司年鉴/济南铁路局物资工业年鉴/物资工业年鉴/物资工业总公司年鉴 1987,1990,1993—1994,1998,2002/400

008477391 铁道部第十四工程局年鉴 1993/1994,1995—2001/401

008574224 中铁第十四工程局年鉴/中铁十四局集团年鉴 2000,2002—2004/401

011968449 中铁十局集团有限公司年鉴 2004—2006,2008/401

008137667 青岛铁路分局年鉴 1992—2002/408

010227004 中国铁通河南分公司年鉴 2001/2003/448

008250218 郑州铁路分局年鉴 1984—1985,1986/1987,1988—1998,2000—2004/453

007849774 郑州铁路局年鉴/郑州铁路年鉴 1985—2014/453

008477203 洛阳铁路分局年鉴 1994—1995,1997—2005/460

008396964 铁道部第十五工程局年鉴/中铁第十五工程局年鉴/中铁十五局集团年鉴 1993—2003/460

009618468 中铁隧道集团年鉴/铁道部隧道工程局年鉴 1999—2011,2014/460

008396598 铁道部第十一工程局年鉴/中铁第十一工程局年鉴/中铁十一局集团年鉴 1994—2004,2005/2006/499

008432809 武汉铁路分局年鉴/武汉铁路局年鉴 1991—1992,1995—2007,2009—2011/499

013932570 武汉铁路运输经济年鉴 1985/500

012806190 中国铁通湖北分公司年鉴 2001/2005/500

010227003 铁道部大桥工程局年鉴/中铁大桥局集团年鉴 1994—1995,2001/500

012692329 中铁大桥局集团年鉴/铁道部大桥工程局年鉴 2002/500

007555725 平汉年鉴 1932/499

008477426 襄樊铁路分局年鉴 1986—1987,1989—2004/512

008017165 长沙铁路总公司年鉴 1995—2005/537

009617370 怀化铁路总公司年鉴 2003—2005/556

008435261 广州铁路(集团)公司年鉴 1994—2012/568

008788306 羊城铁路总公司年鉴 1995—2003/568

009616851 南宁铁路分局年鉴 1996/610

013079104 南宁铁路局年鉴/柳州铁路局年鉴 2008—2013/610

008277836 柳铁年鉴 1996—2000/614

008749131 柳州铁路局年鉴 2001—2004,2006—2007/614

005719372 成都铁路分局年鉴 1993—1997,

2000/652

008378180 成都铁路局年鉴 1990—2011/652

009406183 铁道部第二工程局年鉴/中铁二局集团年鉴 1991—1998/652

009406163 中铁二局集团年鉴/铁道部第二工程局年鉴 1999—2012/652

010102845 中铁二十一局集团有限公司年鉴 2005—2006,2008,2010—2012/653

013090444 中铁二院工程集团有限责任公司年鉴/铁道第二勘察设计院年鉴 2010,2012/653

008017290 贵阳铁路分局年鉴 1990—1992,1994—1995,1997—2004/695

012361689 中铁五局(集团)有限公司统计年鉴 2005/696

013609284 中铁五局集团年鉴 2004/696

008137820 昆明铁路分局年鉴 1990,1992—1994,1996/713

008923180 昆明铁路局年鉴/昆铁年鉴 1998—2010/713

008001278 开远铁路分局年鉴 1990/733

008623494 西安铁路分局年鉴 1986—2004/753

012361514 西安铁路局年鉴 2006—2008,2010/753

010223365 宝鸡车务段年鉴 1998/756

008901576 安康铁路分局年鉴 1999—2001,2003—2004/767

008137871 兰州铁路局年鉴 1991/1992,1993,1996—2012,2014/775

011140543 青藏铁路公司年鉴 2006—2013/789

008866777 北疆铁路公司年鉴 2001,2003/807

008137988 乌鲁木齐铁路局年鉴 1994—2005,2008—2009,2011/807

005719381 哈密铁路分局年鉴 1992/812

005999848 台湾铁路年鉴 1962/832

013933105 中国公路建设市场年鉴 2001/896

012593490 中国公路年鉴 2006/896

012079041 北京首发集团年鉴 2006/2007,2008—2009/17

009287777 首发公司年鉴 1999/2001,2001/2002,2002/2003,2003/2004/17

013790880 大兴公路年鉴 1997/2006/46

012047193 河北省道路运输管理年鉴/河北省道路运输年鉴 1986—1988,1997—1999,2001—2003,2007—2008/63

012194193 河北公路工程建设集团有限公司年鉴 1999/67

013815047 山西公路统计年鉴 1993,1999—2000,2002—2010/90

010225611 佳木斯市城区道路管理年鉴 1989/2005/210

014014989 浙江省公路统计年鉴 2008/288

010102107 福建省道路水路运输行业统计年鉴 2002—2003,2005—2006,2008/348

011140566 济南管理处年鉴/济南市公路管理段年鉴/山东省济南市公路管理段年鉴/济南市公路管理局年鉴 1986—1992,1994—1998,2000,2005—2006/401

008957581 淄博公路年鉴 1986/1990,1991,1993—1994,1995/1996,1997/1998,1999/2000,2001/2002,2003/2004,2005—2006/413

011966671 济宁公路年鉴 2000,2003/2004,2005/2006/425

011966592 菏泽公路年鉴 2000/2001,2009/2010/443

012899651 湖北公路年鉴 1991—1992/493

008433640 湖北公路运输年鉴 1990/1991,1993/493

013751797 宝安公路年鉴 2007/2009/581

008433874 中国港口年鉴 1999—2003,2005—2014/896

013379156 中国引航年鉴 2008/2009,2010/896

012361671 中远船务年鉴 2008/146

008849826 中远集装箱运输有限公司年鉴 1999—2010/230

008944122 连云港港年鉴 1991—2003,2005—2014/271

013933028 盐城港口年鉴/港口年鉴 1986/1993/276

010223300 安徽航运年鉴 2000—2008/325

014014847 日照港第一港务分公司年鉴 1985/2012/433

009913685 日照港年鉴 1994/1996,1997/1999,2000/2002,2003/2005,2009/2011/433

008633768 湖北水运年鉴 1991—1998,2003/493

011500327 长江航运年鉴 2000,2003—2009/500

012521615 武汉长江轮船公司年鉴 1993,1995—2000/500

011139813 广州远洋运输公司年鉴 2001/2005,2006—2009/568

008802328 中国民航统计年鉴 1983—1986,1988—1994,1996—2005/896

009460014 北京首都国际机场统计年鉴/北京首都机场集团公司统计年鉴/北京首都国际机场股份有限公司统计年鉴 1991—1998,2000,2007/17

009618434 中国国际航空公司统计年鉴/中国国际航空股份有限公司统计年鉴 1990—1995,1998,2000—2006/17

009841217 中国航空油料总公司统计年鉴/中国航空油料公司统计年鉴/中国航空油料有限责任公司综合统计年鉴 1949/1990,1992—2009/17

010226831 中国民航华北管理局统计年鉴 1999—2002/18

013758847 中国民用航空局空中交通管理局年鉴 2010/18

013965163 出租汽车统计年鉴 1991/896

009698947 中国城市公共交通年鉴 1990/1991,1999/2000/896

009933298 北京公安交通管理年鉴 2004—2010,2012/18

014014276 黑龙江省公安交管年鉴 2009/187

010224123 甘肃公安交通管理年鉴/甘肃公安交通管理综合年鉴 1987/1996,1997/1999,2000/772

旅游经济

008998399 中国旅游财务信息年鉴 2002,2004—2008,2010—2014/896

013758844 中国旅游城市统计年鉴 2006/897

003606512 中国旅游年鉴 1990—2003,2005—2014/897

001365892 中国旅游统计年鉴 1991—1993,1995—2003,2005—2014/897

013173618 唐人旅游规划设计年鉴 2009,

2011—2012,2014/897

008633708 北京市旅游统计年鉴/北京旅游统计年鉴 1997—2003,2005—2007,2009/18

009360374 上海旅游年鉴 1978/1996,1997/2002,2003,2004/2005,2006—2014/230

009726396 浙江旅游年鉴 2004—2014/288

009617876 山东旅游年鉴 2003—2005,2006/2007,2008/2009,2010/2011,2012/2013/394

013369962 河南旅游年鉴 2010/448

012983360 湖北旅游年鉴 2009,2011/493

009726028 广东旅游年鉴 2004—2013/563

013752857 佛山旅游年鉴 2011/584

010102216 广西旅游年鉴 2001—2004,2007—2008/607

013714693 四川旅游年鉴 2012,2014/646

009395870 云南旅游年鉴 2003—2004,2005/2010/709

邮电经济

013656189 中国快递年鉴 2007/2011/897

012926186 中国邮票设计印制年鉴 2010/897

009024099 中国邮政年鉴 1999/2001,2002—2005,2007/2008/897

009157722 北京邮政年鉴 2002—2013/18

011967417 天津邮电年鉴 1997/52

008851392 天津邮政年鉴/天津市邮政局年鉴 1996,1998—2011,2013—2014/52

012047204 河北邮电年鉴 1998—1999/63

009157757 河北邮政年鉴 2001,2002/2003,2004/2005,2006/2007/63

013758212 邢台市邮电年鉴 1990/78

011139650 沧州邮电年鉴 1989/1993/83

013379010 山西邮政年鉴 2003—2004,2008—2009/90

008643790 内蒙古邮电年鉴 1997,1998/1999/118

009036721 内蒙古邮政年鉴/内蒙古自治区邮政年鉴 2000/2001,2002—2005,2006/2007/118

009617840 辽宁邮政年鉴 2000/2001,2002—2013/136

010225597 吉林省邮政统计年鉴 1998/2001,2002,2004—2008/167

009617395 吉林邮政年鉴 2000/2001,2002/2003,2004—2007,2009—2013/167

013608990 吉林省邮政管理局年鉴 2006/2010/170

011140420 吉林市邮电年鉴 1991/1995/173

009289774 延边邮电年鉴 1991/1995/182

008670246 黑龙江邮政年鉴 2000—2009/187

008437536 哈尔滨市邮政局年鉴/哈尔滨市邮政局综览 1991—2000,2002—2004/192

009897964 齐齐哈尔市邮电局年鉴 1991—1998,2000—2001/197

009436763 齐齐哈尔邮政年鉴 1998/2001,2002/2005/197

008406207 大庆邮电年鉴 1987/1992,1993—1999/207

009169547 佳木斯市邮电年鉴 1998—1999/211

009169557 佳木斯邮政年鉴 1999,2001/2005/211

008402886 牡丹江市邮电局年鉴/牡丹江邮电年鉴/牡丹江电信年鉴 1993/1994,1995/1996,1997—1998/214

009927871 牡丹江邮政年鉴 1999/2001/214

008879222 上海邮电年鉴 1997—1999/230

009036933 上海邮政年鉴 2000—2010/230

012199086 江苏邮政企业年鉴 2009—2012/249

008879259 浙江邮电年鉴 1997—1998/288

009618341 浙江邮政年鉴/浙江邮电年鉴 2000—2012/288

009616541 安徽邮政年鉴 2000/2002,2005,2006/2007/325

008400165 江西邮电年鉴 1992—1999/371

009036928 江西邮政年鉴 2000—2012/371

010102580 南昌地区邮电年鉴 1992,1993/1995/374

013711351 九江邮电年鉴 1993/1994,1995/1996/378

008981603 赣南邮电年鉴 1986/1990/381

009617920 山东邮政年鉴 2000—2002,2008/394

011823294 烟台市邮电年鉴 1988/1999/420

012243239 济宁邮电年鉴 1991/1995/425

009913634 德州邮电年鉴 1996/1998/439

009913174 河南省邮政统计年鉴/河南省邮电统计年鉴 1995—1998,1999/2001,2002/449

009014800 河南邮政年鉴 2000/2002,2003—2007,2009—2012,2013/2014/449

013395127 河南邮政统计年鉴 2003—2005/449

009170306 邮电部设计院年鉴/信息产业部邮电设计院年鉴 1998—1999,2001/453

008878947 郑州邮政年鉴 1993—2001/453

008997618 中讯邮电咨询设计院年鉴/中讯邮电咨询设计院有限公司年鉴 2002,

2006—2009/454

008400199 湖北邮电年鉴 1995—1999/493

013928124 湖北邮政金融年鉴 2003/493

009617355 湖北邮政年鉴 2000/2002,2003/2004,2004/2005/493

008432820 黄冈邮电年鉴 1998/521

009062474 湖南邮电年鉴 1997—1999/533

009805705 湖南邮政年鉴 2000—2005,2007—2009/533

011502945 中国广东惠州邮电年鉴/惠州邮电年鉴 1995,1998/593

008400221 广西邮电年鉴 1997—1999/607

009805115 海南邮电年鉴 1994—1997/629

009616898 海南邮政年鉴 2000—2008,2010/629

009157729 重庆邮政年鉴 1998/2000,2001—2007,2008/2010/635

012048605 四川邮政年鉴 1999/2001,2009/646

013926376 广元邮政年鉴 1999/2001/668

009520185 旺苍邮政年鉴 1998/2001/669

008643508 阿坝州邮电年鉴 1994/1998/685

014020628 阿坝州邮政年鉴 1999/2001/685

009036826 云南邮电年鉴 1997—1999/709

009120141 云南邮政年鉴 1999/2000,2001/2002,2004—2014/709

010102769 西藏邮政年鉴 2000/2001,2002,2005,2006/2007,2008/2009,2010—2011/745

008623490 陕西邮电年鉴 1997/749

008935619 陕西邮政年鉴 2001,2003—2013/749

008773101 咸阳邮电年鉴 1999/758

008773099 渭南邮电年鉴 1997/759

012243224 甘肃邮政年鉴 2008—2011,2013

/772
008941771 兰州邮政年鉴1998/775
009492928 青海邮政年鉴/青海邮电年鉴1996/1998,1998/2000,2001—2007/788
008400326 宁夏邮电年鉴1997—1999/796
012924919 宁夏邮政年鉴2007/796
008402773 新疆邮电年鉴1998/805
009492644 新疆邮政年鉴2000—2005/806
012048997 中国电信黄页年鉴2003/2005/897
009006356 中国电信年鉴2001—2012/897
009934742 中国电信统计年鉴2000—2004/898
013604146 中国联通年鉴2010—2012/898
009360577 中国通信年鉴/中国信息产业年鉴通信卷2003—2005,2009—2014/898
012049065 中国通信市场年鉴2008/2009/898
010227111 中国网通年鉴2002/2003,2004/2005/898
009589168 中国网通统计年鉴2002—2005/898
010102762 天津市电话局年鉴1996,1998—1999/52
012923506 河北电信年鉴2001/63
009452699 河北通信年鉴/河北网通年鉴2002—2007/63
010102235 河北移动通信有限责任公司年鉴2002—2003,2005/67
012048585 石家庄市电信局年鉴1997—1998/67
012754761 中国移动通信集团河北有限公司年鉴2008/67
009589775 保定电信年鉴2000,2002/80

012651921 山西网通·山西联通年鉴/山西网通年鉴2008/90
008923182 山西电信年鉴/山西通信年鉴/山西网通年鉴2001/91
011319169 山西通信年鉴/山西电信年鉴/山西网通年鉴2002—2005/91
011140586 山西网通年鉴/山西电信年鉴/山西通信年鉴2006—2007/91
013936500 太原市电信年鉴1999/2000/94
008957911 长春电信年鉴1991/1995/170
011502160 黑龙江电信年鉴2000—2001/188
008935459 哈尔滨市电信局年鉴1987,1989—1990,1992,1995—1998,2000/192
011396414 黑龙江移动通信有限责任公司年鉴2006/192
012724215 齐齐哈尔通信年鉴2005/197
009501743 鹤岗通信年鉴2002/2003/202
011965739 大庆通信年鉴2000—2003/207
009395375 佳木斯市电信年鉴2001—2002/211
009182899 牡丹江电信年鉴/牡丹江市邮电局年鉴1999—2001/214
009589688 牡丹江通信年鉴2002/214
011967239 上海电信年鉴2000—2002/230
011398830 上海市电话局年鉴1997—1998/231
012524451 上海市长途电信局年鉴/上海市电信公司长途通信事业部年鉴1996—1997,1999—2000/231
009289011 上海市电信公司长途通信事业部年鉴/上海市长途电信局年鉴/上海市电信有限公司长途通信部年鉴2001—2003/231

012524490 上海市电信有限公司长途通信部年鉴/上海市电信公司长途通信事业部年鉴 2004—2006/231

012526181 上海市电信有限公司长途无线部年鉴/上海市电信有限公司长途通信部年鉴 2007/231

012926155 中国电信上海公司年鉴 2008/231

008902183 浙江电信年鉴 2000,2003,2006/288

009926531 浙江电信实业年鉴 2002—2006/288

013379138 浙江通信服务年鉴 2008,2011/288

009913836 浙江移动通信年鉴/中国移动通信集团浙江有限公司年鉴 2000—2005/288

014142053 中国移动通信集团浙江有限公司年鉴/浙江移动通信年鉴 2006—2010/288

008432482 杭州电信年鉴/中国电信杭州分公司年鉴 1996—2007/294

012320716 中国电信杭州分公司年鉴/杭州电信年鉴 2008—2013/294

013821858 中国电信福州分公司年鉴 2009/351

010102200 南昌电信局年鉴/南昌电局年鉴 1995/374

010102197 南昌电信年鉴 1993/1994,2001—2003/374

009452705 九江电信年鉴 1998/378

012925004 山东联通统计年鉴 2009—2010/394

012530143 山东省电信统计年鉴 2000—2001/394

012530144 山东网通统计年鉴 2004—2005,2007/394

012194341 济南通信年鉴 2002/401

011140424 济南网通年鉴 2005—2007/401

011141178 威海通信年鉴 2004/431

012194199 河南电信统计年鉴/河南省电信统计年鉴 1998—2001/449

011140342 河南通信年鉴 2003,2011—2013/449

010101946 河南网通统计年鉴/河南省通信统计年鉴/河南通信统计年鉴 2002—2007/449

012792546 河南电信实业有限公司年鉴 2001/2005/454

011968161 郑州电信年鉴 1997—1998/454

011503743 郑州网通年鉴 2005—2006/454

013899492 中国联合网络通信有限公司河南省分公司年鉴 2009—2010/454

011141411 中国网通(集团)有限公司河南省分公司年鉴 2005—2006/454

013898733 平顶山市通信年鉴 2009/463

014014962 新乡联通年鉴 2010/468

009036998 湖北电信年鉴 2000—2001/493

009037008 武汉电信年鉴 2001—2003,2007/500

009617384 湖南电信年鉴 2000,2003—2004,2006,2008—2012/533

009062441 广东电信实业年鉴/中国通信服务广东公司年鉴 2002—2007/563

012351848 广东微波卫星机动通信年鉴 2003,2005—2006/564

012759042 中国通信服务广东公司年鉴/广东电信实业年鉴 2008/564

008935583 广东电信年鉴/中国电信广东公司年鉴 2000—2004,2006—2008/569

008728183 广州电信年鉴 1997—2003/569

012617798 中国移动广东公司年鉴 2007—2014/569

010102191 深圳电信年鉴 2000,2003—2004/577

013711438 深圳市无线电管理年鉴 1997,2005/2006/578

011966102 中国电信深圳分公司年鉴 2007—2009/578

009197893 汕头电信年鉴 2002/583

009616884 广西电信年鉴/广西邮电年鉴 2000—2008,2011/607

011502048 广西通信年鉴 2001/2003/607

011139797 广西长途电信线务局年鉴 1998—2003/611

011734431 广西电信长途传输局年鉴 2005/611

011396258 广西微波通信局年鉴 2000/611

011968390 中国移动广西公司年鉴 2008,2010,2012/611

013898443 成都市电信局年鉴/成都电信年鉴 1999—2000/653

013898842 成都电信年鉴/成都市电信局年鉴 2001/653

010102208 云南电信年鉴 1999/2000,2002—2003/710

010102203 西安电信年鉴 1991/1995/753

011139718 甘肃电信统计年鉴 2005/772

013610074 中国电信甘肃公司统计年鉴 2010/775

008825431 宁夏电信年鉴 2000—2003/796

012047581 宁夏回族自治区移动通信公司年鉴/宁夏移动通信公司年鉴/宁夏移动通信年鉴 1999/2002/798

011503583 新疆电信年鉴 2001,2005/806

010102236 新疆移动通信年鉴/中国移动通信集团新疆有限公司新疆移动通信年鉴 2000,2002—2004,2010,2012/806

贸易经济

010102800 中国城市公交广告年鉴 2006,2009/898

013974426 中国公益广告年鉴 1986/2010/898

009618430 中国广告案例年鉴 2005—2006,2007/2008/898

008046263 中国广告年鉴 1988,1991,1994—1999,2001—2003,2005—2014/898

008426195 中国广告作品年鉴/IAI 中国广告作品年鉴 2000—2001,2003—2004,2006—2014/899

009934748 中国互联网广告年鉴 2005—2006/899

009698959 中国户外广告年鉴 2004/899

012243021 中国汽车广告作品年鉴 2004/2005/899

012200550 中国影视广告案例年鉴 2006/2007,2009/2010,2011/2012/899

009036982 上海广告年鉴 1998,2000—2002,2004—2005/231

011966691 江苏广告年鉴 2001/249

012593446 旭日年鉴 1994/1999/569

005033206 中国第三产业年鉴 1993/899

008990510 酒店采购年鉴 2002/899

009395864 中国餐饮年鉴/中国饮食服务年鉴 2004—2006,2008/2009,2010—2013/899

013481749 中国饭店年鉴 2011/899
009698970 中国酒店市场年鉴 2003/899
009492615 中国连锁餐饮企业统计年鉴/中国连锁餐饮住宿业统计年鉴 2004—2006/899
008133792 中国饮食服务年鉴/中国商业年鉴 1993,1994/1995,1996/1997,1998/1999,2000/900
009015857 天津餐饮年鉴 2001/52
013396747 今日酒店年鉴 2012—2013/569
009806863 中国美发美容年鉴/中国美容年鉴 2003/2004,2005/2006,2006/2007/900
014015054 中国洗染行业年鉴 2006,2007/2010/900
007699460 中国贸易年鉴 1948/900
009588893 中国商务年鉴/中国对外经济贸易年鉴 2004—2014/900
006915821 中国国内贸易年鉴/中国商业年鉴 1994—2002/900
013680416 中国西班牙商会年鉴 2007,2010—2012/900
008434069 中国供销合作社年鉴 1998,1999/2000,2000/2001,2002,2004—2005,2008—2012/900
011968125 云南供销合作社年鉴 2006—2007,2010—2011/710
011501822 大中型批发零售和住宿餐饮企业统计年鉴 2007—2014/900
008574217 中国连锁经营年鉴 1990/2000,2001—2002,2003/2004,2005—2014/901
009492619 中国连锁零售商业企业统计年鉴/中国连锁零售业统计年鉴 2004—2006/901
011393886 中国零售和餐饮连锁企业统计年鉴/中国连锁零售商业企业统计年鉴 2007—2014/901
010226710 全国烟草系统企业国有资产年鉴 1991/1995,1997,1999,2001—2002,2004/901
013174677 中国商业企业管理年鉴 2010/901
008802285 CEC中国市场营销环境年鉴/中国市场营销环境年鉴 1998/901
013898448 大宗饲料原料贸易年鉴 1990/2000/901
008982575 古董拍卖年鉴瓷器卷 2002/901
008002888 骨董拍卖年鉴 1997/901
009073715 骨董拍卖年鉴 2001,2011—2013/902
008643419 华人艺术拍卖年鉴/骨董拍卖年鉴/美术拍卖年鉴 1996/902
007980404 美术拍卖年鉴 1997—1998/902
008879262 中国电子商务年鉴 2002—2003,2004/2008,2009—2011/902
011824320 中国钢铁贸易年鉴 2008—2011/902
009584006 中国古籍文献拍卖图录年鉴 2003/902
008109862 中国国货年鉴 1935/902
009928127 中国机电产品国际招标投标年鉴 1985/2003/902
008588986 中国机电产品市场年鉴 2000/902
010581370 中国机电设备招标采购年鉴 2000/2002,2003/2005,2006/2007,2007/2008,2009/2010/902
009502081 中国建材市场年鉴 2003/903
010227086 中国空调市场年鉴/冷冻年度

中国空调市场年鉴空调销售 2005/903

005060095 中国国内市场统计年鉴/中国市场统计年鉴 1990—1991/903

006773148 中国市场统计年鉴/中国国内市场统计年鉴 1993—2003/903

008977340 中国名牌产品年鉴 2001—2005/903

009934763 中国农药市场年鉴 2003/903

006955848 中国期货市场年鉴 1995,2005/2006,2007—2012/903

013714528 中国汽车采购年鉴 2012/903

007918354 中国汽车贸易年鉴 1995,1996/1997,1998/903

008438971 中国汽车市场年鉴/中国汽车贸易年鉴 1999—2005,2006/2007,2008—2014/903

013899496 中国轻工业产品采购大全年鉴 2003/904

008749645 中国商品交易市场统计年鉴/中国商品交易市场年鉴 2001—2014/904

008604948 中国石油石化精品市场年鉴 2000/904

007632157 袖珍中国市场年鉴 1994—1995,1997—1998,2004/904

012243069 中国图片销售年鉴 2003/904

013608933 中国网络营销年鉴案例卷 2010/904

009914100 中国橡胶市场年鉴 2005—2009/904

013481796 中国艺术品拍卖年鉴 2011/904

013094232 中国艺术品拍卖年鉴 2011/904

012521758 中国营销年鉴 2009/2010/905

011141417 中国营养产品与品牌年鉴 2005/2006/905

008479416 中国主要化工产品统计年鉴 1996/905

008574180 福建市场统计年鉴 2000—2001/348

009726023 福建市场占有年鉴 1999/2003,2005—2014/348

009934506 陕西省名牌产品年鉴 2003/2004,2007—2008,2010/749

013913374 中国价格统计年鉴/中国城市（镇）生活与价格年鉴 2013—2015/905

002272533 中国物价年鉴 1989—2000,2001/2002,2003—2014/905

002032779 中国物价统计年鉴 1988—1992/905

009406270 北京物价年鉴 1988/18

010225630 佳木斯市物价管理年鉴 1986/2005/211

010101841 安徽价格年鉴 2005,2007/325

012789950 安徽物价年鉴 1998,2000/325

007436990 山东省物价调查统计年鉴△ 1987—1988,1990—1992/394

007437031 山东省物价与人民生活调查统计年鉴/山东省城镇居民生活调查统计年鉴 1993—1995,1997—1998/395

012923558 湖南物价年鉴 2002/2003,2004—2008,2011—2012/533

009357351 广东物价年鉴 1985—1986/564

008481202 广东物价年鉴 1987—1993,1996—2003,2005/564

013936439 深圳工商物价年鉴 2001/578

009237367 广西物价年鉴 1997/607

012177003 广西壮族自治区物价调查统计年鉴 1987/607

013932454 四川价格年鉴 2000/647

013965239 贵州省物价统计年鉴 1988/694

011966533 甘肃价格调查年鉴 2008—2009/772

002032753 中国商业年鉴/中国国内贸易年鉴 1988—1992/905

009684606 中国商业年鉴/中国国内贸易年鉴 2003—2014/905

009274659 柬埔寨商业贸易年鉴/柬埔寨出入口贸易年鉴 1963,1966/905

009933295 北京商务年鉴 2005—2014/18

009980878 天津商务年鉴/天津对外经济贸易年鉴 2005—2008/52

008437480 河北市场年鉴 1996—1997/63

011398743 山西省工商联(总商会)年鉴 2000/2007/91

009806988 黑龙江商务年鉴/黑龙江对外经济贸易年鉴 2004—2014/188

012315992 上海商务年鉴/上海对外经济贸易年鉴 2009—2014/231

009425822 上海商业年鉴 2003/231

007282223 上海商业统计年鉴 1990—1991,1997/232

008113682 浙江工商年鉴 1946/288

012864399 浙江商务年鉴/浙江省对外贸易经济合作年鉴 2010—2013/289

013608619 杭州商业年鉴 1993/294

004187520 福建省商业统计年鉴/福建商业经济统计年鉴 1988/1989/348

008388836 福建贸易经济统计年鉴 1998/348

007698517 福建商业经济统计年鉴/福建省商业统计年鉴/福建贸易经济统计年鉴 1991/1992,1994,1996/348

008272205 山东国内贸易统计年鉴/山东贸易业统计年鉴 1994/395

007712974 山东贸易统计年鉴 1996—1997/395

012751675 山东商务年鉴/山东对外经济贸易年鉴 2010—2015/395

013471056 山东省湖北商会年鉴 2011/395

013758023 青岛广东商会年鉴 2006/2011/408

012200419 豫商年鉴 2009/449

013753883 湖南异地商会年鉴 2007/2009,2010/2011/533

007698977 广东商业年鉴 1931/564

007705657 [广州市]商业年鉴 1946/569

007556626 广州商场年鉴民国三十五年度 1946/569

008113404 广州商业年鉴 1933/569

009616792 广州市荔湾区商贸文化旅游年鉴 2004/571

012199631 四川商务年鉴 2009—2011/647

013677375 云南商务年鉴 2011—2014/710

012923440 甘肃商务年鉴 2010/772

008113662 港澳华商年鉴 1954/830

004600488 香港华商年鉴 1986/830

008113654 香港商业年鉴 1951,1954—1955/830

008199292 马来西亚工商经济年鉴 1984/1985/905

007494908 印尼商业年鉴 1955/906

008113688 越南华侨商业年鉴 1952/906

008957304 中国互联网络年鉴/中国互联网络发展年鉴 2001—2002/906

013790088 世界大宗商品市场年鉴 2010/906

011503917 中国世界贸易组织年鉴 2007—

2014/906

013677468 国际农产品贸易统计年鉴 2012—2013/906

005236706 粮农组织贸易年鉴 1987—1989/906

012242592 美欧中贸易年鉴 中国卷 1995/1996/906

012361676 中国国际工程咨询设计承包商年鉴 2008—2011/906

011399731 中国保税区出口加工区统计年鉴/中国保税区出口加工区年鉴 2007—2013/906

007554610 中国对外经济统计年鉴 1994,1996,1998—1999,2002—2005/907

011000628 中国贸易外经统计年鉴/中国市场统计年鉴/中国对外经济统计年鉴 2006—2014/907

008864755 中国对外经济贸易年鉴/中国商务年鉴 1984—1994,1995/1996,1997/1998,1998/1999,2000—2003/907

009036137 中国口岸年鉴 2001,2003,2005—2014/907

007412813 中华人民共和国海关统计年鉴/中国海关统计年鉴 1993,1995—2013/18

009926351 上海口岸年鉴 2002—2010,2012/232

009699009 中国出口收汇荣誉企业年鉴 2002—2003/907

008968776 四川商检局年鉴 1993/1999/647

009616789 甘肃进出口商品检验局年鉴 1986,1988,1993,1995/775

013470939 进口手表年鉴 2012/907

009928093 中国纺织品服装对外贸易报告年鉴/中国纺织品服装对外贸易年鉴 2004/2005,2005/2006,2012/2013/907

011968307 中国汽车出口年鉴 2008—2011/907

009215406 中国水产品进出口贸易统计年鉴 2002—2013/907

013481791 中国医疗器械贸易年鉴/中国医疗器械年鉴 2011—2013/908

008183190 上海出口产品年鉴 1991,1999/232

005325762 上海市机电产品出口年鉴 1991,1993/232

013603514 中国对外承包工程年鉴 2011—2012/908

012361846 美中贸易年鉴 1993/1994/908

009806826 中国—东盟年鉴 2004—2014/908

011399774 中国—东盟商务年鉴 2006,2008—2013/908

013747926 中国—南亚商务年鉴 2011—2012,2014—2015/908

010227093 中国欧洲商务年鉴 2005,2007/908

009934807 中国新加坡商务年鉴 2005/908

012530615 中国—东北亚国家年鉴 2009—2012/908

011139625 北京市对外经济贸易简明统计年鉴 2002,2005/18

008944134 天津对外经济贸易年鉴/天津市对外经济贸易年鉴/天津商务年鉴 1996—1999,2001—2004/53

010226449 辽宁对外经济贸易年鉴 2003—2006/136

002032711 黑龙江对外经济贸易年鉴/黑

龙江商务年鉴 1987—1994,1995/1996,1997/1998,1999/2000,2001—2003/188

008183162 上海海关统计年鉴 1994,1996—1998,2000—2002,2004—2013/232

009036959 上海贸易外经统计年鉴 2002—2003,2005—2011/232

008015633 上海对外经济贸易年鉴/上海商务年鉴 1995—2008/232

007698500 上海市对外经济贸易统计年鉴 1992,1995—1996,1998—1999/232

008264895 上海市对外经济统计年鉴/对外经济统计年鉴 1978/1995,1997,2000/232

009104901 上海市进出口产品年鉴 2004—2010/232

011399017 孙通公司年鉴 2006/233

008805305 浙江省对外贸易经济合作年鉴 2001—2002,2004—2009/289

008866897 福建对外经济统计年鉴 2001/348

007236272 福建对外经贸年鉴 1990,1994—1995/349

007698572 福建省对外经贸年鉴 1996—2011/349

008434244 山东对外经济统计年鉴 1978/1995/395

008272233 山东贸易业统计年鉴/山东国内贸易统计年鉴/山东贸易统计年鉴 1995/395

008433911 山东贸易外经统计年鉴 1998,1999/2001,2004/2007,2007/2013/395

009104877 山东对外经济贸易年鉴/山东商务年鉴 2002—2005,2007—2009/395

012049098 淄博经贸年鉴 2003/413

008849744 湖北省贸易外经统计年鉴 1996/493

011139748 港澳与内地经济贸易年鉴 2006/830

008113671 香港出入口贸易年鉴 1957,1959—1964/830

008113651 香港贸易年鉴 1981/1982/830

008202037 产品信息年鉴 1988/909

004474407 中国产品信息年鉴 1990,1992,1995,1997,2004/2005,2006/2007/909

010227102 中国商品质量年鉴 1993/909

011141284 中国防伪年鉴 2004/909

013932437 上海商检局年鉴 1994/1995,1996/1997/233

009618459 中国土特名产年鉴 2000/2001/909

011503335 山东旅游商品年鉴 2003/2005,2006/2009/396

008651532 中国机电精品选购指南年鉴 2000,2002/909

012242418 铂钯年鉴 2005—2006,2010—2012/909

财政、金融

013467187 财政监察工作年鉴 1995/2002/909

009264651 中国政府采购年鉴 2002,2004—2012/909

009806890 中国政府采购市场年鉴 2001/909

006317929 中国财政年鉴 1992—1997,1997/1999,1998—2014/910

009928140 中国纳税百强年鉴 2004—2006,2007/2008,2009/910

009698977 中国税务管理年鉴 2003—2004/910

009618473 中国税务稽查年鉴 2002,2004—2012/910

005581472 中国税务年鉴 1993—2004,2006—2014/910

007712967 北京财政年鉴 1993—2002,2004—2012/19

008588859 北京地方税务年鉴 1996—2002,2004—2008,2012/19

008957979 北京国税年鉴 1996—1998/19

010223863 北京市政府采购中心年鉴 2005—2007/19

008957981 北京税务年鉴 1991—1994/19

012616943 北京崇文财政年鉴 2006/39

009492545 怀柔财政年鉴 1995,2000/47

008957528 天津财政年鉴 1997—2002,2004—2013/53

008849877 河北财政年鉴 1993,1997,1999—2003,2005—2013/63

008993676 河北地方税务年鉴 1994—2000,2002—2009/63

012047183 河北国税年鉴 2007—2012/64

013935943 河北税收年鉴 1991,1993/64

011967329 石家庄地方税务年鉴 1994—1997,1999—2000,2002,2004—2007,2009,2011/67

011966741 井陉财政年鉴 2008/70

009588815 张家口财政年鉴 2003—2008/81

011968142 张家口市国家税务局税务年鉴/税务年鉴 2006/81

009616907 沧州财政年鉴 1996/1998,1999/83

013369654 沧州地方税务年鉴/沧州市地方税务年鉴 2008—2010/84

013965402 南皮县国家税务局年鉴/南皮县国税年鉴 1994/1996/85

009104900 山西财政年鉴 1999/2000,2001,2003,2005—2013/91

010226992 太原财政年鉴 2002,2003/2004,2007/2008,2009—2010/95

012593333 夏县国税年鉴/夏县国税十年鉴 1994/2003/107

009197867 内蒙古财政年鉴 2003—2013/118

013757986 内蒙古自治区地方税务年鉴 2007—2008/118

011396449 呼和浩特财政年鉴 2002,2004—2008,2010—2011/120

008969051 包头财政年鉴 1991/1995,1996/1999,2003/2005/121

012176829 阿拉善财政年鉴 2007/132

009324542 辽宁财政年鉴 1989/136

009289653 沈阳财政年鉴 1992—1993/141

012176964 抚顺财政年鉴 1990,2001—2002,2004/152

009425975 吉林财政年鉴 2003—2010/167

013965484 通化财政年鉴 1996/2000/177

009617335 黑龙江地税年鉴 1994/2001,2003—2012/188

009169617 黑龙江国税年鉴 1996—1997/188

009123985 黑龙江省财政年鉴 1980/1984,1986—1992,1994—1995,1997—2002,2004—2006,2008—2009/188

008980363 哈尔滨财政年鉴 1992,1994—1997,1999,2001—2004,2006—2009/192

008902148 哈尔滨地税年鉴 1994/1998,

1999—2004,2005/2006,2007—2010/192

010102474 齐齐哈尔市财政年鉴 1996—2010/197

009840833 鹤岗地税年鉴 1994/2003/202

009840825 大庆地税年鉴 2002—2006/207

012982990 大庆国税统计年鉴/大庆市国税统计年鉴 2006—2009/207

012048770 伊春国税年鉴 2007—2008/208

013311812 佳木斯地税年鉴 2007/2008/211

011140427 佳木斯市财政年鉴 2006—2009/211

011396158 富锦市财政年鉴 1991/1992,1993,1994/1995,1996—1997,2000/2001/211

013173568 牡丹江地税年鉴 1994/2000,2001/2006,2008/214

009081416 牡丹江市财政年鉴 1991,2001—2006,2009/215

009132558 绥芬河市财政年鉴 1997/2001/215

008969146 上海财政税务年鉴 1991/1994,1995—2002,2004—2009/233

012925054 上海税务年鉴 2010—2013/233

008405176 江苏财政年鉴 1997—2001,2003—2005,2007,2010/249

008424337 南京财政年鉴 1990—1991,1995—2000,2002—2005/253

008433781 南京地方税务年鉴 1994/1996,1997/1998,1999/2000,2001/2002,2003/2004,2005/2006,2007/2008,2009/2010,2011/2012/253

008942000 南京国税年鉴 1994/1996,2004/2006/253

012924014 南京税务年鉴 1990/253

012925174 无锡市地方税务年鉴 2008/2009,2010/2011/260

012801271 徐州市地方税收统计年鉴 1995/2000,2001/2005/262

009041810 常州财政年鉴 2002/264

013928131 淮阴财政年鉴 2000/274

009055177 浙江财政年鉴 2001—2003,2005—2013/289

009081524 浙江地税年鉴 2001,2003—2012/289

013609312 浙江税务统计年鉴 2000,2004/289

013974367 萧山国税统计年鉴 2002,2006,2009/299

012361427 绍兴财政(地税)年鉴 2008—2010/311

013747933 台州财政地税年鉴/台州财税年鉴 1997—1999,2001—2009,2011—2012/318

013936495 台州国税年鉴/台州市国家税务局年鉴 2006,2010/318

011502942 黄岩财政地税年鉴/黄岩财税年鉴 1987—1988,1997/1998,1999/2000,2001/2002,2003/2004/319

008849830 安徽财政年鉴 1994—2003,2005—2014/325

013311372 安徽地税稽查年鉴 1994/2002,2003/2008,2009/2010/325

009004268 安徽地税年鉴 1996—2003,2005—2010,2012—2013/325

012723169 安徽国税年鉴 1996—2003,2009—2012/326

012723572 淮南财政年鉴 2010—2012/332

008588872 福建财政年鉴 1992,1994—2002,2004—2014/349

011139704 福建地税年鉴 1999,2001,2004—2006,2008—2013/349

013608644 南昌财政年鉴 2008—2010/374

008405193 山东财政年鉴 1994—2002,2004,2007—2012/396

008998329 山东地方税务年鉴 1999—2012/396

012361389 山东地方税务统计年鉴 1995,1998—2001,2003—2004/396

013603119 济南地方税务年鉴/济南地税年鉴 2010—2014/401

008405213 淄博财政年鉴 1996,1999—2013/413

012047335 济宁财政年鉴 2001/2005/425

009589501 微山县财政年鉴 2002—2006/427

011734894 微山县财政税务年鉴 2007—2013/427

009589507 微山县税务年鉴 2002—2006/427

009360376 泰安财政年鉴 2000/428

013609046 日照地方税务年鉴 2003—2004,2008—2009/433

012047460 临沂国税年鉴 2006/436

007630640 湖北财政年鉴 1986—1996,1998—2002,2004—2012/494

009541732 湖北地税年鉴 1995—1996,2000,2002—2011,2013/494

008993680 湖北国税年鉴 1995—2010/494

011396467 湖北税务年鉴 1989—1991/494

013312048 武汉地税年鉴 2010—2011,2013/500

011503545 武汉国税年鉴 2004—2013/500

013711439 十堰地税年鉴 2006,2008/508

012592672 十堰地税青干班年鉴 2005/2006/508

013656182 宜昌财政年鉴 2007—2008/510

011503613 宜昌地税年鉴 2004/2006,2007/2008/510

012243284 襄樊财政年鉴 1992,1999—2001/513

013753420 荆门地税年鉴 2012/515

009840902 荆门国税年鉴 2001,2009/515

013711346 荆门税务年鉴 1991—1992/515

012593433 孝感国税年鉴 1997—1999,2000/2001,2002/2003,2004—2005,2007—2008/517

012923574 黄冈财政年鉴 1992/1996/521

013608986 黄冈地区财政税务年鉴/黄冈地区财政年鉴 1986—1989/522

013608671 蕲春国税年鉴 1994/1999,2004/2012/524

013753421 仙桃国税年鉴 2012/528

009913543 湖南财政年鉴 2005—2014/533

012923535 湖南地税年鉴 2006—2009/533

009913107 广东财政年鉴 2005—2014/564

009014768 广东地税年鉴 1994/2000,2002—2014/564

012351903 广州市地方税务局年鉴 2007—2010,2012/569

009426247 深圳财政年鉴 1997/578

009805060 深圳地税年鉴 2004—2014/578

007916517 广西财政年鉴 1985/1989,1990/1994,2001/2003,2004/2005,2006—2008,2010—2014/608

012176993 广西地税年鉴 2008—2012/608

011140523 南宁市财政年鉴 1999—2001/611

004683503 重庆财政年鉴 1987—1994,1997—

2010/635

008624494 贵州财政年鉴 1992/694

011968112 云南财政年鉴 2007—2009/710

009913816 云南地税年鉴 2002—2012/710

011968136 云南国税年鉴 2007—2012/710

013089987 大理地税年鉴/大理州地税年鉴 2000,2003,2005—2008/739

013965449 陕西地税年鉴 2008—2010/750

009426257 西安财政年鉴 1992—1993,1995—1996,1999,2001—2009/753

011141202 西安地税年鉴 1994/2002,2004—2010/753

013939540 柞水财政年鉴 2001/2005/769

010224006 甘肃财政年鉴 2002—2013/773

011396181 甘肃地方税务年鉴 1995/1997,1998—1999/773

011501919 甘肃国税年鉴 1994/1996/773

009015796 宁夏财政年鉴 1989—2000,2002,2004—2014/796

008998228 新疆财政年鉴 1986,1987/1988,1989—1991,1993—2002,2004—2012/806

008248668 财政年鉴 1935/910

008118290 岁计年鉴 1934—1935,1937/910

008118434 盐务年鉴 1929/910

008439085 金融技术设备年鉴第 2—3,5 册/910

013333837 石家庄南车辆段年鉴文件选编 1999,2004/67

012617164 河南银监局监管统计年鉴 2006/449

012080546 成都招商年鉴 1996—1998,2002—2003/653

008225051 全国银行年鉴 1935/910

002079097 全国银行年鉴 1937/911

013939627 中国商业银行统计年鉴 2007/2011/911

008115180 中国县银行年鉴 1947/911

012724436 中国银行业协会年鉴 2006/911

009036131 中国工商银行年鉴 2001—2014/19

009618428 中国工商银行统计年鉴/中国工商银行资产负债统计年鉴 1984/1998,1999—2000,2002—2004/19

009459731 中国建设银行北京市分行年鉴/中国建设银行股份有限公司北京市分行年鉴 1996—2008,2010—2011/19

010102082 中国建设银行劳动工资统计年鉴 1984/1990,1991/1995,1996/1997,1998/2000/19

010102806 中国建设银行年鉴 2007—2013/20

013634275 中国进出口银行统计年鉴 1994/2013,2011—2012/20

007855067 中国农业发展银行统计年鉴 1995—2007,2011—2013/20

009589157 中国农业银行劳动人事统计年鉴/中国农业银行人力资源统计年鉴 1991—1996,1998—1999,2002—2005,2007—2012/20

008440585 中国农业银行统计年鉴/中国农村金融统计年鉴 1979/2008,1997/1999,2000/2002,2003/2006/20

010686517 中国农业银行资金组织年鉴 1996/20

013790788 中国人民建设银行天津市分行年鉴 1990/53

012361646 中国人民银行临汾市中心支行年鉴/中国人民银行临汾分行年鉴/

中国人民银行临汾地区中心支行年鉴 1997，2000—2001，2004／109

009289370　工商银行统计年鉴1996／141

012243736　中国工商银行辽宁省分行营业部统计年鉴 2002—2008／141

013173421　鞍山市商业银行年鉴1991／1996，2001／2006／150

009933642　中国工商银行吉林省分行年鉴／中国工商银行吉林省分行十年鉴1984／1994／170

008749119　黑龙江省工商银行年鉴／中国工商银行黑龙江省分行年鉴 1986—2001，2003—2007／192

012525935　富锦市农村信用联社工作年鉴1997／211

013396750　交通银行年鉴2011—2012／233

012048849　浙江省农业银行统计年鉴2000—2004／289

013757913　交通银行合肥分行统计年鉴2009—2010／328

009933342　中国工商银行福建省分行统计年鉴／福建工商银行统计年鉴1991／2000／351

013791098　中国农业银行江西省分行统计年鉴2003／2004／374

012079263　山东工商银行年鉴 1986—1987／396

012079779　招商银行济南分行统计年鉴2000／2005，2006／2010／401

009036965　中国人民银行济南分行金融年鉴2000—2004／401

014014322　交通银行武汉分行统计年鉴1989／1997／501

013791054　中国工商银行孝感市分行年鉴／中国工商银行孝感地区分行年鉴1992，1993／1995，2001／2003，2004／2005／517

012617779　中国农业发展银行湖南省分行统计年鉴1995／2001／538

012593544　中国农业银行湖南省分行统计年鉴2000／2001／538

010226820　招商银行统计年鉴1995／1997，1998／2001，2002／2004／578

010226829　中国工商银行四川省分行统计年鉴2000／653

009934532　中国农业银行四川省分行年鉴2004／653

013656195　中国农业银行四川省分行统计年鉴1997／2004／653

013379148　中国农业银行贵州省分行统计年鉴2003—2005／696

009219742　中国工商银行云南省分行年鉴2000—2001／713

009015789　宁夏建设银行年鉴1991—1995／796

012200501　中国建设银行宁夏分行年鉴／中国建设银行宁夏区分行年鉴／中国建设银行股份有限公司宁夏区分行年鉴1996，1998—2004，2006—2011／798

012522222　中国农业发展银行宁夏分行统计年鉴1996／799

011503914　中国农业银行宁夏回族自治区分行统计年鉴1999—2005／799

012199198　临汾信合年鉴2006／109

012525926　大中华投资年鉴2010／911

009157913　中国风险投资年鉴2002，2005—2014／911

007921113　中国固定资产投资统计年鉴1950／1995，1997—1999，2003—2005，2007—2013

/911

013174696 中国商业信用年鉴 2009/911

007437090 中国投资年鉴 1993—1994,2001—2003,2006—2013/911

010102826 中国信托业年鉴 2005—2009,2010/2011,2011/2012/911

009726677 中国信用年鉴 2005/912

012909298 北京信用年鉴 2011/20

011503468 沈阳固定资产投资统计年鉴 2001,2004—2008,2010/141

013939362 新台商年鉴 2007/318

008405262 山东省固定资产投资和建筑业统计年鉴/山东省固定资产投资房地产开发投资和建筑业统计年鉴 1990—1999,2001—2003,2004/2008/396

013926375 广东台商投资年鉴 2009/564

012176984 广东信用担保年鉴 2009—2013/564

011503122 宁夏投资年鉴 2000—2001,2003,2005—2007/797

013603109 黄金年鉴 2011—2012/912

013397031 卖方分析师水晶球奖年鉴 2011/912

011399654 指标股股市总览年鉴 2006/912

012593485 中国白银年鉴 2005/912

009133076 中国彩票年鉴 1987/2002,2004—2013/912

013090437 中国黄金年鉴 2007,2009,2013/912

008633840 中国货币市场年鉴 2000/912

008407051 中国外汇货币市场年鉴 1998/912

008285460 中国外汇市场年鉴 1997,1999—2003,2005/912

009237415 中国证券期货电子商务年鉴 2003/913

007697043 中国证券期货统计年鉴 1996—2003,2005—2014/913

006415185 中国证券市场年鉴 1994—1995/913

009219730 中国证券投资基金年鉴 2002,2004,2005/2006,2007—2011,2012/2013/913

007999045 中国证券业年鉴 1994—2003,2005—2014/913

008432670 北京证券业年鉴 1998/20

011502906 沪深 300 指数年鉴 2006,2009—2013/233

010101986 交易统计年鉴/上海期货交易所交易统计年鉴 2000—2010/233

008868691 上海证券交易所统计年鉴/上海证券交易所市场统计年鉴 1994,1996—2014/233

008186993 上海证券年鉴 1992—2003,2005,2006/2007,2008/233

009617988 上证 180 指数年鉴 2002—2006,2008—2010/234

013396688 上证指数年鉴 2011—2014/234

008001260 深圳证券交易所市场统计年鉴 1994—2001,2006—2013/578

008011148 中国深圳资信评估年鉴 1993/578

008426178 四川证券年鉴 1995—1997/647

008980499 成都证券期货市场年鉴 1999/653

012199503 宁夏证券期货统计年鉴 2007/797

009289251 中国个人金融年鉴 2003/2005,2006—2007,2008/2009,2010/913

008113887 中国金融年鉴 1938,1947/913

004569383 中国金融年鉴 1986—2014/913

008998383 中国金融设备精品采购指南年鉴 2001/913

009806857 中国金融市场年鉴 2001/914

005033305 中国农村金融统计年鉴/中国农业银行统计年鉴 1991—1992,1995—1996/914

008272117 北京市金融年鉴 1987—2013/20

008491884 河北城市金融年鉴 1989/1991/64

006296720 河北金融年鉴 1991—2013/64

012080566 河北农村金融年鉴 1989/1993,1994/1997,1998/2000,2001/2005/64

013396743 秦皇岛金融年鉴 2011—2012/74

013932413 山西银行业监管统计年鉴 2004—2007/91

014014342 晋城金融年鉴 1997/102

013790793 哲里木盟金融统计年鉴 1952/1963,1986—1987,1989—1990/124

009287870 辽宁金融年鉴 1987/1989,1990,1992,1993/1994,1995/1996/136

009289716 沈阳市金融年鉴 1987/1996/141

008433738 鞍山金融年鉴 1987—1989,1990/1991,1992/1993,1994—1996/150

009406014 抚顺金融年鉴 1987/1991,1992/1993,1996/1997,2000/2001,2002/2003,2003/2004,2005/2006,2007/2008,2009/2010/152

009169530 辽阳金融年鉴 1989/1994,1996/1997,1997/1999,2000/2002/157

011502954 吉林金融年鉴 2010/167

013898639 吉林农信年鉴 2008/167

005719402 黑龙江金融年鉴 1992—2013/188

008998364 上海金融年鉴 2001—2014/234

012923827 陆家嘴金融城年鉴 2010,2012—2013/243

008433731 江苏金融年鉴 1991,1993—1994,1996—1998,2000/249

011502981 江苏政监局年鉴 2006/253

009014887 浙江金融年鉴 1997—2013/289

008633822 宁波金融年鉴 1989,1994,1996,2000—2004,2006,2008—2012/302

006504353 安徽金融年鉴 1993—1997,1999—2008/326

008977253 福建金融统计年鉴 1998/2002/349

009806755 山东金融年鉴 2005—2014/402

008643778 河南金融年鉴 1995—2001,2006—2014/449

010225586 湖北金融年鉴 2006—2014/494

009425811 武汉金融年鉴 2003—2005/501

008957540 宜昌金融统计年鉴 1949/2000/510

013899414 岳阳市金融经济统计年鉴 1999/548

013974362 湘西金融统计年鉴 1949/1989,1997/1999/558

008940435 广西金融年鉴 1996/608

011399970 重庆金融年鉴 2005,2008/635

008728256 云南金融年鉴 1996—2014/710

011398761 陕西金融年鉴 1991/1995/750

007509749 甘肃金融年鉴 1993—2013/773

012617522 西宁金融年鉴 1986/1990,1991/1992,1993/1994,1995/1996,1997/1998/789

009015809 宁夏农村金融统计年鉴 1979/1989,1991—1994/797

011812401 保险年鉴 1935/914

012080535 保险统计年鉴 1990/1992/914

008115231 中国保险年鉴 1937/914

008432766 中国保险年鉴 1981/1997,1998—2003,2005—2014/914

007980257 中国社会保险年鉴 1997/914

008440601 中保集团年鉴 1996/21

012806208 天津保险年鉴 1991/1996,2007,2009/53

011399036 中国人民保险公司天津市分公司保险业务统计年鉴 1996/2000/53

012079287 山西企业养老保险统计年鉴 1988/2003/91

009289678 沈阳保险年鉴 1980/1996/141

011502155 黑龙江保险年鉴 1992—1993/188

009617985 上海保险年鉴 2001—2009,2011—2014/234

012923629 江苏保险年鉴 2009—2014/249

013467377 江苏社会养老保险统计年鉴汇编 2003/249

013677370 无锡保险年鉴 2012—2014/260

011968039 徐州市保险年鉴 2007—2008,2011—2012/262

011823313 镇江保险年鉴 2006/280

012617667 浙江保险年鉴 2010—2012/289

013790785 中国人民财产保险股份有限公司福建省分公司财产保险业务统计年鉴/财产保险业务统计年鉴/保险业务统计年鉴 2002/351

013965292 湖北社会保险年鉴/湖北社会保险十年鉴 1990/1999/494

012047281 湖南保险年鉴 2003—2014/534

012047173 广东保险年鉴 2006—2010/564

013788113 广东保险统计年鉴 1980/2008/565

009933350 深圳保险年鉴 2002,2005/578

009616823 深圳社会保险年鉴 2000/578

013089996 广西保险年鉴 2002/608

012925205 云南保险年鉴 1980/2003,2005,2008—2012/710

012790028 甘肃社会保险统计年鉴 2009/773

文化、科学、教育、体育

文化与文化事业

008957063 中国文化年鉴 2001,2002/2003,2004—2014/915

010102092 中国文化事业统计年鉴 1993—1995/915

008747321 中国文化文物统计年鉴 1996—2014/915

013965243 国际中国文化研究年鉴 1979/2009/915

008138805 中国文化研究年鉴 1989/915

011503916 中国扫黄打非年鉴 2006—2008/915

012806196 中国文化产业年鉴 2010—2012/915

012200547 中国文化产业学术年鉴 1979/2002,2003/2007,2008/916

014217029 中国文化及相关产业统计年鉴 2013/916

012593578 中国元素国际创意大赛年鉴 2006/916

013608966 对港澳台文化交流年鉴 2010/916

013608925 中国对外文化交流年鉴 2010/916

013899441 中国非物质文化遗产年鉴 2006/916

009933302 北京文化艺术年鉴 2005—2013/21

012792523 河北省文化文物统计年鉴 2009,2011—2012/64

013898627 河北文化艺术年鉴 1987—1989/64

010224285 邯郸文化年鉴 2004—2007/76

011821772 保定文化年鉴 2005—2006/80

011141244 张家口文化年鉴 2005—2007/81

011967193 山西文化统计年鉴 2000—2007,2011/91

011140460 晋城文化年鉴 1991/1995,1996/2000,2001/2003,2004—2009/102

009287889 辽宁省文化事业统计年鉴 1994—2005,2007/136

009840941 本溪文艺年鉴 1992/1993/153

012047328 吉林省文化产业统计年鉴 1998,2001,2007—2008,2011—2012/167

002032691 上海文化年鉴 1987—2003,2005—2011,2013—2014/234

009934181 江苏省文化统计年鉴 2001—2002,2004,2006/249

009237402 江苏文化年鉴 2002—2011,2013/249

010226632 南通文化艺术年鉴/南通文化年鉴 2006—2010,2012—2013/269

012801334 浙江省文化文物统计年鉴 2008—2009,2011—2012/289

011823310 浙江文化年鉴 2007—2012/290

011399634 浙江文化市场年鉴 2005—2012/290

009541763 宁波文化年鉴 1996—1997,1999,2002,2004—2006/302

013609214 台州科教文卫年鉴 2005/318

013714926 安徽文化年鉴 2012—2013/326

014374206 金门文化年鉴 2013/362

013173241 山东省大舜文化研究会年鉴 2007/2010/396

011398720 山东文化文物统计年鉴 2004—2011,2013/396

013788394 临清文化年鉴 2005/2011/440

008941746 河南文化艺术年鉴/河南文化年鉴/河南文化文物年鉴 1992—1996,1997/1999,2001—2014/450

013378986 濮阳市文化艺术年鉴/文化艺术年鉴 1992/474

011502901 湖南省扫黄打非年鉴 2006—2012/534

012517879 广东省文化文物统计年鉴 2009—2014/565

008436659 佛山文化年鉴 1992,1993/1994,1995/1996,1997—2003/584

012517880 广西文化年鉴 2009—2013/608

013396634 四川文化年鉴 2011—2013/647

012048463 三秦文化研究会年鉴 1996/1997,1998/1999,2000—2002/750

008125333 （伪）满洲国文教年鉴 1934/170

信息与知识传播

008886458 中国信息年鉴 2001—2006,2008—2014/916

009036850 北京信息化年鉴 2001,2003—2004,2010—2014/21

009405996 天津信息化年鉴 2003—2008/53

013656009 吉林省信息年鉴 2010/167

009036851 黑龙江信息年鉴 2001/188

009120129 上海信息化年鉴 2001—2014/234

008849758 江苏信息化年鉴 2000,2002—2013/250

009913595 宁波信息年鉴 2005/302

010101855 安徽信息年鉴 2006—2010/326

011502146 河南信息化年鉴 2007—2008,2009/2010,2011/2012/450

009062470 湖北信息年鉴 2002—2014/494

012591797 湖南信息年鉴 2005/2006,2009—2013/534

013369656 长沙信息年鉴 2010/538

012079158 衡阳信息年鉴 2001/2002,2003/2004/545

013821808 永州信息年鉴 2008/555

009541708 成都信息化年鉴 2001/2002/654

010224261 贵州信息年鉴 2006/694

009501731 甘肃信息化年鉴/甘肃信息年鉴 2003—2007/773

009503302 世界华文传媒年鉴 2003,2005—2007,2009,2011,2013/916

012801246 新世纪中国晚报年鉴/新世纪中国晚报十年鉴 2010/916

008643562 新中国晚报五十年鉴 1949/1999/916

009928076 中国报业年鉴 2004—2007,2009—2010/917

009698953 中国传媒市场年鉴 2003/917

001822758 中国新闻年鉴 1982—2014/917

008957435 北京青年报社年鉴/北京青年报社暨北京青年报业总公司年鉴 1993—2002/21

011821243 丽日传播·IT媒体年鉴/IT媒体年鉴 2007/21

008670265 新华社年鉴 1997—2011/21

007420675 大晶报铁报联合组织年鉴 1934/1935/234

013370002 江苏省县市报年鉴 2009/250

012200463 浙江新闻年鉴 2001/2002/290

009726237 江西日报社年鉴 2001—2012/371

011823292 烟台日报传媒集团年鉴 2007—2013/420

012530214 威海日报社年鉴 2009/431

009933565 河南新闻年鉴 2005—2007/450

011502208 湖北日报报业集团年鉴 2006/501

013713430 湖北日报传媒集团年鉴 2011—2012/501

008728182 广东新闻年鉴 1998—2001/565

012049071 中国优秀电视栏目年鉴 2007/2008/917

009459945 中国电视收视年鉴 2004—2014/917

009588907 中国电视艺术家协会年鉴 1985/2002/917

004873028 中国广播电视年鉴 1986—1991,1992/1993,1994—2014/917

009806850 中国广播收听年鉴 2005—2013

/917

013174706 中国数字电视发展年鉴 2009/2010,2011/2012/918

007211314 中央电视台年鉴/中国中央电视台年鉴 1994—1999/21

008610679 中国中央电视台年鉴/中央电视台年鉴 2000—2013/21

010227256 中央电视台办公室年鉴 2005—2007/22

009934820 中央电视台广告监测年鉴 2001/22

011965625 北京电视台年鉴 2008—2012,2014/22

009933276 北京广播影视年鉴 2005—2013/22

009406263 北京人民广播电台年鉴 1994—2009/22

008923244 河北省广播电视年鉴 1995—1998,1999/2000,2001/2002,2003—2013/64

011823163 山西广播影视年鉴 2006,2008—2010/91

011823039 内蒙古广播电视年鉴 2003—2004,2010/118

012723603 辽宁电视台年鉴 2007/141

008993767 浙江广播电视年鉴/浙江广播电影电视年鉴 2001—2013/290

011502088 杭州广播电视年鉴 1995,1997—2001,2002/2003,2004—2013/295

004575043 江西广播电视年鉴 1986—2009/371

012882826 江西广播电影电视年鉴 2010—2012/372

008437509 山东广播电视年鉴/山东省广播电视年鉴 1994—2012/396

005033362 湖南广播电视年鉴 1986,1987/1988,1989/1990,1991/1992,1993,1994/1995,1996—2007,2011/534

008957561 重庆广播电视年鉴 1998—2003,2006,2012/635

008623479 陕西广播电视年鉴 1991/1995,1996/1997,1998/1999/750

013820273 吴忠广播电视年鉴 2000/801

004605602 中国出版年鉴/中国出版年鉴增刊目录汇编 1980—2010 1980,1980/2000,1980/2010,1981—1982,1984—1989,1990/1991,1992—2014/918

009934809 中国音像年鉴 2004/918

012802577 中国出版集团公司年鉴 2010—2012/22

008438127 河北出版年鉴/河北出版集团年鉴 1992—2008/68

011398858 石家庄新闻出版年鉴 1996—1998,2002,2004—2005,2008/68

005719887 江苏出版年鉴 1992,1994—2008/250

008923204 浙江出版年鉴 1998—1999/290

011502987 江西出版集团年鉴 2007—2011/375

008944102 湖南出版年鉴 1996—2006/534

013712289 重庆出版年鉴 2010/635

008749332 中国游艺机游乐园年鉴 1990,1993,1995,1997,1999,2002/2008,2009/2012/918

008439117 中国展览年鉴 1999—2014/918

009913073 北京市青年宫年鉴 2004,2007,2009—2011/22

013898647 江苏省会议展览年鉴 2004,2009/250

007420592 图书年鉴 1930/918

007426372 图书年鉴 1933/918

008540515 中国图书年鉴 1994—2005,2007—2009/918

006408991 中国电子与信息科技期刊目录年鉴 1993/918

009036139 中国期刊年鉴 2002,2002/2003,2003/2004,2005/2006,2006/2007,2008—2014/919

012530640 中国期刊推介采购年鉴 2010/919

012983900 中国医药卫生期刊年鉴 2010/919

007850492 中国图书馆年鉴 1996,1999,2001,2003,2005—2014/919

013104825 国家图书馆年鉴 2011—2014/22

011140541 秦皇岛图书馆年鉴 2005,2007/74

013608637 廊坊市图书馆年鉴 1996/2011/86

013369997 江苏高等学校图书馆年鉴 1990/250

012724402 中国博物馆年鉴 2010/919

013481773 中国民间博物馆年鉴 2011/919

007263209 北京博物馆年鉴 1912/1987,1988/1991,1992/1994,1995/1998,1999/2003,2004/2008/22

009913841 故宫博物院年鉴 2004—2011/22

012361629 中国国家博物馆年鉴 2007—2013/23

012521516 河北省博物馆年鉴 1987,1988/2000/68

011140695 沈阳故宫博物院年鉴 2005/2006,2007—2011/141

013757970 旅顺博物馆年鉴 2006/148

013757974 旅顺日俄监狱旧址博物馆年鉴 2005/148

009618359 伪皇宫陈列馆年鉴 1984—1989,1992—1993,1995,1996/1997,1998/1999/170

012592719 伪满皇宫博物院年鉴/伪皇宫陈列馆年鉴 2000/2001,2002,2003/2004,2005/2006/170

004588191 江苏博物馆年鉴 1983,1984/1985/254

012923991 明孝陵博物馆年鉴 2009,2011/254

013467507 南京中国近代史遗址博物馆管理建设办公室年鉴 2005/254

012530134 侵华日军南京大屠杀遇难同胞纪念馆年鉴 2003,2009—2010/254

011399648 镇江博物馆年鉴 1994—1996/280

014014260 杭州工艺美术博物馆·中国刀剪剑博物馆·中国扇博物馆·中国伞博物馆年鉴 2011/295

013311722 湖北博物馆年鉴 2010—2011,2013/501

012048742 湖南省博物馆年鉴 2003/2005,2006/2007/538

013608609 广东省博物馆年鉴 2010/569

012079128 广州艺术博物院年鉴 2006—2011/569

012199565 深圳市南山天后博物馆年鉴 2004—2005,2007/580

013819215 四川博物院年鉴 2012/654

011398684 秦始皇兵马俑博物馆年鉴 1979/1983,1984—1985,1987—1991,1995,2002—2003,2005/753

011140681 陕西省美术博物馆年鉴2001/ 2004,2005/2006,2007/2008,2009/2011/753

012530493 西安半坡博物馆年鉴1958/1998 /753

013820336 西安文物保护修复中心年鉴 2008/753

013711376 宁夏博物馆年鉴2010/799

004156259 中国档案年鉴1989,1997,1998/ 1999,2000/2001,2002—2003,2004/2005,2006— 2007,2010—2012/919

012200556 中央档案馆国家档案局年鉴 2007—2012/23

013758114 石家庄市新华区档案年鉴2008 /69

013939546 长治市档案工作年鉴1988— 1989/99

012200214 乌拉特后旗档案年鉴2006/2007 /130

006038354 上海档案事业年鉴1987,1989 /234

009805868 江苏城建档案年鉴2005/250

013790047 绍兴市城市建设档案馆年鉴 1984/1993/311

011399964 重庆市城市建设档案年鉴 2005/2006,2011/2012/635

011823301 云南档案年鉴1996/1997/710

科学、科学研究

004899359 中国标准化年鉴1986,1991— 1997/919

005059969 中国科技统计年鉴1991—2014 /919

010227079 中国科协学会年鉴1995/920

007919872 中国科学基金年鉴1990,1993 /920

009036696 中国科学技术奖励年鉴2001— 2002,2003/2005,2006—2013/920

009914082 中国科学技术协会 学会 协 会 研究会统计年鉴2004—2008,2010— 2013/920

008944148 中国科学技术协会年鉴2001— 2013/920

009618439 中国科学技术协会统计年鉴/ 中国科协统计年鉴1996—1998,2000— 2002,2004—2013/920

011968258 中国科学学与科学技术管理 研究年鉴2004/2005,2006/2007,2008/2009, 2010/2011/920

008245672 北京科技年鉴1989,1991—2002, 2004—2013/23

009360561 北京科协年鉴1992—1993,1995— 1996,1998—2009/23

008378190 中国科学院年鉴1996—2014/23

008426175 中国科学院统计年鉴1992— 2014/23

010227083 中国科学院研究生院年鉴 2003—2006/23

008251252 中国社会科学院年鉴1993— 2004,2006—2012/23

011500218 北京石景山区科技年鉴2006 /42

009913076 北京市昌平区科技年鉴2002— 2008/45

009926373 天津科技年鉴2004—2014/53

012199673 天津科技统计年鉴2005,2011 /53

008902156 河北科技年鉴1998,2000—2013 /64

013898423 沧州地区科技年鉴/沧州市科技年鉴 1986/1989,1990/1993/84

009928034 山西科技年鉴 1992—1993,1995—1996,1998—2000,2002—2004,2006,2008—2009,2011—2012/92

012079292 山西省科学技术统计年鉴 1995,2005—2007,2011/92

013711415 山西省社会科学院科研年鉴 2010/92

008250236 内蒙古科学技术年鉴 1989,1991,1993,1995—1996,1997/1998,1999/2000/118

004724286 呼和浩特科学技术年鉴/科学技术年鉴 1986/120

009289600 辽宁科技年鉴 1993—1995,2008—2010/136

009287878 辽宁科技统计年鉴 1992,1998,2007,2011/136

009309865 辽宁科协年鉴 1986/1989,1994/1998/136

008437419 大连科学技术年鉴 1995/1997/146

009698914 吉林省科技统计年鉴/吉林科技统计年鉴 1987—1988,1990,1992—1999,2001,2003—2008,2010/168

012351757 长春市科技统计年鉴/长春科技统计年鉴 2000,2008—2009/171

008435219 黑龙江科技统计年鉴 1999—2000/189

010225617 佳木斯市科学技术协会年鉴 1986/2005/211

007855191 上海科技年鉴 1949/1984,1985/1986,1987/1990,1991—2014/234

006038373 上海科技统计年鉴 1986,1989,1992/1993,1994—2013/235

004569411 江苏科技年鉴 1989—2003,2005—2014/250

012924012 南京市社会科学界联合会·南京市社会科学院年鉴 2006,2008—2009/254

008278742 浙江省科技统计年鉴/浙江科技统计年鉴 1989,1991,2004,2007—2014/290

008997591 杭州科技年鉴 2001—2009,2011—2012/295

012923491 杭州科协年鉴 1991,1993,1999/2001/295

013758175 温州市科技年鉴/温州科技年鉴 2003—2005,2007,2009/304

011966629 湖州科技年鉴 2003/309

010226295 椒江科技统计年鉴 2006/318

010223310 安徽科技年鉴 2005/326

008923176 福建科技年鉴 2001—2013/349

007920205 福建科技统计年鉴 1992—1996,1998—2002/349

013369819 福州科技年鉴 2004,2010/351

010227010 厦门市科技工作年鉴 2002,2004—2011/355

010102133 泉州科技年鉴 1996/2000,2001—2009/360

009934185 江西科技年鉴 1991,1994/1995,1996—1998,1999/2000,2001—2012/372

009913708 山东科技年鉴 2004—2013/397

008278810 山东科技统计年鉴 1991,1991/1992,1992—1998,2000—2011,2012/2013/397

012617429 山东省科学技术协会年鉴 2010,2012—2014/397

011140117 山东省科学技术协会统计年

鉴2006/397

011823149 山东省科学院年鉴2004—2013/402

011504690 淄博科技年鉴2004/2005,2011/413

008643779 河南科技年鉴1984—1985,1987—2012/450

008275188 河南科技统计年鉴1994—1995,1996/1997,1998/1999,2001/2002,2003/2005,2006—2008,2010—2012/450

011968193 郑州科技统计年鉴2003/454

013378985 濮阳市科技年鉴/濮阳科技年鉴1995,1997—1998,2000—2003,2005—2007,2009—2010/474

008426168 湖北科技年鉴1986—2004,2006—2013/494

010102512 湖北科技统计年鉴1993,1999,2001—2002,2004,2006—2008,2011—2014/495

008118459 湖北科协年鉴/湖北省科学技术协会年鉴1991,1993,1996,1999,2002,2004,2006—2009,2011—2013/495

009617362 武汉科技统计年鉴/武汉市科技统计年鉴1992—1993,1996—1997,2002—2009,2011—2014/501

009436870 湖南科技年鉴2002—2014/534

013655941 湖南科技统计年鉴2005,2010/534

013369968 湖南社会科学院年鉴2010/538

009062444 广东科技年鉴2000—2013/565

011501939 广东科技统计年鉴2006—2008/565

009913112 广东科协年鉴2003—2013/565

011139778 广东科协统计年鉴2003—2005,2010/565

009805070 深圳科技年鉴2005—2013/579

013758749 湛江市科技年鉴2001/2005,2006/2008/588

009215377 广西科技年鉴1995—1996,1996/2000,2001/2005,2006/2010/608

008433691 四川科技年鉴1996,1998,2000,2002,2004—2007,2009—2010/647

011140128 四川科技统计年鉴1996—1997,2002—2006,2011—2013/647

012983246 贵州科技统计年鉴1998—2002,2004,2006,2009—2010/694

011503690 云南科技年鉴2006,2008—2013/710

011140219 云南省科协统计年鉴2003—2004/711

009436884 云南省社会科学院年鉴2002/2003/713

009726335 陕西科技年鉴2007—2014/750

013714668 陕西科技统计年鉴2007—2014/750

011396192 甘肃科技统计年鉴1997—1999,2003,2007,2009/773

009054704 宁夏回族自治区科学技术年鉴1987—1991/797

009015798 宁夏科技统计年鉴1991—1997,1999,2003—2009/797

教育

007445515 普通高等学校招生工作年鉴/中国普通高等学校招生年鉴/中国高等学校招生工作年鉴1991,1993—1998,2000—2004/920

013467707 全国普通高等学校毕业生就业工作年鉴1994—1995,1997—2000/921

012792697 全国普通高等院校就业年鉴 2010/921

011823132 全国研究生招生统计年鉴 1996/2002/921

014009067 包兆龙包玉刚留学生奖学金年鉴 1993/1996/920

009806836 中国高考年鉴 2004/921

009869072 中国高考年鉴 2004,2011—2012/921

009288968 中国教育考试年鉴 1997—2012/921

007543171 北京高等教育年鉴/北京市普通教育年鉴/北京教育年鉴 1991—1995/24

010223849 北京市普通高等学校成人高等教育招生工作年鉴 1985/1995/24

009492230 北京市普通高等学校招生年鉴 1977/1991/24

008866884 天津教育招生考试年鉴 2000—2002/53

009913143 河北教育考试年鉴 2002/64

010102593 辽宁招生考试年鉴 2002—2003/136

009289730 沈阳招生考试年鉴 1993/1994,1995/1996,1997/1998,1999/2000,2001/2002,2003/2004,2005/2006/141

011398811 上海高等教育年鉴 1949/1983/235

013714700 浙江教育考试统计年鉴 2011,2013/290

013787159 安徽教育招生考试年鉴 2008/326

012591653 安徽省普通高校毕业生就业工作年鉴/安徽省高等学校毕业生就业工作年鉴 1998,2006—2007/326

013965322 江西省教育考试招生年鉴 2010/372

013711343 江西省招生工作年鉴 2004—2007,2009/372

009157849 山东招生考试年鉴 1990—1996,1998—1999,2001—2004/397

009805678 湖北教育考试年鉴 1997/2003,2004—2011/495

011502063 广西壮族自治区招生考试工作年鉴/广西壮族自治区招生工作年鉴/广西招生考试年鉴 1991,1994,1996,1998—2005,2008—2010/608

008226395 第一次中国教育年鉴 1932/922

007534319 第一次中国教育年鉴 1933/922

008241000 中国教育年鉴 1934—1948/922

001643161 第二次中国教育年鉴 1948/922

002459162 中国教育年鉴 1949/1981,1982/1984,1985/1986,1988—2013/922

007551126 中国教育年鉴地方教育 1949/1984/923

004600793 中国教育统计年鉴/中国教育事业统计年鉴 1987—1990,1991/1992,1999,2001—2004,2006—2013/923

009926725 中国基础教育年鉴 2002—2003/922

013321216 中国基础教育学科年鉴 2009,2009/2010,2010/922

010227073 中国教育发展年鉴 2004/922

006992400 中国教育事业统计年鉴/中国教育统计年鉴 1992—1998/923

007610625 中国教育综合统计年鉴 1993—1995/923

011399826 中国民办教育年鉴 2006/923

009841261 中国现代教育年鉴 2003/923

008062234 中国教育经费统计年鉴 1996—2012,2014/922

008957985 兵工教育年鉴 1991/1993/921

009928075 发展教育学年鉴 2003/921

009288925 机械教育年鉴 1994/921

013791085 中国国际教育信息年鉴 2007,2008/2009/922

010227071 中国教研年鉴 2005,2007—2008/922

014216724 中国美育年鉴 2012/923

007733437 北京教育年鉴/北京高等教育年鉴/北京市普通教育年鉴 1997—2014/24

004705476 北京市普通教育年鉴/北京高等教育年鉴/北京教育年鉴 1949/1991,1992—1996/24

009492668 西城区教育年鉴 1992,1994,1996,1998/1999,2000/2001,2002—2010/40

010223909 朝阳区教育年鉴 2005/41

011139614 北京石景山教育年鉴 2006—2008/42

012194150 海淀区教育督导年鉴 1989/2009/43

012617465 顺义教育年鉴 1995/2005,2006/2010/45

011395736 昌平区教育年鉴/昌平教育年鉴 2006—2013/45

013636592 大兴教育年鉴 2012—2014/46

008789157 天津教育年鉴 1999—2002,2004—2011,2013/54

005032989 天津普通教育年鉴 1986—1990,1994,1996,1998/54

009698790 河北教育年鉴 2002—2006/65

010224281 邯郸教育年鉴 2004/76

009360543 邢台教育年鉴 2000—2008/78

012909300 沧州教育年鉴 1999,1999/2000,2005—2006,2011—2013/84

010231769 山西省教育统计年鉴 1991/1992,1995/1996,1997/1998,2001/2002/92

012048618 太原市教育统计年鉴/太原市教育事业统计年鉴/太原教育事业统计年鉴 2002/2003,2003/2004,2004,2005/2006,2006/2007,2008/2009,2009/2010/95

012200205 闻喜教育年鉴 2009/107

013711462 襄汾县教育年鉴 1986/1992,1993/2000/111

012909271 巴林左旗教育年鉴 2001,2003/123

009288873 辽宁省普通教育年鉴 1949/1985/137

009065011 辽宁教育年鉴/辽宁省普通教育年鉴 1991—1992,1993/1999,2000—2005/137

011503020 辽宁省高等教育中等专业教育统计年鉴 1985—1986/137

009492255 辽宁省教育统计年鉴/辽宁省教育经费统计年鉴 1987—1992,1995,1999—2008,2010—2011/137

006038348 沈阳市普通教育年鉴/沈阳教育年鉴 1986/142

007430877 沈阳教育年鉴/沈阳市普通教育年鉴 1988/1990,1991/1994,1995—2000,2002—2012/142

009346299 沈阳市教育统计年鉴 1980/1981,1983/1984,1984/1985,1985/1986,2000/2001,2001/2002,2003/2004,2004/2005,2005/2006,2006/2007,2007/2008/142

009287787 大东区教育统计年鉴 1991/1992,1994/1995/143

007918350 大连市普通教育年鉴 △1986/1987,1990/1991/146

008969100 旅顺教育年鉴 1991—2007/148

013652718 本溪市教育年鉴 1949/1990/153

011907890 锦州教育年鉴/锦州市普通教育年鉴 1986/1990,1991/1995,1996/2000/154

011503003 锦州市教育统计年鉴 1989/1990,1990/1991,1991/1992,1992/1993,1993/1994,1994/1995,1995/1996,1997/1998,1998/1999,1999/2000,2002/2003/154

007223585 锦州市普通教育年鉴 1949/1985/154

011139715 阜新市教育年鉴 2006—2007,2009/156

009287901 辽阳教育年鉴 1986/1990,1996/2000,2001—2005/157

012617486 铁岭市教育年鉴 1949/1990,1991/1995,2003—2005,2006/2008,2009—2010/160

013711476 铁岭市银州区教育年鉴/银州教育年鉴 1980/1990,2003/2007/160

009805887 昌图县教育年鉴 2004—2005,2009—2010/161

009589795 朝阳教育年鉴 2003—2009/162

009805896 葫芦岛教育年鉴 1995/2000,2006/2010/163

013655999 吉林教育统计年鉴 2010/168

011398563 吉林省教育年鉴 1949/1985/168

013711485 长春市教育年鉴 1991/2000/171

010225589 桦甸市教育年鉴 1997/174

009360435 辽源市教育学会年鉴 1980/1989/176

008643780 黑龙江教育年鉴 1996,1997/1999,2000/2001,2002/2003,2004/2005,2006/2007,2008/2009/189

013788374 黑龙江省教育统计年鉴 1992/189

013815002 齐齐哈尔教育年鉴 1997/198

007977158 上海教育年鉴 1991/1993,1994—2012/235

008438101 江苏教育年鉴 1996—2002,2004—2012/250

011823051 南京市教学研究年鉴 2006—2010/254

013791000 无锡教育年鉴 2009—2010/260

008477445 徐州市教育年鉴/徐州教育年鉴 1996—2000,2002—2014/262

012048841 浙江教育年鉴 2008—2012/290

009503017 浙江民办教育年鉴 1979/2003/290

009698996 浙江省教育厅教研室年鉴 2004,2006—2008,2012/291

013788240 杭州教育年鉴 2003—2004/295

013753588 德清教育年鉴 2008/310

012525894 安徽教育年鉴 1994—1998,2008,2010—2011/326

009840725 福建教育年鉴 1995,1997—1998/349

013926042 福建省普通教育教学研究室年鉴 2006/351

008990660 福州教育年鉴 1990/1995,1996/1997,1998—2010/351

012591864 江西省教育经费统计年鉴 2007,2009/372

009726239 江西省教育事业统计年鉴 1997—2002,2004,2006,2009—2010/372

009062528 山东教育年鉴 2002—2013/397

013369988 济南教育年鉴 2010—2012/402

012199533 青岛教育年鉴 2008—2011/408

011968565 淄博教育年鉴 2002—2005,2007—2010/413

008966666 张店区教育年鉴 1996/1998,1999—2000/414

013821846 郓城县教育年鉴 1986/1997/444

007698659 河南教育年鉴 1930/450

005033327 河南教育年鉴 1987—2013/450

009933555 河南省教育统计年鉴 1987—1989,1991—1992,1994—2012/450

011141209 新密教育年鉴 2000—2011/458

009215402 洛阳教育年鉴 2001—2003,2005—2009/460

008438142 安阳教育年鉴 1988—2013/466

013932997 新乡教育年鉴 2002/469

009913182 焦作教育年鉴 1991,2004/472

013793294 焦作市教育统计年鉴 1985—1988,1991,1994—1995,1998—2002,2004—2006,2008—2012/472

012079233 南阳市教育统计年鉴 2003—2004/480

011968495 周口教育年鉴 2006,2008/486

012200731 湖北教育 30 年鉴 1978/2008/495

008272939 湖北教育年鉴 1949/1987,1988/1990,1991/1992,1994—2014/495

008405272 武汉教育年鉴 1986/1990,1991/1995,1996/1998,1999/2000,2001/2003,2004—2012/501

013753930 黄冈市教育统计年鉴 1996/1998,1999/2000,2003/2004/522

013608978 红安教育年鉴 2008—2010/523

013397148 浠水教育年鉴 2010,2012/523

009502491 湖南教育年鉴 2002—2012/534

009726063 湖南教育事业统计年鉴 2000—2010/534

011502895 湖南省教育经费统计年鉴 1996—1998/535

012525953 广东教育年鉴 2007—2011,2013/565

010225593 惠州教育年鉴 2000/2005/593

008443162 梅县学校年鉴 1935/594

013710792 广西教育经费统计年鉴 2008/608

008957069 广西教育年鉴 1991—2002,2004—2010/608

009805083 海南教育年鉴 2005—2006/629

011824425 重庆教育年鉴 1997/2003,2005,2010/635

006036620 四川高等教育中等专业教育年鉴 1949/1985/647

013467731 四川教育年鉴 2010/647

013467735 四川教育事业统计年鉴 2003,2009—2010/647

012080578 四川普通教育年鉴 1949/1985/647

012916357 成都市教育年鉴 2010—2011,2013/654

013814864 乐山教育年鉴 2010/671

007284930 贵州教育年鉴 1949/1984/694

007356300 贵阳教育年鉴 1949/1989,1990—1992/696

007916674 贵阳教育年鉴 1993,1995—1997,1999,1999/2005/696

007655215 陕西教育年鉴 1949/1984/750

009011575 陕西教育年鉴 1998,2005—2011,

2013/750

009726331 陕西教育事业统计年鉴2001—2010,2012/750

008990534 咸阳教育年鉴1991/2000/758

009111383 甘肃教育年鉴1949/1983,1984/1986,1987/1989,1990/1991,1992/1993,1994/1995,1997—2011/773

011398603 兰州教育年鉴2004/2005,2006—2007/775

013090404 天水教育年鉴2006/2008/779

012983695 平凉市教育年鉴/平凉教育年鉴2007/2009,2010—2011/781

008211768 青海教育年鉴1949/1990/788

009054712 宁夏教育年鉴1949/1985,1986/1990,1991/2000,2001/2005/797

009182817 新疆教育年鉴1949/1989/806

008125329 香港教育年鉴1965,1967/830

013604207 中国幼儿教育年鉴2011/923

012591765 东城区黑芝麻胡同小学年鉴/黑芝麻胡同小学年鉴/北京市东城区黑芝麻胡同小学年鉴2007—2013/39

013789996 全国信息学奥林匹克年鉴2006—2007,2010/923

008589004 中学生年鉴2000/924

009926232 北京师大附中年鉴2008/24

012525915 北京师范大学第二附属中学年鉴2008—2009/24

010223435 北京市第三十五中学教育教学年鉴2001/24

011139623 北京市昌平实验中学年鉴2007,2009/45

009698704 黄村七中教育年鉴/北京市大兴区黄村第七中学教育年鉴/大兴七中教育年鉴/北京市大兴区第七中学教育

年鉴2001—2003,2005,2007/46

013396630 天津南开中学年鉴2011—2014/54

012047133 东北师范大学附属中学年鉴2007/171

013965392 南京外国语学校仙林分校年鉴2008/254

013656020 江苏省淮阴中学年鉴/江苏省淮阴中学十年鉴2002/2012/273

013635507 浙江省萧山中学年鉴2011/299

012923429 福州第一中学年鉴2009/352

012983366 济南外国语学校年鉴2009—2013/402

011141234 育英中学年鉴2001/402

013471063 淄博实验中学年鉴/山东淄博实验中学年鉴2008—2012/414

011396297 河口一中年鉴2004,2006/419

013936502 文登新一中年鉴/文登新一中十年鉴2002/2012/431

013603466 郑州外国语学校年鉴2011/454

013935850 成都七中初中学校年鉴2010/2011/654

009492581 北方交通大学年鉴/北京交通大学年鉴1998/1999,2000/2001,2002,2005—2012/24

011139608 北京大学国际关系学院年鉴2000—2003,2004/2005,2007/2008/25

008462571 北京大学年鉴1999—2006/25

010223400 北京大学肾脏病研究所暨北京大学第一医院肾脏内科年鉴/北京大学第一医院肾脏内科北京大学肾脏疾病研究所中华人民共和国卫生部肾脏疾病重点实验室年鉴2005,2008/25

011500181 北京大学哲学系年鉴1994/1995

/25

008956859 北京电影学院年鉴 1996/1999, 2011/25

010101864 北京工商大学年鉴 2005/25

013157463 北京工业大学科技年鉴 2001—2002/25

009726007 北京工业大学年鉴 2004—2012/25

012176849 北京航空航天大学计算机学院计算机应用研究室工作年鉴 2004/25

012656100 北京航空航天大学学生会工作年鉴 2008/26

012723182 北京化工大学年鉴 2006, 2011/26

010223766 北京建筑工程学院年鉴 2004/26

012046940 北京交通大学学生会年鉴 2007/26

009346352 北京科技大学年鉴 2003—2013/26

009933284 北京理工大学年鉴 1995—1996, 1998—1999, 2001—2008, 2010—2012/26

009805028 北京理工大学学生工作年鉴 2003—2005, 2011/26

013965147 北京理工后勤集团总务后勤部年鉴 2004/26

013809406 北京林业大学工学院学生工作年鉴 2007/26

012525912 北京林业大学年鉴 2009—2012/26

011395253 北京农学院年鉴 2003—2005, 2007—2008, 2010—2011/26

012079037 北京师范大学对外交流与合作年鉴 2006—2008/27

013470785 北京师范大学教育学部年鉴 2011—2012/27

012909292 北京师范大学教育学部学生工作年鉴 2009/2010/27

009502350 北京师范大学年鉴 1992, 1993/1994, 1995/1996, 1997, 1998/1999, 2000, 2002—2005/27

011395266 北京师范大学学生处（学工部武装部）年鉴 2003, 2005—2006, 2007/2008/27

010101885 北京师范大学学生会工作年鉴 2005/2006, 2007/2008/27

009698682 北京市建筑设计研究院年鉴 1985, 1991—1997, 1999—2000/27

009460024 北京体育大学年鉴 1997, 1999—2000, 2003—2005/27

012046969 北京外国语大学年鉴 2005—2006, 2010/27

012591666 北京外国语大学学生会工作年鉴 2007/2008/27

011395441 北京物资学院年鉴 2006, 2011/28

012176860 北京信息科技大学年鉴 2003/2004, 2008—2010/28

011139630 北京印刷学院年鉴 2003/2004, 2005/2006/28

009805029 北京语言大学年鉴 2000—2004/28

010223873 北京中医药大学学生学术年鉴 2004—2005, 2007/28

009588886 对外经济贸易大学年鉴 2001/2003, 2004/2005/28

013747804 国防大学年鉴 2012/28

011397480 华北电力大学年鉴 2005—2007,

2010—2012/28

011398551 华北科技学院年鉴 2002,2004—2005,2011—2013/28

012592246 清华大学产业年鉴 2004/28

012592253 清华大学党委研究生工作部工作年鉴 2001/28

009616754 清华大学电子工程系年鉴 1998—1999,2002—2004/29

013471048 清华大学法学院年鉴 2012/29

013932351 清华大学计算机科学与技术系年鉴 1997,1999—2001,2003—2005,2007,2009/29

012792681 清华大学科研院文科建设处年鉴 2006/29

010101895 清华大学年鉴 1999—2001/29

013714935 清华大学信息技术研究院年鉴 2011/29

011140548 清华大学学生部(处)武装部年鉴 2004/29

012592258 清华大学自动化系年鉴 1995/29

011140698 石油大学(北京)年鉴/中国石油大学(北京)年鉴 2003/2004,2005,2010—2011/29

013603303 首都经济贸易大学年鉴 2011—2012/29

011398884 首都师范大学年鉴 2003—2006/29

013939616 中国传媒大学年鉴 2010/30

009806871 中国农业大学年鉴 2002—2011/30

009492898 中国人民大学年鉴 2002—2003,2005—2012/30

013772703 中国人民大学文学院年鉴 2011/30

009309902 中国协和医科大学研究生院年鉴 1996/1997/30

009264604 中国医学科学院中国协和医科大学年鉴/中国医学科学院北京协和医学院年鉴 1990—1991,1993,1995—1996,1996/1997,1997—2011/30

012983911 中国政法大学科研工作年鉴 2007,2009—2012/30

009520246 中国政法大学年鉴 2004,2006,2010—2011/30

009425887 中央财经大学年鉴 1998,2006/30

008385239 中央民族大学年鉴 1998—2002,2004—2012/30

011824410 中央民族大学学生会工作年鉴 2006/2007/31

009618302 南开大学年鉴 2002—2011/54

011823055 南开大学外国语学院行政年鉴 1997/2002/54

012199661 天津大学建筑学院年鉴 2005/2006/54

009081501 天津大学年鉴 1993/1994,1995—2002,2004—2005,2007—2008/54

009934582 天津工业大学年鉴 2004—2009/54

014014270 河北大学年鉴 1991/68

011966747 军械工程学院年鉴 1997,2002—2006/68

012617459 石家庄经济学院年鉴 2005—2006/68

010102253 石家庄铁道学院年鉴 1998,2000,2005/68

012194287 华北煤炭医学院年鉴 2007/72

009289768 燕山大学年鉴 1997/1999/74

013173582 山西财经大学年鉴 2001—2010/95

013379003 山西大学年鉴 2002/95

011967185 山西师范大学年鉴 1998—1999,2001,2006—2007,2011/109

013609026 内蒙古大学年鉴 2007/120

011503110 内蒙古师范大学年鉴 1993,1996,1998,2000,2004—2010,2011/2012,2013/120

009035690 辽宁大学年鉴 1997/1998,1999/2000,2001/2002,2003/2004/142

009324548 沈阳农业大学年鉴 1990—1991/142

009287748 沈阳师范学院工作年鉴 1991/142

009426062 沈阳师范学院年鉴 1998—2000/142

009287727 沈阳药科大学年鉴 1990/142

010223936 大连大学年鉴 1997,2004—2007/147

011139670 大连海事大学年鉴 1997,2010/147

009726240 大连理工大学年鉴 2003—2009,2012/147

012199173 辽宁工学院年鉴/辽宁工业大学年鉴 2001—2005,2007/154

009288901 东北大学年鉴 1993—1995,1997,1999—2009,2011—2012/171

009805724 吉林大学年鉴 1992,1995—1999,2000/2001,2002—2012/171

010224166 吉林大学团委年鉴/共青团吉林大学委员会年鉴 2003/2004/171

009307909 吉林工业大学年鉴 1991—1995/171

009805573 哈尔滨工程大学年鉴 2001—2011/192

010224268 哈尔滨工业大学年鉴 2003—2006/193

013935934 哈尔滨理工大学年鉴 2000/2009/193

009436783 齐齐哈尔电业局年鉴 1986/1991,1992—1993/198

008125958 大夏年鉴 1929/235

013634218 第二军医大学年鉴 2007,2010—2012/235

013790889 东华大学年鉴 2009/235

011501911 复旦大学年鉴 2007—2012/235

012517874 复旦大学统计年鉴 1992,1994—1998,2000—2001/235

012243219 复旦大学研究生学生工作年鉴 2005/236

008851332 复旦大学医学院年鉴 2000/236

011140419 华东理工大学年鉴 2005—2006/236

009081340 华东师范大学年鉴 2000—2001,2003—2004/236

006088579 华东师范大学文学研究年鉴 1986/236

010226727 上海大学统计年鉴 1998/236

011967252 上海对外贸易学院年鉴 2006,2008—2009/236

009036791 上海海运学院年鉴 2000/236

008805287 上海交通大学年鉴 1997—2014/236

012200265 上海交通大学医学院附属新华医院新华年鉴/新华年鉴 2005,2008,2011/236

011398820 上海交通大学医学院年鉴 2007—2008,2010—2011/236

012926243 上海交通大学自动化系年鉴/自动化系年鉴 2008/237

012792718 上海理工大学年鉴 2007—2009/237

008851339 上海外国语大学年鉴 1994—2003,2009—2010/237

009425817 上海戏剧学院年鉴 2000—2005/237

008278815 上海医科大学年鉴 1990,1998—1999/237

011967274 上海音乐学院年鉴 2005—2008/237

008805289 同济大学年鉴 1999—2000,2002—2013/237

013369806 东南大学建筑学院建筑年鉴/东大建筑年鉴 2001,2003/2004,2005/2006,2007/2008,2009/2010/254

008940404 东南大学年鉴 1990,1994—2000,2002,2006—2011/254

009726193 河海大学年鉴 2001/2002,2003—2012/254

012742161 南京大学建筑学院年鉴 2007/2008,2008/2009/255

011140519 南京大学建筑研究所教学年鉴/南京大学建筑研究所年鉴 2004/2005/255

013373966 南京大学建筑与城市规划学院建筑系教学年鉴 2010/2011,2011/2012,2012/2013/255

008788919 南京大学年鉴/南京大学行政年鉴 1990—1992,1993/1994,1995—2001,2005—2008/255

013936047 南京理工大学年鉴 2002,2007/255

014014428 南京审计学院年鉴 2010/255

012047562 南京师范大学年鉴 1993,1995—1996,2002,2004—2007,2011—2013/255

013311844 南京师范大学统计年鉴 1992/255

013609038 南京艺术学院年鉴 2001—2002,2006—2007/255

013788406 南京中医药大学年鉴 2005—2009/255

013714670 江南大学年鉴 2011—2012/260

011141334 中国矿业大学年鉴 2002—2005,2007—2010/262

009035732 苏州大学年鉴 1991/1992,1993/1994,1995—1996,1998—2013/266

012591826 江苏大学年鉴 2002,2004,2010,2013/280

012591846 江苏理工大学年鉴 2000—2001/280

011396280 杭州大学年鉴 1996/1997/295

014014971 浙江财经学院年鉴 2010/295

013939587 浙江大学化学系年鉴 2010/295

004561266 浙江大学年鉴 1990—1991,1993—2000,2002—2014/295

012801319 浙江工商大学年鉴 2006—2009,2012/295

014014982 浙江工业大学建筑工程学院学生工作年鉴 2008/296

013711496 浙江工业大学年鉴 1996—1997,2001,2003,2006,2009/296

013933092 浙江工业大学信息工程学院年鉴 2007—2008,2010/296

013312079 浙江教育学院年鉴 2002—2003,

2009—2010／296

013173247 浙江科技学院年鉴 2005,2008—2010／296

012724385 浙江农业大学年鉴 1992—1997／296

012724387 浙江树人大学年鉴 2010／296

013939599 浙江中医学院年鉴 2001／296

013933113 中国美术学院·柏林艺术大学中德硕士项目年鉴／中德硕士项目年鉴 2006／2007／296

013610078 中国美术学院学术年鉴 2005—2006／296

011399631 浙江林学院年鉴 1998／2002,2004／300

012983684 宁波大学年鉴 2008—2009／302

011503534 温州师范学院年鉴 1999,2004／304

013711434 绍兴文理学院附属医院年鉴 2007／2009／311

012925063 绍兴文理学院年鉴 2008—2009／311

013758161 台州学院年鉴 2003—2007／318

009726002 安徽大学年鉴 2001—2008／328

009804974 合肥工业大学年鉴 2002—2011／328

013928109 合肥学院年鉴 2007／328

009182934 中国科学技术大学年鉴 1999—2005,2007—2008／328

013467176 安徽工业大学年鉴 2010／333

009926238 福建农林大学年鉴 2003—2004,2009／352

013157479 福建师范大学年鉴 1997—2001／352

012351799 福州大学年鉴 1991,1995,2002,2008,2010—2011／352

012923434 福州师范学校年鉴 1991／1997／352

013173528 江西师范大学年鉴 1996,2004—2005,2011—2012／375

013467390 江西师范大学体育学院年鉴 2007／375

013608994 江西中医学院年鉴 2008—2009／375

013932211 南昌大学年鉴 1993／1998,2007／375

013467477 南昌工程学院年鉴 2004—2007／375

014014422 南昌航空工业学院年鉴 1999—2004／375

012521533 济南大学年鉴 2008—2009,2011—2013／402

013634176 齐鲁师范学院年鉴 2011—2012／402

011967135 山东财政学院科研统计年鉴 2004／402

009081481 山东大学年鉴 2000／2001,2002—2011／402

009913691 山东交通学院年鉴 2002／2003,2004,2011／402

013936429 山东轻工业学院年鉴 2006／2008／402

011140581 山东师范大学年鉴 2011—2012／403

011398729 山东中医药大学年鉴 2007／403

013965419 青岛大学附属医院年鉴 2008／2013／408

012048443 青岛科技大学年鉴 2006,2008／408

012199542 青岛理工大学年鉴 2006/408

011967140 山东理工大学年鉴 2003,2006—2007,2009—2011/414

009104903 石油大学（华东）年鉴/中国石油大学（华东）年鉴 1991,1999/2000,2001—2004,2006/418

013932379 山东工商学院年鉴 2009/420

009913716 烟台大学年鉴 1995/2000,2001—2004,2006—2008/420

013939424 烟台师范学院年鉴 1992,2000/421

013752797 潍坊医学院年鉴 2011/422

009913664 曲阜师范大学年鉴 1992—2004,2007/426

011140558 山东服装学院年鉴/山服年鉴 2005—2008/428

011503347 山东农业大学年鉴 1996—1999,2001,2008/429

011140258 河南省高等学校人文社会科学研究年鉴 2001—2003,2006—2007/451

013603097 河南工业大学年鉴 2010—2011/454

011822070 河南农业大学年鉴 1996/1997,2003/455

014014999 郑州大学研究生院年鉴 2008/455

013791039 郑州工学院年鉴 1988,1989/1990,1994/455

008643815 郑州工业大学年鉴 1996—1997/455

012617145 河南师范大学年鉴 2009/469

013634252 新乡医学院年鉴 2011/469

013939364 信阳师范学院年鉴 2005—2006/484

009081348 华中科技大学年鉴 2000/2001,2002—2005/501

013634187 华中科技大学启明学院 Dian 团队年鉴/基于导师制的人才孵化站（Dian 团队）年鉴 2010—2011/501

014014288 华中科技大学土木工程与力学学院年鉴 2009/501

012792570 华中师范大学年鉴 2010—2012/502

012983815 武汉大学年鉴 2008—2010/502

009927873 武汉理工大学年鉴 2000/2001,2002—2006/502

012592753 武汉理工大学年鉴华夏学院年鉴 2004/502

011968431 中南财经政法大学科研统计年鉴 2006—2007/502

013467367 湖北汽车工业学院年鉴 2002/508

013791015 孝感学院年鉴 2010/517

013711490 长江大学文理学院年鉴 2004/519

013788391 荆州师范学院年鉴 2001—2002/519

012176897 长沙大学年鉴 2000—2001,2004/538

013467335 长沙理工大学年鉴 2008—2010/538

011395780 长沙铁道学院年鉴 1953/1987/538

012517859 长沙学院年鉴 2007,2009/538

011500338 长沙医学院年鉴 2005/538

013090001 国防科学技术大学年鉴 2009/538

013965302 湖南财经高等专科学校年鉴/

湖南财经高等专科学校统计年鉴2003，2005，2008/539

008805276 湖南大学年鉴1998—2011/539

012521528 湖南农业大学年鉴2001/2002，2003/2004，2005—2010/539

012194269 湖南商学院年鉴1997—2001，2004—2006，2008/539

013753878 湖南师范大学统计年鉴1996，2003/539

009726191 中南大学年鉴2000—2012/539

013610081 中南大学土木建筑学院年鉴2002—2004/539

009492888 中南工业大学年鉴1996—2000/539

013714738 中南林业科技大学年鉴2011/539

012792558 湖南工业大学年鉴2006/542

013936569 湘潭大学年鉴1999—2001/544

010102168 广东工业大学年鉴1996/1998，1999—2000，2005/570

012351843 广东外语外贸大学年鉴2007/570

009324784 华南理工大学年鉴1996—1997，1998/1999，2000—2012/570

011822088 华南师范大学年鉴1999/2001，2007/2008/570

012079196 暨南大学年鉴2007—2008，2010—2013/570

011399959 中山大学年鉴1997—1998，2000，2002—2011/570

012200231 五邑大学年鉴2004/586

012176989 广西财经学院年鉴2004/2005/611

012791007 广西教育学院年鉴2010—2014/611

009933477 广西民族学院年鉴/广西民族大学年鉴2003—2014/611

013752759 广西工学院鹿山学院年鉴2011/614

012351851 广西工学院年鉴1997/1999/614

008177731 广西师范大学年鉴1993/1994，1995/1996，1997/1998，1999/2000，2001/2002，2003/2004，2005—2012/617

011966560 海南大学年鉴2008—2013/629

011139676 第三军医大学年鉴1997/635

011503559 西南大学年鉴2005/2006，2007/636

009928054 西南师范大学年鉴1996，2002—2003/636

014015079 重庆大学建筑城规学院年鉴2010/636

009542218 重庆大学年鉴1998，2005—2013/636

013680608 重庆工商大学年鉴2011/636

013965159 成都中医药大学年鉴2000/654

013714627 [电子科技大学成都学院]图形艺术系毕业作品年鉴2012/654

011966334 电子科技大学年鉴2003，2007，2009，2011/654

008851355 四川大学年鉴/四川联合大学年鉴1991—1992，1994/1995，1996/1997，1998/1999，2000—2001，2004—2009，2011—2012/654

010226845 四川音乐学院年鉴2002，2007/2008/654

009324501 西南交通大学年鉴1990，1992—1994，1996—1997，1999—2012/654

010227007 西南民族大学年鉴2005/655

013656080 绵阳师范学院年鉴2004—2012

/665

012617508 西南工学院年鉴 1998—2000/665

013312057 西南科技大学年鉴 2001—2003/665

013656084 内江师范学院年鉴 2005—2006/670

009617990 川北医学院年鉴 2002—2004,2006—2008/674

013173594 四川师范学院年鉴 1997/674

013753722 贵州大学年鉴 2004/2010/696

012243231 贵州师范大学年鉴 2008—2009,2011/696

009541739 昆明理工大学年鉴 2000—2006,2009—2013/713

013936041 昆明医学院年鉴 2005—2006,2009—2010/713

011141239 云南财经大学年鉴 2005—2007,2009,2011—2012/713

009542202 云南财贸学院年鉴 2003—2004/713

010226810 云南大学统计年鉴 2002/713

011968118 云南工业大学年鉴 1994/1999/713

012200437 云南师范大学年鉴 2005—2006,2008,2010—2013/714

013656090 曲靖师范学院年鉴 2000/2001,2008/717

013608919 玉溪师范学院年鉴 2006/720

011966603 红河学院年鉴 2005—2007,2010—2011/733

013714666 文山学院年鉴 2011/736

012789986 大理学院年鉴 2008—2009,2011—2012/739

012724282 西藏大学年鉴 2004—2009,2011/745

010223879 长安大学年鉴 2000—2013/754

013787979 第四军医大学年鉴 2009/754

009542173 陕西师范大学年鉴 2000—2003/754

013932589 西安电子科技大学年鉴 2008,2010/754

011399363 西安交通大学年鉴 2004—2005/754

009726341 西北大学年鉴 2002—2010/754

010102177 西北工业大学年鉴 1987,2003—2011/754

009406190 西北农林科技大学年鉴 1999—2003/758

011396201 甘肃中医学院年鉴 2002/2003,2004/2005,2007—2010/775

010226312 兰州大学年鉴 1995—1996,1998—2014/775

013373800 兰州交通大学年鉴 2008—2009/775

011398607 兰州理工大学年鉴 2003/776

011503555 西北民族大学年鉴 2005—2011/776

009927897 宁夏大学年鉴 1998—2009,2011—2012/799

012983867 新疆农业大学年鉴 2006/807

012617720 中国高职高专院校教育年鉴 2009/924

011399833 中国培训发展论坛年鉴 2005/2006/924

009934812 中国职业教育与成人教育工作年鉴 2004—2007/924

011501943 广东职业培训和技工教育年

鉴 2007/565

012243170 中央美术学院本科毕业生作品年鉴/中央美术学院毕业生作品年鉴 2000—2001/31

009542215 中央戏剧学院年鉴 2003,2005—2011/31

009726020 房山区教师进修学校年鉴 2001—2002/44

013635223 北京市大兴区教师进修学校年鉴 2011/2012/46

012079336 石家庄邮电职业技术学院年鉴 2004—2005/68

009307929 辽宁省交通高等专科学校年鉴 1995/142

009840945 本溪冶金高等专科学校年鉴 2001/2002/153

013634213 吉林交通职业技术学院年鉴 2011/171

009913222 黑龙江农垦农业职业技术学院年鉴 2002/193

010102653 上海电机学院年鉴 2005—2006/237

011140456 江苏信息职业技术学院年鉴 2002/2004,2005—2006/260

013747891 苏州市职业大学年鉴 2011/266

012048826 浙江广播电视高等专科学校年鉴 2002/297

013608930 中国美术学院艺术设计职业技术学院学术年鉴 2009—2010/297

012361393 山东工艺美术学院年鉴 2007/403

013656112 文登师范年鉴/文登师范十年鉴 2000/2010/431

012048470 山东省交通技术学院年鉴 2007/436

013603025 长沙环境保护职业技术学院年鉴 2011—2012/540

013814847 湖南铁道职业技术学院年鉴 2004/542

009933353 深圳高等职业技术学院年鉴 1996/579

013710912 河源职业技术学院年鉴 2008/2009/597

012983390 兰州资源环境职业技术学院年鉴 2004/2008/776

013157450 巴音郭楞职业技术学院年鉴/巴音郭楞职业技术学院巴音郭楞技师培训学院年鉴 2002/2006,2009—2012/819

009287764 全国广播电视大学教育统计年鉴/全国广播电视大学教育基本情况统计年鉴/中国广播电视大学教育统计年鉴 1992/1993,1993—1999,2000/2001,2002—2011/924

012080590 中国农村教育年鉴 1980/1990/924

009841275 中国远程教育解决方案及产品年鉴 2004/924

012079024 北京成人教育年鉴△ 1990—1991 1994/31

011821779 北京广播电视大学年鉴 2006/31

012199577 沈阳广播电视大学年鉴 1996,1999,2004—2005/143

010102563 江西省高等教育自学考试年鉴 2000/2001/372

012351890 广西壮族自治区自学考试工作年鉴/广西自考年鉴 2001/609

013710873 [杭州市萧山区聋哑学校]年

鉴 2008/299

010104606 中国关心下一代工作年鉴 2000/924

009841264 中国校外教育工作年鉴 2001/2003,2004,2005/2006,2007/2008,2009/2010/924

011502076 海淀区校外教育年鉴 1957/2007/43

012049038 中国家庭教育年鉴 2007,2008/2009/924

体育

001823904 中国体育年鉴 1949/1962,1963,1965,1966/1972,1973/1974,1975—1982,1983/1984,1984—1990,1992/1993,1994/1995,1996—2013/925

004415506 中国体育年鉴 1949/1991/925

013747834 中国高校体育年鉴 2011/925

009459714 体育事业统计年鉴 1994,1995/1997,1999—2002/925

013932361 全国体育硕士专业学位年鉴 2009/925

013677501 北京体育产业年鉴 2012—2013/31

008956867 北京体育年鉴 1995,1997—2005,2007—2011,2013/31

008851386 天津体育年鉴 1995—2004/54

008902159 河北体育年鉴 1991/1993,1995—1996,1997/1998,1999/2000,2001/2002,2003/2004/65

009288864 辽宁体育年鉴 1993—1994,1996—1997,2009—2011/137

009360539 黑龙江体育年鉴 1994/189

007977061 上海体育年鉴 1989/1990,1991/1992,1993/1994,1995—2011,2013/237

008438118 江苏体育年鉴 1989/1991,1992,1996—2000,2002—2009/250

013790762 浙江省老年人体育协会年鉴/浙江省老年人体育协会十年鉴 1985/1995/291

012593469 浙江体育年鉴/浙江省体育年鉴 1992—1993,1997—2000,2002,2005—2006/291

012049092 诸暨体育年鉴 2008/312

013467181 安徽体育年鉴 1993/1994,1995/1998/326

009617760 江西体育年鉴 2003—2013/372

009215386 山东体育年鉴 1990/1997,1998/2002,2003—2005,2006/2007,2008/2009/397

012593624 淄博体育年鉴 2004/2007,2008—2010/414

011966590 河南体育年鉴 1997/451

011397468 湖北体育年鉴 1986/1995,2000—2008/495

011822080 湖南体育年鉴 1990/1991,1992,1993/1994,1995/1996,1997/1998,1999/2000,2001/2002,2003/2004/535

013753713 广西体育年鉴 2008/2009,2010/2011/609

008426343 四川体育年鉴 1986—1989,1992—2001,2002/2004,2005—2011,2013/648

013710655 达州体育年鉴 2009—2010/681

013790965 陕西体育年鉴 2010/750

010224131 甘肃省体育年鉴/甘肃体育年鉴 1991—1993,1994/1995,1996/1997,1998/2000,2001,2001/2006/773

011503588 新疆体育年鉴 2004—2009/806

009726667 中国田径年鉴 2002—2007,2009—2011/925

008439143 职篮年鉴 1994/1995/925

009223005 中国足球联赛年鉴 2001—2006, 2008—2009/925

008977347 中国足球年鉴 2002—2013/925

008651538 中国足球事业年鉴 1992/1998/926

006773129 职棒年鉴 1993/926

013481752 中国高尔夫年鉴 2008,2010—2013/926

013467785 中国越野年鉴 2004/926

004621358 中国象棋年鉴 1990—2001,2004/2009/926

003862490 中国围棋年鉴 1987,1989—1991,1993—2001,2003—2004,2005/2007/926

013481551 围棋年鉴围棋天地增刊Ⅱ/中国围棋年鉴 2009,2011—2013/926

009036155 中国收藏年鉴 2002—2003/926

003165046 中国集邮年鉴/集邮年鉴 1987—1988,1990—1991/926

012079563 宣武集邮年鉴 1999/2000,2001—2006/41

012361691 中国游戏原画设定年鉴 2006/926

语言、文字

005033351 中国语言学年鉴 1992—1994, 1995/1998,1999/2003/927

004364717 中国作文年鉴 1984/927

011399795 中国翻译年鉴 2005/2006,2007/2008,2009/2010,2011/2012/927

文学

003862578 中国文学年鉴/中国文学研究年鉴 1991/1992,1993—1994,1995/1996,1997/1998,1999/2000,2001—2014/928

005320747 中国比较文学年鉴 1986,2008/928

008214302 中国文艺年鉴 1932—1933/928

002455671 中国文艺年鉴 1966/928

003980107 中国文艺年鉴 1981—1983,1987—1988,2009/928

013712281 中山文艺年鉴 2007/2009/928

008901582 北京老舍文艺基金会年鉴 1999—2000/31

004329398 北京文艺年鉴 1981—1982/31

011503929 中国文学艺术界联合会年鉴 2007—2014/31

010226475 辽宁文艺界年鉴 2002—2013/137

012592715 桐乡文艺年鉴 1999/2001/308

012079332 绍兴县文艺年鉴 2006/2007/312

011140687 深圳文艺年鉴 2006—2013/579

011967348 四川文艺年鉴 2007—2011/648

003862569 中国文学研究年鉴/中国文学年鉴 1981—1988,1989/1990/929

008002633 唐代文学研究年鉴 1983—1988,1989/1990,1991—1992,1993/1994,1995/1996,1997—2014/929

010171069 中国古代文学研究年鉴 2004—2005/929

003980099 中国古典文学研究年鉴 1984/929

008919293 宋代文学研究年鉴 1997/1999,2000/2001,2002/2003,2004/2005,2006/2007,2008/2009,2010/2011/929

012983885 中国当代文学年鉴 2009—2010/929

012047200 河北文学评论年鉴 2001—2006/65

012079824 中国诗词年鉴 2007—2009,2011—2012/930

008388546 词学研究年鉴 1995/1996/929

012530654 中国诗歌年鉴 1993—1995/930

008437498 中国新诗年鉴 1998—2001,2002/2003,2004/2005,2006—2008,2009/2010,2011/2012/930

012079048 奔腾诗歌年鉴 2008/2009,2009/2010,2011/2012/929

010102792 女子诗报年鉴 1988/2008,2004/929

009934739 世界汉诗年鉴 2003/2004,2005/2006,2007/2008,2009/2010/930

012242745 橡皮年鉴 诗歌卷 2003/930

010102801 中国当代诗词年鉴 2003/930

011824367 中国旅游诗词年鉴 2000/2005/930

010227253 中华诗词联年鉴 2003/930

004389328 中华诗词年鉴 1988—1989,1990/1991,1994/1995/930

008946989 中华诗词十五年年鉴 1987/2002/930

012926203 中华诗人年鉴 2009/2010/930

011396080 东三省诗歌年鉴 2005/137

011141251 章丘文学双年鉴 2004/2005,2006/2007,2008/2009,2010/2011/405

013788108 芙蓉国年鉴 2007/535

004727785 明清小说研究年鉴 1986/931

007659428 小说年鉴 2册/931

009207519 中国小说年鉴 台港小说卷 1984/931

002556041 中国小说年鉴 中篇小说卷 1984/931

002556042 中国小说年鉴 短篇小说卷 1984/931

001718741 中国小说年鉴 新闻小说卷 1984/931

001718742 中国小说年鉴 传奇小说卷 1984/931

001718743 中国小说年鉴 侦探小说卷 1984/931

001718744 中国小说年鉴 少数民族小说卷 1984/931

005059954 散文年鉴 1991,1995/931

011140429 江苏散文双年鉴 2000/2001,2005,2008/2009/251

009459684 中国民间文艺学年鉴 2001—2009/931

004598807 中国儿童文学理论年鉴/儿童文学理论年鉴 1983/932

009806832 中国儿童文学年鉴 2001—2004,

2006/932

013711422 山西省文学艺术界联合会年鉴 2009—2010/92

012357139 江苏省文学艺术界联合会年鉴 2009—2013/251

012723557 湖南省文学艺术界联合会年鉴 2009/535

008017313 台湾文学年鉴 1996—2002,2004—2013/833

012724442 中国楹联年鉴 2004/2006,2007/2009/932

011399952 中华灯谜年鉴 1995,2007/2009/932

008002254 中国莎学年鉴 1994/932

艺术

艺术概况

014015094 当代艺术年鉴 2008/933

008098784 美术年鉴 1972/933

011141267 中国当代艺术年鉴 2005—2009/933

013899484 中国高等美术院校在校学生美术作品年鉴 1999—2002,2004,2006/933

011503907 中国美术家协会年鉴 2006—2011/933

011933948 中国美术年鉴·1944 1947/933

012060877 中国美术年鉴 2000/934

010102827 中国艺术品市场年鉴 2006/934

012243122 中国艺术收藏年鉴 1992/1993,1993/1994/934

012242645 世界华人美术名家年鉴 1996/933

012616964 北京画院美术馆年鉴 2005/2008,2009,2011—2012/32

008957917 中国美术馆年鉴 2001—2012/32

011399936 中国艺术研究院研究生院年鉴 2004/32

012941677 宋庄当代艺术年鉴 2006—2009/44

011503512 宋庄艺术年鉴 2006/44

013926007 大名人艺术年鉴 2006/2007,2008/2009,2010/2011/68

008773082 内蒙古美术年鉴 1982,1983/1985/118

011502167 黑龙江艺术设计年鉴 2002/2003,2004/2005,2006/2007/189

012592292 上海美术馆年鉴 2006/238

011502976 江苏省美术馆年鉴 1982—1987,1988/1989,1990—2000,2006/256

011965714 常熟美术馆(庞熏琹美术馆)年鉴 2005/2007,2008—2012/268

014014245 凤山艺术空间年鉴 日常状态 2007/297

013939624 中国美术学院美术馆年鉴 2003/2012/297

013898497 福建美术年鉴 2007—2010/349

012361425 山东美术年鉴 2004/2009/397

013635260 河南美术年鉴 2009—2012/451

013928118 湖北美术馆年鉴 2007/2012/502

014277247 武汉美术馆年鉴 2008/2013/502

010224211 广东美术馆年鉴 1998—2009 /570

009805038 关山月美术馆年鉴 1998—2011 /579

011396287 何香凝美术馆年鉴 1997/2001，2003/2006，2007/579

013396615 莞城美术馆年鉴 2009—2011 /600

007432728 台湾美术年鉴 1990—1997/833

绘画

011503870 中国绘画年鉴 2005，2006/2008，2010，2012/936

013926009 当代经典国画作品年鉴 2008 /934

013634170 书画知识产权艺术周年鉴 2012 /934

008100096 中国版画年鉴 1982—1987，1989—1990，1992，2002—2003，2004/2005，2006—2009，2010/2011/934

013791048 中国插画年鉴 2008/934

013974422 中国当代水墨艺术年鉴 2005 /934

013714609 中国儿童插画家年鉴 2011/934

012593521 中国画廊年鉴 2008/935

014015022 中国画名家年鉴 2006/935

014161943 中国画名家年鉴 2006—2008 /935

014161888 中国画名家年鉴 2007/935

014162035 中国画名家年鉴梁耀卷 2008 /935

014449461 中国画名家年鉴大系壬辰年 郭正民专辑 2013/935

014449459 中国画名家年鉴大系壬辰年 黄智勇专辑 2013/935

014449458 中国画名家年鉴大系壬辰年 张伟觉圣专辑 2013/935

014449457 中国画名家年鉴大系壬辰年 赵言斌专辑 2013/935

005033279 中国画年鉴 1992/935

013752775 中国画收藏年鉴 2010—2011 /935

009926800 中国画艺术年鉴 2004—2007，2008/2009/936

010227107 中国书画家年鉴 2005/936

012079827 中国书画年鉴 2007/936

013974429 中国书画收藏年鉴 2009/2010 /936

011399887 中国书画篆刻年鉴 1993/1994 /936

014060598 中国艺术家年鉴罗兵卷 2005/ 2012/936

014058465 中国艺术家年鉴杨珺卷 2010 /936

012832577 中国艺术家年鉴范扬卷 2011 /936

012832578 中国艺术家年鉴李江航卷 2011 /936

014062968 中国艺术家年鉴杨培江卷 2011 /936

014060605 中国艺术家年鉴姚鸣京卷 2011 /937

013899512 中国艺术家年鉴杨春华卷 2012 /937

012242982 中国国际书画篆刻家年鉴 1996 /934

013790819 北京凤凰岭书院中国书画学精英班教学年鉴/北京凤凰岭书院首届

中国书画学精英班教学年鉴 2010/2012 /32

011139611 北京画院研修生作品年鉴 1987/1999/32

013396735 韩墨现代彩墨研修班艺术年鉴/清华大学美术学院韩墨现代彩墨研修班艺术年鉴 2011—2012/32

013677359 博宝艺术网潜力艺术家年鉴/潜力艺术家年鉴 2011—2012/32

014015039 中国书画创作基地名家年鉴 2010/32

010226630 南京书画院年鉴 2001—2004, 2006—2008/256

013634265 苏州油画雕塑年鉴 2011—2012 /266

013936033 金华书画院年鉴 2006/2007/313

013814828 湖北版画年鉴 1979/1982/495

013898461 当代岭南中国画年鉴 2008, 2009/2010/565

书法、篆刻

011141404 中国书法年鉴 2001—2003, 2006—2011/937

008969055 北京书法艺术年鉴 1997—1999, 2000/2001, 2002/2003, 2004/2005/32

011140328 河南书法年鉴 2006—2007, 2010 /451

013753750 湖南青年书法年鉴 1985/2012 /535

013752793 湖南硬笔书坛年鉴 2012/535

013714695 长沙书法年鉴 2011—2012/540

007657881 中国印学年鉴 1988/1992/297

雕塑

012361601 中国城市雕塑建设年鉴 2006/ 2008/937

009503304 中国雕塑年鉴 2001, 2003, 2007, 2009, 2011/937

013467719 山东玉器精品年鉴 2010—2011 /397

摄影艺术

009055154 亚太华人杰出专业人像摄影师造型师年鉴 2001/937

011399761 中国地市报新闻摄影学会年鉴 2005/2006/937

008643764 中国广告摄影年鉴 1999—2001, 2003—2004, 2006/2007/937

012243033 中国人体摄影年鉴 2000/937

008643766 中国商业摄影年鉴 2000—2001 /937

007624699 中国摄影年鉴 1981/1983, 2006/ 2007, 2007/2008, 2008/2009, 2009/2010, 2011/ 2012, 2012/2013/938

010227105 中国摄影艺术年鉴 2007—2012 /938

009841267 中国新闻摄影年鉴 1987/938

013634389 绍兴市政协摄影协会年鉴 2011 /311

013898505 福建摄影年鉴 2010/349

012242628 山东省广告摄影年鉴 2003/398

014014855 深圳摄影年鉴 1987, 1989—1991 /579

008100102 香港摄影年鉴 1955/830

工艺美术

009015914 中国霓虹灯艺术与工艺年鉴 2002/938

013677331 中国大学生美术作品年鉴 2011—2014/938

009914094 中国商业设计年鉴 2006/939
009934620 中国设计机构年鉴/广东设计年鉴 2006,2008/939
008140538 中国设计年鉴 1980/1995,1996/1997,1998/1999,2000/2001,2002/2004/939
012242810 中国包装设计年鉴/中国广告与设计分类年鉴 2003/2004/938
009934717 中国终端营销展示年鉴/IAI 中国终端营销展示年鉴 2006,2008/939
013939638 中韩海报设计年鉴 2004/939
009841204 中国标志设计年鉴 2005/938
013714523 中国品牌设计年鉴 2013/938
012521704 中国商标年鉴 2009—2013/938
009928172 中国展览设计年鉴 2005/939
010102833 中国展示设计年鉴 2006/939
008555520 中国贵金属纪念币年鉴 1996/1998/938
005325855 中国金银币年鉴 1992—1993/938
014014863 早晨设计年鉴 2008/33
013898673 柳林县民间剪纸协会年鉴 2010/114
011140563 山东设计年鉴 1995/2005/398
008035402 广东设计年鉴 1993,2004/566
012361853 广东商业摄影年鉴 1995/565
011824390 中国西南设计年鉴/西南设计年鉴 1999,2001,2004,2009,2012/648

音乐

003980038 中国音乐年鉴 1987—1997,1999—2009/939
013608937 中国音乐教育年鉴 2010—2013/939
012983896 中国新音乐年鉴 2009—2011/939

戏剧艺术

004621312 中国戏剧年鉴 1981—1985,1989,1990/1991,1992,1993/1994,1995/1996,1997/1998,1999/2000,2001/2002,2003/2004,2005/2006,2007/2008,2009—2014/940
013481770 中国昆曲年鉴 2012—2013/940
010223450 北京儿童艺术剧院股份有限公司年鉴 2004/33
012593514 中国国家话剧院艺术年鉴 2009—2012/33
012530207 天津戏剧年鉴 1981/1982/55
014014291 淮剧年鉴 1985/251
013927823 杭州大剧院年鉴 2006/297
004683559 福建省戏剧年鉴 1981—1990,1992,1994—1999/350
004569679 江西戏曲年鉴 1983/372
008103307 广东省戏剧年鉴 1980—1982,1984—1986,1986/1995,1996/2000/566
010102158 潮剧年鉴 1990—2006/583
006088434 广西壮族自治区戏剧年鉴 1985/609
008271341 陕西省戏剧年鉴 1949/1989/751

电影、电视艺术

011141303 中国纪录片年鉴 2006—2008/940
011141271 中国动画年鉴 2006—2012/940
007842274 民国廿七年电影年鉴/一九三八之中国电影 1938/940
010227035 中国电视艺术年鉴 2006/940
011512088 中国电影年鉴 1934/940
007630641 中国电影年鉴 1981—1997,1998/1999,2000—2011/940

010227037 中国电影电视技术学会年鉴 2005/33

011399980 内蒙古电视艺术年鉴 1969/1989

011422321 台湾电影年鉴 2007—2013/833

历史、地理

世界史

010226315 历史年鉴 1901—1950/941

013899001 世界图像年鉴 2001/2002/941

中国史

008203504 中国历史学年鉴 1979,1981—1987,1992—1995,1998,2000—2001,2002/2012/941

012791076 辽金西夏研究年鉴 2009—2011/941

007699458 民国年鉴 1930/941

009124099 申报年鉴 1933—1936,1944/238

012565010 申报年鉴全编 2007/238

007474528 陕西历史学年鉴 1949/1989/751

012926139 中国藏学年鉴 2009—2010/745

009065054 中国地方志年鉴 2002—2014/941

亚洲史

011503068 蒙古学研究年鉴 2004—2011/118

003561151 中国日本学年鉴 1949/1990,1949/1990,1992,1992/942

传记

004569132 中国人物年鉴 1989—1993,1995—2014/942

010227044 中国改革人物年鉴 2005/942

012909305 长清人物年鉴 1978/2004/405

013634424 陕西人物年鉴 2011—2013/751

008623483 陕西省人物年鉴 1997,2003/751

010102815 中国企业家年鉴 2005,2009—2010/942

012983256 郭沫若研究年鉴 2010—2011/942

009520051 鲁迅研究年鉴 2002—2007,2010/942

009841197 司马迁与史记研究年鉴 2004—2011/942

010102843 中国专利发明人年鉴 2004/2005,2006,2007/2008,2008,2008/2009,2009/2010,2012/942

011503881 中国建设英才年鉴 2007,2011/942

013899502 中国药膳精英年鉴 2006/943

文物考古

001992633 中国考古学年鉴 1984,1994—2005,2007—2013/943

010102821 中国文化遗产年鉴 2006,2008—2009/943

009459894 中国文物年鉴 2003—2010,2012,2014/943

010223383 北京出土文物年鉴 1949/1984/33

011821789 北京文物年鉴 2008—2012,2014

/33

009459927 浙江文物年鉴 1998—2000,2002—2008,2010—2011/291

011503427 陕西文物年鉴 2006—2012/751

013772839 甘肃文物年鉴 2011/774

011396105 敦煌研究院年鉴 2005/2006,2007/2008/782

013680210 新疆维吾尔自治区文物古迹保护中心工作年鉴 2011—2012/806

009460776 台湾文化资产保存年鉴古物 古迹 历史建筑 2001/833

地理

009588903 中国世界遗产年鉴 2004/943

011503851 中国长城年鉴/长城年鉴 2006/33

009927764 北京市民生活年鉴 2005,2009—2010/33

008866789 浦东生活年鉴 2001—2002,2007/243

012242601 南京生活实用年鉴 1994/256

012242800 镇江生活年鉴 2004/280

009014896 浙江乡镇街道年鉴 2002/291

011141169 世界遗产武夷文化年鉴 2005/364

013311988 四川名城古镇年鉴 2010/648

012242787 银川生活年鉴 2003/799

自然科学总论

011504692 自然科学发展大事年鉴综合卷 2007/944

011503875 中国技术哲学研究年鉴 2004/2005,2006/2007/944

009492623 中国工程院年鉴 1994/1997,2001—2002,2004—2012/33

006088509 科学年鉴 1977—1978,1981,1986—1988/944

012361824 自然杂志年鉴/自然科学年鉴 1979/944

008118243 自然科学年鉴 1981—1990/944

数理科学和化学

014014113 陈省身数学研究所年鉴 2008/55

013821874 中国科学院近代物理研究所年鉴 1993/1994/776

011822097 化学科学部年鉴/国家自然科学基金委员会化学科学部年鉴 2005—2007,2012/33

009618463 中国稀土学会年鉴 1997/2002,2003—2006,2008—2011/34

天文学、地球科学

测绘学

010227028 中国测绘年鉴 2006—2011/945

009617757 江西测绘年鉴 1991/2003/372

012724422 中国海洋测绘年鉴 2009/945

011141311 中国科学院测量与地球物理研究所综合年鉴 1957/2004/34

003606514 中国地图学年鉴 1990—1994,1995/1999/945

地球物理学

003980000 中国地震年鉴 1949/1981,1982—1999,2001—2007/945

009346332 河北地震年鉴 2001—2007/65

013790089 四川地震年鉴 1983—1986/648

011141243 云南抗震防灾年鉴 1966/2001/711

013757868 济南城市水文年鉴 2010/403

013820230 深圳市水文资料年鉴 1957/1973,1974/1981,1982/1989,1990/1996,1997/2000,2001/2002/579

大气科学（气象学）

012982935 暴雨年鉴 2008—2010/945

005326605 寒潮年鉴 1951.9/1952.5,1951/1975（综合本）,1952.9/1953.5,1953.9/1954.5,1954.9/1955.5,1955.9/1956.5,1956.9/1957.5,1957.9/1958.5,1958.9/1959.5,1959.9/1960.5,1960.9/1961.5,1961.9/1962.5,1962.9/1963.5,1963.9/1964.5,1964.9/1965.5,1965.9/1966.5,1966.9/1967.5,1967.9/1968./945

009062492 气象统计年鉴 1983—2008,2010—2011/946

009542167 沙尘天气年鉴 2000—2010/946

010226847 台风年鉴 1954/1955,1960—1967,1969—1975,1977—1979,1981—1988/946

012080584 中国暴雨洪水及干旱年鉴 1980/946

013603520 中国防雷年鉴 2011—2012/946

004600556 中国气象年鉴 1986—2003,2005—2013/946

009806874 中国气象灾害年鉴 2005—2013/946

009934721 国家气象中心年鉴 1994—1995/34

013821890 中国气象局气象探测中心年鉴 2008—2009/34

012530177 上海气象灾害年鉴 2001/2005/238

012364951 安徽省气象灾害年鉴 2009/327

014014278 湖北省地面气象年鉴 1971—1982/495

013933121 重庆市气象灾害年鉴 2006/2010/636

009927852 贵州气象"九五"统计年鉴 1996/2000/694

010226816 云南省气象统计年鉴 1981/1985/711

011967066 青藏高原低涡切变线年鉴 1998—2011/788

012199491 宁夏气象统计年鉴/宁夏气象"九五"统计年鉴 1996/2000/797

地质学

004594212 中国地质矿产年鉴 1986—1998/947

004594257 中华人民共和国地质矿产部年鉴/地质矿产部年鉴 1985/34

013711508 中国冶金地质总局中南局大事年鉴 1952/2012/502

013926001 大红山铜矿年鉴 2005/722

009806802 中国地质调查局年鉴 1999—2010/34

009934735 全国地下水位年鉴 1983/947

011395363 北京市中心区地下水位年鉴 1956/1975,1976/1978/34

012591661 北京市平原区地下水位年鉴 1980/34

009307935 辽宁省地下水动态年鉴 1980/137

海洋学

004214611 中国海洋年鉴 1986,1987/1990,1991/1993,1996,1997/1998,1999/2000,2001—2003,2005—2014/947

004214790 海洋技术年鉴 1982/947

008382302 中国海洋统计年鉴 1992—1993,1997,1999—2002,2004—2014/947

009698937 热带气旋年鉴 1989,1992—1999,2001—2002,2004—2009,2011/947

010227054 中国海事年鉴 2004,2005/2006/947

013609416 中国海水淡化年鉴 2010/947

013758168 塘沽区海洋管理年鉴 2001/2005/59

生物科学

005123437 中国鸟类环志年鉴 1982/1985/948

011141314 中国科学院动物研究所年鉴 2004—2009,2011/34

011141322 中国科学院生物物理研究所年鉴 2004—2006/34

011141326 中国科学院微生物研究所年鉴 1996—1998/35

012521642 浙江省医院细菌耐药检测年鉴 2008—2011/291

009617367 中国科学院武汉病毒研究所综合年鉴 1956/2001/502

011139781 广东省植物发育生物工程重点实验室年鉴 2005—2006/570

医药、卫生

004621416 中国医学科学年鉴 1984—1985/949

013791087 中国国际神经科学研究所年鉴 2010/35

009436809 中国医学科学院年鉴 1985/1986/35

预防医学、卫生学

010227113 中国卫生经济与市场年鉴 2004

/949

009309806 中国职业安全卫生年鉴1988—1989,1991/949

009132629 中国质量监督检验检疫年鉴2002—2014/949

008476175 中国出入境检验检疫年鉴1999—2001/949

010226752 中国出入境检验检疫统计年鉴2000/949

012617750 中国国境卫生检疫年鉴1992—1996/949

011139612 北京出入境检验检疫年鉴/北京检验检疫年鉴2005—2011,2013/35

011966570 河北出入境检验检疫年鉴2002/2003,2004—2006/65

009589239 山西检验检疫年鉴/山西出入境检验检疫年鉴2002—2013/92

009840958 满洲里检验检疫年鉴2002/2003/128

012079162 吉林出入境检验检疫年鉴2004,2006—2008/168

010226725 上海出入境检验检疫局年鉴2000,2004,2006,2008,2010,2013/238

009805873 江苏出入境检验检疫年鉴2004—2009,2011—2014/251

011503702 浙江出入境检验检疫年鉴/浙江检验检疫年鉴 2006—2007,2009—2010/291

009519789 宁波检验检疫年鉴2002—2006,2008—2009,2011,2013—2014/302

011822119 黄岛检验检疫年鉴2007/410

010226749 深圳出入境检验检疫年鉴2005,2010—2011/579

011822008 广西检验检疫年鉴2000/2006,2007/2008/609

013396651 四川出入境检验检疫年鉴2010—2014/648

011139891 贵州出入境检验检疫年鉴1999/2005/694

010102636 宁夏出入境检验检疫年鉴2001/2002,2003/2004,2005/2006,2007/2008/797

011967531 新疆出入境检验检疫局年鉴2001,2006—2012/808

009588916 卫生部卫生监督中心年鉴2004—2010/35

011822222 江苏省卫生监督所年鉴2000/2006,2007/2010,2011/251

012617358 军队卫生工作年鉴2008/950

012046955 北京市爱国卫生工作年鉴2008,2011/35

013986760 中国卫生和计划生育统计年鉴/中国卫生统计年鉴2013—2014/950

012591752 河南卫生统计年鉴1987,2007/451

009492610 中国卫生统计年鉴2003—2012/950

013898971 山西卫生统计年鉴1992—1995/92

009287755 沈阳卫生统计年鉴1985,1988,1990,1992—1993,1995,1999—2000,2005—2010/143

011140119 山东省卫生统计年鉴/山东卫生统计年鉴2006—2012,2014/398

009927820 广东省卫生统计年鉴2004—2012/566

011139810 广州市卫生统计年鉴2004—2008/570

013173610 四川卫生统计年鉴 2008—2009/648

013815051 陕西卫生统计年鉴 2004, 2006—2008/751

013311853 青海卫生统计年鉴 2003—2008, 2010/788

013713407 湖北医改年鉴 2012—2013/495

009698695 北京卫生防疫工作年鉴 1990—2000/35

013467782 中国药品生物制品检定所年鉴 2008—2009/35

012194158 海淀区卫生防疫站工作年鉴 2000/43

009926376 天津市卫生防病中心年鉴 2004—2005/55

012048595 石家庄市卫生防疫站年鉴 2003, 2005/68

010226654 安徽省阜阳专区卫生防疫年鉴 1965/338

011503356 山东省各级卫生防疫站年鉴 1987, 1993—1994/398

009913179 河南省卫生防疫站年鉴 1999—2000, 2002—2004/455

014014280 湖北卫生防疫年鉴 1993, 1998/496

013758215 宜昌市卫生防疫站年鉴 1997/510

013714920 中国医学装备年鉴 2012—2014/950

013932390 山东省文登整骨医院年鉴 2004/2008/432

013820262 天坛脑血管病中心年鉴 2010/2012/35

013936052 内蒙古自治区结核病控制年鉴/内蒙古结核病控制年鉴 2008—2010/118

013609094 山东省胸科医院山东省结核病防治中心年鉴/山东省胸科医院山东省结防中心年鉴 2002—2010/403

009618435 中国疾病预防控制中心年鉴 2003—2009/35

010223819 北京市东城区疾病预防控制中心年鉴 2004—2005, 2008/39

011823209 天津市疾病预防控制中心年鉴 2006, 2009—2012/55

013710961 吉林省疾病预防控制中心年鉴 2009/171

009492951 江苏疾病预防控制年鉴 2003—2009/251

013790934 南京市疾病预防控制中心年鉴 2001/2005, 2006/2010/256

013933097 浙江疾病预防控制年鉴 2000—2002/291

013363378 安徽省疾病预防控制中心年鉴 2009/329

013378993 山东省疾病预防控制机构年鉴/山东疾病预防控制机构年鉴 2004, 2006—2007, 2009—2010/398

011966674 济宁疾控年鉴 2006—2008/425

009913155 河南省疾病预防控制中心年鉴 2004—2009/455

013933101 郑州市疾病预防控制中心年鉴 2010/455

011139774 广东疾病控制工作年鉴 2005—2009/566

013172728 广西壮族自治区疾病预防控制中心年鉴 2010/609

009934614 重庆市疾病预防控制工作年

鉴 2003—2004/636

011503693 云南省疾病预防控制中心年鉴 2007—2009,2011—2012/714

013374001 宁夏疾病预防控制中心年鉴 2007/799

004605365 中国卫生年鉴 1983—2013/950

011399925 中国医疗卫生行业管理年鉴 2005/950

009699001 中国医院年鉴 2003,2006—2009/950

008241741 北京卫生年鉴 1991—2013/36

009618348 航天中心医院年鉴 2001,2003,2006/36

012530204 天津市卫生局公共卫生监督所年鉴 2000/55

011967391 天津卫生监督工作年鉴 2007/55

010102763 天津卫生年鉴 2005—2010/55

011140246 河北卫生监督年鉴 2001/2003,2004/2005,2009—2010/65

008941741 河北卫生年鉴 1986,1989/1999,2001—2012/65

013634271 石家庄市卫生年鉴 2011/69

008944131 山西卫生年鉴 2000—2004,2006—2010/92

013635482 阳泉卫生年鉴 2011/97

013898957 山西省吕梁市人民医院年鉴 2008/2010/113

011823046 内蒙古卫生年鉴 2007—2011/119

013936056 内蒙古自治区卫生厅卫生监督所年鉴 2010/120

009287899 辽宁卫生年鉴 1985—1998,2000—2002,2004,2006—2007/137

009617804 辽宁卫生统计年鉴/辽宁省卫生统计年鉴 1986—1987,1989,1991,1996,1999—2000,2003—2005,2007—2009/138

013396622 瓦房店市中心医院年鉴 2009,2011—2012/148

009287850 抚顺卫生年鉴 1986,1990—1991/152

009519286 营口卫生年鉴 1994—2001/155

011822135 吉林卫生年鉴 1991,2007/168

012080542 长春卫生年鉴 1987/1988,1989—1991,1992/1993,1994—1995/171

009892590 黑龙江卫生年鉴 1992—1993,1995,2002/2003,2003/2004,2004,2006—2012/189

009215399 黑龙江卫生统计年鉴 2001—2002/189

013935938 哈尔滨市卫生统计年鉴 2006/193

010225628 佳木斯市卫生年鉴 1986/2005/211

013753416 上海长征医院年鉴 2009—2011/238

007978129 上海卫生年鉴 1993—2003,2005—2011/238

008405382 江苏卫生年鉴 1989—2011,2013—2014/251

010102530 南京市第一医院年鉴/南京医科大学附属南京第一医院年鉴 1996/2001/256

008773085 南京卫生年鉴 1987—2010,2012/256

012079214 连云港市卫生年鉴 1990/271

013714679 泰州市人民医院年鉴 2011/282

012801344 浙江卫生年鉴 2010/291

013652772 杭州市萧山区第一人民医院年鉴 2001—2009/299

012243188 安徽卫生年鉴 2006—2007/327

012723230 福建卫生年鉴 2008—2009,2011—2013/350

010102648 山东卫生监督年鉴 2003—2008,2010—2011/398

012792707 山东卫生年鉴 2009—2013/398

011822139 济南卫生监督年鉴 2005,2007,2010/403

008849887 青岛卫生年鉴 1997—2000,2002—2011,2013/408

011824431 淄博卫生监督年鉴 2006—2009/414

011823307 枣庄卫生监督年鉴 2004/2005,2006/416

011399625 枣庄卫生年鉴 1986/1995/416

013711325 济宁卫生监督年鉴 2006/2008/425

011823201 泰安卫生监督年鉴 2006/2007/429

012924979 日照卫生监督年鉴 2010—2012/433

014014370 莒县卫生年鉴 1995/434

011822283 莱芜卫生监督年鉴 2005—2010/435

013753734 河南卫生年鉴 2010/451

013932111 开封卫生年鉴 1984,1993—1994/459

013974395 一五五医院年鉴 1997,2005,2010/459

012047475 洛阳卫生年鉴 2001,2005/461

012354164 湖北卫生年鉴 2009—2013/496

008405265 武汉卫生年鉴 1986/1995,1996/1997,1998/2000,2001—2002,2004—2011,2013/502

011503618 宜昌卫生监督年鉴 2005—2006/510

013753418 荆门卫生监督年鉴 2012/515

014014351 荆州卫生年鉴 2003,2004/2005,2010/519

011502935 黄冈卫生年鉴 1999/522

013753874 湖南省卫生监督所年鉴 2009/535

008241761 湖南卫生年鉴 1991—1998,1999/2000,2001—2007,2009—2011/535

013174718 株洲卫生监督年鉴 2003/2005/542

011966554 广东卫生年鉴 2006—2011/566

007698656 [广州市]卫生年鉴 1925/1926—1926/1927/571

008405389 广州市卫生年鉴 1998/571

009805076 广西卫生年鉴 2002—2012/609

012049086 重庆市卫生监督年鉴 2007/636

008998187 四川卫生年鉴 2001—2013/648

012925070 四川医药年鉴 2004/648

012916359 成都卫生年鉴 2009—2012/655

012923476 贵州卫生年鉴 2010—2011,2014/695

012925209 云南卫生年鉴 2009,2011/2012,2013/711

010227006 西藏自治区藏医院年鉴 2005,2007—2009,2011/745

009056035 陕西卫生年鉴 2001—2009,2010/2011,2012/751

009934510 西安市卫生统计年鉴 2004,2006,2011/754

013965505 西安铁路医院年鉴 2007/754

013470980 宁夏卫生监督年鉴 2011—2012 /797

012008362 台北市卫生医疗年鉴 2001/833

中国医学

012591720 国医年鉴 2009—2015/950

003165205 中国中医药年鉴/中医年鉴 1989—2014/950

009588959 中国中医药学术年鉴/中国中医药年鉴学术卷 2005,2007—2009,2011—2014/951

008002859 中医年鉴/中国中医药年鉴 1983—1988/951

008125778 中医药年鉴 1957/951

009914379 中国中医研究院年鉴 1991—1996/36

009934814 中国中医研究院针灸研究所年鉴 1986/36

013965232 甘肃省中医院年鉴 2000/2002/776

内科学

005060121 中国内科年鉴 1983—2013/951

外科学

002654895 中国外科年鉴 1983—1987,1989—1992,1993/1994,1995—2013/951

肿瘤学

008773123 中国肿瘤临床年鉴 1993—1996,1998,2000—2013/951

口腔科学

004605428 中国口腔医学年鉴 1986,1988,1990,1992,1995,1997,1998/2000,1999,2000/2001,2003—2011/951

药学

001823917 中国药学年鉴 1980/1982,1983/1984,1985—1987,1988/1989,1990—2001,2002/2003,2004—2013/952

008588999 中国药品监督管理年鉴/中国食品药品监督管理年鉴 1999—2003/952

009492954 中国非处方药物年鉴 2002/952

011395300 北京市药品监督管理局朝阳分局年鉴 2001/2006,2007/2011/36

009492527 上海药品监管年鉴 2002—2003/238

009806073 青岛药监年鉴 2003—2004/408

农业科学

013758857 中华农业科技奖奖励年鉴 2010/2011/953

009436804 中国农业科学院年鉴 2002—2013/36

008643411 河北省农林科学院年鉴 1986/1990,1991/1995,1996/1998,1999—2001/69

009324436 山东省农业科学院年鉴 1991—2004,2009/403

012724381 云南省农业科学院年鉴 1996—1997,2005/714

012048424 农民信息年鉴 2006/953

农业基础科学

008090184 粮农组织肥料年鉴 1987,1989,1991/953

012080569 农业气象情报年鉴 1986/1987,1988/1989/953

012243006 中国农业气象情报年鉴 1990—1991/953

农业工程

013677616 江苏农机安全监理年鉴 2011—2012/251

011503120 宁夏扶贫扬黄工程建设年鉴 1994/1998,1999—2000/798

农学(农艺学)

012080574 全国农作物审定品种年鉴 1983/1984/953

植物保护

011139736 甘肃抗旱防汛年鉴 1996—1997/774

农作物

012521657 中国甘薯品种鉴定年鉴 2001/2002/953

林业

012530170 陕西退耕还林(草)监测调查年鉴/陕西退耕还林监测调查年鉴 2008/751

009934780 中国速生丰产用材林基地建设年鉴 2003—2004/954

012351729 北京市园林绿化统计年鉴 2006/36

010223898 北京朝阳绿化年鉴/朝阳绿化年鉴/朝阳园林绿化年鉴 2003/2004,2005—2014/41

畜牧、动物医学

004574730 家畜卫生年鉴 1987,1989,1991/954

012521714 中国兽药产品与技术年鉴 2010—2011/954

010155499 中国宠物产业年鉴 2002/2003,2003/2004/954

水产、渔业

006010751 渔业统计年鉴 1986/954

008089516 渔业统计年鉴渔产品/粮农组织渔业统计年鉴 渔产品 1986,1988,1990/954

008089514 渔业统计年鉴渔获量和上岸量/粮农组织渔业统计年鉴 渔获量和上岸量 1986/954

009036687 文登海洋与水产十年鉴 1991/2000/432

工业技术

一般工业技术

009406306 中国新材料发展年鉴 2001/2002,2003,2004/2005,2006,2007/2008,2009/2010,2011/2012/955

010227052 中国工业设计年鉴 2006/955

012048983 中国创新设计红星奖年鉴/中

国设计红星奖年鉴 2008—2014/955

011141395 中国企业产品创新设计年鉴 2006/955

009135271 中国制冷空调暖通年鉴黄页篇 2002/2003,2003/2004/955

014162006 中国制冷空调暖通年鉴年鉴篇 2003/2004/955

013790789 中国摄影器材年鉴 2007,2008/2009,2009/2010/956

009841207 中国分析测试年鉴 2003,2004/2005,2006/2007,2008/2009/956

009726464 中国计量测试年鉴 2003,2004/2005,2006,2008/956

矿业工程

013711365 煤炭科学研究总院科研年鉴 2006/2009/36

石油、天然气工业

012079256 全国石油产品和润滑剂标准化技术委员会年鉴 2005/2006,2007/2008,2009—2010/956

013174702 中国石油安全环保技术研究院环保技术研究所年鉴 2010/36

冶金工业

009289364 冶金安全年鉴 1983—1984/956

金属学与金属工艺

009136651 中国铸造年鉴 1996,2000,2005/956

011399876 CNACL中国实验室国家认可委员会金属专业能力检验证工作组工作年鉴/中国实验室国家认可委员会金属专业能力检验证工作组工作年鉴 2000/37

013790023 上海铸造年鉴 1980/1982/238

011141296 中国焊接与切割设备年鉴 2001/956

机械、仪表工业

002455484 中国机械电子工业年鉴/中国机械工业年鉴/中国电子工业年鉴 1984—1986/956

003098290 中国机械电子工业年鉴机械卷/中国机械工业年鉴 1989,1991—1992/956

012593528 中国机械工程学会年鉴 2010—2012/956

013397071 电力仪器仪表产品选用年鉴/中国电气商务年鉴电力仪器仪表产品选用年鉴 2011/2012/957

013396763 亨得利钟表年鉴/传承钟表年鉴/钟表年鉴 2011—2012/957

013470981 名表年鉴 2011/2012,2012/2013/957

能源与动力工程

013677497 中国工业节能减排年鉴 2011/957

011968229 中国工业锅炉行业年鉴 2007/2008,2009/2011/957

电工技术

013965415 秦山第二核电厂生产运行年鉴 2004/309

008175295 广东大亚湾核电站生产运行年鉴 1994—2001/581

009036988 广东大亚湾核电站岭澳核电站生产运行年鉴/广东大亚湾核电站生产运行年鉴 2003—2008/581

012724407 中国电网装备年鉴 2009/957

009169856 中国家用电器年鉴 2002/957

无线电电子学、电信技术

013396583 武汉光电国家实验室（筹）年鉴 2010—2011/503

009934752 中国集成电路企业年鉴/中国集成电路年鉴 2003/2004,2006/957

012593501 中国光纤通信年鉴 2006/2009,2009/2011/957

012049008 中国广播电视设备工业协会科技创新奖年鉴（CCBN 杯）/广播电视科技创新奖（CCBN 杯）年鉴/中国广播电视设备工业协会广播电视科技创新奖（CCBN 杯）年鉴/中国广播电视设备工业协会科技创新奖年鉴 2008—2009,2011/957

自动化技术、计算机技术

012200491 中国计算机学会年鉴 2008/958

008728267 中国信息安全年鉴 1999—2001,2002/2003,2004—2013/958

014014937 物联网年鉴 2010/958

化学工业

013174712 中国无机盐工业年鉴 2010/958

013677610 中国玻璃行业年鉴 2013/958

012521688 中国建筑卫生陶瓷年鉴 2008—2012/958

010101861 东方化工厂年鉴/北京东方石油化工有限公司东方化工厂年鉴 2003/2004,2005—2006/37

004625188 景德镇陶瓷工业年鉴 1985—1987/377

轻工业、手工业

012199524 欧盟标准与中国纺织品贸易年鉴 200u/958

009898215 中国食品药品监督管理年鉴/中国药品监督管理年鉴 2004—2014/958

013758090 食品药品监督管理统计年鉴 2008,2010/958

013609210 四川食品药品监督管理年鉴 2004/2006,2007,2009—2014/649

012048495 陕西食品药品监督管理年鉴/陕西食品药品监管年鉴 2005—2008,2010—2011,2013/751

013758853 中国食品药品检定研究院年鉴 2010/37

013965427 青岛食品药品监管年鉴/青岛药监年鉴 2005/408

013753417 上海国际葡萄酒品评赛年鉴 2012/238

013393824 青岛市木工机械协会年鉴 2011—2014/408

008439181 中国生活用纸年鉴/中国生活用纸和包装用纸年鉴 1999—2000,2002,2004,2006/2007,2008/2009,2010/2011,2012/2013,2014/2015/959

013752774 中国印刷工业年鉴 2012/959

001823939 中国印刷年鉴 1981,1982/1983,1984/1986,1987/1988,1989/1990,1991/1992,1993/1994,1995—2013/959

009928183 中国装帧艺术年鉴 历史卷 2005/959

008133876 上海服装年鉴 1985/238

009542211 中国乐器年鉴 2002,2003/2004,2005/2006,2007/2008,2009/2010,2011—2014/959

009926674 天福茶博物院年鉴 2002—2004,2006—2009,2011/363

建筑科学

012617805 中国易学与建筑风水年鉴 2009

/959

011824322 中国古建筑年鉴 2006/959

009806853 中国建筑艺术年鉴 2003—2004, 2006,2007/2008,2009—2010,2011/2012/959

009841191 建筑实录年鉴 2005—2008/959

010102807 中国建筑科学研究院年鉴 2005/37

008588772 公共艺术年鉴 1998,2000/833

010227217 中国照明工程年鉴 2006,2008—2009,2011,2013/960

013312082 中国勘察设计年鉴 2010/960

009589180 北京市勘察设计年鉴 2001—2003/37

009913167 河南省勘察设计协会年鉴 2004—2013/451

013936468 深圳勘察设计行业年鉴 2010/579

013396922 国际楼盘设计年鉴 2011/960

013790782 中国创意界年鉴 2009/960

013481755 中国建筑设计与表现年鉴 2011—2012/960

010227070 中国建筑设计作品年鉴 2004, 2005/2006, 2007/2008, 2008/2009, 2009/2010, 2010/2011, 2011/2012, 2012/2013, 2013/2014/960

014140798 中国建筑与表现年鉴 商业建筑 2006—2008,2009/2010/960

014140431 中国建筑与表现年鉴 规划建筑/中国建筑与表现年鉴 规划与景观 2007/中国建筑与表现年鉴 表现X档案 2008/中国建筑与表现年鉴 最建筑表现 2006—2008,2009/2010/960

014140812 中国建筑与表现年鉴 居住建筑 2006—2008,2009/2010/961

013821867 中国建筑与表现年鉴 办公建筑 2006—2008,2009/2010/961

014140810 中国建筑与表现年鉴 文化建筑 2006—2008,2009/2010/960

013604149 中国楼盘设计年鉴 2011/961

009913846 建筑与室内设计年鉴 2005/961

009934711 中国室内设计年鉴 2006—2014/961

008749649 中国室内设计师年鉴 2001/961

010102211 深圳室内设计年鉴 2006/579

011968271 中国民居建筑年鉴 1988/2008, 2008/2010/961

013933120 中国样板间年鉴 2009/961

011141285 中国钢结构年鉴 2005/961

012049042 中国科学院武汉岩土力学研究所综合年鉴 1958/2008/503

004600818 中国建筑材料年鉴 1981/1982, 1983/1984/961

013711331 江苏博爱建筑安全年鉴 2009—2010/251

013752788 湖南建设造价年鉴 2012—2013/535

013603114 既有建筑改造年鉴 2010—2013/961

013397068 暖通空调产品选型年鉴 2011/2012,2012/2013,2013/2014/962

008643494 中国建筑电气设备选型年鉴 2000/2001,2002/2003/962

012242989 中国景观设计年鉴 2010/962

011503839 中关村环保科技示范园年鉴 2006/37

012617702 中国城市规划设计年鉴 2010/962

002075276 中国城市建设年鉴 1986/1987

/962

008805311 中国城市建设统计年鉴 2000—2002,2006—2013/962

012521655 中国城市形象设计年鉴 2008/962

011485876 中国城乡建设统计年鉴 2006—2013/962

011395229 北京建设年鉴 2007—2014/37

009698688 北京市政年鉴 1992—1993/37

012361494 天津规划年鉴 2009—2014/55

011503531 天津市政年鉴/天津市市政工程局年鉴 1999,2001,2003,2005/55

012357184 满洲里市建设局年鉴 2009/128

009287794 鞍山市城建局年鉴 1987/150

008495946 铁岭市城乡建设年鉴 1991/160

013711373 南京城市建设年鉴 1987/1988/256

009617738 徐州建设年鉴 1997—1999,2002—2004,2006,2009,2011/262

010102071 浙江城市建设统计年鉴/浙江省城市建设统计年鉴 1999—2000,2004,2006—2008/291

012530586 浙江城乡建设年鉴 2009—2014/292

014014986 浙江省城乡建设统计年鉴 1985/292

011967491 文登建设年鉴 1990/2000,2001/2008/432

012014982 武汉市城乡规划年鉴/武汉市规划国土年鉴/武汉市国土规划年鉴 2008—2009/503

009519982 湖南建设年鉴 1996,1998,2000/2001,2002—2014/535

013677453 长沙城市规划年鉴 2011/540

012047139 东莞建设年鉴 2007,2009/600

011399750 中国城市市容环境卫生年鉴 2005/962

012925045 上海市绿化和市容管理年鉴/上海市绿化市容(林业·城管执法)年鉴 2008—2011/239

012200310 市容环境建设和管理年鉴 2008/239

013814800 杭州市市政市容年鉴 2002/297

012923466 广州市市政园林建设统计年鉴 2005—2006/571

013396930 国际风景园林景观规划设计获奖作品年鉴 2011/962

013470969 景观设计年鉴 2011/962

012046961 北京市公园年鉴 2007—2013/37

009698678 北京市公园风景名胜区协会年鉴 2004/37

008327874 北京园林年鉴/北京园林绿化年鉴 1984/1989,1990—1992,1994—2009,2013—2014/38

013757923 景山公园年鉴/景山公园年鉴汇编 2003/2010/41

011141216 宣武园林年鉴初稿 1983/1988/41

012200444 章丘园林年鉴/章丘园林五年鉴 2003/2008/405

008749098 城市供水统计年鉴 1988—1989,1992—1993,1995,1997—2005,2007,2009—2014/963

012176981 管网叠压供水技术年鉴 2007/963

008958012 县镇供水统计年鉴 1990,1992—2000,2003—2005,2007/2008,2009,2011,2013—2014/963

008958030 城市节水统计年鉴 1990—1992,1994—1998/963

013603038 城镇排水统计年鉴 2011—2014/963

014015057 中国消防产品年鉴 2007,2010/2011/963

007211307 中国火灾统计年鉴 1994—2003/963

010102073 浙江省火灾统计年鉴 1994/1996/292

013311777 湖南火灾统计年鉴 1990/1994/536

水利工程

009934758 中国南水北调工程建设年鉴 2005—2011,2013/963

013751805 北京市水务统计年鉴 2009—2010/38

009395401 海河年鉴 1999—2004,2006—2012/55

009934530 上海水务年鉴 2003—2005/239

011399610 引黄济青工程运行年鉴/运行年鉴 1992/1993,1993/1994,1995/1996,1996/1997,1997/1998/409

012526005 河南省南水北调年鉴 2007—2014/451

008276748 黄河年鉴 1990,1995—2014/455

007511608 长江年鉴/治江年鉴 1992/2001,1993,1994/1995,1996—2014/503

008477476 治江年鉴/长江年鉴 1992/503

013933083 长江三峡通航年鉴 2003/510

008449424 葛洲坝工程局年鉴 1994/510

008875772 葛洲坝集团年鉴 1995—2012/510

007712975 中国三峡建设年鉴 1994,1996—1999,1999/2001,2000—2013/511

交通运输

009698646 中国铁路勘测设计年鉴/中国铁路地质年鉴 1997—2001,2002/2003/964

009806882 中国铁路地质年鉴/中国铁路勘测设计年鉴 1992—1995/964

008397432 铁道部科学研究院年鉴/铁科院年鉴/铁道科学研究院年鉴/中国铁道科学研究院年鉴 1991—1998,2000—2012/38

008196236 铁道部专业设计院年鉴 1995—2001/38

012351793 丰台车辆段年鉴 2007—2010/42

009065038 铁道第三勘察设计院年鉴/铁道第三勘察设计院集团有限公司年鉴/铁道部第三勘测设计院年鉴/铁道第三勘测设计院年鉴 1997,1999—2008/56

010226738 上海地铁年鉴 1995—1996/239

009520025 铁道部第四勘测设计院年鉴/铁道第四勘察设计院年鉴 1993/1997,1998/2001,2003/2004/503

010102797 铁道部第二勘测设计院年鉴/铁道第二勘察设计院年鉴 1993—1996,2000—2006/655

013677325 中铁第一勘察设计院集团年鉴 2011/754
009913859 铁道部第一勘测设计院年鉴/铁道第一勘察测设计院年鉴/中铁第一勘察设计院集团年鉴 1996,2000,2003—2004,2010/776
012926170 中国桥梁年鉴 2010/964
011141379 中国轮胎轮辋气门嘴标准年鉴 2003—2006,2008,2011—2013/964
013815005 汽车影音年鉴 2006/964
012983374 节能与新能源汽车年鉴 2010—2014/964
012200487 中国机动车检测年鉴 2010/964
012983916 中国智能交通行业发展年鉴 2010—2012/965
013396698 上海汽车配件汽修汽保设备年鉴/上海汽车配件年鉴 2011—2012/239
008006245 香港巴士年鉴 1997—1998,2000/830
008139901 航业年鉴 1935—1936/965
013898511 福建省港口航道统计年鉴 2006—2007/350

航空、航天

010227088 中国空间技术研究院年鉴 1993,2010/38
013467777 中国民用航空设备年鉴 2010/966
012361683 中国民用航空维修年鉴 2009/966

环境科学、安全科学

004621403 中国环境科学年鉴 1985/967
005007880 中国环境年鉴 1990—2014/967
010281640 中国环境年鉴 环境监察分册 2005/967
012521686 中国环境设计年鉴 2007—2011/967
010222717 中国环境统计年鉴 2006—2014/967
009914095 中国室内环境年鉴 2004/2005/967
012047190 河北环境保护年鉴 2008—2010,2012—2013/65
012923597 吉林省生态环境统计年鉴 2010/168
012079155 黑龙江省环境保护年鉴 1986/189
009169802 上海环境年鉴 2003,2005—2014/239
012048837 浙江环境统计年鉴 2008/292
012801348 浙江自然资源与环境统计年

鉴 2009—2014/292

013656199 株洲市环境统计年鉴 2007—2008,2010/543

013467184 宝安环境年鉴 2007—2010/581

011396232 广西环境年鉴 2006,2007/2008,2009—2013/609

010102754 四川环境年鉴 2004,2006/649

012199476 宁夏环境年鉴 2007/798

003165166 环境保护年鉴△ 1982,2001/833

013752824 中国环境科学学会年鉴 2011/968

社会与环境

008728189 绿色全球年鉴/环境与发展国际合作年鉴 1995,1997,1998/1999,1999/2000/968

010102794 全球环境展望年鉴 2006—2007/968

环境保护管理

009913049 21世纪初中国生态年鉴绿色北京 2004/38

009541728 海南生态省建设年鉴 2000/2004/629

012354087 贵阳建设生态文明城市年鉴 2009—2014/696

灾害及其防治

012200494 中国减灾年鉴 2008/968

011500198 北京减灾年鉴 2001/2004,2005/2007,2008/2010/38

009324639 上海防灾救灾研究所年鉴 1999/239

010223307 安徽减灾年鉴 1991/1995,1996/2000/327

012199103 江西减灾年鉴 2006/372

007630643 广东省防灾减灾年鉴 1995—2003,2005—2014/566

008958042 四川减灾年鉴/四川救灾年鉴 1990—1992,1999—2002,2004—2007/649

008426318 中江县救灾年鉴 1950/1988/664

008432403 云南减灾年鉴 1991/1995,1996,1997,1998/1999,2000/2001,2004/2005,2006,2007,2008/2009,2010/2011/711

009324855 陕西救灾年鉴 1996,1997/1999,2000/2002,2003—2012/751

环境质量评价与环境监测

011141269 中国地质环境监测地下水位年鉴 2005—2011/968

009928089 中国地质环境监测年鉴 2004—2005/968

012591816 吉林省环境监测年鉴 1972/1984,1985/1987,1989—1990,1992/1993,1994—1995/168

014014997 浙江省环境监测年鉴 1987/292

014014995 浙江省杭州市环境质量年鉴/杭州市环境质量年鉴 1986,1988/297

008139732 湖南省环境监测年鉴 1976/1985/536

014015085 株洲市环境监测年鉴 2000/543

012351882 广西壮族自治区地下水质年鉴/广西壮族自治区地下水动态年鉴 1981/1985,1986—1988,1989/1990/609

011502056 广西壮族自治区环境监测年鉴 1993—1995/609

013311971 四川地质环境监测年鉴 2010/649

013899422 云南省环境监测年鉴 1985/711

安全科学

008522246 中国安全生产年鉴 1979/1999,2000/2001,2002—2003,2005—2013/968

012176841 北京安全生产年鉴 2003/2007,2008—2009,2011—2014/38

012079224 辽宁省安全生产年鉴 2002/2006,2007—2008/138

012357125 江苏安全生产年鉴 2005,2006/2007,2008/2009,2010/2011/252

012194195 河南安全生产年鉴/河南省安全生产年鉴 2002,2003/2006,2007/2008,2009—2012/451

013173458 湖南安全生产年鉴 2006/536

013396958 广东省安全生产年鉴 2011—2012/566

009726401 重庆安全生产年鉴 2006/636

009928060 四川安全生产年鉴 2001/2003,2004/649

012525967 贵州省安全生产年鉴 2007/695

综合性图书

中国

007848051 中华人民共和国年鉴 1997—2014/970

008246239 中国年鉴/中华人民共和国年鉴 1983—1989,1991—1996,2009/969

001822801 中国百科年鉴 1980—1995/969

008006279 中国大众实用年鉴 1997,2000/969

002032697 实用百科年鉴 1985—1986/833

007420535 一九五〇人民年鉴 1950/969

007420692 第一回中国年鉴 1923/969

008223931 中国年鉴 1931/969

008261466 中华年鉴 1948/969

北京市

004943418 北京年鉴 1990—2004,2006—2014/3

009081272 北京崇文年鉴 2002—2010/39

008493902 北京东城年鉴 1996—2001,2003—2013/39

008728167 北京西城年鉴 2000—2014/39

009135246 北京宣武年鉴 2002—2010/40

009933208 北京朝阳年鉴 2005—2013/41

009065092 北京丰台年鉴 1991/2000,2002—2011,2013/41

010223800 北京石景山年鉴 1997/2005,2006—2014/42

009104867 北京海淀年鉴 2002—2012,2014/42

009081276 北京门头沟年鉴 2002—2013/43

008476866 房山区年鉴/北京房山年鉴 1987—1995,1998/44

008957972 北京房山年鉴/房山区年鉴 2000—2013/44

008579615 北京通州年鉴 2000—2014/44

011965704 北京顺义年鉴 2007—2013/45

009805002 北京昌平年鉴 2005—2013/45

009840723 北京大兴年鉴/大兴年鉴

2008—2013/46

013680402 北京怀柔年鉴 2012—2013/47

011965635 北京密云年鉴/密云年鉴 2008—2013/48

009616687 北京延庆年鉴 2004—2013/48

天津市

008604937 天津年鉴/天津经济年鉴 2000—2003,2005—2014/49

008643545 天津区县年鉴 2000—2012,2014/49

009182884 河西年鉴 1996/2000,2001—2008,2012—2013/56

009426242 和平年鉴 2000,2001/2002,2003,2004/2005,2011,2013/56

009618298 河东年鉴/天津·河东年鉴 2001/2003,2005—2006,2008—2010/56

006997349 南开区年鉴/天津市南开区年鉴/天津南开年鉴 1984—1987,1989—1990,1992—1996,1997/2001,2002—2008,2010,2012/56

009501703 河北区年鉴/天津市河北年鉴/河北年鉴 1997/2003,2004—2011/56

012047270 红桥年鉴 2001/2006/57

013379114 天津市东丽年鉴/东丽年鉴 2010/57

009726375 西青年鉴/西青区年鉴 1999,2005—2007/57

009926369 北辰区年鉴/天津市北辰年鉴 1998/2002,2003—2006,2008—2009,2013/57

011503529 武清年鉴 2001/2005/57

008851325 大港区年鉴 1992/58

011141176 天津汉沽年鉴 2006/58

011503521 天津市塘沽年鉴/塘沽年鉴/天津市滨海新区塘沽年鉴 2007—2013/58

013174651 天津·宁河年鉴/宁河年鉴 2009/59

河北省

004187761 河北年鉴 1991—2003,2005—2014/60

008397956 石家庄年鉴 1993/1994,1995/1996,1997,1999—2014/66

009195476 石家庄市桥东区年鉴 1996/1997,1998/1999/69

009933548 石家庄市桥西区年鉴 1990,1995—1997,2000,2002,2007,2009/69

012199595 石家庄市新华区年鉴 1999—2005,2007/69

009395390 藁城年鉴 1997/2001,2002/2004,2005/2006,2007/2010/69

009182881 获鹿县年鉴 1991—1993/70

008438178 鹿泉市年鉴/鹿泉年鉴 1994—2008/70

008604922 栾城年鉴 1998—2001,2002/2003,2003,2005—2009,2011—2013/70

008553709 晋州年鉴 1991/1996,1997/2000,2001/2005,2007—2008,2010—2013/70

008553467 新乐年鉴 1993/1996,2000,2004/70

008977173 井陉县年鉴/井陉年鉴 1989,1997,2004—2007,2009—2013/70

008277827 正定县年鉴 河北年鉴增刊/河北年鉴 1991,1992/1993,1994/1995,1996/1998,2001/2002,2003—2006,2007/2008,2010—2013/71

013859268 行唐年鉴 2012/71

007733602 高邑县年鉴/河北年鉴增刊 1995/71

013793259 赞皇年鉴 2012/71

008557137 平山年鉴 1992/1998,2000,2000/2002,2003/2005,2006/2007,2008—2010/71

013634392 赵县年鉴 2011—2013/71

009616909 唐山年鉴 2008—2012,2014/72

008432465 新区年鉴 1991/1995/72

013397023 丰润年鉴 2011—2013/73

008604928 迁安年鉴 1987/1995,1997,1998/1999,2000—2001,2003—2014/73

008465925 滦县年鉴 1986/1996/73

008553693 迁西年鉴 1987/1995/74

007683403 秦皇岛年鉴 1996—1999,2001—2014/74

008438863 秦皇岛市海港区年鉴/海港区年鉴 1989/1992,1998,1998/2002,2003/2004,2005/2006,2007/2008,2009/2010,2012—2013/74

008839681 山海关年鉴 1995/1996,1997/1998,1999—2000/75

013470779 北戴河年鉴 2011/75

013471037 青龙满族自治县年鉴 2011—2012/75

013821952 邯郸地区年鉴 1990/75

008901584 邯郸年鉴 2001—2008,2010—2013/75

011502083 邯郸县年鉴 2004,2007—2010,2012—2013/76

013793137 大名年鉴 2012/77

011823179 涉县年鉴 2005,2007,2010/77

012617033 磁县年鉴 2007/2008/77

012617399 曲周年鉴 2010—2014/77

008553671 邢台年鉴 1999,2001—2008,2011—2012,2014/78

012521552 桥东区年鉴 1993/1997,1998/2002/78

009617188 沙河年鉴 1997/2003,2012—2013/79

008477440 邢台县年鉴 1989/1993,1994/1996/79

013758174 威县年鉴 2010/79

008433978 清河年鉴 1990/1995,1996/2000,2006/2011/79

008433699 保定年鉴 1995/1997,1999—2000,2001/2002,2003,2004/2005,2006,2007/2008,2009—2013/79

008002103 保定市年鉴 1991/79

008245051 涿州年鉴 1990,1995,1996/1999/80

012047131 定州年鉴 2006/2008,2011—2012/80

013758038 曲阳年鉴 2010/81

012724382 张家口年鉴 2010—2014/81

012678382 桥东年鉴 2006/81

013312072 张家口市宣化区年鉴 2005—2010/82

012916363 赤城年鉴 2009—2013/82

013090426 兴隆年鉴 2009/82

012724210 平泉年鉴 2009,2011—2012/82

011140373 滦平年鉴 2003/2007,2011—2012/82

008406278 丰宁满族自治县年鉴/丰宁县年鉴 1949/1981,1991/1995,2005—2010/82

012925145 围场年鉴 2010—2013/83

009033486 沧州年鉴 2000,2002,2006,2008,2010,2012—2013/83

008574174 泊头年鉴 1998—1999/84

008553649 河间年鉴 1991/1993,1993/1996,
　　　　　 1995/1998,1999/2000/85

008438189 沧县年鉴 1995,1997—1999,2001,
　　　　　 2004/85

013936051 南皮年鉴 2007/2009/85

009014822 廊坊年鉴 2000/2001,2002/2003,
　　　　　 2004/2005,2006/2007,2008—2013/86

011395197 霸州年鉴 2004/2006/86

011503576 香河年鉴 2002/2003,2004/2005,
　　　　　 2006/2007,2008/2009/86

008401627 衡水年鉴 1997—2014/87

009933543 深州年鉴 2005,2009/87

山西省

001994869 山西年鉴 1985—2014/88

008825441 太原年鉴 1989,1990/1991,1992/
　　　　　 1993,1994—2011,2013/92

012925090 太原市小店区年鉴/小店区年
　　　　　 鉴 1998/2003,2007—2008,2010/95

011501931 古交年鉴 2004,2006—2008,2011
　　　　　 /95

009928042 清徐年鉴 2006/2008/95

006036535 大同年鉴 1987—1994,1995/1996,
　　　　　 1997/1998,1999/2000,2001/2002,2003/2004,
　　　　　 2005/2006,2007/2008,2009/2010/96

013899363 雁北年鉴 1983—1985/96

013991069 雁北年鉴 1987/96

011140348 浑源年鉴 2001/2004/97

006035345 阳泉年鉴 1989—1992,1993/2000,
　　　　　 2001—2014/97

008923187 阳泉市城区年鉴 1991/1995,
　　　　　 1996/2000,2001/2005,2006/2010/97

010227014 阳泉市郊区年鉴 1994/2002/98

008278830 平定年鉴 1991/1993,1994/1996,
　　　　　 1997/2000,2001/2003/98

008957893 盂县年鉴 1991/1999/98

008805273 长治年鉴 1986—1991,1992/1993,
　　　　　 1994—1996,1997/1998,1999/2000,2001—2011,
　　　　　 2013/98

012909486 长治城区年鉴/长治市城区年
　　　　　 鉴 2005/2007,2008—2009/99

012617023 长治市郊区年鉴 2005/2006,
　　　　　 2007—2009/99

011399663 潞城年鉴 2007—2008/99

009913736 长治县年鉴 2001/2003/99

011399419 襄垣年鉴 1985/100

011967480 屯留年鉴 2002/2005,2006/2007,
　　　　　 2008—2010/100

009160730 平顺年鉴 1997/2001,2001/2003,
　　　　　 2004—2010/100

008440593 黎城年鉴 1991/1995,1997/1999
　　　　　 /100

011966608 壶关年鉴 2008/100

013677823 沁县年鉴 2011/101

009406127 晋城年鉴 1999/2000,2001/2002,
　　　　　 2003/2004,2005/2006,2007/2008,2009/2010,
　　　　　 2011/2012/101

012723591 晋城市城区年鉴 2009—2010,
　　　　　 2012—2013/102

012351806 高平年鉴 2008—2012/102

012724224 沁水年鉴/山西沁水年鉴/晋
　　　　　 城市沁水年鉴 1989—1994,1996—2003,
　　　　　 2005—2013/102

013996068 陵川年鉴 2012/103

009492539 朔州年鉴 2002—2003,2004/2005
　　　　　 /103

011503177 平鲁年鉴 2006/2007/103

008788913 晋中年鉴 1997/1998,1999/2000,

2003,2003/2004,2005/2006,2007/2008,2009/2010,2012—2013/104

013608915 榆次年鉴 2006/2007/104

012923638 介休年鉴 2005/2007,2008/2010/104

009726275 和顺年鉴 2000/2003/104

011967520 昔阳年鉴 1998/2002/104

008250227 寿阳年鉴 1985/1987,1988/1990,1991/1996,1997/2000,2001/2003/105

009913738 太谷年鉴 2000/2002/105

012357154 灵石年鉴 2005/105

009199693 运城地区年鉴 1998/1999/105

008802325 运城年鉴 2000,2002—2003,2004/2006,2007/2009,2010—2013/105

010102783 盐湖年鉴 2001/2004/106

008438600 永济年鉴 1992/1993,1994/1995,1996/1997,1998/1999,2000/2003/106

008435209 河津市年鉴/河津年鉴 1994—1995,1997—2014/106

009492244 临猗年鉴 1991/1998,1999/2000,2001/106

009502667 万荣年鉴 1996/2000/106

010226860 闻喜年鉴 2003—2004,2007,2009—2010/107

004574722 稷山年鉴 1987,1996/1997,1998/1999,2000/2003,2003/2004,2005—2006,2007/2008,2009/2011/107

014014945 新绛年鉴 2006,2009/107

012593451 垣曲年鉴 2001,2002/2003,2005/2006/107

012925179 夏县年鉴 1998/1999/107

009588930 平陆年鉴 1991/1994,1995,2004/108

011881626 临汾年鉴△ 1998/1999,2002—2011,2013—2014/108

011399594 尧都年鉴 1999/2002,2003/2008/109

010225584 侯马年鉴 2005,2007,2007/2008,2009/2010/110

009309795 曲沃年鉴 1989/2001/110

009501713 翼城年鉴 2000/2002,2006/2010/110

009360547 襄汾年鉴 1991—1992,2000,2007/2010/111

012923532 洪洞县年鉴 1995/1999,2000/2001,2003/2005/111

013608597 安泽年鉴 2003/2004,2005/2006/111

012517873 浮山年鉴 2003,2006,2006/2009/111

008149046 吉县年鉴 1989/111

008554415 乡宁年鉴 1985—1988,2002/2003,2004/2005/111

008479556 隰县年鉴 1987/112

012925201 永和年鉴 2004/112

012983703 蒲县年鉴 2000/2002,2009—2010/112

013157473 汾西年鉴 2007/2008/112

008331583 吕梁年鉴 1986/1988,1989/1990,1991/1993/112

013609003 离石年鉴 2004/2006,2007/2010/113

008315307 孝义年鉴 1984/1985,1986/1987,1988,1992/1993,1994/1995,1996/1997,1998/1999,2000,2001/2002,2005/2006,2007/2008,2009/2010/113

010102650 汾阳年鉴 2001,2002/2003/113

008998215 文水年鉴 1986/1993/113

013935963 交城年鉴 2006/2010/114

012047448 临县年鉴 2005/2006,2007/2008,2009/2010,2011/2012/114

010686520 柳林年鉴 2000/2004,2005/2007/114

008433992 方山年鉴 1986/1990,2007/2008/114

012530655 中阳年鉴 2006,2008/114

内蒙古自治区

008403683 内蒙古年鉴 1998,1999/2000,2001—2003,2005—2014/116

009927890 呼和浩特年鉴 2002/2003,2004/2005,2006/2007,2008—2010/119

005459223 包头年鉴 1985,2000,2001/2002,2003/2004,2005/2006,2007/2008,2009/2010/121

011399299 土默特右旗年鉴 1991/2005/121

008438753 乌海年鉴 1993—1994,1995/1997,1998/1999,2000/2001,2002/2003,2004—2009,2012/122

008403650 赤峰年鉴 1983/2003,1983/2013,1991/1995,1998—2001,2004—2010/122

008588880 红山年鉴 1992/1996/122

008643796 松山年鉴 1992/1996,1997/2001,2007/2011/123

008749947 宁城年鉴 1997—2003,2004/2005,2006/2007,2008—2013/123

009502636 翁牛特旗年鉴/翁牛特年鉴 2010—2014/123

008849891 通辽年鉴 1988,2000/2001,2002—2007,2008/2010,2011/2012,2013—2014/124

010102605 鄂尔多斯年鉴 2002/2003,2006/2007,2008—2009/125

010102602 达拉特年鉴 2005,2008,2010/126

008805319 准格尔年鉴 1992/2000,2001—2010,2011/2012/126

013926016 鄂托克旗年鉴 2009/2010/126

013996217 乌审年鉴 2012/126

012521623 伊金霍洛年鉴 2006/2007,2010/2011/126

004724297 呼伦贝尔年鉴 1986—1993,2001,2002/2003,2004,2005/2006,2007/2008,2009—2011/127

010224276 海拉尔年鉴 2004—2005,2009,2011—2013/127

009492504 满洲里市年鉴/满洲里年鉴 2002—2005,2006/2007,2008/2010/128

008435135 牙克石市年鉴/牙克石年鉴 1996,1999—2000,2001/2002,2004—2005/128

010226989 扎兰屯年鉴 2013/128

005459203 额尔古纳右旗年鉴 1988—1989,1990/1991/128

009520094 额尔古纳市年鉴/额尔古纳年鉴/额尔古纳右旗年鉴 2001/2002,2008/128

013714618 新巴尔虎右旗年鉴 2011/129

010226491 莫力达瓦达斡尔族自治旗年鉴 1987,2006/2008/129

008588853 巴彦淖尔年鉴 1999—2003,2005—2009,2010/2011,2012/2013,2014/129

008401585 临河年鉴 1992/1998,1999/2001/129

008728233 乌拉特中旗年鉴 2000,2003,2005/2006,2008/130

011141200 乌拉特后旗年鉴 2006—2007,2008/2009,2010/130

010226873 乌兰察布年鉴 2000/2004,2005/

2006,2007/2008,2011/2012/130

012048763 兴安年鉴 2007/2008,2009—2013/131

013609253 乌兰浩特年鉴 2010/2012/131

013609250 突泉年鉴 2007/2010/131

012521639 扎赉特年鉴 2004/2007,2011/2012,2013/131

008789165 锡林郭勒年鉴 2000—2010,2012/131

013609257 锡林浩特年鉴 2008/132

010102630 正镶白旗年鉴 2005/132

004534632 阿拉善年鉴 1988,2001/2002,2003/2004,2005/2006,2007/2008,2009/2010/132

012176943 额济纳年鉴 1998/2008/132

辽宁省

005599360 东北年鉴 1931/133

008322889 辽宁年鉴 1992—2003,2005—2014/133

004187783 沈阳年鉴/沈阳经济统计年鉴 1992—2014/138

013677748 沈阳综合年鉴 2012—2014/138

012351733 北陵乡年鉴/北陵乡(街)年鉴 1987—1989,1991,1996/2000,2001/2005/144

010102597 于洪年鉴 2003/144

008866891 大连百姓年鉴 2001/144

004187687 大连年鉴 1987/1989,1990—2014/144

009805920 西岗年鉴 2004/147

008434186 中山年鉴 1998—2013/147

009840954 沙河口区年鉴 2002/2003/147

008398365 甘井子年鉴 1996—2014/147

008969105 旅顺口年鉴 1998/1999,2000/2001,2002/2003,2004,2008—2013/148

007211342 金州年鉴 1987—2009,2011—2014/148

008397055 瓦房店年鉴 1997—2000,2001/2002,2003—2004,2006,2013—2014/148

008399542 普兰店年鉴 1993/1995,1996/1997,1998—2012/149

008434055 庄河年鉴 1998—2014/149

011500319 长海县年鉴 2006—2007/149

005402517 鞍山年鉴 1985—1988,1989/1991,1992—2013/149

008574200 铁东区年鉴/铁东年鉴 1986,1993,1995—2010/150

009698921 立山年鉴 1988/150

012724220 千山年鉴 2008/150

008331563 海城年鉴 1989/1991,1992/1996,1997,1998/1999,2000—2012/151

008957521 台安年鉴 1986/1992,1993/1997/151

008331610 岫岩年鉴 1985/1990,1991/1995,1996/2000,2002—2003,2003/2004,2006—2009/151

005402508 抚顺年鉴 1992—2013/151

012047163 抚顺县年鉴 2007—2013/152

008310343 本溪年鉴 1987/1991,1998—2014/152

011502931 桓仁年鉴 2001—2002,2007/2008/153

008553440 丹东年鉴 1996—2013/153

008580783 东港年鉴 1997—2003,2004/2006,2007/2008,2009—2012/153

008876531 宽甸年鉴 1999—2002,2003/2006,2007—2010/154

008318911 锦州年鉴 1987—1989,1990/1995,

1996—2000,2002—2012/154

009492630 太和区年鉴 1986/155

008437869 义县年鉴 1986/1995/155

008405533 营口年鉴 1999—2009,2011—2014/155

006035289 营口年鉴资料汇编 1986,1988/155

008940432 盖州年鉴 1999,2000/2001,2002/2003,2004/2005,2006/2007,2008/2009,2010,2011/2012/156

008432724 大石桥年鉴 1999—2001,2002/2003,2004/2005,2006/2007,2010/2011,2012/2013/156

007916805 阜新年鉴 1986—1998,2000—2009/156

009617838 清河门区年鉴/清河门年鉴 2002/2004,2005/2006,2007/2008/156

008802326 彰武年鉴 2000,2008/156

009459804 阜新蒙古族自治县年鉴 1999—2000,2001/2002,2003/2004/157

008433538 辽阳年鉴 1997—2001,2002/2003,2004/2005,2006—2009,2010/2011,2013/157

013312000 文圣区年鉴 2006/2007,2008—2010/157

009502631 灯塔年鉴 1998—1999,2005—2006/158

012199181 辽阳县年鉴 2007—2012/158

007712965 盘锦年鉴 1992/1993,1994—2009,2011—2013/158

009160733 兴隆台年鉴 1997/1998,1999/2000,2001/2002,2003,2004/2005,2006/2007,2008/2009/159

008941722 大洼年鉴 1997/2001/159

008940663 铁岭年鉴 2000—2013/160

009169792 银州年鉴 1991,1996,2011—2012/160

009934493 清河年鉴 1994/2002/160

011822259 开原年鉴 2005/161

013932507 铁岭县年鉴 1986/1994/161

008397894 昌图年鉴 1986/1988,1989/1990,1991—1993,1995—2000,2001/2003,2004/2006,2009/2010/161

004561191 朝阳年鉴 1987,1988/1989,1990/1991,2002—2011/162

012199614 双塔年鉴 2006/2008/162

011821795 北票年鉴 2004,2005/2006,2007/2008,2009/2010/162

012199203 凌源年鉴 2004—2008,2010—2011/162

012176906 朝阳县年鉴 2006/2007/163

012199075 建平年鉴 2006/2007,2010/2011/163

008604920 喀喇沁左翼蒙古族自治县年鉴 1998—1999,2000/2001,2002/2003,2004/2005,2006/2007/163

008588885 葫芦岛年鉴 2000—2012/163

012723598 连山年鉴 2005/2007,2008—2012/164

004943485 兴城年鉴 1987—1989,1990/1992,1993/1995,1996/1998,1999/2001,2002/2004,2005/2007,2008/2010/164

008940657 绥中年鉴 1990,1993,2000,2003—2008/164

008310352 建昌县年鉴 1992—2007,2011/164

吉林省

004561357 吉林年鉴 1987—2003,2005—2014

/165

004534876 长春年鉴 1988—2013/168

012199165 宽城年鉴/长春市宽城年鉴 2007—2012/172

012617355 九台年鉴 2007—2009/172

012617561 榆树年鉴 2007—2012/172

012591703 德惠年鉴 2008/2009,2010—2013/172

007630642 吉林市年鉴 1994—2008,2010—2013/173

010102519 吉林市龙潭区年鉴/龙潭区年鉴 2004—2006/173

011140239 丰满区年鉴 2006—2008,2011/173

008957496 蛟河年鉴 1986—1989,2008—2010,2013/173

011398556 桦甸市年鉴/桦甸年鉴 2007—2011,2013/174

008495018 舒兰年鉴 1986—1987/174

012511630 舒兰市年鉴/舒兰年鉴 2008—2010,2012/174

008477234 磐石年鉴 1989,1991—1992/174

012691770 磐石市年鉴 2008—2009,2011/174

011503629 永吉县年鉴 2009—2010/174

008313042 四平年鉴 1986—1998,1999/2001,2002/2005,2006/2007,2008/2009,2013/175

013714673 四平铁东年鉴/铁东年鉴 2011,2013/175

008322876 公主岭年鉴 1986/1987,1988,1990/1992,1993/1995,1996/1998,1999/2002,2008—2010/175

008998262 梨树年鉴 1994/175

008331556 辽源年鉴 1987—1991,1992/1993,1994/1997,1998/2001,2002/2003,2004/2005,2006—2009,2011—2014/176

011501829 东丰年鉴 1987,2007,2010,2012/2013/176

007712969 通化年鉴 1991—1992,1993/1994,1995/1997,1998/2002,2003—2008,2011—2013/176

012176937 通化市东昌年鉴/东昌年鉴 1999/2003,2004/2008/177

006038468 梅河口年鉴 1988/1989,1990,1991/1992,2006—2014/177

011502963 集安年鉴 2007—2010,2012—2014/177

011967427 通化县年鉴 2002/2008,2009/2010/177

010102518 辉南年鉴 2004,2005/2007/178

008901682 柳河年鉴 2000,2007—2012/178

007683406 白山年鉴 1994/1995,1996/1999,2000/2002,2003/2005,2006/2007,2008—2010,2013—2014/178

008213035 浑江年鉴 1986—1987,1988/1989,1990/1991,1992/1993/179

012617232 江源年鉴 2007/2008,2009,2010/2011,2012—2013/179

009520258 临江年鉴 1994/1995,1996/1997,1998/2002,2003/2006,2007/2008,2009/2010/179

012176968 抚松县年鉴 2005/2007/179

012199120 靖宇年鉴 2003/2006,2007/2008,2011/2012/179

008402811 长白朝鲜族自治县年鉴/长白年鉴 1987,1988/1989,1992,1996,1997/1998,1999/2000,2001/2002,2004/2005,2006/2007,2008/2009,2013/179

008902174 松原年鉴 1992/1995,1996/1997,1998/1999,2000/2001,2002/2003,2004/2005,2006/2007,2010/2011,2013/180

012724200 宁江年鉴/松原市宁江年鉴 2007/2008,2011/2012/180

011503190 前郭尔罗斯年鉴 2007—2014/180

009307997 白城年鉴 2002,2003/2004,2011/181

012724259 洮南年鉴 2007/181

005949383 大安年鉴 1989,2010/181

012801198 通榆年鉴 2009,2011,2013/181

010102520 延边年鉴 2005—2013/182

009502626 延吉年鉴 2001/2005,2006/2007,2008,2010—2013/182

012617489 图们年鉴 2008,2009/2010,2012/182

012617053 敦化年鉴 2009—2014/183

012617202 珲春年鉴 2007/2008,2012—2013/183

012199416 龙井年鉴 2008,2012—2013/183

012194187 和龙年鉴 2009—2014/183

012199716 汪清年鉴 2009,2012—2013/184

011965589 安图年鉴 2008,2012—2013/184

黑龙江省

003980125 黑龙江年鉴/黑龙江省经济年鉴 1986—2003,2005—2014/185

005318507 哈尔滨年鉴 1949/2009,1987—2013/190

008440581 松花江年鉴 1992—1995/190

008966654 南岗年鉴 1997/193

013608956 道外年鉴 2010—2014/193

012617173 呼兰年鉴 2008/2009,2010/2011,2012—2014/194

012616931 阿城年鉴 2006/2007,2008/2009,2013—2014/194

008749948 尚志年鉴 1997—1999,2002—2006,2008—2010/194

012925193 依兰年鉴 2008/2009,2010/2011/194

008901583 方正年鉴 1999/2000,2006/2007,2008/2009/194

008426133 巴彦年鉴 1992,2000,2002—2008/195

008651510 木兰年鉴 1992,1998—2001,2005—2006/195

008966657 通河年鉴 1992,2001/195

008426151 延寿年鉴 1993—1994,1997—1999,2006/2008,2009/2010/195

008653457 齐齐哈尔年鉴 1987/1988,1989/1996,1997/1998,1999/2000,2001/2002,2003—2005,2006/2007,2008—2014/196

012617375 齐齐哈尔市建华区年鉴 2007—2010,2012/198

008467028 讷河年鉴 1989/198

008434177 依安年鉴 1986/1987,1996/1997,1998/1999/199

009913216 富裕年鉴 1992,2003,2007—2008/199

009805593 克山年鉴 1991/199

009502396 克东年鉴 2007/2009/199

009617333 拜泉年鉴 1987,1991,1992/1993,1994/1995/199

008426152 鸡西年鉴 1987/1988,2000/2001,2002/2003,2005—2010/200

009698884 密山年鉴 2003—2004/201

004724506 鹤岗年鉴 1987—1989,1990/1991,

1992,2000—2004,2005/2006,2007/2008,2009/2010/201

008555437 东山年鉴 1999—2005/202

011503517 绥滨年鉴 2004/2005,2006/2008/202

008426156 双鸭山年鉴 1993,2000—2010/202

012194323 集贤年鉴 2007,2008/2009,2010—2013/203

013609296 友谊县年鉴 2006/2008/204

012176840 宝清年鉴 2006—2013/204

005949573 大庆年鉴 1989—2013/205

011821850 让胡路区年鉴/让胡路年鉴 2005—2007,2009—2013/207

009459788 大同区年鉴 2001—2004/207

008966653 林甸年鉴 1986,1989/1990,1991—2001/208

008467194 伊春年鉴 1988,2001—2008,2011—2014/208

009324511 友好年鉴 1988/1990/208

009492632 汤旺河年鉴 1992—1993/209

009520263 上甘岭年鉴 1992/209

008213063 铁力年鉴/铁力市年鉴 1987—1988,1997/1998,2003/209

005325846 嘉荫年鉴 1992/209

008990493 佳木斯年鉴 2000—2007,2009,2011—2012/209

008426161 七台河年鉴 1996—1997,1998/1999,2000/2001,2002/2003,2004/2005,2006/2007,2008/2009,2010—2011/212

009081283 勃利年鉴 1992,1994,1995/1996,1997/1998,1999/2001/213

009182819 牡丹江年鉴 2002—2010/213

012724249 绥芬河年鉴 2006/2008,2009/2010/215

012723376 海林年鉴 2007/215

012724195 宁安年鉴 2007/2008,2009/2010/215

011503074 穆棱年鉴 2007,2008/2009,2010/2011/215

012617043 东宁年鉴 2007—2010/216

012723609 林口年鉴 2007,2007/2008,2010/2011/216

008651503 黑河年鉴 2000,2002—2010,2012—2013/216

011139607 北安年鉴 2001/2004/217

012200217 五大连池年鉴 2006/2007/217

008426159 嫩江年鉴 1997—2011/217

011399441 逊克年鉴 2003,2005,2007,2011—2013/217

011140389 孙吴年鉴 2004—2014/218

009036799 绥化地区年鉴 1996/218

008321767 绥化市年鉴 1983/1989,1991,1993,1995,1999/218

009287855 海伦年鉴/海伦综鉴 1995—1996,1997/2000,2006/2008,2009/218

008426164 望奎年鉴 1995/219

008399647 大兴安岭年鉴 1997—2014/219

上海市

008398240 上海郊区年鉴 1949/1992/221

013784503 民国上海年鉴汇编第1—15册 上海市年鉴 1935,1936,1937,1946,1947,1948‖第16—17册 时事大观 1934‖第18册 上海年鉴 1947‖第19册 上海市劳工年鉴 1948‖第19册 上海体育年鉴 1940,1941‖第20册 金山县鉴 1935,1936,1946,1948/221

008133976 上海市年鉴 1946/221

005591424 上海年鉴 1947/221

007918358 上海年鉴 1996—2004,2006—2014/221

008728193 黄浦年鉴 1994/1998,1999—2000,2002—2011,2013—2014/239

009004456 卢湾年鉴 1999—2011/239

010102348 南市年鉴 1993/1997,1999/2000/240

008879223 徐汇年鉴 1992/1998,1999—2013/240

008977242 长宁年鉴 2000—2001,2003—2013/240

009004445 静安年鉴 1994/1998,1999—2005,2007—2014/240

008875528 闸北年鉴 1999—2014/240

008275430 普陀年鉴 1995,1997,1999,2001,2003—2008,2010—2013/240

008399366 虹口年鉴 1997—2014/241

008182170 杨浦年鉴 1991/1994,1995/1996,1997/1998,2000—2013/241

008399387 闵行年鉴 1995,1997—2013/241

004899347 上海县年鉴 1987,1989—1991,1993/241

005701138 宝山年鉴 1990—2013/241

006060304 嘉定年鉴 1988/1990,1991—1994,1996—2012/242

007658092 川沙年鉴 1993/242

009934527 上海市浦东新区陆家嘴功能区域年鉴 2005/243

010102658 陆家嘴年鉴 2006—2009/242

008849885 南汇年鉴 1999—2009/242

008405378 浦东年鉴 1999—2009,2011—2014/242

007423401 浦东新区年鉴 1994—1998/243

004589965 金山年鉴 1991—2014/244

007720923 松江年鉴 1987/1988,1989/1990,1991/1993,1994/1995,1996/1997,1998/1999,2000—2012/244

008433565 青浦年鉴/青浦县年鉴 1986,1990/1992,1993/1998,2000—2014/244

008849838 奉贤年鉴 2000—2013/245

008139639 崇明县年鉴/崇明年鉴 1989—1992,1994,1996,1998,2000,2002,2004,2006,2008—2013/245

江苏省

004569404 江苏年鉴/江苏乡镇企业年鉴/江苏经济年鉴 1991—2003,2005—2014/246

005032888 南京年鉴 1987—2003,2005—2014/252

008435442 玄武年鉴 1990—1992,1994—2005,2007—2014/256

008310348 白下区年鉴/白下年鉴 1990—2012/257

009542158 秦淮年鉴 2004—2014/257

008957912 建邺年鉴 1989—1991,2000,2002—2009,2011—2013/257

005345942 鼓楼年鉴 1986,1991,1993—2005,2007—2014/257

008395733 下关年鉴 1997—2013/257

008915981 江浦年鉴 2001—2002/257

009395720 浦口年鉴 2003—2014/257

009617452 栖霞年鉴 2003—2014/258

009520240 雨花年鉴 2001/2003,2004—2014/258

008876510 江宁年鉴 1996/2000,2001,2003—2014/258

008879190 大厂年鉴 2001/258

009237326 六合年鉴 2001—2014/258

008438636 溧水年鉴 1986/1995,1996/2000, 2001/2005,2011—2014/258

008402843 高淳年鉴 1993,1998,2003,2009, 2011,2013/259

012180434 民国时期无锡年鉴资料选编 2009/259

004598693 无锡年鉴 1986/1990,1992—2014/259

008311522 锡山市年鉴/锡山年鉴 1995—1999,2007—2015/260

013634419 惠山区年鉴 2012—2013/261

010226497 南长年鉴 1991/1992/261

008250239 江阴年鉴 1988/1992,1993—1998, 2001—2014/261

006434891 宜兴年鉴 1990—1993,1995—2005, 2007—2014/261

008435171 徐州年鉴 1998—2014/261

011822155 贾汪年鉴 2008—2010,2012/262

011967473 铜山年鉴 2008—2010,2012/263

011968027 新沂年鉴 2006—2013/263

009840922 邳州年鉴 2006—2013/263

012176959 丰县年鉴 2009—2010,2012/263

010102534 沛县年鉴 2005—2006,2008—2009, 2011—2012/263

012199635 睢宁年鉴 2009/264

004967425 常州年鉴 1991—2013/264

014014106 常州国家高新区常州市新北区年鉴 2003/2005,2006/2008,2009/2011/264

013935880 常州新区年鉴 1992/1998/265

014015070 钟楼年鉴 2003/2007/265

004187707 武进年鉴 1987,1989—2014/265

008001354 金坛年鉴 1988/1993,1994/1996, 1997/1999,2000/2002,2003/2005,2008—2014/265

009913585 溧阳年鉴 2005—2007,2009,2011—2014/266

004598822 苏州年鉴 1983—1985,1987—2013/266

013809451 沧浪年鉴 2007/266

009726211 苏州高新区、虎丘区年鉴 2004,2007/267

008435414 苏州新区年鉴 1995,1997,1999/267

006035366 吴县年鉴 1986—1991,1994—1996, 1998—2001/267

009004476 吴中年鉴 2002—2012/267

005345917 吴江年鉴 1986,1988—1992,1995, 1997—2012,2014/267

007733605 常熟年鉴 1991/1995,1997—2014/267

008405439 张家港年鉴 1996—2014/268

008143417 昆山年鉴 1988/1993,1994/1997, 1999—2011/268

008397331 太仓年鉴 1997—2014/269

008438002 南通年鉴 1998—2012/269

008399283 通州年鉴/南通市通州年鉴 1997—2013/270

008438153 启东年鉴 1998—2014/270

008588909 如皋年鉴 1989—2014/270

008728184 海门年鉴 2000—2014/270

008828450 海安年鉴 1993/1998,2000—2014/270

008749440 如东年鉴 2000—2014/271

008406132 连云港年鉴 1999—2014/271

011966563 海州区年鉴/海州年鉴 2000—2008,2009/2010,2011—2014/272

008977331 新浦年鉴 2001—2014/272
011398611 连云年鉴 2007—2014/272
009492595 赣榆年鉴 2003,2004/2005,2006—2008,2009/2010,2011,2013/272
009541714 东海年鉴 2004—2010,2012/272
009840783 灌云年鉴 2004—2010,2013/273
008432868 灌南年鉴 1997—2010,2013/273
008849879 淮安年鉴 2001—2014/273
009617431 楚州年鉴 2001—2010/274
008278748 淮阴年鉴 1995—2000,2005,2007,2010/274
012530140 清河年鉴/淮安市清河年鉴 2008—2014/274
011502169 洪泽年鉴 2007—2012,2014/274
009015765 涟水年鉴 1998—2001,2003—2008,2011—2014/274
008250235 盱眙年鉴 1994—2003,2008—2010,2013/275
008433861 金湖年鉴 1995—2013/275
008406315 盐城年鉴 1998—2014/275
011140391 亭湖年鉴 2006,2010—2013/276
008432884 盐都年鉴 1983/1996,1996/1999,2001—2014/276
008749355 大丰年鉴 2000—2014/276
009541720 东台年鉴 2004—2011,2013/276
008941920 响水年鉴 1988/1999,2000/2003,2009—2011,2013/277
011500268 滨海年鉴 2000,2007—2008,2012/277
007918346 阜宁年鉴 1986/1992,1993/2000,2011,2014/277
011968102 益林年鉴 2001/2005/277
008728228 射阳年鉴 2000,2005/2007,2009—2012/277

008876506 建湖年鉴 1999,2001—2013/278
004187787 扬州年鉴 1991—2014/278
012354100 邗江年鉴 2007—2008,2010—2014/278
012048625 维扬年鉴 2006—2011/279
011139786 广陵年鉴 2010/279
008432558 江都年鉴 1997—2013/279
008724709 仪征年鉴 1999—2013/279
005325795 高邮年鉴 1992—2002,2004—2014/279
009104860 宝应年鉴 2001,2005—2014/280
008278747 镇江年鉴 1992—2014/280
008001514 京口年鉴 1990/1992,1993/1995,1996/1997,2000,2002,2004,2006,2008—2014/281
008773095 润州年鉴 2000,2003,2005—2014/281
007916583 丹徒年鉴 1993—2014/281
008805275 丹阳年鉴 1999—2014/281
012801279 扬中年鉴 2010,2012—2013/281
008437526 句容年鉴 1996,2001,2006—2014/282
008432419 泰州年鉴 1998—2014/282
012723276 高港年鉴 2010—2014/282
008749121 姜堰年鉴 1989/2000,2001—2014/282
009035876 兴化年鉴 2002—2012/282
009014808 靖江年鉴 2001/2002,2003—2005,2007—2014/283
008399579 泰兴年鉴 1994,1996—1997,1999—2008,2010,2012,2014/283
008851365 宿迁年鉴 2000—2013/283
009237384 宿城区年鉴/宿城年鉴 1999—2003,2005—2007,2009/283

009015846 宿豫年鉴 2002—2013/284

009289609 沭阳年鉴 2000—2003,2007—2009/284

008333937 泗阳年鉴 1996—2007,2010,2013/284

009542182 泗洪年鉴 1996/2002,2003/2004,2005,2008,2010—2011,2013/284

浙江省

004967459 浙江年鉴/浙江经济年鉴 1992—2003,2005—2014/285

001992622 杭州年鉴 1987—2003,2005—2014/292

011823167 上城年鉴 2006—2014/297

008749483 萧山年鉴 1986—2014/298

013711470 萧山市临浦镇年鉴 1992/1993/298

004187790 余杭年鉴 1991—2014/299

008438028 富阳年鉴 1996—2014/299

010226248 建德年鉴 2001—2014/300

008250215 临安年鉴 1990—1994,1996—2000,2002—2014/300

008433559 桐庐年鉴 1986/1990,1991/1992,1993/1994,1995/1996,1997/1998,1999/2000,2001/2002,2003,2005—2013/300

011500382 淳安年鉴 1998,2000—2001,2007—2011,2013—2014/301

008604925 宁波年鉴 1997—2008,2010—2012/301

013925184 北仑年鉴 2001,2008—2009/302

009427786 鄞县年鉴 1987,1989,1991—1993,1995,1997—2002/302

009426263 鄞州年鉴 2003—2013/302

013821840 余姚年鉴 2010/303

009933479 象山年鉴 2005—2010,2011/2012,2013/303

012199462 宁海年鉴 2007/303

008902121 温州年鉴 1998—2014/304

011966831 鹿城年鉴 2004—2013/305

010226484 龙湾年鉴 2006—2013/305

011967046 瓯海年鉴 2006—2010/305

009492584 洞头年鉴 1993—1995,1997,1999—2009/305

008941893 瑞安年鉴 1987—1988,1990—2008,2010—2011/305

010226313 乐清年鉴 2005—2009,2011,2013—2014/306

009542193 永嘉年鉴 2004—2009,2011—2014/306

008901686 平阳年鉴 1996—2003,2004/2005,2006,2007/2008,2009—2014/306

009062436 苍南年鉴 1994—1995,1998—1999,2002—2011/306

008789158 文成年鉴 1992/1996,1997—1999,2001—2010/306

009926386 泰顺年鉴 1999,2000/2001,2005—2009/307

008432926 嘉兴年鉴 1998—2014/307

008604256 海宁年鉴 1999—2014/307

008604927 平湖年鉴 1997—2013/307

008432381 桐乡年鉴 1998—2014/308

008653439 嘉善年鉴 1993/1997,1998/2002,2004—2014/308

008401641 海盐年鉴 1994/1995,1996/1997,1998/1999,2000—2012/308

008267128 湖州年鉴 1994—2014/309

009618316 南浔年鉴 2004—2008/309

009104873 德清年鉴 1995—1997,1998/2000,

2001/2002,2003/2004,2005/2006,2007/2008,
2009/2010,2011/2012,2013/309

008749090 安吉年鉴 1994,1996,1998,1999/
2000,2001/2002,2003/2004,2005/2006,2007/
2008,2009/2010,2011/2012/310

008588919 绍兴年鉴 2000—2014/310

009264745 绍兴县年鉴 2001—2009,2011—
2013/311

009015916 诸暨年鉴 2002—2008/312

010102782 嵊州年鉴 2002—2014/312

008977326 新昌年鉴 2002—2013/313

008432415 金华年鉴 1997—2007,2010—2012
/313

013793320 婺城年鉴 2012/314

011968099 义乌年鉴 2008—2011/314

008017182 东阳年鉴 1989/1995,1996/1998,
1999/2000,2003/2004,2005/2008,2010—2013
/314

008749534 永康年鉴 1999/314

008749431 衢州年鉴 1995/1999,1996,2000/
2004,2011—2012/315

011398593 柯城年鉴 2004/2005,2006/2010
/315

013711406 衢江年鉴 2001/2011/315

012047338 江山年鉴 2008—2009/315

011139668 常山年鉴 2005,2008—2013/315

012199156 开化年鉴 2008—2013/316

009913825 龙游年鉴 2006—2014/316

008957576 舟山年鉴 1989/1994,1995/2000,
2002—2012,2014/316

010223958 定海年鉴 2004—2012/316

010226674 普陀年鉴 1996/2002/316

008969070 岱山年鉴 1989/1992,1993/1997,
2001/2006,2007/2008,2009—2011/317

008833766 嵊泗县年鉴/嵊泗年鉴 1986/
1990,1992—1993,1994/1997,2001/2006,2007/
2010/317

008789153 台州年鉴 1983—1999,2001—2008
/317

009926528 椒江年鉴 2004,2006—2010,2012
/318

012723576 黄岩年鉴 2004,2010/318

009264755 路桥年鉴 1995—1999,2001—2008,
2010—2012/319

009169573 温岭年鉴 2002—2008,2010—2014
/319

006088591 临海年鉴 1985—1999,2001—2007,
2009,2011—2012/319

009309838 玉环年鉴 2001—2010/319

008997600 三门年鉴 2002—2008/320

012199708 天台年鉴 2003—2010/320

008749125 丽水地区年鉴/丽水年鉴
1997—2014/320

011140367 莲都年鉴 2006,2008—2014/321

009934608 龙泉年鉴 1998/2003,2004/2007
/321

009934605 缙云年鉴 2002—2010/321

009618333 松阳年鉴 1998/2003,2005—2010
/321

009926588 云和年鉴 1997—2011/321

011503204 庆元年鉴 2007—2013/322

安徽省

004534748 安徽年鉴/安徽经济年鉴
1988—2003,2005—2014/323

008849862 合肥年鉴 2000—2014/327

013714686 蜀山年鉴 2012—2013/329

011968087 瑶海年鉴 2008/329

008438648 巢湖地区年鉴/巢湖年鉴 1998, 2000, 2002, 2004, 2006, 2008—2014/329

007916484 巢湖市年鉴 1991—1993, 1995—1998/329

009014814 居巢年鉴 2000, 2002, 2004, 2007, 2009—2011/329

013635465 长丰年鉴 2011—2013/330

013677363 肥东年鉴 2011—2013/330

013859283 肥西年鉴 2012/330

013636585 庐江年鉴 2011, 2014/330

008476179 芜湖年鉴 1996—2014/330

013711349 鸠江区年鉴 2009/2010/331

012792596 镜湖年鉴 2009—2010/331

013677511 弋江区年鉴 2011/331

011967110 三山区年鉴 2008—2009, 2011, 2013/331

013656120 芜湖县年鉴 2009/2010/331

009395845 蚌埠年鉴 1998—2011, 2013—2014/332

008437453 淮南年鉴 1999—2013/332

013603010 八公山年鉴 2011/333

006908854 马鞍山年鉴 1990—2013/333

008434039 当涂年鉴 1998, 2002, 2004, 2006, 2009, 2012—2014/333

013747928 和县年鉴 2012—2013/333

008643426 淮北年鉴 2000—2012/334

009406328 濉溪年鉴 1997/2000, 2003/2004, 2005/2006, 2009/2010/334

008315303 铜陵年鉴 1991—2013/334

011967459 铜陵县年鉴 2002/2007, 2008/2009, 2012/335

008993633 枞阳年鉴 1990/1998/335

008396642 安庆年鉴 1997—2013/335

008432437 桐城年鉴 1998—2005, 2007, 2011—2013/335

008438203 怀宁年鉴 1986/1995, 2003/2007/336

008438160 潜山年鉴 1988/1996, 2003/2009/336

009502315 太湖年鉴 1998/2003, 2003/2007/336

008437912 宿松年鉴 1986/1994/336

008434224 望江年鉴 1998, 1998/2000, 2001/2003, 2004/2005/336

012724305 岳西年鉴 2003/2008, 2009/2010/336

008397119 黄山年鉴 1987/1997, 1998—2014/336

012526036 黄山区年鉴 2009, 2011/337

009264748 歙县年鉴 1988/1998, 2001/337

008438823 滁州年鉴 1999—2010, 2012—2013/337

013636599 天长年鉴 2010—2012, 2014/338

008402816 全椒年鉴 1995/1998/338

008434128 阜阳年鉴 1997, 1999, 2001, 2003—2013/338

012048781 颍州区年鉴 2008—2010/339

008968726 界首年鉴 2002, 2004—2005, 2007, 2009, 2010/2011/339

011823002 临泉年鉴 2005, 2008—2011/339

013680584 太和年鉴 2011/339

008432523 颍上年鉴 1989/1997, 2004/2007/339

008432756 宿州年鉴 1999—2014/339

008432428 砀山年鉴 1999, 2002, 2002/2004, 2005/2007/340

007733589 灵璧年鉴 1986/1995, 1996/1998, 1999/2000, 2001/2009/340

008437940 六安地区年鉴 1999—2000/340
009036951 六安年鉴 2001—2009,2012/340
011822249 金安年鉴 2007—2008,2012—2013/340
013603112 霍邱年鉴 2011—2012/341
008643436 舒城年鉴 2000,2011—2014/341
012723579 霍山年鉴 2012—2013/341
009081222 亳州年鉴 2002—2014/341
013714929 涡阳年鉴 2012—2013/342
012199171 利辛年鉴 1998,2008—2009,2011/2012,2013/342
009182840 池州年鉴 2002,2003/2004,2005/2006,2009—2010/342
013635480 东至年鉴 2011/342
009395688 宣城年鉴 2003,2005,2007,2010—2013/343
008643432 宁国年鉴 1997/1998,2010,2013/343
011139765 广德年鉴 2006—2012/343
008866912 泾县年鉴 1988/1997,2010—2011,2012/2013/343
013634339 绩溪年鉴 2011—2013/344

福建省

007916855 福建年鉴/福建经济年鉴 1995—2004,2006—2014/345
006909411 福州年鉴/福州经济年鉴 1995—2014/350
009036972 鼓楼区综合年鉴 1996/1999/352
009081300 长乐市年鉴/长乐年鉴 1995/2000,2006,2010/353
012792650 闽侯年鉴 1997,2000,2003—2005/353
013467453 连江年鉴/连江经济年鉴 1996/353
013467465 闽清年鉴 2002/353
011823298 永泰年鉴 2007—2008,2012—2013/354
004724438 厦门经济特区年鉴 1986,1990—2003,2005—2014/354
009208622 厦门年鉴 2002—2014/354
011503573 厦门市湖里区年鉴 2005—2006,2008—2011/356
013677734 集美年鉴 2012—2013/356
013935872 城厢年鉴 2010/2011/357
008438706 涵江年鉴 1995/1997,1998/2000,2001/2004,2005/2008,2010—2014/357
011503326 三明年鉴 2007—2014/357
013173238 梅列年鉴 2008/2011,2012,2014/357
009004499 永安年鉴 1990,1991/1992,1993/1994,1995/1996,1997/1998,1999/2002,2003/2004,2006/2008,2010—2012/358
013793232 明溪年鉴 2011—2014/358
013090034 清流年鉴 2007—2010/358
009307855 宁化年鉴 1988—1990,1992—2006,2008—2010,2012/358
008397453 大田年鉴 1997—2008,2010,2012—2013/358
009616780 尤溪年鉴 2002—2009,2011—2013/358
008990521 沙县年鉴 1989/1998,2000—2004,2006—2012/359
009004463 泰宁年鉴 1995/1996,1997/1998,1999—2003/359
011966683 建宁年鉴 2006,2006/2008/359
008981621 泉州年鉴 1996/2000,2002—2011,2013—2014/359

009616776 鲤城年鉴 1998/2002,2009—2012/360

010102135 石狮年鉴 1998/2002,2009—2011,2014/360

008539910 晋江年鉴 1996—2014/361

008993694 南安年鉴 1989/1993,1999,2001—2004,2007/361

009520087 安溪年鉴 1991/1998,2000—2001,2001/2002,2003/2004,2005/2006/361

013790749 永春大事年鉴 2000—2009/361

013753583 德化年鉴 2009—2010/362

009616759 德化县大事年鉴 1994/362

009616763 德化综合年鉴 1993/1999/362

008643817 漳州年鉴 1999—2002,2004/2005,2006/2007,2010—2012/362

008438042 龙海年鉴 1997/1998,1999/2000,2001/2002,2003/2004,2005/2006/363

008643774 东山县年鉴 1989/1995/363

012047568 南靖年鉴 1991/2002/363

008438566 南平市年鉴/南平年鉴 1995/1997,1998,1999/2000,2001,2003—2010/363

008629586 建阳年鉴 1996/363

008437462 建阳市年鉴 1998/364

009519857 武夷山年鉴 1994/2000,2001/2002/364

009840731 建瓯年鉴 2006/2010/364

009588876 浦城年鉴 2000/364

008272712 龙岩地区年鉴/福建省龙岩地区年鉴 1988/1992,1993—1994,1995/1996,1997—2001/365

009169610 龙岩年鉴/福建省龙岩年鉴 2002—2014/365

008395787 龙岩新罗年鉴/福建省龙岩新罗年鉴/龙岩市年鉴/新罗年鉴 1994—2003,2005—2009,2012—2013/365

008437859 永定县年鉴 1988/1992,1998,2000—2001,2001/2005,2006/2010/365

008923249 漳平年鉴/福建省漳平年鉴 1994/1998/366

008432946 长汀县年鉴 1991/1993,1994/1996,1997/1999/366

008399330 上杭县年鉴/上杭年鉴 1995—2013/366

008406248 武平县年鉴/福建省武平县年鉴 1988/1993,1994/1996,1997/1999,2000/366

008406148 福建省连城县年鉴 1988/1993/366

008957761 宁德地区年鉴/宁德市年鉴/宁德年鉴 1993/1998,1999—2005,2007,2008/2009,2010,2013/366

014014324 蕉城年鉴 2010/367

009541723 福安市年鉴/福安年鉴 2003,2005,2007—2008/367

008643406 福鼎年鉴 1996/367

008990665 古田年鉴 1991/1999,2000,2001/2002,2003/2004,2005,2006/2008/367

008990528 寿宁年鉴 1999—2000/368

009542222 周宁年鉴 1989/1999/368

008432736 柘荣年鉴 1991/1996,1997/2000,2001/2003/368

江西省

008119759 江西年鉴 1936/369

009111410 江西年鉴 2002—2003,2005—2014/369

010102574 江西市县年鉴 1987/369

008465212 南昌年鉴 1998—2014/373

013470921 东湖年鉴 2011—2013/375

013677541 湾里年鉴 2013/375

013677489 青山湖年鉴 2012—2013/376

012723639 南昌县年鉴 2010—2014/376

008331587 安义年鉴 1986/1992, 1993/1998, 2001/2007/376

008437902 进贤年鉴 1986/1992/376

008001283 景德镇年鉴 1991/1992, 1993—1995, 1997—2013/376

008432850 乐平年鉴 1993, 1995—2001, 2001/2002, 2003—2007/377

012176963 浮梁年鉴 2004, 2006/377

009913624 萍乡年鉴 2005—2013/377

009617762 九江年鉴 2004—2006, 2008—2010, 2012—2013/378

013677463 瑞昌年鉴 2012—2013/379

013996313 星子年鉴 2011/379

013470944 九江县年鉴 2011—2013/378

012983819 武宁年鉴 2010/379

008250243 新余年鉴 1986/1990, 1991/1995, 1997—2014/379

005319112 渝水年鉴 1984/1986, 1988, 1990/1995, 1996/2000, 2001/2004, 2005/2006, 2008—2012/380

008401651 分宜年鉴 1986/1990, 1991/1995, 2008, 2011—2014/380

009004494 鹰潭年鉴 2002—2013/380

008849846 赣州地区年鉴 1992/1995/381

009437205 赣州年鉴 2002—2009, 2011, 2013/381

009459924 章贡区年鉴/章贡年鉴 1996/2000, 2001/2005, 2007—2012/381

009436896 南康年鉴 1986/1991, 2001, 2003—2013/382

009594884 赣县年鉴 1986/1990, 1991/1995, 2011—2013/382

008588866 大余年鉴 1986/1990, 1991/1995/382

009492935 上犹年鉴 2002, 2007/2008/382

004683566 崇义年鉴 1986/1989, 1990/1992, 1993/1995, 1996/1998, 2001/2004, 2007, 2009—2014/382

008465928 安远年鉴 1986/1991, 1992/1994, 1995/1997, 1998/2000/382

009237353 定南年鉴 1986/1991/383

011968705 黄陂年鉴 2003/2007/383

005345882 宁都年鉴 1983/1986, 1991/1994, 1995/1999/383

008477456 于都年鉴 1986/1992, 1993/1997, 2011—2013/383

009492941 兴国年鉴 1996/1997, 1998/2000/383

008728194 会昌年鉴 1986/1995/383

011823291 寻乌年鉴 2008—2011/383

012925067 石城年鉴/石城县年鉴 1986/1990, 2010—2012/384

013793241 吉安年鉴 2011—2012/384

012923600 吉州年鉴 2000/2008/384

011398701 青原年鉴 2001/2006/384

012983364 吉安县年鉴 1996/385

013772760 吉水年鉴 2012/385

008336632 新干年鉴 1986/1990, 1991/1995/385

013772755 泰和年鉴 2012/385

008405357 安福年鉴 1988/1996, 1997/2005/385

009840936 永新年鉴 2004, 2012—2013/385

008405434 宜春年鉴 1993, 2001/2004, 2005—2008, 2010—2012/385

008403702 丰城年鉴 1989/1996/386

008278749 樟树年鉴 1989,1990/1995/386

008001516 高安年鉴 1986/1990,1991/1993, 1994/2000,2001/2003/386

008437440 万载年鉴 1986/1992,1993/1994, 1995/1996,1997—1998,1999/2000,2001/2002/386

008405423 宜丰年鉴 1986/1991,1992/1994, 1995/1997,1998/2000,2004/386

008437436 铜鼓年鉴 1991/1995/386

009406107 抚州年鉴 2003—2014/387

013932144 临川年鉴 2006/2011/387

008438605 黎川年鉴 1991/1994,1995/1998/387

008437613 金溪年鉴 1986/1992,1998/387

008788770 广昌年鉴 1991/1997/388

008749447 上饶地区综合年鉴 1997/388

011734338 上饶年鉴 2007—2014/388

008749449 上饶市年鉴 1986/1995/388

008749365 广丰年鉴 1993/1995/389

013935886 德兴年鉴 2007/2009/389

008574205 弋阳年鉴 1986/1992,1993/1996, 2006/2009,2007/389

013608692 婺源年鉴 1987/1997/389

山东省

001992577 山东年鉴 1987—2004,2006—2015/390

004569642 济南年鉴 1989—2000,2000/2001, 2001—2003,2005—2014/398

009617878 市中年鉴/济南市中年鉴 1989, 1991/1997,1998/2004/403

013898492 段店镇年鉴 1988,1990—1991, 1993—1994/404

008966650 北园镇年鉴 1989/1996/404

008398295 天桥年鉴/济南市天桥年鉴 1991/1993,1994/1995,1996,1997/1998,1999/2003,2004/2009,2009/2010/404

008728203 历城年鉴 1986/1995,1996/2001/404

008406446 长清年鉴 1986/1997/405

008944143 章丘年鉴 1990/1992,1996/2000, 2006/2010/405

013378996 平阴年鉴 2004/2010/405

009840982 济阳年鉴 1991/1995/406

012925017 商河年鉴 2007/2010/406

006998133 青岛年鉴 1988—2014/406

009411548 (伪)青岛特别市市公署行政年鉴 1939/406

007705665 (伪)青岛特别市市公署行政年鉴 1940/406

012792741 市南年鉴 2010—2012/409

012079341 市北年鉴 2009,2011/409

009913725 四方年鉴 2005,2006/2007/409

009502481 西陵年鉴 1987/1997,1998/2003/409

009324893 胶南年鉴 2003—2013/410

011503199 青岛市黄岛区年鉴/青岛经济技术开发区·青岛市黄岛区年鉴 2007—2009,2011/410

009913656 崂山年鉴 2005—2009,2013/410

013470951 李沧年鉴 2010—2012/411

011500371 城阳年鉴 2007—2014/411

009502655 胶州年鉴 2004—2012/411

008397837 即墨年鉴 1992/1998,2000—2010, 2011/2012/411

009541768 平度年鉴 2004—2011,2012/2013/412

011966772 莱西年鉴 2006—2011,2013/412

005756716 淄博年鉴 1987—2014/412

012838933 张店年鉴 2009/414

012048820 张店十年鉴 1988/1997/414

009913629 博山年鉴 1986/1997/414

009589758 临淄年鉴 2004—2011,2013—2014/414

012049090 朱台年鉴 2005/2007,2010/2011/415

008957079 周村年鉴 1986/1992,1993/1995,2003/2005,2009/2010,2011,2013—2014/415

008477016 桓台年鉴 1988/1991,2003/2006,2007/2008/415

013369824 高青年鉴 2005/2010,2012—2014/415

008966663 市中年鉴/枣庄市中年鉴 2004/2008,2009/2010/415

008325245 枣庄年鉴 1993—2014/416

012724291 薛城年鉴 2007/2008,2009/2012/416

011823158 山亭年鉴 2003/2006,2007/2008,2011,2013/417

013608975 官桥年鉴/官桥镇年鉴 1986/1988/417

008405337 滕州年鉴 1991/1995,2008—2009,2013—2014/417

007916791 东营年鉴 1993—1995,1996/1998,2000—2002,2004—2013/418

008944079 东营区年鉴 2000—2014/419

009288913 河口年鉴 1996/1998,2001,2003—2010,2012—2013/419

009502664 垦利年鉴 2004—2013/419

008728204 利津年鉴 1996—2013/419

008990610 广饶年鉴 2001—2012/419

004625044 烟台年鉴 1990—1993,1995/1996,1997,1998/1999,2000—2012/420

008990614 莱阳年鉴 2000,2000/2001,2002,2004,2005/2007,2006/421

008969134 蓬莱年鉴 1998/421

008413347 招远年鉴 1995,2009,2011,2013/422

012617060 海阳年鉴 2007/2008/422

008396804 潍坊年鉴 1995—2012,2014/422

012048633 潍坊新村街道年鉴 1998,2002—2003,2005,2008/422

009425751 奎文年鉴 1994/1997,1998/2002/423

008396758 潍城年鉴 1996/423

011396127 潍坊市坊子区年鉴/坊子区年鉴 1985,1987/423

012924978 青州年鉴 2010/423

008406200 寿光年鉴 1995,1996/2000,2001/2005,2006/2010/423

008438614 高密年鉴 1986/1996/424

012521535 临朐年鉴 2001/2008/424

009014905 济宁年鉴 2003—2012/424

008728198 济宁市中区年鉴/济宁市市中区年鉴 1996/1998,1999/2004,2005/2009,2010/2012/425

013677352 任城年鉴 2012—2013/425

008633832 兖州年鉴 1996/1999,2000,2001/2002,2003/2005,2006/2008,2009,2010/2012/426

008247786 曲阜年鉴 1991/1993,1994/1995,1996/1998,1999/2002,2003/2005,2006/2007,2008/2011/426

008589005 邹城市年鉴/邹城年鉴 1991/1995,1996/1998,1999/2000,2001/2002,2003/

2004/426

008966661 微山年鉴 1991/1998,1999/2000, 2001/2002,2003/2005,2006/2010/427

009589481 金乡年鉴 1991/1995/427

009840997 嘉祥县年鉴 1986/427

009589520 汶上年鉴 2000/2002/428

008437425 泗水年鉴 1992,1994—1995,1997/1998,2002—2004,2005/2006,2007—2014/428

004187698 泰安年鉴 1985/1990,1992—2014/428

008406187 泰山区年鉴 1985/1996,2003/2007/429

008588969 新泰年鉴 1986/1992,1993/1997,2001/2005,2006/2010/429

008378166 肥城年鉴 1988/1992,1993/1997,2003/2007,2008/2011/429

012243266 宁阳年鉴 2003/2007/430

012617049 东平年鉴 1986/1993/430

008399609 威海年鉴 1998—2014/430

008275214 文登年鉴 1991/1995,1996/1997,1998—2000,2002—2007,2007/2009,2010,2011/2012/431

008773091 荣城年鉴 1996/1999/432

008435376 乳山年鉴 1996/1998,2000—2012/432

008389355 日照年鉴 1990/1994,1995—2007,2009—2014/433

008438699 五莲年鉴 1989/1997,2009/434

008398329 莱芜年鉴 1994—2014/434

013957272 莱城年鉴 2012/435

008505170 临沂年鉴 1995—1999,2001—2012/435

008406305 兰山年鉴 1996—1997,1997/2002,2003—2008,2010—2011/436

011966854 罗庄区年鉴/罗庄年鉴 1995/1997,1998/2004/436

009264742 沂南年鉴 1990/1999,2006/2010/437

011967374 郯城年鉴 2000/2004,2005/2007,2008/2010/437

008643805 沂水年鉴 1991/1999,2004/2005,2006/2007,2008/2009,2010—2012/437

012351751 苍山年鉴 1996/2006/437

013859246 费县年鉴 2011/2012,2014/437

008902161 莒南年鉴 1994/1998,1999/2003,2004/2006,2011—2014/438

008396712 蒙阴年鉴 1988/1993,1994/1995,1996/2003,2004/2008/438

011140369 临沭年鉴 2001/2005,2007—2008,2009/2010,2011—2012/438

007955721 德州年鉴 1993—2014/438

008437877 禹城年鉴 1986/1995,2001/2005/439

008437715 平原年鉴 1986/1995/439

008433961 聊城年鉴 1991/1994,1995/1997,1998/2001,2002/2003,2005—2013/439

014014218 东昌府年鉴 2006/2011/440

008902170 临清年鉴 1991/1998/440

008438581 阳谷年鉴 1988/1994,1995/1999,2000/2003/440

008405349 茌平年鉴 1986/1996,1997/2009/440

013787991 东阿年鉴 1986/1999,2005/2010/440

008643776 高唐年鉴 1988/1998,1999/2004/441

008399502 滨州年鉴 1997—2014/441

008399531 滨州市年鉴 1998—1999/441

008433944 沾化年鉴 1988/1997/442
008588889 惠民年鉴 1986/1997,1998/2000,
    2001/2009/442
008643802 阳信年鉴 1986/1995/442
008438588 无棣年鉴 1991/1997,1998/2000
    /442
008438199 博兴年鉴 1986/1996,1997/1999,
    2000/2002,2003/2005/442
008437703 邹平年鉴 1986/1995,1996/1998,
    1999/2003,2004/2009,2010—2012/443
008403673 菏泽地区年鉴/菏泽年鉴 1999,
    2007—2014/443
007850593 成武年鉴 1988,1990—1992,1996—
    1998,2000,2002,2008—2011,2013/444
008643813 郓城年鉴 1991/1997,1998/2001
    /444
008642760 鄄城年鉴 1991/1995,1996/2000,
    2013—2014/444
013996351 东明年鉴 2013—2014/444

河南省
004724472 河南年鉴 1984—2014/445
008112143 陇海年鉴 1935/452
001992461 郑州年鉴△ 1985—2014/452
011503948 中原区年鉴 2007—2013/455
011139688 二七年鉴 2006—2012,2014/456
012048904 管城回族区年鉴/郑州市管城
    回族区年鉴/管城年鉴/郑州市管城年
    鉴 2006—2014/456
012047362 金水年鉴 2007—2008,2010—2012
    /456
012724393 郑州市上街年鉴/上街年鉴
    2010—2014/457
011140346 惠济年鉴 2001/2005,2006/2007
    /457
012176975 巩义年鉴 2007—2008,2011—2012
    /457
012361527 新密年鉴 2007—2013/458
009913209 新郑年鉴 2004—2010,2012—2013
    /458
012361667 中牟年鉴 2009/458
008247783 开封年鉴 1993—2014/459
013957275 兰考年鉴 2013—2014/459
008604923 洛阳年鉴 2000—2003,2005—2014
    /459
013609018 洛阳市西工年鉴/西工年鉴
    2009—2012/461
012079228 洛阳市涧西年鉴 2007—2009,
    2011—2012/461
012753137 洛阳市吉利年鉴 2009,2011—
    2013/461
012723618 洛阳市洛龙年鉴/洛龙年鉴
    2008—2009,2010/2011/461
013790737 偃师年鉴 2010/461
012357194 孟津年鉴 2005,2011/462
012521620 新安年鉴 2009—2010,2012—2013
    /462
012361431 嵩县年鉴 2009—2014/462
008574204 宜阳年鉴 1998,2006—2014/462
012357174 洛宁年鉴 2006,2008/462
009492647 伊川年鉴 2002/2003,2004/2005,
    2006/2007,2008—2009/462
008622492 平顶山年鉴 1999—2000,2002—
    2014/463
008588965 新华区年鉴/平顶山市新华区
    年鉴 1994,1997,2012—2013/463
008588928 卫东区年鉴/平顶山市卫东区
    年鉴 1991—2014/463

008588901 平顶山市湛河区年鉴 1998,2011—2014/464

008588959 舞钢市年鉴/舞钢区年鉴 1989—1994,1996,1999—2014/464

013677382 汝州年鉴 2012—2014/464

008588857 宝丰年鉴 1997—1999,2009—2013/464

009502389 叶县年鉴 2009—2011,2013/464

009264752 鲁山年鉴 2002—2004,2006/2010,2011/2012/465

009617292 郏县年鉴 2003—2014/465

008588845 安阳年鉴 1999—2012,2012/2013/465

009805185 林州年鉴 2003/2004,2005—2008,2011—2012/466

011139602 安阳县年鉴 2003/2004,2005—2012/466

010226850 汤阴年鉴 2005—2013/466

013680549 内黄年鉴 2012/466

008588877 鹤壁年鉴 1992—1993,1994/1995,1996—2009,2012,2014/467

012521524 鹤壁市郊区年鉴 1992/1993/467

013173236 浚县年鉴 2010—2011,2013/467

011503182 淇县年鉴 2005—2008,2011/467

008396013 新乡年鉴 1996—2010,2012—2014/468

009436839 新华区年鉴/卫滨年鉴 1995—1997,1998/1999,2000—2002/469

010226852 卫滨年鉴/新乡市卫滨年鉴/新华区年鉴 2004,2006—2008,2010—2013/469

008802299 红旗区年鉴 1987—2013/469

009726037 新乡市北站区年鉴 2001/2003/469

008643483 新乡市郊区年鉴 1994—1999/469

008574201 卫辉市年鉴 1989/1993,1994/1997,1998/2000/470

008250244 辉县市年鉴/辉县年鉴 1985,1990/1993,1994/1995,1996—2001,2002/2003,2004—2009,2011—2013/470

008665733 新乡县年鉴 1987/1991,1992—1994,2001/2002,2003,2009—2010/470

011140362 获嘉年鉴 2001/2004,2005/2008/470

009502392 原阳年鉴 2004,2011/470

009502386 延津年鉴 2001/2002,2009—2013/470

012351795 封丘县年鉴 2003/2005/471

009520090 长垣县年鉴 2001/2002,2001/2003/471

008433551 焦作年鉴 1987/1991,1992/1995,1997—2014/471

013172742 焦作市解放区年鉴/解放区年鉴 2010—2011/472

012617240 焦作市中站区年鉴 2009,2011/472

013173531 马村区年鉴/焦作市马村区年鉴 2006/2007,2008/2009,2010/2011/472

011966724 焦作市山阳区年鉴 2006/472

009520162 孟州年鉴/孟县年鉴/孟州通鉴 1993/1994,1995/1996,2001/2004,2005/2009/472

009502383 修武年鉴 1995,2010/473

013369620 博爱年鉴 2010/473

009617301 武陟年鉴 2004,2004/2005,2006/2007,2008/2009,2010/2011/473

011823220 温县年鉴 2001/2003,2004/2006,

2007/2010/473

007479029 濮阳年鉴 1987—1991,1992/1993, 1994—2014/474

008555697 濮阳市区年鉴/濮阳华龙区年鉴/华龙年鉴 1996/1997,1998—2009,2011—2012/474

012048450 清丰年鉴 2006—2008/475

012924016 南乐年鉴 2008—2010/475

013995998 范县年鉴 2012/2013/475

012079533 台前年鉴 2007—2008,2010—2014/475

011967056 濮阳县年鉴 1998/475

008633829 许昌年鉴 2000—2009,2011—2014/475

009035948 禹州年鉴 2000—2013/476

009360380 长葛年鉴 2003—2004,2006—2014/476

009520231 许昌县年鉴 1992,2002—2003,2004/2005,2006/2007,2009/2010,2011/2012/476

012361563 鄢陵年鉴 2009—2014/476

011399411 襄城年鉴 2005,2007,2009,2011,2013/477

008969119 漯河年鉴 1999—2009,2011—2014/477

013996220 舞阳年鉴 2012/477

008849770 三门峡年鉴 2001—2014/477

011140383 陕县年鉴 2006—2008,2011—2013/478

011823296 义马年鉴 2001,2006,2007,2009—2011/478

009540756 灵宝年鉴 2002—2005,2007—2008,2012—2013/478

011503483 渑池年鉴 2001/2006,2011—2013/478

011503053 卢氏年鉴 2001/2006,2007/2008/479

009562283 南阳县年鉴 1987—1988,1990—1993/479

008623431 南阳年鉴/南阳县年鉴 1996—2013/479

005719940 南阳市年鉴 1986/1990,1992—1994/479

008670253 南阳市卧龙区年鉴 1996—2001/480

009520260 宛城区年鉴/南阳市宛城区年鉴 1996,2001/2003,2004/2007,2008/2009/480

011396069 邓州年鉴 2006—2012/481

011823061 南召年鉴 2003/2006/481

012351791 方城年鉴 1994/1997/481

011399400 淅川年鉴 2005—2006/481

009502374 唐河年鉴 2002—2003,2006—2008,2011/481

008604938 新野年鉴 1998—1999,2000/2001,2002,2003/2006,2007/2008,2009/2010/481

008395994 商丘年鉴 1999—2013/482

008395953 商丘县年鉴 1991/1992,1996,1999/482

009425806 睢阳年鉴 1998/2000,2001/2003/482

012361435 睢县年鉴 2001/2006,2007/2008,2009—2013/482

013974406 柘城县百科年鉴 1981/483

013481738 虞城年鉴 2011,2013—2014/483

007375261 夏邑年鉴 1985/1991/483

008588971 信阳年鉴 1999—2007,2009,2011—2014/483

012617447 浉河年鉴 2005,2009,2012/484

012048430 平桥年鉴/信阳市平桥年鉴 2007—2014/484

009157745 罗山年鉴 1999—2000/484

013481720 新县年鉴 2011—2014/484

008588876 固始年鉴 1996—1998,2000,2011—2014/484

012792583 潢川年鉴 2010/485

008588887 淮滨年鉴 1996/1997,1998/485

012724285 息县年鉴 2010—2011/485

008643769 周口地区年鉴 1991/1995,1997—2000/485

008643770 周口年鉴 2001,2002/2003,2004,2005/2006,2007/2008,2009/2010,2011—2014/485

013790008 商水年鉴 2009/2010/486

013996111 太康年鉴 2013—2014/486

007683399 驻马店地区年鉴/驻马店年鉴 1993—2009,2012—2014/487

011140394 西平年鉴 2001/2005,2007,2007/2008,2009/2010/487

013939613 正阳年鉴 2006/2010/487

013932371 确山年鉴 2001/2010/488

013656093 汝南年鉴 1984/488

012617471 遂平年鉴 2001/2006,2011—2012/488

008643428 济源年鉴 1997—2013/488

湖北省

004724260 湖北年鉴△ 1982—1987,1989—2004,2006—2014/490

008119741 湖北省年鉴 1937/490

006036452 武汉年鉴/武汉经济年鉴 1986—2002,2004—2014/496

008240724 武汉日报年鉴 1947/496

011822194 江岸年鉴 2008,2010—2014/503

011822205 江汉年鉴 2007—2014/504

011823122 硚口年鉴 2007,2012—2014/504

008323884 汉阳年鉴 1989—1990/504

012551027 汉阳年鉴 2006,2009—2014/504

009324462 武昌年鉴 2003—2009,2011—2014/504

011823125 青山年鉴 2007,2011—2014/505

009360357 洪山年鉴 2002—2004,2011—2014/505

011821857 东西湖年鉴 2009—2014/505

011502086 汉南年鉴 2004,2007,2009,2011—2014/505

008466008 蔡甸年鉴 1991/1995,2006—2007,2011—2014/505

011822232 江夏年鉴 2008—2014/505

009805580 黄陂县年鉴/黄陂年鉴 1985,2007—2008,2010,2012—2013/506

012801256 新洲年鉴 2006/2008,2010—2013/506

008399237 黄石年鉴 1995—2009,2011—2013/506

008315297 大冶年鉴 1990/1992,1993/1997,1998/2002,2011—2013/507

012801285 阳新年鉴 2006—2010/507

008438574 十堰年鉴 1996—2013/507

009492922 茅箭年鉴 1997—2001,2002/2003,2004/2005,2006/2007,2007/2008,2011—2014/508

012617659 十堰市张湾年鉴/张湾年鉴 2008—2014/508

012617594 郧县年鉴 2006/2007,2008,2011—2012/508

012176919 丹江口年鉴 2006—2013/508

012617575 郧西年鉴 2009,2011—2013/509

008406296 竹山年鉴 1995—1996,1998—1999,
2000/2001,2002/2003,2004—2010/509

012617812 竹溪年鉴 2008—2009,2012/509

008438744 房县年鉴 1986/1992,2011—2013
/509

008251239 宜昌年鉴 1989—1991,1993—2000,
2002—2014/509

009492640 伍家岗年鉴 2002—2008,2011—
2014/511

013393872 夷陵年鉴 2011—2014/511

009237408 当阳年鉴 1994/1999,2012—2013
/511

013957775 枝江年鉴 2011,2013—2014/511

013793223 长阳年鉴 2012—2013/511

013312027 五峰年鉴 2010/511

009037023 襄阳县年鉴/襄阳年鉴 1986/
1995,1996/1998,1999/2001/512

012833418 襄阳年鉴/襄樊年鉴 2010—2014
/512

007462385 襄樊年鉴 1988,1991/1992,1993—
2003,2004/2005,2006—2009/512

013957768 襄州年鉴 2012—2014/513

009459824 老河口年鉴 1994/1996,1997/1999
/513

009104908 枣阳年鉴 2000—2007,2010/2011,
2012/2013/513

008438066 宜城年鉴 1989,1991—1992,1994,
1995/1997,1996—1997,2000,2002,2004—2008,
2010,2012—2013/513

008520903 南漳年鉴 1990,1993—1994,1997,
1999,2001,2005,2007,2009,2011—2014/513

008555500 谷城年鉴 1999/514

009840857 保康年鉴 2011—2014/514

008574176 鄂州年鉴 1997—2012/514

007847481 华容年鉴 1992—2008,2010,2012
/514

008432802 荆门年鉴 1997—2014/515

013470920 东宝年鉴 2011—2012/516

013470926 掇刀年鉴 2011—2013/516

009502483 钟祥年鉴 1995,2009—2014/516

008998435 京山年鉴 1986/1990,1991/1995,
1996/2000,2012,2014/516

011967117 沙洋年鉴 1998/2007,2011—2013
/516

008438093 孝感年鉴 1993/1995,1999,2002,
2005,2008—2013/516

008434168 应城年鉴 1986/1992,1993/1998,
1999/2003,2004/2006/517

013859208 安陆年鉴 2012—2013/517

011966567 汉川年鉴 1997/2006,2007/2009,
2011/518

012983130 大悟年鉴 2010—2012/518

008438624 云梦年鉴 1988/1995,1996/2000
/518

008432917 荆沙年鉴 1995—1996/519

008432786 荆州年鉴 1997—2014/519

006058859 沙市年鉴 1987—1992,1993/1994
/519

013677623 沙市年鉴/荆州市沙市年鉴
2005/2009,2011—2012,2014/519

005701126 石首年鉴 1986/1990,1991/1993,
1994/1998,1999/2003,2007/2012,2013/520

008215832 松滋年鉴 1987,1991/520

013604540 公安年鉴 2011—2014/520

013677835 监利年鉴 2009—2014/520

013928142 江北年鉴/江北监狱年鉴 2009
/521

008466012 江陵年鉴 1992—1993/521

012261265 江陵年鉴/江陵五年鉴 1995/1999,2000/2004/521

008397152 黄冈年鉴 1997—2014/521

009502486 麻城年鉴 1986/1997,2012/522

008465996 武穴年鉴 1998,2003,2003/2006,2010/2011/522

008466000 红安年鉴 1990/1993,1994/1997,1998/2000/523

008828449 罗田年鉴 2000—2002,2004—2006,2008—2009,2011—2012/523

009520191 浠水年鉴 1994—2014/523

009054718 蕲春年鉴 1994/1998/524

008957076 咸宁年鉴 2001—2013/524

013957694 咸安年鉴 2011—2013/524

009081314 赤壁年鉴 1998/2000,2001/2002,2003—2012,2014/524

005033010 蒲圻年鉴 1987—1991,1994/1997/525

012923626 嘉鱼年鉴 2009—2013/525

008063523 通城年鉴 1989—1992,1995—1997,1999—2008,2012/525

010102651 崇阳年鉴 2007,2010,2012/525

013957679 通山年鉴 2011—2013/525

009135307 随州年鉴 2002—2014/525

012617643 曾都年鉴 2000/2002/526

009459801 广水年鉴 1997/2001,2002/2006,2007/2011/526

013467747 随县年鉴 2010,2012—2014/526

008579678 恩施州年鉴 1999—2009,2011—2013/526

013747977 恩施市年鉴 2011/527

008520887 利川年鉴 1999—2008,2011—2013/527

008941752 建始县年鉴/建始年鉴 2000,2003,2005,2013/527

009406042 巴东年鉴 2000/2001,2003—2007,2010,2012/527

013714534 宣恩年鉴 2010—2012/527

012655826 咸丰年鉴 2008,2011—2013/527

012923777 来凤年鉴 2000,2000/2007,2008/2009/528

008577068 鹤峰年鉴 1986/1990,1991/1995,1996/2000,2001/2005,2009,2011—2013/528

012801238 仙桃年鉴 2010—2014/528

013957645 潜江年鉴 2011/529

008395269 天门年鉴 1986/1989,1990/1991,1992/1995,2012—2014/529

011503460 神农架年鉴 2001/2005/529

湖南省

008133959 湖南年鉴/湖南省年鉴/湖南省政治年鉴 1930,1933/530

001733890 湖南年鉴 1986—2004,2006—2011,2013/530

002456453 长沙年鉴 1987—2014/536

013397045 长株潭试验区年鉴 2011—2014/536

009542184 望城年鉴 2004—2014/540

008435454 浏阳年鉴 1986—1990,1992—1994,1996—2010,2012,2014/540

008437874 长沙县年鉴 1993/1997,1998/2002,2003/2007,2008/2011/541

010226665 宁乡年鉴 2005—2014/540

007211286 株洲年鉴 1989—2013/541

009459966 株洲新区年鉴 2003/541

007275149 醴陵年鉴 1987—1990,1992—2013/543

008435142 株洲县年鉴 1996—1998,2000,2002,2004—2013/543

008435127 攸县年鉴 1991—1993,1995—2011/543

008923222 茶陵年鉴 1993/1996,1997/2000,2001/2002,2003/2004,2005/2006,2007/2008/544

009015887 炎陵年鉴 1995—2001,2003,2005,2007,2009/544

013373876 九华年鉴 2003/2008/544

008267116 湘潭年鉴 1992—2014/544

011823244 湘乡年鉴 2005—2010/545

008438843 湘潭县年鉴 1997—2010/545

008399566 衡阳年鉴 1994—2014/545

008435359 南岳年鉴 1996,1997/2002,2003/2008,2009—2013/546

008437641 耒阳年鉴 1993—2005,2007—2010,2012/546

008633712 常宁年鉴 1991/1994,1995/1998,2008—2012/546

013655924 衡阳县年鉴 1996,2009/2010/546

013173457 衡山年鉴 2006/2008/546

012354145 衡东年鉴 1990/1996,2002/2007,2008/2009/546

008437627 邵阳年鉴 1998—2005,2007—2008,2009/2010,2011—2014/547

012983808 武冈年鉴 2007—2009/547

011140387 邵阳县年鉴/中共邵阳县委工作纪事·邵阳县年鉴 2005—2006,2008,2010/547

011140371 隆回年鉴 2005—2012,2014/547

008728241 岳阳年鉴 1997—1998,2000—2013/548

012983877 岳阳楼区年鉴 2006,2008—2009,2011/548

012530577 云溪年鉴 2009—2010,2012—2014/548

008438833 汨罗年鉴 1994/1996,1997—2003,2006,2008—2009,2011—2012/549

008574187 临湘年鉴 1993/1997,1998—1999,2002,2004,2008,2012/549

009502614 岳阳县年鉴 1997—1998,2002,2004,2006,2008,2010,2014/549

013634413 湘阴年鉴 2011—2014/549

009237392 平江年鉴 1996—2010/550

008378198 常德年鉴 1989/1993,1993/1997,2001—2013/550

013710660 鼎城年鉴 2007—2010/550

008435347 津市年鉴 1991/1994/550

009033479 安乡年鉴 1990/1997,1998/2002/551

009502490 汉寿年鉴 1986,1990/1999/551

009502495 澧县年鉴 1990/1996,2006—2009,2011,2013/551

012530101 临澧年鉴 2006—2007/551

013932462 桃源年鉴 1987,2003/2009/551

009035864 石门年鉴 1990/1996,2003/2007,2008—2009,2012/552

008397779 张家界年鉴 1996,1997/2000/552

011140381 桑植年鉴 2001/2005,2006,2007/2008,2009/2010/552

008438020 益阳年鉴 1994/1998,2001—2008,2011/553

008437991 郴州年鉴 1996/1997,1998—2009,2011—2014/554

009436915 北湖年鉴 2003—2010/554

012983726 苏仙年鉴 2007/2009/554

009502610 永兴年鉴 1989/1998/554

009436876 永州年鉴 2002—2014/554
012199219 零陵年鉴 1992/555
008728186 怀化年鉴 1998—2000, 2002, 2004, 2006—2010, 2012/555
009436905 鹤城年鉴 1999, 2003/556
012194242 洪江年鉴 1999/2001/556
008437470 黔阳年鉴 1991, 1991/1997/556
008788773 会同年鉴 1989/1991, 1992/1995, 1996/2000, 2001/2005, 2006—2008, 2009/2010/556
009502621 芷江年鉴 1992, 1998/2000, 2002—2003, 2008/2009/556
009502499 通道年鉴 1996/2000/556
008551478 娄底年鉴 1993, 1993/1998, 2000/557
011503014 冷水江年鉴 2006/557
008866919 湘西州年鉴 1996/2000, 2002—2012/557
009436902 吉首年鉴 2002—2008/558

广东省

008583852 广东年鉴 1941/560
001823985 广东年鉴 1987—1988, 1990—2014/560
008230598 广州年鉴/广州市政府统计年鉴 1935/566
001733982 广州年鉴/广州经济年鉴 1983/2002, 1985—2003, 2005—2014/567
008435426 越秀年鉴/广州市越秀年鉴 1996, 1996/2003, 1997—2014/571
009062483 荔湾年鉴 2008—2013/571
009437217 海珠年鉴 2002—2014/572
009015853 天河年鉴/广州市天河年鉴 2002—2013/572

009840742 白云年鉴 2004—2013/572
008432508 芳村年鉴 1995/1996, 1997, 1999—2005/572
008749943 黄埔年鉴 1999—2013/572
011503063 萝岗年鉴 2007—2014/572
007683379 番禺年鉴 1995—2014/573
008398349 花都年鉴/广州市花都年鉴 1997—2014/573
012530116 南沙年鉴 2007—2013/573
008435163 增城年鉴 1997—2014/573
008848372 从化年鉴 1999, 2000/2001, 2002—2014/573
008773097 韶关年鉴 1986, 1991/1995, 1996/2000, 2001/2005, 2009—2014/574
012926152 浈江年鉴 2010—2014/574
013771893 武江年鉴 2011—2013/574
013471041 曲江年鉴 2011—2013/574
012792624 乐昌年鉴 2010, 2012—2013/574
008849765 南雄年鉴 1993/1997, 1998, 1998/2002/575
009062521 仁化年鉴 1988/1999, 2012—2013/575
013603334 翁源年鉴 2011—2014/575
013603427 新丰年鉴 2011/575
013771899 乳源年鉴 2012—2014/575
008261218 深圳经济特区年鉴增刊 深圳辉煌十五年 1995/575
004943456 深圳经济特区年鉴/深圳年鉴 1985, 1987, 1989—1994, 1996/575
007694740 深圳年鉴/深圳经济特区年鉴 1997—2014/575
013965191 福田年鉴 2009/2011/580
012530112 罗湖年鉴 2005/2008, 2010/580
012924912 南山年鉴/中国·深圳南山年

鉴 1996,2009—2014/580

010102162 宝安年鉴 1995—2013/580

013481735 盐田年鉴 2011—2012/581

001992409 珠海年鉴/珠海经济年鉴 1987—1989,1990/1991,1992—2003,2005—2013/582

003098907 汕头经济特区年鉴/汕头年鉴 1989—2014/583

013677409 潮阳年鉴 2012—2013/583

013470914 澄海年鉴 2011—2013/583

013677400 南澳年鉴 2011—2014/584

008138090 佛山年鉴 1993—2014/584

008277831 南海年鉴 1994—2014/584

012048599 顺德年鉴 2008—2013/585

008432775 三水年鉴 1996—2014/585

008574183 高明年鉴 1999—2014/585

008438817 江门年鉴 1996/1997,1998/1999,1999/2000,2001—2005,2007—2013/586

008437445 新会年鉴 1995/1996,1997/1998,1999/2000,2001/2002,2011/2012/586

005430956 台山年鉴△ 1986,1988,1993—1994,1998/1999/586

013467408 开平年鉴 2008/2009/587

009425866 鹤山年鉴 2003,2005,2007,2011,2013/587

010223968 恩平年鉴 2001/2003,2004/2006/587

008397880 湛江年鉴 1994,1996—2012,2014/587

013996336 湛江市霞山年鉴 2012—2013/588

010226318 廉江年鉴 2005,2006/2008/588

012243248 雷州年鉴 2007/2008,2009/2010/588

012243278 遂溪年鉴 2008,2010—2014/588

009726034 徐闻年鉴 2004—2005,2006/2007,2008,2010—2012/589

011140377 茂名年鉴 2006—2008,2012—2013/589

013603192 茂南年鉴 2011—2013/589

013467344 电白年鉴 2009/589

013089988 高州年鉴 2009/589

008426293 化州年鉴/化州市年鉴 1998,2009/590

008426291 信宜年鉴 1989/1995,1996/2000/590

013608947 肇庆高新区年鉴 2007/2010/590

008438713 肇庆年鉴 1998—2014/590

008438776 端州年鉴 1997,1999/2000,2001—2003,2004/2005,2006/2007/591

013311508 鼎湖年鉴 2009/2010,2011—2014/591

006088566 高要年鉴 1989,2000,2002,2004,2008,2010—2014/591

008438174 四会年鉴 1997—1999,2000/2001,2002—2006,2009/591

008438570 广宁年鉴 1998—2000,2001/2002,2013—2014/592

008466709 怀集年鉴 1987/1994,1995,1996/1997,1998/1999,2000,2001/2002,2003/2004,2005/2008/592

008433608 封开年鉴 1996/1997,1998/2002,2003/2004,2007/2009/592

008848377 德庆年鉴 1999,2001/592

008555421 惠州年鉴 1999—2014/592

012194311 惠城年鉴 2008—2014/593

009927841 惠阳年鉴 2005—2010,2011/2012/593

009182944 博罗年鉴 2003/2005,2008/593

009004428 惠东年鉴 1997/2002,2003/2004,2005/2006,2007/2008,2009/2010,2011—2013/593

009616813 龙门年鉴 2003,2005,2007—2013/593

007657036 梅州年鉴 1992/1993,1994—2000,2002—2014/594

008477217 梅县年鉴 1994—2013/594

008588975 兴宁年鉴 1996—2014/594

008438053 大埔年鉴 1993—2006,2008—2013/595

008588870 丰顺年鉴 1994/1995,1997/1998,1999/2000,2001/2002,2004/2006,2012/595

009182893 五华年鉴 1994—1995,1997—1998,1999/2000,2001—2006,2008—2014/595

008315302 平远年鉴 1993,1994/1997,1998—2002,2004—2014/595

008401611 蕉岭年鉴 1999,2001,2003—2012/595

008555473 汕尾年鉴 1999—2014/596

013996014 海丰年鉴 2012—2013/596

009062461 河源年鉴 2002—2014/596

008788167 紫金年鉴 1989/1998,1998/2002,2005—2012/597

011822990 连平年鉴 2007,2008/2009/597

013793229 东源年鉴 2012—2013/597

011140405 阳江年鉴 2001/2005,2006/2008,2009/2010,2012/597

013090429 阳东年鉴 2001/2008,2012—2013/598

008574192 清远年鉴 1999—2014/598

013772646 清城年鉴 2012,2014/598

009542164 清新年鉴 1988/2002,2003—2005/598

010226881 英德年鉴 2003/2005,2006,2012—2014/599

009805712 连州年鉴 2004,2006—2013/599

011821963 佛冈年鉴 2008,2012—2013/599

012079667 阳山年鉴 2007/2008,2011—2014/599

013772665 连山年鉴 2012—2014/599

012923418 东莞大朗镇年鉴/东莞市大朗镇年鉴/大朗年鉴 2010—2014/600

008876472 东莞年鉴 2005—2014/600

008406161 中山年鉴 1991/1997,1999—2006,2008—2014/600

008438009 潮州年鉴 1997—2000,2002—2014/601

013771987 饶平年鉴 2011/601

008405361 揭阳年鉴 1992/1995,1997—2014/601

013677404 普宁年鉴 2012,2014/602

013772642 揭西年鉴 2012—2014/602

008588982 云浮年鉴 1999—2014/602

009195398 云城年鉴/云城区综合年鉴/云城区年鉴/云浮市云城区年鉴 1999,2001/2005,2006/2007,2008/2009,2011—2012/602

008849821 云安年鉴 1997—1999,2001—2002,2004—2009,2011—2014/603

008773078 罗定年鉴 1998/1999,2003,2003/2008/603

009806758 新兴年鉴 2005,2007,2009,2011,2013/603

广西壮族自治区

008134240 广西年鉴 1933/604

005325884 广西年鉴/广西经济年鉴 1987—1992,1994—2004,2006—2014/604

008315321 南宁年鉴 1996—2014/610

012617392 青秀年鉴 2005/2008,2009/2010,2012/611

013996309 兴宁区年鉴 2012/612

013603132 江南区年鉴 2011—2014/612

013603364 西乡塘区年鉴 2011—2013/612

011140368 良庆年鉴 2006—2012/612

008438194 邕宁年鉴 1991/1996,1997/1998,1999/2001,2002—2003,2005/2009,2011—2012/612

009004487 武鸣年鉴 1991/2000,2001/2002,2003,2005—2013/612

011503040 隆安年鉴 2004/2005,2009/2011/613

011140375 马山年鉴 1987/1999,1999/2002/613

011140384 上林年鉴 1992/1997,2004/2005/613

008315311 宾阳年鉴 1987—1993,1995—1996,1997/1998,1999,2000/2001,2002/2003,2004/2005,2006/2007,2010/2011/613

008247768 横县年鉴 1987/1990,1993—1994,1996/1997,1998/1999,2000/2001,2007/613

008250233 柳州年鉴 1993—2014/614

013714669 柳北年鉴 2011—2013/614

013790756 鱼峰年鉴 2005/615

009519853 柳江年鉴 2000/2001,2002/2003,2007,2010—2012/615

012723614 柳城年鉴 2001/2004/615

009588915 鹿寨年鉴 1996/2000/615

009502363 融安年鉴 1990/2002/615

009928072 三江年鉴 1986/2000/615

008002829 桂林市鉴/桂林市年鉴 1986/1990,1991/1995,2000/616

008311371 桂林市年鉴/桂林年鉴/桂林市鉴 1997—1999,2001—2014/616

013793300 临桂年鉴 2012/617

013677524 秀峰年鉴 2012—2013/617

009288855 阳朔年鉴 1986/1990,1991/1995,2010—2013/617

008435236 梧州年鉴 1995—1996,1999—2007,2009—2012,2014/617

009927842 梧州市综合年鉴/梧州综合年鉴 2005,2005/2006,2007—2008/617

009933470 岑溪年鉴 2003/2005,2010,2012/618

013608683 藤县年鉴 2009/2010/618

013932147 蒙山年鉴 2009/2010/618

008395691 北海年鉴 1994,1996—2000,2001/2002,2003—2014/618

013655910 合浦年鉴 2009/2010,2012—2014/618

008944091 防城港市年鉴/防城港年鉴 1993/1998,1999/2001,2002,2004—2013/619

013311513 东兴年鉴 2009/2010,2012—2013/619

008942005 钦州市年鉴/钦州年鉴 1990—1992,1995—1996,1997/1998,1999/2001,2002/2003,2004—2013/619

011503037 灵山年鉴 2011—2012/619

008438674 浦北年鉴 1991/1995/620

008777389 贵港年鉴 1996/1997,1998/2005,2006—2008,2009/2010,2011—2012,2014/620

008413149 桂平年鉴 1988/1994,2006/620

009492878 玉林年鉴/玉林市年鉴 2001—2002,2004—2013/621

012200321 玉州区年鉴 2002/2005,2006/2007,2008/2010,2012—2014/621

013787986 北流年鉴 2010/2011/621

012617408 容县年鉴 2008—2012/621

011966827 陆川年鉴 2008—2012/621

011500280 博白年鉴 1990/2003,2004/2008,2012—2014/621

011823289 兴业年鉴 2006/2007,2008/2009,2010/2011,2013/622

008941943 百色年鉴 1997—1999,2005/2006,2007/2008,2009/2010/622

012079739 右江区年鉴 2008,2009/2010/622

010226307 靖西年鉴 2004,2007/2008,2009/2010/622

009927846 田阳年鉴 1996/2000,2001/2005/622

008588924 田东年鉴 1989/1992,1993,1994/1998,1999/2002,2003/2006,2007/2009/622

012923414 德保年鉴 2008/2009,2010/2011/623

012199210 凌云年鉴 2008/2009/623

012801194 田林年鉴 2007/2009/623

011967509 西林年鉴 2001/2005/623

012923804 隆林年鉴 2007/2008,2009/2010/623

009616864 贺州市年鉴/贺州年鉴 2003,2004/2005,2006/2008,2011/2012,2013/623

013173579 平桂年鉴 2008/2009,2010/2011/623

010225548 贺州市八步区年鉴/八步区年鉴 2002/2003,2004/2005,2006/2007,2008/624

009502367 昭平年鉴 2011/2012/624

013859278 钟山年鉴 2011/2012/624

013311649 富川年鉴 2010/2011/624

008633718 河池市年鉴/河池年鉴 1991/1996,1997—1998,1999/2000,2004—2007,2008/2009,2010—2014/625

009272099 来宾年鉴 1991/2000,2004—2008,2010—2013/625

013090423 兴宾年鉴 2009/2010,2011/626

010102217 忻城年鉴 1996/2003/626

008588963 象州年鉴 1991/1995,1996/2000/626

012048641 武宣年鉴 1997/2006/626

011398589 金秀年鉴 1988/2002/626

011965731 崇左年鉴 2008—2014/626

009215401 南宁地区年鉴 1999—2002/626

011966714 江州年鉴 2008—2014/627

009927849 凭祥年鉴 2002/2003/627

012357216 宁明年鉴 2002/2003,2008/2009,2010,2012—2013/627

009519848 龙州年鉴 2001/627

007977721 大新年鉴 1987—1988,1990—1995,2002,2007—2009,2012—2014/627

012925101 天等年鉴 2008—2013/627

海南省

005032911 海南年鉴 1990,1992—2004,2006—2013/628

007511734 海口年鉴/海口市年鉴 1995—2014/629

012199544 三亚年鉴/三亚市年鉴 2007—2008,2011—2013/630

015282363 三沙年鉴 2013/630

013652726 儋州市年鉴 2009,2011—2012/630

012983803 五指山市年鉴 2009—2013/631

009926255 琼海年鉴/琼海市年鉴/海南

省地方年鉴第1辑 2009,2011—2013/631

009926257 文昌市年鉴 2009,2011—2013/631

012521608 万宁市年鉴 2010,2013/631

013369802 定安县年鉴 2009/631

013996061 临高县年鉴 2011—2013/631

009616904 昌江年鉴/昌江黎族自治县年鉴 1991/2002,2011—2012/632

013467442 乐东黎族自治县年鉴 2009—2010/632

013859274 陵水黎族自治县年鉴 2011—2012/632

012521557 琼中黎族苗族自治县年鉴 2010/632

重庆市

005756710 重庆年鉴 1987,1989,1991,1993—2004,2006—2014/633

011141502 重庆直辖十年鉴 1997/2007/633

008435400 渝中年鉴 1995/1996,1997/1998,1999/2000,2001/2004,2005/2006/636

008313053 万县地区年鉴/万县市年鉴 1990—1992/637

008312364 万县市年鉴/万县地区年鉴 1993—1998/637

008902120 万州年鉴/万县市年鉴 1999—2010/637

008957472 涪陵年鉴 2001—2008,2012—2013/637

013757924 九龙坡年鉴 2007/638

008435388 南岸区年鉴 1990/1992,1993/1997,1998/2002,2003/2006/638

009618345 北碚年鉴 2000/2001,2002/2003,2004/2006/638

009503284 綦江年鉴 1986/1990,1991/1995,1996/2000,2008/638

013753571 大足年鉴 2007—2008,2010—2012,2014/638

008651528 渝北年鉴 1999—2000,2001/2002,2003/2004,2005/2006,2007/2008,2009/2010,2011/2012/639

009503019 巴南年鉴 1998/2002,2003/2004/639

008143279 黔江年鉴 1996—1997/639

013470938 江津年鉴 2011—2014/639

008435329 合川年鉴 1999—2008/640

009288842 永川年鉴 1997—2008,2010—2012/640

008434015 璧山年鉴 1998—2014/640

009589513 荣昌年鉴 1986—1989,1990/1991,2001—2008/640

009503280 开县年鉴 2004—2006/640

009503030 丰都年鉴 2004—2012,2014/641

009588951 垫江年鉴 2001/2002,2003/2004,2005/2006/641

009503296 武隆年鉴 1996/1997/640

009588949 忠县年鉴 1988/2000,2001/2002,2003/2004/641

009324527 云阳县年鉴/云阳年鉴 1993,2000,2002—2005,2007—2009/641

008438658 奉节年鉴 1991/1996/641

009104906 巫山年鉴 2002,2004/641

012801170 石柱年鉴 2010,2013/642

013814910 彭水年鉴 2010/2011/642

四川省

004943482 四川年鉴/四川经济年鉴 1989—2003,2005—2014/643

004625168 成都年鉴/成都市经济年鉴 1988—2014/649

013790331 肖家河街道年鉴 2007/649

011503551 武侯年鉴 2006,2008—2014/655

008426306 锦江年鉴 1991/1997,1998/2002, 2008—2014/655

008406236 青羊年鉴 1991/1997,1998/2002, 2006,2008—2014/655

009492947 金牛年鉴 2003—2014/655

008879148 成华年鉴 1991/1998,1999/2000, 2009—2014/656

008879212 龙泉驿年鉴 1989/1998,2000—2012/656

008438809 成都市青白江年鉴/青白江年鉴 1991/1994,1995/1998,1999/2002,2010/2013/656

005563230 新都年鉴 1934/656

009520060 新都年鉴 2002,2004,2010—2013/656

008325244 温江年鉴/成都市温江区综合年鉴 1986/1989,1990/1993,1994/1996,1997/1999,2000/2002,2003/2004,2005—2007,2009/2010,2013/656

008331588 双流年鉴 1986/1990,1991—2006,2008—2013/657

008968734 都江堰年鉴/都江堰市年鉴 2000,2004,2011,2013—2014/657

008426350 彭州年鉴 1998—2000,2002/2010,2013/657

009502995 邛崃年鉴 1999/2003,2009—2010,2012,2014/657

008433581 崇庆年鉴 1986/1990/657

013809468 崇州年鉴 2010/658

009502680 简阳年鉴 2003—2008,2011/658

008879201 金堂年鉴 1991/1997,1998/1999,2000/2001,2002/2003,2006,2008,2013/658

007683410 郫县年鉴 2004/2006/657

008643516 大邑年鉴 1998—2000,2002—2007,2010—2013/658

008426352 蒲江年鉴 1986/1992,1993/1997,1998/2001,2002/2006,2009—2014/658

008327867 新津年鉴 1986/1989,1990/1992,1993/1995,1996/1998,1999/2001,2002/2005,2006/2007,2008—2009,2011—2012/658

008397738 自贡年鉴 1991/1994,1995,1997—2014/659

012530660 自流井区年鉴/自流井年鉴 2008—2013/659

012926235 自流井区图片年鉴 2007/2008,2009/2010/659

009427190 大安年鉴 1989/1992/660

008426303 荣县年鉴 1986/1994,1995/1996,1998,1999/2000,2001/2002,2003/2007,2008—2009,2012,2014/660

009913764 富顺年鉴 2004—2012/660

005719988 攀枝花年鉴 1986/1990,1991/1992,1994—2012,2014/660

010226670 攀枝花市东区年鉴/东区年鉴 2001/2004,2006—2010,2012—2014/661

011823093 攀枝花市西区年鉴/西区年鉴 2007—2010,2012—2013/661

009062508 仁和年鉴 2002—2003,2006,2008—2010/661

009502917 米易年鉴 2004—2009,2011,2013—2014/661

011823295 盐边年鉴 2006—2012,2014/661

008398277 泸州年鉴 1997—2010,2012—2014/662

009502888 江阳年鉴 2003—2008,2010—2012/662

008426347 纳溪年鉴 1986/1991,2002—2009,2011—2013/662

013311815 龙马潭年鉴 2008,2010/662

012983673 泸县年鉴 2007,2009—2013/663

008998169 合江年鉴 2000—2006,2008—2009,2011—2013/663

013312068 叙永年鉴 2010/663

012983243 古蔺年鉴 2003/2006,2008—2013/663

008426339 德阳年鉴 1999—2012,2014/663

012199118 旌阳年鉴/德阳市旌阳区年鉴 2006—2013/663

013311683 广汉年鉴 2006,2010/2011/664

012617454 什邡年鉴 2009—2011/664

008437973 绵竹年鉴 1998—2011/664

012792637 罗江年鉴 2010—2013/664

008426348 中江年鉴 1996—1997/664

008109000 绵阳年鉴 1996—2014/665

008397936 涪城年鉴 1993/1995,1997—2014/666

010226889 游仙年鉴 1993/1997,1998/1999/666

009502675 安县年鉴 1993,1995—1997,2000—2004,2006—2009/666

008998177 江油年鉴 2001—2014/666

008438689 三台年鉴 1993/1996,1998—1999,2002—2013/666

008413109 三台县综合年鉴 1988/1992/667

008643565 盐亭年鉴/盐亭县年鉴 1989,1997—2003/667

011824438 梓潼年鉴/中华文昌故里·梓潼年鉴 1994/2000,2004/2006,2008,2010—2012/667

009502976 平武年鉴 1999—2006/667

008437955 北川年鉴 1988/1997,1998/1999,2001—2002/667

009459624 北川羌族自治县年鉴/北川年鉴 2003—2007,2010/667

008665799 广元年鉴 1985/1994,1995/1997,1999,2001,2003—2006,2010—2012/668

012983672 利州年鉴 2010/668

012983868 元坝年鉴 2008—2011/668

012982959 朝天年鉴 2006/2007,2010,2012/668

008643558 旺苍年鉴 1986/1997,2006—2007,2009—2010,2012—2014/668

009589816 青川年鉴/青川县年鉴 1986,1987/1989,1990/1992,1993/1996,2003,2003/2004,2005/2006,2011/2012/669

011822163 剑阁年鉴 2008—2013/669

009033488 苍溪年鉴 1991/1996,1997/2000/669

008426355 遂宁年鉴 1985/1995,1996/1998,1999/2000,2001—2002,2004—2013/669

012982968 船山年鉴 2008—2009/670

009588884 蓬溪年鉴 2003/670

008230500 射洪年鉴 1986/1990/670

009460033 大英年鉴 1997/2001,2002/2005/670

008426300 内江年鉴 1985/1990,1992—2008,2010—2011/670

011824427 资中年鉴 2010/671

008426308 乐山年鉴 1993—2014/671

008998302 乐山市市中区年鉴 1985/1986,1987—2009/671

009520020 沙湾年鉴 1996/2001,2002—2007,

2010/672

008426366 五通桥区年鉴 1994—2007,2009,2012/672

012923759 金口河区年鉴 2006—2009/672

012983220 峨眉山市年鉴 2003—2005,2007—2010/672

007544510 犍为年鉴 1986/1989,1991—1998,1999/2000,2001,2002/2003,2004—2010,2012/672

009519830 井研县年鉴/井研年鉴 1986/1987,1988—2008/672

006913038 夹江县年鉴 1986,1988—2002,2004—2010,2012/673

009520173 沐川年鉴 1986/1992,1994—1998,2001/2004,2005—2010/673

011396114 峨边彝族自治县年鉴 2007—2009,2013—2014/673

009618280 马边彝族自治县年鉴 1994/2003,2009—2011/673

008426367 南充年鉴 1995,1996/1997,1998—2008,2011—2013/674

008333845 顺庆年鉴/南充市顺庆年鉴 1995—1996,1998—1999,2001,2003,2007,2011,2013/674

008437598 南充市高坪年鉴/高坪年鉴 1995—1996,1996/2000,2009/2011/674

009588873 南充市嘉陵年鉴 1993/1995,1996/1998/674

009502890 阆中年鉴 2002/2003,2004,2006—2011/675

009502968 南部年鉴 2005,2011,2013/675

009406030 营山县年鉴 1986/1993/675

009502970 蓬安年鉴 2006—2007,2008/2009/675

009492900 仪陇年鉴 1998/2001,2007,2010—2012/675

009542191 西充年鉴 2000/2002,2003/2004,2005/2006,2007/2008,2009/2010,2013—2014/675

008230465 眉山年鉴 1988/1989,1990—2000,2003—2014/676

009195481 眉山市东坡区年鉴 2001—2005,2007—2013/676

008669513 彭山县年鉴/彭山年鉴 1991,1993—2005,2010/676

009502997 仁寿年鉴 2000,2004—2006/677

012983294 洪雅年鉴 2008—2010/677

012923412 丹棱年鉴 2005,2010—2011/677

008670255 青神年鉴 1996—2008,2010,2013/677

008406267 宜宾市年鉴/宜宾年鉴 1987,1991,1992/1993,1994/1996,1998—2007,2009—2011,2013—2014/677

008426371 翠屏区年鉴 1997/1998,2004,2010/678

009406036 南溪年鉴 1986/1989,1990/1992,1993/1997,2001/2003,2005—2008/678

009503001 宜宾县年鉴 1986/1992,2001/2003,2004,2006,2010,2012—2014/678

008773075 江安年鉴 1999—2010/678

009395499 长宁年鉴 1986/1993,1994/2000,2001/2003,2005—2009,2011—2012/678

012983232 高县年鉴 2004—2005,2007,2010,2012,2014/678

008643527 珙县年鉴 1994—1995,1996/1997,1998,1999/2001,2002/2004/679

009397868 筠连年鉴/筠连县年鉴 1999,2009,2011—2013/679

008426307 兴文年鉴 1996/1997,1998,2000—2008/679

008426336 屏山年鉴/屏山县年鉴 1999—2001,2002/2003,2004—2012/679

010224172 广安年鉴 2005,2008—2014/679

008957704 广安区年鉴 1993/1998,2001/2003,2004/2005,2008,2011—2012/680

008643532 华蓥年鉴 1992/1997,1998/2002,2008—2011/680

008426362 岳池年鉴 1986/1992,1993/1997,2003,2006—2008,2010—2011,2013—2014/680

009542188 武胜年鉴 2005,2007—2010,2013/680

008437432 邻水年鉴 1993/1997,1998/2002,2007—2008,2010—2013/680

009160712 达州年鉴 2002—2004,2006,2008,2010—2013/681

008643554 通川年鉴 1996/1999,2001—2005,2007—2008,2010/681

012789981 达县年鉴 2006/2007/681

012983793 万源年鉴 2010/681

008651526 宣汉年鉴 1986/1992,2002,2002/2003/681

012047430 开江年鉴 2006/2007/682

008643520 大竹年鉴 1986/1991,1992—2005,2008/682

013311861 渠县年鉴 2010/682

008426358 雅安年鉴 1998—2013/682

010226987 雨城年鉴 2005—2008,2010—2012/682

008426360 名山年鉴 1997—2000,2002—2011/682

008805300 荥经年鉴 1999—2001,2003—2008,2010—2013/683

009519988 汉源年鉴 2002,2004—2007/683

009520154 石棉年鉴 2001—2005,2007,2009—2011,2013/683

009492541 天全年鉴 2002—2004,2009—2014/683

013373880 芦山年鉴 2009—2010/683

012525960 宝兴年鉴 2008—2010/683

008643514 巴中年鉴 1999—2009,2011/684

009519965 巴州年鉴 2002/684

008433622 通江年鉴 1999,2004—2010,2012,2014/684

008432454 平昌年鉴 1986/1992,1993/1998/684

009208252 资阳地区年鉴/资阳年鉴 1998/2000,2001/2002,2003/2005,2006/2008,2009/2010,2011—2012/684

009588965 雁江年鉴 2001,2008—2010/685

011966783 乐至年鉴 2006/2007,2008—2010/685

012909269 安岳年鉴 2006—2010/685

008643501 阿坝州年鉴 1991/1996,1998,2000—2013/685

009237393 马尔康县年鉴 1991/1995,1996/2000/686

012724272 汶川县年鉴 2005/2008,2009—2012,2014/686

008643541 理县年鉴 1991/1997,2009/686

012983680 茂县年鉴 2010—2011/686

012724243 松潘县年鉴 1986,1987/1988,2008/686

008879202 九寨沟县年鉴 1986/1998,2006/2008,2009—2010,2012/686

008426369 金川年鉴 1989/1997,1998/2000,2001/2003,2006/2008,2009—2010,2011/2012

/686

009520235 小金年鉴 2003,2009—2010/687

008426312 黑水年鉴/黑水县年鉴 1998, 2000,2003,2005,2008—2011/687

012983716 壤塘县年鉴/壤塘年鉴 2001/2002,2011/687

013467716 若尔盖县年鉴 2010/2011/687

012923527 红原年鉴 2006/2008,2009,2010/2011/687

009459634 甘孜藏族自治州年鉴/甘孜州年鉴 2002,2004—2013/688

009136676 康定年鉴 1986/1992,2003,2006—2007,2009,2011,2013—2014/688

010226487 泸定年鉴 2005—2010/688

012983194 丹巴年鉴 1989/1998,1999/2002,2003—2004,2006/2008,2010,2012—2013/688

014014356 九龙年鉴 2007/2008/688

009926367 雅江年鉴 2002—2005,2010—2011,2013/689

010223956 道孚年鉴 2003/689

013311820 炉霍年鉴 2006—2007/689

010224135 甘孜县年鉴 2001/2002/689

008789168 新龙年鉴 1988/2000,2001/2002,2003—2011/689

012723216 德格年鉴 2006/2008,2011—2012/689

013311870 色达年鉴 2006/2008,2009/2011/689

012199167 理塘年鉴 2004/2005,2006/2007,2008/2009/690

008643511 巴塘年鉴 1991/1997,2001/2006/690

008998221 乡城年鉴 1991/1995,1996/1997,1998/1999,2000/2001,2006/2009,2010/2011/690

012983195 稻城年鉴 1991/2002,2010/690

009436910 得荣年鉴 1991/1999,2006/2009/690

008426356 凉山年鉴 1999—2013/690

008399628 西昌年鉴 1991/1998,1999—2011,2013/691

012983196 德昌年鉴 2008—2011/691

013090003 会东年鉴 2009/691

013090026 宁南年鉴 2006/2008,2009/691

014103785 布拖年鉴 2014/691

010226297 金阳年鉴 1998/2002/691

013932992 喜德年鉴 2007/2008/691

009460053 冕宁县年鉴/冕宁年鉴 1990/1995,1996/2000,2001/2005,2006/2009,2010—2011,2014/692

009360390 美姑年鉴 1991/2000/692

贵州省

005459217 贵州年鉴 1985—1995,1997—2013/693

004187660 贵阳年鉴 1991—2014/695

009934839 白云年鉴/贵阳白云年鉴 2001/2005,2006—2007,2013/697

013936417 清镇年鉴 2010/697

011822255 开阳年鉴 2003,2007—2008/697

008957037 六盘水年鉴 2000,2001/2003,2004,2006—2012,2014/697

013090449 钟山年鉴/钟山区年鉴 2010—2011/698

008426373 遵义市年鉴/遵义年鉴 1999—2012/698

013788380 汇川年鉴 2009/2010/698

012593629 遵义红花岗年鉴/红花岗年鉴

1997/2005,2006/2007,2008/2009,2011,2013/698

008728222 仁怀年鉴 1997/699

013090460 遵义县年鉴 2009,2012/699

013758142 绥阳年鉴 2008/2010,2012—2013/699

013793189 正安年鉴 2012/699

013757981 湄潭年鉴 2008/2010/699

013859270 务川年鉴 2009/2011/699

010223319 安顺年鉴 2002/2004,2005/2007,2008—2012/700

012983863 西秀年鉴 2007—2009/700

012983689 平坝年鉴 2007/700

011823100 普定年鉴 2006—2012/700

012926130 镇宁年鉴 2008/2009,2010—2012/700

013090455 紫云年鉴 2010—2012/700

009033484 毕节地区年鉴 2002—2011/701

013603030 毕节市年鉴/毕节年鉴 2002—2003,2007—2008,2011—2014/701

012351769 大方县年鉴 2008,2010/701

009502370 黔西年鉴 2010—2011/701

009492552 金沙年鉴 2001,2003—2004,2007—2008,2010/701

013634394 织金县年鉴 2011/702

010102230 纳雍年鉴 2004—2005,2007—2008,2011/702

011140344 赫章年鉴 2006—2007,2010—2011,2013/702

008878941 铜仁年鉴/铜仁地区年鉴 1998—2001,2002/2003,2004—2012/702

013481546 松桃年鉴/铜仁松桃年鉴 2007/2008,2011/702

009215382 黔西南年鉴/黔西南年鉴资料 2002—2008/703

011503608 兴义年鉴 2006—2010/703

012199528 普安年鉴 2007—2009,2011—2012/703

012243269 晴隆年鉴 2008—2009/703

008901697 黔东南年鉴 2000—2010,2012—2013/703

009395423 凯里年鉴 2002,2007—2014/704

008998320 榕江年鉴 2001—2002/704

008969140 黔南年鉴 1997—2008,2010/704

009406076 都匀年鉴 1991/2000,2001/2002,2003—2010/704

008977011 福泉年鉴 1997/1998,1999/2001/704

009541727 贵定年鉴 2001/2002/705

009840789 平塘年鉴 2003/2005/705

012243276 三都年鉴 2006—2010/705

云南省

005431058 云南年鉴 1986—1989,1991—1997,1997/2001,1998—2003,2005—2014/706

005445545 昆明年鉴 1990—2013/711

009502104 呈贡年鉴 2003—2014/714

008435199 五华年鉴 1996—2014/714

008944129 盘龙年鉴 1989—1990,1992—1997,1999—2014/714

009501739 官渡年鉴 2003—2009/715

008491818 西山年鉴 1992,2001—2014/715

009502092 安宁市年鉴/安宁年鉴 1998—2014/716

011966734 晋宁年鉴 2008—2014/715

009913820 富民年鉴 2005,2010—2014/716

013747969 宜良年鉴 2011—2014/716

011967359 嵩明年鉴 2008—2013/716

008728230 石林年鉴 1999—2014/716

009492957 禄劝年鉴 1991/1998, 2001—2014/716

008397094 东川市年鉴/东川年鉴 1996—2012, 2014/717

013393877 寻甸年鉴 2011—2014/717

007683373 曲靖年鉴/曲靖地区年鉴 1990—1991, 1996—2014/717

006998356 曲靖地区年鉴/曲靖年鉴 1991—1995/717

008588905 麒麟区年鉴 1999—2014/718

008728258 沾益年鉴 1999—2014/718

007490349 宣威年鉴 1987/1988, 1989/1990, 1994, 2000—2013/718

008728208 马龙年鉴 1995—2006, 2010—2012/718

008968748 陆良年鉴 1992—1999, 2002—2009, 2012—2014/718

009928064 师宗年鉴 1992—1994, 1997—2009, 2012—2013/718

008957046 罗平年鉴 1991, 1993—2008, 2010/719

008940411 富源年鉴 1988/1990, 1992, 1995—2012/719

008940454 会泽年鉴 1993—2014/719

008245677 玉溪地区年鉴 1993—1995/719

007978044 玉溪年鉴 1996—2014/719

004187549 玉溪市年鉴 1987—1997/719

008574186 红塔区年鉴/红塔年鉴/玉溪市年鉴 1998—2014/720

008941757 江川县年鉴/江川年鉴 1993—1995, 1996/1997, 1998—2002, 2004—2014/720

009385264 江川年鉴 2002/721

008399376 澂江年鉴/澄江年鉴 1993—2006, 2008—2014/721

008283314 通海年鉴 1989/1992, 1993/1997, 1998/2002, 2004—2009, 2012—2014/721

009395164 华宁年鉴 2001—2003, 2005—2012/721

009035911 易门年鉴 2002—2014/721

008670242 峨山年鉴 2000—2014/721

008477437 新平年鉴 1996, 1998—2014/722

007977944 元江哈尼族彝族傣族自治县年鉴/元江县年鉴/元江年鉴 1994, 1996—2005, 2007—2014/722

007916545 保山地区年鉴/保山年鉴 1992—2000/722

008941955 保山年鉴 2001—2014/722

013793236 昌宁年鉴 2012—2014/723

004561137 昭通地区年鉴/昭通年鉴 1990—2000/723

008942063 昭通市年鉴/昭通年鉴/昭通地区年鉴 1999/2000, 2001—2014/723

008944145 昭阳区年鉴/昭阳年鉴 2001—2010/723

008477199 鲁甸年鉴 1995, 1997, 1999, 2001—2012/724

009501631 盐津年鉴 2001—2008, 2011/724

009502108 大关县年鉴/大关年鉴 2000—2014/724

009501718 永善县年鉴 1990/1994, 1996—2014/724

008477375 绥江县年鉴 1994—2007, 2010—2013/724

008851402 镇雄县年鉴/镇雄年鉴 1998—2000, 2002—2003, 2004/2005/724

009501723 彝良年鉴 1991/1994, 1995/2003, 2004/2006, 2007—2009, 2011/725

008940669 威信县年鉴/威信年鉴 1994/1999,2001,2001/2003,2004/2005,2006,2008—2013/725

008942046 水富年鉴 1996/1999,2000—2009,2011/725

009326822 丽江纳西族自治县年鉴 2002—2003/725

008477165 丽江年鉴 1997—2011/725

009928066 丽江市古城区年鉴 2004—2011,2013/726

009111295 永胜年鉴 1986/1990,2002—2009,2012—2013/726

008643415 华坪年鉴 1997—2014/726

009726382 玉龙年鉴/玉龙纳西族自治县年鉴 2004—2007/726

012199469 宁蒗年鉴 2008—2009,2011,2013/726

011823109 普洱年鉴/思茅年鉴 2008—2014/727

008574199 思茅年鉴 1997—1998,1999/2000,2001—2007/727

012724192 墨江年鉴 2012—2014/727

008643537 景谷年鉴 1998—1999,2000/2001,2009/2011,2012/727

008643763 镇沅年鉴 1990/1997,1998/2002/727

013932154 孟连年鉴 2009/2010,2013/728

008728205 临沧地区年鉴 1998—2004/728

010014007 临沧市年鉴 2005—2013/728

009264756 临沧县年鉴 1991/1995,2002—2003/728

010226477 临翔区年鉴 2005—2013/728

009501729 凤庆年鉴/凤庆县年鉴 1991,1993—2011,2014/729

008941923 云县年鉴 1992,1994—1997,1999—2014/729

009926383 镇康县年鉴 2007—2009/729

008941914 双江年鉴 1997—2009/729

012923445 耿马年鉴/耿马县年鉴 2006—2009/729

011500292 沧源佤族自治县年鉴 2007—2011,2014/729

004187653 楚雄州年鉴 1991—2014/730

008137426 楚雄市年鉴 1995—2013/730

008399357 双柏县年鉴 1996—2009,2011,2014/730

008241775 牟定年鉴/牟定县年鉴 1992,1994—2000,2002—2007,2010—2012/731

008277838 南华年鉴 1997—2005,2008/731

009492857 姚安县年鉴 2001—2007/731

008941734 大姚县年鉴 2000—2009,2012—2013/731

009459640 永仁年鉴 1997—2009,2012/731

008849896 元谋年鉴 1992,1994—1998,1999/2000,2001/2002,2003—2008,2011—2013/731

008749298 武定年鉴 1995—1996,1997/1998,1999—2014/732

009324766 禄丰县年鉴 1992—2006,2009—2012/732

008275312 红河州年鉴 1995—2008,2010—2014/732

008941795 蒙自年鉴 1996—2014/733

010224158 个旧年鉴 2006—2014/733

009913809 开远年鉴 2005,2007,2009—2014/733

009015775 弥勒年鉴 2002—2008,2011—2014/734

009928068 建水年鉴 2004—2014/734

009934599 石屏年鉴 2005—2012,2014/734
008728207 泸西年鉴 1999—2014/734
012048803 元阳年鉴 2008,2011—2014/734
011824470 红河县年鉴 2007—2014/734
011966836 绿春年鉴 2008—2014/735
013634192 屏边年鉴 2011—2014/735
012526057 金平年鉴 2011—2012,2014/735
012525988 河口瑶族自治县年鉴 2009—2013/735
009015865 文山州年鉴 1996/2000, 2002—2014/735
008643472 文山年鉴/文山县年鉴 2000—2009/736
014021321 文山市年鉴 2012—2013/736
009502055 砚山年鉴 1992—2002,2004—2005, 2007—2008,2011/736
009395834 西畴年鉴 1999,2001,2003—2013/736
011503065 麻栗坡县年鉴/麻栗坡年鉴 2002—2004,2006—2010/736
009324867 马关年鉴 2001—2008,2010/737
008749425 邱北年鉴/丘北年鉴 2000—2009,2011,2013—2014/737
009519978 广南年鉴 2001—2002,2004—2008,2010—2011,2013/737
009104844 富宁年鉴 2002—2014/737
008211462 西双版纳年鉴 1997,2000,2002—2003,2005,2007,2009—2013/737
009618311 景洪年鉴 2001/2003, 2005—2013/737
009492916 勐海县年鉴 1991/1995/738
012047484 勐腊年鉴 2008,2010,2012/738
004187662 大理州年鉴/大理白族自治州年鉴 1990—2014/738

009346343 大理市年鉴 2000—2014/739
011140400 祥云年鉴 2006—2009, 2012—2014/739
008940389 宾川年鉴/宾川县年鉴 1994/1995,1996/1997,1998/1999,2000—2014/739
008940640 弥渡年鉴 1998,2000—2008,2011—2014/739
008728239 永平年鉴 1991/1995, 1996/2000/740
009062536 云龙年鉴 1995,1995/2000,2010—2014/740
008728180 洱源年鉴 1999—2014/740
009926380 剑川年鉴 1991/2000/740
012723416 鹤庆年鉴 2006/2008,2011/740
013859257 漾濞年鉴 2012/740
008588898 南涧县年鉴/南涧年鉴 1990/1993,1994/1995,1996—1998,2000—2014/740
008434231 巍山年鉴 1991/1994, 1996—1997, 1999—2014/741
007916504 德宏年鉴 1992—2012,2014/741
009492960 潞西年鉴 2003—2008/741
011967102 瑞丽年鉴 2007—2013/741
012361581 盈江年鉴 2008—2010, 2011/2012/742
013747931 陇川年鉴 2011—2013/742
011823086 怒江傈僳族自治州年鉴 2005—2013/742
013609011 泸水年鉴 2004/2005, 2006/2007, 2008/2009/742
011824464 福贡年鉴 2004—2010/742
012983238 贡山独龙族怒族自治县年鉴/贡山年鉴 2007—2008/743
008923247 兰坪年鉴 2001—2002, 2003/2005, 2006—2013/743

008957455 迪庆年鉴 1994—1996,2001—2014 /743

009726379 香格里拉年鉴 2004—2014/743

008944059 德钦年鉴 2001,2001/2005,2006/ 2010/743

西藏自治区

008990693 西藏年鉴 2000—2003,2005—2013 /744

009913792 拉萨年鉴 2005,2012—2014/745

013470977 墨竹工卡年鉴 2012—2014/745

011139655 昌都年鉴 2004,2008/746

012924000 那曲地区年鉴 2007—2008/747

陕西省

008127901 陕西年鉴 1987—1989,1991—2003, 2005—2014/748

005326684 西安年鉴 1993—2014/752

012982944 碑林年鉴 2010—2013/755

011500306 长安年鉴 2001/2007,2011/755

012243227 高陵年鉴 2008/755

008719850 铜川年鉴 2000—2010,2012—2014 /756

011399598 耀州年鉴 2006—2010,2012—2014 /756

008432542 宝鸡年鉴 1999—2013/756

009492578 宝鸡县年鉴 1998/2001/757

013710779 凤翔年鉴 2000/2003/757

008611717 岐山年鉴 1998/1999,2000/2002, 2004—2005/757

009264757 眉县年鉴 1995/1999,2000/2001, 2002/2004/757

008643800 咸阳年鉴 1996/1999,2000—2006, 2008—2014/757

012924964 秦都年鉴 2009/758

012801264 兴平年鉴 2010,2012/758

012924984 三原年鉴 2007—2013/758

012357238 乾县年鉴 2006/758

012923787 礼泉年鉴 2004,2006,2006/2008, 2009/2010/758

011140402 旬邑年鉴 2004/2006/759

012591684 淳化年鉴 2007—2008,2011/759

012925178 武功年鉴 2009/759

008438793 渭南年鉴 1996,1999—2012,2014 /759

009617929 韩城年鉴 2000,2001/2002,2006— 2007,2009/759

012923568 华县年鉴 2009/2010,2011/2012, 2013/2014/760

012983782 潼关年鉴 2008,2010/760

009169766 大荔年鉴 1997—2002,2007—2009, 2011—2013/760

008849869 合阳年鉴 1992/1996/760

009425771 澄城年鉴 1997,1999—2008,2011— 2013/760

011821965 富平年鉴 2006—2007,2008/2009 /761

008670269 延安年鉴 2000—2011,2013/761

012909291 宝塔年鉴 2010—2012/761

012176834 安塞年鉴 2002/2005,2007—2013 /761

011968047 延长年鉴 2008—2011,2013/761

013996346 子长年鉴 2011/762

012617679 志丹年鉴 2005—2006,2008—2014 /762

011501915 富县年鉴 2006—2007,2008/2009, 2010—2014/763

013898676 洛川年鉴 2004/2005,2009/2010

/763

013935952 黄龙年鉴 2006/2007/763

008623454 黄陵年鉴 1998,2001,2004—2014/763

008401595 汉中年鉴 1998—2009,2011—2013/763

008434022 汉台年鉴 1997—2008,2011/763

008327878 南郑年鉴 1993—2003,2004/2005,2006—2009,2014/764

008623449 城固年鉴 1991/1996,1997/2002,2003/2007/764

011968080 洋县年鉴/陕西省洋县年鉴 2002/2003,2004/2005,2006/2007,2008/2009,2010/2011/764

009519861 西乡年鉴 1992—1993,1995,2001/2003,2004/2005,2006/2007/764

008588896 勉县年鉴 1999—2000,2001/2002,2003/2004,2005/2006/764

009926324 略阳年鉴 2000,2001/2005/764

008941791 留坝年鉴 1997/2001,2002/2006/764

008749311 榆林年鉴 2000—2013/765

009289192 榆阳年鉴 2001/765

008728229 神木年鉴 1992,1992/2000/765

008670243 府谷年鉴 1990/1994/765

014103768 靖边年鉴 2013/766

011139680 定边年鉴 2001/2006,2007/2009,2010—2013/766

008941928 子洲年鉴 1990/2000/766

009651969 安康年鉴 1990,1992—1997/766

004534792 安康地区年鉴/安康市年鉴 1998—2000/766

008434159 安康市年鉴/安康年鉴/安康地区年鉴 2001—2010,2012—2013/766

009926321 汉滨年鉴/安康年鉴 2001,2003—2013/767

009406142 汉阴年鉴 2001—2008/767

008623491 石泉年鉴 1990/1993,1994/1999/767

012792617 岚皋年鉴 2009/767

009035746 商洛年鉴 2001,2002/2003,2004—2005,2006/2007,2008—2010/768

009324859 商州年鉴 1992/2001,2002/2004,2005/2007/768

009541751 洛南年鉴 2000/2004,2005/2006,2013/768

009501728 丹凤年鉴 1991/2000,2001/2008/768

009169812 商南年鉴 1995—1997,2003/768

009926343 镇安年鉴 2002/2004,2005/2006,2007/2008,2009/769

009926350 柞水年鉴 1998/2002,2003—2006,2007/2008,2009/2010/769

甘肃省

005701046 甘肃年鉴/甘肃统计年鉴/甘肃发展年鉴 1994—2009/770

013654683 甘肃年鉴 2010—2013/770

008405551 兰州年鉴 1998—1999,2001—2006,2008—2013/774

011140379 七里河年鉴 2005/776

009492566 嘉峪关年鉴 2000,2001/2002,2003—2008,2010—2013/776

009111401 金昌年鉴 1992/2000,2002—2009,2011—2013/777

009135256 白银年鉴/白银市年鉴 2001—2007,2008/2009,2010—2012/777

012099932 白银区年鉴 2002—2004,2006—

2009,2011—2012/778

013677735 平川年鉴 2011—2013/778

013636594 会宁年鉴 2011—2013/778

012591868 景泰年鉴/景泰县年鉴 2004—2006,2011—2012/778

002459235 天水年鉴 1987,2011—2012/778

009182822 武威年鉴 2001,2003,2005—2011,2013/779

012801182 天祝年鉴 2006/2007/779

008958016 张掖年鉴 1998—2000/779

009726024 张掖综合年鉴 1996/2003,2004/2005,2006,2007/2008,2009/2010/779

009492910 甘州区年鉴 2001/2002,2004/2005,2008/2009/780

013711369 民乐年鉴 2004/2005,2007/2008/780

009928033 临泽年鉴 2003—2007,2011/780

013369830 高台综合年鉴 2009/2010/780

010102141 山丹年鉴/山丹综合年鉴 1989/2004,2005,2006/2008/780

008434203 平凉市年鉴/平凉市崆峒区年鉴 1993—1995,1996/1997,1998/2000,2000/2001,2002/2003,2004/2005,2010/2011/781

011822278 崆峒区年鉴 2006/2007,2008/2009/781

013788400 灵台年鉴 2010/781

009588939 崇信年鉴 1991/2002,2003/2006/781

008825428 华亭县年鉴/华亭年鉴 1996—1998,1999/2000,2001/2002,2003/2005/781

013765023 庄浪年鉴 2011/782

012926224 庄浪县综合年鉴 1991/2000/782

012983386 静宁综合年鉴 2003/2006/782

009616796 酒泉年鉴 2004—2014/782

008749158 庆阳年鉴 2001,2003—2014/783

011968667 庆阳综合年鉴 2008—2010/783

009289238 西峰年鉴 2002—2009/783

013636586 镇原年鉴 2012—2013/783

012801365 镇原综合年鉴 2009/2010/783

009123964 定西年鉴 2001—2005/784

011323012 陇南年鉴/陇南综合年鉴/陇南发展年鉴 2005,2007—2008,2010,2012/784

008433758 临夏回族自治州综合年鉴/临夏回族自治州年鉴 1986/1995,2001/2002,2003/2004/784

008438724 临夏市年鉴 1986/1995,1996/2000/785

010226887 永靖县年鉴/永靖年鉴 2003—2007,2011/785

008438765 和政县十年鉴 1986/1995/785

012354187 积石山保安族东乡族撒拉族自治县年鉴 2006/2007/785

009160716 甘南州年鉴 1991/1995,1996/2000,2001/2003,2005—2012,2014/785

013790791 卓尼县年鉴 1991/2003/786

青海省

008773086 青海年鉴 1997—2003,2005—2014/787

009436923 西宁年鉴 1995/1997,1998/2000,2001/2002,2004/2006,2011/2012/789

013753529 城西年鉴/西宁市城西区年鉴/城西区年鉴 2010—2013/789

011395815 大通年鉴 2001/2005,2006/2007/789

009927911 化隆回族自治县综合年鉴 1986/1996,2010/2011/790

009501989 海北年鉴 2001—2009,2011—2013/790

008990686 祁连年鉴 1986/1994,1995/2003/790

013753626 刚察县综合年鉴/刚察年鉴 2006/2010,2011/791

012199433 门源年鉴 2006—2010/791

009726246 黄南年鉴 1991/2000,2001/2005,2006/2007/791

009927901 河南蒙古族自治县年鉴 1991/2000/791

008977016 海南藏族自治州年鉴/海南州年鉴/海南年鉴 2001—2009/791

009104892 果洛藏族自治州年鉴/果洛年鉴 1996—2013/792

012525921 大柴旦年鉴 2001/2008/792

008250229 海西年鉴 1988,2002,2003/2007,2008—2011/792

013369666 德令哈年鉴 2007/2009/792

009840968 格尔木年鉴 2001/2005,2006/2008,2010,2010/2012/793

宁夏回族自治区

008315360 宁夏年鉴图文卷 1998,2001—2002/794

008315335 宁夏年鉴资料卷/宁夏统计年鉴 1998/794

008886454 宁夏年鉴 2003,2005—2014/794

008802320 银川年鉴 2000—2003,2005—2014/798

008574207 银川综合年鉴 2000/798

011502999 金凤区综合年鉴 2002/2006/799

013859239 兴庆年鉴 2012/800

013470974 灵武年鉴 2011—2013/800

008434112 永宁县年鉴 1986/1992/800

013772853 贺兰年鉴 2011—2014/800

013677013 石嘴山年鉴 2001/2010,2011—2013/800

012521551 平罗年鉴 2009—2014/801

010102633 利通区年鉴 2004/801

008728211 青铜峡年鉴 1998—2001,2002/2004,2006—2014/802

013793130 盐池年鉴 2012,2014/802

008438857 固原地区年鉴/固原年鉴 1991/1995,2004—2005,2007—2008,2010—2013/802

010102642 原州年鉴 2005,2012—2014/802

011823242 西吉年鉴 2007—2014/802

009520254 隆德县年鉴 2001—2003/802

012723596 泾源年鉴 2001/2008,2010/803

009289206 彭阳年鉴 1994/2002,2011—2014/803

008406291 中卫年鉴 1994/1995,1996—1998,2000,2005,2006/2007,2008—2013/803

013859233 海原年鉴 2011—2012/803

新疆维吾尔自治区

007683395 乌鲁木齐年鉴 1996—2013/807

011823224 水磨沟区年鉴/乌鲁木齐市水磨沟区年鉴 2006—2010/808

008553760 头屯河区年鉴/中国·新疆·乌鲁木齐头屯河区年鉴 1999/808

012617501 乌鲁木齐市达坂城区年鉴 2009,2011/808

011503072 米东年鉴 2007,2009/808

008968679 米泉年鉴 1991—1992,2002—2003,2004/2005,2006/809

009618307 乌鲁木齐县年鉴资料汇编/乌鲁木齐县年鉴 2001—2006,2008—2011/809

008941764 克拉玛依年鉴 2001—2014/809
012923767 克拉玛依市克拉玛依区年鉴 2008—2014/810
012792613 克拉玛依市独山子区年鉴/独山子区年鉴/克拉玛依市独山子年鉴/独山子年鉴 2010—2012,2014/810
012792602 克拉玛依市白碱滩区年鉴/白碱滩区年鉴 2010—2013/810
013747898 克拉玛依市乌尔禾区年鉴/乌尔禾区年鉴 2011—2014/810
011823214 吐鲁番年鉴 2007—2009,2011—2013/811
012199711 吐鲁番市年鉴 2007—2013/811
011503430 鄯善年鉴 2007—2008,2011,2013/811
011967483 托克逊年鉴 2008—2009,2011,2013/811
012724416 哈密年鉴 2006—2007,2010,2012—2013/811
009406198 哈密市年鉴 2003—2005,2007—2008,2010—2014/812
012048774 伊吾年鉴 2007/2008,2009—2012/812
011500129 巴里坤年鉴 2007—2012/812
009081237 阿克苏年鉴 2002—2013/812
012525890 阿克苏市年鉴 2009—2013/813
010226855 温宿年鉴 2006,2008—2014/813
009913807 库车年鉴 2005—2013/813
009542170 沙雅年鉴 2004—2005,2007—2012/813
010226879 新和年鉴 2006—2013/813
011500166 拜城年鉴 2007—2014/814
013481558 乌什年鉴 2011—2013/814
011490851 阿瓦提年鉴/阿瓦提县年鉴资料汇编 2007,2009—2013/814
006088449 喀什年鉴 1985—1987,1999—2001,2002/2004,2005—2011/814
012047428 喀什市年鉴 2008—2013/814
013173587 疏附年鉴 2008/2009/815
012983724 疏勒年鉴 2009—2010,2011/2012/815
011503699 泽普年鉴 2007—2010/815
013747914 莎车年鉴 2012/815
012200300 叶城年鉴 2008/815
013635208 麦盖提县年鉴 2011/815
013996316 岳普湖年鉴 2013/815
008941632 巴楚年鉴 1999—2010/816
009913795 和田年鉴 2005—2013/816
011822038 和田市年鉴 2007—2014/816
012792655 墨玉年鉴 2010/816
012047490 民丰年鉴 2008—2010/816
010102771 昌吉年鉴 2005—2013/817
009406296 昌吉市年鉴 2003—2013/817
011501905 阜康年鉴 2007—2012/817
011502183 呼图壁年鉴 2006—2014/817
011398626 玛纳斯年鉴 2005—2013/817
011967044 奇台年鉴 2008—2010/818
011966666 吉木萨尔年鉴 2008—2009,2011,2013—2014/818
011966862 木垒年鉴 2008—2012/818
009406287 博尔塔拉年鉴 2003—2010/818
008437429 巴音郭楞年鉴 1998—2007/819
012591877 库尔勒年鉴 2008—2011/819
012530258 尉犁年鉴 2008—2009,2011/819
013793183 若羌年鉴 2012/820
012924944 且末年鉴 2010—2011/820
012792519 和静年鉴 2010—2011/820
012047117 博湖年鉴 2008—2009,2011/820

012925183 焉耆年鉴 2010—2011/820
009503007 克孜勒苏年鉴 2004—2009/820
011140408 伊犁年鉴 2006—2013/821
012925189 伊宁市年鉴 2010—2013/821
009136668 奎屯年鉴 2002—2013/822
011503609 伊宁县年鉴 2007—2010,2012/824
012526039 霍城年鉴 2000/2007,2007/2008,2009/2010/824
013089992 巩留年鉴 2009/824
012530558 新源年鉴 2008—2012/824
009841185 昭苏年鉴 2008/824
012530200 特克斯年鉴 2008,2009/2010,2012—2013/824
011503115 尼勒克年鉴 2007,2008/2009/824
009928062 塔城年鉴/塔城地区年鉴 2005—2006,2008,2011/825
011823195 塔城市年鉴 2007—2010,2011/2012,2013/825
011503539 乌苏年鉴 2006—2007,2009/825
013369814 额敏年鉴 2010/825
013714918 沙湾年鉴 2009,2012—2013/825
011823216 托里年鉴 2006—2008,2010—2011/825
011503632 裕民年鉴 2006,2009/826
012354121 和布克赛尔蒙古自治县年鉴 2007—2008,2010—2013/826
012789929 阿勒泰年鉴 2009—2013/826
012789956 布尔津年鉴 2010/826
013714914 富蕴年鉴 2012—2013/826
008876478 福海年鉴 2001—2003/827

012525970 哈巴河年鉴 2009—2014/827
009841178 青河年鉴 2011—2012/827
013747924 吉木乃年鉴 2012/827
008997605 石河子年鉴 2002—2013/827
011140528 农六师五家渠市年鉴/六师五家渠市年鉴 2006—2013/828

港澳台地区

008152403 香港年鉴/新香港年鉴 1948—1992/829
012242748 新香港年鉴/香港年鉴 1997/829
009030073 澳门年鉴 2002,2011—2013/831
008149916 台湾年鉴 1947/832
003979965 台湾年鉴 1991/832
008748529 台湾年鉴 1998/832
010227625 台北市年鉴 2012/833
008134108 台北县年鉴 1952/1961/834
008121243 基隆年鉴 1947/834
008134114 基隆市年鉴 1957/834

各国

005207052 世界知识年鉴/世界知识手册 1953—1955,1957/970
008135515 东南亚年鉴 1976—1981/970
008454787 南洋年鉴 1939,1951/970
008164888 新南洋年鉴 1947/970
008135642 英属婆罗洲年鉴 1952/970
008246214 北婆年鉴 1952/970
008432955 俄罗斯和东欧中亚国家年鉴 1992/1993,1996—2000/970
008432965 美国年鉴 1999—2001/970